经时济世
继往开来
贺教育部
重大攻关项目
成果出版

季羡林
时年九十有八

教育部哲学社會科学研究重大課題攻関項目

“十四五”时期国家重点出版物出版专项规划项目

发达国家再工业化对中国制造业转型升级的影响及对策研究

RESEARCH ON THE IMPACT OF DEVELOPED COUNTRIES' REINDUSTRIALIZATION ON THE TRANSFORMATION AND UPGRADING OF CHINA'S MANUFACTURING INDUSTRY AND CORRESPONDING COUNTERMEASURES

刘建江

等著

中国财经出版传媒集团

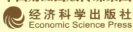

经济科学出版社

Economic Science Press

·北京·

图书在版编目（CIP）数据

发达国家再工业化对中国制造业转型升级的影响及对策研究 / 刘建江等著. -- 北京 ： 经济科学出版社，2024. 11. -- ISBN 978 -7 -5218 -6498 -4

Ⅰ. F426. 4

中国国家版本馆 CIP 数据核字第 2024GV0244 号

责任编辑：孙丽丽　戴婷婷
责任校对：杨　海
责任印制：范　艳

发达国家再工业化对中国制造业转型升级的影响及对策研究
刘建江　等著
经济科学出版社出版、发行　新华书店经销
社址：北京市海淀区阜成路甲 28 号　邮编：100142
总编部电话：010 -88191217　发行部电话：010 -88191522
网址：www. esp. com. cn
电子邮箱：esp@ esp. com. cn
天猫网店：经济科学出版社旗舰店
网址：http：//jjkxcbs. tmall. com
北京季蜂印刷有限公司印装
787 ×1092　16 开　33. 25 印张　650000 字
2024 年 11 月第 1 版　2024 年 11 月第 1 次印刷
ISBN 978 -7 -5218 -6498 -4　定价：133. 00 元
（图书出现印装问题，本社负责调换。电话：010 -88191545）

课题组主要成员

首席专家 刘建江

主要成员 袁冬梅 阳立高 罗双成 韩 峰
唐志良 熊智桥 石大千 程 杰

总　序

哲学社会科学是人们认识世界、改造世界的重要工具，是推动历史发展和社会进步的重要力量，其发展水平反映了一个民族的思维能力、精神品格、文明素质，体现了一个国家的综合国力和国际竞争力。一个国家的发展水平，既取决于自然科学发展水平，也取决于哲学社会科学发展水平。

党和国家高度重视哲学社会科学。党的十八大提出要建设哲学社会科学创新体系，推进马克思主义中国化、时代化、大众化，坚持不懈用中国特色社会主义理论体系武装全党、教育人民。2016年5月17日，习近平总书记亲自主持召开哲学社会科学工作座谈会并发表重要讲话。讲话从坚持和发展中国特色社会主义事业全局的高度，深刻阐释了哲学社会科学的战略地位，全面分析了哲学社会科学面临的新形势，明确了加快构建中国特色哲学社会科学的新目标，对哲学社会科学工作者提出了新期待，体现了我们党对哲学社会科学发展规律的认识达到了一个新高度，是一篇新形势下繁荣发展我国哲学社会科学事业的纲领性文献，为哲学社会科学事业提供了强大精神动力，指明了前进方向。

高校是我国哲学社会科学事业的主力军。贯彻落实习近平总书记哲学社会科学座谈会重要讲话精神，加快构建中国特色哲学社会科学，高校应发挥重要作用：要坚持和巩固马克思主义的指导地位，用中国化的马克思主义指导哲学社会科学；要实施以育人育才为中心的哲学社会科学整体发展战略，构筑学生、学术、学科一体的综合发展体系；要以人为本，从人抓起，积极实施人才工程，构建种类齐全、梯队衔接的高校哲学社会科学人才体系；要深化科研管理体制改革，发挥高校人才、智力和学科优势，提升学术原创能力，激发创新创造活力，建设中国特色新型高校智库；要加强组织领导、做好统筹规划、营造良好学术生态，形成统筹推进高校哲学社会科学发展新格局。

哲学社会科学研究重大课题攻关项目计划是教育部贯彻落实党中央决策部署的一项重大举措，是实施“高校哲学社会科学繁荣计划”的重要内容。重大攻关项目采取招投标的组织方式，按照“公平竞争，择优立项，严格管理，铸造精品”的要求进行，每年评审立项约40个项目。项目研究实行首席专家负责制，鼓励跨学科、跨学校、跨地区的联合研究，协同创新。重大攻关项目以解决国家现代化建设过程中重大理论和实际问题为主攻方向，以提升为党和政府咨询决策服务能力和推动哲学社会科学发展为战略目标，集合优秀研究团队和顶尖人才联合攻关。自2003年以来，项目开展取得了丰硕成果，形成了特色品牌。一大批标志性成果纷纷涌现，一大批科研名家脱颖而出，高校哲学社会科学整体实力和社会影响力快速提升。国务院副总理刘延东同志做出重要批示，指出重大攻关项目有效调动各方面的积极性，产生了一批重要成果，影响广泛，成效显著；要总结经验，再接再厉，紧密服务国家需求，更好地优化资源，突出重点，多出精品，多出人才，为经济社会发展做出新的贡献。

作为教育部社科研究项目中的拳头产品，我们始终秉持以管理创新服务学术创新的理念，坚持科学管理、民主管理、依法管理，切实增强服务意识，不断创新管理模式，健全管理制度，加强对重大攻关项目的选题遴选、评审立项、组织开题、中期检查到最终成果鉴定的全过程管理，逐渐探索并形成一套成熟有效、符合学术研究规律的管理办法，努力将重大攻关项目打造成学术精品工程。我们将项目最终成果汇编成“教育部哲学社会科学研究重大课题攻关项目成果文库”统一组织出版。经济科学出版社倾全社之力，精心组织编辑力量，努力铸造出版精品。国学大师季羡林先生为本文库题词：“经时济世　继往开来——贺教育部重大攻关项目成果出版”；欧阳中石先生题写了“教育部哲学社会科学研究重大课题攻关项目”的书名，充分体现了他们对繁荣发展高校哲学社会科学的深切勉励和由衷期望。

伟大的时代呼唤伟大的理论，伟大的理论推动伟大的实践。高校哲学社会科学将不忘初心，继续前进。深入贯彻落实习近平总书记系列重要讲话精神，坚持道路自信、理论自信、制度自信、文化自信，立足中国、借鉴国外，挖掘历史、把握当代，关怀人类、面向未来，立时代之潮头、发思想之先声，为加快构建中国特色哲学社会科学，实现中华民族伟大复兴的中国梦做出新的更大贡献！

教育部社会科学司

摘　要

本书紧密跟踪2008年金融危机后各主要发达国家纷纷推进再工业化战略的最新进展，基于百年未有之大变局加速演进的大背景，分析主要工业国家的再工业化新举措及新影响，梳理再工业化战略的理论依据，并将发达国家再工业化视为中国制造业转型升级的外生变量，以制造强国战略顺利实施为总体目标，以技术进步催生新产业、新业态、新模式、新技术为内生驱动力，通过比照各主要发达国家再工业化与中国制造业转型升级的共性基础与差异性战略，分析前者对后者的影响机制及效应，为中国制造业转型升级提供路线图、行动方案，为政府部门、企业提供决策参考，并推动相关学科的发展。

一、构建再工业化理论体系

基于工业革命以来大国兴衰的视角，从工业化的演进逻辑、去工业化的缘起及发展来建构再工业化的理论体系，厘清工业化、去工业化与再工业化的共性基础与差异化元素。再工业化的重点是发展高端制造业，强调对全球制造业价值链高端的再造，进而获取价值链的控制权，通过对控制权的行使来带动其他产业的发展，故发达国家再工业化的侧重点是旨在提高对国家产业体系的控制力。新冠肺炎疫情突发且一度全球蔓延，各主要工业国家的再工业化进一步重视本国或地区产业链供应链的安全与稳定，从而再工业化出现围绕本国或区域全产业链构建而布局的新动向。梳理传统工业化理论并进行归纳演绎，我们从创新驱动、要素投入、生产方式、绿色与智能等方面来建构再工业化理论体系，并突出从“创新—制造”的不可分离性来分析再工业化的理论逻辑。由此，可以更好地理解发达国家再工业化对我国制造业转型升级的深刻影响，又可以直接用该理论来指导我国制造业转型升级。

二、从制造业与大国兴衰内生关联性探寻发达国家再工业化动机

梳理自工业革命以来的世界大国发展史与制造业发展的关系，表明英、美、日、德、俄等崛起为有世界性影响的大国，均离不开制造业的繁荣与支撑。英国霸权旁落、苏联解体，均与其工业化道路异化和制造业衰落有紧密关联。历史经验表明，制造业作为实体经济的主体，是提升国家综合国力的物质基础，也是大国崛起的根基。当前的主要工业国家再工业化战略目标都有其独特性。就美国而言，从短期目标来看：一是要推动经济复苏，推动资本回流，创造大量高质量就业岗位；二是要扩大出口，缩小贸易逆差；三是要维护国家安全。从中期目标来看，在“美国优先”战略思路之下，再工业化战略是要迫使外围国家继续维持对美国的依赖关系，最终达到实现稳定现有“债务式”“中心—外围”体系的战略目的，维持美国主导的全球治理秩序。从长期目标来看，再工业化战略要全面提升美国创新能力，优化产业结构，转变发展方式，推动美国引领全球第四次工业革命，抢占未来全球产业与科技竞争的战略制高点，巩固“后美国时代”美式全球化格局，遏制“战略竞争者”对其全球主导地位的挑战，最终实现其继续领导世界百年的“美国梦”。

三、解构发达国家再工业化的制约因素并评估其前景

发达国家再工业化的前景取决于如何解决如下制约因素：(1) 能否顺利构建再工业化的要素支撑体系及由此带来的成本竞争压力。比如突破劳动力要素、资本要素的约束。(2) 是否能承受资源性产品价格大幅度波动所引致的需求变动。比如通货膨胀冲击。(3) 如何突破全球已有生产体系与价值链体系的制约。在全球化生产时代，这意味着其发展模式的重新调整，意味着要改变现有全球产业布局和国际分工格局。(4) 再工业化战略是一项系统工程，关键是科技的系统性突破，即形成研发能力与水平自我提升与强化的机制。(5) 如何进一步

完善国际秩序，维护好国际贸易治理体系。此外，新冠疫情突发，各国包括产业链在内的多方面的联系链条一度受阻，各国为应对疫情不同程度实施扩张性的财政政策与货币政策，全球债务急剧膨胀，为未来经济发展埋下隐患，也可能成为再工业化进程中的“灰犀牛”事件。

四、比较发达国家再工业化与中国制造转型升级、制造业高质量发展的异同性

其一，对发达国家再工业化进行同类比较研究。包括总结对工业2.0、工业3.0时代主要国家的成功经验与不足，比较分析美国、德国、日本这样的国家在工业4.0时代的着力点、战略目标、实施路径、支撑体系等方面的异同性。同时，从时间维度来纵向比较发达国家再工业化战略的变化，如比较奥巴马时代的再工业化与特朗普政府、拜登政府再工业化的异同。其二，对主要发达国家的再工业化与中国制造业转型升级的异同性进行比较。中国制造业转型升级本质上也是一种“制造强国战略”，它与发达国家的再工业化战略之间，在战略背景、战略思维、战略基础、战略创新、战略任务与战略措施方面存在明显的异同性。比较分析可以深化中国制造业转型升级的学理基础。

五、详解发达国家再工业化影响中国制造业转型升级的机理、路径及效应

发达国家再工业化从多个维度形成影响中国制造业转型升级的机制体系，涉及市场层面与分工层面，还包括国际权力或者说全球治理层面。整体来说，发达国家再工业化从供给侧、需求侧、国际分工体系和国际权力等维度来形成四位一体的影响我国制造业转型升级的作用机制，对中国制造业的整体、产业、不同区域、不同企业等产生不同影响，并进一步催生中国制造业与发达国家工业之间的竞争强化效应、合作拓展效应、学习深化效应、全球产业链和经贸规则重构效应等政治经济效应。

六、分析中国制造业转型升级的成就、存在问题、评价指标体系

改革开放以来，中国制造业转型升级一直在路上。从历史经验、

理论总结和政策支持等方面来详细描述了中国制造业转型升级的现状及进展，从纵向与横向角度进行比较分析，研究表明我国制造业面临双重压力：既要继续提升工业化水平，加快推进传统制造业的转型升级，保持制造业在GDP中所占比重，又要大力发展高端制造业，提高制造业对国民经济体系的控制力。同时，设计发达国家再工业化及中国制造业转型升级的评价体系及评价指标，对发达国家再工业化推进我国制造转型升级的数值进行模拟分析，由此检验理论架构和机制分析的科学性与合理性，并反馈到现有中国制造业转型升级战略框架、路径、支撑体系与整体对策体系。

七、设计应对再工业化战略推进中国制造业转型业升级的对策体系

对外，要着力提升国际分工地位、化解贸易与投资障碍、利用和引导国际规则，不断增强中国在全球治理中的话语权，推进和完善全球治理体系，推动全球化发展。对内，要加快构建双循环新发展格局，建构创新驱动发展的战略体系，使知识产权保护、以信用为基础的良好营商环境成为广大居民、企业与政府的内在要求。整体上，我们提供了从宏观整体、中观产业、微观企业等层面来全面构建走出大而不强困局、努力从“世界工厂”转变为“世界总部”、从中国制造转型为中国智造、中国创造，在研发、生产、销售、服务等环节进行全球产业链整体布局与提升，以全球化视野来建构中国制造业转型升级的战略框架与实施路径。

八、主要创新点

本书着重于以下几个方面的创新：(1) 基于新全球化视角解读再工业化，强调再工业化不断凸显知识与数字的主导、科技创新和制度创新的协同互动、政府和市场的有机融合推进，趋于智能化、服务化、数字化和生态化等新特征。(2) 从历史维度概括大国兴衰与制造业地位变迁的关系，基于人类历史上工业革命中国家兴衰的客观事实和战略性“竞合”关系，来探索制造业与大国实力之间关系的演变规律，并由此分析发达国家再工业化的深刻影响，以及中国制造业对中国持续崛起的重大战略意义。(3) 以全球化与新全球化理论、工业化理论

演进为基础，从理论基础、战略背景、战略目标、战略体系、支撑体系、辅助体系等多个方面搭建综合分析再工业化大战略的系统性框架体系。(4) 深刻分析了发达国家再工业化影响我国制造业转型升级的理论机制。综合归纳为：供给侧与需求侧互动机制、国际分工机制、国际权力机制等四大影响机制。在此基础上利用双重差分法，从供求、创新等多维度实证分析发达国家再工业化对中国制造业转型升级的影响。(5) 比较再工业化战略与中国制造业转型升级的异同性。共性方面体现为大国逻辑、动力模式、绿色发展理念方面的共性；但中国与其他主要工业化国家在战略思维、战略基础、战略创新、战略任务与战略措施方面又存在较大的差异。这种差异性引发了国家之间的竞争强化效应、合作拓展效应、学习深化效应、产业链与国际经贸规则重构效应。同时，鉴于两大战略的优先突破领域具有相同性以及战略思维的差异性，这两大战略的实施将强化国家之间经济、军事和国际秩序等领域的竞争性。(6) 构建了具有重要实践意义的促进我国制造业可持续发展的对策体系。基于系统论的视角，紧扣两个百年叠加冲击的时代背景，从企业、产业、地区、国家和国际等层面来构建一个具有内在理论逻辑与实践逻辑相统一、战略性与战术性相统一、特定性和全面性相结合、前瞻性和现实性相结合的应对策略体系。

九、研究不足及展望

如下问题仍需我们继续去深入研究：其一，再工业化理论可以进一步深入建构，特别是如何进一步构建能指导各国制造业高质量发展的一般性工业化理论；其二，中国工业化的稳步推进与跨越式赶超之间的长效协同机制如何构建；其三，实证量化分析还可以进一步丰富，特别是在相关数理方程的完善、自变量和实证方法的扩展等方面还需要深入探索；其四，大变局下发达国家再工业化与中国制造业高质量发展的未来交互式作用和相应前景需要去深度展望；其五，中国快速崛起，中美之间围绕科技创新和制造业发展正在展开激烈竞争，而且这种竞争属性也在发生变化，这需要进一步的深入研究；其六，全球化背景下，国家制造业发展对国际权力的转化机制还需要深入研究。

中国式现代化开辟了人类文明的新形态，这一现代化进程中，既有中国式工业化的巨大贡献，也离不开中国式制造业转型升级的贡献。那么，这一巨大贡献能否量化，又如何由特殊性上升到普遍性，从理论上去深度诠释，是一项较为艰巨且可持续进行的研究工作。

Abstract

Based on the background of the great change that has not been seen in a century, this book closely follows the latest progress of the major developed countries that have been pushing forward the reindustrialization strategy after the financial crisis of 2008, analyzes the new initiatives of reindustrialization of the major industrialized countries and their new impacts, sorts out the theoretical basis of the reindustrialization strategy, and regards the reindustrialization of the developed countries as an exogenous variable of the transformation and upgrading of China's manufacturing industry. With the smooth implementation of the strategy of manufacturing power as the overall goal, and technological progress to generate new industries, new business forms, new modes and new technologies as the endogenous driving force, we will analyze the influence mechanism and effect of the former on the latter by comparing the common basis and different strategies of the reindustrialization of major developed countries and the transformation and upgrading of China's manufacturing industry, so as to provide a route map and action plan for China's manufacturing industry's transformation and upgrading, and to offer a reference for decision-making by governmental departments and enterprises, as well as to promote relevant disciplines. It will provide a route map and action plan for the transformation and upgrading of China's manufacturing industry, provide a reference for government departments and enterprises to make decisions, and promote the development of relevant disciplines.

1. Building a theoretical system for reindustrialization

Based on the perspective of the rise and fall of great powers since the Industrial Revolution, the theoretical system of reindustrialization is constructed from the logic of the evolution of industrialization, the origin and development of deindustrialization, and the common foundations and differentiating elements of industrialization, deindustrialization and reindustrialization are clarified. Reindustrialization focuses on the development of high-end manufacturing industry, emphasizing the re-engineering of the high-end of the global manufacturing value chain, thus obtaining the right to control the value chain, and driving the development of other industries through the exercise of the right to control, so the focus of reindustrialization in developed countries aims to improve the control of the national industrial system. As the new pneumonia epidemic continues to spread globally, the reindustrialization of major industrialized countries are placing greater emphasis on the security and stability of the industrial chain and supply chain in their own countries or regions, resulting in the emergence of a new trend of reindustrialization that revolves around the construction of the entire industrial chain in their own countries or regions. After sorting out the traditional industrialization theories and carrying out inductive deduction, we construct the theoretical system of reindustrialization from the aspects of innovation drive, factor input, production mode, green and smart, and analyze the theoretical logic of reindustrialization in terms of the inseparability of "innovation-manufacturing". As a result, it can help us better understand the profound impact of the reindustrialization of developed countries on the transformation and upgrading of China's manufacturing industry, and can directly use the theory to guide the transformation and upgrading of China's manufacturing industry.

2. Exploring the motivations for reindustrialization in developed countries from the endogenous correlation between manufacturing and the rise and fall of large countries

Combing the history of the development of the world's major powers since the Industrial Revolution and the relationship between the development of the manufacturing industry, indicating that the rise of Britain, the United States, Japan, Germany, Russia and other major powers with worldwide influence, are inseparable from the prosperity and support of the manufacturing industry. Historical experience has shown that manufacturing, as the theme of the real economy, is the material foundation for enhancing the comprehensive national strength of a country and the root of the rise of a great power. The objectives of the current reindustrialization strategies of the major industrialized countries are unique. As far as the United States is concerned, in terms of short-term objectives, the first one is to promote economic recovery, promote the return of capital and create a large number of high-quality jobs; secondly, we need to expand exports and narrow the trade deficit; thirdly, we need to maintain national security. In terms of medium-term objectives, under the "America First" strategic thinking, the reindustrialization strategy is to force the peripheral countries to continue to maintain their dependence on the United States, and ultimately to achieve the strategic objective of stabilizing the existing "debt-type" "centre-periphery" system, and to maintain the United States-led global governance order. In terms of long-term goals, the reindustrialization strategy should comprehensively enhance the United States' innovation capacity, optimize its industrial structure, transform its development mode, promote the United States to lead the fourth global industrial revolution, seize the strategic high ground in the future global industrial and scientific and technological competition, consolidate the pattern of United States-style globalization in the "post – America era", curb the challenge of its global dominance by its "strategic competitors", and ultimately realize the "American dream" of continuing to lead the world for a hundred years.

3. Deconstructing the constraints and assessing the prospects for reindustrialization in developed countries

In terms of the prospects for the reindustrialization of developed countries, it depends on how to solve the following constraints: (1) Whether it is possible to successfully build a factor support system for reindustrialization and the resulting cost competition pressure. For example, to break through the constraints of the labor factor and capital factor. (2) Whether to withstand the demand changes caused by large fluctuations in the price of resource products such as inflation shock. (3) How to break through the constraints of the existing global production system and value chain system. In the era of globalized production, it means the readjustment of its development model, which means changing the existing global industrial layout and international division of labor pattern. (4) Reindustrialization strategy is a systematic project, the key is a systematic breakthrough in science and technology, that is, the formation of R&D capacity and level of self-improvement and strengthening of mechanisms. (5) How to further improve the international order, and to maintain a good international trade governance system. In addition, with the sudden and global spread of the COVID – 19 epidemic, the linkage chains of various countries, including the industrial chain, have been blocked, and various countries have implemented expansionary fiscal and monetary policies to different degrees to cope with the epidemic, and the global debt has swelled dramatically, which has posed a hidden danger for the future economic development, and may also become a "Grey rhinoceros" in the process of reindustrialization.

4. Comparing the similarities and differences between the reindustrialization of developed countries and the transformation and upgrading of China's manufacturing and the high-quality development of the manufacturing industry

First, to conduct a comparative study on the reindustrialization of developed countries. This includes summarizing the successful experiences and shortcomings of major countries in the era of Industry 2.0 and Industry 3.0, and comparing and analyzing the similarities and differences between countries like the United States, Germany, and Japan in the era of Industry 4.0 in terms of their focus points, strategic objectives, implementation paths, and support systems. At the same time, from the time dimension to vertically compare the changes in the reindustrialization strategy of developed countries, such as comparing the similarities and differences between the reindustrialization of the Obama era and the reindustrialization of the Trump and Biden administrations. Secondly, compare the similarities and differences between the reindustrialization of major developed countries and the transformation and upgrading of China's manufacturing industry. The transformation and upgrading of China's manufacturing industry is essentially a "manufacturing power strategy", which has obvious similarities and differences with the reindustrialization strategies of developed countries in terms of strategic background, strategic thinking, strategic foundation, strategic innovation, strategic tasks and strategic measures. Comparative analysis can deepen the theoretical basis for the transformation and upgrading of China's manufacturing industry.

5. Detailed explanation of the mechanism, path and effect of reindustrialization of developed countries affecting the transformation and upgrading of China's manufacturing industry

Based on the world market, the reindustrialization of developed countries has formed a mechanism system affecting the transformation and upgrading of China's manufacturing industry from multiple dimensions, involving the market level and the division of labor level, and also including the international power or global governance level. On the whole, the reindustrialization of developed countries forms a four-in-one mechanism affecting the transformation and upgrading of China's manufacturing industry from the dimensions of supply side, demand side, international division of labor system and international power, which has different impacts on China's manufacturing industry as a whole, industry, different regions, different enterprises, etc., and further generates the competition-enhancing, cooperation-expanding, learning-deepening, and global industry chain and economic and trade rule restructuring effects between China's manufacturing industry and the developed country's industry. It will also give rise to the political economy effects such as competition strengthening effect, cooperation expansion effect, learning deepening effect, global industrial chain and economic and trade rules reconstruction effect between China's manufacturing industry and developed countries' industries.

6. Analyzing the achievements, problems, and evaluation indicator system of China's manufacturing transformation and upgrading

Since the reform and opening up, the transformation and upgrading of China's manufacturing industry has been on the way. From the historical experience, theoretical summary and policy support to describe in detail the current situation and progress of the transformation and upgrading of China's manufacturing industry, standing in the vertical and horizontal comparative perspective of the problem analysis, the study shows that China's manufacturing industry is facing a double pressure: not only to continue to enhance the level of industrialization, accelerate the transformation and upgrading of the traditional manufacturing industry, to maintain the proportion of manufacturing industry in the GDP, but also to vigorously develop the high-end manufacturing industry, to Improve the control of the manufacturing industry over the national economic system. At the same time, the evaluation system and evaluation indexes of the reindustrialization of developed countries and the transformation and upgrading of China's manufacturing industry are designed to simulate and analyze the value of the reindustrialization of developed countries in promoting the transformation and upgrading of China's manufacturing industry, so as to check the scientific and rationality of the theoretical framework and mechanism analysis, and to feed back to the existing strategic framework, path, support system and overall countermeasure system of China's manufacturing industry's transformation and upgrading.

7. Designing a countermeasure system to cope with the reindustrialization strategy to promote the transformation and upgrading of China's manufacturing industry

To ensure that the strategic framework and implementation path of China's manufacturing transformation and upgrading can be successfully promoted, it is necessary to build a strong countermeasure system. Externally, efforts should be made to enhance the status of international division of labor, resolve obstacles to trade and investment, make use of and guide international rules, and continuously enhance China's voice in global governance, so as to promote and improve the global governance system and push forward the development of globalization. Internally, we need to accelerate the construction of a new development pattern of double-cycling, construct a strategic system of innovation-driven development, and make intellectual property protection and a good business environment based on credit an intrinsic requirement for the majority of residents, enterprises and the government. On the whole, we have provided a comprehensive plan to build a new development strategy from the macro-industry, meso-industry and micro-enterprise levels to get out of the predicament of China's manufacturing industry being big but not strong, and strive to transform from a "world factory" to a "world headquarters", and from Made-in-China to China's Intelligent Manufacturing and China's Creation, and to build a new development strategy in R&D, production, sales and marketing. In addition, the company will carry out the overall layout and enhancement of the global industrial chain in R&D, production, sales and service, and construct the strategic framework and implementation path for the transformation and upgrading of China's manufacturing industry with a globalized vision.

8. Main innovations

This study focuses on the following innovations: (1) Interpretation of reindustrialization based on the perspective of new globalization, emphasizing that reindustrialization constantly highlights the new features of knowledge and digital dominance, synergistic interaction of scientific and technological innovation and institutional innovation, organic integration of government and market, and tends to be intelligent, service-oriented, digitalized and ecological. (2) From the historical dimension, we summarize the relationship between the rise and fall of great powers and the change of the status of the manufacturing industry, and explore the evolution of the relationship between the manufacturing industry and the power of great powers based on the objective facts of the rise and fall of countries during the industrial revolution in human history and the relationship of strategic "competition and cooperation", and analyze the profound impact of the reindustrialization of developed countries and the strategic significance of China's manufacturing industry for the sustained rise of China. To explore the evolution law of the relationship between manufacturing industry and the power of great powers by analyzing the profound impact of the reindustrialization of developed countries and the strategic significance of China's manufacturing industry to China's sustainable rise. (3) Based on the theory of globalization and new globalization, and the evolution of industrialization theory, a systematic framework system is built to comprehensively analyze the grand strategy of reindustrialization in terms of theoretical foundation, strategic background, strategic objective, strategic system, support system and auxiliary system. (4) The theoretical mechanism of reindustrialization of developed countries affecting the transformation and upgrading of China's manufacturing industry is deeply analyzed. It is comprehensively summarized as: supply-side and demand-side interaction mechanism, international division of labor mechanism, international power mechanism and other four major influence mechanisms. On this basis, using the DID, we empirically analyze the impact of reindustrialization of developed countries on the transformation and upgrading of China's manufacturing industry in terms of supply and demand, innovation and other multi-dimensions. (5) Compare the similarities and differences between the reindustrialization strategy and the transformation and upgrading of China's manufacturing industry. The commonalities are reflected in the logic of big country, power model, and green development concept; however, there are big differences between China and other major industrialized countries in terms of strategic thinking, strategic foundation, strategic innovation, strategic tasks and strategic measures. This difference has triggered the competition strengthening effect, cooperation expansion effect, learning deepening effect, industry chain and international economic and trade rules restructuring effect between countries. At the same time, given the similarity of the priority breakthrough areas of the two strategies and the differences in strategic thinking, the implementation of these two strategies will strengthen the competitiveness between countries in the fields of economy, military and international order. (6) A countermeasure system for promoting the sustainable development of China's manufacturing industry with important practical significance is constructed. Based on the perspective of system theory and keeping in mind the era background of the superimposed impact of the two centuries, a system of countermeasure strategies is constructed from the levels of enterprises, industries, regions, countries and the international arena, which has the inherent unity of theoretical logic and practical logic, the unity of strategic and tactical, the combination of specificity and comprehensiveness, and the combination of foresight and practicality.

9. Research shortcomings and prospects

On the whole, the following issues still need to be studied in depth: first, the theory of reindustrialization can be further constructed, especially how to build a general theory of industrialization that can guide the high-quality development of human manufacturing industry; second, how to build a long-term synergistic mechanism between the steady progress of China's industrialization and its leapfrog catching up; third, the quantitative analysis of empirical evidence can be further enriched, especially in the refinement of the mathematical equations, the expansion of independent variables and empirical methods, and so on; third, the quantitative analysis can be further enriched, especially in the improvement of mathematical equations and the expansion of independent variables and empirical methods, etc.; fourth, the future interaction between the reindustrialization of developed countries and the high-quality development of China's manufacturing industry and the corresponding prospects under the big change situation need to be looked forward to in depth; fifth, with the rapid rise of China, there is an intense competition between China and the United States around scientific and technological innovation and the development of the manufacturing industry, and the attributes of this competition are changing, which requires further in-depth research. This requires further in-depth research; sixth, the mechanism of transformation of national manufacturing development into international power in the context of globalization requires in-depth research.

Chinese-style modernization has opened up a new form of human civilization, and in this modernization process, there is a huge contribution from Chinese-style industrialization and the transformation and upgrading of Chinese-style manufacturing industry. Whether this great contribution can be quantified and how it can be elevated from specificity to universality, and how it can be interpreted theoretically, is an arduous and sustainable research task.

目录

Contents

Contents

第一章

绪　论

中国特色社会主义进入新时代。从党的十九大到党的二十大，是伟大的中华人民共和国“两个一百年”奋斗目标的历史交汇期，正在全面开启社会主义现代化强国建设新征程。2021 年 7 月 1 日，习近平总书记在庆祝中国共产党成立 100 周年大会上庄严宣告：中华大地全面建成了小康社会①。2021 年 8 月 17 日，习近平总书记在中央财经委员会第十次会议上，明确提出要扎实推动共同富裕②。2022 年 10 月 16 日，习近平总书记在党的二十大报告中强调，以中国式现代化全面推进中华民族伟大复兴；坚持把发展经济的着力点放在实体经济上，推进新型工业化，加快建设制造强国、质量强国、航天强国、交通强国、网络强国、数字中国。党的二十届三中全会提出：“加快推进新型工业化，培育壮大先进制造业集群，推动制造业高端化、智能化、绿色化发展”③。在未来中国式现代化与中华民族共同富裕之路中，制造强国战略（Manufacturing Power Strategy）的重要性日益突显。在此百年未有之大变局加速演进期，外部环境不确定性与日俱增，在当前错综复杂的时代背景下，中国制造业转型升级面临新挑战，尤其是供应链安全问题日益增加。为应对危机和变局，习近平总书记适时提出构建“以国内大循

---

① 习近平：《在庆祝中国共产党成立 100 周年大会上的讲话》，载于《求是》2021 年第 14 期。

② 马玲：《扎实促进共同富裕　防范化解重大金融风险》，载于《金融时报》2021 年 8 月 19 日。

③ 《中国共产党第二十届中央委员会第三次全体会议公报》，中国政府网，https：//www. gov. cn/yaowen/liebiao/202407/content_6963409. htm？ sid_for_share = 80113_2。

环为主体、国内国际双循环相互促进的新发展格局”①。坚决落实“坚定不移把制造业和实体经济做强、做优、做大”的指示精神，实施制造强国战略，迫切需要深入分析发达国家再工业化进程中我国制造业转型升级面临的新问题，所受到的新影响，并采取有效应对之策。

第一节 研究背景

一、百年未有之大变局加速演进

2008年金融危机以来，世界主要工业化国家纷纷提出和实施新的工业发展战略，比如，美国的再工业化战略、德国的工业4.0、法国的“未来工业”计划、英国的“英国工业2050”计划、日本的“机器人新战略”和“社会5.0战略”。与新兴工业国家不同，这些国家均是传统意义上完成了工业化的国家，其新工业发展战略虽然各有差异，但具有较强的相似性，比如高度重视制造业的战略地位、都把创新置于整个国民经济发展的核心、将制造业置于促进经济转型和国民经济可持续发展的基础性地位等，因此往往被通称为再工业化战略（Reindustrialization Strategy）。实际上，部分新兴国家也提出了类似战略，如泰国为促进其产业的转型升级而提出“泰国4.0”经济战略目标，从而增强国家竞争力；印度发布《印度制造业国家战略》白皮书，于2018年6月出台《人工智能国家战略》；再如阿根廷总统克里斯蒂娜宣布实施“2020年工业战略计划”，力争未来十年振兴阿根廷民族工业以替代进口产品②，2021年4月14日阿根廷生产发展部部长库尔法斯又宣布“阿根廷生产发展4.0计划”，表示在发展民生的同时应关注工业4.0发展③。这些战略的持续推进，促进了人工智能（Artificial Intelligence）、大数据（Big Data）、云计算（Cloud Computing）、智能制造（Intelligent Manufacturing）、3D打印（3D Printing）、新能源（New Energy）、新材料（New Material）等新技术和新业态的不断涌现和快速发展，进而使人类社会步入了新工

---

① 《深入学习贯彻习近平新时代中国特色社会主义思想 加快形成新发展格局》，载于《人民日报》2020年9月23日。

② 陈晓航：《阿根廷加强进口产品限制》，载于《人民日报》2011年3月1日。

③ 《阿根廷政府宣布阿“生产发展4.0计划”》，商务部，http://ar.mofcom.gov.cn/article/jmxw/202104/20210403053589.shtml.

业革命时代，即工业 4.0 时代。各工业大国纷纷强化创新来追求世界科技和产业的战略制高点，彰显了世界进入围绕创新来进行激烈战略竞争、百年未遇的新时代。

这个时代充满机遇和挑战，正如 2018 年 6 月习近平总书记在中央外事工作会议上指出："当前中国处于近代以来最好的发展时期，世界处于百年未有之大变局"。此后，习近平总书记又多次重申了这一诊断。2020 年以来，新冠疫情全球突发，百年未有之大变局变得更加充满复杂性和不确定性。具体来讲，所谓百年未有之大变局，主要表现为如下四大方面。

（一）新国际格局正在形成

以中国为代表的广大新兴工业化国家崛起，促使国际权力正在发生转移和更迭，世界东西方相对平衡的格局正在取代以西方主导为核心的国际格局，政治重心开始出现"东升西降"，广大发展中国家在全球政治中的话语权大幅度提升，新的国际格局正在形成。以美国为代表的西方国家出现了不适应问题，部分国家"退群"与"复群"行为频频发生，现行国际规则被部分国家严重破坏，新旧势力正在围绕新国际格局展开激烈的斗争。俄乌冲突升级，北约成员不断扩大，在新增瑞典和芬兰两位成员之后，成员将增加到 32 个，将改变未来百年的全球格局。这也意味着未来制造业发展的国际环境越来越充满不确定性。

（二）中国正在重新定义"现代化"

长期以来，世界上现代化的成功模式由西方提供，即以美国、英国为代表的"盎格鲁－撒克逊"模式、以德国、日本为代表的"莱茵"模式和以瑞典为代表的"民主社会主义"模式，此三种模式是专家们认可的原创成功的现代化模式（见表 1－1）。

表 1－1　原创成功的现代化四种模式

模式	典型特征
英美的"盎格鲁－撒克逊"模式，又称"新美国模式"	实行自由市场经济体制模式。赋税水平低（税收收入约占 GNP 的 30%），企业主要依赖于金融市场融资（约占 80%）；微观主体的企业属于股东领导企业。体现了新保守主义所倡导放弃管制、削弱国家作用的所谓"国家最小化，市场最大化"原则
德国、日本、瑞士、荷兰等的"莱茵"模式	奉行"以人为本"市场经济模式。赋税水平高（税收收入约占 GNP 的 40%）；企业主要是通过银行贷款（约占 60% ～65%）；微观主体中的企业是合作管理制

续表

模式	典型特征
瑞典的“民主社会主义”模式（“瑞典模式”）	政治层面由四个要素构成：实行民主制，也即议会制、多党制，三权分立；瑞典社民党通过选举，赢得议会多数，成为执政党，这是“瑞典模式”存在的前提；以不断“转型”的社会民主主义为基本价值观念；由社会民主党政府主导的国家公共部门、全国总工会同私人企业及其组织全国雇主协会三者间通过协商，维持政治上的平衡。经济层面实行混合经济。社会层面建设高福利制度
中国式现代化	坚持和发展中国特色社会主义，推动物质文明、政治文明、精神文明、社会文明、生态文明协调发展，创造了中国式现代化新道路，创造了人类文明新形态。中国式现代化既有各国现代化的共同特征，更有基于国情的中国特色：是人口规模巨大的现代化，是全体人民共同富裕的现代化，是物质文明和精神文明相协调的现代化，是人与自然和谐共生的现代化，是走和平发展道路的现代化

资料来源：笔者整理。

然而，现在全球面临严重的贫富分化、环境污染等重大挑战，这凸显了人类自工业革命以来以发达国家为代表的现代化模式已建立在不可持续发展的基础之上。2021 年 10 月 18 日开幕的第九届世界中国学论坛上，塞尔维亚前总统鲍里斯·塔迪奇明确指出，中国赋予了“现代化”新内涵，即中国不仅在践行现代化，并在克服西方式现代化的错误和流弊方面走出了创新之路，而西方传统意义上的现代化因无法应对当代挑战，已使全世界长久停滞（张焮，2021）。中国式现代化，是在创新、协调、绿色、开放、共享五大发展理念引领下的现代化；是融合了物质的现代化、精神的现代化、治理的现代化、生态的现代化和人的现代化；是塑造了社会主义文明的人类文明新形态，并走出了一条和平崛起的道路。在全球蔓延的疫情当中，中国是抗疫最为成功的国家之一，也是率先复工、复产做得最好的国家之一，同时也是 2020 年唯一实现经济正增长的大国。2021 年，中国 GDP 增长率达到 8.1%，也是大国中的高增长之国。这一切都说明了中国正在重新定义“现代化”，提供“现代社会”新模式，是对人类文明的贡献（见表 1 - 1）。作为立国之本的制造业，在中国现代化建设中提供了物质基础，在为人类文明做出新贡献的过程中，有许多经验可总结，也有一些不足或短板需要我们去弥补。

（三）第四次工业革命正在快速推进

在第四次工业革命浪潮中，中国和欧美国家一样面临机遇与挑战。当前，以 5G、区块链、云计算、工业互联网、基因工程、人工智能、大数据、量子通讯、新材料、新能源等为代表的第四次工业革命正在不断演进，中国与欧美国家一样，面对的机遇与挑战类似，比如部分制造业领域，中国也处于高原地带，与欧美国家一样，面临技术上的“青藏高原”，需要跳得更高，才能、才有桃子可摘，这是中国未来发展的重大机遇。互联网加速了世界新知识和信息的传播速度，降低了中国基础创新能力短板不足的不利影响。信息技术与我国强大的制造业紧密结合，助推了超级应用能力和产业效率，从而在应用创新领域对欧美形成挑战。

第四次工业革命所带来的国际竞争不再局限于传统自然资源的有形竞争，更多的偏向于技术、知识、人才等无形竞争。

当然，新工业革命也给世界各国带来了诸多挑战，智能制造、生命科学以及量子技术等一些日新月异的科技，一方面为制造业转型升级创造了更大的空间，另一方面在提升人类福祉的同时也带来了不少问题。如大量运用智能制造、工业机器人加大了“去工业化”趋势，给各国就业，尤其是制造业吸纳的就业造成压力；大力研发智能技术和基因工程挑战了人类伦理，或被“非道德化”利用，若监管不力，可能被不法分子滥用为智能化武器与智能化战争等。当前，如何对这种超国家特征的智能化技术进行监管，如何凝聚各国共识并制定具有法律约束的国际规则或成立国际监管机构，都是百年未有之大变局下面临的新课题。

第四次工业革命浪潮将深度改变人类生产和生活方式，对各国要素的比拼也上升到新的高度，传统的资本、劳动力等生产要素依然在发挥作用，但非国家行为体正在成为各国重塑变局的一个新的重要变量，国家治理体制机制、手段，国家行政执行力的比拼正在成为主导经济政治变局走向的主要因素（史梦华，2021）。

（四）新的全球问题不断涌现

百年未有之大变局之下，新的全球问题不断涌现。近些年来，贸易保护主义、孤立主义、民粹主义、网络安全、气候变化、超级资本、虚拟加密数字货币、科技陷阱、超级病毒等全球问题也越来越凸显，世界经济与贸易发展环境明显恶化，经济全球化呈现收缩态势，“逆全球化”趋势出现，传统全球治理体系已应对乏力，全球产业链面临断链风险。面对诸多全球问题，和平、发展、合作、共赢的时代潮流没有变，需要多国的共同努力来提升治理能力，但面对新的全球问题，哪个国家应对得好、有力，发展得更好，这个国家将在未来拥有更多的话语权、更高的国际声望，并获取国际秩序维护的红利。

二、制造业的重要地位受到各国高度重视

综观世界历代经济史，工业化程度不仅是衡量一个国家发展的重要指标，也

是国家实现现代化和高度文明的支撑点。但 20 世纪 60 年代以来，以美国为代表的主要工业国家不断推进产业的全球转移，自身逐步出现“去工业化”现象。在这一过程中，以美国为代表的发达国家长期处于国际产业链的两端，在众多制造业领域拥有绝对主导权，可以对产业链的中、下游国家实施技术性“制裁”，即所谓卡他人“脖子”。金融危机后，主要工业国家开始反思原有“脱实向虚”、制造业在国民经济中占比不高、“产业空心化”弊端，纷纷对本国经济发展战略做出重大调整，其首要表现就是各主要工业化国家均重新加大了对制造业的重视程度，纷纷开启“再工业化战略”。

对于中国这样长期处于国际产业链中、下游的发展中大国而言，制造业保持长期稳定可持续发展状态是中国经济高质量发展的关键。据历年《国家统计年鉴》数据，从制造业采购经理指数（PMI）变动情况来看，该 PMI 指数近十年在 50 ~ 60 之间稳定波动，仅有两次较大幅度的波动。第一次是受 2008 年全球金融危机影响，PMI 指数首次跌至 40；第二次是受 2020 年全球新冠疫情影响，我国 PMI 指数首次跌至 30，创近十年跌幅新高（见图 1 – 1）。

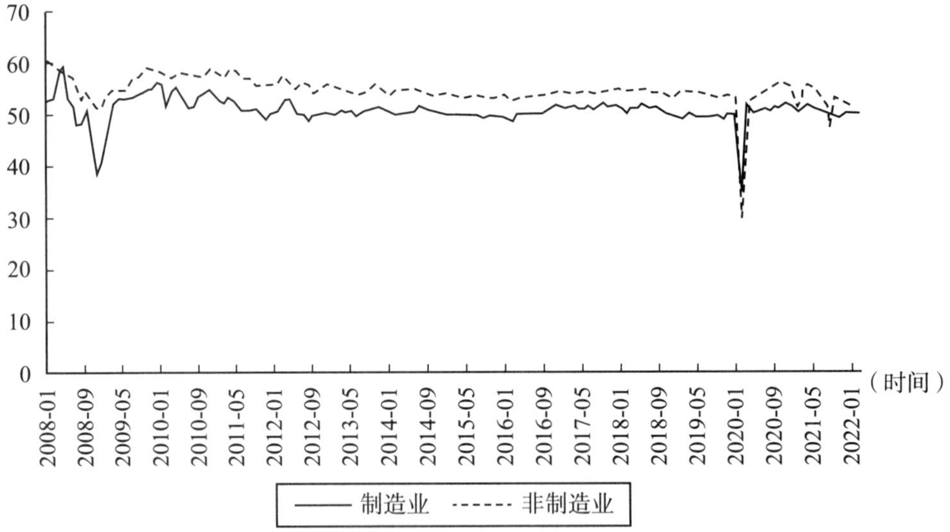

图 1 – 1　2018 年 1 月 ~ 2022 年 2 月中国制造业 PMI 指数走势

资料来源：东方财富数据，https：//data. eastmoney. com/cjsj/pmi. html。

当前，制造业在我国国民经济中的重要地位也逐渐凸显。习近平总书记多次强调了制造业的重要性。2017 年 4 月 20 日，习近平总书记考察广西南南铝加工有限公司时表示：“一个国家一定要有正确的战略选择。我们的战略选择就是要继续抓好制造业。中国是个大国，必须要做强实体经济，不能‘脱实向虚’。要虚实结合，以实为基础。制造业是实体经济的重要组成部分。要以创新驱动，实现新旧动能转换。同时，做好知识和人才的积累。”2019 年 9 月 16 日至 18 日，习近平总书记在河南考察时强调：“制造业是实体经济的基础，实体经济是我国发展的本钱，是构筑未来发展战略优势的重要支撑。要坚定推进产业转型升级，加强自主创新，发展高端制造、智能制造，把我国制造业和实体经济搞上去，推动我国经济由量大转向质强，扎扎实实实现‘两个一百年’奋斗目标。”2020 年 4 月 20 日至 23 日，习近平总书记在陕西考察时强调：“要坚定信心、保持定力，加快转变经济发展方式，把实体经济特别是制造业做实做强做优，推进 5G、物联网、人工智能、工业互联网等新型基建投资，加大交通、水利、能源等领域投资力度，补齐农村基础设施和公共服务短板，着力解决发展不平衡不充分问题。”① 党的二十届三中全会强调，“加快推进新型工业化，培育壮大先进制造业集群，推动制造业高端化、智能化、绿色化发展”。由此突显出先进制造业发展的重要性和紧迫性。

总之，在“再工业化”国际大趋势下，要求我们要抢占先机，力争在新一轮全球制造业大转型升级趋势中占据有利地位，顺利实现自身的制造业的转型升级。同时，更要积极借鉴发达国家已有的“再工业化”战略经验，结合我国国情，制定适合可持续性发展的制造业发展战略和政策，大力推进制造业转型升级。

三、再工业化已成为主要工业化国家的长期战略

2008 年金融危机重创了全球经济，且本轮金融危机始发于号称为“灯塔之国”的美国，不但使美国重新反思传统经济增长模式，开启再工业化战略，也间接促使美国部分跌落“神坛”，并促使世界各国重新认识制造业在国民经济中的地位，从战略上重新重视制造业。比如日本、德国、英国、法国，均推出了类似于美国再工业化的国家战略。

以美国为例。2009 年初总统奥巴马首次从国家战略层面提出了再工业化战略（亦称制造业重振战略），强调要回归实体经济，重振国家制造业体系，转变经济发展方式，促进经济可持续发展，巩固其全球领导地位。2009 年 11 月 2 日，奥巴马明确指出，美国要大力调整经济增长模式，要从虚拟经济增长模式过渡到制造业增长模式；从高消费、低储蓄的增长模式过渡到适度消费、多储蓄的经济增长模式；从债务推动型增长模式过渡到出口推动型增长模式。这也表明，美国经济要转向以出口推动型增长和制造业增长为中心的可持续增长模式。

特朗普政府上任后，将再工业化上升到政治层面，提出“让美国再次伟大”

① 《把实体经济做实做强做优》，载于《经济日报》2020 年 4 月 25 日。

的口号，从税收体制改革、实施贸易保护主义、控制移民政策、强化基础设施建设等多个方面实施了全面措施。这实际上是把美国再工业化战略从呼吁号召的口号层面与经济层面逐步向执行实施与政治层面升级，是奥巴马政府“再工业化”的延续和强化。拜登政府延续了奥巴马政府的“再工业化”战略，力图全面推进“制造和创新战略”。

显然，以美国为代表的“再工业化”战略绝不是仅仅恢复传统制造业优势，更是要通过创新在传统制造业的基础上建立新的工业体系，依托高新技术产业大力发展经济，强化制造业对国民经济体系的控制力，促进制造业与服务业的协同发展。因此，发达国家“再工业化”战略实际是一个持续性发展的制度创新和科技创新过程。在此国际背景下，势必会导致国际产业链更偏向于发达国家，从而进一步拉开发展中国家和发达国家之间的技术差距，使得发展中国家在国际产业链中失去主动权。

四、国际经贸秩序重构将持续影响中国制造业转型升级

当前的国际经贸规则正面临重构。原有的以 WTO 为基础的多边贸易规则体系正在重塑，美国前任总统特朗普甚至还威胁要退出 WTO。与此对应的是区域和双边贸易协定大量涌现。根据周小川（2021）在博鳌论坛演讲中提供的数据，20 世纪 90 年代初的自由贸易协定仅有 20 多个，到 2020 年已经增长到近 500 个[①]。据日本贸易振兴机构统计，截至 2021 年 1 月 31 日，全球已生效的区域自由贸易协定共计 357 个[②]。根据 WTO 的统计数据，截至 2020 年 6 月末，亚洲区域内处于生效中的自由贸易协定有 51 个，亚洲经济体与区域外经济体签署并处于生效中的自由贸易协定有 104 个[③]。由此意味着新的国际经贸规则正在重构，全球贸易规则体系充满不确定性，中国制造业的对外贸易平衡发展也充满变数。

在新格局下，主要工业国家在一些新贸易领域试图另建规则。比如信息化时代，数据与数字贸易为新领域，事关未来竞争力。当前，新一轮技术革命由数字技术主导，正在推动社会产业体系、经济体系产生深刻变革，给全球创新体系、全球价值链与产业链、贸易与投资等带来全方位的影响。美国、日本和欧盟 2019

① 周小川：《博鳌亚洲论坛报告：加强亚洲主要经济体之间的自由贸易联系与协定整合》，https://baijiahao.baidu.com/s?id=1688868643730879503&wfr=spider&for=pc。

② 鲁欣：《中国制造业外部环境恶化，如何应对》，https://card.weibo.com/article/m/show/id/2309634670555453522179。

③ WTO：《博鳌亚洲论坛报告：加强亚洲主要经济体之间的自由贸易联系与协定整合》，https://baijiahao.baidu.com/s?id=1688868643730879503&wfr=spider&for=pc。

年1月9日的贸易部长会议，共同宣称将携手大力促进数字领域的贸易。他们试图在个人及企业数据流通这一新领域主导国际规则的制定，构筑“数字同盟圈”，通过与部分亚太国家签署数字贸易协议，构建一个独立于WTO体系之外，且在数据跨境流动、电子支付等方面规则与标准统一的亚太区域数字贸易协议，并主导数字技术发展方向。又比如气候变化，目前正在被写入国际贸易规则。事实上碳关税将不仅对全球贸易，也将对各国产业结构产生深远影响，这对于中国的“碳达峰”和“碳中和”提供了更为紧迫的要求。

美国、日本和欧盟定期召开贸易部长会议，以应对全球经贸的新变化并讨论为此制订新规则。自2017年至2019年5月，他们即发布了6份联合声明，核心议题均与制造业紧密相关，且还专门涉及单独的第三方国家。六次联合声明关注的议题包括：非市场导向的政策与做法、国有企业和补贴规则、强制技术转让与知识产权保护、数字贸易电子商务和数据安全以及WTO改革等。其中，三方联合声明中关于“非市场导向的政策和做法”，主要包括政府财政支持本国产能扩张、对国有企业补贴等方面。他们此种行为导致了产能的严重过剩，是不公平竞争，阻碍技术的创新及应用，破坏了国际贸易正常运行规则。

拜登政府上任后，美国逐步摒弃特朗普政府在“美国优先”执政理念指导下单打独斗挑战全球的做法，逐步修复与盟友的关系，着力构建“俱乐部”式产业链供应链，与盟友一道打造“小院高墙”。目前正在加速建立以美国为核心的“美洲内循环体系”，推进“跨大西洋联盟”；2022年5月启动“印太经济框架（IPEF）”，重要内容之一是在中国周边重塑区域供应链，打造一个独立于中国区域内供应链体系。

总体上，随着制造业在国民经济发展及国家竞争中的地位的提升，作为制造业第一大国的中国，面临的发展的限制更多，对此要求中国制造业，尤其是中国制造业的转型升级要做好长期应对思虑变道超车之道。

五、新发展格局成为中国制造业转型升级的新战略背景

（一）构建新发展格局是中国主动作为的长期战略

2020年4月以来，习近平总书记多次就构建“以国内大循环为主体、国内国际双循环相互促进的新发展格局”发表重要讲话并做出战略部署，涉及新发展格局的战略背景、指导思路、发展路径、支撑体系等多领域，并指明未来发展前进方向。

包括余永定、林毅夫、江小涓、刘志彪、刘元春、张占斌、马光远、毕吉耀

等众多学者都发文发声就此论述，结合“三个百年”大局探讨新发展格局的必要性、必然性，描述两个循环间的关系，新发展格局与供给侧结构性改革的关系（刘志彪，2020，2021；林毅夫，2020；徐奇渊，2020；黄群慧，2021）。

部分学者从不同角度来对新发展格局进行了专门研究。有学者基于比较优势理论来论证（杨英杰，2020）；或基于新古典增长理论、经典国际贸易理论梳理其演进脉络（高伟等，2021），诠释其时代背景和理论机制（姚树洁和房景，2020）。王江波（2021）视之为马克思主义发展观的集中体现、矛盾观的具体呈现、实践观的时代映现。郭冠清（2021）从经济思想史视角，以唯物史观为方法论基础，以剩余价值学说为理论基石，构造了其理论分析框架。

韩文秀（2020）详细解答了关于“新发展格局”的有关问题。一者，当前百年未有之大变局叠加新冠疫情带来的巨大冲击，传统的国际经济循环遭受经济全球化逆流、不断上升的单边主义和贸易保护主义而不断弱化甚至受阻。因此，强化国内经济大循环，不但是增强经济发展韧性之举，也是助推国际经济循环，进而实现国内循环和国际循环相互促进之举。二者，中国是大国经济体系，为世界第二大经济体，且具有区域异质性非均衡发展优势，国内供求对于经济循环已经起到了主要的支撑作用。比如国际收支经常项目盈余占 GDP 的比重 2019 年只有 1%，较 2007 年下降了 9 个百分点；又比如外贸依存度，2006 年还高达 64.2%，但 2017 年已下降至 33.6%，2019 年下降至 31.8%。在“三驾马车”当中，内需和投资已成为 GDP 的主要依靠，2021 年内需对经济增长的贡献率达到 79.1%。三者，党的十八大以来一直强调要发挥消费的基础作用、投资的关键作用，新发展格局是对这一战略定位的一以贯之。故构建新发展格局，是我党对经济发展客观规律的正确把握和实践运用，是与时俱进、主动作为的长期战略。

（二）新发展格局为中国制造业转型升级提出了新要求

中国经济高质量发展、制造业高质量发展、制造业转型升级，均需要以新发展格局战略为指引，并服务于新发展格局。众多学者认为强大的制造业在推进国内大循环为主体、国内国际双循环相互促进的新发展格局中将发挥更加突出和重要的作用。制造业、国内超大规模市场和内需潜力被认为是双循环新发展格局的依托（徐奇渊，2020）。中国制造业迈上全球价值链中、高端是加快形成双循环新发展格局的基础（盛朝迅，2020；张厚明和关兵，2020；李宏等，2021）。有学者认为构建自主可控的国内价值链是制造业融入新发展格局的基础（陈长江，2020）。新发展格局下制造业如何进一步转型升级，做大做强，是双循环新发展格局和中国远景规划得以顺利实施的关键。

新时代，我国也已建成了体系完整、实力雄厚的工业经济体系，自 2010 年成为世界制造业第一大国和全球第二大经济体以来，是信息化和工业化的高层次的深度结合，以信息化带动工业化、以工业化促进信息化的中国特色新型工业化道路越走越顺畅，工业化、信息化、城镇化、农业现代化等“四化”同步发展。部分制造业领域接近或达到了世界先进水平，部分领域正在改变“跟跑者”身份向“并行者”“领跑者”转变。但是，中国特色社会主义进入新时代，“我国社会主要矛盾已经转化为人民日益增长的美好生活需要和不平衡、不充分发展的矛盾。”我国工业尤其是制造业领域发展不平衡、不充分的领域还不少，制造业转型升级如何助推新发展格局的构建，任重道远。

六、“双碳”是制造业长期发展的资源环境硬约束

工业革命以来，伴随社会经济发展与人口增长，全球生态环境也不断恶化，全球气温上升趋势日益显著，不少地区出现历史最高温，区域性甚至全球性灾难频发，气候变化已成为全球面临的主要环境问题之一。为应对全球气候变化，全球主要经济体都在积极行动，欧盟推出《欧洲绿色协议》；拜登政府重返《巴黎协定》，并提出到2030年美国电动汽车销量占比达50%的目标[①]。截至2024年5月，全球已有151个国家提出碳中和目标，其中120个国家以法律或政策文件形式确立了目标的法律地位，86个国家提出了详细的碳中和路线图[②]。我国正式宣布将力争2030年前实现碳达峰（Peak Carbon Dioxide Emissions）、2060年前实现碳中和（Carbon Neutral）。实现“双碳”目标，不仅要聚焦能源转型问题，更应充分认识到这是经济社会发生系统性变革的重要路径，更是推动社会生产生活方式发生转变的重要方式。2021年7月16日，全国碳排放权交易市场开市，全球最大的碳市场启动。未来，怎样发展工业和发展什么样的工业，必须受到低碳化的约束，制造业转型升级，既要为“双碳”做出应有贡献，又要适应“低碳”大目标。

我国制造业规模和货物贸易规模连续多年稳居世界第一，“中国制造”已全面融入全球产业链和供应链，成为全球工业体系当中不可或缺的一部分。就当前阶段而言，要实现“碳达峰”、“碳中和”目标需关注10个方面关键技术，比如：清洁能源、氢能和储能技术、绿色低碳交通关键技术、零碳工业变革技术等。同时，为了实现碳中和目标，需要我们尽快实现碳达峰，给未来实现碳中和

---

① 路虹：《美中竞争　新能源成新赛道》，载于《国际商报》2021年8月10日。

② 《清华大学发布〈2024全球碳中和年度进展报告〉》，https://baijiahao.baidu.com/s?id=1813838755953457692&wfr=spider&for=pc。

打下基础。碳达峰、碳中和目标将会触发全球和中国的能源系统革命，促进经济向全面绿色低碳转型。在全球低碳发展趋势下，尤其在我国“碳达峰”和“碳中和”目标提出后，制造业转型升级、高质量发展势必要向着低碳方向发展。当前，中国企业会碰到诸如碳关税等新的“绿色壁垒”。需要我们的企业特别是参与国际竞争的跨国企业未雨绸缪，及时关注国内外经贸政策动向以及自身产品全生命周期的碳排放、主动适应并构建低碳甚至零碳产业链、供应链。

第二节　研究价值与意义

制造业乃立国之本。2008 年金融危机以来，各主要发达国家纷纷争抢这一战略高地，图谋通过实施再工业化战略，重新提振本国制造在国际竞争中的地位，以期在第四轮工业革命中掌控战略主导权，在新一轮世界格局重构中把控全球治理话语权。主要发达国家再工业化战略所产生的交互性产业影响，交集各利益方博弈。中国是制造业大国，中国制造业增加值在 2023 年达到 33 万亿元，占 GDP 比重达到 26.2%，自 2010 年以来连续 13 年居世界首位，占全球制造业的比重从 22.5% 提高到近 30%①。中国特色社会主义新时代，要顺利实现“两个百年”的第二个百年奋斗目标，作为培育新动能、激发新活力主战场，“一带一路”倡议、国际产能合作等，要顺利搭乘重点关键领域的目标，中国制造迫切需要转型升级。

一、三大理论意义

其一，通过梳理工业化、制造业兴衰与大国兴衰的内生关联，检视工业部门在整个国民经济中的动态变化规律，验证制造业是虚拟经济的基础、国民经济的根基，以此进一步推动产业理论，尤其是产业结构演变理论的发展，并由此构建再工业化理论体系，这对于推进工业化理论发展具有重要意义。

其二，剖析美、德、日等主要发达国家再工业化战略缘起、战略意图、战略举措、实施成效，从时间与空间维度比较全球产业格局重构中各国的动态比较优势与竞争优劣，进一步深化比较优势理论、竞争理论，并由此探讨产业政策在制

① 《国务院新闻办举行“推动高质量发展”系列主题发布会（工业和信息化部）》，https://www.gov.cn/lianbo/fabu/202407/content_6962079.htm。

造业发展中的作用。

其三，基于主要发达国家“再工业化”战略和新一代信息技术与制造业深刻融合的大背景，结合新发展格局对中国制造高质量发展的要求，归纳我国制造业转型升级的实质，是发展方式的转变、发展模式的转换，是工业化与再工业化的双重叠加，是信息化与工业化的融合，最终目标是要顺利实现第二个百年目标。对此，较少有现成的道路可供借鉴，需有新视野、新思路、新举措，研究并追踪主要发达国家再工业化的战略举措及深远影响，推动制造业创新驱动发展，形成工业化理论新范式、新体系、新观点，从而可为中国制造业转型升级提供理论指导。

二、三大应用价值

其一，中国制造从工业 2.0～2.5 跨越到工业 4.0，既面临继续推进工业化的压力，也面对信息网络技术不断渗透下新一轮工业革命的挑战，还面临发达国家再工业化的冲击，较少有现成的道路可供借鉴。全面审视主要发达国家再工业化战略，归纳其共性经验，分析利弊得失，比较其战略侧重，并探讨这种异同性以及异同性所催生的政治经济效应，将为中国制造业转型升级提供一个全新的全球化、国际化视野。

其二，中国制造业转型升级，实际上是生产模式、发展方式的转换升级，既受当前经济背景的影响，也受其他国家再工业化政策的倒逼推动。主要发达国家再工业化战略，必将对世界经济产生交互性影响。将各方利益博弈置入中国制造业转型升级战略框架展开研究，既可以为中国制造突围贸易壁垒探寻新路径、新方向，又能增强中国在全球化格局中的国际分工地位，并为中国制造由低端迈向高端构筑起全面开放式思维、全方位开放型战略体系。

其三，是人类社会迎来信息网络与制造业交汇融合的第四次新工业技术革命，中国制造业转型升级战略窗口期。信息网络技术广泛的渗透力、变革力和创新力，正在对传统制造业的发展方式带来颠覆性、革命性的影响。对主要发达国家再工业化战略意图、战略重点、战略举措、战略角力开展研究，既可以及时跟进世界制造新业态、新模式、新技术、新方向，也可以在世界产业体系重构中通过转型升级、有效应对，引领和再造全球价值链，提升中国制造的全球价值链地位。

三、四大社会意义

其一，将各主要发达国家再工业化举措置入“一带一路”重大倡议当中，置入百年未有之大变局当中，探讨交互性产业影响中实现各利益方合作共赢、共同繁荣的路径，可为世界经济复苏提供新动能、新活力。

其二，将各主要发达国家再工业化战略置入新一轮工业革命大背景，置入新的国际权力竞争当中，有利于更准确、及时跟进国际产业发展新趋向，各国产业政策的新走向，为我国开展国际经济合作提供方向性指导；有利于抓住转瞬即逝的百年未有之重大战略机遇，为国际产能合作和中国制造业转型升级提供策略性引导。

其三，将各主要发达国家再工业化战略置入国际产业重构大格局当中，有利于抓住全球价值链再造和国际分工体系重塑重大机遇，迎接各主要工业国家为维护全球产业安全带来的挑战，为我国企业“走出去”、制造业面对全球实施产业转型升级，推进中国制造迈向全球价值链中高端创造更多空间与机会。

其四，将各主要发达国家再工业化战略置于世界经济不确定性日益增加的大趋势，重新检视工业化、制造业在一国经济中的基础地位、战略意义，进一步审视当下各主要发达国家争抢这一战略高地的各项举措，能为引导社会资源、要素“脱虚入实”提供良好心理预期和强大信心支撑。

第三节　研究对象及研究定位

一、具体研究对象

以美国、德国、日本、英国和法国为代表的西方发达国家纷纷推出再工业化战略，必将对正在努力推进转型升级、创新驱动发展的中国制造产生广泛而深远的影响。要想顺畅实现中国制造由大国向强国迈进，由低端迈向中高端，就需及时、准确研判发达国家再工业化对中国制造业转型升级的深远影响以及伴生的政治经济效应，跟进可能的演化发展新态势。

基于此形势，本书研究主题是：研究美国、德国、日本、英国等发达国家再工业化对中国制造业转型升级的作用机制、影响效应以及中国的应对之策。由此，本书框定的研究对象为包括以美国、德国、日本为典型代表的发达国家再工业化对中国制造业转型升级的影响，以及二者之间的交互影响下的相应策略选取。同时，还将从历史的维度来研究英国大国地位变迁中的制造业作用。本书聚焦于发达国家再工业化对我国制造业转型升级的影响，探讨中国制造业转型升级的战略框架、实施路径，本质上是从外部因素来探讨中国制造业转型升级的战略、路径与支撑体系。

二、两大研究定位

第一，是研究发达国家再工业化影响中国制造业转型升级的机制及效应，并据此研究中国制造业转型升级的战略、实施路径与支撑体系，突出中国制造业转型升级的外部作用，区别于信息网络技术、“互联网+”及专门的创新驱动中国制造业转型升级的研究。

第二，本书定位于中国制造业转型升级外部制约因素的研究，不是把发达国家再工业化作为大背景来研究中国制造的转型升级。通过研究发达国家再工业化的历史与演进趋势，再工业化对中国制造业转型升级的影响，突出了信息技术与制造业的深度融合的同台竞争优势。

在新一轮技术革命冲击下，各国具有同平台竞争优势，而这种同台竞争过程中中国所具有的大国优势、人力资源优势、区域发展异质性优势等则突显了中国制造的新比较优势与竞争优势，但这种优势的发挥受到发达国家再工业化这一外部因素的强大制约，故要进一步研究在强外部约束下中国制造新优势发挥的基础与条件，所应采取的对策，这将为中国制造转型升级、实现跨越式发展、迅速步入工业4.0并逐步成为全球引领者夯实理论基础，并提供强有力的经验参照、决策依据。

第四节　具体研究思路

一、明确研究对象与设计分析框架

合理界定再工业化和制造业转型升级、制造业高质量发展的内涵，厘清制造业转型升级与工业4.0、制造业高质量发展之间的关系，界定好主要发达国家并对其简要分组归类，明确发达国家再工业化影响中国制造业转型升级的边界，运用历史经验事实分析外部因素、海外市场对一国制造业转型升级的约束及影响，科学抽象概括主要发达经济体再工业化影响中国制造业转型升级的机制、路径及具体效应。综合分析以发达国家再工业化为核心的外部因素驱动中国制造业转型升级的机制与一般性经验，遵循普遍性到特殊性的研究思路，得出发达国家再工业化驱动中国制造业转型的机制、路径、制约因素及应采取具体对策的基本框架。

二、界定研究的主体内容和范围

通过分析和借鉴主要大国兴衰与工业化的关系、发达国家以往通过推进制造业转型升级促推经济转型的成功经验，结合信息网络技术、大数据、量子技术等的发展趋势，总结和概括各国受到外部市场冲击与约束的大背景下驱动工业化转型升级的典型经验、战略选择、模式与转型路径，为研究发达国家影响中国制造业转型升级提供全方位的决策参考。

三、精选中国典型案例丰富发展中大国普遍性的认识

分析中国这个典型的发展中大国制造业转型升级的经验事实，总结和概括中国作为大国经济直面发达国家再工业化，实现制造业转型升级的路径、模式选择、支撑体系，重构全球价值链体系新趋势，提升新型制造的全球话语权，为国家区域发展战略、各省对接中国制造强国战略提供决策参考，进一步提出中国经验或中国道路的典型特征和世界意义。

四、厘清研究的一般性路径

一是明确理论依据。发展经济学、产业经济学等主流经济学理论强调了发展中大国实现工业化、提高第二产业比重的重要性，反思金融危机后全球产业结构转型升级思路，再工业化上升到众多国家的国家战略的缘由，由此总结我国建立较完整制造业体系与推进制造业转型升级的学理基础。国际分工深化理论与信息网络技术革命则为制造业转型升级提供了新的理论与技术基础。同时，准确识别发达国家再工业化影响我国制造业升级的四个理论机制：供给侧机制、需求侧机制、分工机制、国际权力机制；概括为三种效应：竞争强化效应、合作拓展效应、学习深化效应。

二是进行经验研究。以美国、德国、日本等主要发达工业国家，印度、巴西等主要发展中国家为例，分析技术进步与制造业、工业化发展之间的协同推进机制，各国采取的战略、实施的路径、支撑体系的一般性经验。通过考察工业革命以来有世界性影响的大国，如英国、美国、日本、德国、俄罗斯的崛起过程中制造业转型升级的作用；印度、巴西、阿根廷等发展中国家工业化中的教训，从而

总结国家政策对制造业发展的规律性经验。

三是现状分析。对后金融危机时代各国制造业发展现状进行系统性归纳，例如德国的“工业4.0”，美国的“先进制造业国家战略计划”，以及英、日、法等国的制造业战略或“产业复兴计划”等的实施路径与已采取的支撑体系，用具体数据来评价其绩效。通过对中国制造发展历程的经验总结，分析中国制造业转型升级的现实基础与制约因素。由此出发，思考新形势下中国制造业转型升级的战略思维和战略布局，尝试探讨各省市中国制造高质量发展的行动计划与对接方案，各方案的共性与个性，并对其绩效进行科学性评估。

四是对策研究。提出创新驱动中国制造业转型升级的战略、路径与支撑体系。拟结合传统工业化理论、现代信息技术理论及国际分工与竞争理论来全面诠释中国制造业转型升级，设计制造业转型升级的路径与支撑体系。同时，以国家“十四五”规划纲要与五大发展理念为指导，来构建推动工业化与信息化深度融合，倡导绿色、开放等发展理念指导下的中国制造业转型升级的战略框架与实施路径。

第五节　主要研究方法

一、理论分析

运用国际经济学、发展经济学、产业经济学等的相关理论，分析发达国家再工业化这一外部因素影响工业化水平相对滞后的中国构建制造业转型升级的理论依据，在此背景下凝练中国制造的新比较优势、规模优势和竞争优势，厘清发达国家再工业化影响中国制造业发展的特殊机理，提出中国相应的发展战略和模式。

从比较优势原理出发，运用要素比较优势原理分析新全球化背景下中国制造业发展要素禀赋的新特点，由此探讨与发达国家再工业化不同的比较优势战略。从规模优势原理出发，借鉴斯密的经济学范式，分析发展中大国的市场范围和市场规模促进专业化分工的效应，以及支撑大国产业、制造业跨越式发展的机理；借鉴马歇尔的经济学范式，分析大国经济体系支撑下生产规模效应和企业规模促进成本降低的效应，以及通过产业集聚所产生的外部性；借鉴刘易斯的经济学范式，分析发展中大国所存在的二元经济结构和区域异质性的积极效应，尤其是探讨区域异质性所存在的经济发展优势，以及由此推动制造业转型升级的机理。

二、经验分析

英国历史学家爱德华·卡尔在其经典之作《历史是什么》中提到："历史是今天和昨天永无休止的对话"。本书以相关历史史实为基础，分析工业革命以来大国兴衰与制造业转型升级的关系，大国工业化发展路径及其经验与教训，并由此分析影响世界大国崛起与相对衰落的过程，为深入研究中国制造业转型升级提供全球经验与视野。着重于总结归纳金融危机以来美国、德国、日本再工业化战略的特殊性与各国"工业 4.0"的普遍性规律，并由此归纳各国工业 4.0 版本，描述美、德、日等国再工业化的整体框架体系和主要经验，进而为中国制造业转型升级搭建整体框架体系提供决策参考。

三、分组归类与比较分析

在研究中将发达国家分为美国、德国、日本和其他发达国家两大类；参照欧阳峣教授的分析思路，将发展中国家分为发展中国家大国和其他发展中国家两大类。总结大国的工业化与再工业化发展道路，概括其制造业转型升级的特殊机理和基本模式、基本路径、支撑体系，运用比较分析方法。

其一，进行国家层面的同类比较和异类比较。前者主要是在发展中大国之间进行比较，寻求带有共性的特点和机理，提炼出在所有研究对象中的有普遍性的结论；后者主要是在发展中大国、发达大国、发展中小国之间进行比较，寻求既不同于发展中小国又不同于发达大国的特点和机理，形成中国这样的大国制造业发展独有的特殊性机理的结论。

异类比较方面，就是要比较中国制造业转型升级与发达国家再工业化的异同性。中国制造业转型升级，必须直面全球竞争大课题。对于中美两国来说，需要理解美国"再工业化"与中国制造业转型升级、高质量发展之间的异同性，美国全球产业链体系与中国全产业链体系的异同性。这要求对中美两国战略思维、基础、任务与举措等多个方面进行深入比较。

再按照中美的比较思路，比较整个发达国家再工业化及工业 4.0 与中国制造业转型升级的异同性，进一步理解发达国家与中国在未来制造业领域的竞争及这种竞争引发的多种政治经济效应，解构中国在工业 4.0 时代所拥有的资源禀赋、产业结构、经济制度以及工业化阶段、城市化路径，根据国际经验来提取构建发展中大国工业 4.0 发展道路的有益养分，完善我国制造业转型升级的路径选择与支撑体系，并为发展中大国实现经济转型提供经验借鉴。

其二，进行同期比较和跨期比较。同期比较主要是对处在同一时期的当今发达工业大国与当今发展中国家进行比较，仰视其制造业在国家经济中地位的变迁，由去工业化到再工业化过程的转换，俯视工业化、经济发展相对滞后的发展中大国，以发达大国工业化与制造业转型升级的成功经验为发展中大国提供有益的借鉴。跨期比较主要是对处在不同时期的发达大国与发展中大国制造业转型升级的战略、路径与实施条件进行比较，分析发达工业化大国在工业化初期、中期及后工业化时代的战略和经验教训，当今主要发展中大国制造业发展的现实状况，以发达工业化大国制造业发展的历史经验引导和完善中国制造业的转型升级。

四、统计分析

其一，最大限度地提高数据的全面性和系统性。通过收集世界银行、IMF以及亚洲开发银行的数据，《国际统计年鉴》《世界发展指标》《世界竞争力报告》《金砖国家发展报告》《中国统计年鉴》《中国第三产业统计年鉴》《中国科技统计年鉴》《中国工业经济统计年鉴》以及《中国工业企业数据库》的宏微观数据，并整理形成一个研究中国制造业发展与中国制造业转型升级的小型数据库。

其二，合理地使用这些数据进行科学的统计分析。运用库兹涅茨的国民经济核算方法，分析工业化与再工业化在经济发展中的作用。通过收集工业革命以来世界主要工业国家的相关数据，探求各主要工业国家制造业转型升级与大国实力变迁的关系。通过对制造业在GDP与就业中的占比、制造业与贸易差额、制造业与资本流动等经济变量之间关系的统计分析，评估以美国为代表的主要工业化国家工业4.0的制约因素、成效及前景。实证分析发达国家再工业化影响中国制造业转型升级的具体影响，进一步提高对策体系的科学性与精准性。

五、案例分析

选择典型大国的案例进行重点剖析。在研究发达工业化国家时主要选取美国、德国和日本案例进行分析，如美国工业化进程中采取的贸易保护主义政策，这种政策贯穿于美国的工业和商业政策，促进了美国的经济崛起；20世纪90年代初，美国以“国家信息基础设施”战略为契机，即信息高速公路计划，以信息技术引领产业发展和转型升级，迎来了美国“新经济”时代。在研究发展中大国时，选取印度和巴西的案例为参照，如印度、巴西产业案例，再与中国发展劳动密集型产业和制造业的案例比较，从中总结和概括大国产业转型发展的经验。研究发展中、小国家时，以韩国为例，分析其应对外部冲击的对策。

这些成功经验的启迪在于：大国经济发展、制造业发展应该主要依靠国内需求，而制造业的转型升级主要依靠技术创新，国内需求拉动和技术进步驱动则成为大国经济发展的持续动力。由此出发，归纳出发达国家再工业化驱动制造业转型升级的一般性路径，并为发展中大国迅速提升工业化水平提供范例，从而使研究具有示范效应及世界意义。

第六节　主要内容与框架结构

一、七大主体研究内容

（一）构建再工业化理论体系

基于工业革命以来大国兴衰的视角，从工业化的演进逻辑、去工业化的缘起及发展来建构再工业化的理论体系，厘清工业化、去工业化与再工业化的共性基础与差异化战略。再工业化的重点是发展高端制造业，强调对全球制造业价值链高端的再造，进而获取价值链的控制权，通过对控制权的行使来带动其他产业的发展，故发达国家再工业化的初衷是旨在提高对国家产业体系的控制力。受突发疫情冲击，各主要工业国家的再工业化进一步重视本国或地区产业链供应链的安全与稳定，从而再工业化出现围绕本国或区域全产业链构建而布局的新动向。梳理传统工业化理论并进行归纳演绎，我们从创新驱动、要素投入、生产方式、绿色与智能等方面来建构再工业化理论体系，并突出从“创新－制造”的不可分离性来分析再工业化的理论逻辑。由此，可以帮助我们更好地理解发达国家再工业化对我国制造业转型升级的深刻影响，又可以直接用该理论来指导我国制造业转型升级。

这种分析也表明我国制造业面临双重压力：既要继续传统的工业化，适当提高制造业所占比重，又要大力发展高端制造业，提高制造业对国民经济体系的控制力。为此，对中国这种工业化主体处于工业 2.0～2.5 阶段的发展中大国经济体系，如何研究再工业化理论与实践，推进中国制造业转型升级，这不但可以为顺利实施制造强国战略提供学理基础，而且也可以直接推进工业经济、产业经济等相关学科的发展。

（二）从制造业与大国兴衰内生关联性推演发达国家再工业化动机

研究工业革命以来，世界大国发展史与制造业的关系，分析英、美、日、德、俄等先后崛起为有世界性影响的大国，制造业的繁荣与发展在其中的贡献。详解英国地位下滑中制造业衰落和工业化道路异化的相关性，证明制造业作为实体经济的主体，是提升国家综合国力的物质基础，也是大国崛起的根本保证。通过理论与经验证实，发达国家再工业化正在以创新为核心，以转变经济发展模式为途径，实施以制造业可持续增长为主导的经济发展模式，是为了抢占未来科技制高点、经济制高点。

进一步分析不同国家再工业化战略目标的差异性，着重分析美国再工业化的战略目标。就美国而言，从短期目标来看，通过实施再工业化，一是要推动经济复苏，推动资本回流，创造大量高质量就业岗位；二是要扩大出口，缩小贸易逆差；三是要维护国家安全。从中期目标来看，在"美国优先"战略思路之下，再工业化战略是要迫使外围国家继续维持对美国的高依赖关系，最终达到实现稳定现有"债务式""中心—外围"体系的战略目的，维持美国主导的全球治理秩序。从长期目标来看，再工业化战略要推动美国引领全球第四次工业革命，抢占未来国际经济与科技竞争的制高点，巩固"后美国时代"美式全球化格局，遏制"战略竞争者"对其全球主导地位的挑战，最终实现其继续领导世界百年的"美国梦"。

整体上，发达国家再工业化的核心是进行工业智能化转型，采用的模式是智力共享+智能制造，而在智力共享模式中，研究型大学是核心，大型科技企业在创新领域的地位不断上升。从趋势性看，发达国家正在力推教育服务业对接再工业化，以现代生产性服务业来支撑再工业化。刘志彪等（2021）学者特别强调要利用现代生产性服务业来促进我国制造业转型升级。

（三）解构发达国家再工业化战略体系、制约因素并评估其前景

详解发达国家再工业化的战略背景、战略意图，进一步厘清其产业政策体系、支撑战略、辅助战略，等等，再分析其制约因素并评估其前景，由此可为中国制造业转型升级所实施的战略、路径及支撑体系提供经验借鉴。

发达国家再工业化的前景，也取决于制约因素如何克服。本书拟从如下方面讨论其制约因素：（1）能否顺利构建再工业化的要素支撑体系及由此带来的成本竞争压力。比如资本要素、劳动力要素，德国、日本、英国、法国等国受人口老龄化与出生率持续下降的影响，人才储备不足及人力资本使用成本上升已成为再

工业化的重要制约因素。当然我们也研究了智能制造对劳动力要素的影响及对再工业化的双重影响。(2) 是否能承受资源性产品价格大幅度波动所引致的需求变动。再工业化虽然是向高端化、智能化方向发展，对资源的依赖程度在降低。但再工业化也意味着发达经济体的进口商品结构出现变化，可能会增加资源性产品的进口比重，从而该领域的竞争加剧。(3) 如何突破全球已有生产体系与价值链体系的制约。制造业重振，其战略目标之一是要提升第二产业在经济结构中的比重，也意味着发达国家要努力实施经济结构的大调整、生产方式的大调整。在全球化生产时代，意味着其发展模式的重新调整，意味着要改变现有全球产业布局和国际分工格局。(4) 再工业化战略是一项系统工程，关键是科技突破，即形成研发能力与水平自我提升与强化的机制。此外，新冠疫情突发，各国包括产业链在内的多方面的联系链条受阻，各国为应对疫情不同程度实施扩张性的财政政策与货币政策，全球债务急剧膨胀，为未来经济发展埋下隐患，也可能成为再工业化进程中的“灰犀牛”事件。俄乌冲突也在不同程度冲击现有全球供应链，对全球产业链的影响也不容忽视。

同时，本书拟从发达国家再工业化的优势与劣势两个层面来进一步分析其前景。其一，分析主要工业国在市场机制、法治环境、教育体系、创新制度、能源结构优化等方面所具有的强大优势，这些优势在新一轮再工业化进程中转化为国际竞争力优势的可持续性。其二，区分各国不同的竞争优势，例如美国、德国、日本所具有的货币国际化优势，所拥有的跨国公司竞争优势等，这些国家为维持其已有优势所采取的对策及对策的有效性，各自的再工业化政策举措对他国的影响。其三，分析多个推进再工业化的国家通过实施智能制造、使用工业机器人来化解劳动力成本上升的压力的前景。其四，通过美国、德国、日本的典型案例分析，详解发达国家再工业化战略的辅助支撑体系与配套策略，例如资本市场、金融市场、国际货币体系、国际经济组织的支撑体系等，尤其是要分析现有国际经济体系与政治体系对发达国家再工业化的影响。

（四）比较发达国家再工业化与中国制造业转型升级、高质量发展间的异同性

当下，以美国、日本、德国为主体的发达经济体，已经完成了工业化，处于工业 4.0 阶段，中国这种处于工业 2.0 ~ 2.5 阶段的发展中大国经济，正处于制造业转型升级的关键时期。在此基础之上，需要以全球化的视野来比较发达国家再工业化与中国制造业转型升级、制造业高质量发展、制造强国战略的异同性，进而深化中国制造业转型升级的学理基础。

本书将从两个层面来展开比较研究。其一，对发达国家再工业化自身的比较

研究。包括对工业 2.0、工业 3.0 时代主要国家的成功经验与不足的总结，探讨美国、德国、日本这样的国家在工业 4.0 时代的着力点，战略目标、实施路径、支撑体系等的异同性。同时，从时间维度来纵向比较发达国家再工业化战略的变化，如比较奥巴马时代的再工业化与特朗普政府、拜登政府再工业化的异同。其二，对主要发达国家的再工业化与中国制造业转型升级的异同性进行比较。中国制造转型升级本质上也是一种“制造强国战略”，它与发达国家的再工业化战略之间，在战略背景、战略思维、战略基础、战略创新、战略任务与战略措施方面存在明显的异同性。有效把握这种异同性是深刻理解再工业化对我国制造业转型升级的影响以及我国采取相应策略的重要前提条件。

（五）详解发达国家再工业化影响中国制造业转型升级的机理、路径及效应

本书是研究发达国家再工业化这样的外部因素对中国制造业转型升级的全方位影响，系研究的重点。

发达国家再工业化从多个维度形成影响中国制造业转型升级的机制体系，此机制体系涉及市场层面与分工层面，还包括国际权力或者说全球治理层面。其中市场层面涉及供给侧与需求侧两个维度，分工层面涉及水平分工与垂直分工两个方面，由此可总结出发达国家再工业化从供给侧、需求侧、国际分工和国际权力等形成四位一体影响我国制造业转型升级的作用机制，这四个机制具有内在的联系，四位一体形成统一的机制体系，对中国制造的整体、产业、不同区域、不同企业等产生不同影响。在这个机制体系的作用下，还将进一步催生中国制造业与发达国家工业之间的竞争强化效应、合作拓展效应、学习深化效应等政治经济效应。

由于信息网络技术是人类新一轮工业革命中的关键性的、代表性的技术，为此，本书还结合我国“互联网 +”战略的实施，注重信息网络技术与制造业的互动关系，将信息网络技术驱动制造业转型升级的机制归纳为：要素重组效应、规模经济效应、技术外溢效应、网络协同效应，并对这四个机制进行深入的系统性分析，分析其在应对发达国家再工业化冲击中发挥效应的基础与条件，制约因素及内在联系。

（六）分析中国制造业转型升级的现状、存在问题、评价指标体系

改革开放以来，中国制造业转型升级一直在路上。2008 年金融危机以来，在发达国家再工业化的冲击下，中国制造业转型升级的外部因素越来越大。以此

为大背景，我们拟详细分析金融危机以来中国制造业转型升级的现状、存在的不足。其中对制造业转型升级的现状描述，本书拟从历史维度、文献维度和政策维度来详细描述。对问题的分析，我们站在纵向与横向的比较视角进行。为进一步明确转型升级的目标值与衡量标准，考察转型升级的绩效，我们设计了发达国家再工业化及中国制造业转型升级的评价体系及评价指标，对发达国家再工业化推进我国制造转型升级的数值进行模拟分析，由此检验理论架构和机制分析的科学性与合理性，并反馈到现有中国制造业转型升级战略框架、路径、支撑体系与整体对策体系。

（七）设计应对再工业化战略中国制造业转型升级对策体系

中国制造如何突围发达国家再工业化，实现转型升级？实施什么样的路径？需要什么样的战略规划？采取什么样的具体对策？这是本研究的落脚点，也是重点内容之一。确保中国制造业转型升级战略框架与实施路径得以顺利推进，需要强大的对策体系。本书以发达国家再工业化为外生变量，结合新一轮技术革命、新全球化、经济新常态、供给侧改革的大背景下，中国大国经济优势、制度优势、区域经济发展的异质性优势与新一轮技术革命相融合化解现有体制机制中存在某些障碍的特殊优势，设计如何选择中国制造业转型升级的战略框架与实施路径，并通过模拟估算验证战略与路径的适应性与科学性。

本部分从顶层设计、科教体系改革、人才培养、全球治理体系的重构等多个方面来设计中国制造业转型升级的对策体系。从指导思路来说，对外层面，着力提升国际分工地位、化解贸易与投资障碍、利用和引导国际规则，推进全球治理体系改革，不断增强中国在全球治理中的话语权，形成以中国引领的新全球化为核心；对内层面，着重于形成创新驱动的良好局面，使知识产权保护、以信用为基础的良好营商环境建构成为广大居民、企业与政府的内在要求。进一步构建中国创新驱动发展的战略体系，从宏观整体、中观产业、微观企业等层面来全面设计走出中国制造大而不强困局，从中国制造业转型为中国智造、中国创造的对策体系，提供研发、生产、销售、服务等环节进行全球产业链整体布局与提升、以全球化视野来建构中国制造业转型升级的战略框架与实施路径。

二、整体框架结构

本书的具体框架如图 1 - 2 所示。

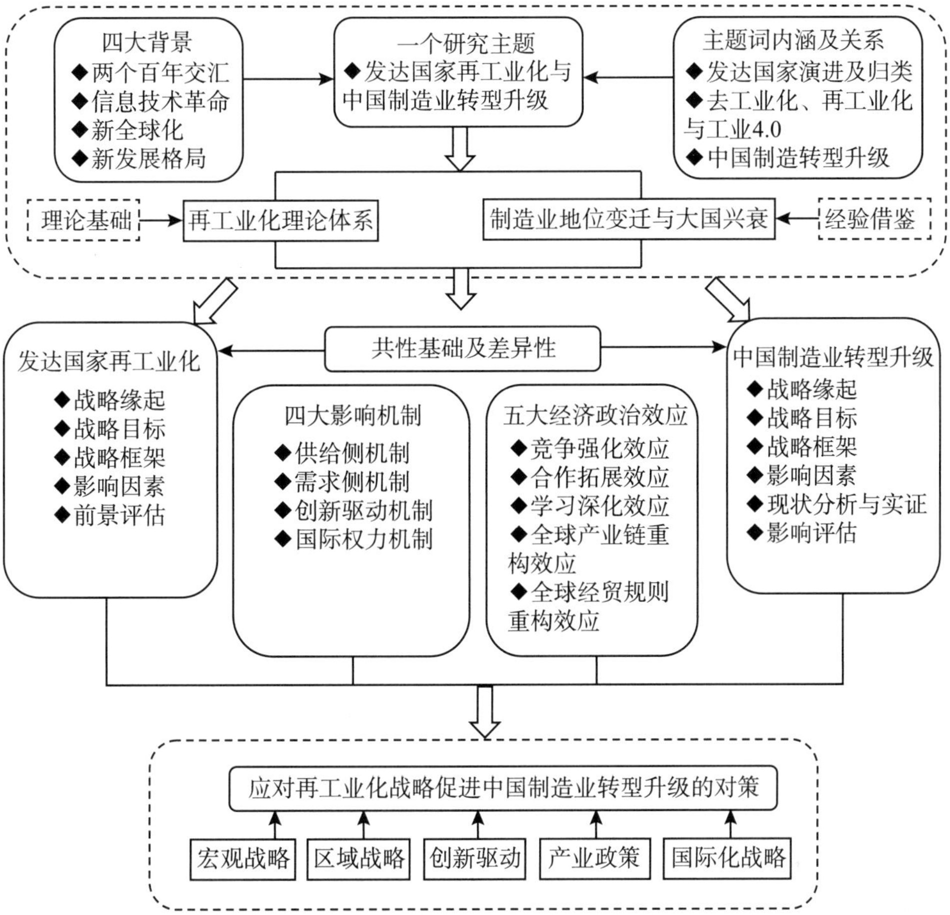
四大背景
◆两个百年交汇
◆信息技术革命
◆新全球化
◆新发展格局
一个研究主题
◆发达国家再工业化与中国制造业转型升级
主题词内涵及关系
◆发达国家演进及归类
◆去工业化、再工业化与工业4.0
◆中国制造转型升级
理论基础
再工业化理论体系
制造业地位变迁与大国兴衰
经验借鉴
发达国家再工业化
◆战略缘起
◆战略目标
◆战略框架
◆影响因素
◆前景评估
共性基础及差异性
中国制造业转型升级
◆战略缘起
◆战略目标
◆战略框架
◆影响因素
◆现状分析与实证
◆影响评估
四大影响机制
◆供给侧机制
◆需求侧机制
◆创新驱动机制
◆国际权力机制
五大经济政治效应
◆竞争强化效应
◆合作拓展效应
◆学习深化效应
◆全球产业链重构效应
◆全球经贸规则重构效应
应对再工业化战略促进中国制造业转型升级的对策
宏观战略
区域战略
创新驱动
产业政策
国际化战略

图 1－2　研究的框架结构

第二章

去工业化、再工业化与制造业转型升级

自工业革命以来，工业化成为人类历史发展进程中的永恒主题，并逐渐演进为一国现代化的基础与前提。没有工业化和工业文明，就难有当今现代化以及现代文明。随着社会经济的发展，工业化水平的逐步提升，产业结构的变迁与高级化，一国逐步出现第二产业占 GDP 的比重由上升逐步转化为下降的过程，从而出现去工业化现象。长期以来，这种产业结构变迁，尤其是第三产业在 GDP 中的占比上升，被认为是产业结构高级化、经济发展水平提升的表现。但自 2008 年金融危机以来，去工业化被重新认识，再工业化（Reindustrialization）在主要发达国家被上升到国家战略。与此同时，中国也在加快制造业发展，并在推动产业转型升级的基础上进行制造业的转型升级，当前进一步表现为推动制造业高质量发展[①]。

第一节　去工业化与再工业化

工业是社会分工的产物，是对自然资源开采、采集和对各种原材料进行加工

① 本书中不少地方均提及英国，皆因英国是率先完成工业革命的国家，而且也曾长期是世界制造业第一大国。但当前英国差不多是一个服务型国家，故涉及 20 世纪晚期以来的工业化国家比较及当前发达国家的再工业化战略分析问题，较少提及英国。

的社会物质生产部门，通常经过手工业、机器工业、现代大工业几个发展阶段。工业化通常是指工业（特别是其中的制造业）或第二产业产值（或收入）在GDP（或GNP）中比重不断上升的过程，以及工业就业人数在总就业人数中比重不断上升再到工业化后期呈现下降的过程。工业内涵很广，包括了建筑业、制造业、生化科技等行业，而制造业只是其中的一个分支。当前的制造业，是指机械工业时代经济组织利用某种资源（物料、能源、设备、工具、资金、技术、信息和人力等），按照市场要求，通过一定的制造过程，转化为可供人们使用和利用的大型工具、工业品与生活消费产品的行业。因此，制造业是一个比工业范围要小的名词，在研究中，也有学者直接用制造业来代称工业。

一、去工业化的缘起及发展

（一）工业革命催生工业化国家

工业革命开启了工业化和工业文明，奠定了现代化及现代文明。在世界各国经济发展和社会进步的历程中，工业化是一国从农业国向工业国过渡的必经历史阶段。

第一次工业革命造就了英国全球霸主地位。实际上，工业革命之前及工业革命相当长的一段历史时期内，英国政治、经济、文化都处于欧洲边缘化地位，英语甚至在欧洲大陆被视为下等人的语言。工业革命到来，英国咸鱼翻身，成为世界首个制造中心。至1850年，英国工业总产值占世界的39%，贸易总额达21%[①]。工业革命之所以发生于英国，源于其独特的社会经济环境和划时代意义的发明成果。当时的英国存在两个关键因素使瓦特得以改良蒸汽机：一是劳动力价格迅速上升导致用人成本增加。1750年的英国劳动力价格是法国、意大利的1.7倍[②]，使得机器替代人工变得有利可图；二是得天独厚的能源优势。蒸汽机的使用需要消耗大量的能源，而英国恰好是煤炭的富集国和生产国，其煤炭价格相对于欧洲大陆低廉，使用成本较低。这两大条件结合，催生了英国的工业革命。

英国工业革命带来的技术优势加之本身丰富的煤炭资源，又为其对外扩张提供了坚实的物质基础，并形成自身发展的良性循环，不但自身成长为第一个工业

① 铁流：《制造业对国家崛起到底有多重要?》，https：//m. thepaper. cn/baijiahao_4129503。

② 张宇燕：《为什么英国的工业革命值得我们重新认知》，https：//www. sohu. com/a/442352512_739032。

化国家，还把工业化逐步推向世界。比如为满足其工业发展的资本和市场需求，获取必需的资金原始积累，英国开始在全球掠夺资源，殖民扩张，抢占原料产地，以占领世界市场。19 世纪中早期，为掠夺亚洲丰富的资源、财产，且无偿利用中国、印度的廉价劳动力，英国加大对印度和清王朝的扩张力度，试图将中国、印度等国家彻底沦为其在东方的商品倾销地。但是，英国对中国的对外贸易长期处于逆差状态，加之大不列颠国内阶级矛盾甚为突出，严重的贸易逆差又进一步加剧了其国内矛盾。在此内忧外患的形势下，英国试图通过战争撬开中国这个“遍地是黄金”的未知世界的大门。当英国完成工业革命，成为一个工业化国家，有了强大制造业基础做支撑时，便挑起了对中国的鸦片战争。同时，英国也继续其全球扩张之路，一度成为“日不落帝国”。

（二）生产力水平的提升与分工深化逐步催生去工业化现象

亚当·斯密（Adam Smith，1776）指出，“劳动生产力上的最大提高，以及在直接或应用的各种场合所表现出来的技能、敏捷和判断力，在很大程度上似乎都是劳动分工的结果。”正是有了劳动分工，才形成了由简单到复杂的家庭内部分工，从无市场发展到有市场；才演化出由内部分工到社会分工，从城乡分离发展到市场建立；才上升为由社会分工到国际分工，从国内市场发展到国际市场。依据配第—克拉克定理（Petty – Clark Law），随着经济的发展以及生产率的增长，人均国民收入水平越低的国家，农业劳动力所占份额相对较大，而第二、第三产业的劳动力所占份额相对较小；反之亦然。在此过程中，人均收入水平更高的发达经济体就会经历典型的去工业化阶段，而卡尔多则将制造业部门产值份额的增加过程称为工业化，将制造业比重份额的下降视为去工业化（Deindustrialization）。

（三）去工业化的一般内涵

20 世纪 60 年代以后，大多数发达工业国家和许多中高收入的发展中国家都进入了制造业就业比例持续下降的通道，通常也称之为去工业化。去工业化亦称逆工业化、非工业化，通常是指一国制造业就业比重持续下降的过程，抑或指一国制造业在 GDP 中所占比重持续下降的过程（杨长湧，2012；刘建江和袁冬梅，2012；余功德和黄建安，2017）。20 世纪 70 年代以来，制造业一度被认为是夕阳产业，其在一国的衰落被认为对经济体系无足轻重（瓦科拉夫·斯米尔，2014）。故所谓“去工业化”，是指主要工业化国家将一国国内的传统制造业转移到生产成本相对更低的国家或地区，从而本国出现制造业在国民经济中的占比持续下降的趋势。

也可以说“去工业化”是指一国或者地区的工业化发展到一定阶段后伴随一国产业对外转移而出现的制造业绝对值和相对规模不断下降的现象。当一国处于工业化中后期之时，制造业生产率将大幅提高，制造业产品价格处于下降趋势，逐步引起多种资源从制造业流向服务业等其他部门，最终实现要以制造业为主体的经济体系向服务主导型经济体系转型。

20 世纪 80 年代以来，全球价值链理论（Global Value Chain Theory）及实践进一步引导生产企业基于全球价值链来进行生产与全球生产网络布局。发达国家的企业把控产业链两端：研发设计（R&D）和销售市场，把中间环节的制造外包分离出去。这是去工业化得以快速发展的重要理论依据。正因为如此，去工业化表现为某些发达工业化国家产业结构调整及部分制造业衰落，制造业就业份额和产出份额在经济体系中的持续下降过程（Singh，1977；Ute，2000）。以 Kaldor（1967）为代表的结构主义者进一步认为去工业化导致经济结构由以主导技术进步的制造业为主向不能带来技术进步的服务业为主转变。去工业化是资本和劳动之间关系的调整过程，去工业化体现了服务业的快速增长和制造业的相对萎缩，故去工业化也是经济增长向新的非均衡或不稳定增长转型的开始（Doussard et al.，2009），被认为是发达国家产业结构高级化的表现（乔晓楠和张欣，2012）。

（四）去工业化的类型

20 世纪 70 年代末至 80 年代初，伴随着产业转移，美国开始进入了以服务业为主体的经济体系，大部分制造业被转移至自然资源及劳动力等生产要素成本低廉的发展中国家，美国国内出现产业空洞化现象，亦称产业空心化现象，由此上升到去工业化的新阶段。但无论是去工业化还是产业空洞化，都被认为是一国产业结构高级化的表现，并没有被认为有什么大的隐忧。

不同经济发展水平的国家，其去工业化表现不同，去工业化原因不同。我们根据去工业化的结果、范围和对象等对去工业化进行分类，可将其分为不同类型（参见表 2－1）。

表 2－1　去工业化分类

分类依据	去工业化的表现
去工业化的结果	“劳动力结构”去工业化，即就业从第二产业流向第三产业，劳动力就业比重中第三产业占比越来越高
	“生产”去工业化，即产业增加值对经济的贡献由第二产业转为第三产业，GDP 中第三产业占比越来越高
	产业“空洞化”或产业“空心化”

续表

分类依据	去工业化的表现
去工业化的范围	“总量型”去工业化，即劳动力结构与经济产出的同步去工业化
	“结构性”去工业化，即对应的就业去工业化与产出去工业化程度偏弱
去工业化的对象	以政府为主导型的去工业化
	以市场为主导型的去工业化

资料来源：笔者整理。

二、再工业化的缘起及演变①

（一）再工业化的早期认识

20世纪60年代，人们在对传统工业部门的地位和效益质疑过程中提出了再工业化概念。之后的70年代，美、日与西德等国家先后提出工业化再造的问题。但由于当时发达国家正处于去工业化浪潮而未受重视（Etzioni，1980）。比如20世纪60～70年代的美国正处于后工业化时代，其中低端制造业、低端产业链逐渐从发达资本主义国家转移至生产成本更低的发展中国家，全球逐步完成了新一轮的产业大转移。然而，由于过度消费和投资不足、储蓄率低，加之受产业转移即“去工业化”的持续影响，美国生产能力减弱，需求大于供给，1973年开始出现贸易逆差。此后，美国逐步形成了常态化的贸易逆差。到20世纪80年代初，贸易逆差越来越大，产业空心化与空洞化逐步形成一种趋势。

20世纪80年代美国经济增长出现减缓的现象，“再工业化”被提上议程，美国政府希望以此重建经济发展的生产基础，加大对基础设施和固定资产的投资，并推动升级换代（A. Etzioni，1980）。有学者认为，要减少对传统制造业的依赖，对现有的产业结构进行转型，提高产品的附加价值，注重发展以技术创新为主的新兴产业等，需要进行“再工业化”。由此，Rothwell和Zegveld（1985）将“再工业化”定义为：一国政府通过制定一系列政策、行动，使“产业向具有更高附加值、更加知识密集型的部门和产品组合以及服务于新市场的产业和产品转型”的过程。

《韦伯斯特词典》提供了“再工业化”的早期解释，认为其是一国通过政府

① 本小节以“唐志良、刘建江：《美国再工业化对我国制造业发展的负面影响研究》，载于《国际商务（对外经济贸易大学学报）》2012年第2期”为基础。

的政策支持在实现传统工业部门的振兴与现代化的同时实现新兴工业部门的崛起与发展的过程①。1976 年，阿米泰·埃兹厄尼（A. Etzioni）用“再工业化”来描述部分发达国家的重工业基地的新现象，特指美国的东北部、德国的鲁尔和日本的九州等地区实行的改造和重振行动。显然，那时候对再工业化的认识与 2008 年金融危机后的再工业化差不多是两个概念。

（二）2008 年金融危机后的再工业化

奥巴马政府于 2009 年首次从国家战略层面提出了“再工业化”概念，希望在政府和企业的共同努力下，重振本国实体经济，恢复其制造业的国际竞争力，扩大出口，增加就业，转变经济发展方式。章昌裕（2011）提出，“再工业化”是以先进制造业为代表的实体经济重振。2008 年全球金融危机之后，各发达国家开始重新重视制造业的发展，振兴国内经济，实行“再工业化”战略，重塑制造业在实体经济中的竞争优势。刘戒骄（2011）指出“再工业化”问题是当前国际的重要问题，再工业化问题要求政府增加对制造业的资金投入，提高国内投资水平。

至此，“再工业化”不同于以往的以“去工业化”纠偏为基础，而是上升到国家战略。“再工业化”特指工业化国家从国家战略出发，为增强国家竞争力实现经济可持续发展，通过系统性的政策举措来大幅度发展制造业，包括重新确立制造业与服务业、制造业与金融业等的关系，重新确立制造业在国民经济发展中的核心地位并努力提升制造业国际竞争力的动态过程（刘建江，2017；孙丽，2018）。

美欧实施再工业化战略，并不是简单的制造业回归，而是进行更加专业化的生产，竭力强化技术优势，重点制造科技含量高、他国无法制造的产品，特别是大型、精密、复杂、高度整合的系列产品，对制造业产业链进行重构，致力于研发、专利、技术、品牌等关键环节，力图占据价值链的中高端。可以说，发达国家“再工业化”实际上是在走一条经济转型之路，是一次制造业的升级和以发展新兴产业为核心的结构转型，力图夺回和保持制造业的制高点，促进经济结构和产业结构的合理化，推动科学与技术的创新，培养世界级人才，为经济和社会长远发展奠定基础（李正信，2013）。

全球化打破了原有的国际产业分工格局，以美国为代表的发达国家凭借尖端核心技术产业占据了全球产业链制高点，以中国为代表的发展中国家则凭借巨大的资源、劳动力及庞大的市场优势，吸引国外资本及技术涌入，深度嵌入全球产

① David Micklethwait, Noah Webster and the American Dictionary, 2005.

业链网络中。2018 年 3 月，原有的世界经济秩序受到冲击，影响着全球贸易大环境。叠加 2020 年突如其来的新冠肺炎疫情冲击，全球产业链一度面临断链风险，世界经济面临了更大的不确定性。中长期来看，全球产业内向化趋势明显，部分发达国家引导产业回归国内，“再工业化”进程加快。至此，再工业化已经上升到全制造业产业链的回归与发展层面，产业链安全成为各国制造业发展的重要方向。

三、再工业化内涵与外延的多维度认知

随着时代的发展，“再工业化”这一概念曾引发了美国学界对与产业复苏有关的政策争论，“再工业化”的概念也在不断丰富和改变①。

（一）再工业化的时间维度认知

从再工业化的缘起来看，其本身是一个动态演进的概念。同一国家（地区）因经济发展水平各异，资源禀赋不同，在不同时期采取的工业化政策不同。从更长的工业革命史来看，需要从工业革命发展的历史维度来认识再工业化，认识制造业在大国兴衰中的地位。

20 世纪六七十年代所实行的再工业化，主要是指传统工业及其改造的过程，狭义上也可认为是传统工业向现代化工业的升级过程。故韦伯辞典中将其描述为“一种刺激经济增长的政策，特别是通过政府的帮助来实现旧工业部门的复兴和现代化并鼓励新兴工业部门的增长”。

至 20 世纪 80 年代中期，再工业化的内涵则更多强调传统型产业结构向现代化产业结构、新兴市场等依靠新技术转型升级的创新过程。A. Steven（1981）指出，再工业化进程的推进需要政府部门的支持，且工业政策的目的应该是将原有资源从传统的、落后的产业之中剥离，并更新、投入至新兴产业之中，进而米勒（1984）把再工业化作为一种积极的产业政策来理解。同时，A. Etzioni（1987）指出美国在 20 世纪 70 年代中后期完成工业化后，曾出现过国内经济投资持续力严重不足以及过度超前消费的现象，严重损坏了美国的工业生产力，若要对美国经济体系进行重塑，最根本也是最重要的措施就是实施“再工业化”。L. C. Thurow（1989）对此同样指出，制造业作为经济增长的重要动力之一，其在经济发展过程中的地位不容小觑，必须将其作为美国经济发展的主导产业。由

① 唐志良、刘建江：《美国再工业化对我国制造业发展的负面影响研究》，载于《国际商务（对外经济贸易大学学报）》2012 年第 2 期。

此，也显示出在全球去工业化浪潮中，部分学者已经认识到单纯依靠市场手段很难实现“再工业化”。

从发展动态来看，发达国家率先对国家信息基础设施的战略布局，较早进入信息时代。深度“去工业化”后，发达国家纷纷开启艰难的“再工业化”历程，力图重振制造业领先地位。与此同时，发展中国家紧抓信息化机遇，加快完成本国工业化，并力图实现追赶甚至超越发达国家。举例来说，近年来的欧盟“再工业化”战略就体现了欧盟及诸多成员国在产业结构调整方向上的重大转变，即由20世纪90年代相对忽视工业发展，发展到21世纪初对“去工业化”担忧的加剧，直至近几年再度突出工业的战略地位。

金融危机后，主要工业化国家纷纷对服务型、债务型经济增长模式进行反思，提出了重回实体经济的战略，在此背景下，再工业化被重新提出并赋予了新的内涵（黄泰岩，2008；赵蓓文，2013）。藤原洋（2010）将再工业化定义为“第四次工业革命”。而另一些学者则认为再工业化应突出制造业在国民经济中的核心地位，通过大力发展制造业尤其是先进制造业来适当弱化服务业比重，重新调整和优化产业结构进而推动经济可持续发展（唐志良和刘建江，2012；王颖，2016）。同样，F. Tregenna（2011）和黄永春（2013）也认为“再工业化”过程是与经济发展、经济需求等其他外在方面协调共生发展。在张茉楠（2012）看来，美国再工业化是在二次工业化基础上的三次工业化，实质是以高新技术为依托，发展高附加值的制造业，从而使美国重新拥有强大竞争力的新工业体系。

（二）再工业化的地理纬度认知

再工业化在不同国家（地区）表现形态具有不一致性。具体体现在以下三方面：

第一，不同国家内涵表现不一致。新全球化背景下，信息技术与制造业的深度融合正逐渐成为未来工业经济发展的新趋势，“再工业化”“制造业回流”现象陆续显现于发达国家经济体内部，但各国“再工业化”政策的侧重点不同。例如，美国重视制造业供应链的安全性；德国则强调制造业的先进性和全行业的“工业4.0”政策；英国以制造业的创新能力与最终的获利能力为重点。与此同时，作为世界第二经济体的中国却提出要大力发展服务业，实现产业结构转型升级。防止“过早去工业化”成为中国未来一段时间内深化工业化亟待解决的问题（黄群慧和贺俊，2019）。总体上，因各国经济发展状况迥异，故难以针对某个地区或部门的产业政策找到模板式的参照经验。

第二，同一国家不同产业表现不一致。一般而言，一国的产业战略往往涵盖多个不同行业，包含一系列的政策工具，因而政策从理论到实践发挥效应的时间周期较长。在发达国家内部，一部分产业的再工业化，往往伴随着其他产业的去工业化。发达国家去工业化的过程，也即全球产业转移过程，也是由于某国或地区一些产业失去生产成本优势，转而被其他更具有人力等生产成本优势的国家所替代的过程（Neil，1999；Green & Sanchez，2007）。Lissoni（1996）和赵儒煜等（2015）从空间意义上来描述去工业化，认为这是制造业从工业化程度较完善的国家或地区转移到工业化程度欠缺但具有人力和成本优势的国家或地区，前者是全球产业转移，若此经济活动发生在国内，则表现为国内的地区性产业转移。

第三，内外政策倾向表现不一致。再工业化一方面是指完善国内生产经营环境，降低生产成本，大力发展本国制造业，改变传统的虚拟型经济增长模式、服务型经济增长模式以回归到实体经济增长模式；另一方面是要努力推动资本回流或高端制造回流，通过重振国家制造业体系，与以中国为代表的新兴工业化国家争夺制造业市场，扩大出口，缓解贸易平衡，提高就业水平。如果说对工业化的传统理解是一种简单的定量视角的界定，则再工业化强调的就是重振制造业体系以提高其在国民经济体系中的核心地位（刘建江和唐志良，2011；袁冬梅等，2012；唐志良和刘建江，2017；唐志良，2019）。

（三）再工业化的创新维度认知

随着时间的演进，再工业化已不局限于简单地回归传统制造业和提升制造业在国民经济中的比重，而是逐步以创新为核心、以高端制造业为重点来重建国家工业竞争力，振兴实体经济。对于美国来说，其再工业化本质上是一个制度创新与技术创新互动的过程，凸显了美国要抓住以“智能制造+低碳能源”为主要特征的人类新工业变革来引领全球经济（芮明杰，2012）。除此之外，还有一项重要功能就是通过再工业化重构创新体系，应对以中国为首的新兴经济体挑战的一项国家战略（刘戒骄，2011）。美国再工业化是未雨绸缪，是美国对未来制造业的走向所做的一种预期和超前规划（沈坤荣和徐礼伯，2013）；也有观点认为美国“再工业化”是美国统治阶级出于政治目的为其选举谋求更多选票而做出的战略决策（盛斌和魏方，2010）。

再工业化本身还包含了主要发达工业化国家对全球价值链体系的重新反思，对创新与制造分离的生产体系的反思及重构。创新是一个国家长期可持续发展的基础。长期以来，主流经济学理论认为研发环节与终端制造可以分离，创新可以相对独立于制造。在此理念引导下，工业国家热衷于将终端制造转移到海外，集中于在“微笑曲线”的两端位置，并能享受到高利润和优良的“青山绿水”。但以中国为代表的新兴工业国家，在终端制造领域大幅度发展的同时，其创新能力大幅度提升，创新驱动发展成为内生动力，并逐步影响到工业国家的创新领导地位。基于此，越来越多的学者开始认识到全产业链对创新的重要性，并认识到创新与制造的不可分离性（贾根良和楚珊珊，2021）。

（四）再工业化的集聚性维度认知

再工业化具有区位集聚性。对于一国（地区）来说，工业化进程可以理解成这样一种发展过程：以制造业为主的工业经济活动在国内或地区内不断集聚，并逐渐在国民经济中取得主导地位。同理，“再工业化”也可以用制造业的空间集聚及转移来解释，运输成本、劳动力成本以及基于要素禀赋差异的比较优势是促成集聚的主要原因，区位集聚实质上是产业的地理集中和资源优势的空间转移。将一国（或地区）地区作为整体来考察，以制造业为主要产业形态的工业可以在国家（或地区）间转移。这种制造业集聚的形成导致的制造业份额提升是工业化推进的主要表现形式，比如中国能成为工业大国的核心就是制造业的发展。作为工业化进程的主要推动力，制造业在国内的集聚或分散直接反映出制造业份额的提升或下降，相对应的就是工业化、“去工业化”及“再工业化”等经济现象的此起彼伏。若越来越多的制造业企业在国内集聚，对工业化进程将产生正向推动作用；若制造业企业开始大量向国外迁移，国内制造业产出下降和国内就业人数下滑引致去工业化；若通过采取政策措施引导外迁制造业回流并试图阻碍制造业外迁态势，借助政府力量推动制造业在国内再次集聚，重构制造业国际竞争力便是“再工业化”的体现。

（五）从经济增长贡献视角对再工业化价值的新认识

20 世纪 80 年代，以罗默（Romer）、卢卡斯（Lucas）等为代表的新增长理论经济学家开启了以“内生技术变化”为核心的内生增长理论，重拾 Marshall 关于分工和报酬递增的思想，以及新增长理论里有关“干中学”“产业知识外溢”等报酬递增理论，讨论产业结构变化和经济增长的内生型动力。

2008 年全球金融危机后，社会各界开始从实体经济的回归与振兴方面来重新认识制造业的价值。乔·瑞恩和西摩·梅尔曼（J. Rynn & S. Melman，2009）认为，现代经济的中心是制造业而非金融业，美国需要的是一个真实的经济体，而非新经济体。以美国为代表的发达经济体需要的是一个依赖于实体经济的增长模式，而非依赖于虚拟经济的增长模式。制造业在所有经济部门中具有最高的乘数效应，在制造业中每投入 1 美元，就会额外增加 1. 37 美元的经济活动（NAM，2016）。实际上，金融危机后，制造业已被认为是一个国家或地区的财富创造者、生产率提升的主体和改善民生的物质基础（Stavrianos，2009；Economist Intelligence Unit，2010）。

瓦科拉夫·斯米尔（Vaclav Smil，2014）明确指出，一个国家制造业的衰落，必将导致该经济体不断虚化和弱化，而且，在全球化时代，制造业是实现贸易优势乃至创建强大国民经济的必要条件。因此，一个国家应该有一个强大的制造业来保证经济独立和长期繁荣（Obama，2012）。实践证明，制造业对于一个创新驱动型经济体至关重要，不管是为了本国，还是为了全球经济增长的可持续性，它都是一个国家特别是大国的经济基石（Gary Pisano，2014）。世界大国必须以工业制造业来支撑其庞大的经济体系，否则必将衰落甚至崩溃（金碚，2015）。

金融危机以来，美国四任政府均高度重视制造业发展，抑或大部分发达国家也开始反思去工业化战略，纷纷寻求实体经济回归再工业化战略。波林和贝克（R. Pollin & D. Baker，2010）认为，所有技术领域的发展均离不开制造业的发展。一国应有一个强大制造业基础来保证经济独立和长期繁荣，那些制造业缺乏的国家易被制造业强势的国家控制（J. Rynn & S. Melman，2009）。

（六）再工业化的阶段区分

总体来看，伴随着经济社会发展的现实状况，“再工业化”的具体内涵在不同时期有着不同的侧重点，总结前文，大致可以分为五个阶段（见表2－2）。

表2－2　　20世纪60年代以来发达国家再工业化的发展阶段

阶段	时间	标志性文件	目的
第一阶段	20世纪60～70年代	美国社会学家艾米泰克首次提出“再工业化”	解决当时德国鲁尔、法国洛林、美国东北部以及日本九州等地区重工业基地改造问题
第二阶段	20世纪80年代	詹姆·斯米勒将“再工业化”定义为一种积极的产业政策选择	针对日美制造业竞争格局出现逆转的趋势，主要通过市场机制来推动产业调整和升级，以提升产业国际竞争力
第三阶段	2008年金融危机以来	2010年美国总统奥巴马签署《制造业促进法案》	制造业回归、以出口带动增长、发展先进制造业，转变经济发展方式
		2011年美国制定《先进制造业伙伴计划》	提高美国制造业全球竞争力
		2012年美国制定《先进制造业国家战略计划》	促进美国先进制造业发展
		2013年德国《工业4.0》战略实施建议	促使德国成为先进智能制造技术的创造者和供应者

续表

阶段	时间	标志性文件	目的
第三阶段	2008年金融危机以来	2013年法国《新工业法国》	通过创新重塑工业实力，使法国处于全球工业竞争力第一梯队
		2014年日本《2014制造业白皮书》	重振国内制造业，复苏日本经济
		2015年英国《英国制造2025》	重振制造业，提升国际竞争力
第四阶段	2018年中美贸易摩擦以来	2018年10月美国《美国先进制造业领导力战略》	提出“实现美国在各工业行业保持先进制造业的领导力，以确保国家安全和经济繁荣”的总目标，并从新技术、劳动力、产业链三个维度来确定三大分目标
		2017年11月英国《工业战略——建设适应于未来的英国》	从劳动生产率、盈利能力和创新能力三个角度出发，从重视研发投入、重视基础设施建设和重视营商环境三个维度具体实施
		2018年9月德国《德国高技术战略2025》	聚焦三大行动领域，即“解决社会挑战”“构建德国未来能力”　“树立开放创新和冒险文化”
		2019年2月德国《国家工业化战略2030》	总体目标为稳固并重振德国经济和科技水平，保持德国工业在欧洲和全球竞争中的领先地位
第五阶段	后疫情时代	2020年7月欧盟达成复兴计划协议	打造长期财政框架和下一代欧盟经济复兴计划，旨在应对新冠疫情带来的经济后果，并支持绿色和数字转型的投资，通过大规模财政政策助力新兴产业发展
		2021年3月美国政府发布《国家安全战略指导》文件	制造业发展战略转向新兴产业和数字经济。文件指出，美国将加倍进行科技投资，包括在研发、基础计算技术和国内领先制造领域，以实现多个国家战略目标，包括经济、健康、生物技术、能源、气候和国家安全领域。美国将建设21世纪的数字基础设施，包括通用的、负担得起的高速互联网访问和安全的5G网络

续表

阶段	时间	标志性文件	目的
第五阶段	后疫情时代	《2021 美国创新与竞争法案》	重振因基建短板被拖累的制造业，以巨大的基建投资拉动国内需求。再工业化上升到确保供应链安全，逐步由以往的全球产业链向区域内全产业链过渡。重塑国家创新体系，维护先进技术全球领先地位方面“再出发”

资料来源：笔者整理。

第二节　产业转型升级与制造业转型升级

当前，主要工业化国家早已进入后工业化阶段，在完成工业化之后他们重新反思传统的工业化道路，并重启“再工业化”，进入工业 4.0。对于中国来说，既要继续进一步推进工业化，又要面对发达国家“再工业化”的挑战，要从工业 2.5 ~3.0 为主体的阶段跨越式进入工业 4.0。中国这一跨越式的过程，即表现为制造业转型升级，其目标是推进制造业高质量发展，实现制造强国战略。制造业转型升级俨然成为制造业高质量发展的内在组成部分、阶段性目标之一，是我国实现制造业高质量发展的重要途径，也是一个长期的动态演进过程。制造业转型升级的理解，需要站在产业转型升级的基础上来分析①。

一、产业转型升级

产业转型升级是产业价值链的深度拓展和跃迁升级过程，也是产业竞争力全面提升的关键之举。第一次工业革命带领世界进入了“蒸汽时代（Steam Age）”，第二次工业革命带领世界进入了“电气时代（Electricity Age）”，第三次工业革命带领世界进入了“信息时代（Information Age）”。以大数据、互联网、移动终端和机器学习等为代表性特征的新一代信息技术逐渐融入社会生产与人类生活的方方面面，第四次工业革命给生产力发展带来了新的革命性变革。在此背景下，叠加逆全球化趋势和疫情冲击，全球发达国家经济体以及主要发展中国家经济体

① 本节以“刘建江、易香园、王莹：《新时代的产业转型升级：内涵、困难及推进思路》，载于《湖南社会科学》2021 年第 5 期”为基础。

都在把握新一轮工业革命的机遇，跟上知识与技术创新时代的步伐，竭力推动传统产业转型升级，全球产业链与价值链分工的新格局正在逐步形成。因此，研究一国产业如何调整、如何迎接新一轮的全球贸易格局，具有重要的现实意义。

传统意义上的产业转型与产业升级一直被认为是两个紧密相关或内涵相近的概念，而今通称为产业转型升级，学界对其内涵的认识也在不断推进，并经历不同的层级。

（一）从三次产业结构变迁的角度诠释产业转型升级

威廉·配第（William Petty）、费歇尔（Fisher）两位学者从三次产业结构转变的角度诠释产业转型升级。费歇尔依据人类经济活动方式与自然界二者之间的关系把国民经济部门分为第一产业、第二产业和第三产业。第一产业包括农业和畜牧业，第二产业包括纺织业、钢铁制造等制造业行业，第三产业包括批发零售、交通运输、住宿餐饮等服务行业。“配第—克拉克定理”认为，随着人均国民收入水平的提高，第一产业在经济体中的就业比重不断下降，第二产业比重先上升后下降，再经历一定阶段，第三产业相对比重开始上升，而第一、第二产业的比重相对下降。

（二）从对外开放的角度诠释产业转型升级

20 世纪初，伴随各国的对外开放和工业化，世界各国在贸易、投资、技术、金融等领域的交往与合作日益密切，世界经济开始出现全球化的趋势。与此同时，产业结构相应发生转变。日本学者赤松要（Kaname Akamatsu，1932）提出“雁行形态理论”，认为工业后发型国家的某一特定产业的产生、发展和区域衰退需要经历“进口、国内生产、出口”三个不同的阶段，才能有效实现工业化和产业升级的目标。后发国家为实现本国工业化，需要充分吸取先发国家工业化的经验，工业化进程中，后发国家的生产与消费将逐次经过轻工业品、重工业品、重化工业品的渐进过程。此后，日本学者山泽逸平（Ippei Yamazawa，1993）拓展了该理论，认为后发型国家要实现经济增长，需要引进先发型国家的技术和产品，并将赤松要的“进口、国内生产、出口”三阶段表述为“引进、进口替代、出口成长、成熟、逆进口”五个阶段。小岛清（Kojima，1978）认为，日本要重视对外直接投资的重要作用，逐步淘汰掉本国已经处于或者即将处于比较劣势的产业，并通过对外直接投资将其转移至生产成本更低的海外，以达到实现本国产业转型升级的目的。综上可见，产业转型升级可以由国内生产、消费、出口延伸至海外生产、消费、进口，即一国可以通过对外开放来实现产业转型升级。

（三）从工业革命的角度诠释产业转型升级

工业革命是人类社会发展史中最伟大的事件之一。当前，以数字化、智能化等为主要特征的第四次工业革命不仅可以有效整合资源，打破时空界限，而且能够为传统产业注入新的发展动力，提高社会劳动生产率和社会运行效率。在信息技术进步与新场景新业态、新模式创新驱动作用下，传统制造业的转型升级成为必然。信息技术正成为推动经济稳定增长和产业转型升级的动力引擎。

信息技术推动产业结构高度化。一方面，新技术的应用要求劳动者技能水平必须高度匹配产业生产方式。当智能化、数字化与生产制造环节深度融合后，现有劳动者的知识储备和技能结构将无法适应当前产业组织生产的要求。例如，“机器换人”迫使劳动者去学习和掌握新技能，使得人力资本水平越来越高，从而推动产业结构高级化。另一方面，信息技术可以通过创造新的产业形态来实现产业结构高度化。例如，企业可以通过不断提高自主创新能力，为后期更深层次的模仿和创新奠定坚实基础。

信息技术推动产业结构合理化。一方面，信息技术可以通过对资源进行重新配置来促进产业结构合理化。当前，消费者对产品的需求偏好差异化和个性化特征日益明显，利用智能化、数字化的信息技术能准确识别出消费者的需求偏好，再通过大数据和机器学习对不同偏好及时作出反应，达到柔性定制、实时生产和精细管理，对有限资源进行合理配置，避免资源错配发生。另一方面，信息技术可以通过技术融合促进产业结构合理化。数字化、智能化技术具有通用性，能够扩散、融合到产品制造的各个环节，进而发展成为一种新的技术，产业间的联系与产业内的互动增加，使得不同产业生产制造的边界变模糊，甚至出现融合、渗透趋势，产业之间的协同能力提高，进而推动产业结构向合理化方向发展。

（四）新发展格局下中国产业转型升级面临的内忧与外困

新发展格局下，中国经济增长由高速增长时期进入高质量发展时期，而推动经济高质量发展的重点是要推动产业结构转型升级，把实体经济做大做强[①]。产业转型升级俨然已经成为中国推进供给侧结构性改革和建设现代经济体系的重要内容，也是做大做强国内实体经济的关键所在（刘勇，2018）。当前，中国的产业转型升级正面临内忧与外困的双重挑战。

从中国内部发展来看，主要有四点新形势。第一，人均 GDP 在 2019 年第一

① 徐豪：《习近平领航中国高质量发展》，载于《中国报道》2019 年第 179 期。

次超过 1 万美元[①]。在“十四五”规划展望之下，中国有希望跨越“中等收入陷阱”，迈入高收入经济体行列。当然，中国内部不同地区之间在不同程度上存在发展差距。例如，东中西部发展不平衡、城市与农村发展不平衡、发达地区与欠发达地区发展不平衡等，这表明在产业升级方面需要考虑的问题较多。第二，中国式现代化取得了新成就，已进入新发展阶段，发展条件和发展环境都发生了深刻变化。“十四五”规划中，技术创新、绿色发展等指标成为重点词汇，经济增长目标由重视高速度发展转向重视高质量发展，高质量发展要求经济发展在原有基础上与环境、资源更加协调，促使地方政府调整各自产业政策，完成产业转型升级。第三，在贸易摩擦加剧、逆全球化趋势凸显以及中印边界冲突等外部因素冲击背景下，中央政治局会议提出以“国内大循环为主体，国内国际双循环相互促进”的战略部署，多方力量敦促中国各产业加快资源整合，形成效率更高和规模更大的产业集群，以期在竞争激烈的全球市场中获得更大的优势。第四，大变局下，全球产业链重构趋势明显。

从中国外部环境来看，主要有三点新形势。第一，一系列逆全球化浪潮暗流涌动。在特朗普政府任期间，中国所面临的外部环境发生了巨大改变。拜登新政府上台后，具体做法虽有所调整，但阻碍中国产业链重构的意图与事实不会改变。因此，中美经贸关系不会因政府换届发生根本性改变，反而有长期持续的趋势。第二，中国积极推进“一带一路”倡议。习近平总书记 2018 年 8 月指出，在 2013～2018 年的五年中，中国同“一带一路”共建国家的货物贸易额累计超过 5 万亿美元，对外直接投资超过 600 亿美元，为当地创造 20 多万个就业岗位[②]。中国与世界其他发展中国家的经济交流得到空前的发展，中国积极倡导人类命运共同体理念，并成为新全球化主要推动国家之一，这与当前欧美不少发达国家的贸易保护主义以及逆全球化举动形成鲜明对比。第三，大变局加速演进期，全球产业链面临“脱钩”“断链”风险，世界经济面临更大的不确定性。

（五）新发展格局下中国产业转型升级新思维

全球化时代的产业发展新格局下，中国面临着与主要发达国家经济体相类似的两大课题：一是通过产业转型升级以提升本国产业的国际竞争力；二是在市场机制调节下通过有效的市场经济秩序治理，引导本国经济发展方向尽可能偏向预期。如何发展具有一国或地区根基的产业是产业转型升级需要解决的核心问题。

第一，技术创新可以拓展工业化空间和推进产业转型升级。传统意义上的技

① 《国家主席习近平发表二〇二〇年新年贺词》，载于《人民日报》2020 年 1 月 1 日。
② 《推动共建“一带一路”走深走实造福人民》，载于《人民日报》2018 年 9 月 2 日。

术创新代表着提倡发展高技术产业以及用新兴产业替代传统产业。事实上，普遍意义上的技术创新是指对传统产业完成技术升级，或用高新技术支撑和不断改进传统产业，以实现更高效率的生产。同样地，产业转型升级也不是简单的摒弃一批旧产业，吸纳一批新产业，而是通过技术创新拓展产业空间，使得产业发展不再以破坏生态环境为代价，产业生产更高效、更清洁、更环保，“与这种工厂为邻，客户、供应商和工人都会怀有正面的情感”，就可以使这类产业长期根植于本国、本地。

第二，劳动力就业结构与产业部门结构合理配置有利于产业转型升级。新全球化背景下，世界各国人力资本的流动性得到大幅度提高，尤其是高知识储备劳动者会选择不断调整就业部门，从低效率、低回报生产部门转向高效率、高回报生产部门。因此，企业也必须学习如何管理具有较强流动性的人力资源。此外，在工业技术变革较快时，当前劳动者技能的升级速度往往跟不上产业技术的升级速度。因此，在全球化新形势下，如何充分高效发挥人力资本的作用是一个重大战略性问题。

第三，高素质的企业家才能有利于产业转型升级。微观层面看来，产业的转型升级是否成功主要取决于优秀的企业家才能。一般而言，企业家的经营理念、经营方式直接决定了产业发展的具体方向，因而大多数中国企业家的眼界决定了中国产业全球竞争力的前景，当国家内部越来越多的企业家都只着眼于“赚快钱”“赚热钱”等短期利润，“脱实向虚”成为趋势，故越来越多的产业也就难以完成核心技术与生产经验的积累，真正具有中国根基的产业就难以形成。

第四，良好的制度与政策环境有利于产业转型升级。市场经济是具有高效率、高目标性的一项经济制度。如果缺乏对市场机制的有效监管，任由市场自己调节，就会导致产业结构“脱实向虚”等产业发展轨迹偏离人类发展目标的现象。因此，政府需要精心构建高效、完善、合理的市场经济治理体系，准确引导产业转型升级方向。在新全球化时代，需要有新规章、新秩序高度匹配新技术、新业态。然而，在信息安全、基因工程等高新技术产业领域，理论研究与实际应用之间缺乏明确的法律界限，迫切需要制定新的法律规范，以促进此类产业的长期健康稳定发展。同时，随着信息技术和互联网应用的普及，黑客攻击与个人信息泄露等网络信息安全问题频繁发生，ChatGPT 等新业态频频出现，需要引起社会和政府的高度重视，相关部门也需积极推进个人信息安全保护的立法进程。

二、制造业转型升级的内涵

“制造业转型升级”是由“转型”和“升级”两方面组成，先转型，再升级，通过升级来实现前面的转型。刘志彪（2014）对“转型”有两个层次的理解，一是转变经济体制，即发挥市场在资源配置中的基础性作用；二是转变经济发展方式，由粗放型发展方式向科学集约型发展转变。同时制造业转型可以从以下几个角度进行思考：第一，从产业结构的角度出发，制造业转型就是产业结构向着更有利于经济和社会发展的方向演变，由传统的行业向新型行业迈进，产业结构中的技术含量更加密集。第二，从全球产业链的角度出发，制造业转型就是价值链实现链条的转型，从价值链低端向价值链高端攀升，提升中高端产业的竞争优势。第三，从产业发展转型的角度出发，制造业转型是产业从单纯追求数量到追求综合需求的提升，需要深化供给侧结构性改革，从出口导向转为内需拉动，从要素驱动转为创新驱动，从高污染浪费转化到环境友好。第四，从产业的国际开放性来看，是由“两头在外”为基本特征的局部开放型发展模式向以“全球生产布局”为基本特征的全面开放型发展模式转变再到“双循环”新发展格局的转变。

“转型”以后再“升级”。杜鹏（2012）对产业升级的概念从微观、中观和宏观三个方面理解，在微观层面，企业通过资源优化配置、技术进步获得更高的利润，提升自身的竞争力；中观层面上，产品的附加价值从低附加价值向高附加价值不断进行攀升；从整个国家即宏观层面上讲，整个产业体系不断进行优化升级，投入产出比不断优化。也可以将产业转型升级分为三个层次：第一个层次是提升功能，在产业链调整的过程中提升其在价值链中的地位，用较低的成本出让低附加价值的产业链上的部分，发展高附加价值的高端产业链。第二个层次是升级产品，企业不断提升创新能力，以适应人们日益增长的产品需求，推动新兴创业产业的发展，从而创造更多的价值。第三个层次是升级过程，主要在于强调通过管理组织方法和传输系统的升级，提高产品在整个传输过程效率，降低成本，创造出更多的工业价值。

三、制造业转型升级的多维度解读

（一）产业结构升级

由不合理的传统产业结构向合理化、高级化、生态化的产业结构升级。产业结构优化升级是形成新的增长动力和比较竞争优势的重要途径，关乎整个产业链条以及长远发展。产业结构成功优化升级是我国跨越中等收入陷阱和在国际竞争中掌握主动权的关键。产业结构可以从合理化和升级两个方向进行分析，合理化是指不同产业间更加协调以及资源有效配置，升级是指产业结构自身的不断升级

(张红霞, 2016)。邓洲和于畅 (2021) 认为“十四五”阶段是我国基本实现工业化后的新发展阶段, 构建“双循环”发展新格局, 制造业规模还需继续扩大, 要素结构和需求结构的变动将成为制造业结构调整的直接动因。

(二) 驱动力升级

由资源大规模投入驱动升级转为创新驱动升级。改革开放以来, 我国是典型的要素驱动型国家, 经济的增长主要依靠劳动、资本、资源三大传统要素的投入。随着传统人口红利和资源红利的消失, 经济增长动力转为创新驱动, 创新驱动更符合自然规律的可持续发展, 是符合社会规律的和谐发展。创新作为产业转型升级的根本动力已成为制造业转型升级的关键影响因素 (Acemoglu et al., 2018)。制造业转型升级本质上是提升企业的自主创新能力, 构建制造业创新链, 过程在于通过创新延伸到高端制造业。制造业转型升级的主要动力有科技发展 [如数字化转型 (陈林, 2023; 吴海军和郭琎, 2023) 以及工业互联网的发展 (吕明元和程秋阳, 2022)]、需求结构升级、产业组织结构改革与创新 (焦青霞, 2023)、推动国家发展战略 (余林徽和马博文, 2022; 杨瑾和薛纯, 2022)、全球经济梯度发展的影响 (郭新宝, 2014; 张志元, 2015, 2016)。随着中国经济进入新常态, 依靠科技力量、依靠创新驱动引领发展, 成为必然选择。

(三) 生产方式升级

由传统的机械化、自动化生产方式升级为数字化、智能化、绿色化生产方式。数字化、智能化、绿色化已经成为全球化趋势, 传统经济正在快速转向数字经济、智能经济与绿色经济。中国企业、产业乃至地区的经济发展越来越多地受到信息化、数字化、绿色化的影响 (王永贵, 2020)。智能化的数字经济转型以及绿色经济转型正在中国蓬勃发展, 从而对供给端的发展不平衡以及发展相对薄弱的领域突破提出了更迫切的要求。当前越来越多的企业采取新技术、新业态、新模式以及新的弹性工作方式, 加速了我国企业在数字化、智能化和绿色化的转型。云端迅速发展, 快速铸就了强大的指尖上的商业帝国, 故各领域正在全力推动实体经济与数字经济的深度融合、数字经济与消费经济的深度融合。

(四) 产业链升级

由低级链条分工升级为更高级产业链分工。全球价值链在不断地进行动态的变化, 制造业产品日益向高端价值链转移 (Antras et al., 2012), 中国制造业经过 40 多年的改革开放和经济高速增长, 在全球价值链上的分工发生了变化, 正在向“微笑曲线”的两端攀升。2020年中央经济工作会议指出，“增强产业链供应链自主可控能力”是2021年要抓好的重点任务，强调产业链供应链安全稳定是构建新发展格局的基础[①]。大变局加速演进期，中国制造业正面临前所未有的多重冲击。从全球价值链角度对全球产业转移的新趋势做出系统评估，主动顺应和积极引导全球产业转移的方向，不断稳固和提升中国制造在全球价值链中的地位，不仅是应对贸易摩擦和疫情冲击的短期需要，更是增强我国产业链供应链的安全性，提高其自主可控能力，促进制造业高质量发展的中长期战略需求（王霞和傅元海，2023）。

（五）产业素质升级

由低级生产要素密集型产业升级为高级生产要素密集型产业。产业素质的高低主要体现在该产业门类适应市场需求变化的产品服务的质量、性能、人员素质等众多方面。它是产业体系的性质或质量，决定着产业系统整体功能的发挥和发展的整体质量。产业素质可以由产业要素密集型发生变动来体现，要素密集型的变化常常伴随着产业的升级。产业素质升级的路径有两条，一是产业内升级（Intra – Industry Upgrading），即在同一产业内部由低技术层次向高技术层次、由低加工度和低附加值层次转向高加工程度和高附加值层次发展，如同一产业的产品由劳动密集型产品转换为资本密集型产品即要素密度逆转；二是产业间升级（Inter – Industry Upgrading），即不同产业间的结构转换与升级，如由劳动密集型产业转向资本技术密集型产业（丁钰，2009）。

（六）产品价值链或功能升级

即向产品价值链微笑曲线的两端升级，由实体性的加工、制造、装配、生产活动向非实体的研发、设计和品牌、营销、网络活动升级。从全球经验来看，前沿技术经过模仿与扩散之后便进入利润微薄的竞争状态，我国企业普遍“重生产、轻研发”“重制造、轻品牌”，产业分工长期处在“微笑曲线”底端。为此应改变被动型、依附型的分工从而转向“微笑曲线”两端，向价值链高点移动，从后发国的低成本优势向高盈利与高附加值的质量优势转变，构筑在全球的新竞争优势。一方面，要通过对传统产业的改造升级实现产业结构的升级，培育新兴产业实现经济结构深度调整。同时依托国内大市场，通过消费升级推动产业结构升级（赵政楠等，2023），推动全要素生产率的提升和战略性新兴产业的培育，沿着价值链进行产业转型升级，产业层级从中低端向中高端转移。另一方面，促进

① 《中央经济工作会议在北京举行》，载于《人民日报》2020年12月19日。

制造业的数字化和服务化转型（潘蓉蓉等，2023）。传统制造业数字化通过产业链聚集、网络化弥补自身不足，打造协同制造平台，以网络化协作弥补单一企业资源短板，实现“数据信息畅通、供需产能对接、生产过程协同、员工资源共享”。

（七）生产工艺升级

用性能和效率更高的生产工艺替代原来的旧工艺。制造业系统在不断发展，自动化和信息化更深入应用于制造业的生产过程及管理过程，生产过程中所从事的人力工作日益简便，制造系统的升级将极大幅度解放人的脑力和体力，人们将有更大的空间发挥自己的创造力。未来制造业将更加数字化和智能化。制造业企业转型升级路径不少，最根本普适的策略是产品设计和生产工艺升级。产品设计和生产工艺作为制造业最基础的环节，永远具备升级空间。产品作为制造业创造价值的最终载体，被设计成什么样子（产品设计）和如何把实体产品做出来（生产工艺）是制造业永恒的话题。

过去40多年来，中国制造业通过建立质量体系、团队培训、生产现场改进等系统的优化实现了转型升级，目前，大多数制造业不再是粗放式的管理，投入产品设计、工艺和设备系统优化在提升企业竞争力方面更有经济性和效用性。对于大多数制造业而言，在产品和工艺设计阶段投入最大精力是效率成效最高的升级方式（见图2-1）。2020年，习近平总书记在太钢不锈钢精密带钢有限公司考察时指出“产品和技术是企业安身立命之本”①。制造业的转型升级必定带来制造业工艺的升级。

（八）开放型经济水平升级

由相对低水平开放型经济升级为更高水平的开放型经济。党的十九届五中全会指出：坚持实施更大范围、更宽领域、更深层次对外开放，依托我国大市场优势，促进国际合作，实施互利共赢②。2021年12月8日至10日的中央经济工作会议指出，要扩大高水平对外开放，推动制度型开放，落实好外资企业国民待遇，吸引更多跨国公司投资，推动重大外资项目加快落地③。霍建国（2021）认为高水平开放是我国构建高质量发展的客观基础，适应国际新形势、推进高水平开放的新格局是促进我国经济高质量发展的内在动力，高水平开放有利于构建符

① 陈俊琦、杨文俊、杨彧等：《不负韶华 乘势而上》，载于《山西日报》2020年5月13日。

② 李俊、吕家慧、侯天琳：《实行高水平对外开放 开拓合作共赢新局面》，载于《先锋》2020年第11期。

③ 王彩娜：《以制度型开放引领高水平对外开放》，载于《中国经济时报》2021年12月21日。

合国际标准的市场环境，有利于稳定我国的产业链和供应链，有利于进一步促进国内消费，有利于更主动地参与国际竞争。有学者研究服务业外资对中国制造业企业生产率的作用，发现服务业外资进入有助于中国制造业企业生产率的提升（Bas & Causa，2013；Arnold et al.，2011；Shepotylo & Vakhitov，2012），且提高了中国制造业企业的出口国内附加值率（邵朝对等，2020）。吴传清（2019）提出以开放发展促进长江经济带沿线城市经济高质量发展，推动形成深度融合的开放创新局面。一方面，高质量“引进来”，另一方面依托高质量“走出去”，吸引高质量人才、技术、知识，加强国际竞争中的信息交流，高效利用好各种资源。

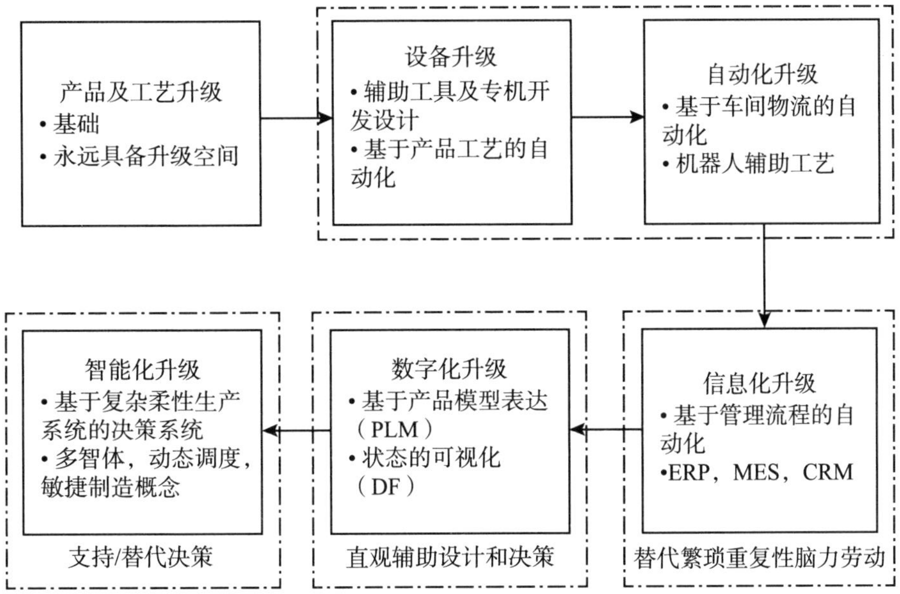

图2-1　产品工艺升级示意图

资料来源：搜狐网，https：//www. sohu. com/a/244280528_751682。

（九）其他方面的转型升级

制造业转型升级还包括如下三方面：一是制造业发展理念的转型升级，是用新发展理念来推进制造业转型升级。特别是对传统制造业、老工业基地、资源型地区以及传统制造业，特别需要以新发展理念来转型升级。二是制造业发展方式转型升级，即产业层面的转型升级，表现为产业的数字化、智能化、绿色化发展以及制造业与其他产业之间的协同化发展和生态化发展等。三是制造业创新方式的转型升级，表现为协同创新、跨界融合创新越来越突出。特别要强调的是：制造业数字化转型是发展数字经济的主战场，是建设制造强国和质量强国，实现高质量发展的必由之路。

四、制造转型升级、制造业转型升级与产业转型升级的关系

制造转型升级是一个与制造业转型升级相近，甚至被认为相同的概念。2021年工信部发起的《“十四五”智能制造发展规划（征求意见稿）》中提出：到2025年，规模以上制造业企业基本普及数字化，重点行业骨干企业初步实现智能转型等目标[①]。2016年的总理政府工作报告指出，要提升消费品品质，促进制造业升级，加快建设质量强国、制造强国，并由此将制造业的转型升级上升到了制造强国的战略层面[②]。制造业的转型升级，不但要求不同制造行业的转型升级和制造业本身的高级化，而且还要求制造业实现生产方式、生产效率等方面的转型升级，体现绿色、高效、低碳的特征，遵循自动化、信息化、数字化和智能化的路径。

因此，我们认为制造业转型升级是一个比制造转型升级内涵更为丰富的概念，制造转型升级从狭义上来说，包括制造业中的制造方式、方法的转型升级，而制造业的转型升级，不但包括了制造技术、制造方式、制造组织形式等本身的转型升级，还包括与产业转型升级类似的制造业结构优化、制造业高端化。

从更广的视角来看，制造业转型升级是产业转型升级中的一个子系统，是工业化的发展过程，也包括从传统的制造业体系向现代制造业体系转型。产业转型升级伴随经济转型升级而出现，并在一定时期内起到引领经济转型升级的作用。而制造业转型升级，又是产业转型升级中的一个部分（见图2-2）。

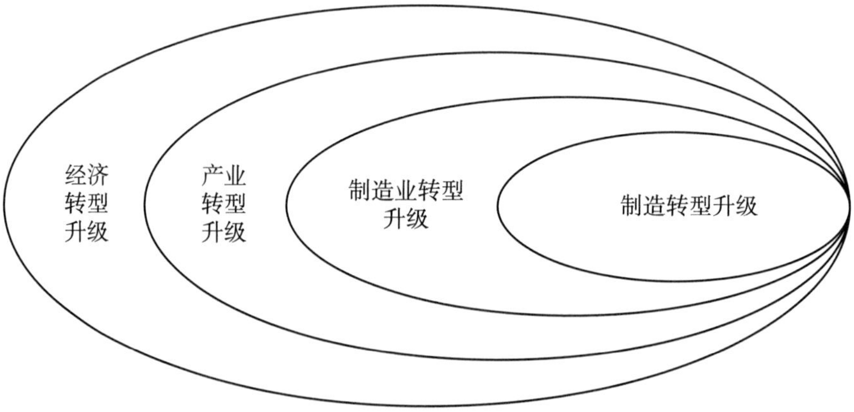

图2-2 制造转型升级、制造业转型升级与产业转型升级的关系

资料来源：笔者整理。

① 龚信：《“十四五”智能制造发展规划》，载于《中国工业报》2021年12月29日。

② 李克强：《政府工作报告》，载于《人民日报》2016年3月18日。

第三节　制造业高质量发展与制造业转型升级

一、关于制造业发展的重要论述

党的十八大以来，习近平总书记多次就制造业在国民经济中的重要作用、战略地位做出重要论述，强调制造业是实体经济的基础，实体经济是我国发展的本钱，是构筑未来发展战略优势的重要支撑①，提出把建设制造强国同发展数字经济、产业信息化等有机结合，为中国式现代化构筑强大的物质技术基础②。

制造业质量是一个国家综合实力和核心竞争力的集中体现。制造业是实体经济的主体，是技术创新的主战场，是供给侧结构性改革的重要领域。工业是一个国家经济发展的命脉和支柱，对一个有着 14 亿人口的东方大国来讲，走向现代化的道路必须建立在工业化的基础之上。工业是我们的立国之本，只有工业强才能实现国家强。通过这些重要论述，我们可以看出习近平总书记对制造业思想的演进、发展过程（见表 2－3）。由此，我们也可以由此直接了解到中国制造业发展的新进展。

表 2－3　　党的十八大以来习近平总书记关于制造业发展的重要论述

时间及背景	内容表述
2017 年 4 月 20 日考察广西南南铝加工有限公司	中国是一个大国，抓好制造业是我国重要的战略选择，制造业是实体经济重要的组成部分，做强实体经济要虚实结合，以实为基础，不能“脱实向虚”
2017 年 10 月 18 日中国共产党第十九次全国代表大会上的报告	建设现代化经济体系，必须把发展经济的着力点放在实体经济上，把提高供给体系质量作为主攻方向，显著增强我国经济质量优势
2018 年 1 月 30 日中央政治局第三次集体学习	实体经济是一国经济的立身之本，是财富创造的根本源泉，是国家强盛的重要支柱

① 《一定要把我国实体经济搞上去》，载于《人民日报》2019 年 9 月 20 日。
② 《为中国式现代化构筑强大物质技术基础》，载于《人民日报》2023 年 9 月 25 日。

续表

时间及背景	内容表述
2019 年 1 月 16 ~ 18 日考察京津冀三省市	实体经济是大国的根基，经济不能脱实向虚。要扭住实体经济不放，继续不懈奋斗，扎扎实实攀登世界高峰
2019 年 9 月 20 日《习近平向世界制造业大会致信》	中国高度重视制造业发展，坚持创新驱动发展战略，把推动制造业高质量发展作为构建现代化经济体系的重要一环
2020 年 4 月 20 ~ 23 日考察陕西省	强调把实体经济特别是制造业做实做强做优，围绕产业链部署创新链、围绕创新链布局产业链，推动经济高质量发展迈出更大步伐
2020 年 9 月 17 日考察调研长沙	要把制造业抓在自己手中，掌握好制造业的关键核心技术，企业经营还需要创新的品质。湖南要着力打造国家重要先进制造业、具有核心竞争力的科技创新、内陆地区改革开放的高地
2021 年 4 月 26 日考察广西柳工集团有限公司	高质量发展是“十四五”时期我国经济发展的必由之路，装备制造业高质量发展更是重中之重
2021 年 10 月 18 日，中共中央政治局就推动我国数字经济健康发展进行第三十四次集体学习（《求是》2022 年第 2 期）	习近平总书记署名文章：《不断做强做优做大我国数字经济》。近年来，数字经济发展速度之快、辐射范围之广、影响程度之深前所未有，正在成为重组全球要素资源、重塑全球经济结构、改变全球竞争格局的关键力量。发展数字经济意义重大，是把握新一轮科技革命和产业变革新机遇的战略选择
2022 年 6 月 28 日在湖北武汉考察时的讲话	高端制造是经济高质量发展的重要支撑。推动我国制造业转型升级，建设制造强国，必须加强技术研发，提高国产化替代率，把科技的命脉掌握在自己手中，国家才能真正强大起来
2022 年 10 月 16 日在中国共产党第二十次全国代表大会上的报告	建设现代化产业体系。坚持把发展经济的着力点放在实体经济上，推进新型工业化，加快建设制造强国、质量强国、航天强国、交通强国、网络强国、数字中国
2023 年 3 月 5 日参加十四届全国人大一次会议江苏代表团审议时的讲话	要坚持把发展经济的着力点放在实体经济上，深入推进新型工业化，强化产业基础再造和重大技术装备攻关，推动制造业高端化、智能化、绿色化发展，加快建设制造强省，大力发展战略性新兴产业，加快发展数字经济

续表

时间及背景	内容表述
2023 年 12 月 11 日至 12 日在中央经济工作会议习近平发表重要讲话	要以科技创新推动产业创新，特别是以颠覆性技术和前沿技术催生新产业、新模式、新动能，发展新质生产力。完善新型举国体制，实施制造业重点产业链高质量发展行动，加强质量支撑和标准引领，提升产业链供应链韧性和安全水平。要大力推进新型工业化，发展数字经济，加快推动人工智能发展
2024 年 3 月 20 日在湖南长沙主持召开新时代推动中部地区崛起座谈会时发表的讲话	立足实体经济这个根基，做大做强先进制造业，积极推进新型工业化，改造提升传统产业，培育壮大新兴产业，超前布局建设未来产业，加快构建以先进制造业为支撑的现代化产业体系
2024 年 7 月 18 日中国共产党第二十届中央委员会第三次全体会议通过	习近平总书记受中央政治局委托所作的工作报告：健全促进实体经济和数字经济深度融合制度。加快推进新型工业化，培育壮大先进制造业集群，推动制造业高端化、智能化、绿色化发展

资料来源：笔者整理。

二、制造业高质量发展的内涵

党的十九大报告指出，我国经济已由高速增长阶段转向高质量发展阶段，建设现代化经济体系是目前跨越关口的迫切要求和我国发展的战略目标①。制造业高质量发展作为我国经济高质量发展的重中之重，关系到经济高质量发展的全局。2018 年 12 月的中央经济工作会议，明确了 2019 年的 7 项重点工作任务，把推动制造业高质量发展放在重点工作的第一位，并强调要坚定不移建设制造强国，同时要推动制造业与现代服务业相互融合②。制造业高质量发展是建设社会主义现代化强国的必由之路。制造业高质量发展，是既要重视“量”，也要重视“质”的发展，其影响因素通常包括技术水平、人力资本、能源供给、产业结构、进出口贸易状况等。党的二十届三中全会指出，要加快推进新型工业化，培育壮大先进制造业集群，推动制造业高端化、智能化、绿色化发展。

---

① 《如何理解我国经济已由高速增长阶段转向高质量发展阶段?》，载于《共产党员》2017 年第 22 期。

② 《中央经济工作会议在北京举行》，载于《人民日报》2018 年 12 月 22 日。

当前我国制造业面临的形势可以用三个关键词来形容：一是“变革”。百年变局下，变革成为制造业最突出的特征之一，其中智能制造成为未来制造业竞争的制高点；二是“创新”。信息通信、生物技术、新能源等领域的新技术、新模式、新业态层出不穷，技术和产品创新不断迭代，创新载体、创新方式和创新流程也不断发生改变；三是“融合”。新一轮科技和产业变革的核心特征是信息技术与制造业深度融合（辛国斌，2019），是制造业转型升级与高质量发展的重大机遇。党的二十届三中全会关于制造业的指示精神，为我国制造业进一步的转型升级指明新方向。

推动制造业高质量发展必须深刻认识其内涵。在新发展理念指导下，制造业高质量发展在供应链上体现为低投入高产出、产品质量好、资源配置效率高，可实现可持续发展、社会效益高。制造业高质量发展的核心内涵是质量高、效率高、稳定性高的供给体系，而高质量的供给体系又包括从要素投入、中间品投入到最终产出三个环节的高质量。一些学者认为，深化供给侧结构性改革，鼓励“大众创业、万众创新”，大力发展数字经济，推动制造业融合发展，通过产业链整合推动制造业走向全球价值链中高端，推进制造业投入要素的市场化配置，是推动制造业高质量发展的可行路径（余东华，2020）。

领悟好习近平总书记对制造业发展的重要论述，由此可以从如下七个方面理解制造业高质量发展的内涵。

（一）制造业高质量发展是一种新的发展理念

党的十八届五中全会提出创新、协调、绿色、开放、共享五大发展理念，不仅成为实现“十三五”时期发展目标，破解发展难题，厚植发展优势的基本指导方针，也是当前谋划和规划我国“十四五”经济社会发展工作，推动形成以“双循环”新发展格局的基本指导理念。在“十四五”规划纲要中，新加的“安全”旨在应对当前所面临的不确定性。六大发展理念中，创新解决发展动力问题；协调解决发展不平衡问题；绿色解决人与自然和谐问题；开放是为了发展更开放的经济体系；共享是为了解决社会的公平正义问题；安全是为了应对百年未有之大变局所带来的不确定性因素。这六大方面针对问题不同，却是一个有机统一的整体，都是为了促进中国的整体转型升级和高质量发展，并成为制造业高质量发展的基本理念。

（二）制造业高质量发展以跨界融合创新为驱动力

在发展动力方面，协同创新和跨界融合创新是其核心驱动力。面对复杂多变的内外部环境，经济社会发展和民生改善均需要科学技术提供解决的方案。坚持创新驱动引领高质量发展，需要以科技体制机制的创新与改革为抓手和主线，全面实施创新驱动发展战略。党的十九届四中全会提出“建立以企业为主体、市场为导向、产学研深度融合的技术创新体系”的总体要求，将其作为“完善科技创新体制机制”系列部署中的关键环节①。

制造业高质量发展，需要跨界融合创新，通过技术结构重塑为制造业注入新动能。跨界融合创新，重要途径之一是通过供求共创来促进产业结构调整。比如通过制造业与服务业的深度融合，建立与消费结构升级相适应的生产组织模式和市场营销模式，由此重新定义业务流程、用户体验、产品服务与商业模式，畅通供给与需求的联系，进一步将生产性服务业嵌入制造环节，由此提高要素资源的配置效率和利用效率。跨界融合创新，将进一步拓展制造业发展优势，补齐研发设计、中间产品、市场营销、品牌管理等短板，推进产业链协同水平的提升，优化并形成稳定的国内生产供应体系，从而加快促进传统制造模式向新型制造模式转变。因此，跨界融合创新，可通过价值的共创来拓展制造业高质量发展的价值链。

（三）制造业高质量发展要求优化资源配置

面对资源环境紧约束的长期趋势，制造业的高质量发展要求资源精准对接和优化配置。提高资源配置效率效能本身也是高质量发展的应有之义。当前，我国发展处于经济动能转换的关键阶段，“双碳”目标是我党对世界的承诺，“两山”理念已深入人心，需要建立以创新发展提质增效为核心的资源高效率配置的体制机制，大幅度提升市场经济水平，由此盘活存量资源，优化增量资源并着力提高经济密度和投入产出效率。市场在资源配置中起决定性作用，市场活力在很大程度上也可以为制造业转型升级提供动力，并提升制造业高质量发展的速度和效率，提升社会整体资源配置效率。同时政策和制度是调控和配置资源最有力的工具，需要科学研究，精准发力。

（四）制造业高质量发展要求新的生产方式

制造业高质量发展是“质”与“量”同步发展，需要新的生产方式。在生产方式方面，制造业高质量发展是绿色化、数字化和智能化的有机统一。2020年6月30日，习近平总书记在中央全面深化改革委员会第十四次会议时，对制造业生产方式和企业形态的根本性变革提出了新要求。制造业生产方式的变革是

① 张力：《从产学研协同创新到深度融合的趋势分析》，https：//m. gmw. cn/baijia/2020 - 04/16/33743765. html。

顺应新一轮科技革命和产业变革趋势之举，需要以供给侧结构性改革为主线，以智能制造为主攻方向，着力点是加快工业互联网创新发展，基础支撑是夯实融合发展，健全法律法规，目标是要提升制造业数字化、网络化、智能化发展水平。要整合科技创新资源，引领发展战略性新兴产业和未来产业，加快形成新质生产力。由此出发，可以看出制造业生产方式的新特点：

其一，制造业高质量发展是制造业的数字化转型。在李春发（2020）看来，数字化转型是制造业转型升级的核心内容，其实质是利用新一代数字信息技术，通过构建完整的数据采集、传输、存储和反馈的闭环来打通产业链各环节数据流通壁垒，建立全新的数字经济体系，实现数字产业化与产业数字化的融合发展。同样，李佩和张精（2021）也认为当前我国经济处于由速度向质量转变的关键时期，经济高质量发展需要制造业高质量发展，需要不断提高制造业的质量和效益。另外，数字经济通过提高生产、协作和创新三方面的效率来促进企业生产经营效率的提高，其对制造业质量提升的作用受到学者肯定（马中东和宁朝山，2020），对制造业转型升级的驱动过程也是新一代数字信息技术在制造产业链渗透融入、融合赋能及创新改造的过程（陈小辉等，2020）。

其二，制造业的高质量发展也是绿色发展，需要绿色创新、低碳发展。于新东（2015）认为，改善生态环境是我国制造业转型升级的诱因。绿色创新为新时代经济社会高质量发展提供了新的动力。对此，汪明月（2021）也持有相同观点，认为在高质量发展的进程中，绿色创新行为不仅能够直接创造出经济价值，还能够通过降低产品全生命周期对生态环境的影响来获取环境绩效，最终实现全社会经济高质量发展。我国“十四五”规划和2035年远景目标纲要提出“推动能源清洁低碳安全高效利用，深入推进工业、建筑、交通等领域低碳转型”，同时要求“以数字化转型整体驱动生产方式、生活方式和治理方式变革”，这亦为加快数字经济与实体经济深度融合，进而推动工业绿色低碳发展指明了方向①。

（五）制造业高质量发展要求建立现代制造业产业体系

从产业体系方面看，制造业高质量发展需要建立现代制造业产业体系。党的十九大报告创造性地从实体经济角度阐述产业体系，首次提出着力加快建设实体经济、科技创新、现代金融、人力资源协同发展的产业体系②。党的十九大之后，习近平总书记在中共中央政治局第三次集体学习时强调，“国家强，经济体系必

① 《中共中央关于制定国民经济和社会发展第十四个五年规划和二〇三五年远景目标的建议》，载于《人民日报》2020年11月4日。

② 郝全洪：《加快建设现代化产业体系》，http://theory.people.com.cn/n1/2017/1204/c40531-29683598.html。

须强。只有形成现代化经济体系，才能更好顺应现代化发展潮流和赢得国际竞争主动，也才能为其他领域现代化提供有力支撑”①。“十四五”时期，按照“推进产业基础高级化、产业链现代化”的要求，现代产业体系对我国制造业提供如下机遇和挑战。首先，现代产业体系的构建需要鼓励制造业的进一步发展。制造业是现代产业体系中最重要的主导产业，以现价人均 GDP 作为衡量标准，在相同时期，美国第二产业比重约 30%，日本约 39%，德国约 42%，韩国约 43%，而我国目前大致为 27%，明显偏低②。其次，制造业发展需要进一步提升产业间的关联性。我国制造业供应链体系全球规模最大、覆盖面最广，但效率并不领先，“卡脖子”领域依然不少。因此“十四五”期间，在制造业内部结构基本不变的情况下，制造业高质量发展的重点工作之一是调整产业结构以加强不同行业、不同企业间的供应链联系。

（六）制造业高质量发展要优化内部产业结构

在经济转型过程中普遍存在要素低配置问题，产业间及产业内部结构不合理，要素投入结构通过技术进步偏向性引导资本或劳动要素在产业部门重新分配，要素流向回报率较高的产业，实现要素优化配置，在培育和发展战略性新兴产业的改造升级和传统产业的双重任务下，协调二者之间的关系，将战略性新兴产业的先进技术充分运用到传统产业的生产过程，同时传统产业用其资金优势保证新兴产业技术突破，形成良好循环并提高产业结构合理化水平（熊勇清和李世才，2010）。

从制造业内部结构方面来看，制造业高质量发展表现为新兴产业不断产生，结构不断合理化，纵向来看是资本、技术和知识等高级要素密集型产业不断发展，产业素质不断提升，产业结构不断升级。产业结构的合理化能促进经济增长（王一涵，2014），吴滨和肖尧（2021）对 2005 ~ 2018 年数据进行研究发现产业结构合理化和生产率提升能促进经济增长，中国应合理配置要素资源，通过创新等一系列措施促进工业经济向集约型发展转变。我国制造业内部结构将趋于稳定，但产业间在供应链上的关联性应得到进一步增强。我国现存的产业结构和比例不适应资源高效配置的需求，因此经济高质量发展需要推进产业结构改革，缩小区域间差距，转变经济方式，从而发挥战略性新兴产业对经济高质量发展在资源配置效率方面的影响，推动经济“保质保量”的发展（罗静，2019）。

---

① 宁吉喆：《建设现代化经济体系　实现新时代高质量发展》，载于《经济日报》2017 年 11 月 30 日。

② 王玨：《社科院报告：“十四五”制造业比重应保持 27%》，http://cj.takungpao.com/columnist/text/2020/1119/204292.html。

（七）制造业高质量发展要求高质量产品

在具体产品方面，制造业高质量发展需要高质量产品，具有很强的市场竞争力，产品量富足、精准面向消费者，供需能保持动态平衡，亦不会出现产品过剩，能充分满足人民对美好生活的需求。质量是制造业的“基石”和“生命线”。比如装备制造企业，需要践行质量强国战略，深入开展质量提升行动，激发质量主体责任意识，有针对性地采取措施提升产品质量，以及重点领域的稳定性、可靠性和适用性并争取取得根本性突破和改善，提升质量信誉、品牌价值、市场占有率和竞争力，打造知名的“中国制造”（刘鹏等，2021），且优质制造对国家经济的增长具有促进作用，并随着时间的增长而增强（张豪和胡钟骏，2021）。仲伟俊和梅姝娥（2021）从产品视角提出后发国家制造业高质量发展发展路径核心在于低附加价值的中低档产品转向高附加价值的自主品牌高档产品，颠覆原有产品新产品、打破他国垄断替代产品和满足全新需求新产品。

三、制造业高质量发展需要与相关领域高质量协同发展

（一）制造业与服务业深度融合

制造业与服务业的深度融合有利于制造业的转型优化，对于提升我国两个行业的国际分工地位有重要意义；特别是现代服务业实现深度融合，既可以适应当前多变的发展环境变化，也是推动产业实现高质量发展的主动选择。我国早已是制造大国，但与之相配套的生产性服务业仍不发达，而且中、低端制造业去产能进程和智能化转型速度缓慢，成为阻碍我国产业结构优化升级、走向制造强国的突出短板。然而，发达国家的制造业与服务业不断深化融合并构建服务型制造体系。Andy Neely 的研究表明，在发达国家的制造业与服务业深度融合的企业中，美国占 58%，芬兰达 51%，马来西亚也有 40%，而中国仅有 2.2%①。在全球 500 强企业中，有 20% 左右的跨国企业制造业的服务收入占总收入比重的一半以上②。因此，制造业与生产性服务业双向良性互动是中国经济高质量发展的必然要求（余文文等，2021）。

制造业与服务业的融合应当以先进制造为融合主题，现代服务要素要向制造

① 娄花：《制造强市踏准发力点，青岛迎来关键一跃》，https://m.thepaper.cn/baijiahao_15423795。

② 宁南山：《对 2020 年世界五百强数据分析看美国对中国的六个核心优势》，https://www.sohu.com/a/414737243_100095661。

业进行渗透融合，其核心在于实现制造业优化升级实现价值增值，通过打破产业边界促进要素间充分融合。我国生产性服务业与制造业的协同发展不仅表现为专业化分工所致的相互剥离，又体现在差异化优势驱动的相互融合（何强和刘涛，2017）。为此，需要我们深入推进供给侧结构性改革，促使生产性服务业价值链有效深度嵌入制造业价值链。当前，服务型制造逐步成为国际竞争的关键领域。需要我们加快推进顶层设计和制度建设，加快推进形成生产性服务与制造业协同发展的新产业生态。

（二）制造业与生态环境实现生态耦合

制造业与自然环境要形成共生发展状态，实现生态耦合发展。党的十八大以来，我国将生态文明建设提高到新的战略高度。我国温室气体排放量从 2005 年开始逐年增加，在 2020 年达到全球排放总量的 28%①。2019 年联合国环境规划署（UNEP）发布报告指出如果全球温室气体排放量在 2020 年达峰且在 2030 年比 2018 年降低 25% 和 55%，就可能用最低的成本控制全球升温的程度，特别指出需要中、美、欧、印等七个最大的排放国提高减排力度②。中国作为一个负责任的发展中的大国，不仅承受气候变化带来的负面影响，而且承担起应当承担的减排的责任。史丹（2018）认为，以绿色发展为特征的新型工业化道路，既需要一定经济规模和高度竞争力的产业结构，也要有良好的质量效益和可持续发展能力。中国宣布，要在 2030 年前实现碳达峰和 2060 年前实现碳中和③。因此，我们需要通过制造业的转型升级积极发展可再生能源、发展和应用低碳技术等，最终实现我国经济的深度脱碳，从而制造业高质量发展与自然环境实现生态耦合。

（三）有效市场和有为政府有机融合

建设现代化经济体系、推动经济高质量发展的关键是要科学把握和调整政府和市场关系。制造业高质量发展要求市场与政府之间要实现有机融合，构建良好的营商环境，且政府政策能精准地支持制造业发展。组织创新作为一种新型要素，为制造业提供新动能，其关键在于如何妥善处理政府与市场的关系（宋林和张扬，2020）。中国目前资源错配、脱实入虚的原因在于没有厘清政府和市场的关系，二者之间的关系是基础性问题，贯穿于中国经济发展和改革开放全过程

---

① 麦肯锡报告《中国与世界》。

② 柴麒敏、徐华清：《联合国环境规划署 2019 年排放差距报告解读》，http://www.ncsc.org.cn/yjcg/fxgc/202005/P020200511564981800283.pdf。

③ 丁怡婷：《打赢低碳转型硬仗》，载于《人民日报》2021 年 4 月 2 日。

（张杰，2018）。中国特色社会主义政治经济学理论的精髓和内核是强调“使市场在资源配置中起决定性作用”与“更好发挥政府作用”并重，一方面，需要各级政府勇于改革创新来推动实现资源配置大优化；另一方面，需要用好法治手段和监督利器，通过市场机制和市场化，不懈深化“放管服”改革，进一步优化体制机制，让政府和市场这“两只手”各司其职、各有效用，逐步破除对政府配置资源的路径依赖，持续优化提升营商环境。

改革开放以来，我们坚持以发展为第一要务，不断处理好政府和市场的关系，四十多年来取得了卓越的成果。实践和经验表明，实现经济高质量发展需要市场充分实现资源配置的决定性作用，更好发挥政府作用，激发各类市场主体活力。2018 年 5 月，习近平总书记指出，“要发挥市场对技术研发方向、路线选择、要素价格、各类创新要素配置的导向作用，让市场真正在创新资源配置中起决定性作用”①。

（四）制造业有效参与国际市场分工

制造业高质量发展离不开国际市场。制造业要有效地进行全球生产布局，建立分工合理的全球生产分工网络体系，整合世界资源来进行发展。中国经济已经进入高质量发展阶段，各种要素成本显著上升，制造业企业加速海外投资成为必然的趋势。长期以来，我国制造业发展优势主要表现为土地、能源、人力等生产要素的低成本。但这些优势随着时间的推移而减少，比如人口红利消减，高房价抬升土地成本。我国制造业在国际市场上的增长潜力仍然很大，尤其是我国率先抗疫成功，率先复工复产，出口逆势增长。中国要利用本国在资源上的优势实现对外资效应的消化吸收，多层次参与国际分工，从而保持制造业在国际上的比较优势。中国可以利用产品内国际分工提供的机遇，通过“三角制造策略”，与发达经济体进行分工合作，实现自主品牌制造的升级转化。加快形成“以国内大循环为主体、国内国际双循环”的新发展格局是当前我国重大战略选择，这也意味着制造业高质量发展离不开国际大循环，即国际市场，需要深度参与国际分工。

（五）制造业与数字经济深度融合

制造业高质量发展需要与数字经济实现深度融合。以物联网、互联网、大数据、人工智能为核心的新型技术迅猛发展，数字经济与实体经济在生产、消费、流通等各环节创新经济发展模式，经济发展迅速。作为高质量发展的重要引擎，

---

① 《中共中央　国务院关于深化体制机制改革 加快实施创新驱动发展战略的若干意见》，载于《人民日报》2015 年 3 月 24 日。

数字经济与实体经济深度融合，为制造业转型升级提供了新动能。数字经济与制造业深度融合的关键在于要素的深度开发与使用，核心在于数据的收集、传输、加工与使用以及依靠数字技术的支撑，产业链各环节实现数字化转型，提高制造业的效益。

先进制造业与数字经济的融合程度受地区经济发展水平、市场化程度和金融支持的影响，数字经济能对制造业结构高级化和合理化有显著的正向作用，数字经济和制造业的深度融合是促进我国制造业从“低端”迈向高端，是推动经济高质量发展的重要路径（蔡延泽，2021；周晓辉，2021）。到 2023 年，我国数字经济核心产业增加值占 GDP 比重由 7.8% 上升到 10%，成为经济增长的重要引擎[①]。

四、经济高质量发展与制造业高质量发展的关系

改革开放以来，中国制造业高速发展，目前已是门类齐全、实力雄厚的体系，产业规模居全球第一，不断增强的创新能力支撑着中国成为全球第二大经济体。2020 年我国 GDP 总量 101.6 万亿元，比上年增长 2.3%，首次突破 100 万亿元大关，是全球唯一实现经济正增长的主要经济体[②]。当年工业增加值为 31.3 万亿元，约为同期 GDP 总量的 30.81%；其中的制造业增加值约为 26.6 万亿元，占全球比重约 30%、约为同期中国 GDP 总量的 26.18%[③]。2021 年，按不变价格计算，我国 GDP 同比增长 8.1%，年工业增加值同比增长 9.6%，两年平均增长 6.1%，高于 GDP 增长率。在工业细分领域，高技术制造业、装备制造业增加值分别是 18.2% 和 12.9%，在工业领域中增长较快。从具体产品看，新能源车、工业机器人、集成电路、微型计算机设备增长 145.6%、44.9%、33.3%、22.3%。这些制造业产业高增长的细分领域，正是我国制造业结构优化的重点领域[④]。根据工业和信息化部部长 2024 年 7 月 5 日提供的数据，我国全部工业增加值 2023 年达到 39.9 万亿元，占 GDP 比重 31.7%，制造业增加值占 GDP 比重 26.2%，约占全球 30% 的比重。

经过 2010 年以来持续 9 年的调整期，我国经济确立中高速增长平台的条件逐步积累（刘世锦，2020），中国经济由高速增长阶段转向高质量发展阶段，正

① 《占比达 10%！中国数字经济“长”得快》，https://www.gov.cn/yaowen/liebiao/202405/content_6953472.htm。

② 盛来运：《不平凡之年书写非凡答卷》，载于《人民日报》2021 年 3 月 1 日。

③ 《我国连续 11 年成为世界最大制造业国家》，载于《机械制造》2021 年第 59 期。

④ 盘和林：《2022 年经济发展的重点依然是优化结构》，https://baijiahao.baidu.com/s?id=1722207711332355161&wfr=spider&for=pc。

处于转变发展方式、优化经济结构、转换增长动力的攻关期，推动经济高质量发展是建设中国特色社会主义的根本要求，当前要坚持提高质量与效益，推进供给侧结构性改革，通过质量、效率和动力的变革推动经济发展，提高全要素生产率，加快建设现代产业体系，尽快改变中国制造业大而不强的局面。

当下，制造业的全球竞争更加激烈，制造业面临更为严峻的外部环境，当务之急是把“推动制造业高质量发展”放在首要位置，促进中国经济高质量发展、增强国际竞争力。制造业高质量发展是我国经济高质量发展的重中之重，建设社会主义现代化强国、发展壮大实体经济，都离不开制造业要在推动产业优化升级上继续下功夫。推动经济实现高质量发展的重要内容，也是全面建成社会主义现代化强国的客观要求。推进中国制造向中国创造转变、中国速度向中国质量转变、制造大国向制造强国转变，关键是推动制造业高质量发展（张志元，2020）。

此外，制造业高质量发展亦包含其与产业、经济和国家安全的协同发展。

第四节　本章小结

工业化是现代化的基础，也是现代文明的基础和标志。长期以来，工业化国家在深入推进全球化生产，实施全球产业转移过程中，开始伴随出现“去工业化”现象。去工业化发展到一定程度，导致了部分国家出现产业空心化现象，从而早期的再工业化应运而生。两种现象的出现，实际上均是时代的产物，是一国工业化进程不断深入、生产率不断提高、为解决国民经济中新的问题而出现的自然结果。

金融危机之前的再工业化，主要是相对于“去工业化”而言的，其目的是使工业投资集中在本国国内，避免出现国内产业结构空洞化、空心化。对于当前的“再工业化”来说，不但是经受2008年金融危机后主要发达国家对长期以来“去工业化”的一种纠偏，而且是一种新的国家战略，是从经济发展转变、立足于“第四次工业革命”来定位，是指主要工业国家重新定位制造业在国民经济中的核心地位，通过大力发展制造业尤其是先进制造业，适当弱化服务业比重，来重新调整和优化产业结构，推动经济可持续发展，推动制造业与经济发展、经济需求等其他外在方面的协调共生发展。

为全面理解当前再工业化的深刻内涵，从时间维度、地理维度、创新维度、产业集聚维度等对其进行了全面诠释。整体来看，“再工业化”特指工业化国家从国家战略出发，为增强国家竞争力实现经济可持续发展，通过系统性的政策举措来大幅度发展制造业，包括重新确立制造业与服务业、制造业与金融业等的关系，重新确立制造业在国民经济发展中的核心地位并努力提升制造业国际竞争力的动态过程。在新全球化大背景之下，尤其是当前百年大变局下，各国应根据自身具体国情选择适合本国制造业发展路径。

与再工业化相对应，中国表现为通过推进制造业转型升级来实现制造强国战略目标。为此，本章着力分析产业转型升级与制造业转型升级的内涵及彼此关系，为后面的分析奠定基础。对于中国来说，研究发达国家再工业化对中国制造业转型的影响，还需要深入分析制造业高质量发展与制造业转型升级的有机统一关系。推动制造业高质量发展必须深刻认识其内涵。在新发展理念指导下，制造业高质量发展在供应链上体现为低投入高产出、产品质量好、资源配置效率高，可实现可持续发展、社会效益高。制造业高质量发展的核心内涵是质量高、效率高、稳定性高的供给体系，而高质量的供给体系又包括从要素投入、中间品投入到最终产出三个环节的高质量。

第三章

全球化视角下发达国家再工业化的理论依据

全球化是不可逆转的客观历史进程，是历史长河中不断闪耀的一道波光，其产生的影响也足以改变历史进程。当下，逆全球化趋势暗流涌动，人类社会发展正在经历着从旧全球化到新全球化的转换过程，与此同时，全球化的价值内涵、发展动力、影响因素随之呈现出新的特征和发展态势，需要探讨旧全球化到新全球化的必然性，梳理出新全球化的特征。在此大趋势下，主要工业化国家的再工业化战略和中国制造业的转型升级具有必然性和紧迫性。后金融危机时代，主要发达工业国家实施再工业化战略，也是在全球化的新发展趋势中来认识。需要我们厘清工业化与再工业化之间的关系，了解传统理论对再工业化的解释不足，诠释再工业化的理论背景及理论演进逻辑，建构再工业化理论分析框架。

第一节　全球化演进的历史逻辑：从旧全球化到新全球化

一、全球化的缘起及内涵

（一）全球化的缘起

全球化是人类社会长期发展的必然的历史过程，也是历史学界的一个新术语。对全球化的普遍认识，人们倾向于将其与20世纪80年代迅速发展的信息和传播技术以及盛极一时的全球自由贸易联系起来，即全球化与国际贸易的深刻联系。

学界对于全球化的缘起一直存在着不同的看法，明清之前，中国长期是世界经济中心。比如，万广华等（2018）认为全球化最早发源于张骞出使西域，由此开辟出的“丝绸之路”促进了中国与亚非欧诸地的贸易往来，拉动了东西方经济、政治、文化的交流。张国刚（2018）的《“丝绸之路”与中国式“全球化”》一文中，专门描述了“丝绸之路”连接着的世界岛。

1492年哥伦布开辟新航路发现“新大陆”，被不少学者视作为全球化的萌芽。新航路的开辟改变了世界历史进程，促使欧洲与亚洲、美洲和非洲等地的贸易往来与文化交流日益频繁。多数历史学家认为全球化始于16世纪，其中经济全球化是近代以来世界经济发展的宏观大势，并经历了三个阶段（见表3－1）。16世纪中晚期，殖民主义在世界范围内不断扩张，国际贸易开启，全球市场逐渐形成。全球化进入第一个阶段：贸易的全球化阶段。19世纪晚期20世纪初，受电力革命的影响，发达国家的经济出现了指数级增长，全球进入垄断资本主义阶段，也即帝国主义阶段。由此，全球化进入第二个阶段，即资本经济全球化阶段。在此阶段，资本在世界范围内流动，世界中心受巨量资本的帝国主义国家所掌控。在此过程中，中国却逐步远离全球化，世界时钟的钟摆也远离了中国。

广义上的全球化理论萌芽于20世纪60年代，迅猛发展的现代信息技术逐渐打破了国家与国家之间的时空界限，世界各国的经济、政治、文化联系日益紧密。由此，全球化也进入了第三个阶段：信息经济的全球化阶段。当然，也有学者认为当前的全球化正在进入一个新阶段，即逆全球化阶段。全球化缘起与现代性起源息息相关，19世纪初见端倪，20世纪中期的“现代化”理论尤其关注世界向现代化的过渡，相关理论如波拉尼（Paula）的“大转型”学说、科塞·雷克的“鞍型期（Sattelzeit）”理论等。

表3－1　　经济全球化三阶段

阶段	主要特征
第一阶段：商品经济全球化	肇始于英国工业革命，世界的中心就是商品生产中心
第二阶段：资本经济全球化	肇始于电力革命，世界的中心是掌握巨量资本的帝国主义国家
第三阶段：信息经济全球化	肇始于20世纪中期的信息革命，世界的中心是那些掌握信息网络的国家

资料来源：笔者整理。

20世纪以来，当“全球化”逐渐成为建立世界新秩序的理论指南之时，美国经济学家对其做出了敏锐的反应。提奥多尔·拉维特（Theodre Levitt，1985）在《谈市场的全球化》一文中首次使用“全球化”一词来形容世界经济发展前20年的巨大变化，认为自20世纪60年代以来，生产、贸易和资本在世界范围内已经发生了前所未有的发展、流动和扩散，经济要素和生产要素的跨国界流动对各国经济产生了直接而深远的影响，尤其是科学技术成为全球共享资源，由此出现了市场的全球化现象。

进入21世纪，《现代世界的诞生 1780－1914》（Bailey，2004）和《世界之变：一部19世纪的历史》（Hamel，2009）① 两部史学著作将各种世界事件与新思想和政治问题关联起来进行批判性思考，体现了两位大家对全球史叙事之道的高超技巧。这两部著作不仅总结了当下已有的研究成果，也在全球史叙事中各具特色地勾勒出了19世纪经济发展与转型的画像，并尝试勾画出不可逆转的全球化趋势。

Bailey（2004）通过强调“跨国性”和“全球性”，运用社会史、文化史、经济史、宪法史、科学史等纯粹的科学工具，尝试实现从社会史、文化史到全球史的范式转换。他将19世纪的世界看作一个能兼顾国家（地区）之间实力落差的全球性网络，具备不同文化和不同地域差异化发展导致了欧洲各国的崛起，进而导致了19世纪西方国家在经济、政治两方面较亚洲竞争者而言占据绝对优势。Hamel（2009）关注移民、经济、环境、政治及科学等问题。就视角而言，Bailey习惯从印度出发论述问题，Hamel则更偏爱中国。就历史沿革和时间顺序而言，Bailey更重视地域和边缘，注重探讨工业化、国家形成及宗教复兴，Hamel着重于分析阶级、革命、宗教、民族精神等哲学范畴，擅长把握世界各地的变化并分析这些变化所蕴含的特定发展方向，以此重构具有时代特征的19世纪世界史历程。Hamel阐述了当今世界的起源、19世纪前后的时代，以及19世纪因何成为世界走向现代化的关键性历史时期，为至今仍具影响力广泛的“为何是欧洲”这一辩题注入了新的活力。

（二）全球化的内涵

21世纪以来，全球化受到社会各界的广泛关注。俞可平（2004）认为“全球化是一个整体性的社会历史变迁过程，其基本特征就是在经济一体化的基础上，世界范围内产生一种内在的、不可分离的和日益加强的相互联系”。戴维·赫尔德和安东尼·麦克格鲁（2004）则指出：“简单说来，全球化指的是社会交

① 《世界之变：一部19世纪的历史》于2010年被评上德国最高学术奖——莱布尼茨奖。

往的跨洲际流动和模式在规模上的扩大、在广度上的增加、在速度上的递增以及影响力的深入。它指的是人类组织在规模上的变化或变革，这些组织把相距遥远的社会联结起来，并扩大了权力关系在世界各地的影响”。安东尼·吉登斯（A. Giddens）也表明“全球化是一个必定在社会科学的辞典中占据关键位置的术语”。

从国家战略目标角度来看，全球化的内涵取决于国家自身的发展需要。习近平总书记站在全球化时代的发展前沿，深入洞悉经济全球化的本质。2018 年博鳌亚洲论坛上，习近平总书记指出，“综合研判世界发展大势，经济全球化是不可逆转的时代潮流。在全球化时代，中国开放的大门不会关闭，只会越来越大！”①总而言之，全球化打破了世界各国和地区之间的时空界限，随着全球化进程的逐渐深入，涉及经济、政治、文化等领域的交流也变得频繁密切起来。

从贸易角度看，全球化可以表现为各国贸易政策、跨国公司的全球性经营，也可以表现为全球市场的资源整合。对全球化观察的角度不同，带来的感受和结果也不尽相同。可以肯定的是，无论选择何种观察角度，全球化的确加强了世界各地之间商品、人员的流动性，各国经济相互依赖性不断增强。总之，全球化是一个随着时代发展不断变化的复杂过程，既存在着必然性，也存在着不确定性，其发展也伴随着国家间国际权力的重构而发展。

二、从旧全球化到新全球化的历史必然性

影响全球化的多种因素中，国家开放程度的不确定性最大、波动性最大。从历史经验来看，19 世纪末到 20 世纪初的一战爆发前，资本、劳动等生产要素可以自由流动，这段时期为“自由主义的黄金时期”，之后受战争的负面影响，生产要素流动性大幅度降低。冷战结束之后，世界各国方才迎来了开放的黄金时期。其实，在资本的全球扩张和技术的快速进步共同作用下，即使是在二战及冷战时期，世界各国交往的广度和深度也远远高于 19 世纪。因此，从历史角度和动力机制看，国家开放程度的大小影响着经济全球化的进程，给全球化发展带来了较大的不确定性。在知识爆炸时代，全球化的性质、结构和局势均出现了重大转折、出现了从旧全球化向新全球化时代过渡的重大转变。所谓的旧全球化时代是指近代资本主义借助于工业文明、商品和武力等手段征服世界，使单一国家“历史”转化为全球历史的全球化时代。新全球化时代是以知识经济为主体的时代。知识经济是一种新的生产方式，其生产方式在内容、结构、时效、价值影响

① 习近平：《开放共创繁荣 创新引领未来》，载于《人民日报》2018 年 4 月 11 日。

度及发展趋势等方面具有超越工业时代生产方式的一系列新特点（徐充，2007）。2008年金融危机后，全球化进程趋缓，逆全球化浪潮趋强，一些外部因素干扰更给全球化发展蒙上阴影，但逆全球化必定不会取代全球化。从长远看，从旧全球化到新全球化具有历史必然性，全球化是历史潮流，全球化趋势不可逆转。

（一）新全球化是旧全球化秩序难以适应的必然结果

旧全球化是资本主义主导下的全球化，其本质就是资本的全球化和巨型化，对世界经济发展而言是一把“双刃剑”。一方面，旧全球化带动了大多数国家的经济发展。在比较优势与专业化分工的基础上，各国按比较优势原理生产产品，再通过国际贸易交换回他国具有比较优势的产品，生产的产品数量增加，消费增加，从而整体福利得到提高。另一方面，旧全球化的基本属性是资本主义，由于资本主义本身存在的内在矛盾和局限性，导致西方资本主义正在不可避免地走向衰落。2008年金融危机后的一系列事件就是明证，冰岛政府破产、英国脱欧、逆全球化浪潮兴起等，表明本次危机是涉及经济、政治、社会及文化等多领域的资本主义系统性危机，将进一步导致旧全球化走向衰落。布热津斯基（Brzezinski）指出“此次金融危机促使资本主义国家认识到自身在资本不加节制的贪婪面前的系统性脆弱”。世界经济论坛主席施瓦布（Schwab，2015）甚至认为“资本主义制度已经不适合当今世界”。此外，旧全球化的规则及话语权一直都是由西方主导，全球化带来的大部分财富被西方少数发达国家占有，绝大多数发展中国家并未获得应有的利益。人类新工业革命的持续推进，新技术新业态不断涌现，传统的国际经贸规则难以应对，即旧全球化秩序难以适应，旧全球化秩序必然被摈弃，新全球化秩序正在被重新建立。

（二）新全球化是科技进步和生产力发展的必然结果

全球化是资金、劳动力、商品或服务的国际化，这种人口国际交往、信息交流与交换的国际化离不开科学技术的进步和社会生产力的发展。科技进步对全球化的推进作用主要体现在交通运输与信息技术的重大飞跃上。在以蒸汽机的发明为标志第一次工业革命中，蒸汽机车和轮船的出现加强了世界各国之间的经济联系。在以电力的发明为标志的第二次工业革命中，轮船和铁路的广泛使用大幅度提升了运输效率，电报的发明和使用加快了信息传递速度，汽车和飞机的应用为全球人员与货物的流动提供了极大的便利。在以原子能、电子计算机的发明为标志的第三次工业革命中，信息技术的普及进一步加快了全球信息和资源交流的速度，极大地提高了劳动生产率。在以人工智能、量子通信等为特征的新一轮工业革命中，数字化打破了国际服务贸易的地域限制，实现一种新型全球化。数字技术、人工智能又促进了产业的深度融合与全球服务贸易的快速发展。可以预见的是全球服务业的开放合作将逐渐成为推动世界经济发展的重要力量。

（三）新全球化是国际权力结构发生深刻演变的必然结果

当前，世界经济体系中主要工业国家在国际体系中主要力量对比出现变化，加之不少国家内部失衡问题严重，对内对外经济政策已经出现巨大的不确定性，再叠加贸易摩擦等外部因素冲击，逆全球化或反全球化趋势即为全球化进程的突出表现。值得注意的是，早先倡导全球化理念和推行全球化实践的以美国为代表的西方发达国家，如今却一反常态鼓吹“逆全球化”，以中国为代表的新兴发展中国家却一如既往坚定支持全球化，并以实际行动积极推行新全球化，两者形成鲜明对比。中国等新兴工业化国家的群体性崛起，对传统国际权力格局产生巨大的甚至是颠覆性的冲击，促使国际权力结构发生了深刻改变。例如，“一带一路”倡议和人类命运共同体理念，为推进新全球化和遏制逆全球化作出了重大贡献。“一带一路”倡议是人类对新型全球化的理论探索，是人类命运共同体理念的伟大实践，体现了人类对社会发展规律的深刻认识。在全球化动力不足的背景下，越来越多的新兴工业化国家更加深入地参与到全球价值链当中，在全球治理中发挥着越来越重要的作用，可以说，世界经济正处在一种“新全球化”进程中。

（四）新全球化是应对诸多不确定性风险事件的必然结果

近年来，伴随全球化而生的工业化迅猛发展，人类面临的环境污染、气候变暖、类似大疫情的不确定性事件等挑战也越来越严重和紧迫，传统的全球治理理念和机制难以应对挑战，需要新的治理理念和机制，即需要重构全球化秩序。长期以来，在旧的全球化进程中，基于比较优势及专业化分工，发达国家的劳动密集型产业被转移至发展中国家。当前，以人工智能、数字经济为特征的第四次工业革命正推动社会生产力不断向前发展，劳动者人均收入不断提高，其物质生活水平相应得到提升。对于全球化演进过程中造成的生态环境破坏问题，则需要具体问题具体分析。主要工业发达国家的重污染型产业转移在一定程度上加重了发展中国家的生态环境负担。当然，发达国家的产业转移的确对承接其高能耗产业的发展中国家的生态环境造成了负面影响，但与发展中国家自身产能落后也息息相关。新全球化下，世界工业大国都在探索绿色工业化道路，发展智能制造，节约资源，降低废弃物的排放；发展清洁能源，构建健康的制造业体系，降低碳排放，等等。另外，各国相关产业在加入全球化进程中，通过制造品新工艺的研发、新技术的采用，也在不断推进自身的转型升级，尽可能将污染程度降到最低。

（五）新全球化伴生逆全球化

当前，新一轮科技革命持续推进人类社会向前发展，世界各国的经济、政治、交往日益频繁，逐渐形成了相互依存、休戚与共的发展态势。然而，2018年以来，全球经济发展在原有的资源短缺、气候变化等诸多问题上，又出现了保护主义、民粹主义等与全球化进程相悖的逆全球化思潮。诸多新旧问题交织在一起，使得国际经济秩序失衡更加严峻，世界经济发展危机四伏。这其中，三大事件加速逆全球化。

第一个事件是中美贸易摩擦。此为逆全球化的典型表现。美国主要从建立关税壁垒与实施科技遏制两个方面挑起贸易摩擦，其对自由国际经济秩序和全球化发展进程具有较大的冲击力、破坏性。在宏观上前特朗普政府停摆了 WTO 磋商机制，在微观上贸易保护主义打破了原有的国际分工格局，全球产业链本土化、区域化、内向化趋势明显，越来越多的国家开始选择将制造业回迁国内就近生产，以小区域为中心的自给自足式的全产业链发展模式开始兴起。“科技战”则突出表明了美国政策制定的着眼点和着力点由经济利益转换到了国家安全和政治利益，间接表明技术进步在推进全球化方面面临越来越多的政治约束。

第二个事件是突发的公共卫生事件对全球化产生双重冲击并引致逆全球化。一方面，重塑了全球产业链格局。世界各国在疫情中产业链不同程度受到冲击，各国政府逐渐开始重视疫情暴露出来的供应链安全问题，并把追求产业安全可控性作为生产环节的重要标准，由此加深了发达国家推动制造业回撤国内的进程。长期内，疫情将加速全球产业链本土化、区域化、内向化的趋势。另一方面，疫情加速数字经济发展。危机倒逼出应急创新能力的提升，疫情防控产生的新需求加速了数字技术的创新与突破。疫情也催生了“云经济”的崛起，全球化因数字经济得以进一步深化发展。后疫情时代，我国数字经济总体规模不断扩大，中美战略竞争也随之延伸至该领域。数字经济成为财富主要来源，技术标准制定权的竞争日益成为国际规则制定权的重点。正是在此背景下，2021 年 11 月 1 日，中国正式申请加入《数字经济伙伴关系协定》（DEPA）。

第三个事件就是俄乌冲突。2022 年 2 月，俄乌冲突升级至今，对全球经济产生了广泛而深远的影响。俄乌冲突已经导致了全球资本市场的剧烈波动，引发能源、农产品等大宗商品价格攀升，部分半导体原材料价格也出现上涨，再加之战争若短期内未结束及考虑战争的后续影响，直接冲击了已经较为脆弱的全球供应链体系。从更长远的视野来看，俄乌冲突必将深远影响世界政治和经济发展格局，并成为全球化进程中的巨大隐忧。

三、新全球化的基本特征

（一）新全球化中的动力主体和价值取向多元化

新全球化时代，“一体化（Integration）”与“多元化（Diversification）”格局并存，内在张力发生转变，且两极之间有很大的张力。不同于以往只包含少数国家的局部的、片面的旧全球化，新全球化是包含多数国家的整体的、全面的全球化，主要体现在全球化动力主体的多元化：一方面，以美国为代表的西方传统工业化大国的实力相对下降；另一方面，以中国为代表的新兴市场国家和发展中国家陆续走上全球经济发展快车道，对全球化的影响力越来越大。其中，中国、印度等发展中大国也与美国、德国、日本等发达国家一样，逐渐成为新全球化主导力量中的重要组成部分，将推动全球治理体系改革和全球化转型变革产生重大影响。因而国际体系内权利结构也将发生重大变化，东升西降、南北互动趋势明显，全球发展的态势呈现平衡化；价值取向方面也趋向多元化，原有的意识形态受到新的发展模式的冲击，不同的发展模式带来了新的意识形态和价值观，“中国模式”正给世界带来新气象，中国开启的全新现代化模式越来越受到学者肯定。

（二）知识的重要性日渐突出并逐渐占主导地位

在传统全球化背景下，资本占据绝对的主导地位，资本雇佣、整合一切生产要素，全球化实则是资本的全球化。而在新一轮技术革命的背景下，全球进入重视知识和创新的新全球化时代。人力资本和技术创新成为推动全球经济发展的主导力量，原创想法成为技术创新的重要来源。服务贸易、技术贸易和数字贸易的比重大幅上升，创新在全球的广泛兴起。在全民创新模式下，知识将呈爆炸式增长，并在全球化传导机制作用下迅速向全球扩散，进而使人类社会形成知识经济模式。在知识经济条件下，众多生产要素中，知识的重要性日趋突出，将会超越资本而成为首要的生产要素，知识的资本化也将成为全球化的主要形态，知识将取代资本履行雇佣、整合一切生产要素的功能。

（三）新全球化性质、世界经济发展原则及模式发生改变

传统的全球化都是由欧美发达资本主义国家主导，是资本主义性质的；在新全球化下，中美两国是世界最大的两大经济体，它们在很大程度上能影响世界政

治经济格局的未来发展趋势，它们也成为新全球化的两大核心主导力量。中国是世界上最大的社会主义国家，因而新全球化也就自然具有了社会主义性质。具有社会主义性质的新全球化倡导以对话解争端、以协商化分歧，世界经济的发展原则将更多地被赋予“公平、公正、包容、合作”的元素，“合作共赢”原则成为新全球化最突出的特征。2020 年 11 月 15 日《区域全面经济伙伴关系协定》（RCEP）的正式签署[①]，正是这一精神的体现和证明。同时，国际规范体系与国际制度正在调整重塑，非西方的价值观不断嵌入其中，所占比重越来越大。比如，中国正在大力推进“一带一路”倡议，就是要与各国进行广泛的、开放式、平等的合作，发展共享经济，建立“命运共同体”。此外，世界各国经济发展模式，尤其是经济运行机制日渐趋同，全球经济格局正在大规模重构。当前，大多数国家或地区实行市场经济发展模式，并形成了与之相对应的国际国内经济运行机制。随着科学技术的飞速发展，以人工智能、数字经济为基础的新经济体系逐渐建立，世界各国之间的经济关系随之发生变化，新全球经济格局正在形成。

（四）新全球化高度重视国家政府的战略性作用

其一，大国的竞争强化了国家政府的战略性作用。在新全球化下，美国、德国、日本、中国、印度等大国纷纷实行新的工业化战略，都强调充分利用全球资源来支撑工业化，这使世界大国之间的竞争日趋激烈。而世界大国之间的竞争，首先就体现在国家政府之间的战略行为竞争，比如在经济、军事、外交、文化等方面的战略竞争。我国加快实施全球自由贸易区战略，努力以周边国家为基础，构建面向全球的高质量的自由贸易区网络体系；同时，实施“一带一路”倡议，积极与亚、欧、非各国建立平等的、广泛的合作网络体系。这种大国之间激烈的战略性竞争，使新全球化下国家政府的战略性作用提高到了一个新的高度。

其二，人类面临的共同挑战强化了国家政府的战略性作用。传统的全球化和工业化使人类正面临生态危机，单靠市场的自发作用难以解决。该危机的解决也是任何单个国家无能为力的，这既需要基于市场的自发作用，更需要世界各国特别是大国政府之间的战略性合作。新全球化下，世界工业大国都在探索绿色工业化道路，发展智能制造，节约资源，降低废弃物的排放；发展清洁能源，构建健康的制造业体系，降低碳排放，等等。这为世界工业大国在解决人类生态危机方面进行合作提供了良好的契机，但这需要工业大国的政府借助市场机制，积极发挥自身不可替代的作用，努力推动政府间、行业间、企业间进行广泛的政策、

① 2020 年 11 月 15 日，区域全面经济伙伴关系协定（RCEP）在 2020 年东盟轮值主席国越南的组织下正式签署。

技术、市场、人才培养等方面的合作。因此，人类的共同挑战强化了世界工业大国政府的战略性作用，使新全球化下国家政府的战略性作用上升到了一个新高度。

（五）新全球化更加重视制造业的作用

2008年金融危机爆发之后，西方发达工业国家普遍出现了经济停滞、失业率高、贫富差距不断拉大等经济社会问题，引发了经济学学者们对传统发展模式的反思，"制造业的重要性"这一议题也再次引起了西方学者的广泛关注。以制造业为主体的实体经济是支撑一国经济社会持续稳定健康发展的基础。从宏观层面上来讲，制造业能够加强技术进步、推动就业增长、保障国家安全和促进国家经济繁荣已然成为学界和政界的共识。因此，新全球化背景下，为振兴实体经济，世界发达国家更加重视制造业在国民经济中的作用，相继制定并实施了一系列促进高端制造业发展的创新战略和计划。德国创建支持各类生产技术的创新联盟，英国推出高价值制造战略，日本启动机器人新战略，中国制造强国战略，均有类似之处。新全球化下，工业发达国家和新兴发展中国家的发展方向不谋而合，更加重视制造业对经济发展中的发展，全球制造新格局正在重塑。

（六）新全球化是绿色全球化

传统的全球化是以传统的工业化为核心内容的，而传统的工业化是以资本占统治地位为基础的。过去几十年间的全球化进程中，发展中国家大量承接发达工业国家低端产业，为发达国家提供大量廉价劳动力。在资本追逐利润最大化的动机下，传统工业化推进中，各国从大自然攫取了大量的物质财富进行生产，工业废弃物大量排放又对环境造成了巨大破坏，森林减少，水、土、空气污染和气候变暖等问题。故旧的全球化是一种"脏的全球化"。而在新全球化下，创新受到了世界各国前所未有的重视，新知识正在不断快速产生和全球扩散，知识将超越资本而成为首要的生产要素。以碳减排为核心的低碳化成为各国生产共识。在这种情况下，智能制造、清洁能源、绿色食品、智能电网等绿色工业革命的元素正在世界各地兴起，进而新全球化是一种"绿色全球化"。中国提出的"一带一路"倡议就是针对绿色全球化的具体实践，其突出生态文明理念，倡导加强生态环境、生物多样性和应对气候变化合作，携手打造"绿色丝绸之路"。此外，新全球化的发展也伴随着逆全球化趋势的出现，以及产业链呈现区域化周边化（权衡，2022）。

第二节 传统工业化理论及新时代的适应性

早期的工业化理论是伴随着贸易保护主义一并出现的，其核心是幼稚产业保护理论。早期的代表是美国财政部前部长汉密尔顿（Hamilton），他明确指出一国工业化水平与该国财富及其经济、政治独立和安全息息相关。其后，李斯特（Friedrich List）首次对工业化理论进行了研究，他建议德国积极推进工业化，注重教育和培训，从英国引进熟练技术人员。随后，各学派对工业发展理论都进行了系统性研究，形成了其各具特色的研究。

一、新古典经济学的工业化理论

从 20 世纪 60 年代后期起，新古典主义在批判“传统发展经济学”的呼声中逐渐兴起。现代西方经济学历经了“张伯伦革命”“凯恩斯革命”和“预期革命”等所谓三次革命，并形成了新古典经济学的理论框架，主要包括微观经济学和宏观经济学两个基本理论。新古典经济学聚焦于资源的优化配置，运用均衡思想对工业化进行研究。此外，斯蒂格利茨（Stiglitz，1977）、杨小凯（1991）等通过关注分工和经济组织演进来对工业化进行研究。

（一）工业化是一个资源优化配置、劳动分工进化的过程

新古典经济学着重强调对劳动、资本、土地、技术等资源的优化配置，在市场机制的自发作用下，引导更多的优质资源流向工业领域，并进一步对工业领域的资源进行有效配置，从而提高工业经济效率，推动工业化发展。本质上看，工业化过程是一个生产要素或资源在国民经济各产业之间以及工业内部各行业之间的优化配置过程，该过程通过嵌入工业体系的生产要素的升级，来推动工业结构的升级。

同时，新古典经济学也从分工的角度来探讨工业化，认为分工是社会发展到一定阶段的产物，广义上的分工理论体系主要针对工业化内部存在的工业体系，不仅包括深层次根源，也包括产业链内部分工等。马歇尔在其著作《经济学原理》中对“地方性工业”的原始形态进行了描述，认为地方性工业就是具有分工性质的企业在特定地区的集聚。他指出，产业集群的目的在于获取外部规模经济。产业集聚可充分利用集群的“工业区域”提供的协同创新的环境、专业化的

劳动市场、辅助性的工作服务和平衡的劳动需求结构等，技能、技术、信息和新思想等在集群内企业之间不断传播与应用，并形成正态反馈机制，促进区域经济发展。

（二）新兴古典经济学的工业化理论

以杨小凯为代表的新兴古典经济学家将生产力发展同新古典理论中的生产关系的标准结论相结合，以全新的视角对工业化进行了解释，并形成工业化生产方式理论。杨小凯（2000）用分工理论从专业化和交易效率的角度解释了工业化的实现过程，他指出：如果固定交易费用太高，则均衡是自给自足的。如果固定交易费用极低，交易效率得到提高，则均衡是完全分工的。如果中间产品的替代弹性和专业化经济程度相当高，则工业化进程将促使一个经济体从每个人为自己生产所有必需的农产品和工业用品且不使用复杂中间产品的自给自足状态，演进为每个人都专门生产一种产品并高度依赖市场和贸易的工业化阶段（即高度商品化经济阶段）。在工业化阶段中，产业具有层次性，专业生产者生产许多复杂的中间产品，且中间产品的收入份额和人均收入都有增加（刘定国等，2005）。工业化的演进表现为市场需求推动下分工演进中产业分立与产业深化的过程，从轻工业向重工业的演变实质上反映了工业内部基于分工演化所导致的生产链长度的变化和不同产业族群的产业更替（李仙娥，2005）。

按照新兴古典经济学的理论推导，世界经济增长将逐渐趋于收敛，换句话说，国家（地区）之间的贫富差距将越来越小，然而实际情况往往是“富国越富，穷国越穷”的相反情形，新古典增长理论无法对这一现象做出合理的解释。技术追赶过程不同于探索技术前沿和知识创新，这个过程主要是通过学习发达国家已有的先进技术，并结合自身国情进行模仿和改良。正如杨虎涛和田雨（2015）所指出的“指导发展中国家工业化的理论首先必须厘清‘技术追赶’和‘经济追赶’两个不同的概念”。新古典经济学中涉及工业化的理论一直混淆这两个概念。然而，当一个新兴国家实现技术赶超并达到创新的高原之时，前面差不多没有了模仿的路径，那么又将如何再次推进其工业化，又需要什么样的理论指导？由此也给我们提供了新的研究领域。

二、马克思主义的工业化理论

马克思、恩格斯时代是英国工业革命、法国政治革命和德国哲学革命的三元革命时代。当时的大工业刚刚脱离幼年时期，工业化逐步成为社会运行的基础和动力。他们亲眼目睹了工业世界的变化，体验着各种学派观点的冲突与融合，他们用理性思维和前瞻视野，归纳总结前人思想成果，透视工业化时代的所有现象，用辩证唯物主义和历史唯物主义方法逐步建构了系统性的马克思主义体系，创立了马克思主义工业化理论。

虽然《资本论》（1867）一书很难找到工业化相关字眼，但工业化理论可散见于各章字眼当中，主要集中于工业化的动力机制、工业革命与资本积累等方面进行翔实考证，建立了资本主义工业经济运行的完整框架体系，体现为如下四个方面。

（一）诠释工业化或工业革命产生的前提

工业化是从市场化或市场革命开始的，市场机制是工业化的主要实现机制。市场革命既是工业革命的前提，也是一个缓慢推进的过程。西欧经济发展历程表明，以往那种封建的或行业的工业经营方式已经无法满足新市场的需求，蒸汽机引起了工业生产的革命。马克思认为各国是靠强制手段达到由封建农业社会到工业社会的转变，并非依靠自然道路的发展发生转变。

（二）跨越式发展理论

马克思认为人类文明是一个历史过程，一方面是量的渐进式、连续性增加，另一方面又有非连续性的质的转变。在普遍联系和交往频繁的开放型世界体系中，发达国家文明的提升必然会对其他国家产生相应的影响。不发达国家同工业发达国家进行交往所引起的竞争必然引发其内部的矛盾和冲突。后发国家可通过制度跨越为生产力跨越开辟道路，而社会制度跨越能否成功，很大程度上取决于物质基础和占有发达国家文明成果的程度。

（三）对工业化的客观描述和实证研究

他们以英国工业革命开始后近 60 年来的工业变化为典型案例进行分析，指出工业化所带来的生产力的飞速发展引发了经济结构、社会生活的巨大变化，创造了人类编年史中无与伦比的历史。而且，工业化除了带来工业城市的巨大变化之外，也带来了产业结构与就业结构的明显变化（见图 3 - 1）。

（四）对工业化与环境的关系进行诠释

环境问题是人类工业化造成的巨大破坏问题，马克思认为资本主义社会的科技进步不能从根本上减少环境污染，要减少这种负的外部性必须进行制度的变革。资本主义私有制是生态危机的主要根源。共产主义能够消除各种危及人类生存和发展的灾难，是解决人与自然、人与人之间矛盾的根本途径。

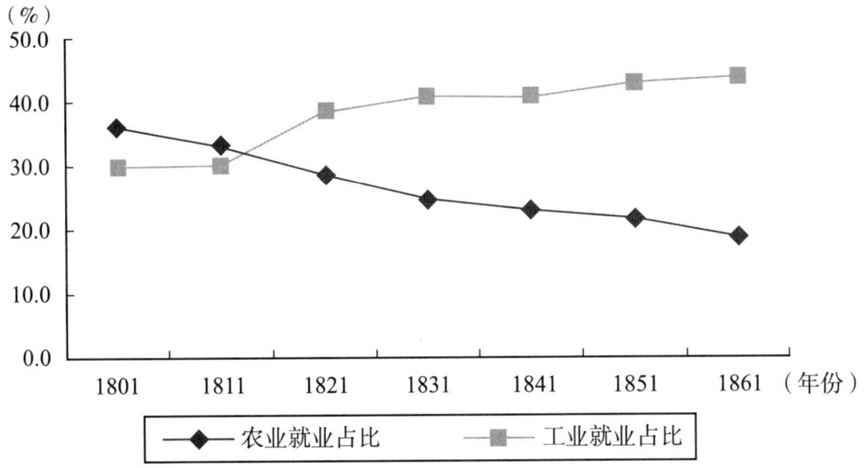

图 3-1　工业革命期间英国产业结构与就业结构变化

资料来源：搜狐网，https：//www. sohu. com/a/332111852_611337。

三、演化经济学的工业化理论

20 世纪 80 年代，对应于新古典经济学的静态均衡分析方法，演化经济学侧重于研究市场竞争的动态均衡发展过程，同时借鉴生物进化思想和自然科学多领域研究成果，从动态、演化的角度考察经济增长现象（盛昭瀚，2002）。演化经济学家提出了“有限理性”的概念，从而批判新古典经济学，其主要代表人物有托斯丹·凡勃仑（Thorstein B Veblen）、约翰·康芒斯（John R. Commons）、赫伯特·斯宾塞（Herbert Spencer）、阿尔弗雷德·马歇尔（Alfred Marshall）、约瑟夫·熊彼特（Josep A. Schumpeter）、哈耶克（Hayek）等。

（一）关注产业经济的动态过程

关注产业经济的动态过程意味着不仅仅要注意到均衡，而且需要说明均衡是如何达到的。结合达尔文的《物种起源》，演化经济学不断吸收演化思想，将演化思想嵌入经济学领域。Marx、Spencer、Marshall 将经济学从静态分析推向了动态分析，为演化经济学奠定了深厚的基础。

基于创新理论的产业演化系统的研究发源于熊彼特的创新理论。该理论认为创新是经济变化的实质，强调了非均衡和质变在产业发展中的重要性。创新不仅能毁灭旧产业，还能创造新产业，这个过程称为“产业突变”。20 世纪 70 年代至80年代，熊彼特的拥护者再次强调了创新在产业演化中的核心地位，摒弃了静态的分析方法，采用动态的分析方法解释经济过程。以熊彼特传统的技术创新与扩散理论为基础，纳尔逊（Nelson）与温特（Winter）更加关注企业创新与产业发展相互联系的动态过程，发现了产业的发展方向与企业的行为方式取决于彼此之间的互动的动态过程。由此，创新与产业演化模型应运而生。

（二）承认“路径依赖”在工业化中的重要性

演化经济学重视经济过程中的路径依赖性和经济过程的不可逆性。这种动态的、非均衡的思想方法为主流经济学提供了一种全新的理论与方法，能解释主流经济学所不能解释的经济现象。纳尔逊（2001）指出：“经济发展过程是一个马尔科夫过程（Markov Process），某一时期一个行业的状况决定它在下一个时期状况的概率分布。”这一描述也符合工业化动态演进过程的事实。演化经济学认为最优均衡通常难以实现和维持，经济系统的均衡大多是暂时性的，而且可能同时存在多个均衡点。因此，经济发展的方向和工业化的具体路径也都充满着不确定性。同时，演化经济学强调，经济变迁的均衡点最终趋近于何处均衡依赖于进化路径。沿着演化经济学的研究思路，陈平（2000）用数理分析方法对分工演进进行了分析，研究发现工业化路径的形成不仅受经济制度影响，而且还同初始自然环境和人文环境密切相关。在研究方法上，演化经济学采用了如下思路：

第一，个体发生和系统发生相结合的方法。通过选取不同的视角，演化经济学从不同水平上进入系统层级来处理解释变量和被解释变量两者之间的复杂性。总体来说，演化经济的基本分析框架包括组织、技术、制度三个维度，研究起点是行为主义企业理论，研究领域是变迁与产业空间演化。演化经济学强调微观（个体或企业）、中观（区域或产业）和宏观（国家）研究层面的互动，在强调国家层面对微观和中观层面的影响的同时，主张从微观层面入手研究中观和宏观问题（刘志高和尹贻梅，2007）。第二，历史和地理的相对分析方法。通过梳理研究对象的历史发展脉络和地理条件分布，总结同一经济现象在不同历史阶段表现出的内部规律与模式的异同点。此外，同一经济现象在不同的地理条件下也会形成不同的文化系统。

（三）主张技术追赶是工业化驱动力

在演化经济学家看来，技术进步是工业化的主要驱动力。对发展中国家而言，技术追赶过程是通过模仿和学习发达国家先进经验，以此来提高自身工艺和技术能力的过程。从技术变迁的属性看，演化经济学家佩蕾丝和苏蒂认为，技术追赶的进入成本和阈值存在差异，在新兴技术形成初期，先进国家和落后国家基本站在同一起跑线。因为两类国家的创新所需要的知识均是“大学的公共知识”，所需的人才均是“可用的大学合格人才”（陈雁和张海丰，2018）。新的技术经济范式初期，已经积累了巨大技术优势的国家相关企业，为了摒弃“错误的”（旧的）经验和外部条件，获取实时经验和新的外部条件，他们将面临更大的机会成本。而发展中国家相关企业由于缺少传统技术经济范式的优势，路径依赖效应较弱，反而会具有某种优势，会更轻、更快。在宏观层面上，克里斯托弗·弗里曼和弗朗西斯科·卢桑（2007）探讨了在总量数据资料平稳变化的背后，中观和微观层次上分别可能发生的结构性的重组和变革。因此，他们试图阐述每一次技术革命发生后创新扩散所引致的组织变革、社会治理模式变革以及文化方面的发展。遵循类似的研究思路，卡萝塔·佩蕾丝（Carlotta Perez，2007）在《技术革命与金融资本》一书中，也深刻地揭示了制度在技术范式变化的调整期内发挥的重要作用。据此，容易推断：技术追赶型国家的成功可以归结于其实现了制度与技术协同演化。

四、传统工业化理论对现实的解释及差距

马克思、恩格斯用辩证唯物主义和历史唯物主义方法建立了资本主义工业经济运行的完整框架体系，创立了马克思主义工业化理论。一是分析了工业化或工业革命或大工业产生的前提，认为市场化是工业化的前提条件。二是通过对工业化的客观描述和实证研究，指出工业化所带来的生产力的飞速发展引发了经济结构、社会生活的巨大变化。三是跨越发展理论，认为人类文明是一个历史过程，一方面是量的渐进式、连续性增加，另一方面又有非连续性的质的转变。四是对工业化未来的分析，认为资本主义私有制是生态危机的主要根源，资本主义社会的科技进步不能从根本上减少环境污染，要减少这种负的外部性必须进行制度的变革。

新古典经济学关注资源的优化配置，运用均衡思想对工业化进行研究，观点有二。其一，认为工业化过程是劳动、资本、土地等生产要素从初级状态在国民经济各产业之间以及工业内部各行业之间向高级状态升级的优化配置过程。其二，认为分工是社会发展到一定阶段的产物，其核心是中间需求力量的变化导致产业活动和结构以及经济福利的变化，并将分工分为企业内分工、企业间分工、产业分工三种类型。

新兴古典经济学突破了传统比较优势理论的框架，将传统的比较优势理论上升到比较优势理论。从国际分工视角来看，依赖传统比较优势理论来发展经济，

易使发展中国家在国际分工低端锁定，容易陷入“比较利益陷阱（Comparative Advantage Trap）①”。为此，需要运用内生比较优势理论来指导经济发展，重视培养我们的动态比较优势，谋求在更高层次上的竞争优势来推进工业化，参与国际分工，逐步形成良性的产业升级机制，加快推进制造业转型升级。

演化经济学家认为技术进步是推动工业化进程的核心驱动力，对于像中国这样的发展中国家来说，在核心技术上赶超发达国家是成功实现工业化的必由之路。技术追赶过程不同于探索技术前沿和知识创新，这个过程主要是通过学习发达国家已有的先进技术，并结合自身国情进行模仿和改良。

不同于新古典主义将制度、法律、政治、文化等因素视为外生变量，新制度经济学家将制度作为经济活动中的内生变量，综合应用了古典、新古典经济主义的供求分析方法来探讨国家经济发展，主要从产权、交易费用、制度变迁三个方面解释工业化。新制度经济学包括现代制度学派和当代制度学派，两个不同的学派均认为新制度经济学的假设前提是源于资源的稀缺性，而制度安排可以在人与人之间面对稀缺资源的问题时发挥作用。

对应于新古典经济学的静态均衡分析方法，演化经济学借鉴生物进化思想和自然科学多领域研究成果，着重研究竞争变化发展的动态市场过程。一是关注产业经济的动态过程。关注过程意味着关注均衡实现的过程，相关代表理论是熊彼特的创新理论，该理论强调非均衡在产业中的重要性，认为创新在产业演化中处于核心地位，并采用动态的分析方法解释经济过程。二是承认“路径依赖”在工业化中的重要性。演化经济学认为经济系统的最优化均衡往往是难以实现的，多种可能的均衡点同时存在的情况比较常见，随机因素对经济变迁的影响导致的不确定性使得经济发展的方向和工业化的具体路径也是不确定的。同时，路径依赖在经济发展和工业化中发挥着重要作用。三是主张技术追赶是工业化驱动力。对发展中国家而言，技术追赶过程是模仿和学习发达国家先进经验的主要驱动力，相关企业由于缺少传统技术经济范式的优势，技术追赶的进入成本和阈值较发达国家更低，成为成功的追赶型国家可行性较高。

自工业革命以来，国家之间的竞争主要表现为工业实力和技术能力的竞争。如何实现国家的工业化并赶超发达国家成为摆在发展中国家政治领袖和知识分子面前的紧迫课题。然而，随着全球化的日益深化和各国经济联系的愈加紧密，贸易战、新冠疫情等外部约束条件的变化使得发展中国家的工业追赶实际变得更加困难了。按照演化经济学的新陈代谢理论，知识是新陈代谢的，而不是同质化的

① 比较利益陷阱，又称“李嘉图陷阱（Ricardian Trap）”，是指一国根据比较成本进行资本配置时可能出现的结构性缺陷。就国际分工方面而言，其主要指后进国家在开放过程中出现的产业结构滞后。对于广大的发展中国家来说，它并不只是一种理论上的可能性，还是一种相当现实的风险。

累积增长，基于干中学的内生增长理论只能解释既定技术范式下的增长，但不能解释技术范式变迁带来“创造性破坏”式的增长。当前，新一轮工业革命已初露端倪，智能化、个性化、分散化和绿色化将成为未来制造生产体系的主要特征，这对于发展中国家而言是一个千载难逢的机遇。演化经济学的技术追赶理论还有进一步改进的空间，尤其在指导发展中国家的工业化政策制定方面，完全可以在“国家”和“制度”两个面向上进行拓展。

金融危机爆发后，西方主要发达工业国家纷纷实行“再工业化”战略。学界开始普遍意识到，以制造业为主体的实体经济是支撑一国经济社会持续稳定健康发展的基础，此次危机的主要成因即为产业空心化。因此，发达国家纷纷回归实体经济，提高制造业比重，改善经济结构，推进再工业化是形势所逼，产业空心化所迫。基于西方经济学对产业空心化进行“量”的测度，较少有研究基于马克思主义经济学的视角，对产业空心化的形成机制进行“质”的考察。

第三节　全球产业链价值链理论

随着全球化的不断深入，产业链的各个节点被认为是可以在全球范围内分离的，由此形成了全球产业链（Global Industrial Chain）。与此同时，当价值链理论中的分析对象由单一企业转向全球产业时就形成了全球产业价值链（Global Industrial Value Chain，GVC）。它以产业链为基础，集点、线、面、网于一身，包括产业链、价值链、供应链以及创新链等理论体系，从整体角度贯穿价值活动的创造全过程及其核心影响因素，理论的多元化使其更加的完善并不断创新。

一、产业链、价值链及产业价值链

为实现产业自身价值，每个企业都有一条以满足用户需求为目的将微观主体决策与宏观经济现象连接起来的链条，即产业价值链。

（一）产业链内涵及其发展

产业链的思想最早由亚当·斯密于17世纪中后期提出。他将产业链理解为企业通过生产与销售等活动将内部采购的原材料与零部件交付于零售商和用户的过程，即企业内部活动及自身资源的利用。

19 世纪末 20 世纪初，新古典理论和新古典学派经济学代表人物马歇尔将分工扩展到企业之间，强调企业之间分工协作的重要性（Marshall，1920）；赫希曼（Hirschman，1958）也从产业前后向联系的角度解释了产业链，从而开启了产业链的研究。20 世纪 80 年代兴起的新产业组织理论“揭示了产业链上厂商实施纵向控制，扩张市场势力的策略行为”（Williamson，1981、1985；Nathan，2001）。对产业链进行比较深入的研究，他们认为“产业链整合可以打造企业的核心能力，并证明了产业链可以将不同能力的组织紧密结合起来创造价值”（Prahalad & Hame，1990；Mahoney & Pandian，1992）。

产业链真正引起人们关注并被广泛研究是在 20 世纪 90 年代以后的中国。从某种意义上说，产业链是一个具有中国特色的经济概念。龚勤林、蒋国俊、杜义飞、任红波、刘贵富以及陈朝隆等学者均对产业链概念进行了阐述（见表 3－2）。

表 3－2　　　　产业链相关理论研究

领域	代表文献	主要内容
产业链内涵研究	汪先永（2006） 吴金明（2006） 芮明杰（2006）	从微观层面基于价值链和供应链角度定义，认为：产业链是指一个产品从开始形成到最终消费的整个生产链条
	刘贵福（2006） 李心芹（2004） 蒋国俊（2004）	从中观层面基于战略联盟角度定义，认为：产业链是指在一定范围内将作为链核的竞争力企业通过产品、资本、技术等与其他相关企业进行联结的战略关系链
	赵绪福（2006） 龚勤林（2004） 鲁开垠（2002）	从宏观层面基于产业关联角度定义，认为：产业链是指一种依据产业前后向关联组成的网络结构
产业链运行机制研究	吴金明和邵昶（2006）； 刘贵富（2009）	从产业链形成机制的角度，如吴金明和邵昶关于产业链形成机制的“4＋4＋4”模型；刘贵富从动静视角结合得出产业链形成动因
	蒋国俊和蒋明新（2004）； 任迎伟和胡国平（2008）	从产业链稳定机制的角度，如蒋国俊和蒋明新总结的推动产业链稳定运行的竞争定价、利益调节与沟通信任三种机制；任迎伟和胡国平分析的“产业链系统串联耦合与并联耦合”模式
	刘贵富（2007）	从产业链运行机制的角度，刘贵富提出的六种产业链运行机制及模型图

续表

领域	代表文献	主要内容
产业链纵向关系研究	吴金明和邵昶（2006）；刘贵富（2006）	根据产业链形成四种模式研究产业链纵向关系
	陈祥燕（2006）	借鉴产业纵向关系分析海运产业链
	张雷（2007）	运用产业链纵向关系治理视角分析中国汽车产业链
	杨蕙馨（2009）	实施不同的产业链垂直关系，实现不同分工制度安排的选择与整合
产业链优化整合研究	朱毅华和王凯（2004）	构建农业产业链整合绩效模型
	芮明杰（2006）	构建产业链知识、价值模块与产品整合的三维度模型
	卜庆军（2006）	构建股权并购、战略联盟、产业集群三种模式
	赵红岩（2008）	论述产业链整合在演进阶段中所体现出的功能特性

资料来源：笔者整理。

（二）价值链内涵及其发展

价值链（Value Chain）的起源最早要追溯到迈克尔·波特（Michael Porter, 1985）的《竞争优势》一书。该书中，Porter从企业入手定义价值链，认为各企业（最先特指垂直一体化公司）是一个聚合了从产品的设计生产销售到最后的售后服务等环节的各项活动产物，这些活动可分为基本活动与辅助活动两类且各不相同但又紧密相连，同时它们都可以用一个价值链来表示。上述的这些相关理论是Porter针对传统制造企业提出的，其价值链模型以及由此定义的主要价值活动，初始阶段基本停留于把利润作为主要目标来定义价值链。而彼特·海因斯（Peter Hines, 1993）从传统价值链相反作用方向出发将价值链重新定义为“集成物料价值的运输线”。与波特所定义的价值链不同的是，他把顾客对产品的需求作为生产过程的终点，将利润作为满足这一目标的副产品。

在波特提出价值链理念及系统之后，科洛特（Kogut, 1985）在《设计全球战略：比较与竞争的增值链》一书中用价值增值链来分析国际战略优势。他以国家的比较优势和企业的竞争能力相互作用来设定国际商业战略，当一国依据比较优势来决定如何在国家或地区分配各环节之间的整个价值链时，企业的竞争力就决定了哪些链接和技术水平价值链的企业应该投入所有资源以确保其竞争优势。同时，科洛特还将价值增值链描述为制造商将技术与投入的原材料和劳动力结合起来生产产品、进入市场并销售产品的增值过程。与强调单一企业竞争优势的Porter价值链观点相比，该观点比Porter的观点更能反映价值链垂直分离与全球空间再分配之间的关系，因此对全球价值链理论的形成具有重要意义。

20 世纪 90 年代中期在波特实物价值链基础上，另一些学者如雷鲍特和斯维奥克拉（J. F. Rayport & J. J. Sviokla，1995）在《开发虚拟价值链》一文中首次提出与实物价值链并行的虚拟价值链观点，他们认为，进入信息经济时代的企业必须在两个不同规则的世界中竞争：其一，由管理者能够看到和接触到的资源组成的物质世界，即市场场所；其二，由信息所组成的虚拟世界，即市场空间。传统价值链在包含信息的同时，将信息视为增值过程的辅助组成部分，而不是来源；但虚拟价值链不仅包括信息增值的活动，更重要的是为客户“再创造价值”，换一个角度就是让消费者重新创造价值。比如，阿里巴巴作为中国十大的 B2B 电子商务企业，以其独特的经营模式和优创的虚拟价值链理念引领中国电子商务贸易领域的交易市场（见表 3－3），当然到了当前这样一个阶段，阿里巴巴将面临平台反垄断问题。

表 3－3　　　　阿里巴巴虚拟价值链特点

特点	主要内容
信息首次独立于企业活动	阿里巴巴首先给用户群提供的服务是信息。所谓的信息就是一个企业需要买方，另一个企业需要卖方，而阿里巴巴通过建立一个良好的模式渠道令两个彼此有需要信息的企业得到沟通，并相互获得利益
各个信息增值活动既相对独立又有机结合	相对独立体现在每一项增值活动都能独立形成新的市场机会；有机结合体现在通过信息技术平台上的各种价值活动与外部标准接口相结合而构成整个虚拟价值链
不仅代表信息增值，还为顾客“重新创造价值”	传统价值链通过数量的扩张来增强竞争力度以寻求竞争优势；虚拟价值链不仅为客户重新创造价值，还开辟了由信息构成的虚拟空间新的竞争领域，从而提升了企业竞争的内涵

资料来源：笔者整理。

20 世纪 90 年代中后期，格里芬（Gereffi，1994）在研究美国零售价值链基础上，将价值链分析与产业组织研究相结合，提出了全球商品链分析法（见表 3－4）。一系列国际网络可以围绕某一商品或产品而发生关系的诸多家庭作坊、企业和政府等紧密地联系到世界经济体系中，由此形成具有社会结构性、特殊适配性和地方集聚性等特性的网络关系。进而任一商品链的具体加工流程或部件可以通过网络关系连接在一起的节点或一些节点的集合表现出来，而商品链中任何一个节点的集合都包括投入组织、劳动力供应、交通运输、市场营销和最终消费等内容（陈柳钦，2009）。

表 3－4　　全球商品链分类

类型	主要内容
采购者驱动型	通过非市场的外部监管而非直接的所有权关系建立高产能供应基地来构建全球生产和分销体系
生产者驱动型	大型跨国制造商在建立和调节生产网络并发挥其核心作用时的一种垂直分工体系

资料来源：笔者整理。

（三）产业价值链的内涵及其发展

随着产业内分工不断地向纵深发展，传统的产业内部不同类型的价值创造活动逐步由一个企业为主导分离为多个企业的共同产生的经济活动，这些企业相互构成上下游关系，共同创造价值。由此，可提出产业价值链的概念，即所谓围绕服务于某种特定需求或进行特定产品生产及提供服务所涉及的一系列互为基础、相互依存的上下游链条关系就构成了产业价值链。潘承云（2001）将产业价值链定义为以某项核心技术或工艺为基础、以提供能满足消费者某种需要的效用系统为目标的且具有相互衔接关系的企业集合。产业价值链从其发育过程来区分，可以分成技术主导型、生产主导型、经营主导型、综合型四种类型。从成因来看，也可将其区分为政策诱致型和需求内生型两种产业价值链形态。从产业价值链的适应性角度来区分，也可以将其归之为刚性产业价值链和柔性产业价值链两种。当然，潘承云的区分标准强调了某一项技术或工艺的核心作用却忽视了价值创造与价值活动的组织结构，具有一定的局限性。

与价值链相比，产业价值链是企业在产业层面价值整合形成的一个更大的价值体系，其区别在于二者是从不同角度来说明价值创造的过程，前者主要与组织的职能及关系有关，而后者与价值创造环节相关（见图 3－2）。另外，产业链的价值活动并非通过简单的“大杂烩”囊括所有的企业价值活动，而是在其价值组织的形式下来创造和发现价值。

各企业的价值链在产业价值链形成之前是相互独立的，彼此间的联系也是松散的；而产业的整合使得企业捆绑到了一个系统里，通过彼此之间的联系创造出新的价值。

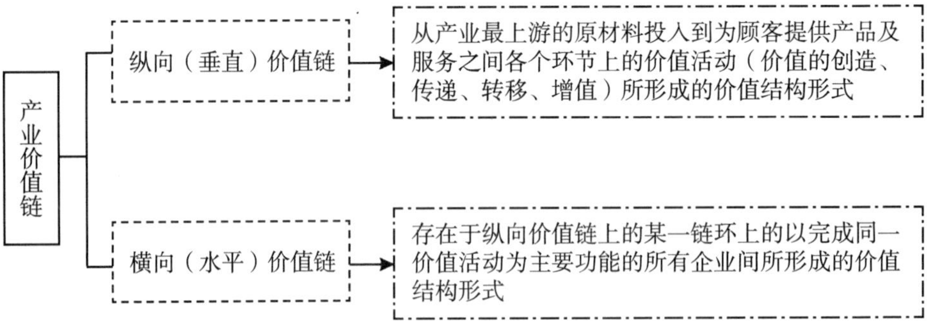

图 3-2　产业价值链分类

资料来源：笔者整理。

二、全球产业链与全球价值链

当前产业价值链也逐渐演化为全球产业价值链。自此，一个国家或地区产业高级化或发展水平，主要体现为该国或地区的企业整体参与全球价值链产业分工中所处地位以及对构建全球产业价值链所拥有的治理或控制能力；而一个国家或地区产业基础能力水平高，则表明该国或地区企业整体具有在全球价值链产业分工中获取高附加值地位和治理权力的基础性条件和力量[①]。在新一轮工业革命和科技变革进程中，中国等新兴市场经济体不断寻找弯道超车或换道超车之道，由此加速了世界经济重心转移和多极化趋势发展，全球产业链、价值链加速重塑（李宛聪，2018）。

（一）全球产业链发展

改革开放以来，我国发挥劳动力比较优势和后发优势，融入全球经济体系与全球产业链且形成上下游完备和产业集群优势，在全球产业链、供应链中逐步占据重要地位。当前，新一轮科技革命和产业变革带来的产业新陈代谢和激烈竞争前所未有，特别是新冠疫情对全球产业链、供应链的部分环节形成巨大冲击。这促使人们从更多维度出发重新审视全球产业链的构建，全球产业链由此面临深刻调整。卡洛塔·佩雷斯（Carlotta Peres，1983）将产业链的演进从大工业时代到第三次工业浪潮的演进史分为四大阶段（见表 3-5）。

20 世纪 90 年代后期以来，全球产业链体系发生了新变化。由全球多国家参与的产业链水平分工在主要工业大国主持下逐渐演变为垂直分工，即产业链的各

① 温源：《以产业链现代化为基础　构建现代产业体系》，载于《光明日报》2020 年 11 月 9 日。

环节在不同地理空间完成，最后组装成体，进而形成了全球价值链。在此过程中，发达国家跨国公司建立的全球性生产网络和贸易网络将各开放国家作为全球价值创造的节点，并通过公司内部贸易作为国际贸易的重要内容来促进全球价值链的形成，获取全球化利益。正是在这一趋势中，中国终于加入了WTO，由此使得跨国公司在全球范围内迅速发展壮大。

表3-5　　产业链演进四阶段对比

时期	四阶段内容				
	产业结构		产业组织		产业发展
	产业布局形态	产业链效应	企业组织结构	企业竞争目的	产业竞争核心
1945～1974年	规模经济式	创新拉动效应	福特式	霸权	市场占有率
1974～1985年	核心外围式	创新溢出效应	丰田式	垂直领域控制权	产业竞争力
1985年～21世纪初	点—轴模式	创新协同效应	温特式	双赢	产业控制力
当前	点状式	创新网络效应	分散式	多赢	用户导向性

资料来源：笔者整理。

2008年金融危机后，美国再工业化战略开启。2018年以来，美国挑起中美双边贸易摩擦。自此，一方面美国制造业回流在大力推进，全球也不乏不绝于耳的产业链脱钩之声音；另一方面，接连冲击的中美贸易摩擦叠加全球突发公共卫生事件正在加速拉开一场全球产业链重构的大幕（见表3-6）。大疫情对全球产业链、供应链中的某些产业带来了“断链”冲击，动摇了单纯从比较成本角度考虑构建全球化供应链体系的根基，各国、各企业开始从安全、平稳、多元化等多个维度重新审视其供应链。此外，地缘政治紧张局势、贸易限制和民粹主义政策以及数字经济的发展都在一定程度上重塑了全球供应链格局。可以发现，每一次产业链重构都是一次共赢的进程。产业链本质上是生产分工系统在时空分布节点之间合作关系的物理表现总和，企业产品供应链是其微观表现形式，而利益细分的价值链是其宏观表现形式。另外，生产分工是产业链的成因，且分工的效率是其发展的根本动力。由此依据产业特征以及竞争能力可将产业链大致分为生产主导性和消费主导型两种。但不管是何种形式，产业链均遵循基本的市场规律进行组织和发生裂变。

表3-6　　全球产业链的五次重构历程

时间	主要内容
一战前后	美国通过制造业的崛起成为全球产业重心，并支配了20世纪上半叶全球产业链重组

续表

时间	主要内容
二战后到1970年前后	日本、拉美等新兴工业化国家的制造业兴起使得全球产业重心开始向其周边国家扩散
1980年到金融危机	中国逐步融入全球化，全球产业逐步向中国转移，中国入世后产业转移和产业链得以进一步强化，全球产业重心进一步向中国转移，2010年中国成为世界制造业中心
金融危机到中美贸易摩擦	中、美、德三国成为全球产业链的三个生产中心，并带动亚美欧三大洲区域的制造业发展，全球产业链逐步呈现区域形式延展
2020年疫情冲击以来	全球化与逆全球化并行，供应链安全成为全球焦点。全球产业链呈现新的重构趋势：一方面对于率先复工、复产的制造业供应链枢纽的中国来说，制造业中心地位不降反升；另一方面，全球呈现了一定的“脱钩”“断链”趋势

资料来源：中国社会科学网，http：//www. cssn. cn/zx/bwyc/202008/t20200826_5174152. shtml，新冠疫情以来的发展态势是笔者判断。

（二）全球价值链发展

在20世纪90年代，格里芬（Griffin）的理论并没有摆脱商品概念的局限，也没有突出企业在价值链中经营对价值创造和价值获取的重要性。21世纪初，Griffin与该领域的研究者在《IDS Bulletin》推出关于全球价值链的特刊“价值链的价值”。他们认为“应将商品和服务贸易作为治理体系、从价值链的角度分析全球化过程”，因为企业获得必要技术能力和服务支持的过程正是价值链的形成过程，并且价值链的运作对于发展中国家的企业和政策制定者具有非常重要的意义。诸多学者也凭此从多个角度对全球价值链进行了系统探讨与分析，并建立了基本理论框架（见图3-3）。

联合国工业发展组织（UNIDO）在2002~2003年度工业发展报告《创新与学习的竞争》中将全球价值链定义为：在全球范围内为实现商品或服务价值而连接生产、销售、回收处理等过程的全球性跨企业网络组织，涉及从原料采集和运输、半成品和成品的生产和分销直至最终消费和回收处理的过程。根据此定义，全球价值链作为由大量互补性企业组成的全球价值链是通过各种经济活动联系起来的企业网络组织集合，不仅以企业为中心，而且以契约关系和变化的联系方式为中心。

IDSSU（2000）对全球价值链进行了广泛的研究。他们将全球价值链定义为产品在世界各地从概念设计历经使用直到废弃的整个生命周期的价值创造活动，主要包括产品设计、生产、营销、分销、对终端用户的支持和服务等。构成价值链的活动可以包含在企业内部，也可以分散在企业之间；可以集中在一个特定的地理区域，也可以分散在全球各地。由此可见，全球价值链的全球性是其重要特征。

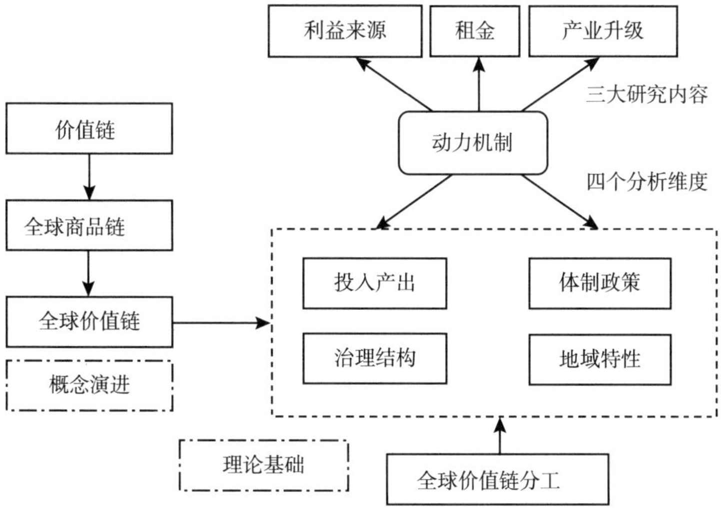

图 3-3 全球价值链分析框架

资料来源：笔者整理。

从全球价值链的角度来界定产业转型升级，指的是处于价值链或尚未嵌入价值链的企业通过嵌入价值链获得新技术和新市场，进入更高附加值的活动。由于一个国家或地区在全球价值链中所处的功能环节直接决定了其在该产业获得的附加值，因此要想改变在价值链中的被动局面，发展中国家的产业必须进行升级。Griffin（1994）认为“产业升级将使厂商或经济体改进其本身的能力，并移向更具利润及知识、资本密集的经济地位”；卡普林斯基（Kaplinsky，2000）认为“升级就是制造更好的产品、更有效地制造产品或者是从事需要更多技能的活动”；波特（2002）将产业升级看作是“一国具有比较优势的要素推动劳动力、土地等资源性禀赋产业向资本、技术密集型产业发展的过程”。在此基础上，英国苏塞克斯大学创新研究小组的学者们提出了全球价值链中工艺流程、产品、功能和链条的四种产业升级的模式（见表 3-7）。

表 3-7 全球价值链各升级模式的实践形式

升级模式	实践形式
工艺流程升级	复制系统或引进先进技术来提高价值链过程效率
产品升级	引进新产品或改进现有产品来提高效率并转移到更先进的生产线

续表

升级模式	实践形式
功能升级	获取新功能或放弃已有功能来重新组合价值链中环节提高经济活动附加值或增加经济活动技术含量
链条升级	由一条价值链跨到一条新的、高价值的、相关的产业价值链

资料来源：王珏：《全球价值链下制造业嵌入式升级研究》，载于《区域经济评论》2017年第5期。

在经济全球化背景下，制造业做大做强的关键是提升制造业在全球价值链中的地位。无论经济发展到什么时候，实体经济都是中国经济发展的基础，也是在国际竞争中赢得主动权的根基，更是推动制造业做大做强的必然选择①。推动制造业的高质量发展，增强我国产业价值的创造能力与国际竞争力，对于我国抓住全球新一轮科技革命和产业变革机遇、实现经济高质量发展具有重要意义。目前，中国制造业总体处于全球价值链的中低端。随着人口红利逐渐减弱，资源环境约束趋紧，制造业转型升级日益紧迫。我国制造业要加快从全球价值链中低端向中高端攀升，由数量型向价值型转变。在新一轮科技革命的推动下，全球价值链固化状态被打破，全球价值链正处于新的发展变动期，呈现良好发展势头。我们必须抓住机遇、积极作为，促进全球价值链的全面升级。

三、全球产业价值链演进的新趋势性特征

（一）经济全球化与全球产业链

21世纪以来，在经历三次强烈冲击下的全球产业链正向多元化和区域化方向发展（见图3-4），各个产业部门之间都有一定的技术经济关联，并依据特定的逻辑和时空布局关系客观地形成链条式关联关系形态。

另外，可以从诸多维度来观察和分析产业链，产业链成为一个集价值链、创新链、企业链以及空间链于一体的四维概念。从为用户创造价值的角度出发，可以挖掘创造价值的最大环节，价值分配中的最大受益者，这时产业链是价值链；从产业创新的维度，可以发现技术的来源与分布结构，发现创新出现在哪里，发现获取竞争力的途径，这时产业链为创新链；从市场主体的角度，发现各产业中的企业关系结构，这时产业链即企业链；从地理分布的角度来看相关产业的空间

① 石伟：《2017年中国经济发展的关键指引和重要遵循》，载于《学习时报》2016年12月22日。

布局，这时产业链乃空间链。如果叠加上价值链的开放性，则可以看到国内价值链（NVC）、全球价值链（GVC）或全球创新链（GIC）的区分。而当一条产业链涵盖至全球范围之时就形成了全球产业价值链。

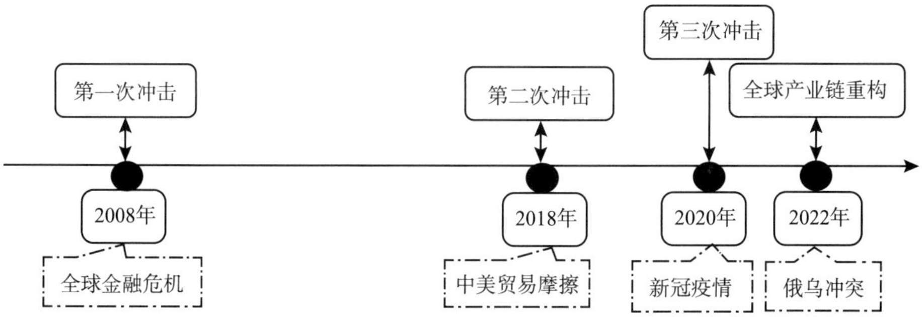

图 3-4　21 世纪以来经济全球化与产业链的关键时间点

资料来源：笔者整理。

（二）全球产业链价值链的新特征

目前，全球产业价值链进入一个剧烈动荡和剧烈变化的时期，其中一个显著的特点就是全球产业价值链出现了区域化和内链化，产业价值链的稳健性和安全性成为各国制造业布局首要考虑的因素。同时，21 世纪以来受第四次工业革命初期技术扩散动力不足、金融危机后贸易保护主义加剧等因素的影响，以及新冠肺炎疫情的冲击，全球化进程遭遇严重挫折，全球产业价值链呈现出阶段性收缩的态势。

一是“区域本土化”。基于世界各国对于安全的考量，全球产业价值链将朝着区域化和本土化的方向发展。短期内，各个国家已经开始加强对“安全”的考量，开始更加重视自主和控制，选择向“内部循环经济模式”转变，并显著提高与民生、国家命脉相关的战略性产业的重要性，减少对其他国家的依赖。从中长期看，产业价值链的迁移和重构将提速，全球产业价值链的布局逻辑也将发生改变。未来部分产业将考虑纵向整合以缩短供应链条，本土化区域化的产业链和供应链将加速形成。

然而，将产业价值链完全回迁一国本土几乎不可行。未来的发展趋势将是，对于关键产业价值链（如医疗行业），有能力的国家将在自身周边建立比较完善的产业价值链条，同时实现供应商多元化，在全球多个地区生产同样的零部件；还有一些国家将继续参与大国主导的区域产业价值链，谋求产业升级和经济发展。在此进程中，中国的超大市场、产业门类齐全等比较优势，拉近了东亚产业价值链的距离，同时疫情更使全球产业价值链加速向东亚转移。

二是“科技智能化”。当前，全球制造业正加快迈向智能化时代，世界主要国家正在加大核心技术、顶尖人才、标准规范的部署，争取在新一轮国际科技产业博弈中抢占先机。麦肯锡全球研究所（McKinsey Global Institute）曾预测移动互联网、自动化知识型分工、物联网、云计算、高级机器人、全自动汽车、基因组学、能源储备、3D 打印、高级材料、高级油气勘探和采集技术以及可再生能源等 12 项科技将会颠覆未来的社会生活。这些领域的发展正在逐渐改变着人类的生产和生活，同时将不断创造新产品、新需求、新业态、新模式。

以数字化、网络化、智能化为代表的一系列新兴技术的开发和推广应用，不仅带来行业思维方式的变化，助力催生新的需求，也可能推动不同生产要素相对重要性的变化，从而导致不同国家间资源禀赋优势的变化，最终影响全球产业价值分工格局，形成战略性新兴产业，有望将人类社会带入一个新的产业革命时代（见图 3－5）。制造业的智能化主要表现在数字化、自动化、网络化、集成化和信息化的过程中，其中信息化和数字化是关键，智能制造将成为第四次工业革命的主要方向。

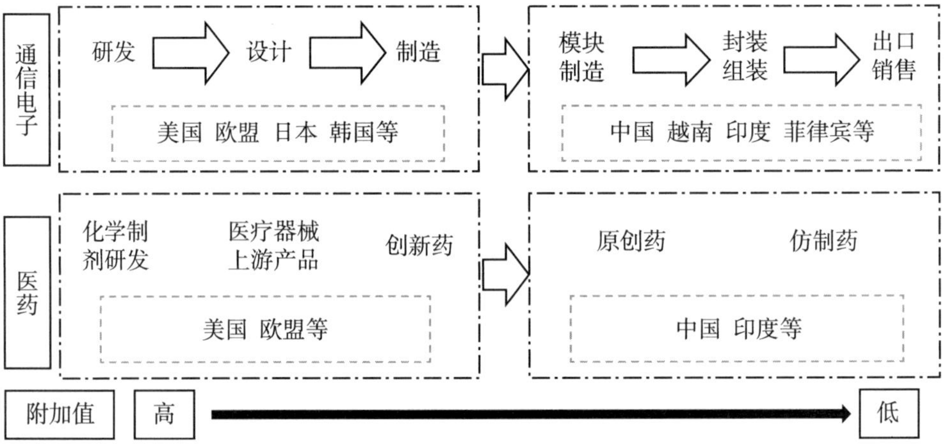

图 3－5　战略性新兴行业全球产业链

资料来源：笔者整理。

当前，新一轮产业革命和技术变革以及多边贸易和产业转型正在加速形成。发达国家和地区制定了各种战略规划，如德国 4.0 工业战略、美国工业互联网战略以及英国制造 2050 等用以抢占未来高端制造业的全球领先地位。本轮发达国家掀起的再工业化浪潮除了反思修正金融危机产生的原因，试图借助互联网和智能技术提前布局战略性新标准化生产的关键环节，进而控制全球高端生产体系。第四次工业革命的影响以及科技革命的催化使产业分工格局演变（见表 3－8）。

表3-8　　第四次工业革命对全球产业价值链影响

领域	主要内容
微观企业层面	颠覆性创新是将为研发企业创造一个“利基市场”，促使前沿科技企业更加注重研发的内部化，以最大限度地防止创新成果过早扩散，延长利润周期
中观产业层面	前沿技术的规模经济边界尚不明确，新兴产业扩张的成本取向不明显，短期内难以形成大规模的海外转移能力
宏观国家层面	主要工业国在科技创新上投入巨资，必然会加强重大研发和产业化成果的知识产权保护，严格控制新兴领域的跨境投资和收购

资料来源：笔者整理。

20世纪中晚期，信息技术革命及其引发的全球产业结构升级和转移成为全球化的根本动力。而且，很少有人怀疑信息技术的普及和应用，特别是互联网为“世界是平的”提供了强有力的技术支持。然而，科学、技术和创新活动在全球化进程中也发挥着“双刃剑”的作用。在促进商品和服务流动的同时，也阻碍了某些领域和特定历史时期要素的全球配置，特别是那些处于替代过程中的基础设施、共性技术和主导产业在第四次工业革命初期使新技术的“替代效应”和“创造效应”仍在相互角力。

四、全球产业价值链与中国开放模式

改革开放以来，我国实施“引进来”与“走出去”并重战略。其中，前30年的改革开放以“引进来”为主，而新一轮的改革开放以“走出去”为主。当前，面对欧美发达国家的再工业化战略，中国要实现制造业强国目标、进行制造业转型升级、加快制造业高质量发展，就要鼓励具有竞争优势的国内企业积极“走出去”，通过转移国内过剩生产能力，把握好国外生产加工环节，收购国外技术、品牌等活动，努力带动我国向掌控技术、研发和管理环节的总部基地经济转变，进而从根本上降低由发达国家再工业化带来的技术回流造成的影响。随着产业升级常态化，特别是金融危机后的制造业转型升级，伴随着高低端同时打压的情况，我们要切实加大产业转型增加附加值的能力。

面对百年未有之大变局，习近平总书记指出，“要牢固树立安全发展理念，加快完善安全发展体制机制，补齐相关短板，维护产业链、价值链安全，积极做好防范化解重大风险工作”①。当前，重塑全球产业价值链已成为全球经济发展

① 《习近平在看望参加政协会议的经济界委员时强调　坚持用全面辩证长远眼光分析经济形势　努力在危机中育新机于变局中开新局》，https：//www.12371.cn/2020/05/23/VIDE1590237903382793.shtml。

的新趋势，发达国家和新兴经济体在制定或调整各自新产业发展规划的同时，也加强对外商投资的审查和保护本国产业的力度。面对这些挑战，要遵循习近平总书记的指示，主动应对，化危为机，全力维护产业链供应链安全，围绕创新链条，推动经济高质量发展，促进区域经济协调发展。

2020～2035 年是中国向基本实现社会主义现代化目标迈进的 15 年，是世界百年未有之大变局的深度演化期，也是新一轮工业革命和科技变革以及多边贸易和产业变革的拓展深化期。随着参与全球产业价值链方式和地位的变化，中国的发展已然内生于世界经济体系之中，这就要求我们以更加宽阔的视野创新开放模式（见表 3－9），加快推动形成更高水平的开放型经济新体制。

表 3－9　　中国的创新开放模式

领域	主要内容
立足构建新发展格局	扩大对外开放，大幅降低市场准入门槛，完善负面清单管理，改善营商环境，加大招商引资引智力度，鼓励各类资本以多种形式参与新基建投资，提高数字经济发展质量
	加强国家战略科技力量建设，强化产业链薄弱环节，提高产业链供应链独立性和现代化水平，发挥“锚定”作用维护全球产业价值链和供应链安全
顺应全球产业价值链重构趋势	以 RCEP 实施为突破口，不断夯实亚太区域产业价值链的制度基础，引领亚洲供应体系重构与优化。2021 年 9 月 16 日，商务部宣布中国正式提出加入全面与进步跨太平洋伙伴关系协定（CPTPP）
倡导推进 WTO 改革	着力形成更加开放、包容、协调的全球治理机制和规则体系，切实维护多边体制的地位
促进数字化和绿色化深度融合	积极参与全球低碳治理，推进清洁能源、生态环境、气候变化等领域国际合作，凝聚绿色发展共识，引导不同市场主体以碳中和为目标，完善供应链体系。2021 年 11 月 1 日，正式申请加入《数字经济伙伴关系协定》（DEPA）

资料来源：笔者整理。

第四节　创新与制造的不可分离性及再工业化必要性

一、创新与制造的互动关系

大变局下，制造业成为全球争夺国际分工、产业链、价值链的角力场，再工业化成为主要工业国家的国家战略，对我国制造业转型升级与高质量发展提出了更高的挑战。与传统工业化不一样，随着时间的演进，再工业化俨然成为主要工业国家在新竞争时代追求新工业革命的产业制高点和科技制高点的突围之道，而创新与制造的关系也被高度重视，并成为再工业化的重要理论依据。

（一）创新是制造业可持续发展的源泉

制造业是强国之基，它从根本上决定了一个国家的综合实力和国际竞争力。创新是制造业谋求生存的灵魂，是制造业充满活力实现持续发展的源泉，是制造业提高经济效益的基本途径，是制造业获得竞争优势的决定因素。创新的过程，是制造业实现发展的过程，是制造业优化自身行为的过程，也是制造业适应社会进步趋势的过程。创新对于制造业来说，更是其构建核心竞争力的最重要的武器。同时，创新与制造的关系，是2008年金融危机以来美国智库和学术界最为关心的话题。美国政府不遗余力推进再工业化战略，要把制造业拉回美国，除了增加就业之外，背后还站着一个坚实的理论框架，那就是：没有制造，创新大河就会干涸（No Manufacturing，No Innovation）。

对中国来说，中国经济已由高速增长阶段转向高质量发展阶段，其中高质量发展既是新时期中国经济转型升级的综合反映，也是对制造业可持续发展的要求[①]。培育发展制造业战略性新兴产业，首要任务是突破制造业核心技术，从全球产业链、价值链、技术链等视角出发，重点突破流程型和离散型制造业基础技术、通用技术、非对称技术、前沿技术以及颠覆性技术，缩小我国与发达国家在先进制造业方面的差距，为制造业转型升级奠定基础。尤其是要加快制造业数字化和智能化转型升级，牢牢把握我国制造业在部分高科技领域的领先优势，强化多领域的协同创新。

（二）创新型企业发展的环境需求

让创新中的制造业如科技革命般在创新中得到提升、如凤凰浴火般在涅槃中得到升华，是一项系统性工程。一方面，推动制造业的转型升级需要从宏观产业层面以及微观企业层面双重发力，在“政产学研资用”等多方协同，在不同领域合作打造品牌，合作构建产业链、价值链、供应链，进而开展研发创新合作、标准制定合作等；另一方面，推动制造业的转型升级还需要在技术培育、金融支持以及政策扶植上下功夫。建立以企业为主导、市场为导向、“政产学研资用”紧密结合的技术创新体系，是制度建设和完善的重点。

---

① 吕薇：《以创新引领制造业高质量发展》，载于《经济日报》2019年7月9日。

第一，需要营造适宜的创新创业环境。随着创新型企业的出现，制造业原有创新能力的提高和产业的转型升级，需要一个更有利于创新创业的良好环境。创新创业环境不仅包括鼓励创新创业的政策措施，还包括鼓励创新创业的社会氛围。

创新环境首先表现在“政产学研资用”协同创新的制度环境机制。创新型企业在产业发展中提出的重大共性技术问题可能涉及基础研究，即巴斯德象限（Pasteur Quadrant）①。当技术应用中出现基础研究问题时，创新问题就超越了创新型企业的资源配置边界，需要国家在基础研究领域的投入和政策支持。同时，高水平的科技人才是创新型企业实施创新竞争战略的基础。因此，政府支持的高校和科研院所及其与企业的协同创新是提升企业原始创新能力的重要保障。其次表现在一个相应的金融环境。在实施创新竞争战略的过程中，创新型企业不仅面临着技术的不确定性，也面临着市场的不确定性。当存在高度不确定性时，仅靠企业自有资金和银行短期融资很难赢得竞争。因此，创新型企业作为软实力的重要组成部分，需要一个合适的财务环境，一个强大的容错的资本市场支持。比如NASDAQ市场，为大量创新型企业提供了坚实的融资支持，而创新的失败也可由全世界的投资者来买单。

第二，需要相应的培育和发展创新集群。即需要一个系统的产业基础与创新系统。在实施创新竞争战略的过程中，创新型企业往往需要构建高效的协同创新网络。其中，上下游企业和竞争对手是创新网络的重要组成部分。通过创新网络主体之间的竞争与合作，共同促进新知识的创造与商业化。因此，培育和支持高技术制造业集群是提升制造业原始创新能力和竞争力的重要举措。

二、创新与制造外部分离及其长期影响

从第二次世界大战结束到冷战结束，美国制造业统治世界超过40年。20世纪60年代以来，尤其是70年代在石油危机和美国环境标准提高之后，美国公司开始向海外寻求发展，开启了全球性产业转移的进程。实际上，这一全球产业大转移，最先是把部分对于美国来说劳动力成本高的产业或资源环境消耗性产业向外转移，美国则集中于发展高新技术产业和服务业。到了20世纪末期，信息网络技术的快速发展，特别是世界经济一体化进程的加快，国际分工越来越向深度和广度发展，许多大型跨国公司为了追求利益最大化，纷纷将生产实体转移到海

① 巴斯德象限，1997年美国学者斯托克斯（D. E. Stokes）提出科学研究的“应用与基础”二维模型，用法国科学家巴斯德的基础研究有较强的应用导向为例说明了科研过程中的认识世界和知识应用的目的可以并存的现象，后用巴斯德象限泛指应用引发的基础研究。

外，自身专注于R&D以及销售、售后服务环节。典型的如耐克，美国本土几乎不从事任何形式的生产，即生产和研发、经营分离。由此开始，出现了创新与制造的外部分离趋势。

（一）制造业空心化趋势的形成

以美国为代表的部分工业国家长期产业转移、制造外迁的结果，必然是本土的制造业空心化，其典型表现是国民经济体系中制造业占GDP比重越来越低。从世界银行关于各国制造业发展数据来看，1947年，美国制造业占GDP的比重为25.6%，1953年高达28.3%，1968年仍占25%以上。1980年代以来，随着美国制造业加速外迁，制造业占GDP比重持续下滑，到1999年时，已经由1981年的不到20%下降到不到15%，2009年仅为11.2%。2018年，美国制造业产值为2.33万亿美元，占其GDP的比重仅为11.4%，而中国2018年制造业产值达到了4万亿美元，占GDP总量的比重为29.4%，中国的制造业产值已经是美国的1.7倍。另外，对于美国来说，大多数的制造业都是小企业，发展和竞争能力较弱，即难以实现制造与创新的有机融合。而由于合作结构的重组，美国大型通信企业（AT&T）将贝尔实验室作为长期基础研究中心的现象不再存在。因此，在制造业产业空心化之下，部分大企业的创新活动难以有效带动中小制造业企业的创新，而制造业空心化又一定程度上制约了就业和创新。麻省理工学院（MIT）一项研究表明，近几十年来美国的科研与创新能力大幅降低的原因在于其将制造业大规模迁往海外，导致美国制造业就业人数占总就业人数比重不断下降，由20世纪70年代初的约24%下降到21世纪初的约10%～11%。

（二）削弱原有创新优势并增加创新成本

在创新与制造分离的趋势下，一系列制约创新的因素在出现。21世纪以来，各国进入新竞争时代，尤其是2008年金融危机之后，技术更新快，创新难度不断加大，创新赛道竞争也越来越大。20世纪80年代，保罗·格雷（Paul Gray）等有远见的人即认识到制造业对创新的重要性。2010年，MIT重新组建了一个多学科研究小组，研究生产在创新经济中的重要性，他们表示与其批评外国政府的贸易和产业政策，他们更应该关注自己，关注制造业。当前，“产品快速迭代”“与供应商、客户等多元主体协同创新”，成为制造业领域的新趋势。若创新与制造实现了空间上的长距离分离，将大幅度增加协同创新的成本，无法实现产品快速迭代，而产品在市场上的使用情况要最终反馈到创新、研发环节，时间上被延长，成本也在增加，从而在市场上将落后竞争对手，失去先发优势。比如说美国，虽然仍保持着世界最大科技强国的地位，在科研成果和发明专利数量上居世界首位，高新技术产值仍居世界第一，由于制造业产能和规模的下降，美国高科技产品对中国出口占比从2001年的18.3%降至2013年的8.6%，美国已成为高科技产品的净进口国[①]。特别是电池、太阳能、风能等新能源领域的一些新兴产业，技术产品和关键设备主要依赖进口。

从当前美国在全球高端制造中处于世界一流水平的具体行业来看，集中于航空航天、军工、半导体、机械制造（工业母机）等领域，他们依旧掌握众多核心技术，手握着这个行业规则的制定权。即便是大型民用飞机，虽然大部分零部件由海外制造，但组装却在美国完成。这些部门一个重要的特点是创新与制造主体基本上在本土，即创新与制造的高度一体化。

（三）研发与生产的关联度不断下降制约创新

历史既是偶然的也是必然的，工业文明的变迁清楚地揭示了工业文明历史的必然性所在。缩短科研成果的商业化周期，建立高效合理的商业化机制，不仅有利于经济的发展和企业竞争力的提高，也有利于科研本身。MIT（2013）在其《创新与生产》研究报告中指出，目前美国的中小企业受到创新规模的限制，大企业的创新成果大大降低。随着企业与科研机构相关性的下降，高校和科研机构的成果无法得到商业资源的支持。研发无法立即得到实践、知识无法立即得到验证，进一步降低了企业的创新能力。按照当前全球科技的创新与发展，可将世界粗分为三个组成部分：美国及盟友、中国及其伙伴、第三方世界。

党的十八大以来，中国广泛开展大众创业、万众创业，从学习模仿到自主创新，从追随者到领跑者，厚植社会创业创新沃土，取得了超出预期的效果。中国不但高度重视创新，且大力实施制造强国战略，成为创新与制造结合得较好的国家。2017年，新授权专利总数达到11 241项，成为美国专利拥有量排名前五的一个国家[②]。世界知识产权组织《专利合作条约》（PCT）体系提交的国际专利申请量，被认为是衡量全球创新活动的重要指标。根据PCT提供的数据，2020年中国的国际专利申请量达68 720件，同比增长16.1%，继续位居PCT体系最大用户位置；美国居于世界第二，申请量达59 230件，同比增长3%；日本排名第三，申请量有50 520件，同比下降4.1%；韩国申请量为20 060件，同比增长5.2%；德国申请量为18 643件，同比下降3.7%[③]。比较来看，中国PCT的快速增长，亦与中国制造业的快速发展基本同步。

---

① 方辉：《美国对华高科技产品出口份额13年减少50% 贸易失衡与汇率无关》，http：//www.cb.com.cn/index/show/jj/cv/cv1151786272。

② 数据来源：IFI Claims Patent Services.

③ 《继续领跑！2020年中国专利申请量稳居世界第一》，载于《人民日报》2021年3月2日。

第五节　再工业化的动力机制

一、内源性动力机制：协同创新

（一）协同创新的传统体系

所谓协同创新，是指通过国家意志的引导和机制安排，促进企业、大学、研究机构等充分发挥各自能力，综合各方资源形成优势互补，实现"1＋1＞2"的协同效应。本质上是政府、企业、大学、研究机构、中介机构和用户等为了实现重大科技创新而开展的大跨度整合的创新组织模式。对制造业而言，创新与制造是紧密关联的，通过产品开发与附加服务的提升，创新才得以培育。对产业链而言，协同创新指的是在整个产业链中研发、制造、销售、消费各个环节密不可分，各环节之间形成高效的反馈机制，真正实现制造产业研发、生产、创新、消费者反馈一体化。协同创新是实施创新驱动，推动经济发展的重要动力。

经历过全球性金融危机的冲击后，制造业的相对衰落驱动以美国为首的发达国家重新从战略上重视制造业。美国产业结构中存在的产业空心化问题对美国经济增长产生了较为严重的负面影响。为尽快走出危机，恢复经济增长，从2010年颁布《美国制造业促进法案》开始，标志美国正式实施"再工业化"战略（见图3－6）。随后，其他发达国家也陆续推行"再工业化"战略或实施制造业重振计划。

2020年的全球人才竞争力指数报告（GTCI）显示，国家或企业内基于包容性的多样性人才的集聚，能够创造一个可持续发展、充满创新意识的未来。因此，增加对应用研究人才的投资会降低对科研成果产业化的难度。"再工业化"战略的核心是通过产业创新重塑国内制造业的国际竞争力。长期以来，美国产业创新政策的成果显著，原因在于政府、产业界和学术界三者之间形成的创新生态系统的高效联动。其中，三者主要职能各有不同：政府是前期基础研究的主要资助者，产业界的私营部门是开发和应用研究的主要实施者，学术界的大学及研究机构为代表是致力于科学技术研究的研发者。三者在协同创新生态系统中充分发挥各自的职能优势，形成优势互补至关重要。

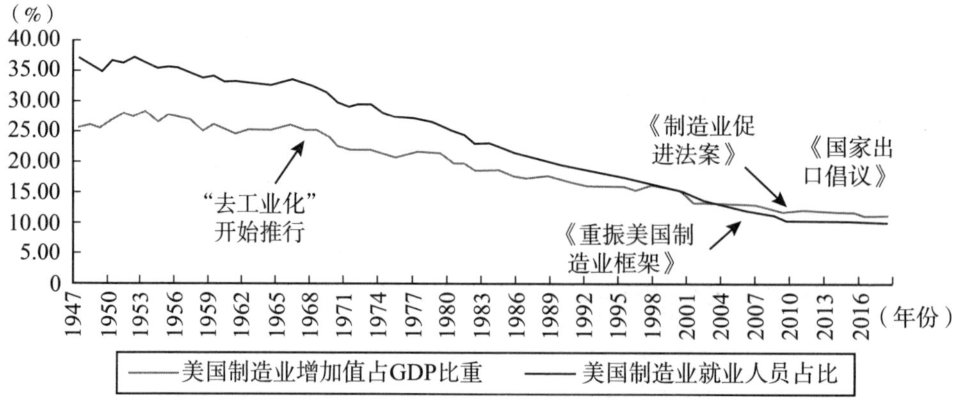

图 3-6　美国由去工业化向再工业化的转变

资料来源：Wind，中信证券研究部：《如何打造"中国制造"？是美国的再工业化，还是走"德国制造"之路？》，参见：https：//www. gelonghui. com/p/339394。

"再工业化"战略的内源性动力是协同创新，实行"再工业化"战略的发达国家政府通过国家意志的力量促进国内或地区内各方创新资源的集聚，共同打造"产学研政"全方位融合的创新综合体。但在具体实施过程中，尤其是在"产业空心化"或去工业化过程中，由于终端制造的外迁，发达国家创新体系中逐步出现研究与制造的脱节、研究与消费者的远离，从而协同创新体系出现链条的不完整性。

（二）协同创新的理论路径

第一，政府部门营造好发展环境，做好宏观引导性工作，建好创新平台。各级政府部门通过制定各种行政法规、法律规范对研发成果的归属、知识产权保护、专利技术的授权转让等做出宏观调控和管理，为技术创新营造了良好的制度环境。同时，政府部门鼓励大学、科研机构等设立技术转让机构，并对其成立科技成果推广中心予以资金支持，有利于加快技术转移进程，形成"政产学研用资"协同创新网络。

第二，企业主动融入创新链。企业通过研发伙伴、联盟组合、创新网络同供应链上下游企业、高校、研究机构和政府等创新行为主体建立长期稳定的协作关系，构建技术链与知识链，形成具有聚集优势和大量知识溢出、技术转移及学习特征的开放协同创新网络。此外，在激烈的市场竞争下，追求利润最大化的企业具备较强的创新动力和快速的市场反应能力，能为创新提供足够的资金支持，并将创新理论转化为经济绩效。

第三，高校发挥好知识和创新的集聚中心功能，激发掌握丰富前沿科学知识储备的科研人才和创业人才的创新动力。作为连接政府与企业的中间平台，高校将政府支持的研发项目与企业生产部门紧密联系起来，使得理论上的技术创新成果能够迅速进入市场实现商业化。以美国为例，无论是世界高新技术创新发展中心“硅谷”还是高科技公司“苹果”，均以国内一些具有雄厚科研力量的顶尖大学为依托，使得理论上的新技术在生产经营实践中得到及时应用与反馈，高效率将实验室研发技术转化为现实生产力、最终产品，由此形成“再工业化”战略目标的着力点。

第四，协同创新体系越来越重视终端制造及消费者正态反馈作用。面对长期以来去工业化趋势、产业外迁趋势出现的新问题，以美国为代表的主要工业化国家逐步认识到终端制造对创新的重要性。逐步加大对应用型创新的投入，并将制造业回流、发展终端制造作为协同创新体系中的不可或缺的重要环节。

（三）协同创新的具体实践

我们以美国为例来看具体实践及简要成效。2023 年 11 月，美国国家制造业创新网络（Manufacturing USA）发布美国制造业国家路线图，以振兴美国制造业劳动力。该创新网络下设 17 个美国制造业创新研究所，其研发团队庞大，协同创新特征明显，成效显著。美国政府高度重视制造业创新中心的建成，目的是培育和发展高端制造业，抢占新一轮经济科技制高点。美国制造业创业中心采取前期政府投资和后期市场融资的融资方式，投资主体数量众多，包括商务部、国防部、能源部、大学等多家机构。同时，每家制造业创新中心都通过选择行业内顶尖专家和具有举足轻重影响力的企业翘楚为领头，以提高创新中心的权威性。此外，制造业创新中心根据企业规模、实力和需求设立了多层级的会员资格，会员包括波音、微软等大型企业，但总体而言还是以中小型企业居多，这些中小企业构成了美国技术创新和转化的主体。从实践效果来看，美国制造业创新研究所在整合集聚资源、突出研究重点、加速商业化开发等方面颇具成效，成为协同创新的典范。

二、外源性动力机制：政府与市场的协同推进

一直以来，在经济学理论界流传着这样的说法：西方发达经济体从不发达走向发达完全是自由市场机制独立运行的结果。因此，部分学者认为，欧美发达国家产业内部的结构调整与转型升级完全依赖自由市场这只“看不见的手”的作用。而资本主义制度从诞生之始就离不开政府力量，生产方式的扩张与发展也离不开政府。作为市场主体之一的企业在新技术的开发与应用中发挥着主要作用，

但是政府的协调作用同样不可忽视。

（一）市场作用

制造业是国家经济持续健康稳定发展的基石，是国家竞争力的命脉之所在。从宏观层面上来讲，制造业在加强技术进步、推动就业增长、保障国家安全和促进国家经济繁荣等方面的功能已然在学界和政界达成共识。因此，世界各国相继制定并实施了一系列促进高端制造业发展的创新战略与计划，以应对下一次“生产革命”的挑战。德国创建支持各类生产技术的创新联盟，英国推出高价值制造战略，日本启动机器人新战略，中国发布制造强国战略。“制造 + 创新”已成为工业发达国家和新兴发展中国家不谋而合的发展方向。

市场体系中，企业是产品生产、应用研究的主要实施者和执行者，创新是驱使企业不断向前发展的动力，也是企业获得最大化利润的关键。制造是创新过程中的一个关键性阶段或环节，生产过程涉及漫长而复杂的价值链的不同阶段，从资源到供应商再到零部件制造商，从生产到分销再到零售等整个产品生命周期，创新贯穿于整个过程。一直以来，欧美发达国家企业高度尊崇以创新和变革为核心的企业发展理念，试图在不断的创新中寻求突破自我的机会。

生产制造本身也是一个和创新紧密相连的过程，作为技术创新实施的最后阶段，生产制造起着举足轻重的作用。创新和制造分离，也就割裂了创新和工业发展、生产性投资、创造就业机会之间的动态联系，而制造业生态系统是一个国家及其国民经济体系建构的基本条件。这也是在经济危机之后奥巴马提出一系列的“制造业振兴计划”的微观理论基础，这一系列的行动旨在借政府的“看得见之手”打造制造业生态系统，以弥合终端制造中创新价值链缺失的中间带。由此出发，消费者的反馈在创新中的作用得到进一步的提升。

（二）政府作用

一国的产业持续稳定发展与产业竞争力不断提升离不开市场机制的作用，更离不开政府精心设计规划目标、适时利用产业政策引导企业行为。以美国为例，一方面，联邦政府通过立法维持公平的自由市场环境，另一方面，则通过增加对科研经费和财政补贴投入的方式保证研发活动的持续进行。奥巴马政府高度重视政府在创新方面的重要作用，多次指出创新能力决定了美国的经济增长与国际竞争力。为此，奥巴马政府建立了一批制造创新研究所，通过与国防部、能源部、企业、高校等市场参与者形成产学研政合作机制，编织制造业创新国家网络。从近几年的实践来看，美国制造业创新研究所在降低识别合作伙伴的搜索成本、提高产学研合作的协同能力、加快基础研究和应用研究的商业化开发等方面成效显著。

（三）政府与市场协同推进

纵观欧美“再工业化”进程，特别是国际金融危机以来，各国制定相关政策加大产业调整力度，社会财富不断增加，就业率持续提升，制造业开始回流。该现象背后实际上是政府与市场两种力量协同推进的结果。

对于实行“再工业化”的发达国家而言，一方面，“再工业化”作为一种积极的产业政策选择，是通过市场机制来推动产业调整和升级的，以提升本国产业的国际竞争力；另一方面，欧美发达国家通过实行“再工业化”战略将制造业回迁至本国，是对“去工业化”导致的诸如贸易赤字高企、失业率居高不下、制造与研发分离引致产业公地衰落等各类不利于本国经济发展现象的纠偏，在改变贸易平衡、创造制造业就业机会、提振本国创新能力等方面对发达国家的经济复苏、增强经济发展韧性等方面均有好处。

对于全球产业链而言，欧美制造业回归是国际产业转移中的“逆向流动”，会人为扭曲市场配置社会资源的机制和效率，影响世界经济增长潜力。尽管如此，欧美制造业回归仍然不会逆转经济全球化的大趋势。一是受产业结构限制，服装、纺织品、家电等劳动密集型产业大量回流欧美本土市场的可能性较小；二是中国等亚洲新兴经济体仍是世界经济增长最快、最具活力和潜力最大的主要市场，为从亚洲经济持续快速增长中获取更大利益以及更加贴近市场；三是欧美制造业仓促回归本土将面临零部件供应商、维修售后商等无法实现国内服务配套一系列问题。可以推测，未来欧美发达国家内部，政府与市场两种力量将长期协同推进其“再工业化”进程。

第六节　制造业与国际权力关系演进下的再工业化地位新认知

权力（Power）作为国际政治的基本要素，其斗争是国际政治领域一个永恒的主题。权力的增长变动使得国际社会行为体实力发生变化，权力关系将从一个状态变成另一个状态，即权力变迁，将导致国家间安全关系的变化，主导国与崛起国之间会因权力关系的变动而产生冲突，加剧“安全困境”以及双方的战略不信任。

随着经济全球化的深入发展，各国之间的联系日益加强，国内的生产链开始分散到全球形成全球价值链，全球贸易模式发生深刻变化，并由此逐步影响到以国家为基础的国际权力体系。改革开放以来，中国制造业在全球价值链中参与度提高，从而以中国为代表的发展中国家国际地位和影响力日益提升（见图 3－7）；同时以 G7 为代表的西方传统工业强国却出现地位下降的趋势，这也变相解释了美国等发达国家在金融危机后呼唤"制造业回流"来恢复和巩固自身实力，以及美国试图通过贸易战等方式来遏制中国的发展，反映的是制造业与国际权力间的相互作用关系。我国制造业面临高端挤压与低端竞争两方面的挑战：一是发达国家实施"再工业化"战略，通过各种政策优惠，吸引本国的制造业回归；二是一些发展中国家也积极利用拥有低成本生产要素的优势，鼓励国际企业向本地区转移。因此，加速推进中国制造业强国是当前迫在眉睫的大事。

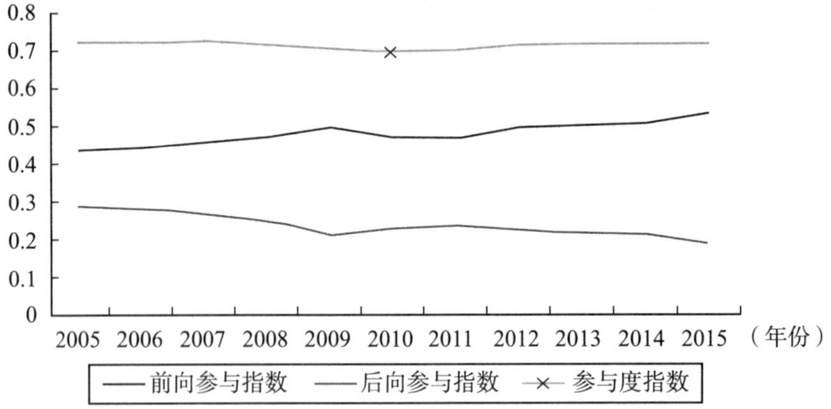

图 3－7　中国制造业整体全球价值链参与度变化趋势

资料来源：参考网，https：//www. fx361. com/page/2019/0923/6150385. shtml。

一、制造业与国际权力关系演进的机制分析

权力作为社会中的一种特殊现象，是理解和实践世界的核心与关键。任何版本的国际关系史都是在论述大国权力变迁以及国际权力演进的历史。地球村的人们也许看不到它的形象，却会感受和体验到其存在。国际关系在本质上就被视为一种权力关系，诸如军事权力、经济权力乃至政治权力。在权力所及的诸多领域当中，制造业与国际权力之间的演进在当代市场经济中备受关注。

（一）制造业与国际军事权力关系的演进

近代以来，权力一直被国家视为在国际无政府社会中安身立命之本，但这种权力赖以产生的源泉是不断变化的。其中军事权力（military power）一直被视为国际权力中最重要的力量来源，军事力量权力化的倾向使得"国际权力＝国力＝

军事力量”长期以来一直占据着主导地位（星野昭吉，1999）。在国际社会当中，不言自明的现象就是拥有显赫权力的大国无不都是军事强国（Headley Bull，2003）。如16世纪在欧洲王朝竞争中崛起的西班牙，其陆地军事力量超过法国、海洋军事力量强过英国，成为哈布斯堡王朝最坚固的支柱之一；再如17世纪崛起的荷兰，通过庞大的舰队来保护商业，确保了其“海上马车夫”的地位，乃至到后来商业无限发展、领土无限扩张、制造无限提升的“日不落帝国”，都可以追溯到军事力量的崛起。因为军事力量得到权力的尊崇在于其可以转化为战争从而扩张以满足自身的发展，与此同时制造业也随之扩张以发展并推动权力关系的演进。

（二）制造业与国际经济权力关系的演进

从权力的内涵引申开来，经济权力一般是指一国在国际经济交往与互动的过程中运用自身的经济实力，使用经济或金融等政策手段，强迫他国改变意志从而使自身获益的能力（Klaus Knorr，2014）。通常情况下，军事权力被认为是锐利权力，而经济权力则被认为是一种粘性权力，它包含一系列经济制度和政策以吸引他人进入并将其困在其中（Walter Russell Mead，2004）。次贷危机后，发达国家纷纷提出“再工业化”战略，积极谋划新一轮的全球贸易投资新格局。一些发展中国家也纷纷参与全球化再分工，承接产业和资本转移，拓展国际市场空间，争夺全球治理话语权（徐广林和林贡钦，2015）。在经济全球化和区域经济一体化背景下，发展中国家的综合竞争力明显增强，而发达国家由于国际产业转型削弱了产业的丰厚度，产业体系的完整性和配套性明显减弱，在此一增一减作用下，发达国家的国家治理能力受到威胁（金碚，2017）。逆全球化或“反全球化”则是发达国家应对此趋势的一种被动行为，其中美国实施“逆全球化”的根本目的是实现本国的“再工业化”战略，本质是使低端制造业回归美国以增加就业，提升本国制造业的竞争力（苏立君，2017）。2016年英国“脱欧”和特朗普当选美国总统后即宣布退出TPP谈判①以及《巴黎协定》，标志“逆全球化”进入新阶段。佟家栋等（2017）从历史角度分析两次全球化和“逆全球化”发展的经验表明，“逆全球化”的灾难性后果由所有参与者共同承担，而相对落后的发展中国家以及正处于追赶阶段的新兴经济体损失更大。谢丹阳和程坤（2017）认为，为应对“逆全球化”的思潮兴起，实现全球化包容性增长，通过

---

① TPP谈判，即跨太平洋伙伴关系协定（Trans - Pacific Partnership Agreement），是环太平洋国家发起的一个独立于东亚合作机制（如亚太经合组织APEC）之外的一种多边战略经济贸易谈判的磋商会谈，其主旨在于加强环太平洋地区国家之间的经济、贸易和金融方面的互动合作，促进各参与国之间的经济融合、共同繁荣。特朗普政府时期，宣布退出TPP之后，TPP也暂时退出舞台。

完善知识产权保护制度、加强人才培养和吸引国际人才、加强法治建设，促进互联网技术的应用和科技技术创新。一方面，“逆全球化”对中国的冲击主要表现在加剧了我国企业面临世界经济政策不确定性的经营风险和潜在冲击（包群等，2015）。但另一方面，发达国家量化宽松政策和再工业化政策促使大量资金流出包括中国在内的金砖国家，也进一步冲击了区域一体化的发展进程（汤维祺和吴力波，2015）。有学者认为，反全球化或逆全球化缘于西方发达国家作为全球化的主导者对其利益分配格局的不满，认为以新兴经济体为代表的发展中国家是全球化的相对受益者，而以美国为代表的发达国家是全球化的相对受害者（郑春荣，2017）。

经济权力是一国经济和政治的主要支撑，既具有宏观特征，又具有微观属性，被称为关键的“旗舰指标”（常璐璐和陈志敏，2014；Michael Beckley，2018）；同时，它的发展原动力与核心竞争力离不开制造业，特别是中高端制造业。虽然金融危机首先在美国爆发，但美国却用了最短时间恢复并稳定了本国经济，重要原因是美国在短时间内释放了经济风险，重振制造业和美元资本不断回归美国本土提振了美国经济。当前，在制造业全球分工日益深化的背景下，国际经济权力的演进使得全球价值链已成为当前“世界经济的支柱和中枢神经系统”（Staritz Cornelia，2010）。

（三）制造业与国际政治权力关系的演进

权力是国际政治中的货币（约翰·米尔斯海默，2008）。一个国家在国际政治格局中的地位取决于其国际政治权力的大小，当一国的权力超越其他国家成为全球霸主时，国际政治结构即为单极结构（李杨，2017）。同样，随着大国的增减、权力的演进，国际政治格局也在不断地变化。国际政治秩序反映的是大国的意识，也是大国之间相互协调的结果。日本作为一个后来居上的发达工业国家，通过吸收欧美一些国家先进制造经营思想和先进科学技术，加快了自身工业化进程，摆脱了自身结构不合理局面，为制造业的发展奠定了基础。当前，日本的制造业强国地位依然稳固，尤其在新材料、可持续再生资源、生态环保、生物医疗等新兴领域行业处于世界领先地位。除了重视教育和培养专业化人才、注重技术进步与高质量产品，最重要的是政府发挥了导向作用。在国际金融机构、贸易全球化和现代技术推动下，制造业满足产品的市场和社会需要已成为一个治理问题和政治过程（Rolstadas et al.，2012）。长期去工业化对美国政治、经济、社会和意识形态等都带来一定的负面影响，对美国的国家实力（包括软实力和硬实力）造成系统性的损害。为此，美国决策层担心以中国为首的亚太区域经济的发展严重挑战美国在世界的“领导地位”。美国政府的“再工业化”战略尽管旨在解决国内的经济问题，但在“重返亚太”的战略和“建设国内，塑造海外”的安全战略思路下，对中国的防范也体现在“再工业化”战略上（余功德和黄建安，2017）。

世界银行于1997年的发展报告中指出，“绝大多数成功的发展范例，无论是近期的还是历史上的，都是政府和市场形成合作关系，从而达到纠正市场失灵而不是取代市场”①。因此，强大的政治权力是发展制造业的基础，这表现在国家需要一个稳定又强大的政权；同样，一个国家真正强大的原因是拥有强大的制造业，具体表现在“军事服从政治，战略依靠经济”。

二、制造业与国际权力关系演进的历史表现

从历史经验来看，全球化中的国家实力兴衰和工业化程度有很大关系，大国权力关系的演进是以制造业地位的变迁为基础的。全球化促使所有参与者受益，但问题在于，在发达国家不同产业间，金融和高技术产业是全球化的获益者，而传统产业则是受损者；在不同的群体间，资本和技术是主要获益者，而低技能劳动力则是受损者。这其中，美国选择了一条以国家干预为核心的发展道路；德国没有像其他西方国家走改弦更张的弯路，而是坚守“德国制造”的立国之本。

（一）美国权力变迁下的制造业演进

建国以来，美国选择了一条以国家干预为核心的发展道路来壮大本国先进制造业，为美国的崛起奠定了坚实的发展基础。

第一，积累和起飞时期——选择自主工业化道路。1807年的《禁运法案》和1812年的美英战争唤醒了美国发展独立自主的工业、实现国家富强的觉醒意识，并最终形成了工业立国、技术创新的发展模式。1774年，英国对美国制造业生产活动范围进行了严格限制，且国会通过颁布法令来禁止机器出口并限制熟练的机械技工出境（王垂涎，1986），英国和北美在产业发展矛盾方面变得异常尖锐。1776年，北美经过艰苦斗争获得独立，美国也由此迈出了自主发展工业的第一步。1861年，南北战争最终以新兴制造业为基础的北方战胜以种植园经济体制的南方结束，由此美国全境实现了统一，并为大规模工业化生产扫清了障碍。在此之后美国进入西部边疆工业开发时期，联邦政府利用各种补贴优惠手段使国外千万优秀人才带着资金和技术参与西部建设（李英涛，2009）。19世纪最后20年，美国抓住了第二次工业革命时机，新兴工业部门迅速发展起来。联邦

① 徐梅：《日本制造业为何强大？这些做法值得借鉴上观新闻》，https：//export. shobserver. com/baijiahao/html/357522. html。

政府在科学技术研发和教育两方面发挥了关键性作用：一是鼓励科研技术研发；二是大力发展高等教育。

第二，实力拉锯时期——开拓全球市场。由于国内土地资源红利减少、产能过剩、失业率增加等困境，美国于19世纪末遭遇了自建国以来最严重的经济危机，重创了以钢铁业和铁路行业为代表的制造业，甚至大中城市失业人口膨胀到300万，有624家银行倒闭（徐弃郁，2014）。为了摆脱内部危机的冲击，美国主要从关税、海军建设以及外交政策三个方面开始扩大海外市场（见表3-10）。

表3-10　美国扩大海外市场政策措施

政策方面	具体表现
关税方面	1890年10月通过"麦金莱关税"方案：其一，制造业出口不同税率征收亦不同；其二，互惠原则扫清了进军国际市场的关税障碍
海军建设	1890年开始逐步加大海军财政支出，以此推动造船业等相关产业发展，并奠定了未来世界第一海军强国的基础
外交政策	1989年后改变传统孤立主义外交原则，积极参与全球事务；以"门罗主义"为基础发展成为"门户开放"政策

资料来源：笔者整理。

19世纪末期开始，殖民地市场的开拓进一步扩大了美国市场规模，降低了机器大工业生产成本，增强了美国制成品的国际竞争力。1920年初，美国钢铁年产超过3 600万吨，是其他所有强国总产量的57%；石油年产量7 600万吨，是其他所有强国的14倍；汽车年产量360万辆，是世界所有国家的10倍多。

第三，称霸时期——持续自主创新。二战结束后，美国的国际声望一度上升至顶峰，并顺理成章地在"美英一致"的基础上建立了战后集体安全体系（宋微，2015）。美国以先进制造业发展为目标加大制造业研发投入，深抓制造业转型升级。1980年，美国开始制定全国性产业政策。在此之后，联邦政府于1990年主导发展信息技术产业。2000年的国家纳米计划引起了原材料、资源、生产工艺等各个方面的颠覆性改变。2004年颁布《2004年制造技术竞争能力法》。2008年金融危机后，奥巴马政府发起先进制造伙伴战略行动，融合美国产业界、科研机构、高校等集体力量，推动创新体系建设，促进先进制造技术创新，确保美国未来先进制造业的世界领导权（王德显，2016）。刘建江等（2016）认为，美国实施再工业化战略重振本国制造业，推动实体经济的回归，这是美国应对金融危机、复苏美国经济的长期战略，是强化美元霸权的重要基础，是对全球治理体系的重塑，是国际权力的重新洗牌。

（二）德国权力变迁下的制造业演进

德国工业增加值在其 GDP 中的占比近 20 年来几乎保持恒定，1994 年为 23%，而 2014 年为 22.3%。在经历了去工业化过程之后，欧美等国家都在重拾再工业化战略。在这样的压力下，德国并没有停止创新，而是通过提出工业 4.0 的口号来捍卫自身的国际竞争优势。

首先，德国在起步发展时期——利用好第二次工业革命。19 世纪三四十年代，德国的工业化初露头角。由于当时的德国并非一个统一的国家，加之缺乏统一的国内市场，因而德国的工业化进程进展得异常缓慢且水平偏低。直到 1871 年俾斯麦（Bismarck）一统德国，在此之后德国工业化利用第二次工业革命契机迎来了飞速发展期，其中最具代表性的就是德国西部的鲁尔区。在经济总量上，德国 1913 年发展成为全球第二大经济体。在制造业方面，德国也已经成为仅次于美国的世界制造中心。尤其是在钢铁、化学和电力工业等领域，德国更是居于世界领先地位。

其次，快速发展期——接受马歇尔计划。二战之后的德国百废待兴，重建需求大，这在客观上为其战后建筑业和非军事制造业发展提供了机会。在接受马歇尔计划之后，德国经济与制造业迅速恢复，尤其是制造业在 1950 年前后进入了快速发展期。从三大产业占比来看，德国第二产业从 1960 年的 53.5% 稳步发展到了 1970 年的 57.6%。

再次，艰难发展期——迈向“第三产业化”。德国于 1970 年开始调整经济结构并迈向“第三产业化”。一方面，诸如工业社会到服务业社会以及劳动密集型工业到知识密集型工业的结构变迁影响了德国制造业的发展；另一方面，正是在制造业的带动下促成了德国第三产业的崛起。

最后，稳步发展期——进入工业 4.0 战略。尽管近几十年德国工业增加值占 GDP 比重保持在 20% 上下，但在“再工业化战略”的环境下，德国再次未雨绸缪提出“工业 4.0 战略”。2011 年 4 月德国工业 4.0 战略问世；2013 年 4 月德国工业 4.0 战略成型；2013 年 12 月细化为德国工业 4.0 标准化路线图，此战略是德国面向 2020 年高科技战略行动计划的十大未来项目之一。

第七节　本章小结

当今世界，身处旧全球化到新全球化的转换大变局中，需要用全球化的视野来认识再工业化及其理论演进逻辑，需要从不同角度充分阐述全球化的演进之路，在此基础上去理解主要工业国家的“再工业化战略”，帮助我们更清楚地认识到推动我国制造业转型升级的紧迫性。

首先，基于不同视角对全球化和经济全球化的内涵进行多样性解读，剖析了全球化演进及全球价值链变化背后的深层动因，归纳全球化及演进中制度、经济和技术三者如何共同作用。资本的全球扩张、技术的快速进步、国家的开放程度三者的变化及其相互作用是全球化进程的主要影响因素。

其次，对传统工业化理论进行梳理，为再工业化理论体系的建构夯实基础。本章分析了古典经济理论、马克思主义经济理论、新制度经济学、演化经济学理论中的工业化理论，指出传统工业化理论的适应性及对现实解释的差距。从产业链、价值链及产业价值链的理论发展角度出发，逐步提出全球产业价值链理论及其演进的新趋势性特征。着重从“创新－制造”的结合角度出发，详细论述了创新与制造的互动关系，并引出创新与制造的内部与外部不可分割性，以此来探寻再工业化的重要理论依据。

再次，基于国民经济、产业协同发展的角度来重新认识制造业的地位，由此进一步分析再工业化的战略意义。从国际权力的演进角度出发，创造性地提出制造业与国际军事权力、国际经济权力以及国际政治权力关系之间的演进机制。我们分别从内源性与外源性两方面给出了再工业化的动力机制。其中内源性的协同创新机制通过政府部门营造环境、企业融入创新链、高校发挥集聚功能以及消费者的反馈作用来实施创新驱动，并推动经济的快速发展。

最后，再工业化的外源性动力需要依靠政府与市场的协同推进。纵观欧美“再工业化”进程，特别是国际金融危机以来，各国制定相关政策加大产业调整力度，社会财富不断增加，就业率持续提升，制造业开始回流。实际上，该现象背后是政府与市场两种力量协同推进的结果。

第四章

制造业发展与大国兴衰的历史经验及中国镜鉴

工业革命以来，世界大国的发展史，也是制造业的发展史。大国崛起，离不开制造业崛起，制造业持续崛起的过程，也是其转型升级的过程。大国衰落，也与该国制造业下滑息息相关。本章拟对工业革命以来制造业与大国的兴衰关系进行理论与经验的梳理，力求探讨大国兴衰与制造业的关系，探讨金融发展与大国经济崛起的规律，总结其作用机理，深入认识一国制造业在历史发展中的作用，并为自工业革命以来逐步远离世界中心的中国提供镜鉴。

第一节　英国霸权兴衰中的制造业因素

一、工业革命推动英国制造业发展并成就英国霸权

（一）工业革命使英国率先成为世界性制造业大国

始于英国的18世纪60年代的工业革命，不仅揭开了全球机器制造替代手工制造的序幕，并且使其获得了领先他国的工业优势。此后，工业成为国家命脉，

英国由此登上世界霸主地位。1760 至 1830 年间，英国占据欧洲工业总产量增长的 2/3，世界制造业生产份额的占比也从 1.9% 一跃攀升至 9.5%，到 1860 年，这一比例又逐步攀升至 19.9%（见图 4－1）。

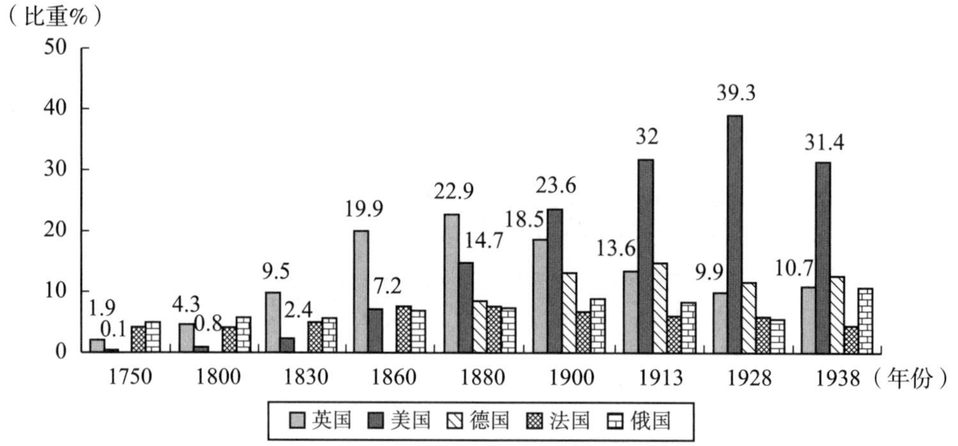

图 4－1　1750～1938 年主要工业国家在世界制造业产量中所占的相对份额

资料来源：［美］保罗·肯尼迪：《大国的兴衰》，陈景彪译，国际文化出版公司 2006 年版。

从主要制造业领域的世界占比来看，到 1850 年，英国煤产量占世界的 2/3，世界金属制品、铁产量和棉织品一般由英国供给，造船业、铁路修筑都高居世界首位，对外贸易总量占世界的 20%。1860 年，世界工业产品的 40%～50%，欧洲工业产品的 55%～60% 均由英国生产，对外贸易总量的 40% 由英国提供，英镑也成为世界货币。1860 年的英国陆地面积仅占全球陆地面积的 0.2%，人口也只占全世界人口比重的 2%，远比德国、法国等国家少①（见图 4－1）。至此，英国率先成为世界制造业大国。

（二）制造业的绝对优势确立了英国霸权地位

工业技术的进步使得英国能够凭借规模化生产的优势，以更低成本来大量供应商品。此外，工业革命推动了钢铁和军工产业的发展，进一步提升了英国军队的装备和作战能力。在工业革命的推动下，英国迅速发展成为世界工业的“霸主”。尽管英国国内资源相对匮乏、市场空间有限，但凭借领先全球的军事技术，英国建立了以海外殖民为基础的经济全球化。海军在 17 世纪前后崛起，通过英

① ［美］保罗·肯尼迪：《大国的兴衰》，陈景彪译，国际文化出版公司 2006 年版。

西大海战击败西班牙无敌舰队，一跃成为海上霸主，逐渐建立起一个强大的殖民帝国，此战也标志着英国作为大国在世界舞台上崛起。到17世纪克伦威尔执政，与荷兰的战争以英国战胜结束，由此英国完全掌握了海上霸权。

英国制造业的快速扩张及对资本剩余价值的高强度追求为技术进步提供了原动力。同时，政府的殖民扩张、贸易和技术保护政策也为英国持续成为“世界制造中心”提供了帮助。这使得英国集中了大量财富，例如在1835年至1875年期间，世界近一半的财富都集中在英国（见表4－1）。强大的军事制造业助力英国以海外殖民和海外投资为特征的全球化模式，逐渐形成了以英国为全球最大债权人和世界制造中心的“中心—外围”结构，由此英国也被称为“日不落帝国”。

表4－1　　1830～1900年间世界财富的相对份额　　单位：%

国家	1830年	1840年	1850年	1860年	1870年	1880年	1890年	1900年
英国	47	57	59	59	53	45	32	23
德国	4	4	3	9	13	16	16	21
美国	12	12	15	13	16	23	35	38
法国	18	14	10	12	11	10	8	7
俄国	13	8	6	3	2	2	3	6

资料来源：［美］保罗·肯尼迪：《大国的兴衰》，陈景彪译，国际文化出版公司2006年版。

二、制造业的相对衰落逐步开启英国霸权衰落之途

20世纪初，随着美国制造业的不断崛起和国际地位的不断上升，加之德国、苏联等的发展，英国开始走向衰落的道路，主要有以下四个表现。

（一）英国制造业在全球的相对份额下降

20世纪初到1913年，英国制造业占据全球份额仅为13.6%，低于美国的32.0%和德国的14.8%。美国在一战中获得了长足的发展，并成为世界上最大的债权国。英国在战争中向美国大量借债，导致国际货币体系开始向美元倾斜。二战结束后，英国虽然是战胜国，但为战争付出了巨大代价，而殖民地的独立也使得英国制造业失去了重要的市场基础。同时，因为战时为了解决物资短缺问题，英国政府花费大量财政以收购核心制造业的企业股份，导致战后国有化倾向更加明显。

而英国的经济转型始于新自由主义时期，由撒切尔夫人主导。撒切尔夫人主张“放弃中低端制造业”，开始“去工业化”，将重点放在金融业的发展，控制

通胀上，关闭了大量本土制造业工厂，推动服务业出口。在其推动下，国有经济比例大幅降低至10%以下，金融业和服务业逐渐成为英国经济的重要组成部分。这种转型导致制造业不断外流，英国制造业的发展空间受限。

从20世纪70年代起，英国开始售卖许多制造业公司，提倡“售卖有污染和赚钱慢的制造业”。80年代，英国逐步推行去工业化，重点发展高端服务业，如金融和数字创意，传统制造业如钢铁和化工的发展空间不断缩减。高成本和创新不足导致许多传统产业如汽车转移到劳动力成本较低的发展中国家，英国的汽车制造业开始衰落，众多本土品牌被跨国汽车公司收购。这导致英国制造业在全球的占比继续下降，加速了其霸权的衰落。

保守党和工党在2008年金融危机前仍然延续着撒切尔夫人的思路，将经济活动交付给市场。这使得金融业和服务业在英国经济中的地位更加突出，而制造业的重要性进一步减弱。总体而言，这些因素导致了英国制造业在全球的相对份额下降，并加速了其霸权地位的衰落。

（二）英镑在国际货币体系中的地位下降并逐步退出储备货币地位

19世纪70年代末，许多国家效仿英国采用金本位，由此，全球建立了真正具有国际性规模的货币制度——国际金本位制度。在国际金本位下，英镑作为纸币享有世界货币地位，与黄金地位相当。英国的大英帝国在军事和经济上的霸权地位为此提供了保护。国际货币体系呈现出金字塔式的运行模式，英国处于金字塔的顶端，拥有全球最强军事实力、最强工业、最大殖民帝国、最大贸易国和最大资本输出国的地位。英国政府和英格兰银行成为全球货币金融体系的管理者。

然而，第一次世界大战不仅导致了国际霸主的交替，也开启了英镑长达一个世纪的贬值过程。英国在战争中遭受了巨大的损失，士兵伤亡约80万人，军费开支近100亿英镑，国民财富损失了三分之一。在对外贸易方面，出口额仅为进口的一半①，巨额的贸易逆差迫使英国出售海外投资以弥补贸易逆差，并且沦为债务国。布雷顿森林体系在二战后建立，以美元为中心，形成了“美元——黄金”双本位储备货币体系，美元逐渐成为主导地位，并形成了美元霸权体系。在这一背景下，英国的国际地位进一步衰落，英镑逐渐退出了储备货币的地位。

（三）英国殖民体系的瓦解

英国殖民体系的瓦解始于二战后的民族独立运动。经历两次世界大战后，英

① 《“英镑”浮沉史：称霸于战争，毁灭于战争》，https://mp.weixin.qq.com/s/F0nrYG0DTg_JsFyB-jlnC5w。

国经济衰落，其殖民统治体系开始动摇并逐渐瓦解。各殖民地涌现出新的政治力量——民族资产阶级和坚决为民族解放而斗争的无产阶级力量。受俄国十月革命的影响，印度、爱尔兰、埃及、伊朗等地爆发了大规模的革命运动，迫使英国做出让步。随着殖民地人民坚决斗争，一些殖民地和附属国获得了“独立”或“自治权”，英国的殖民统治体系逐渐瓦解。二战后的民族独立运动达到高潮，帝国主义殖民体系逐渐崩溃。

（四）失去了制造业支撑的服务业面临发展限制

20 世纪 80 年代，撒切尔夫人推行国有企业私有化运动，削减国家福利支出，放松外汇管制并促进自由贸易，使英国的经济发展模式逐渐接近美国。服务业比重不断增加，而制造业的支持力逐渐减弱。1990 年，英国服务业占 GDP 的比重高达 67.86%，2009 年高达 71.44%，2016 年服务业占比高达 79.23%，较 1990 年提高 12.07 个百分点[①]。然而，金融危机给英国经济带来巨大冲击，GDP 转为负增长。英国意识到过度依赖以金融为核心的服务业难以保持原有的国际地位。为此，英国开始发展实体经济，逐步重振制造业，希望重回第一次工业革命后制造业的巅峰。近年来，一些企业开始将生产业务迁回英国，制造业逐渐复苏。英国国家统计局（ONS）的相关数据显示，2012 年 10 月至 2013 年 10 月，工业产值增长了 3.2%，其中制造业增长了 2.7%，矿产业增长了 13.4%，260 万人就职于制造业。制造业的增长带动了就业和薪资的上涨，为英国经济复苏带来乐观的信号。

三、以“英国工业 2050 战略”振兴制造业

金融危机后，世界经济复苏乏力，国际竞争和摩擦加剧。一些主要发达国家将制造业作为经济复苏的重点。英国也采取行动，将工业特别是制造业放在国家经济发展的重要战略位置，反思虚拟经济过度发展的负面影响，并实施一系列政策促进制造业发展。

（一）国家制造战略先行

英国推出高价值制造战略，培育世界领先产业，强化技术教育体系，注重学徒制，致力于创新体系的高效能建设。政府制定了一系列发展战略，如《英国低碳工业战略》，通过升级传统产业、加大基础设施和科研投入，将发展低碳产业

---

① 《世界各国服务业增加值占 GDP 比重》，https：//www.kylc.com/stats/global/yearly_overview/g_service_value_added_in_gdp.html#google_vignette。

作为新的经济增长点，为英国经济的可持续发展奠定基础。此外，英国政府通过税收优惠吸引制造业回流，并致力于推进低碳和数字化战略。2010 年 10 月围绕着低碳经济、数字通信、科学基础研究与高速交通系统等方面扩大基础设施建设，同时颁布《国家基础设施规划》为实现产业转型提供便利。

（二）提出“英国工业 2050 战略”

2016 年，英国推出了“英国工业 2050 战略”，旨在提振制造业。该战略通过分析制造业面临的问题和挑战，提出了政策以促进英国制造业的发展和复苏。战略强调科技改变生产方式，推动信息通信技术、新材料等科技与产品和生产网络的融合，改变产品的设计、制造和使用方式。2017 年 1 月，英国还发布了“现代工业战略”绿皮书，旨在改变对服务业的过度依赖，提升制造业生产力，促进英国经济发展。英国目前更加注重发展高科技产业、创意设计产业和高端制造业，以使服务业和制造业相互补充和促进，提高制造业的附加值，展现复兴和转型的活力（见表 4－2）。

表 4－2　英国 2013～2021 年 GDP 总量及制造业增加值占 GDP 比重

年份	GDP（万亿美元）	英国 GDP 占世界比例（%）	服务业增加值占 GDP 比重（%）	制造业增加值占 GDP 比重（%）
2013	2.78	3.59	69.67	9.54
2014	3.07	3.86	69.87	9.39
2015	2.93	3.89	70.12	9.35
2016	2.69	3.52	70.68	9.12
2017	2.66	3.27	70.40	9.11
2018	2.86	3.31	70.50	8.97
2019	2.83	3.23	70.90	8.68
2020	2.71	3.19	72.79	8.29
2021	3.12	3.30	71.46	8.78

资料来源：笔者根据快易理财网（https://www.kylc.com/）整理。

四、从英国制造业转型升级过程中吸取的经验

英国在全球制造业领先趋势中可能有所倒退，但在高端制造领域仍保持着领先优势。以下是英国自 20 世纪 80 年代以来制造业发展的关键经验。

（一）注重发展高科技产业和建设高端制造业的质量品牌

英国制定的现代制造业发展战略，结合独特的制度框架，培育独特的制造业产品和工艺创新路径，取得了显著成效。质量是英国制造业发展的基石，英国在高端制造领域拥有世界领先的质量品牌。例如，劳斯莱斯作为顶级豪华轿车制造商，不仅制造汽车，还是全球最领先的发动机制造商之一，波音飞机即用该公司所生产的发动机。英国在高附加值领域的汽车设计和生产仍然具有竞争优势，除了汽车制造，英国在雷达、超音速运输机和军用直升机等领域也具有强大的国际竞争力。

（二）侧重可持续绿色创新发展的生产方式

英国致力于推进绿色、低碳制造业发展，构建生态循环、绿色清洁生产的现代制造业模式。英国制造业提供多种服务，包括汽车制造、航空航天、能源和工程领域。面对全球制造业革命和数字化时代的到来，英国企业在节能产品创新方面进行了改进。英国制造业企业在优先考虑环境因素下持续减少废物排放，绿色制造战略的实施、新兴绿色技术的采用、碳交易、可再生能源和绿色供应链等都对企业产生了积极影响。同时，清洁能源、汽车工业和人工智能等关键领域也因可持续发展和绿色战略的实施使得英国具有新的制造业比较优势。

（三）推动制造业数字化

英国制造业加速数字化，特别在制造服务的模式方面取得显著成效。在工业4.0时代下，新材料、精密仪器、计算机软件、制造业云服务和新型制造工艺等五个力量推动了制造业的数字化进程。随着互联网与制造业的融合，数字化发展为英国制造业带来了双重优势，促进了新旧生产体系的转变，实现了制造过程中的倍增和聚合叠加效应。经历多次改革后，英国致力于打造智能计算工具，通过智能软件进行预测建模，推动制造业走向“预测型制造”。

（四）创新制造业产品服务模式和创造混合型附加价值

英国劳斯莱斯之所以能长期保持市场领先地位，除了高质量的产品品质外，优质的售后服务也起到了关键作用，这培养了客户的忠诚度。在设计和研发领域，英国制造业允许客户参与产品设计，满足客户在设计过程中的乐趣，同时提供个性化的定制产品。制造业应关注当代消费者的价值观念变化以及对质量和工艺的追求，这重新定义了英国制造业和工艺。因此，通过为客户提供定制化的产品和服务组合来满足需求，创造混合型附加价值成为制造业发展的重要方向。

第二节 美国霸权兴衰中的制造业因素

大国崛起是一项系统性工程，包括经济、政治、文化等多个层面，而制造业的繁荣则是其经济崛起的重要物质基础。很大程度上来说，美国崛起过程也是伴随其制造业发展、繁荣的过程。

一、南北战争前起步阶段的制造业

18 世纪 60 年代，第一次工业革命在欧洲兴起，以英国为中心，工厂手工业开始被机器生产代替，生产力大幅提升。英国凭借卓越的制造业技术，迅速成为世界经济中心，独立战争后，美国相比英国的制造业技术仍然落后。1791 年，美国财政部提出了《关于制造业的报告》，主张支持制造业的发展，但该报告未被国会通过，同时，英国限制向美国出口新机器，并控制熟练工人对美国的输出，导致美国的制造业发展举步维艰。

（一）通过吸引技术移民引进欧洲新技术

为了发展制造业，美国开始进行技术准备和技术创新。在技术准备上，美国通过高额奖金吸引技术移民，以此引进欧洲新技术。18 世纪 80 年代末，塞缪尔·史莱特和其同事将纺纱机制造技术引进美国，并在第二年成功在工厂用机器生产出面纱，拉开美国工厂制度的序幕。此外，美国还积极派遣人员出国考察并引进技术，如弗朗西斯·洛威尔学习纺织机器操作后成功合作制造了水力驱动织布机。同时，美国在制造业发展初期就注重技术创新，并通过专利法案鼓励技术创新。1790 年 4 月美国国会为激励技术创新，通过专利法案，1836 年对其重新修订进一步维护创新成果，此后，美国发明专利日益增加。这些自主创新为美国制造业的蓬勃发展奠定了坚实基础。

（二）大范围使用机器助推制造业发展

美国建国后，通过征收关税、发行国债、征税和外借资金等方式，完成了原始资本积累，为制造业提供了资金支持。使用机器使得美国制造业完成了流水线建设，实现了制造业的初步发展，并使得标准化零件在武器、农具和钟表的制造中得到成功应用。19 世纪 50 年代，随着传送带的使用，农具公司实现了连续生产流程和流水线作业，制造业体系不断完善。

通过机器使用、技术创新和生产流程建立，美国制造业在 1830 年后迎来了迅速增长。在 1831 年到 1860 年间，美国戴维斯指数（Davis Index）增长了近 130%，工业改革取得明显成效，制造业规模大幅扩张，为美国制造业的初步积累奠定了基础。

二、南北战争至一战前成长为全球最大制造业中心

19 世纪 50 年代前，美国是一个相对落后的农业国。南方发展种植园经济，使用奴隶劳动力，以种植棉花、粮食和茶叶为主要产业。北方则偏向工业，主要从事纺织业和食品加工，同时出售矿产、木材等原材料。然而，南北战争结束后，美国抓住第二次工业革命的机遇，凭借广阔的国土、庞大的人口和丰富的资源，使工业迎来了爆炸性的增长。

（一）掀起开发西部的热潮

随着高素质移民涌入和资本积累速度的提高，推动了技术快速进步。美国西部在 1850 年还处于未开发状态，但南北战争后，美国人口和工业开始向西部迁移，丰富的资源得到开发，如宾夕法尼亚、加利福尼亚等地的石油开采，俄亥俄、伊利诺伊州等地的煤炭开采，以及苏必利尔湖周围的铁矿石开采。

（二）城市化进程加速推进

随着自然资源的开发利用，城市化进程也加速进行。劳动力数量的增加和质量的提高是城市化进程的显著特征。在 19 世纪 60 年代至 19 世纪 90 年代，大量外来移民占城市新增人口的一半以上。美国重视发展教育以提升劳动者素质，1916 年获得学历学位的人数已达到 5 万人，为制造业提供了高素质的劳动力，并推动劳动生产率不断提高。

（三）技术创新越来越专业化

在 19 世纪末，随着政府对专利法案的不断修订，专利交易机构得到充分发展，技术创新也日益专业化，发明了电灯、发电机、电报、内燃机等技术，尤其是机器的广泛应用，为美国制造业的发展奠定了技术基础。

（四）世界制造业中心逐步确定

19 世纪 60 年代到 19 世纪 80 年代，美国钢产量年均增速达到 40% 左右。到一战前夕，美国的工业产量已经超过世界其他国家，占全球工业总量的 32%（见图 4－2）。同时，美国的石油、粮食、钢和煤产量均达到世界领先水平。美国在 19 世纪末成功追赶并超越欧洲，成为世界最大的制造业中心。1860 年，美国制造业工业增加值仅为 7.672 亿美元，1914 年则增长到 96.08 亿美元，增幅达到 12.5 倍，人均工业增加值相比增长了 4.3 倍。到 20 世纪 20 年代末，全球工业总产量中美国工业产量的比例达到 39.3%，至二战前夕仍保持在 38% 左右。这使得美国在二战期间继续掌控全球制造业产业链，年产数万架飞机、数万辆坦克，并可在两个月内制造一艘航母舰队。①

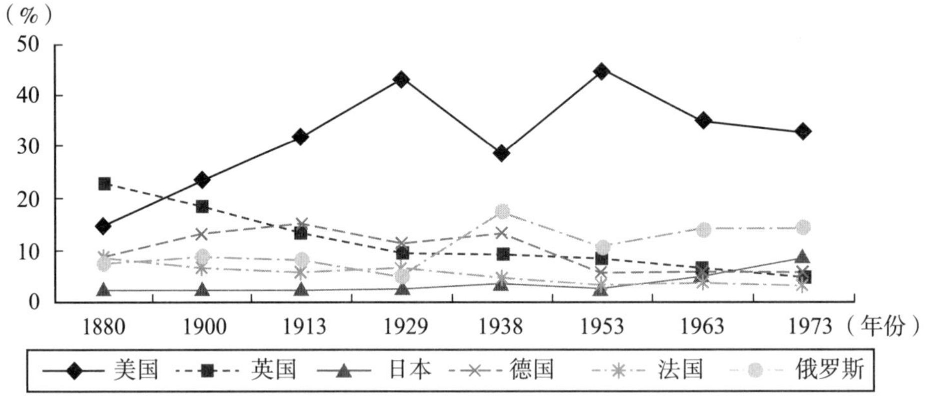

图 4－2　1880～1973 年各大国工业产值世界占比（不含中国）

资料来源：［美］约翰·伊肯伯里：《大战胜利之后：制度、战略约束与战后秩序重建》，门洪华译，北京大学出版社 2008 年版。

（五）技术水平逐步实现赶超

相比英国等发达国家，美国在新技术变革中表现出色，产业结构优化迅速，经济新增长点主要依赖高科技产业。然而，英国在新兴技术领域相对落后，导致全要素生产率增速放缓。与此同时，新兴国家如德国、日本等凭借成本优势超越了英国，使其在国际市场份额逐渐缩减，霸权地位逐渐下降。而美国倾力发展高科技，运用新兴科技制造高端产品，巩固国际格局的地位，实现经济新增长点。

① ［美］约翰·伊肯伯里：《大战胜利之后：制度、战略约束与战后秩序重建》，门洪华译，北京大学出版社 2008 年版。

美国在登顶制造业全球第一之后100多年中仍然利用高技术产业控制全球制造产业链。

三、两次世界大战强化制造业及世界秩序主导者地位

美国工业的崛起得益于第二次工业革命的机遇以及两次世界大战带来的巨大需求。战争是改变世界经济格局最直接的方式，两次世界大战为美国创造了大量工业订单，同时吸引了大量财富从欧洲流入美国。从表4-3可以清楚地看出，世界财富格局在两次世界大战前后发生了显著变化。1880年，美国在全球财富中占比仅为23%，而1920年则迅速攀升至62%，而西欧工业大国则出现了没落，尤其是英国的快速没落。

表4-3　1880~1940年间世界财富的相对份额　单位：%

国家	1880年	1890年	1900年	1910年	1913年	1920年	1930年	1940年
英国	45	32	23	15	14	16	11	11
德国	16	16	21	20	21	14	14	17
法国	10	8	7	6	6	5	9	4
俄国	2	3	6	5	6	1	6	13
美国	23	35	38	48	47	62	54	49

资料来源：［美］保罗·肯尼迪：《大国的兴衰》，陈景彪译，国际文化出版公司2006年版。

二战后初期，全球掀起了以美国为中心的第三次科技革命，美苏争霸激发了美国政府对创新科技的持续投入，避免了“高水平均衡陷阱”。20世纪60年代末，科技革命达到顶峰，1970年后，新科技革命开始，美国加快了新兴产业的发展步伐，并在某些科技领域拥有了特有优势，例如硅谷的软件设计。二战后的近半个世纪以来，美国联邦政府对技术研发的投入占总研发投入一直在1/2到1/3之间①。

第二次世界大战在欧洲爆发，主要工业国的工业实力遭受战火重创，而美国作为远离战场的海外国家，成为欧洲战争的最大受益者。美国成为战争的最大军工厂，大量的民用和军事工业需求推动了美国工业的快速发展。全球60%的专利技术产生在美国，美国工业产值在全球占比高达40%②，且商业化程度高。在

①② ［美］保罗·肯尼迪：《大国的兴衰》，陈景彪译，国际文化出版公司2006年版。

此期间，涌现出许多跨国公司，凭借规模庞大、领先技术、丰富品类、卓越质量和服务而享誉全球，如通用和福特汽车、通用电气、IBM、3M 等。美国制造业逐步推行生产技术的规模化、标准化和流水化，并积极输出产品标准，为美国制造业的可持续发展奠定了基础。

经历了大萧条和第二次世界大战的洗礼，美国工业实力和经济实力再次得到发展，“美国制造”逐步成为高质量产品和服务的代名词，也造就了美国强大的物质基础。

在 20 世纪 40 年代，美国积累的财富与欧洲主要发达国家的工业总量可媲美。二战结束后，美国的全球黄金储备比重达到 2/3，承担了全球 50% 以上的工业总量，各类产品生产总量占全球产量的 1/3①。在这期间，欧洲主要发达国家的工业体系遭受沉重打击，而美国则放弃孤立主义，成为世界的领导国家。

二战结束到 20 世纪 70 年代，美国制造业一直占据较高比例的 GDP，提供重要的就业机会，实现了快速增长。美国在战后确立了新的世界经济秩序，并对制造业地位有了更深刻的认识。政府将先进制造业发展作为目标，增加制造业的研发投入，实施创新工程，推动制造业的转型升级。到 20 世纪 80 年代，美国迈出了制定全国产业政策的重要一步，政府通过科研开发、财政补贴、政府采购等手段，孵化了在各个领域中引领作用的高端技术。在 20 世纪 90 年代，联邦政府主导了信息技术产业的发展，实施了“信息高速公路计划”，制造业劳动生产率在 90 年代中后期加快增长，经济进入了被称为“没有经济周期”的新经济时代。2000 年发布的国家纳米计划引发了原材料、资源和生产工艺等方面的颠覆性改变。

制造业为美国其他行业的技术进步提供了基本的发展条件，并且占据了美国出口产品的大部分份额，助推美国成为战后世界秩序的主导者。萨缪尔（1999）认为，制造业的兴衰是美国经济是否具有竞争力的主要影响因素，其发展程度决定了美国能否在全球起示范作用。若无强大的制造业作为后盾，就难得有美国真正发展和繁荣。

四、去工业化逐步埋下经济发展隐忧

在 20 世纪，美国成为全球制造业第一强国和世界领导型大国。然而，从 1970 年开始，美国的制造业发展开始放缓，甚至出现衰弱的趋势。美国采取了去工业化的策略，在压缩成本和推动科技创新的驱动下，将低端制造业迁移到其

① 《获利巨大与称霸世界的美国》，https：//mp. weixin. qq. com/s/uLcPBgkDMA - E3TSNf3XbHg。

他国家，导致本土制造业出现“空心化”的状态。2008 年的房地产泡沫破灭引发全球金融危机，导致主要发达国家的金融市场流动性不足，美国的制造业也受到冲击，产值降幅高达 16.5%。

（一）去工业化一度成为美国获取他国经济剩余的手段

从 1980 年代开始，美国加速了去工业化的步伐，借助产业链外包建立了以产业全球化为核心的经济全球化框架。在这一框架下，美国在产业链的研发销售和服务两端扮演重要角色，而其他国家则处于产业链的原材料供给、零部件生产、加工装配和物流运输等领域。然而，实质上，这种方式让美国实现了对其他国家经济剩余的占有。在此分工框架下：

其一，美国得以和平地利用他国自然资源和劳动力。长期以来，美国作为工业强国，对本国的自然资源已经进行了很大程度上的开发，加之其劳动力成本上升，使得其产品生产成本不断上升，导致部分产品的相对竞争力逐渐低于拥有丰富劳动力和自然资源的国家。因此通过将传统制造业转移到土地和劳动力价格低廉的欠发达国家和地区，利用当地的廉价劳动力和自然资源，大幅降低交易成本。在去工业化的早期阶段，美国利用自身品牌优势和标准化优势，在全球范围内寻找低成本生产区间，获得丰厚回报。

其二，以牺牲他国环境为代价进行和平交易。库兹涅茨环境倒“U”型假说表明人均收入水平与环境之间的关系：收入水平较低时，人们对环境的要求也较低，当收入水平提高到某一临界点时，环境保护意识会迅速上升。从行业特性看，制造业对资源的占有、损害与污染明显高于服务业。所以，经济发展到了一定阶段和时间，发达国家往往通过去工业化来进行产业结构调整，将其传统制造业转移到其他生产成本更低的国家和地区，将环境成本转嫁到其他国家，获取其他国家牺牲环境带来的额外高收益。

（二）过度的去工业化制约了美国经济的可持续发展

去工业化导致了以制造业为代表的工业生产不断衰退，也对经济的可持续发展构成制约。而金融服务行业、律师与会计师等领域由于其异常高昂的教育成本和职业门槛，使得此类岗位往往会在从业者的家族内循环，这样导致了阶层流动趋于停滞，社会收入差距不断扩大。同时高端服务业也受到影响，因为缺乏先进制造业的支撑，高端服务业难以持续发展。过度去工业化还导致制造业出口减少，经常项目赤字不断膨胀，最终成为 2008 年金融危机爆发的原因之一。

总之，美国制造业的强大是其国际竞争力的核心体现，其先进程度也是美国领导世界经济的关键性因素，并帮助其迅速提升国家竞争力，确保经济竞争优势。

五、美国制造业转型升级中的典型经验

美国成功形成工业立国、技术创新的模式，国家在产业定位、市场开拓、科研创新、移民政策、人才培养等方面发挥了巨大作用，最终成为世界工业强国。回顾美国对制造业的扶植，经验总结如下。

（一）创建完善国家创新体系是大国持续崛起及可持续发展的根基

增加科技创新投入，实行技术创新战略，确保先进制造业发展的技术支撑，引领科技发明和应用。美国借助领先于全球的科技创新能力和成果转化能力，长期占领产业技术制高点。二战后发达国家的重大科技发明有65%在美国率先研发成功，并有75%在美国率先得到应用①，特别是20世纪50年代以来电子信息、航空航天和核能利用等为代表的第三次科技革命促进了美国制造业结构由重化工业结构向高附加值深加工结构转变。比如高通公司，其拥有3 000多项CDMA及相关技术专利，建立的标准被全球标准制定机构广泛采纳。高通公司向全球超过125家电信设备制造商开放了专利许可②，赚取了巨额利润。除此之外，以微软、苹果、波音为代表的美国企业牢牢处在产品创造和品牌设计的金字塔顶端，品牌价值和技术标准成为美国维持产业竞争力的优势。尽管随着新兴经济体的崛起，美国制造业占比有所下降，但产品的创新性仍为其制造业核心优势和竞争力，相较于后发制造业大国来说，美国在高端制造领域的优势遥遥领先。

历史经验表明，无论是传统制造业优化升级，还是先进制造业的发展均离不开科技创新的支撑。只有加大先进制造业领域的研发资金和研发人员的投入，提升科技创新能力，才能增强制造业国际竞争力。

（二）打造领先的人才培养体系是国家可持续发展的根本保障

先进的人才培养体系和重视科技创新教育，是科技创新能力的源泉，它能为国家产业技术创新输送高端人才，维持科技创新活力。截至2020年，美国每百万人口拥有4 412名研发和技术人员③。美国高等教育强调创新和吸引全球精英，

① 《美国为什么要挑起俄罗斯和乌克兰战争?》，https：//mp. weixin. qq. com/s/1YFHsIaxLA0Fcx7TIkuBJQ。

② 美国高通公司，https：//www. sohu. com/a/54986278_121315。

③ 任泽平：《中美实力对比：科技、教育、营商、民生》，http：//finance. sina. com. cn/zl/china/2021-08-04/zl-ikqcfncc0794623. shtml。

代表性学府如哈佛、斯坦福、麻省理工，它们倡导自由创意，支持全链条创新。同时，美国形成了政府、大学和企业一体化联动创新合作模式，遍布全国的工业实验室为制造业提供优秀技术和科技人才。

（三）需要大力推进高端先进制造业的稳步发展并不断优化升级

美国凭借其高技术优势，重点发展电子信息、航空航天、生物医药、先进材料、汽车制造等高端制造业，并借助前沿科技不断迭代升级，保持全球领先地位。例如，高通的手机芯片技术掌握众多手机品牌的发展命脉，波音在民用飞机市场占全球第一，通用的核磁共振设备全球领先，2020 年世界 500 强数据显示，美国最具核心竞争力制造业为 ICT、军工航空、机械、医疗器械制药，这些一定程度上决定其霸权和国际竞争力。

（四）需要大力推进生产性服务业与制造业融合发展

生产性服务业与制造业深度融合发展，一定程度上促进了制造业转型升级，使美国制造业得以维持全球领先地位及在国际竞争中的霸权地位。比如，纽约产业集群注重发展生产性服务业与先进制造业，涵盖计算机硬件、交通设备、生物医药、通讯传媒、金融保险等。以电子信息产业为例，在保持核心电子元器件、通信设备制造优势的同时，加强相关设计和服务，以延长产业链，加强全生命周期服务和市场竞争力。

（五）需要高效发展军事工业体系，深度促进军民融合

随着现代科技进步，武器趋向科技化和信息化，制造新武器需要更充足的科研和经济投入。美国军事工业的发展在全球具有代表性，美国不仅是经济强国，也是军事强国。2021 年世界军工企业 100 强名单，美国占比超过 50%，且前五强全部为美国企业。军工业一定程度上属于规模报酬递增的产业，美国技术水平和经济体系使其能制造出最先进武器，在全球军火市场竞争极具优势，使其成为了世界军火贸易最大获利者。

近年来，美国政府对军工企业的态度发生了转变。政府在没有其他选择时才采取裁减员工和降低产量的做法，同时鼓励军工企业增加武器销售，增加出口量。“9.11”事件后，美国发起了一系列“反恐战争”，其中 2002 ~ 2008 年的阿富汗、伊拉克等战争极大地刺激了美国军工产品的生产销售和出口。特别是中国周边国家和中东等热点地区，局部冲突频繁，且自身没有武器制造能力，导致军火需求持续旺盛。即使在 2008 年金融危机后，全球军火市场萎靡不振的情况下，

这些国家仍然投入大量资金购进美国的军火。

第三节　德国兴衰中的制造业因素

德国一直是世界制造业大国和强国，德国制造承载着其独特的历史传统、工业化的梦想，有深厚的文化底蕴，一直晓谕全球。至今，德国的工匠精神，一直体现了其世界工厂当之无愧的制造者身份。强大的制造实力也使得德国具备挑战旧国际秩序的能力。德国在两次世界大战中都身受重创，但又迅速恢复，这也离不开其强大的工业化基础（巫仙云，2013）。

历史上，德国制造也经历了由弱到强的蜕变进程。自 20 世纪以来，除了受战争影响之外，德国几乎长盛不衰，并在全球化时代保持领先地位，这离不开德国制造业中的科技创新体系、标准化保障体系，尤其是强大的制造业基础。

一、强大的制造业是德国成为欧洲霸主的基础

（一）高度重视制造业的德国迅速走向强盛

德国是一个高度重视制造业的国家，尽管它是后发工业化国家，但工业制造一直保持在较高水平，并没有盲目地跟随西方发达国家的工业化轨迹，坚守着“德国制造”的发展原则。

与第一次工业革命期间崭露头角的英国不同，德国的工业化进程较晚。1830 年，德国还是一个农业国，工业人口比例不足 3%①。由于德意志尚未统一，缺乏一个统一的国内市场作为发展基础，较长时间内，德国工业化水平较低，进展缓慢。直到 1830 年，德国开始在李斯特等经济学家的强烈推动下建立德意志关税同盟，正式走上工业化之路。

1871 年，随着俾斯麦统一德国，德国的工业化进程突飞猛进，在第二次工业革命中，德国抓住机遇，钢铁工业快速崛起，鲁尔工业区等工业重镇开始显现出实力，逐步成为整个欧洲最重要的工业中心。到 19 世纪 70 年代，德国的煤炭产量达到 3 400 万吨，钢产量 17 万吨，蒸汽机动力 248 万马力，生铁产量 139 万吨，铁路线长度高达 18 876 公里。随后德国工业总产值超越法国，约占世界工

① 《制造业对中国崛起到底有多重要?》，https：//mp. weixin. qq. com/s/ZnYYvt1tRH6q - D6_FLDOMA。

业总产值的13.2%①，同时也为1871年普法战争胜利奠定了经济和制造业基础。

从19世纪70年代至20世纪20年代初，德国通过国内廉价劳动力和来自法国、中国等国家的赔款，工业实力得到了跨越式发展。一战前，德国工业产量约占世界工业总产量的15.7%，城市率达到60%，钢产量和发电量比英国高出2.26倍和3.2倍，铁路里程突破60万公里，煤炭产量是英国的95%②，成为欧洲最强大的工业国家。

长期以来，制造业在德国经济中占据主导地位，在GDP中的份额超过20%，2018年约占全球制造业增加值比重的5.6%。德国制造业的绝大部分分支领域都处于世界领先地位。例如，机械设备制造业，德国的机床、建筑机械、纺织机械等分支行业处于行业领先地位。根据2011年德国贸易和投资署公布的数据显示，德国拥有17个位居世界第一梯队的机械设备制造部门，还有12个部门其收入额位居全球第一，包括材料处理技术、电力传输工程、通风技术、机床设备等。这些主导性的分支部门形成了德国在全球市场上的核心竞争优势，使其成为向世界各国提供制造业生产线、机床、车床等资本品的主要国家。

（二）"德国制造"成就德国软实力

德国统一前，早期的普鲁士主要在铁路运输业中实现了初期的工业化，后逐渐扩展至煤炭、钢铁和机器制造。以蒸汽机车制造为核心的机器制造和金属加工业兴旺，大批产品销往欧美，使得超过一半的企业发展到中等规模水平。

在19世纪80年代，由于德国大部分制造业是对英国的仿制，导致其制造品品牌未得广泛认可。此后近20年，德国企业不断改进技术，展现出强大创新能力。通过学习英国和法国制造业，德国公司逐步超越它们，1893年在芝加哥世博展示了德国商品的高质量形象，改变了往日质次和低精度的口碑，德国开始在机器设备制造领域取得世界领先地位。

在统一后至第一次世界大战前，德国抓住第二次产业革命机遇，重点发展形成了轻型机器设备制造、重型机床制造、电力机器设备制造、化学和制药等四个高新制造业体系，德国制造声誉不断提升。

到1907年，德国在技术密集型制造业等领域的生产率已远超英国，并且在世界经济中树立了新的制造标准。至1914年，德国建立了完整工业体系，成为欧洲头号工业强国，为先进制造树立成功典范。德国制造业崛起增强了国家的软实力和国际影响力。

---

①② 《制造业对中国崛起到底有多重要?》，https://mp.weixin.qq.com/s/ZnYYvt1tRH6q-D6_FLDOMA。

（三）制造业的基础助推德国快速摆脱战争冲击

一战结束后，德国战败，失去海外资产和市场，制造业面临巨大挑战。在1920年的“道威斯计划”支持下，制造业短暂恢复。1929年前，德国机器设备、钢铁、电气技术、化学、药品、光学等再次领先，成为行业的领导者。大萧条后，纳粹上台，德国制造受战时计划经济影响，发展轨迹改变。因战争中得以发展的装备运输业，为战后德国汽车工业奠定基础。例如，战后大众成欧洲最大汽车制造商。

整体上，两次世界大战深刻影响了德国制造，其一流技术的工业集团支撑了德国在战争中的底气。德国生具备生产世界一流军事技术的设备，如导弹、火炮、飞机、战舰、坦克等。1949年，德国分为西德和东德，明确规定对于战后的经济发展，必须符合“非纳粹化”“非军事化”“非工业化”和民主化的基本要求，从而德国制造业的发展环境相对受到限制。

此后20余年间，日本产品标准化和大批量生产冲击下，西德重新调整产业结构，转向对投资和技术要求更严格的资本品生产，如大型工业设备、模具设计和精密机床，追求独一无二的产品。同时，依赖灵活性高的产品设计传统，西德在小批量定制方面取得突破，格外注重工艺技术密集产品制造。传统制造业也逐步恢复和发展，如机器设备和光学精密仪器。此后，德国高新技术产业领域，即汽车、能源、制造、化工、电子和信息等领域迅速崛起。德国制造在规模化生产方面极具特色，化学、车辆制造、电器工业等在世界市场领先。1970年，大众汽车在美国的销量达到582 573辆，这是大众在美国的巅峰时期，其市场占有率达到5.63%①，几乎追平福特T型车的最高销售纪录。

东德发展遵循苏联计划经济模式，以重工业为主，机床制造具有深厚的历史底蕴，加工中心、数控机床设计和制造方面积累了深厚的经验。而且逐步形成了高科技人才（科学家）、高校、企业与研究中心等众多协作伙伴和用户之间的共同协作机制，并由此制造出诸多各具特色与规模、自动化、连锁程度差异化的柔性加工系统，在世界缝纫机、光学和精密仪器制造领域占有一席之地（巫云仙，2013）。

（四）制造业不断的转型升级助力德国抵御金融危机

自1970年起，德国进行经济结构调整，朝着“第三产业化”转变。西方国

---

① 《大众重提80万辆目标，计划10年内搞定美国市场》，https://chejiahao.autohome.com.cn/info/2228275。

家从工业社会向服务业社会转型，德国也受到影响。整个产业结构调整过程中，劳动密集型制造业受到发展中国家和中东欧国家廉价、灵活劳动力竞争的压力，导致德国转向本土知识密集型产业，如汽车及其部件、测控技术和医疗研发等领域，以推动出口和经济增长。“第三产业化”过程中，德国和其他“去工业化”国家一样经历了制造业的衰败。

1990 年，东德和西德统一，两种制造模式融合成以制造业为核心的独特的实体经济发展模式。德国制造经历了从技术模仿到自主创新，从追赶它国到极具自身特色的跨越式发展，从追逐产量与规模到侧重产品品质，形成了区别于其他国家的特色制造模式。

如今的德国制造业以资本品特征为主，依托传统制造技术和高新技术的雄厚基础，为世界工厂制造生产大量机床、生产线、设备等，被誉为“众厂之厂”。德国制造在世界市场上拥有不可撼动的优势，成为造船、钻探机械、高速列车、地铁、汽车和飞机制造等领域的领军者。德国制造成为其经济的世界名片，并为企业带来无形资产。2008 年金融危机以来，凭借于德国雄厚的制造业优势，以及由此形成的实体经济优势，依赖于美国、英国放弃的制造业基础，其经济逆势复苏，充分体现出制造业在走出经济衰退中的主导产业拉动作用。

二、从德国重视制造业发展中吸取的经验

德国的工业 4.0 是德国政府提出的高科技战略计划，利用物联信息系统将生产中的供应、制造、销售数据化、智慧化，实现快速、有效、个性化的产品供应，旨在提升制造业的智能化水平，建立适应性强、资源效率高的智慧工厂，力争使德国占据新一轮国际产业竞争的制高点，继续保持世界制造业强国地位。德国制造业转型升级的历史经验值得我们借鉴，主要有以下几个方面：

（一）科研创新体系是由多元主体分工协作共同形成

德国制造业的持续繁荣依赖于其世界领先水平的科研创新体系。德国制造业实现的技术创新又反过来构成了德国创新能力的重要组成部分。在科技高度发展，信息化和数字化不断推进的今天，人工智能技术、前沿软件系统和先进材料等高科技和传统制造业结合日益紧密，制造业转型升级的关键性因素就在于科技创新。

（二）要充分发挥好中小制造业企业的作用

德国工业 4.0 战略为中小企业创造了无限的上升空间。中小企业可以针对消

费者的个性化需求，生产出满足客户效用最大化的产品，中小企业得以建立自身的核心竞争优势，深度融入市场竞争中。德国借助制造业企业的技术创新优势，通过创新制度、重组结构、信息化改造等路径，发挥中小企业个性化生产方面的功能，形成大中小企业全方位协同发展的产业组织结构，为制造业发展夯实基础。

（三）制造业转型升级需要夯实技术创新平台，推进标准化建设

新一轮产业革命下，转型升级制造业必须依赖于成熟的技术平台。德国为发展工业4.0战略，构建了个人、企业、政府“三位一体”的协作型研发体系。从工业标准的角度来看，制造业设备及特征在工业4.0中有着详尽、独特的划分，并要求所有厂商依据此分类使用同种的语言进行生产。这种完整且统一的工业标准，从源头规避了工业制造业企业跨平台和系统生产时的兼容性问题，有效提升了工业生产率。

（四）发展制造业需要不断提升劳动生产率

促进制造业转型升级首要任务是进一步挖掘人力资源效能，提升劳动生产率。德国制造商重视员工需求，赞同员工采取移动的、虚拟的工作方式，利用高强度的自我管理，将更多的时间和精力投入到技术创新、质量控制等重要环节。同时，通过智能辅助系统缩减劳动时间、降低劳动强度，提高劳动生产率。

三、德国模式的特殊性经验

从德国制造业的历史发展来看，能在后发赶超和受到“第三产业化”冲击的过程中保持相对强势，与德国制造业的创新紧密相关，这种创新的源泉与基础构则是基于“德国模式”的构成要素。具体表现在德国的科研创新体系、劳资关系与公司治理结构，以及出口导向型经济发展模式等方面。

（一）基础研究始终被高度重视

对于制造业，基础研究一直发挥着重要作用。首先，基础研究作为科学知识的主要源泉，不仅为应用研究提供理论基础，更是拓宽制造业的研究边界，为其发掘潜在的应用领域。其次，政府扶持基础研究机构，并将其研究成果用于制定相关工业技术政策的依据。德国有多个致力于基础研究的科研机构，如马普学会、德国亥姆霍兹联合会、大学及莱布尼兹科学联合会等。

（二）独具特色的应用科学创新体系是制造业成功的关键

以弗劳恩霍夫协会为例，它是德国最重要且最著名的应用研究机构。该协会在德国国内设有67家研究所，并在海外设有研究中心，拥有23 000名研究人员。每个研究所都具有与制造业领域相关的应用研究专长。约七成的收入来自为社会机构和工业界进行应用研究，而其余30%的资金来自德国联邦和州政府①。研究表明，弗劳恩霍夫协会通过与企业深度融合，成为推动德国企业层面研发的核心力量。

（三）稳健的公司治理结构和劳资关系保障制造业发展

德国在公司治理方面追求稳健。首先，为确保公司持续稳定发展和贷款偿还的安全性，银行通常主导公司融资和监事会；其次，在共决体制中，雇员代表参与公司的决策，以维护雇员利益；最后，德国企业以生产和技术为导向，注重的不仅仅是短期利益，极少参与投机并购活动。作为银行代表的雇员也是公司治理的重要参与者，与公司大股东形成“大联盟”，兼顾各利益相关者的权益。总体上，德国公司治理模式是典型的利益相关者导向，注重产品品质、研发新技术和员工创新能力，追求长期可持续发展。

得益于以合作主义为核心的劳资关系，德国拥有稳定的劳动力市场。一方面，员工工资由工会和雇主联合会谈判决定，工会力量相对较强，使得雇主不能通过压低薪资水平来获得竞争优势，只能通过培育员工技能、创新力和提高自身研发投入来确保竞争地位；另一方面，德国工会在经济危机时采取合作主义措施，延迟工资增长计划，减轻企业压力，从而避免大规模裁员。

（四）制造业需要良好的资本市场体系来支撑

与其他发达国家服务行业脱离实体经济，甚至挤压、扭曲实体经济发展空间的情况不同，德国服务业和制造业形成了相互依托、共同促进的关系，其资本市场为制造业提供了良好的支撑。德国证券市场市值与GDP的比值较其他主要工业化国家是最低的一个，证券市场与制造业实现了良好的互动，这使德国成为金融危机冲击较小的国家之一。

另外，在德国，金融企业与制造业形成利益共同体，为制造业提供投融资和贷款支持，解决研发投入和扩展业务的后顾之忧。同时，德国服务业很大程度是

---

① 李志民：《德国科研机构概览》，载于《世界教育信息》2018年第31期。

围绕工业产品出口提供配套服务，在海外市场与制造业形成互为补充的关系，拉长核心产品的价值链，推动实体经济发展。

第四节　日本兴衰中的制造业因素

在世界经济发展史中，日本属于典型的后起发达工业化国家。其崛起与赶超是多种因素的共同作用，但其身份转换离不开其制造业的发展基础。日本经验也显示出一个以制造业为主导的工业化国家，在现代化进程过程中需要把握好历史发展的转折点。

二战结束后，作为战败国的日本，各方面都受到重创，制造业生产能力不足战前鼎盛时期的50%。战后日本经济开始休养生息，1945～1955年，日本在美国扶持下成为“世界工厂”，整体GDP迅速增长，年均增长率高达18.16%，制造业成为这一段时间主要的带动力量，年均增长率高达30.3%。1955～1970年，制造业生产额达到年均增长16.7%，同时机械工业实现年均增长率23%[①]。战后日本能迅速发展成仅次居美国的全球第二大经济强国，离不开制造业领域的长足进步。

一、两次工业革命造就“日本奇迹”

（一）赶上第一次工业革命的尾声

日本在进入近代资本主义经济发展的道路上，着重改革生产方式和产业发展。明治维新时期，抓住第一次工业革命的机遇，日本转变了幕府制的封建社会，开启了日本特色的工业革命。由此，机械大工业逐渐取代了传统的地方性手工业和手工作坊。

明治维新后，日本学习西方发达国家的经营思想、制度体系，引入前沿技术与设备，加速了工业化进程，改善了制造业基础和工业结构。至二战前夕，日本机械、钢铁、兵器、飞机和汽车等产业初步显现规模实力，为制造业发展打造了坚实基础。

① 数据来源：世界银行。

（二）抓住第二次工业革命的契机

第二次工业革命来临时，日本积极发展教育，注重培养人力资本和构建内部自主创新体系。国家技术体系从以匠人、手工艺为基础向以科学为基础的现代工业技术体系转变，为日本能在20世纪激烈的国际竞争中脱颖而出奠定了坚实的科技基础。

迅速崛起的制造业，为日本经济增长创造了“奇迹”。二战后初期，日本采取了多项民主化措施，包括改革农地、解体财阀家族和劳动立法等，推进社会生产力的发展，为制造业进入高速发展期做好准备。1947年，日本面临资金和物资双重短缺，吉田内阁提出了“倾斜生产方式”，集中使用有限资源，优先发展煤炭产业，然后用于电力、钢铁等行业，联动整体产业的恢复。

除了推进产业合理化，日本还将重点转移到支持重化工业。1950～1960年这十年是日本产业政策的繁荣时期，尤其是重化工业化政策对日本企业的振兴和制造业强国地位的确立起到至关重要的作用。此后，日本制造业产能持续提升，逐步发展成为全球船舶、电视机、收音机等生产大国。制造业的崛起带来了日本产品出口的扩张，到1965年，日本长期贸易逆差的形势基本被扭转，并在1968年成功成为全球第二大经济强国。

二战后，日本经济受到美国的支持，其工业与科技完成了从为对外扩张、国防安全服务到为大众服务、经济发展的转变，逐渐创造了全球经济发展史上的“日本奇迹”。

二、制造业转型升级不断提升日本产业竞争力

在20世纪六七十年代以来的全球去工业化过程中，日本受到影响，逐步实施产业转移，其制造业占GDP的比例自1970年的43.1%明显下降，1975年下降至38.8%，1981年降至28.38%，1985年稍有回升至30.02%[①]。

20世纪70年代石油危机爆发，推动了日本成功实现制造业转型升级。1973年，能源短缺冲击了日本，制造业成本上涨，竞争力下降，经济出现负增长。以此为转折点，日本开始大力支持能源产业，推动经济结构转型，发展新能源和节能技术，引导制造业转向低能耗的技术密集产业。经过调整和转型，日本在节能环保技术上领先于全球，而且完成了制造业的结构升级，产品性能优势使其出口

① 《中国、日本历年工业增加值占GDP比重比较》，https://www.kylc.com/stats/global/yearly_per_country/g_industry_value_added_in_gdp/chn-jpn.html#google_vignette。

竞争力不断提升。

1980年后，日本汽车、家电等产品凭借节能的特点充斥世界市场。以汽车为例，日本汽车产量从60年代末期的9.5%的全球占比增长到80年代初期的24.1%[①]，日美贸易差额急剧扩大，导致双边贸易摩擦不断升级。此后相当长一段时间内，伴随日元升值，日本的跨国公司频繁收购美国产业，引起美国对日本市场占领的担忧。日本与美国在汽车及零部件上的贸易摩擦加剧，证实了日本产业竞争力的增强。

三、制造业方向迷失间接造就“失落的20年”

在20世纪90年代，日本进入了被称为“失落的10年”甚至是“失落的20年”“失落的30年”的时期。制造业竞争优势滑坡和资产价格大幅波动是导致经济停滞不前的主要原因。

到20世纪80年代初，日本成功跻身全球经济、投资、贸易和援助大国之列，但随后日本的后发效应逐渐消退。受资源和人口限制，国内市场逐渐饱和。1985年“广场协议”后，日元大幅升值，导致出口竞争压力剧增。为防止经济萧条，日本推行宽松货币政策，大量资金涌入股票和房地产市场，导致股价和地价不断上涨，形成了经济“泡沫”，制造业生产成本大幅上升，竞争优势开始减弱。1990年后，“泡沫经济”崩溃，日本经济进入了长期低迷状态。日本国内对制造业作用及其在经济中地位的讨论不断增多。野口悠纪雄在其著作《日本的反省》中提出，制造业立国的经济发展模式是导致日本经济停滞不前的主要原因。

在20世纪80年代末90年代初，当以信息技术为核心的新技术迅速发展并推动经济转型时，日本却罕见地迷失了经济发展方向。这一时期，日本国内经济环境发生了重大变化。世界经济从工业化向信息化和网络化发展，新兴市场蓬勃发展，各国积极投入产业结构转型，而日本的发展相对停滞。举例来说，20世纪90年代末，日本在信息技术投入方面远远低于美国、德国、英国和法国等发达国家。同时，日本制造业在信息技术的推广应用方面速度缓慢，缺乏新的比较优势，并与市场需求脱节。索尼、松下等著名企业陷入经营困境，纷纷开始调整发展战略，探索与未来发展趋势相吻合和转型的道路。

日本制造业的发展陷入低迷期，与数字技术开始出现脱节，在产品的制造和

---

① 《日本制造业强大的原因及镜鉴》，https：//mp. weixin. qq. com/s? __biz = MjM5NjU0ODM0OQ = = &mid = 2654212505&idx = 3&sn = 4695e8958e7164bc5e97c09f10896868&chksm = bd272a0b8a50a31dbb8c9d2885bfc2d0a2f5e9362f68ec8073ce64e60b476aba60049441aef3&scene = 27。

创新上与实际市场需求相脱节。固守传统制造业技术，导致与网络技术结合的大众市场逐步远离日本制造业。根据日本总务省的数据，1999 年，日本制造业增加值占 GDP 的比重为 22.4%，2009 年下降至 19.05%，这是多年来首次下降至 20% 以下，2013 年日本制造业对 GDP 的贡献率为 19.9%。这表明，自明治维新以来，日本制造业的发展状况与经济发展和发展道路的曲折程度密切相关，这也正是由于制造业在实体经济中所扮演的重要角色所导致的。

四、着力构筑制造业竞争新优势的新世纪努力

21 世纪以来，日本重点打造制造业竞争新优势。2000 年前后，经过美国互联网泡沫破裂和亚洲金融危机，以制造业为主的实体经济开始重新受到关注。全球再工业化背景下，日本也将振兴制造业作为国家复兴战略的主导方向。2016 年，安倍政府设“第四次产业革命官民会议”机构，同时下设人工智能技术战略会等关联机构，重点发展以人工智能技术为代表的机器人产业。日本实施多项措施引领第四次产业革命，激发企业创新力。

日本制造业转型，融入了现代化元素，深化产业融合，产生了一些新趋势，例如，优化服务水平和提高准入门槛，避免价格战；附加个性化、差异化特征服务，铸造企业竞争优势。总而言之，制造业服务化的发展趋势，逐渐成为日本企业提升产品附加值，打造竞争优势的主要选择。受新冠疫情影响，数字化成为日本产业经济振兴的重要抓手，制造业数字化转型迎来大发展时代。

金融危机后，为推动经济复苏，日本重新重视制造业的作用。首先，日本仍是制造业强国，在出口产品方面，以重要设备、核心零部件居多；在国际品牌方面，主要集中于制造业领域；在专利数量上，虽然中国超越了其专利申请数量，但质量和影响力仍不容小觑，在新兴领域保持领先地位。据国际机器人联合会（The International Federation of Robotics）发布的《全球机器人报告 2019（World Robotics report 2019）》市场统计数据显示，2018 年全球机器人供应量中日本企业占比高达 52%，在核心零部件供应方面有绝对优势。制造业向来是代表日本经济实力和国家竞争力的品牌产品聚集地，例如，丰田、本田等汽车制造商以节能和实用性成为受欢迎的产品，支撑日本经济发展。

其次，制造业高劳动生产率既推动日本工业经济社会的建设，也推动这日本新体制的建立。2000 年后，日本经济转型进入曲折发展阶段，但制造业劳动生产率仍显著优势，21 世纪初时高达 4.1%，远高于全社会平均劳动生产率 1.1%，相比建筑业、批发零售业和服务业等优势明显。

最后，制造业作为日本的基础性产业拥有最强大的 R&D 和产品制造能力，

并能形成强大的辐射能力。根据日本总务省统计局《2014 年科学技术研究调查》报告，2013 年日本研发支出占 GDP 的比重达高 3.75%，是 G8 国家的首位，总计高达 1.81336 万亿日元，其中企业投资占比约 70%，而制造业又占企业研究支出的 88.7%。与该类强大的研发能力相应，日本制造还有生产现场的灵活应对能力，这也是日本制造业竞争中克敌制胜的关键。

五、从日本制造业转型升级过程中吸取的经验

第一，技术进步与产品性能是日本具备强大制造业的关键。20 世纪初期，日本通过引进国外先进技术，并在其基础上进行改进和创新，生产适应市场需求的产品，从而缩小与欧美国家的差距。技术创新提高了产品的附加值和性能，而日本在江户时代推崇的“工匠精神”文化，促进了日本制造业的高质量发展，高质量也成为日本产品享誉世界的名片。

第二，注重专业化人才培养，成为日本制造业强盛的根基。在德川幕府时期，日本便建立了文化教育机构，明治时期开始学习西方领先技术，并构建现代教育制度。二战后，发展教育成为促进经济增长的重要策略。1947 年，日本通过《教育基本法》《学校教育法》等相关法律，推进义务教育和高中教育的普及，成为全民受教育程度最高的国家之一。

职业教育是日本教育体系的重要组成部分，为制造业培养了大量的专业化人才。自 1951 年实施《产业教育振兴法》以来，日本注重培育技能型人才，普通中学、职业高中和高等专科学校纷纷开设相关课程，成为职业教育的主要阵地。此外，企业培训也逐渐成为职业教育的重要补充，许多大企业为不同级别员工和管理人员提供培训机会。

第三，在政府层面，日本给予企业一定的政策支持和引导，努力营造有利于企业发展的制度环境。根据国内产业状况，政府制定不同的产业政策，引导企业的经营方向，并在财政税收和技术层面提供支援，促进产业结构升级。自 1950 年后，日本相继设立了中小企业金融公库、日本进出口银行和日本开发银行等政策性金融机构，方便为企业提供资金支持。

日本制定实施产业政策的最大特点之一是采取官民协调的方式，产业技术研究和开发的费用由政府、民间企业和研究机构三方共同出资。政府在研发费用中的份额相对较少，大约为总费用的 25%，其余由民间企业承担。政府的预算大都分配给国立和公立的研究机构以及大学，分配到民间企业的占总数的 2%，相

比之下，美国政府预算中有30%分配给民间机构①，两者差距较大。

20世纪90年代中期以后，全球经济环境发生重大变化，导致日本经济持续低迷。政府开始推进体制改革，不断完善制度环境，颁布或修改有关产业和企业的法规，为企业生产经营和市场公平竞争提供制度性保障。

第五节　制造业发展与大国兴衰的规律性特征及中国镜鉴

历史经验充分表明制造业对国家实力有重要影响。美、德、日三国均为世界一流制造强国，它们的GDP分别位于全球第一、第三、第四。先进制造业的发展程度是国家硬实力的直接体现。2008年全球金融危机暴露了欧美国家服务经济体系的脆弱性。美国推出再工业化战略，欧盟也积极推动再工业化，试图改变经济过度依赖服务业的发展模式。由此引发了学术界对制造业在国家经济增长和就业中的重要性的再认识。实际上，不同国家的经济发展模式不同，有些主要发达经济体并不严重依赖服务业。例如，德国一直以来依赖实体经济、重视制造业，其工业4.0掀起了第四次工业革命的浪潮。相比之下，日本提出的重振制造业的目标，美国实施“再工业化”战略，旨在对传统经济增长模式进行创新性变革。

历史经验表明，从短期因素来看，制造业在创造大量就业岗位、推动企业研发与创新活动、促进国家产出增长、维护国家安全、带动其他部门就业增长等方面具有重要贡献。从长期来看，制造业在大国兴衰中具有决定性作用，是立国之本、强国之基。

一、以制造业为核心的强大财富创造能力是大国崛起的物质基础

重农学派认为财富源自农业，重商主义强调商业是财富来源。古典政治经济学家斯密提出劳动价值论，认为财富来自劳动。马克思继承和发扬了劳动价值论，将劳动视为财富源泉，劳动生产率决定财富生产能力。制造业的一个基本属性是其本身是高度迂回、分工专业化的生产方式，劳动生产率快速提高。因而，在现代工业社会，制造业的发展程度决定了国家财富的生产能力。制造业越发

① 《日本产业政策及对中国的启示》，http：//www.sic.gov.cn/sic/81/456/0126/8814_pc.html。

达，即总量增加、结构优化、技术进步及产业联动等方面不断取得进步，国家财富生产能力越强，国家越富裕强大，就能推动教育、军事、文化等建设，形成良性循环。以制造业为核心的财富生产能力是大国崛起的物质基础或能力支撑。

（一）制造业是大国持续发展的基础

大国崛起，乃至奠定超级大国地位，是一项系统的复杂的工程。西方国家的发展路径显示："去工业化"导致服务业与制造业失衡和相互分离，制造业影响力下降，导致经济增长率降低。因此，美国的"再工业化"，德国的"工业4.0"，英国的"工业2050"等目标相似。长远发展趋势来看，工业化与坚实的制造业基础为国家提供大量稳定的就业，推动经济社会可持续发展。

一战后，美国总统伍德罗·威尔逊规划了美国未来世界格局的霸权地位："金融领导地位将属于我们，工业首要地位将属于我们……世界上其他国家期待我们给予领导和指引"。利用华尔街获得的资本，美国确实实现了其霸权地位。戈登在《伟大的博弈》中指出："资本市场的博弈牵动着大国的博弈和兴衰。"[①] 英美在构建全球经济霸权地位时，都重视培育金融力量和控制全球金融资源，建立以自己为核心的国际货币金融体系，以维护经济霸权。

然而，2008年的金融危机首先从美国爆发，加之美国霸权地位面临巨大挑战，对于金融霸权能维护经济霸权、国家霸权的观点正逐渐失去市场。相反，强大的制造业才是维护一国领导者地位的基础。

（二）制造业在一国财富创造中具有核心支撑作用

根据美国经济分析局的估算，制造业的产业投入乘数效应（单位美元投入所产生的GDP之和）最大（见图4-3），为1美元支撑其他部门1.4美元的产量，而服务业的乘数效应仅为0.71美元[②]。此外，制造业能够带动相关产业链的发展，吸纳传统行业就业，并创造新的就业机会，如管理、电子商务等。每一个制造业新增的工作岗位还可以衍生出2~5个其他经济领域的额外工作岗位。特别是在高技术制造业中，乘数效应更为显著。例如，现代化的智能型工厂中，每个工作岗位可以创造出5.2个额外的工作岗位，而电子计算机制造业的乘数效应更高，每个工作岗位可以在其他行业创造出16个工作岗位，这些数据表明制造业对于经济的发展和就业的推动具有重要的作用（柴忠东、刘厚俊，2015）。

---

① 杜奎峰、王一惠：《金融发展与大国的崛起——读〈伟大的博弈——华尔街金融帝国的崛起〉述评》，载于《武汉金融》2014年第4期。

② 数据来源于美国经济分析局。

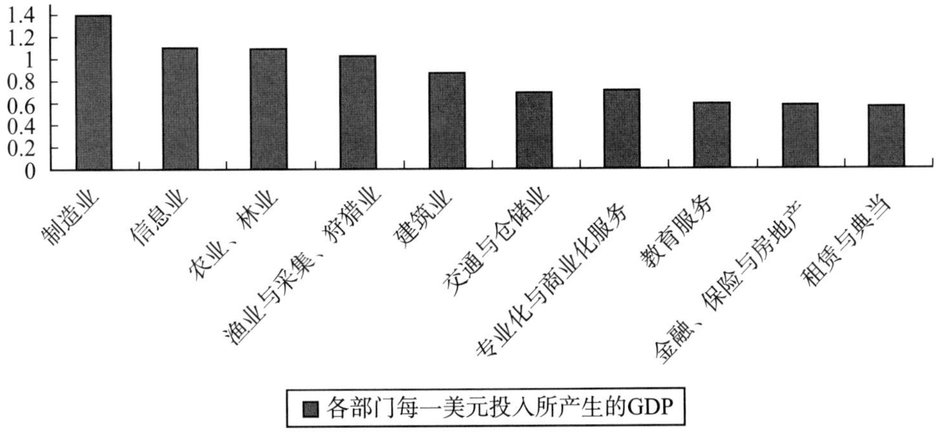

图4-3　各产业在社会经济中的乘数效应

资料来源：［美］ Andrew N. Liveris：《美国制造》，蔡中为译，东方出版社2010年版。

制造业是一国财富的主要源泉，通过加工生产原材料，创造大量剩余价值，同时可内生出技术性垄断优势，能获取大量的垄断利润。与此相比，服务业的利润依附于农业和制造业。当前许多信息产品也依赖于制造业的先进生产技术，如大数据和云计算服务，无法离开制造业而独立存在。

（三）制造业既支撑一国军事实力也是维护国家安全的间接基础

制造业不仅创造财富，还是国家军事实力和国家安全的间接支撑。强大的制造业能迅速转化为军事实力，成为国家安全的基础。工业革命后，战争由传统冷兵器向热兵器转变，制造技术的提高使得武器装备在战争中更加重要。20世纪以来，与科技密切相关的工业生产力成为国家力量中至关重要的组成部分，其在世界军事力量和对外交影响中的地位变化，折射出国家在世界制造业生产总额中的占比份额，强大的武力是维护国家地位和体系稳定的重要保障。

（四）制造业属性决定了其在推动大国地位中的举足轻重地位

世界大国的霸权地位确立往往与制造业的振兴密不可分。领先的工业化国家通常也是全球或区域的领导国家。国家工业化等级的变化，不论向上还是向下，都会伴随或导致相应的权力等级变化（汉斯·摩根索，2006）。1750年时，中国制造业产量在全球占比高达32.8%，1800年时达到33.3%，几乎占据全球1/3，反映了当时中国经济在全球的地位。从表4-4和表4-5可以看出，随着英国完成工业革命，其制造业在全球比重迅速攀升。到1860年前后，全球铁产量的53%、煤和褐煤的一半，均由英国生产，世界原棉产量的一半由其消费。尽管英国仅占世界2%的人口（欧洲人口的10%），但其拥有相当于全球40%～60%的生产潜力。随着英国经济地位的上升，其全球霸主地位也逐渐确立。

然而，自1870年前后开始，英国制造业的比重不断下降，其占世界贸易总值的比重也逐渐减少，导致英国的霸权地位随着制造业比重的减少而逐渐衰退。相比之下，德国由于稳定的制造业发展，一直保持着稳固的世界地位，而美国的崛起也与其制造业地位的提升密切相关。

表4－4　1750～1913年英、法、德、美在世界工业生产中的比重　单位：%

年份	英国	法国	德国	美国
1750	1.9	4.0	2.9	0.1
1800	4.3	4.2	3.5	0.8
1820	24	20	15	4
1840	21	18	17	5
1860	21	16	15	14
1870	32	10	13	23
1881～1885	27	9	14	29
1896～1900	20	7	17	30
1906～1910	15	6	16	35
1913	9	7	12	42

资料来源：1750～1800年数据摘自保罗·肯尼迪：《大国的兴衰》，国际文化出版公司2006年版，第144～145页；1820～1913年数据摘自米歇尔·博德：《资本主义史（1500－1980）》，东方出版社1986年版，第107、158页。

表4－5　1870～1913年英、法、德、美所占世界贸易总值的比重　单位：%

年份	英国	美国	德国	法国
1870	22	8	13	10
1880	20	11	11	11
1890	20	10	11	9
1900	19	12	13	9
1910	15	11	13	8
1913	15	11	13	8

资料来源：夏炎德：《欧美经济史》，上海三联书店1991年版，第420页。

二、制造业助推大国崛起之时将国家财富有效转化为国际权力

制造业推动国家财富增长，而财富和权力又相互决定着国际关系中的话语权。财富增加通常提升国家的国际影响力，为财富转化为权力奠定基础；同样，在国际权力分配上的优势有利于获取财富，促进制造业进一步发展，国际权力转化为财富。这种双向转化被称为财富权力转化机制。

美国和苏联是典型的例子。二战后，美国通过马歇尔计划资助西欧国家的复兴，扩大了其国际影响力，将国家财富转化为国际权力。美国凭借军事和经济实力建立了布雷顿森林体系，并获得美元霸权。美国主导建立了 GATT 和世界银行等国际组织，并利用这些组织来行使国际权力，进一步将国家财富转化为国际权力。苏联也采取类似做法，建立一些国际组织。但其制造业主要围绕军事服务，民用制造发展滞后，无法有效将国家财富转化为国际权力，不及美国等大国。因此，大国崛起需要塑造一系列的“财富对国际权力的转化机制”。中国推出“一带一路”倡议，加强与东南亚和中亚国家的合作，打造友好合作关系，形成双辐射作用，这也是在落实五大发展理论的基础上为财富与国际权力的转化创造条件。

三、国际权力的使用受国家财富生产能力制约

自 1776 年美国宣布独立以来，在 245 年的历史中，仅有 16 年没有战争，其余几乎一直在世界的某个国家或地区与其他国家交战，持续对外战争导致军费支出不断增加。根据瑞典斯德哥尔摩国际和平研究所的数据，2020 年美国军费连续第三年增长，达到 7 780 亿美元，占全球军费总支出的 39%①。拜登政府向国会呈交的 2022 财年预算方案中，国防预算总额为 7 530 亿美元，较 2021 年度增加 1.7%。

二战后，美国频繁在海外发动规模不等的战争的深层次原因在于谋求自身利益，包括占据地缘优势、开拓市场、获取资源、巩固和扩大全球霸权地位。例如，阿富汗战争持续了 20 年，付出了大量人力和财力代价，给美国国力造成巨大消耗，加上伊拉克战争，美国国力呈现衰落态势。美国和苏联通过战争来彰显自己的国际权力，但这导致了权力的滥用和过度使用，消耗了大量国家财富，削弱了国家的财富生产能力。特别是当一个国家依赖战争来掠夺其他国家的财富

① 王东梅：《瑞典智库发布 2020 年全球军费开支分析报告》，https：//www.sohu.com/a/463452242_313834。

时，长期开启战争机器会导致资源集中于军工产业，使军工制造业畸形发展，产生巨大的虹吸效应，进一步造成国内工业结构性失衡，最终削弱了国家的整体财富创造水平。国家经济对战争产生依赖症，使国家财富生产能力减弱，在资本主义的逐利本性下，会进一步滥用其拥有的国际权力。这样循环下去，形成了一个自我消耗的负反馈机制，最终导致国家衰落。

四、国内产业结构严重失衡动摇大国综合实力的根基

从历史经验来看，大国的制造业地位的衰落往往伴随着其国家地位的下降。历史上的例子有清政府和大不列颠及北爱尔兰联合王国等，制造业的衰落通常与该国产业结构失衡密切相关。

自 1970 年以来，西方发达国家将淘汰产能逐步转移到发展中国家，以减少本国的环境污染，成就了亚洲四小龙的经济发展奇迹。然而，这些国家后来大量就业转向服务业，重点发展金融业，逐步形成了虚拟型经济增长模式，导致经济系统中实体经济严重“倒金字塔”架构，即国内产业结构失衡。2008 年金融危机爆发，欧美受到巨大冲击，主要原因是其金融体系缺乏足够实体经济的支撑。相比之下，德国因为拥有强大的工业实力和制造业基础，在金融危机后受冲击相对较小，取得了欧洲的领导权。

国内产业结构严重失衡，导致霸权根基动摇，最经典的表现就是英国。20 世纪 40 年代，英国减少了传统制造业，转向发展高端服务业，特别是金融服务。然而，失去制造业支撑的服务业在危机中显露出脆弱性。2008 年金融危机后，英国经济迅速负增长，2009 年一季度英国 GDP 环比下降 2.4%，降幅创 50 年之最①。

冷战后，美国为了追求利润最大化，进行了大量的产业转移和制造业外包，虽然制造业总量仍在增加，但制造业派生出来的服务业却远超制造业，导致产业结构严重失衡，部分地区（铁锈地带）降落，进一步削弱了美国经济的可持续发展能力。美国逐渐形成了典型的经济增长模式：高消费与低储蓄并存的债务推动型增长模式，高度依赖虚拟经济和服务经济的增长模式。在这种模式下，制造业在 GDP 中的比重不断下降，而金融、保险、房地产及租赁业等虚拟经济部门的比重增加，经济金融化明显。2010 年，美国制造业产出占全世界比重下降至 19.4%，较中国低 0.4 个百分点，首次在总值层面让渡世界头号制造业大国地位②。

---

① 数据来源：英国国家统计局。

② 苏波：《以新求进：制造业强国路径》，https：//www. gov. cn/gzdt/2012 - 05/14/content_2136801. htm。

美国制造业大量外包导致国内产业链不完整、制造与创新分离、产业公地遭到严重弱化，创新能力遭到削弱。一些长期领先的科技领域被部分超越。同时，因为过度依赖服务业，导致国内三次产业之间的协同发展机制弱化或失效。制造业衰落，尤其高端制造业，使美国的霸权地位动荡，维持其经济霸权的经济基础开始动荡。若失去坚实的制造业基础，那么服务业和金融业的可持续发展都会受到制约。这直接体现出制造业是一个国家强大经济的基础，没有任何产业可以替代其在国民经济中的地位。

五、新兴制造业大国崛起逐步弱化原有大国国际地位

制造业衰弱导致经济体系严重依赖金融经济，滋生金融泡沫，从而蕴藏金融危机。世界经济论坛（2012）认为，几乎所有国家都在因制造业而进步，这不仅表明制造业的重要性，而且许多国家正在成为制成品和提升制造知识能力的竞争者。大多数国家之间包括新兴经济体和发达国家之间正在为从制造业获得利益而进行激烈的竞争。20 世纪 80 年代以来，经济全球化使得许多老牌工业国家将传统制造业转移到海外，从而兴起了诸多新兴的制造强国，例如金砖五国，尤其是中国逐步成长为世界最大的制造业大国。新兴经济体崛起，很大程度上归功于制造业的崛起。

对于目前的“中心—外围”框架体系来说，作为中心国的美国，其国际收支严重失衡，巨额赤字常态化。为融资需要，美国不断进行金融创新，以弥补其赤字。最终导致经济越来越金融化，并形成虚拟型经济增长模式，酿成金融危机。金融危机实际由制造业衰落引发，已经成为各国的共识，在后金融危机时代，各国期望发展制造业来激励创新、吸引投资和创造就业。金融危机使各国进一步认识到先进制造业发达程度是国家硬实力的体现，而新兴制造业大国的崛起正在逐步削弱霸权国家的地位。

六、制造业附加值多寡影响国家软实力

（一）制造业间接反映一国竞争软实力

汤恩比认为工业革命中的变革，如煤炭、钢铁、纺织工业的发展和蒸汽机的进步，只是工业革命的载体，工业革命的本质是用竞争取代了之前主导财富生产与分配的规章条例。而比技术革新更深刻的影响是经济社会运行规则的变化。制

造强国的评价标准不仅包括硬实力指标，如工业发展规模、技术水平和资源结构，还包含工业文化和软实力的建设。国家之间制造业的深度竞争实际上是工业化背后软实力的竞争。

根据李燕、王忠宏（2016）的解读，工业软实力与建立有形资产的工业硬实力不同。它以信息、知识、技能和文化等核心要素为基础，以工业精神（工匠精神）、价值理念和制度环境为支撑，以工业创新能力、质量和服务水平、品牌影响力和国际规则主导权为表现形式，充分反映了一个国家的工业综合竞争力、国际影响力、控制力和产品吸引力的关键能力与发展潜力。工业软实力包括了工业精神、知识、人力资本、信息、管理理念等无形资产，深度融入工业经济运行系统，并衍生出专利、设计、版权等创新性知识产权，融入高产品质量、品牌、服务等展现制造业核心竞争力的领域，从而提升制造业的硬实力，并促进制造强国的形成。工业软实力还包含了产业公地，成为创新的土壤。

全球范围内，各国实现制造业强国的路径和支撑条件各不相同，但工业硬实力和软实力的相互作用共同构成了强大的产业竞争力，这是共同的特征。制造业强国的发展历史表明，在工业化初期，各国往往难以认识到工业软实力的重要性。然而，随着工业化的演进，各国开始重视工业软实力的地位，并将其视为解决可持续发展困境的战略性选择。

（二）制造业品牌附加值助力国家形象、企业发展等软实力提升

国家拥有强大的软实力和硬实力结合，通过国际知名制造业品牌的建设逐步塑造国家整体制造品牌形象，并发挥强大的品牌国际影响力。品牌影响力主要受两大因素影响：一是品牌引导力。一个国家拥有世界品牌 500 强中的众多企业，体现了它在传播和扩散方面的能力，能够在国际上形成凝聚效应，反映出国家的整体形象，进而强化该国所有制造业产品的整体印象，逐步形成国际市场上的国家品牌形象。良好的国家品牌形象又进一步强化了该国的工业软实力。二是创新力。创新是确保一个国家持续竞争优势的动力来源。创新性通常可通过专利申请数量简要衡量，体现了一个国家在创新能力和创新成果转化方面的表现。对创新能力和创新成果的强调对社会发展具有推动作用，体现了一个国家在导向和扩散方面的努力。

纵观世界制造强国，无一例外都依靠强大的工业软实力为支撑。19 世纪 80 年代后，德国通过培育崇尚严谨、精益求精的工业精神和工匠精神，将规范管理引入产品设计、制造和服务等环节，逐步培养了许多世界级制造企业，形成了享誉国际的德国制造整体品牌。美国 20 世纪初推崇的福特规模化生产方式和泰勒管理方式，引领了全球制造业的发展。二战后的日本结合自身文化特点和实际情

况，摸索出以丰田汽车精益管理为代表的日本管理模式，成为日本制造业高效率和强核心竞争力的源泉。

（三）健全的法律法规体系使制造业软实力得以发挥

法律法规体系本身是制造业软实力的重要组成部分。健全、稳定和透明的法律法规体系对一国竞争力具有重要影响，也是制造业软实力发挥的基础。首先，知识产权保护法对技术创新至关重要，是技术创新的基础，健全的产权保护体系对所有企业均有较强吸引力，并能提升企业竞争优势。另外是反垄断法律法规，它维护公平竞争和民众利益，一个国家反垄断法可以有效提高企业效率和核心竞争力，尤其是对资金、劳动力和技术等生产要素投入巨大的制造业企业。其次，劳动法规与企业良性可持续发展至关重要，保护劳工权利和安全可获得短期或中期贸易优势。这些法律法规的完善有助于提高制造业的竞争优势和核心竞争力，对于一个国家未来制造业的发展至关重要。

整体上，尽管近 20 年来，受全球产业转移和新兴工业化国家崛起的影响，发达工业化国家如美国、德国、日本的制造业增加值在全球占比出现下降趋势，但由于这些国家拥有强大的工业软实力和完善的法制体系，其制造业仍具有独特的竞争力、影响力、控制力和产品吸引力。因此，这些国家始终保持着全球制造业的优势地位。而中国作为制造业强国，仍面临着重大的挑战，其发展依然具有艰巨的任务和长远的发展道路。

七、工业体系的完整性及创新能力对大国崛起越来越重要

其一，工业体系的完整性对一国长远发展具有重要战略意义，尤其是领导国家。这既是民生的需要，也是政治稳定的需要。大国必须保有调整战略方向的能力和意愿，否则难以适应国际局势的变化，例如，19 世纪中期的清政府，20 世纪前后的英国，20 世纪 80 年代的日本。受疫情的冲击，全球产业链也面临着重构和“断链”风险，越来越多的大国认识到全产业链的重要性和供应链安全的必要性。

其二，保持大国工业竞争力的关键是技术进步和自主创新能力。从长远来看，大国的工业化道路，既要应用技术研究的支撑，更要基础技术研究的底蕴。是选择短期应用技术优化路线，还是长期持续发展的工业升级路线都是有可能的。但从长期来看，必然牵涉到工业化路径选择问题。

其三，领导国家在战略对抗中需掌握更多的工业化人口和市场空间。也要适时向其他国家输出工业化，扩散通用技术，避免本国工业升级时面临劳动人口和

市场空间的双重制约。由此也显示，大国发展到一定程度之后，构建区域经济集团具有重要的战略意义。

第六节　大国崛起进程中的经验教训及中国启示

一国经济具备长期的“生产性”对于可持续发展至关重要。历史上经济霸权国都经历了“生产性”向“非生产性”的转变，导致这些霸权国家也具有生命周期性质，经历从盛至衰的宿命。最初，经济霸权国通常是世界最先进的工业品生产者，随后逐渐将产业通过资本输出的方式转移到后发国家，自身则成为金融服务业的逐利者。尽管资本输出过程在经济上有利可图，但从可持续发展和政治安全角度来看，这可能导致霸权基础动摇，必将引发全球政治格局的新一轮调整。

一、经济系统过度“脱实向虚”将使国家逐步丧失工业优势

历史上，经济中心的转移最初是从具有“生产性”的全球生产制造中心开始，为新兴国家提供了模仿学习的条件、规模性技术创新的产业基础及支配世界生产资源的实力，使其在世界格局中的影响力与软实力得以提升。

制造业的强势崛起是美国在20世纪成为世界第一强国的核心驱动力，制造业带来的稳定就业和高薪阶层成就了庞大的美国中产阶级。然而后来，美国经济出现“空心化”、债务驱动型增长、贸易财政双赤字等问题的重要原因是制造业离开了美国。这给美国带来了三个难题：第一，阶层对立加剧。制造业繁荣时，中产阶级财富增加，而金融、金融科技行业受益的只是极少数人，制造业萧条后导致大部分人收入减少，收入差距扩大，阶层内部之间的对立加剧。第二，美国缺乏足够的制造业产品支撑，大量消费需求只能依赖进口，导致贸易逆差增大，政府不断借债，财务负担加重。第三，社会形成了远离制造业的文化氛围，造成制造业人才断层。大学理工科精英趋向进入金融业而非制造业，导致制造业技能工人和创新人才短缺。

过去的一个世纪里，美国和西欧经济面临着最大的问题是从“生产性”向“非生产性”的转变。生产性下降、产业空心化、制造业收缩、区域经济竞争力减弱和过度消费等问题长期存在，导致了美国次贷危机和欧洲主权债务危机的接连发生，昔日全球霸主也相继走向没落。

英国也经历了类似的情况。由于制造业优势，英国曾是世界强国，但随后工业优势丧失和产业空心化导致其衰落。此外，科技创新乏力和科技成果转化应用不足也影响了英国科技推动经济发展的能力，使其生产率提高缓慢。

二、过度金融化导致经济“脱实向虚”

英国霸权衰落的主要教训体现在金融领域，包括两个方面：一是股票市场与实体经济未同步发展。在18世纪初，英国有机会发展类似美国式的股市资本主义，但由于缺乏相应政府监管，新闻媒体被上市公司利用，进行虚假宣传和炒作，导致1720年的南海股票泡沫事件，许多股份制公司倒闭，使得美国资本市场有机会取代英国。另一方面，金本位制度的国际货币体系存在不可调和的内在缺陷。黄金储备无法满足贸易交易需求，英镑汇率受到经济动荡的影响。一战和1929年的全球经济危机加速了英国国际实力的退化，美元开始逐渐取代英镑。

美国和日本的经验教训告诉我们，金融杠杆脱离实体经济会成为国家经济的隐患。金融过度自由化容易导致经济“脱实向虚”，过度金融化形成资产泡沫后自我循环膨胀，蚕食实体经济，阻碍技术进步和产业转型升级，最终引发金融风险，危害整个经济发展与社会稳定。

三、国家治理水平现代化影响大国地位得失

国家治理现代化的进步、倒退和大国崛起的起落有密切关系。英、日、德崛起之路的兴起和衰落都是验证了这一点。

19世纪70年代后，英国工业的全球霸主地位逐渐丧失，美国和德国趁势开始追赶。进入工业化后，英国自信地沉浸在全球霸主地位中，对自身制度优越性过于自信，导致国家治理现代化水平的发展放缓，治理制度变革趋向保守，与竞争国家相比，制度优势也开始丧失。对工商业的忽视和贵族生活的崇尚导致企业家创业的激励不足，英国的企业家精神逐渐丧失。在1865年至1914年间，英国七成的资金流向国外，国内的生产投资和技术创新严重不足。在维多利亚时代，其社会治理制度缺乏包容性。文化特别是教育治理制度方面，英国也明显落后。1850年以来，随着英国逐渐被美国和德国取代，二者成为全球科学技术的中心，第二次工业革命也在德国和美国率先展开，使得两者在经济和科技方面开始领先。

德国现代化进程虽然起步较晚，直到1871年才完成国家统一，但仅用大约100年的时间便实现了现代化和大国崛起。然而，后来成为两次世界大战的策源地中断了德国的崛起进程，国家治理现代化的畸形发展是德国崛起道路曲折的重

要原因。

日本的大国崛起之路为其提供了鲜明的例证。日本在现代化和大国崛起过程中，改革派官僚自上而下推动变革，国家政权起主导作用。建立一个愿意推动变革的国家政权是后发国家实现崛起的首要任务。抓住第二次工业革命契机，日本军事实力增强，但1929年的经济危机爆发使其面临国内经济困境，导致日本发动对外侵略战争。在第二次世界大战中失败后，日本的大国崛起之路戛然而止。二战后，出于冷战目的，美国对日本进行扶持，推动民主化改造，通过和平宪法补齐民主与法治的短板，逐步建立现代国家治理体制。日本政府主导下的官民合作进一步推进了战后经济发展，实现经济再次腾飞。

四、对外过度投资导致产业空心化

英国、美国、日本是世界主要发达经济体，其对外直接投资在经济腾飞中发挥了重要作用。然而，对外直接投资的扩张也带来了共同的困境，即产业空心化。本书旨在比较研究，制定合理的对外直接投资政策以避免这一问题。

历史上，英国凭借蒸汽机带动的军工产业迅速发展，用军事力量打开了亚非国家的大门，形成了独特的殖民地经济模式，成为世界经济主导者。19世纪50年代，英国以“世界工厂”的地位达到经济巅峰，并成为全球金融中心。然而，随着英国工业向海外迁移，德国接过了英国制造业的转移。20世纪初，英国海外投资规模一度超过国内，国内工业生产和技术进步速度明显下降，导致英国成为工业品进口国。产业空心化的出现使得英国国内生产和就业水平严重下降，曾经辉煌的“日不落帝国”失去了昔日的辉煌。

在第二次科技革命中，美国超越英国，成为世界经济史上的第二个世界工厂。随着国内经济的快速发展和优势确立，美国企业开始选择海外投资，日本大量承接了美国的制造业。美国国内经济模式逐渐从工业型转变为服务型经济，产业空心化问题逐渐显现。2008年国际金融危机表明过度依靠金融服务业的经济发展难以为继。然而，美国的产业空心化并未对整个工业面貌造成大冲击，其制造业仍保持雄厚基础，在科技和工业领域仍处于世界领先地位。这表明产业空心化是长期问题，是量变到质变的转化过程。金融危机的警示，迫使美国提升已被视为“夕阳产业”的制造业在国民经济地位中的重要性，以解决经济衰退和高失业率问题。

早在20世纪80年代中期，日本因日元升值，导致经济衰退和企业生产条件恶化，增加了对外直接投资，引发对产业空心化的担忧。随着经济快速发展，日本的产业结构发生深刻变化，国民经济向服务化发展，对外投资也趋向软性化方向发展，日本国内制造业向亚洲四小龙转移，国际竞争力逐渐削弱。

五、不合理的工会制度蚕食制造业竞争力

美国的产业问题在汽车制造业尤为突出。工会的存在导致美国汽车制造业不断式微。例如，2019 年 9 月 16 日开始的大罢工持续了 40 天，近 4.8 万名通用汽车工人参与，是美国汽车工人联合会（UAW）近 50 年来集结时间最长的一次罢工。罢工不仅导致通用汽车损失超过 20 亿美元，还可能影响美国的非农就业数据。

后来，UAW 与通用汽车签订了新的为期四年的劳动协议，结束了罢工行动。这份协议包括通用汽车承诺在美国工厂投资 77 亿美元，2023 年可能达到 90 亿美元，创造或保留大约 9 000 个工作岗位；全日制工人获得 11 000 美元的签约奖金，临时工获得 4 500 美元①；更多的利润分享和医疗保健计划。可以看出，美国工会及罢工对通用汽车和整个美国汽车制造业产生了巨大影响。

至今，工会对美国车企仍带来持续性的影响。通用和福特等车企处于转型和巨大劳工压力下，不得不通过瘦身来缓解压力，通用放弃了欧洲市场，出售欧宝和沃克斯豪尔品牌，而福特宣布在欧洲进行大规模裁员、停产车型和关闭部分工厂。美国汽车三巨头的困境加剧了工会的担忧，持续向汽车制造商施压。工会还阻挠美国企业到人力成本更低的海外建厂，损害了企业的发展和国际竞争力。

工会制度加剧劳资矛盾。企业为维持竞争力需要不断发展扩张、积累资本和培养干部队伍和技术人员。然而，美国共和党和民主党的政见不一、代表阶级不同，导致劳资诉求分歧。工会为自保，培养自己的骨干，使得国家劳动力的竞争力散失。美国企业劳资矛盾本质上归因于两个党派之间的主张矛盾，长期并不利于国家制造业发展。

第七节　本章小结

纵观世界经济大国的崛起，很大程度上依赖于制造业的兴盛，而大国的衰落也与制造业的衰退密切相关。英、美、日、德、俄等先后崛起的大国，其中英、美、苏联曾成为世界领导型大国。然而，随着制造业的下滑，英国地位逐渐衰

① 《赢了现在输了未来，UAW 加速世界汽车工业向中国市场倾斜》，https://baijiahao.baidu.com/s?id=1649713223199317468&wfr=spider&for=pc。

落，苏联最终解体。工业化是现代化的基础和前提，制造业是推动工业化和现代化的主力军。作为实体经济的主体，制造业是国民经济的支柱，也是提升国家综合国力和保障大国崛起的根本保证。这些国家的历史经验表明，制造业是一个国家的立国之本、强国之基，决定着其综合实力和国际竞争力。

制造业的发展直接影响到国民经济各部门的发展，同时关系到国计民生和国防力量。当今世界的制造业大国，比如以创新驱动为主的美国制造，以精湛著称的德国制造，以实用取胜的俄罗斯制造，都成就了一个又一个强国的梦想。相反，依靠资源开发起来的国家，尽管收入较高，但由于制造业基础薄弱，难以成为真正的强国。对于大国来说，如果失去了制造业的支撑，没有完整的工业体系和持续的自主创新能力，国民经济的发展将失去物质基础，强国的梦想也将成为空想。因此，《中国制造 2025》开篇描述："十八世纪中叶开启工业文明以来，世界强国的兴衰史和中华民族的奋斗史一再证明，没有强大的制造业，就没有国家和民族的强盛"。

总结来说，大国崛起的经验对中国制造业转型升级具有重要的借鉴意义，这些经验在普遍性和特殊性方面都有所体现。普遍性经验包括：科技创新是推动崛起的主要驱动力，人才培养是制造业长期发展的关键支撑，产业政策的制定至关重要，制造业需要与生产性服务业紧密融合，大国地位还需要地缘政治和海军力量的支撑。大国崛起到衰落的教训表明：脱离制造业、产业空心化将导致工业优势丧失，过度金融化不利于长期可持续发展，国家治理水平影响大国地位和制造业发展，工会制度是一把"双刃剑"，在一定程度上可能削弱制造业竞争力。

在新一轮工业革命的背景下，传统制造业发展模式正在改变，数字化、网络化、智能化等特征将呈现出新的发展模式。这将改变全球经济结构和竞争格局，各主要工业国家围绕制造业的竞争将变得更加激烈，尤其是在高端制造领域。对于中国来说，处于新常态背景下，要高度重视制造业的战略地位，并积极借鉴世界制造强国的经验，探索适合自身的制造业发展之路。

第五章

发达国家再工业化战略体系及前景

2008 年金融危机以来的再工业化，已与缘起于 20 世纪 70 年代的“再工业化”大不相同。那时的再工业化是一些学者针对德国鲁尔工业区、美国东北地区、日本九州产煤区等重工业基地改造问题而提出的，其目的在于推动这些重工业基地适应能源结构的变化、技术进步从而推进产业转型升级。2008 年金融危机后，以美国为代表的主要工业国家经济遭受重创，一度出现负增长，由此也使得依赖于虚拟型经济和服务型经济的增长模式的弊端越来越显现。在此背景下，以美国为代表的发达工业国家积极推动“再工业化”战略，以重振制造业，促进实体经济发展。从“去工业化”到“再工业化”，发达国家走过的老路、受到的教训、当前的战略意图、政策支持体系与支撑战略、制约因素与前景，都是中国制造业转型升级推进过程中值得借鉴的宝贵经验，也是重要的外部影响因素。

第一节　发达国家再工业化战略意图

加里·皮萨诺和威利·施在其所著的《制造繁荣：美国为什么需要制造业复兴》一书中，强调“当一个国家失去制造能力时，同时也在失去创新能力”，凸显再工业化的核心意图。

一、美国再工业化战略的具体意图

2008年金融危机至今，美国已历经三位总统、四任政府，其中奥巴马总统任期2届。四任政府均推崇再工业化战略，具体意图稍有差别，或者说是表述不同。

（一）奥巴马政府的再工业化意图

奥巴马总统上任之初恰逢经济金融危机全球大爆发，美国经济受到了严重打击，奥巴马政府的核心任务是渡过危机，恢复美国经济活力。因此美国政府推出了《经济复苏与再投资法案》等政策措施。金融危机过后，美国精英阶层逐渐意识到去工业化引致的严重后果，硅谷精英更是认为持续的去工业化会降低美国产业竞争力，侵蚀美国创新能力。在这种情况下，美国在复苏经济的同时也开始推动“再工业化”。

第一，通过再工业化恢复市场活力与提振经济。2009年9月“二十国集团”（G20）匹兹堡峰会召开，前总统奥巴马在会上提出“可持续的和均衡增长框架”建议，随后签署了多项旨在平衡增长的经济提振计划。2010年8月11日，出台了《美国制造业振兴法案》，该法案作为奥巴马时期再工业化战略的核心代表，目的主要集中在降低制造业成本、创造就业岗位、提振产业竞争力以及促进实体经济发展。具体而言，再工业化战略的目标分为以下几点：一是促进经济回暖并实现可持续增长，同时增加工作岗位；二是通过提高劳动力素质和劳动生产率来扩大产品出口，增强产业竞争力；三是提升产业安全性，维护国家产业安全。从全球角度出发，美国是企图通过再工业化战略来加强各国对其经济回暖的信心，并且通过扩大未来共同利益和控制战略性新兴产业来巩固外围国家对美国的依赖，最终实现稳定“债务式”“中心—外围”体系的战略目标。

第二，通过再工业化来引领全球第四次工业革命。受金融危机影响，美国深刻认识到，无论是国家产业结构的升级还是国际分工体系的建立，都是一个自然而然不可逆转的过程。故那些缺乏比较优势的产业，如劳动力密集型加工制造业以及缺少自然资源支撑的相关制造业仍是美国再工业化所排斥的领域，并非是对传统制造业的恢复与重建，美国大力扶持的是与资本和技术高度相关的新兴制造业，即再工业化是以发展信息技术、纳米技术、生物技术、新能源、空间技术等为手段，通过推动产业结构转型升级，以实现新兴产业和新兴经济对经济发展的促进作用。

此外，新能源领域也不容忽视，奥巴马政府十分看重新能源的发展，甚至将其视为增加就业机会、复苏经济和巩固美国领导地位的有力手段。新能源尤其是可再生能源、非常规油气资源如页岩气和致密油对美国引领第四次工业革命具有十分重要的作用。随着美国水力压裂技术日益成熟，页岩气产量不断提升，天然气的总产量也因此超越俄罗斯，从而改变了全球天然气供应的格局。同时，美国致密油的开采也逐渐改变了全球石油供应的格局。得益于致密油、页岩油，美国2013年原油产量约占全球10%，到2015年，美国已经取代沙特成为全球最大产油国①。加之美国在半导体产业拥有无可替代地位，在节能环保领域、新材料领域等其他领域拥有领先地位。这些领域的发展都为美国引领全球第四次工业革命奠定了坚实基础，再工业也是要继续捍卫这些基础优势。

第三，“再工业化”巩固“后美国时代”美式全球化格局。后金融危机时代，美国主导的全球政治经济体系出现裂痕。在贸易方面，在美国看来，以GATT和后来的WTO为基础的全球贸易秩序开始不利于美国主导权的发挥，尤其是中国成为全球最大的对外贸易国之后，美国深感无力控制全球贸易。至于政治、军事乃至文化领域，美国一样面临绝对主导地位的衰退趋势。显然，美国要确保21世纪仍然是美国的世纪，再工业化战略已成为美国政府架构后美国时代美式全球化格局的物质基础战略。正因为如此，贸易领域极力推进TPP（跨太平洋伙伴关系协议）和TTIP（跨大西洋伙伴关系协议）谈判，其重要目标就是要保护再工业化的内外市场空间，同时约束其他国家制造业的发展空间。

（二）特朗普政府的再工业化意图

作为非建制派出身的总统，与美国多位前任总统对前任政府政策的延续不同的是，特朗普总统放弃了前任奥巴马政府的多项政策，但却继承再工业化战略。特朗普执政期虽失业率下降，但美国多年来凭借技术和美元优势在全球建立的价值攫取模式弊端也开始暴露，一个重要的表现是美元基础上的全球化体系仅惠泽少数美国精英阶层，反而加剧了国内收入差距，导致国内矛盾不断积累。同时，这一方式也不可避免地会将美国制造业推上了衰落之路，降低美国综合国力，给美元霸权地位造成威胁。随着美国资源向研发设计、金融等方面倾斜，传统制造业不断衰退，收入差距问题不断被放大，受到低技术制造业和产业中低端环节转移和外包至新兴经济体的影响，美国中西部“锈带”地区低技能工人的收入严重下滑。因此，特朗普总统上任后实施的一系列制造业回流政策慢慢被精英阶层和美国民众所接受，民主党和共和党也逐步达成共识，这也意味着美国长期经济战略方向开始出现转变。

---

① 《美国2013年原油产量约占全球10%》，https://www.china5e.com/news/news-864693-1.html。

第一，通过制造业回流支撑其“美国优先”战略。特朗普执政后，大力推动“美国优先”战略，提升“再工业化”战略地位。特朗普政府为提升本国制造业竞争力、吸引制造业回流，打出了一套组合拳。2017 年 12 月底，正式签署《减税与就业法案》，旨在降低美国制造业企业税率，刺激全球制造业回流美国。2018 年 2 月，又提出了 1.5 万亿美元基础设施建设计划，试图为制造业带来更有利的外部环境。此外，为节省制造业企业的能源成本，还撤销了《清洁能源计划》，退出《巴黎协定》。

第二，依靠大规模基础设施投资，带动美国就业，刺激本土经济发展。特朗普政府计划用 2 000 亿美元联邦资金拉动至少 8 000 亿美元的州、市政府资金及民间资本，在 10 年内对包括公路等在内的基建项目进行改造。拨付的联邦资金大致分为四类：为城市基建项目改造提供拨款和贷款；为农村基建项目维修拨付资金；用于维修桥梁、公路和水路；参考“交通基础设施融资与创新法（TIFIA）”，升级贷款计划；为州和市的基础设施提供开销补助。同时，为了确保基础设施投资对美国本土的经济拉动，国会议员提出《2017 年购买美国货改进法案》，进一步扩大“购买美国货”条款的适用范围，涵盖铁路、航空航天、农村公用事业服务、农村供水项目、社区发展补助金计划、经济发展局的一些补助项目等。该法案在一定程度上也彰显了“美国优先”原则。

第三，为应对来自中国的竞争，开启遏制中国战略。20 世纪 80 年代以来，美国去工业化带来的产业空心化后果越来越严重，虽然高端制造业仍是美国的竞争优势，但不足以弥补制造业竞争力整体下滑和贸易赤字加大产生的不利影响。特朗普总统上任后高举贸易保护主义大棒，不仅启动针对各国的“双反”（即反倾销和反补贴）调查还进行单边调查，并且为了维护本国产业而加收关税。

（三）拜登政府的再工业化意图

作为建制派的总统，拜登政府着力修正前任特朗普政府过激的经贸政策，并部分回归到奥巴马政府经贸政策，且进一步强化了再工业化战略。

第一，进一步提高美国制造业的核心竞争力并保持与中国竞争的优势。在拜登看来，美国需要通过科技创新、发展经济、创造高水平就业机会来证明自己并赢得与中国的竞争。实现这一切目标的核心就是要加快提高美国制造业自身的竞争力，是要加快推进再工业化战略，推进制造业回流。

第二，保障美国供应链安全，补供应链短板。供应链安全是由地缘政治变化和疫情持续冲击而引发的一个新的世界性问题。出于对关键供应链安全的担忧，各国都从以前的全面全球化立场往回收，开始呈现一种“一般产业全球化 + 关键产业本地化”的发展趋势。美国也非常担心自己的供应链，特别是半导体/芯片、稀土、医药。2021 年 2 月 24 日，拜登总统签署《美国的供应链行政令》，要求对半导体、高性能电池、关键矿产和原材料、药品开展供应链百日评估；对国防、卫生健康、信息通信技术、能源、交通、农业的供应链和工业基础开展专项评估。评估内容主要是发现供应链中的风险，包括认定关键产品、技术、基础设施，分析美国国内的技术储备和生产能力，评估可能扰乱供应链的各种风险因素，并挖掘造成风险的原因。评估后还包括提出缓解供应链风险的建议，如完善供应链风险管控相关机制，设立补贴支持项目，鼓励关键供应链回归美国，加大战略储备等。随着拜登政府系列政策的进一步推进，美国力图构建盟友间产业链供应链的战略意图日益明显，并逐步过渡到以价值观为基础构建基于价值观的产业链，打造科技领域的"小院高墙"。特朗普第一任期虽然在 2017 年 7 月签署过 13806 号行政令，组织开展"制造业和国防工业基础与供应链韧性评估"，但其评估工作相对偏重于国防军事相关的供应链，也没有像拜登政府这样指明具体要开展评估的产业。

第三，保护美国劳动者的利益。制造业空心化和贫富差距拉大使美国普通劳动者利益受损，被认为是特朗普总统当选的深层次原因。民主党已意识到了这个问题的严重性，要保护美国劳动者的利益。贸易代表戴琦在各种场合的讲话中谈到美国利益时，都宣称要把劳动者排在第一位，多次宣称要保护美国工人的利益，典型排序是"劳动者、企业、消费者"；而民主党奥巴马政府在推进 TPP 谈判时，类似场景下的排序通常是"企业、劳动者"。不过面对 2021 年下半年以来持续高企的通货膨胀率，这一应对难度不比保护美国工人利益要容易。特朗普再次当选，亦间接表明拜登政府对美国深层次问题应对乏力。

二、德国再工业化战略意图

德国作为工业强国，为在新一轮工业革命中获得先发优势，巩固产业竞争力，于 2013 年正式提出"工业 4.0"战略。德国一直坚持以市场自由竞争为主，国家适度干预、兼顾效率与公平为辅的社会市场经济体制，这虽然有利于德国的经济发展，却也因为强调运用国家干预的产业政策而受到了来自国内外的质疑。近些年，随着人工智能等新兴领域迅猛发展，新一轮产业革命愈演愈烈，全球分工模式和服务业态正面临巨大调整，基于德国经济增长放缓的趋势，德国政府被迫深入挖掘政策工具潜力，逐渐出现了向保护性产业政策回调的新动向。2019 年 2 月，政府推出《国家工业战略 2030》，该战略旨在应对数字化技术的迅速发展和日益严峻的全球创新竞争，试图进一步巩固德国产业竞争力（见表 5 - 1）。具体来看，德国再工业化战略意图如下。

表5-1　德国再工业化思路

时间	举措名称	主要内容	目标
2014.08	《数字议程（2014—2017）》	在智能制造与服务、大数据和云计算等领域为德国开辟更多的发展机遇	将德国打造成“数字强国”
2016.03	《数字化战略2025》	推动国家经济关键基础设施领域智能网络化建设；加强数据安全并发展信息化主权；利用“工业4.0”推进德国的现代化等	将德国建成最现代化的工业化国家
2019.02	《德国工业战略2030》	改善德国作为工业基地的框架条件；加强新技术研发和调动私人资本；在全球范围内维护德国工业技术主权	确保德国在全球工业领域的领先地位，保持德国的经济实力

资料来源：笔者整理。

首先，巩固德国多方面的领先优势。《德国工业战略2030》首先指出，“‘2030年国家工业战略’的目标是与工业界的利益相关者一道，在所有相关领域的国家、欧洲和全球层面确保和恢复经济和技术能力、竞争力和产业领导”。这反映德国的核心目的，即保持和提高德国在工业、技术和经济三个方面的全球领导地位，进而保障德国劳动力需求市场稳定，推动经济可持续发展和促进国家繁荣。同时，在国际经济关系中“坚决反对他国强行干涉市场经济进程并系统地保护德国的经济利益，从来给全球带来更大的市场、更繁荣的经济”。

其次，提高德国制造业的竞争力。为确保德国制造业的科技领先地位，保证电动汽车电池开发和人工智能研究等领域的深入推进，德国政府亲自调整建立跨企业联合体，且意图在2030年之前，使德国和欧盟工业产值占GDP比重分别达到并保持在25%与20%以内这个目标。2017年德国制造业增加值占国内增加值总额的比例为23.36%，这说明德国在未来的十多年内要为提高1.64个百分点付出大的努力。

三、日本重振制造业战略意图

日本作为世界制造业强国，制造业是支撑其经济发展的核心产业和经济增长的原动力。从20世纪70年代开始日本进入经济高速发展期，GDP增长率连续超过10%，后来到1990年经济泡沫崩溃，出现大量的产能过剩，产业面临困境，之后日本企业在努力转型。整体来看其重振制造业的意图表现为以下几点。

第一，调整产业结构，加强资源整合协同。日本较早进行了产业结构调整，不仅包括对传统制造业的升级更新，如通过人工智能结合物联网的方式对小型电器、汽车等进行现代化改造，而且还注重新技术的普及与推广，如将新兴技术的突破运用到纳米材料产业、智能家居行业等。同时，日本也在瞄准时机往以智能城市、智能电网为首的物联网产业发力。为了快人一步掌握话语权，东芝和日立制作所2012年10月便向国际电工委员会（IEC）提议设立关于电能储存系统的新标准化技术委员会（TC），并获得了批准。在智能电网领域，这是日本获得的首个以本国为主体的标准化技术委员会，并且日本还成为了负责运营该委员会的国际干事。

第二，建立强韧且具有弹性的经济结构，重新构筑产业链。为应对疫情对经济带来的负面冲击，日本经济产业省推出了总额高达108万亿日元的抗疫经济救助计划，计划名为《关于应对“新冠病毒感染的紧急经济措施”》，其第四部分提出要建立强韧且具有弹性的经济结构，强调从经济安全出发，政府要大力支持将生产基地归还日本和实现多元化，并在疫情结束后继续重建外部需求。面对全球产业链所存在的断链风险，日本政府和产业界认识到产业链的安全和多元化似乎在某种程度上比经济效率要重要。这算是日本政府近年来再工业化最大的收获。

第三，支持中小企业技术成果化。日本对于中小企业的扶持政策主要以推动技术创新和普及应用作为着力点，凡是使用先进技术和采购先进设备的企业，政府进行后补助或对税收进行减免以支持技术推广和应用。日本的法人税已从30%减到了23%，中小企业的法人税已从25%减到了15%。日本政府特别重视人力资本投资，比如政府拨付18.1亿日元资助人才项目，具体是指为制造业中小企业培养和派遣有先进制造业经验、物联网以及机器人等技术的人才，从而帮助企业进行产业升级。这打通了由基础研发到应用技术、再到产业化的过程，解决科技与市场“两张皮”问题，促进大量小而专、小而精、小而强的企业不断涌现（王成仁等，2019）。

第四，力推全球数据治理概念，主导规则制定方向。近年来，随着大国博弈的焦点从军事制衡转向制度制衡，围绕国际制度主导权的竞争成为大国战略竞争的主要形式。2019年，日本通过主办二十国集团（G20）峰会、第七届非洲发展国际会议（TICAD）以及新天皇即位仪式三场大型主场外交，率先提出、不断强化相关概念，争夺数字贸易规则制定主导权。2019年1月，在达沃斯世界经济论坛上，前首相安倍提出“基于信任的数据自由流动体系”概念，在WTO支持下讨论如何在不牺牲个人隐私的基础上，确定安全数据治理的新跑道，同时还能促进医疗、工业和交通等数据的自由流动。2019年6月的G20大阪峰会上，安倍提出建立允许数据跨境自由流动的“数据流通圈”概念，表示日本将致力于推动建立新的国际数据监督体系；呼吁要在更好地保护个人信息、知识产权与网络安全的基础上，推动全球数据的自由流通并制定可靠的规则。

第二节 发达国家再工业化的主要特征

一、再工业化的功能特征：塑造国家动态竞争优势

金融危机爆发后，全球制造业布局发生重大调整，国际制造业转移呈现出新的发展趋势。一方面，东南亚新兴经济体凭借着低成本、高回报优势在全球价值链中释放出巨大的生产吸引力和增长潜力，成为新一轮国际产业转移的重要舞台。另一方面，以美国为首的发达国家为应对金融危机后高企的失业率以及新兴经济体快速发展带来的国际贸易冲击，纷纷提出“再工业化”战略以振兴制造业，加大科技创新力度，试图强化本国在国际分工中的主导地位，塑造国家竞争新优势，领导行业创新方向。

以美、德、英三国为例，三国再工业化战略均显示出其塑造本国的动态竞争优势的目标特征。例如，美国再工业战略的总体目标是保证对整个制造业供应链的控制能力，使得美国在高新技术领域占据领先地位。2019 年美国发布的《美国先进制造业领导力战略》中提出：“实现美国在各工业行业保持先进制造业的领导力，以确保国家安全和经济繁荣。”德国再工业战略总体目标是以创新制造技术方面的优势，使得德国维持或重新获得全球工业竞争力。德国十分强调制造业占国民经济的比重，并将“到 2030 年，德国和欧盟工业在各自总附加值中的比例分别提高到 25% 和 25%”纳入具体的经济指标体系。英国工业战略的总体目标是不断提升英国制造业的创新能力和获利能力，力图发展成全球最具创新力的国家。英国强调企业的劳动生产率和盈利能力，因而提出“到 2027 年，将英国总研发投资占 GDP 的比率提高到 2.4%”的具体创新指标。

总的看来，三国再工业战略目标的共同点可以大致总结如下：均十分重视制造创新和制造业在国民经济中的地位和比重，以达到维护或巩固本国在国际先进制造业中的领先地位的目的；实施再工业化战略，是意图促进国际分工格局调整，主导全球价值链重构；国家产业安全、创新能力培育、优势地位重塑等是其打造国家竞争优势的功能特征；产业政策逐步受到各国遵从。

二、再工业化的生产要素特征：知识逐渐占主导地位

工业革命的历程表明，工业发展每达到一个新的阶段，产品的技术复杂程度会随之上升一两个台阶，同时也为产品标准设置了更高的技术门槛①。目前，全球各国的核心竞争力主要依靠创新能力，发达国家再工业化正推动人类社会进入工业4.0时代，这是一个凸显智能化特征的知识经济时代，知识型企业蓬勃发展，知识正逐渐成为首要的生产要素。当前已进入数字经济时代，数字化的知识和信息对经济发展的促进作用更加凸显，日益成为关键生产要素。所谓数字经济，可以理解为以数字化的知识和信息作为关键生产要素，以数字技术作为核心驱动力量，以现代信息网络作为重要载体，通过数字技术与实体经济的深度融合来不断提高经济社会的数字化、网络化、智能化水平，并以此加速重构经济发展与治理模式的新型经济形态。

近年来，欧洲发达国家制造业创新能力逐渐减弱，东亚新兴经济体崛起势头强劲，发达国家制造业的发展面临着内忧外患的困境。制造业生产要素特征发生由劳动、资本密集型向技术密集型的转变，制造业发展策略亟须实现产品制造向产品创造和知识创造的转变，向数字化转变。与此同时，发达国家制造业岗位需求也随之发生了新的变化。在制造业的生产环节，劳动力拥有的技术技能需要与先进制造业工作岗位高度匹配，以防阻碍先进制造业的发展。为将产品的创造能力提升至新高度，欧美其他发达国家也正积极强化前沿技术领域的研究，并不断进行知识的创造与积累，推进数字化、智能化，使技术实现革命性的突破，以使得本国制造业在新技术领域占据领先地位。

三、再工业化的过程特征：制度创新与科技创新的协同互动

以技术创新与制度创新的持续协同互动驱动下一轮科技进步与经济增长，是各国实现产业创新的主要战略。发达国家不断加强诸如飞机、汽车、机械、计算机等产业的技术创新，以此维持其在高科技领域的世界领先地位。可见，以技术创新的方式推动传统产业的革新和打造新产业是现阶段新兴产业快速发展与制造业深化的实质。在技术创新同时，发达国家亦着力推进制度创新，这一方面的典型代表是美国。

在2011年的美国“国情咨文”中表示，“我们的自由企业制度驱动着创新，

① ［英］彼得·马什：《新工业革命》，赛迪研究院专家组译，中信出版社2013年版，第262～263页。

但是由于公司投资基础研究并不总是有利可图，在历史上，我们的政府向一流的科学家和发明家提供了他们所需要的支持。这些支持种下了互联网的种子，这些支持帮助制造出计算机芯片和全球定位仪这样的东西。想想所有的好工作，从制造业到零售业都来自于这些突破"[①]。又比如，2011 年 2 月美国国家经济委员会发布的《美国的创新战略：保障经济增长和繁荣》中也明确提出，"制造业技术创新是未来经济增长与竞争优势的基础，而制度创新是技术创新的保障"。制度创新在影响产业技术创新过程中发挥着重要作用。在良好的制度环境下，市场机制比较完善、政府治理和法治化水平较高，制造业产业会更积极、更主动进行技术创新。同时，良好的制度环境不但可以保证经济资源的最优配置，还可以促使企业获取更多的外部创新资源，提高企业创新绩效（Shinkle & Mccann，2014）[②]。制度创新程度越高，资源配置效率越高，越有利于制造企业与外界进行技术和资源的交换。另外，制度环境对技术创新发挥着巨大的推动作用。良好的制度环境为高技术企业营造了良好的学习氛围，使研发人员积极主动学习，并从中激发更多创新。

四、再工业化的生产方式特征：智能化、服务化和生态化

（一）制造业智能化

工业化发展的不同阶段具有不同的特征。工业 1.0 的基本特征是机械化，工业 2.0 是标准化，工业 3.0 是自动化，而工业 4.0 是智能化[③]。工业 4.0 的智能化可以根据设计、生产、制造过程中的实际情况，利用大数据分析及时做出调整改变，使得制造过程对环境造成的污染达到最小，这也是制造业追求绿色生产的目标之一。Jay Lee（2015）也指出，第四次工业革命的核心在于智能化，其最终目的是使生产系统像人一样思考和协同工作[④]。2008 年金融危机前，美、德、日等制造业强国就已经处于工业 3.0 时代。当前，为应对新工业革命的挑战，发达国家均试图通过"再工业化"战略实现本国在人工智能、机器人技术、自动驾驶

---

① The White House，Remarks by the President in State of Union，Address at United States Capital，Washington，D. C.，the White House of Office of the Press Secretary for Immediate Release，January 25，2011.

② Shinkle G A，Mccann B T. New Product Deployment：The Moderating Influence of Economic Institutional Context. Strategic Management Journal，2014，35（7）：1090－1101.

③ 辛玉军、陈林生：《工业 4.0 实践精要》，机械工业出版社 2016 年版，第 1～9 页。

④ ［美］李杰：《工业大数据：工业 4.0 时代的工业转型与价值创造》，邱伯华译，机械工业出版社 2015 年版，第 7 页。

汽车、5G 等高科技制造业领域的创新领先地位。加快步入工业 4.0 时代，体现了发达国家再工业化就是要以智能制造为重点突破和带动力量，推动国家工业智能化转型升级，以抢占制造业制高点和获取未来全球战略主导权。

普京总统曾在 2017 年 9 月对学生的演讲中称，“谁能领导人工智能技术，谁就能主宰世界”。人工智能、大数据、新型通讯生产加工等诸多新技术、新工艺推动制造产品在生产方式上发生了重大变革，越来越多的制造企业将新一代信息技术渗透至产品研发、设计、生产和销售的完整产业链条中。发达国家率先实行的“再工业化”浪潮更是催生了以“智能制造”为基本特征的新工业革命，使得世界工业大国之间的竞争日趋激烈。

（二）制造业服务化

制造业与服务业相辅相成。制造业是服务业的发展前提和基础，服务业是制造业发展的动力和支撑。在信息通信技术的推动下，制造业与服务业相互渗透，融合程度不断加深，两者之间的界限变得越来越不清晰。跨国公司的国际生产活动中服务要素投入逐渐增多，有形要素投入逐渐减少，可以说，全球经济正在经历着从产品经济跨越到服务经济的阶段，制造业服务化趋势日益明显，服务化已经成为引领制造业转型升级、攀升全球价值链和提升产业竞争力的重要力量，是制造业向中高端迈进的重要标志之一。以刘志彪教授代表的多个学者甚至认为，如果考虑制造业服务化、制造服务业占整个服务业比重为 70% 的现实，美国制造业占 GDP 的比重将大幅度提升——美国甚至就是一个制造业为主体的国家。

制造业服务化是先进制造业与现代服务业融合发展的新型制造模式，其本质是制造与服务相互渗透、协同发展的过程。随着新一轮技术革命的爆发，全球制造业变革风起云涌。在制造业的生产过程中，区块链、电子商务、金融科技等越来越多的服务被当作生产要素投入到制造业中，使得制造业中的服务成分大幅度增加。对于制造业企业来说，企业从产品型制造向服务型制造转型，是结合企业自身实际情况为获得更大的经济效益，并且在当前行业发展环境提高自身竞争优势的理性抉择。

制造业服务化是一种以制造产品为载体，加入智能化、数据化生产模式的新业态，能够优化制造业生产结构，增强产出效益，满足消费者精细化、个性化的产品需求。此外，在制造产品的研发、设计、销售及售后等环节，也涉及服务要素的投入，投入的服务要素质量越高，越接近制造业核心生产环节。当服务型制造日益成为新的产业形态，制造业产业升级将得以实现。

在大数据、云计算等信息技术的支持下，大量跨国公司开始尝试将传统的制造生产模式变革为“产品 + 服务”新模式，制造企业的生产活动越来越多地依靠无形的知识和技术等要素投入，而有形资本要素投入随之减少，相应地，提供的产品逐渐由实体产品转变为非实体服务产品。成功实现企业制造业服务化转型升级的大多属于创新主导产业，该类产业相比其他产业具有创新水平高、技术进步快的优势与动力，而且具有较强的正外部性，能给相关产业带来大量的数据资源、实践经验与模仿动力，推进整个制造型产业的服务化升级。

（三）制造业生态化

制造业发展与环境保护之间的矛盾日益突出，为了实现高效利用资源和保护生态环境的双目标，主要发达工业国家陆续提出绿色化发展理念，节能环保、新能源等产业发展势头迅猛，低碳化和生态化成为发达国家经济高质量发展的主要方向之一。当前，全球低碳经济蓬勃发展，尽早实现“碳达峰”和“碳中和”的“双碳”目标已成为全球的共识与行动，全球约有 130 个国家将在 21 世纪中期达到“碳中和”作为低碳转型目标。这一背景下，高能耗、低效率、低获利的发展模式已难以持续，低碳化和生态化将成为制造业转型的重要方向，绿色制造、循环经济、可持续发展成为不可阻挡的发展潮流与趋势。

制造业生态化是指现代制造过程中越来越多地考虑到减少对资源禀赋的消耗以及对生态环境的影响，使得产品的设计、生产、包装、运输等各个环节在对企业产生最大的经济效益的同时，对环境产生最小的负面影响。制造业生态化是将环境保护作为人类可持续发展战略的新型发展模式在制造业领域的具体应用。在“低碳革命”“零排放”以及“绿色制造”等生态化生产理念的影响下，越来越多的制造业企业通过增加科技创新投入，在新能源技术上不断取得进步，越来越多的清洁能源在实际的制造生产过程中被使用，制造业进一步向能源消耗低、生态破坏小的方向发展。在全球气候变暖的背景下，西方发达工业化国家纷纷通过调整产业、能源、贸易等政策以推进制造业生态化进程。由此可见，制造业生态化是制造业发展的全球性趋势，也是人类解决生态环境问题的必然选择。

五、再工业化的目标特征：实现制造业对整个国民经济的控制力

2008 年国际金融危机爆发后，世界经济复苏步履维艰，同时也为世人敲响警钟：制造业是国家经济发展的基石，是国家竞争力的命脉之所在。从宏观层面上来讲，制造业在加强技术进步、推动就业增长、保障国家安全和促进国家经济繁荣的作用在学界和政界已然达成共识。贝利（Martin Neil Baily，2020）指出，

在一国国内受到较大的国际经济和政治冲击时，如果该国国内制造业较为强大，则可以为国内经济提供一定程度的保护，反之，如果该国制造能力薄弱或者过度依赖进口，则供应链将面临较大的断链的风险①。原口和北冈（Haraguchi & Kitaoka，2015）通过实证研究进一步证实，一国的经济增长与其产业结构转换呈正相关关系，一般而言，制造业生产率较其他产业高，制造业岗位提供的收入水平相应更高②。当前，无论是发达国家还是发展中国家，都在紧锣密鼓围绕制造业产业链部署创新链，防止人才、知识、资金等重要创新要素“脱实向虚”，进而提高制造业对国民经济体系的控制力，为本国打造一个以现代制造业为核心、各产业紧密协调发展的国民经济体系，提高经济在国际上的竞争力和抗风险能力。

第三节　发达国家再工业化的产业政策支持体系

一、美国再工业化产业政策支持体系

当前美国的制造业产业政策，主要有两个特点：一是非常重视国家安全与基础研究；二是重视前沿技术的创新和发展，以持续保持竞争优势。虽然美国一直标榜没有“产业政策”，但实际上，一直以来都在以隐蔽的方式支持特定产业发展，并通过调整供给—需求侧的支持力度给予技术发展大量补贴。

（一）奥巴马政府的政策支持体系

2008 年国际金融危机后，美国重新认识到实体经济特别是制造业对于国家战略的重要性。奥巴马政府提出了“再工业化”战略，先后制定了《重振美国制造业框架》，通过了制造业促进法案，并启动“先进制造伙伴计划”（见表 5 – 2），其再工业化战略的核心思想和政策措施主要集中在六大方面（奥巴马，2012，2013，2014，2015）：（1）利用税收优惠政策吸引海外制造业回流本土，通过振兴中低端传统制造业，创造就业岗位，降低失业率；（2）提前布局先进制造业和

① Baily N M，Bosworth B P. US Manufacturing：Understanding its Past and its Potential Future. Journal of Economic Perspectives，2014（2）：3 – 26.［2020 – 03 – 20］. https：//pubs. aeaweb. org/doi/pdfplus/10. 1257/jep. 28. 1. 3.

② Haraguchi H，Kitaoka K. Industrialisation in the 2030 Agenda for Sustainable Development. Development，2015，58（4）：452 – 462.

战略性新兴产业，在鼓励科学技术研发创新的同时制定针对性扶持政策，通过抢占新一轮产业革命制高点，促进未来经济可持续发展；（3）为实现美国经济由债务推动型向出口推动型转变，政府向出口企业提供政策优惠、放松对高科技产品的出口管制，进而加大对外出口量，逐步缩小贸易逆差；（4）重视中小企业在再工业化战略中的重要作用，加大对其的扶持力度，如为其提供融资便利等；（5）完善职业教育体系，提高劳动者素质，为企业员工提供劳动技能和管理技能培训机会，为制造业回流和战略性新兴领域培养储备人才；（6）为巩固产业竞争力，方便发展战略性新兴产业，政府一方面研发先进的信息技术生态系统，另一方面加大对高速铁路、道路桥梁等基建项目的投资，进而达到为战略性新兴产业的发展保驾护航的目的（刘建江等，2017）。

表5-2　　奥巴马在任期间采取的主要措施

时间	举措名称	政策要点	政策目标
2009年2月	《美国复苏和再投资法案》	启动总额达7 870亿美元的经济刺激方案	大力发展新兴产业，加大基础性产业领域投资
2009年9月	《美国创新战略：促进可持续增长和提供优良工作机会》	提出美国发展创新型经济完整框架	指明创新战略的战略地位
2009年12月	《重振美国制造业框架》	从七个方面设计扶持制造业发展的总体思路和框架	明确再工业化发展路径
2010年6月	《制造业发展战略：创造就业机会，提升美国竞争力》	在税收、贸易、能源和基础设施等各项政策方面提出了较高目标	提升出口，推动制造业，以此应对史无前例的全球竞争
2010年8月	《制造业促进法案》	税收优惠政策	降低制造业成本
2010年9月	《鼓励制造业和就业机会回国策略》	税收体制改革	吸引海外资本回流本土
2011年2月	《美国创新新战略：保护我们的经济增长和繁荣》	把发展先进制造业、生物技术、清洁能源等作为美国国家优先突破的领域，位于美国创新金字塔的顶层	明确先进制造业优先发展领域
2012年1月	《美国制造业长青蓝图》	取消业务转移到海外的美国公司所享税务优惠；为回巢企业及高端制造企业提供了各种税收优惠	吸引制造业回流本土

续表

时间	举措名称	政策要点	政策目标
2012 年 2 月	《先进制造业国家战略计划》	强化产业公地	将制造与研发融为一体，提高创新能力，繁荣美国制造业
2014 年 10 月	《加快美国先进制造业发展》，亦称《加快美国先进制造业发展（2.0 版）》	一是加强创新，保持制造业技术领先地位；二是重视人才培养和流动，为制造业未来发展储备人才；三是改善经商环境，大力支持中小制造业产业升级	进一步推动先进制造业发展，提出明确对策
2015 年 2 月	《2016 财年联邦政府预算报告》	加大对研发、制造业和互联网的投资；将在未来 6 年投入 4 780 亿美元用于路桥等基础设施建设	增强美国经济的竞争力和吸引力
2016 年 2 月	《智能制造系统现行标准体系》	描述未来美国智能制造系统将依赖的标准体系	让以中国为代表的制造业更好地了解美国智能制造系统的组成部门，了解涉及到的标准体系，从而有助于深入了解智能制造技术的集成
2016 年 2 月	《美国制造创新网络年度报告与战略规划》	创造一个竞争性的、有效的和可持续发展的科研到制造体系	解决相关产业日益浮出的挑战

资料来源：参见邹花兰：《美国再工业化的特征、绩效及前景研究》，长沙理工大学学位论文，2017 年。

（二）特朗普政府的政策支持体系

特朗普总统执政后，对再工业化政策进行了大幅调整，主要是聚焦于“让美国重返工作”来推进“制造业回流”战略，而放弃了奥巴马政府关于重点围绕新兴产业发展的政策。与前任政府施行的政策相较，特朗普的“制造业回流”政策核心在于为汽车、钢铁和纺织等传统制造业领域创造更多就业岗位，因为这些产业绝大多数与中国出口贸易密切相关。总体来看，特朗普政府“制造业回流”政策表现出来的特点是保守主义和直接施压。在奥巴马执政时期，美国制造业回流更多体现在创新政策层面，不管是支持创新活动还是大力投资新兴领域，其核心意图就是要在战略性新兴领域和高端制造领域取得先发优势，以期在未来竞争中享有主动权。而特朗普政府为吸引制造业回归推行的政策则十分直接，对内继续围绕现有产业发展鼓励美国企业回归，吸引美国制造业回流；对外不断达成有利于美国的双边和小多边贸易协定，并在战略上遏制竞争对手的发展（见表5-3）。具体政策包括：（1）为保证美国居民充分就业，推行更为严苛的移民政策；（2）为吸引海外企业回归美国本土，实施减税政策。主要是在现有35%的企业所得税基础上削减20个百分点，将个人所得税从7级降至3级，从高到低依次为35%、25%和10%，此外，医保税和遗产税等也被列入废除范围；（3）以增加基础设施建设为由创造就业岗位。通过公私合营等多种模式，对国内公路、桥梁等基础设施进行维修和翻新；倡导民间资本参与收费公路的建设，只要参与企业用于此类基础设施的现金储备超过15%，则可获得零税率鼓励；（4）实行能源改革，增加工作机会；（5）推行教育改革，提高劳动力素质和技能水平；（6）重新修订对外贸易举措，实行贸易保护主义，反对全球化。为减少美国贸易逆差，刺激出口，还出台了"边境调节税"，对进口商品征收15%的税，对出口商品予以免征。

表5-3　　特朗普总统在任期间采取的主要措施

时间	举措名称	政策要点	政策目标
2017年4月	《2017年购买美国货改进法案》	进一步扩大"购买美国货"条款的适用范围；提高美国联邦政府机构的透明度，在一些关键基础设施行业，如交通运输、建筑、供水等，从严从紧，尤其是谨慎和有条件适用豁免条款	确保基础设施投资对美国本土的经济拉动
2017年12月	《减税与就业法案》	将联邦企业所得税率从35%下调至21%；将海外企业利润汇回税从35%降至15.5%；大幅提高个税扣除额	刺激全球制造业回流美国，吸引企业将海外收入带回美国，进一步提升美国居民的消费能力
2018年10月	《美国领先先进制造业战略》	发展和转化新的制造技术；教育、培训和连接制造业人力；扩展、提升国内制造业供应链	确保美国在全工业领域先进制造的领先地位，以维护国家安全和经济繁荣
2018年12月	《制定成功路线：美国的STEM教育战略》	发展伙伴关系；关注跨学科活动；培养计算素养	为培养STEAM素养打下坚实的基础；在STEAM教育中增强多样性、公平性与包容性；让STEAM工作者为未来做好准备

续表

时间	举措名称	政策要点	政策目标
2018 年 12 月	《国家量子计划法案》	建立国家量子计划的管理和执行机构；制定十年期国家量子行动计划	建立涵盖量子计算、量子通信、量子探测、量子传感及相关材料科学等领域的国家量子计划，维持美国量子科技领先优势
2019 年 2 月	《未来工业发展规划》	专注于人工智能、先进的制造业技术、量子信息科学和 5G 技术等四项关键技术来推动美国繁荣和保护国家安全	确保美国未来工业的主导地位
2019 年 2 月	《维护美国在人工智能时代的领导地位》	加大人工智能研发投入；开放人工智能资源；设定人工智能治理标准；培养人工智能劳动力；国际参与和保护美国人工智能优势	刺激和推动美国在人工智能领域的投入和发展，继续美国在 AI 领域的领导地位

资料来源：笔者整理。

（三）拜登政府的政策支持体系

2021 年，拜登当选美国总统后，一系列行政令和立法计划密集出台，其中很多内容虽未冠以产业政策之名，但主要目标显然是发展美国产业（主要是制造业）的政策。拜登上台后签署了三份有关供应链的行政令，按时间先后顺序分别是“可持续公共卫生供应链行政命令”“确保未来由美工人在美制造行政令”和“美国供应链行政令”。除“可持续公共卫生供应链行政命令”专门针对新冠疫情、旨在加强美国医疗设施供应能力外，其他两份行政令与美国制造业和工业基础密切相关，关键举措如下：

第一，大力促进“美国制造”，降低美国对国外供应链的依赖。拜登于 2021 年 1 月 25 日签署了“确保未来由美工人在美制造行政令”，提出：建立美国制造办公室，严格执行“美国制造”相关法律，确保例外豁免仅适用于涉及国家安全、人道救援或紧急需求等迫不得已的有限情况；修正“美国制造”含量的衡量方式，提高“美国制造”产成品的认证标准，加大对“美国制造”产品采购的优惠力度；评估外国产品的成本优势是否会对美国利益造成损害，充分保障美国企业利益；充分识别能够在美生产且能够满足政府采购需求的美国公司；合理确定不属于“美国制造”的产品和材料等。这些政策举措的目的在于最大限度地在美国生产货物、产品、材料和服务，降低美国对国外供应链的依赖程度。

第二，加强对关键领域的风险审查和基础领域的评估。为认清美国供应链现状，准确找出漏洞，确保在紧急状态下依靠美国的力量保障国家安全，拜登政府于 2021 年 2 月签署“美国供应链行政令”，提出：立即开展关键领域供应链风险审查，规定自行政令发布 100 天内，完成半导体制造和先进封装、高容量电池和稀土等战略材料、药品和药物活性成分等重要领域的供应链风险审查；开展基础领域供应链的评估，规定自行政令发布 1 年内，美国政府相关部门应完成国防工业基础、公共卫生和生物防御产业基础、信息和通信技术产业基础、能源工业基础、运输工业基础、农产品和食品生产等 6 个基础领域供应链的评估。

第三，加强盟友间合作，加快打造以美国为中心的自主可控供应链。“美国供应链行政令”强调要与同盟团结合作来达到提升美国制造竞争力和供应链弹性的目标。具体包括：对基础领域供应链进行评估时也要对盟国和伙伴国进行评估，确保其关键物资及其优先顺序、国际合作方式等与美国保持一致；对国际规则和美国涉外政策提出建议，包括与盟国、伙伴国共同完善与供应链相关的外交、经济、安全、贸易政策，以及国内改革和国际贸易规则、协议等。

此外，2021 年 6 月美国国会参议院通过了《2021 美国创新和竞争法案》（以下简称《法案》），以提升美国在国际的科技创新竞争力。《2021 美国创新与竞争法案》内容十分宽泛，集成了产业、科技、安全、外交、教育等方方面面的内容，涉及 2 500 亿美元的投资，主要包括六个部分：《芯片和开放式无线电接入网（O－RAN）5G 紧急拨款》《无尽前沿法案》《2021 年战略竞争法案》《国家安全与政府事务委员会的规定》《应对中国的挑战法案》和其他涉及国家安全问题风险规避，以及支持 STEM 教育的政策举措等。这一法案是美国近年来科技产业政策频繁变革的缩影，显示出美国在转变产业创新政策思路，重塑国家创新体系，维护先进技术全球领先地位方面“再出发”的决心（见表 5－4）。

表 5－4　　　　拜登政府采取的主要措施

时间	举措名称	政策要点	政策目标
2021 年 1 月	《关于确保未来由美国工人在美国制造的行政令》	最大化联邦采购中的美国元素；设立美国制造办公室执行监督；利用制造技术推广伙伴关系（MEP）与国内供应商建立联系；修改《联邦采购条例》（FAR），将其中用于识别国内最终产品和建筑材料的“成分测试”（component test）替换为以产品附加值来衡量，而产品须是通过美国生产或支持美国就业的经济活动产生	利用美国政府的购买力扩大国内制造业，为新技术创造市场，促进美国产品销售、就业和投资

续表

时间	举措名称	政策要点	政策目标
2021 年 2 月	《美国供应链行政令》	全面审查美国全球供应链和关键行业的潜在脆弱性，重点关注半导体制造及封装、电动汽车电池、稀土等关键矿物和其他战略原材料、药品及活性药物成分等四大领域供应链安全	加强美国供应链弹性、多样性以及安全性，振兴和重建国内制造能力，促进经济繁荣和国家安全
2021 年 5 月	《美国清洁能源法案》	从清洁电力、清洁交通和建筑能效（包括住宅和商业建筑）三方面更新整合了目前 40 余条税收抵免等刺激政策，形成了一整套以促进减排为宗旨的综合法案，并且停止为化石燃料继续提供税务激励	推动新能源转型，提振美国本土制造业
2021 年 6 月	《2021 年美国创新与竞争法》	授权拨款 1 900 亿美元用于加强美国技术和研究，并单独批准支出 540 亿美元，用于加强美国对半导体和电信设备的生产和研究；其中约 20 亿美元专门用于汽车芯片的研究	防止美国失去全球科研和创新领导者的地位，加强美国的创新能力
2022 年 2 月	《2022 年美国竞争法案》	拟拨款 520 亿美元，促进半导体产业发展。其中，390 亿美元将用于直接补贴在美国新建的半导体厂，60 亿美元用于建厂贷款及担保，剩余资金投入芯片技术研发等工作	半导体（产能）本地化，提高供应链弹性
2022 年 7 月	《芯片与科学法案》	包括 527 亿美元"芯片法案"，投资 2 000 亿美元加强人工智能等技术领域的研究，100 亿美元建设 20 个技术研究中心等。8 月 9 日正式生效。2023 年 3 月，美国商务部宣布启动总额高达 390 亿美元的芯片制造与研究补贴申请程序。标志该法案正式登上历史舞台	旨在振兴美国半导体产业，将降低日常商品价格，且在全球范围内提供更多高薪制造业的工作机会，加强美国未来产业领导地位

续表

时间	举措名称	政策要点	政策目标
2022年10月	《国家先进制造业战略》	3大战略11条措施，引领智能制造未来发展。11条具体措施如下： (1) 实现清洁和可持续的生产制造过程，以支持脱碳；(2) 促进微电子和半导体制造业的创新能力；(3) 发展先进制造业以支持生物经济；(4) 开发新材料和新加工技术；(5) 引领智能制造未来发展；(6) 扩大先进制造业人才库并使其更加多元化；(7) 发展和推广先进制造业教育和培训；(8) 加强投资方与教育机构之间的联系；(9) 加强供应链互连；(10) 降低供应链脆弱性；(11) 激活并加强先进制造业生态系统	计划在未来四年致力于达成三项总体战略目标：(1) 开发和实施先进的制造技术；(2) 培养先进制造业技术劳动力；(3) 建立/提高制造业供应链弹性和生态系统的韧性。整体上为了：提升美国的制造业实力，增加就业机会并改善国际竞争力
2023年7月	拜登签署一项支持科技研发的行政令	责令美国家安全事务助理、总统经济政策助理、白宫科学技术政策办公室主任制定相关执行流程；国防部、农业部、商务部、能源部、航空航天局等9部门联合协调，加强国内制造投资；改革发明许可报告，简化资助协议，确保相关信息披露安全；确保关键和新兴技术领域国内制造，涉及能源存储、量子信息科学、人工智能、机器学习、半导体和微电子等领域	为促进国内制造与就业。该行政令旨在确保美国本土构建尖端技术发明、应用生产、就业的科技创新体系，将加速技术从国内实验室转向市场，保护美知识产权

资料来源：笔者整理。

（四）美国再工业化的整体框架

美国再工业的提出和实施面临着日益复杂的国内外环境，也必然承载着多元化的战略意图。美国政府围绕再工业化出台了系统性政策措施，由此也逐步搭建了美国再工业化的整体框架。

美国再工业化的整体框架包括：(1) 确定国家制造业重振的总体政策框架思路；(2) 明确战略核心就是创新，强调创新不仅是美国的传统，更是美国赢得未来的关键。为此，奥巴马政府不仅提出和不断升级国家创新战略，还提出和实施国家制造创新网络计划；(3) 确定战略优先领域是基于传统优势，重点发展高科技和先进制造业，如此以便能以创新为驱动，使美国在创新能力、科技能力、先进制造业和国家实力等方面保持全球的领导地位；（4）确定系列重要的战略支撑点，即实现全球战略收缩，鼓励海外制造业资本回流；大力发展工业互联网，充分发挥美国独特的信息技术优势；对基础设施进行战略性投资，为再工业化可持续发展奠定基础；对中小企业进行战略性支持，塑造制造创新的重要动力；高度重视教育，特别是理工科人才的规模化、持续化培养，等等；（5）注重相关辅助战略的支撑，如积极利用新能源战略和全球自由贸易区战略来支持再工业化推进，又如推进中美战略竞争，全方位遏制中国发展。顶层设计之后又推出了系统化的、可操作的各种具体推进措施，如基于总体政策框架思路，加强相关立法，出台系列配套政策，建立相应辅助组织支持等。可见，美国再工业化逻辑十分清晰，根据战略环境，明确战略意图，以此强化顶层设计，随后大力推进。这就形成了美国再工业化的基本框架。

二、德国产业政策支持体系

德国、日本与美国的全面政策支持体系稍有差别，一个重要原因在于这两国的实体经济的支持基础相对强于美国。故本小节和下小节我们专门讨论的是德国产业政策支持体系和日本产业政策支持体系。

在20世纪80年代的全球化浪潮带动下，全球制造业受到比较优势的吸引开始发生世界范围内的产业转移。新兴经济体和中东欧国家因劳动力成本低廉而承接了大量劳动密集型产业，德国本土制造业由此受到较大的竞争压力，这也使得德国必须从技术密集型产业寻求突破。

第一，为维护制造业竞争优势，产业扶持政策主要面向高端制造业和新兴技术行业。进入21世纪后，德国政府在充分尊重市场规律和调动企业能动性的基础上，凭借产业规划指导重点领域产业发展。尽管政府对化工、钢铁、有色金属和造纸等能源密集型行业采取补贴措施进行扶持，但产业政策草案中，支持重点在以汽车为首的传统高端制造业和以3D打印为代表的创新科技产业方面，具体表现在税收、能源价格以及社会保障等方面。此外，联邦政府出台了一系列补贴措施用于推动未来高新技术的发展和应用。德国政府还发布了中小微企业战略，意图通过更大力度的税收优惠和更为便捷的行政程序帮助中小微企业实现数字化、智能化转型。

第二，为提升国际竞争力，力促竞争政策和欧盟产业政策改革并放宽企业并购的反垄断通过申请。德国政府主张全球化时代应该重视国家主导企业联合和规模性，认为其企业对国家乃至地区经济发展的重要性。不过由于这一主张既与德国自由竞争的市场经济体制、反行业垄断精神相悖，也与欧盟竞争政策优先、反垄断及禁止限制竞争等法规不符，欧盟委员会于2019年2月6日否决了德国西门子和法国阿尔斯通合并案。这一事件严重打击了德法两国试图发展欧洲高铁的决心，也阻碍了德国对新兴科技技术的研发和应用。此后，德国为了提升行业龙头的国际竞争力，开始力促竞争政策和欧盟产业政策改革。为了呼吁改革反垄断法案，德国工业战略草案多次提出“德国冠军”“欧洲冠军”的相关倡议。德国联邦经济部部长阿尔特迈尔为实现欧盟改革现行产业政策与竞争政策，于2019年联合法国和波兰的经济部长签署共同宣言，要求欧盟委员会认清全球竞争形势，认为要想深入参与国际市场并从中获益，就必须放宽企业并购的反垄断通过申请；在面对其他国家巨头企业占领国际市场时，欧盟委员会有必要出面促成欧洲企业的合作。总之，在竞争日趋激烈的国际环境中，德国认为放任市场自由发展已无法为产业发展提供优势，必须改革竞争政策、放宽反垄断监管、允许行业龙头企业的产生，方有助于提升欧盟产业竞争力。

第三，严格审查外资投资，慎重看待非欧盟企业投资。2016年以来，德国政府强调保护本国关键技术，对涉及非欧盟企业收购掌握核心技术的欧盟企业采取谨慎态度。2017年7月，德国政府对《对外经济条例》中的“危及公共秩序和安全的情况”做出补充说明，不仅把在交通、水利等关键基础设施领域和在软件研发等行业投资的外资企业纳入审查范围，还将审查时间进一步延长了两倍。2018年12月，联邦政府再次扩大审查范围，将涉及国防和公共安全等高度敏感的行业并购做出审查和普通审查的区分，拉紧审查红线。此外，德国政府一方面催促其他欧盟成员国尽快出台外资审查规定，另一方面数次干预本国企业的投资决策，如阻止中国国家电网入股德国电网运营。

第四，强调自主创新技术和构建国内产业链的重要性，域内合作重点优先。《德国国家工业战略2030》认为自主研发的创新技术是保证德国经济稳定发展的重要基石，构建从原材料、销售、服务再到研发的国内产业链是增强德国工业韧性的另一种有效手段。德国工业联合会认为为提升德国和欧盟在全球的话语权和政治影响力，欧盟范围内的企业和研发机构应开展紧密合作实现共同进步。为此德国在新能源汽车领域进行直接实践。2018年9月，德国与波兰达成动力电池研发合作协议，并提出建立“欧洲电池联盟”计划。德法两国联合发表《法德电池制造宣言》，声明将加强两国在汽车动力电池方面的合作，并计划2020年后要分别在德国和法国建立3个人数规模大于1 500人的汽车动力电池工厂。此外，在武器装备领域和前沿性科技领域，德国也突破传统谨慎做法，选择在欧盟成员国内寻求合作。总之德国对于自主创新技术和构建国内产业链有了全新的认知，意识到依靠过去的国际产业分工再也无法保证科技领先地位和产业竞争优势，于是在传统制造业和新兴领域出台的产业政策都倾向于优先与欧盟成员国合作，以期促进德国和欧盟经济的共同可持续发展。

三、日本产业政策支持体系

日本是实施产业政策的典型国家。第二次世界大战后，日本很快从战败的废墟中恢复，经济发展迅速，曾一度成为世界第二大经济体，这与日本实施的产业政策密不可分。为了应对复杂的国内外形势，20 世纪 70 年代以来日本政府的产业政策经历了大大小小的数次调整，主要分为以下三个阶段。

（一）产业结构调整时期（20 世纪 70 年代～80 年代初）

20 世纪 60 年代日本经济突飞猛进，制造业水平不断提升，国际贸易保持持续顺差。随着经济的迅猛发展，日本民众对于生活水平质量的提升也尤为关注，环境公害和基础设施匮乏等社会问题引发强烈社会反响。此外，在美日贸易摩擦和两次石油危机的影响下，日本政府出台的产业政策不像以往那样具备主动性，政企协调方式逐渐以自由化发展为主。因此，在 20 世纪 70 年代的产业政策大体上都是以解决国内社会问题而推行的。此外，日本政府减少对市场的干预，进一步发挥市场自由调节机制，也在一定程度上优化了资源配置。

（二）“泡沫经济”前期（20 世纪 80 年代中期～90 年代初）

步入 20 世纪 80 年代中期，日本国际地位迅速跻身发达国家前列，人均 GDP 一度超越美国。然而，在国际竞争潮流中日本却受到了诸多因素的制约：一是大量电子工业产品出口，在某种程度上导致其他国家的贸易逆差，加剧国际贸易摩擦；二是受到亚洲“四小龙”崛起和日元大幅升值的影响，日本在某些领域的出口优势被削弱；三是国内民众更为注重生活水平质量的提高，要求减少工作时间，加大政府对基础设施的投资建设。因此，日本政府开始推行“内需扩大主导型”和“鼓励海外投资”战略，以期解决日元升值问题以及缓和国际贸易纷争。20 世纪 80 年代后期，日本政府实施的产业政策以维护工业竞争力为主，对经济发展起到了积极的促进作用。但是过度强调“内需扩大主导型”和“鼓励海外投资”战略也导致大量海外产品和资本流入日本本土，使得日本开始出现产业空心化趋势。而且，在资本逐利特性驱使下，大量资金撤出制造业流向金融业和房地产业，最终引发日本股市泡沫和房地产泡沫。

（三）创新立国时期（20 世纪 90 年代至今）

进入 20 世纪 90 年代，随着日本泡沫经济走向覆灭，日本迎来了“失落的二十年”，经济一直处于持续低迷状态。这一时期如何寻找经济增长新动能成为日本政府制定产业政策要考虑的问题。但“泡沫经济”破灭引致的不良资产坏账和人口老龄化问题，日本财政不堪重负。加上民间强烈要求政府放松市场管制，政府不得已逐步放开市场，发挥市场的自由竞争机制，以加强国内市场竞争力。这一时期，由于日本忽视基础研究，而导致其在新一代技术创新浪潮中被迫出局。经过深刻反思，日本政府决定完善人才培养机制、加大对基础科学技术研发投入。步入 21 世纪后，日本政府愈加重视“官产学研”的紧密联合，希望通过建立区域产业联盟，实现高校、研究机构和企业之间的协同创新与合作，以期提升科研成果的转化率。

百年大变局加速演进期，日本产业宏微观层面均遭受了不同程度的影响。制造业整体出现产能下降，而制造业企业的管理模式和业务模式则遭到了疫情的重创，以往建立的高效的全球供应链体系被阻断，传统优势的匠人技术也面临很大风险。在此背景下，日本政府出台了以加强企业应对环境突变灵活性的产业政策，试图重新构建一个具备“高效 + 经济安全”的韧性供应链体系。为此，日本政府为促进制造业发展专门制定了数字化转型升级之路。

第一，提升工程链设计水平。随着数字化被深入运用到工业领域，工业竞争力已不再仅仅局限于产能的提升，而扩大至如何更好利用数字化来设计、制造出更为符合人们需求的产品。而工业设计已不仅是必备的行业技能，更是提升竞争力的创新模式。日本政府意识到，制造业数字化过于注重供应链而忽视工业链设计已成为阻碍制造业转型升级的致命缺陷。因此，日本《2020 年版制造业白皮书》指出，要通过强化企业间的数据协作、创建虚拟工程系统等来提升工程链设计水平，进而强化制造业竞争力。

第二，灵活运用 5G 技术获取新附加价值。尽管日本制造业拥有强大的现实应变能力，但为应对类似新冠疫情等突发状况，日本政府强调要利用新兴技术减少制造业停工停产风险。其中的新兴技术主要指活用 5G 技术为产品获得新的附加值而不是限于通过该技术达到业务效率提升和优化的作用。5G 技术不仅拥有大带宽、低时延、海量连接的优点，还具备端到端毫秒级时延、通信保障高度可靠的绝对优势。5G 技术能够批量处理制造业行业的海量传输需求和即时处理需求，明显缩减生产线重组的时间及成本，为工厂生产系统模块化和柔性制造提供了无限可能。

第三，实施培养数字化的人才战略。劳动力素质的提高直接有助于制造业数字化转型，而数字化转型首先是产业人才的升级。《2020年版制造业白皮书》明确指出，制造业数字化人才必须具备系统思维和数学能力。为此，日本政府针对制造业人才缺口出台了提升人力资源质量的诸多政策，具体包括开放实践和体验式教育活动、开展数据科学和人工智能领域的扫盲教育，通过无差别化来培养全体国民的数字化能力，为日本未来数字化社会的发展奠定基础。

第四节　发达国家再工业化支撑战略

再工业化战略是一项系统工程，最大的关键是技术突破，或者说研发水平，其基础则是需要两大基本要素的强力支撑：一是要有能满足制造业大发展的丰裕的高素质劳动力资源，即制造业人力资本储备充足；二是要有充足的资本，或者说制造业所需的资金。本节主要以美国为例进行诠释。

一、发达国家再工业化的人才战略

美国再工业化战略的顺利实施，是建立在全球化背景之下的，需要考虑国内、国外可利用的要素进行整体战略布局。根据柯布－道格拉斯生产函数：

$$Y = A(t)L^{\alpha}K^{\beta}\mu \tag{5.1}$$

其中，Y代表工业总产值，L代表劳动要素（单位：万人或人），K是资本要素，A（t）表示综合技术水平，α表示L的产业弹性系数，β表示K的产业弹性系数，μ为随机扰动因子。由此出发，美国再工业化的顺利实施，要有劳动力和资本两个生产要素做基本支撑，还要有技术，或者说研发能力做保障。

戴尔·乔根森（Dale W. Jorgenson）的分解研究发现：1989～2014年，美国GDP年均增长2.4%，其中76%的增长是源于K资本与L投入增长，仅24%的增长是源于以技术进步和效率提升为代表的TFP（全要素生产率）的提高。由此也可以反映出劳动力和资本要素在美国再工业化战略推进过程中的重要地位。不过，众多学者认为，“科学技术是第一生产力”，它不仅体现了当代生产力发展的特征和规律，也是对马克思主义科技学说和生产力理论的创造性发展。显然，美国再工业化实施的关键在于科学技术，或者说研发能力。世界各国之间的竞争，根本上是人才之间的竞争，美国要想通过再工业化战略来重塑21世纪在全球的竞争优势，就需要一群庞大的高质量的制造业人才做支撑。本节试图就此展开论述，分析支持美国再工业化的人才战略。

（一）强化以制造业为关键的STEM教育

美国制造业面临的难题不仅在于如何吸引制造业回流，也与制造业储备人才缺乏密切相关。现阶段，美国制造业同时具备科学、技术、工程、数学（STEM）知识和技术技能的人才十分紧缺，牵制制造业创新发展进程。因此，强化STEM教育，重视教育和工作实践的有机结合，对缓解制造业人才短缺具有重要意义。

首先，重视STEM教育的关键地位。一是加大资金投入。2017年9月，美国政府确定今后每年为STEM教育和计算机科学教育拨款2亿美元以上。实际上，2018年和2019年，投入到上述两个教育领域的资金分别达2.79亿美元和5.4亿美元。二是总统亲自支持。比如特朗普总统不仅关心全美科学碗、国际机器人挑战赛等赛事，还将自己2017年第二季度的薪资捐献于STEM夏令营活动。三是保证STEM教育预算优先。《2020财年政府研发预算优先事项》明确规定“联邦研发资金主要用于基础和早期应用研究，以及专门针对STEM教育和劳动力发展的资助”。

其次，强化K－12阶段STEM教育。一是改善幼儿STEM教育。2019年12月《STEM法案建构模块》出台，要求改善幼儿STEM教育教学，注重缩小STEM学习的性别差距，平均分配各地区的幼儿STEM教育研究经费。二是强化中小学STEM教育。重视青少年学习STEM基础知识，通过启发青少年在STEM学科领域的兴趣，鼓励更多中小学生尤其是女生将来投身于STEM领域工作。三是重视高中STEM职业教育。比如美国总统特朗普重新签署《卡尔·D. 帕金斯职业和技术教育法》，以加大对职业教育的经费投入。该法案拟在未来为各州的职业教育项目提供高达10亿美元的资助。

最后，鼓励企业加入STEM教育。美国政府向相关利益获得者发起号召，寻求建立战略合作伙伴关系。以亚马逊、微软等为首的科技巨头为响应美国政府，联合投资5 000万美元用于STEM教育计划。其中，由亚马逊公司资助的“未来工程师计划”，不仅为美国欠发达地区的学生传播计算机科学与编程知识，还为多所学校提供机器人技术补助资金和学生奖学金。

（二）大力推广学徒制与行业证书制度

为了提升制造业劳动力素质，使学徒能在兼具理论知识和实际工作经验的专业人士指导下学习，美国提出了以学徒制作为衔接教育与劳动力培训的新途径。这种制度将课堂教学与职业培训进行结合，主要特征是：一是雇主在培训期内为学徒发放薪资；二是为学徒提供专业技术指导；三是学徒在培训期内进行在职学习；四是培训完成后获得证明职业能力的资质证书。2017年6月，总统特朗普签署了《扩大美国学徒制》，组建“学徒扩展工作组”以推进具体政策的实施。

首先，注册学徒制和行业认可学徒制并行实施。在此制度下，劳工部或其批准的州立学徒机构评估学徒计划符合相关标准和联邦法规时，学徒方能进行注册并获得国家认可的证书。2018 年 5 月，劳工部向白宫提交新报告，列出了推进学徒制的“路线图”，以发展新的、更加灵活的、行业认可的学徒制模式。2019 年 6 月，劳工部拟建立一种新的标准识别实体，并授权其核准高质量的行业认可的学徒培训计划，即行业认可学徒制，该制度与政府部门掌管的注册学徒制并行实施且互不干扰。在行业认可学徒制下，不同行业部门和职业领域的学徒计划形式不同，SRE 认证系统并未设置特定标准进行认定，这种制度有利于雇主、工会和其他利益相关者自主设计出符合自身发展需要和实际人才短缺的学徒计划（李玲玲等，2021）。

其次，扩展行业证书制度。注册学徒制和行业认可学徒制并行实施，并且行业认可学徒制侧重于“缺乏注册学徒机会”的领域。在注册学徒制机会不多的子行业，行业认可学徒制的推广必然会使更多的工人拥有更多的就业选择。行业认可学徒制最明显的特征就是“高质量”，只有顺利完成学徒培训计划并且通过了考试的学徒才能得到行业认可证书。“成功完成学徒计划的个体累积的职业生涯总收入明显高于未参与者的收入。”由此可见，行业证书制度一方面可以提高劳动力流动性和工资收入，另一方面可以向制造业各个子行业输送优秀学徒。

最后，在重点领域推广学徒制。2019 年 6 月，美国劳工部在信息技术、先进制造及医疗保健等依赖 H－1B 签证的行业扩展学徒制，通过额外补贴 1.8 亿美元的方式吸引更多行业落实学徒制度，为美国人提供更多的就业培训和职业选择机会。此外，为了从源头上解决人才短缺问题，劳工部也通过采取财政拨款的方式建立一个能持续供应丰富人才资源的学徒驱动机制，以鼓励更多美国人参与学徒计划获得职业技能，填补制造业人才缺口。

（三）充分利用留学生资源

尽管美国是世界上最受欢迎的留学目的地国家，但受特朗普政府“保守主义”政策和新冠疫情影响，2016～2020 年赴美留学人数持续下降，直接影响美国在全球的领先地位。拜登总统上任后，发布了一系列对国际留学生利好的政策。

首先，废除旅行禁令。旅行禁令的颁布直接影响美国大学的国际学生就学率，因为担心入境受阻问题，不少留学生即使收到了录取通知也只能选择放弃入学。这一举措导致美国许多知名大学面临优秀生源短缺问题，也严重阻碍了美国高等教育和经济社会的发展，使美国无法享有人力资本积累带来的好处。

其次，为博士群体建立新的绿卡申请通道。众所周知，美国集结了世界上优秀的国际学生、科学家与学者，这些人对维护美国科技领先地位和国际竞争优势的重要性显而易见。拜登政府为让博士群体毕业后能留美工作，为美国经济发展做出贡献，特意取消了 STEM 类博士应届毕业生的数额上限，并为获得博士学位的国际学生开辟了新的绿卡申请通道，以此达到吸引国际顶尖科技人才“为己所用”、助力美国科技强国、制造业强国的目的。

此外，整改前任政府推行的 H－1B 签证政策。特朗普政府认为 H－1B 签证持有者大量抢占了美国公民的工作岗位，导致美国失业率高，因此出台了对 H－1B 签证的诸多限制政策。但 H－1B 签证持有者往往是受过高等教育的国际专业技术人员，其在美国工作有利于填补美国先进制造业人才紧张的缺口。为此，拜登政府取消了特朗普政府对 H－1B 签证的诸多限制，并进行签证改革。比如，增加高技能 H－1B 签证分配名额、以职业工资水平为标尺设计 H－1B 签证签发数额分配程序等。2022 年 1 月 21 日，美国国务院和国土安全部分别公布了与 STEM（科学、技术、工程和数学）有关的新措施，如拜登政府打算为在美国攻读 STEM 类理工学位的外国毕业生发放绿卡，而且这个新政策有望拓展至 STEM 类以外的专业。

（四）贸易政策重点考虑“劳工”利益

拜登在竞选中提出的贸易政策立场与举措虽从美国的现实情况出发，进行了部分调整，但大体上还是继承了奥巴马政府时期的一些关键理念和做法。区别于特朗普政府实施的以结果为导向的“管理贸易”策略，拜登政府的贸易政策旨在促进制造业回流的同时，将美国在全球产业转移过程中失去的制造业工作岗位重新带回美国。在国际贸易体制中，新政府更侧重于寻求美国国际领导力恢复和减少全球化伤害美国工人利益之间的平衡，建立维护以美国中产阶级和工人利益为核心的贸易政策，强调企业对工人的责任，并进一步赋予工会权力。

2021 年 3 月，美国贸易代表办公室 USTR 发布《2021 年贸易议程和 2020 年度报告》指出，贸易政策必须尊重工作的尊严，不但要重视美国消费者，而且要重视工人和工薪阶层；贸易必须保护和赋予工人权力，推动工资增长，并为所有美国人带来更好的经济成果。拜登政府审查过去的贸易政策对工人的影响，制定新的贸易政策以促进公平的经济增长时，让工人也参与制定的过程。这些新政策将可强制执行的劳工标准纳入保护工人权利和提高经济安全的贸易协定。美国还在与盟国接触，以确保其与强迫劳动和剥削性劳动条件作斗争的承诺，并提高全球供应链的透明度和问责制。具体而言，他们通过三个渠道打造一个保护工人利益的贸易政策：一是与盟友合作锁定国际贸易中的破坏者；二是确保汇率和资本流动因素不会破坏贸易结果；三是通过一系列措施包括税收奖惩、政府采购鼓励国货等来鼓励制造业回归美国。

（五）其他国家的主要做法

首先来看德国。为推动“职业教育4.0”数字化进程，培养技术技能人才的职业技能和数字素养，实现更高质量的职业教育，德国政府出台了一系列举措，主要集中在以下几个方面。第一，重点关注数字化教育投入，构建法律政策框架。德国为了在各州落实教育数字化战略和加大对职业教育数字化的投入，将在教学计划、教学实施和课程开发，师资培养、继续教育和进修，基础设施和装备，教育媒体和内容，电子政务、学校管理程序等六个行动领域对职业教育进行改革，以进一步明确现代职业教育的目标和任务。第二，鼓励多元主体加入由职业院校、企业和培训中心联合培养的运行机制。德国学生可以分别在职业院校、企业和培训中心学习专业理论知识和实际技能的培训，在这种蕴含契约式分工合作精神的“双元制”职业教育模式下，德国制造业人才能同时掌握理论和实践知识。第三，以数字媒体资源为载体，建立以学生为主的学习环境。德国政府提出“职业教育的数字媒体”资助计划，拟通过将职业教育的媒体教学、研究、开发、试点四者结合在一起，共同推进职业教育的数字化学习和数字媒体的应用，提高师生的数字媒体技能。第四，以信息技术为手段，探索学生职业能力测评新方式。2017～2021年，德国职业教育能力测评“ASCOT（2011－2015）”倡议根据工业、技术、商业和卫生保健这4个行业常见的工作流程，为其开发了6个基于现代信息技术的职业能力模型和测试工具，以便进一步客观、有效地表现和衡量学生的职业能力。

其次来看日本。面对第四次工业革命的猛烈冲击以及智能制造的激烈竞争，日本政府相继提出了“新机器人战略”、“超智能社会”愿景、“互联工业”倡议、“工业价值链参考架构”等，构成了其再工业化的整体框架。2018年，日本政府发布的《日本制造业白皮书》中，发展互联网工业被作为日本制造业未来的发展方向。白皮书中还提出了诸多针对培养制造业储备人才的举措，比如，加大制造业职业培训力度、提升民办职业院校的培训水平、提供制造业职业发展规划咨询、鼓励女性从事技术行业、构建日本境内通用的制造业职业能力评估体系以及巩固制造业人才的教育文化水平等。2018年6月，《面向5.0社会的人才培养——社会在变化、学习也在变化》指出，超智能社会的构建需要大量人才支持，其中就需要每年向人工智能领域输送25万名高技能人才。为此，日本政府展开具体行动，具体而言：针对顶尖核心人才的储备，由文部科学省、总务省和经济产业省联合通过博士教育项目进行筛选和培养；针对中层人才的储备，由厚生劳动省和经济产业省通过人工智能职业教育进行培养；针对初级人才的储备，由文部科学省负责开展工科教育改革，大力推广 STEM 教育，注重实践教育项目进行培养；针对社会人员，日本政府直接加大培训力度，将人工智能知识纳入培训；针对大学生，要求以 2020 年新版学习指导要领为切入点，进行高考改革，并在全国各高校普及数理和数据科学相关标准化课程；针对小学生，要求自 2020 年起，将编程纳入作为正式考试的课程。

二、发达国家再工业化的创新战略

涉及未来是否能抢占制造业制高点的关键就是研发能力，创新体系。下面主要归纳发达国家再工业化中的创新战略。

（一）美国再工业化战略中的创新地位与相关法律法规

长期以来，美国不仅把创新作为提升国家竞争力的重要手段，而且还将创新视为促进美国经济可持续发展的根本动力。美国再工业化战略目标的实现，依赖于创新研发水平与潜力能否得到有效发挥的体制机制建设，包括充分发挥资本与劳动力两种生产要素大规模配置对创新巨大驱动的机制建设。科学技术作为一种蕴含巨大潜力的力量，其对于人类社会的走向具有决定性作用。当前，受技术创新的影响，全球经济体系正在重构，全球生产网络维系的经济纽带固然重要，但全球创新网络直接决定了未来经济发展潜力和增长动能。推动创新发展不再只是摆脱危机的备选政策，而是升级为重塑全球经济格局和抢占前瞻性领域制高点的重大战略布局。

美国总统奥巴马上任后，科技创新便被视为美国诸多复杂问题的主要突破口。2012 年，美国政府设立了全美第一个制造业创新机构，并将科研成果推广应用。2012 年 3 月，奥巴马总统为提升美国科研创新能力和科研成果转化率，拨付 10 亿美元建立国家制造业创新网络（NNMI）。2013 年 1 月，美国政府出台了《国家制造创新网络的初步设计》，该计划的终极目标是要在未来 10 年内在全美成立 45 个制造业创新研究所。2014 年 12 月，《振兴美国制造与创新法案》正式通过，该法案以指导国家制造业创新网络计划为核心，通过赋予商务部、国防部和能源部更多协调 NNMI 的能力，来促进 NNMI 计划的顺利进行。2016 年，美国政府又相继发布了《美国国家人工智能研究和发展战略规划》《为人工智能的未来做好准备》和《人工智能、自动化和经济》等规划，其目的在于维护美国在人工智能领域的先进地位，优先将人工智能的研究成果运用至战略性新兴产业领域。2018 年美国政府在《美国先进制造业领导战略》中提出，要优先发展人工智能、先进工业机器人等 15 个重点领域。2019 年 6 月，美国非营利机构 MForesight 在《重塑美国先进制造业的领导地位》中直接表明了影响美国制造业发展的主要因素和存在的潜在风险，强调创新的重要性。2020 年 6 月，为了吸引海外芯片企业回国发展，增强美国半导体产业竞争力，美国两党一致通过了《美国晶圆代工业法案》。

为维持创新地位，美国还对标竞争者。为此，2021 年 6 月，参议院通过了《2021 美国创新与竞争法案》，该法案意在强化美国技术竞争能力，与中国开展技术竞赛。2022 年以来，系列直接或间接针对中国的法案相继推出，从大趋势和地缘政治思维来看，上述行为与经济全球化大势相违背，将破坏经济全球化给包括美国在内的贸易便利与繁荣。

（二）美国创新战略的内容与重点

创新实验室模式是美国对创新模式进行变革的主要方式。这些年来，美国政府牵头推进高校、国家实验室和企业之间的紧密合作，通过在高校设立创新实验室加快科研进程。总体而言，主要做法归结如下：

第一，发挥政府在研发活动中的引导作用。美国对科技创新活动的大规模支持，是从二战后开始的。2008 年金融危机以来，这种支持的力度进一步加大，范围更广，层次更高。（1）从战略目标来看，政府支持创新、创业是为了保障美国未来经济的可持续发展潜力，同时保障当前及未来美国的绝对安全。金融危机后，面对第四次工业革命的强大竞争，美国从官方到民间、从学校到企业，从不同层次创造科技创新环境，强化国家科技创新优势。（2）从基本手段来看，是提供法律保障和项目资助。政府从提升创新创业活力和维护创新活动参与者利益的角度出发，积极推动各项科技法案进程，以法律为依据加强对创新项目的扶持。（3）政府鼓励创新创业应基于市场经济运作规律之下。即使政府对科技创新活动进行扶持，但为了保护市场自由竞争，也只能有限度地给予指导和干预，从长期可持续发展的视角下来推进产业公地建设，防止市场失灵。（4）创新的落脚点，是要激励、创造出新兴产业，培养更多符合未来发展方向的企业，进而新增工作岗位，提升居民收入水平，刺激消费需求增长，扩大税收来源，推动美国经济全面走出金融危机阴影，实现经济持续发展，促进社会和谐稳定，从长远来看，是要确保美国的领导者地位。（5）应对其他国家的竞争。

第二，从教育入手创新人才培养模式。当前，受技术进步的影响，产品更新换代的周期也越来越短，由此也预示着许多传统产品、创新产品所包含的核心技术变得陈旧或被快速淘汰，大学生在大学学习的部分知识到毕业时可能已经过时，跟不上时代与市场的要求。尤其是，传统的、学院式的教学模式，其培养定位往往是高级蓝领工人，而难以培养适应创新竞争环境、具有领导未来潮流的人才。在此背景下，美国不少大学开始探索把创意和实现创意的能力作为培养学生重点方向。一些大学还努力探讨跨学科的创新实验室培养模式，努力把激情激励、想象力、辨别与判断力、机会捕捉能力作为重点教学内容，倡导学术自由、个人自由发展，鼓励突破传统教育模式与传统思维，尊重创意。创意的实现难以靠单一学科知识来实现，跨学科、跨界限往往滋生大量创新、创业机会。例如，探索数字技术与话剧结合来研发数字话剧，嫁接人工智能与医学结合来研究智能化人工器官，推进化学与电学结合研究导电油漆等。

第三，加大研发投入的重视和资金支持。这也是政府直接支持创新、研发的有效手段。特朗普政府对美国的竞争力高度重视，但是对美国科学界并未给予足够重视，甚至损害了美国科技体系，将政治置于科学之上，促使美国科学在175年历史中首次呼吁选举投票支持拜登。美国在全球科技创新中的优势地位下滑，其研发投入占世界比重已从1960年的69%降低到2018年的28%，各类研发指标不断被中国超过，而美国联邦基础研究投入难以恢复到20世纪90年代之前的增长趋势。Lee & Haupt（2020）研究表明，中国在中美科研合作中处于领导角色：过去五年（2014~2018），如果没有与中国的合作发表，美国的研究论文发表数会降低，而中国在没有美国情况下却在上升。因此，拜登政府刚上台后，拟加强政府研发投入，使联邦研发投入达到GDP的1%以上，总体研发投入达GDP的3%以上，基础研究投入达GDP的0.3%，力图减轻美国科技研究人才的管制负担。

第四，建立研发链、产业链、市场链贯通的完整创新体系。美国明确定义创新的内涵为从创意到形成商品价值，再到商品使用、使用后反馈的全过程。因此，研发的起始阶段就注重研发链、产业链和市场链的衔接，瞄准市场，系统集成。同时，美国力求建立起高校、企业、政府和市场协同推进的创新体系，较大程度地支持学术部门、制造商、行业协会及中介组织等建立跨部门合作伙伴关系，鼓励中小企业参与合作伙伴关系，推动广大企业的商业化和规模化。此外，美国为解决科研体制中长期存在的创新链条割裂破碎和行政监管负担过重两大问题，总统科技顾问委员会（PCAST）2020年6月首次提出未来产业研究院的构想，并于2021年1月进一步细化了未来产业研究院的设计方案和建设步骤。这是自2012年时任总统奥巴马提出组建制造业创新研究院之后，美国再次由联邦政府层面发起的新一轮国家级创新主体建设计划。在布局领域上，制造业创新研究院聚焦先进制造业细分领域，未来产业研究院则意在抢占未来产业竞争制高点；在工作重心方面，制造业创新研究院重视共性技术和中小企业，未来产业研究院强调基础研究和人才培育。

（三）德国的创新战略

工业4.0时代，是一个以创新竞争力逐鹿的时代，也是后工业化时代的一个突出特征。德国为工业4.0时代做了大量的基础性研究工作，比如早在2006年，德国即有专家认为开始进入后工业时代。2006年，德国政府发布《德国高科技战略》（2006－2009），该战略主要对17个未来新兴产业进行研发扶持，通过引导中小企业在上述领域开展研发创新进行战略支撑。2010年7月，德国又出台了2006年《德国高科技战略》的升级版——《思想、创新、增长——德国2020高科技战略》，这一新战略虽然一如既往支持中小企业进行创新活动，强调产业集群带来的经济效应，但是将对新兴产业的扶持数量由17个减少至5个。2012年，德国政府为了《国家高科技战略2020》框架下的《十大未来项目》能够顺利推进，提出了《高科技战略行动计划》。2013年4月，德国在诺汉威工业博览会上正式发出《德国工业4.0战略计划实施建议》，作为德国《国家创新战略2020》中ICT领域的重点项目，延续了2006年《德国高科技战略》和2010年《思想、创新、增长——德国2020高科技战略》对高科技产业和中小企业创新的扶持，也十分重视走“官产学研”结合的目标实施路径。

德国政府除了出台上述政策促进创新发展，也相继发布了系列保障创新政策稳步推进的措施。例如，德国依靠“双轨制”职业教育体系培养制造业基础人才，而产业的创新攻关需要更多高水平人才，于是德国政府于2012年制定了“蓝卡”制度以吸引更多海外高级技术与管理人才。从平衡东西部地区经济发展，帮助经济状况处于劣势的东德地区落实产业创新政策的角度出发，德国对东部地区投入大量资助性资金用于研发，并出台了《创新地区计划》（Inno Regio）、《东部新研究资助计划》等保障性计划政策。除此之外，为配合制造业创新发展，德国政府还在金融领域进行改革，对人才培养制度也进行了完善。德国金融市场的稳定和金融创新产品的推出为中小企业投融资提供了高效的场所和便利的产品。

（四）日本的创新战略

面对激烈的国际竞争，世界各国纷纷根据本国国情制定创新发展战略，以通过科技创新维护竞争优势、推动社会变革、促进经济发展。其中，日本政府提出构建超智慧社会形态“社会5.0”，将制造业的网络化、数字化和智能化作为前提，突破现有的经济瓶颈，创造经济社会发展新模式。

日本政府将本国定位为“世界最适宜创新的国家”。为此，日本最大限度发挥科技创新促进社会变革的力量，出台了集科技、创新、经济三大领域为一体的综合政策。在制度构建层面，首相担任日本科学技术最高决策机构的议长，“综合科学技术会议”改组为“综合科学技术创新会议”，议长基于政府省厅的立场，对强化科学技术创新的推进负责，通过整体规划和提前制定前瞻性、机动性、跨部门的科技政策，引导研发创新活动的落实。在政策落实层面，“超智慧社会”的主要支柱——综合科学技术创新会议宣布两项国家级计划：一是实施年度预算为325亿日元的“战略性创新推进计划”，旨在促进跨越省厅、学科及产业边界的横向联合型项目推进；二是实施“创新性研究开发推进计划”，旨在扶持存有高风险、高影响力、高挑战性、间断性却能给社会和产业发展带来巨大收益的创新项目。同时，日本政府为了实现跨领域创新和融合创新，释放出更高能量的协同效应，在“综合科学技术创新会议”下设立了跨省厅的专门“会议”，负责开发前沿科学技术和推动新兴产业发展，并突破了以往文部科学省和经济产业省分别负责基础研究和应用研究的传统。比如，成立“人工智能技术战略会议”，该组织的议长由学术振兴会理事长担任，负责对总务省、经济产业省和文部科学省的研发活动进行管理和协调，该组织作为最高指挥部还需要汇总以上部门的研发成果，并提供给政府部门、企业和大学中的科研机构验证和使用，进而汇合成官、产、学的共同智慧，最终提升以人工智能为代表的高科技领域科研成果的转化率。

三、发达国家再工业化的资金支持战略

作为一项系统性工程，发达国家再工业化的成功实施，还需要有充足的资本，或者说制造业所需的资金支持。

（一）美国的资金支持战略

美国的制造业回流是通过技术创新大力发展高附加值的新兴产业，建立新兴产业部门，同时对传统制造业进行转型升级。

第一，政府筹集资金来支持创新研发活动。2009年美国白宫发布的《重振美国制造业框架》指出制造业占美国工业界所有研发支出的70%，政府将加大新技术和新商业模式的研发投资。当时奥巴马政府对研发活动的投资举措集中在：提高纳米技术、生物技术等先进领域的R&D预算和协调；增加对技术创新项目的投资，永久抵免实验和研究的税收；设置创新奖励基金。2011年，美国白宫提出《先进制造伙伴计划》，为打通产业、大学和联邦政府间的资源，投入了5亿美元。2014年，政府追加3亿美元用于促进先进材料和先进传感器的创新。2018年，《美国先进制造业的领导力战略》出台，该战略直接指出美国先进制造业、国防工业和供应链建设对美国经济发展有着举足轻重的作用，为此，特朗普政府加大直接投资科研活动的力度，并且进一步完善和升级了基础研究设施，推进了世界级实验室的建设进度。除此之外，美国政府还加大了对军工领域的研究、发明和创新支持力度。具体而言，该领域的进展是主要由美国公共和私

营部门以超过 5 000 亿美元的 R&D 投入所推动，R&D 投入中有 1/4 的资金出自美国联邦政府设立的国防能力种子基金。

第二，多元投资主体筹集资金支持制造业发展。美国制造业创新研究所一般通过 PPP 运营模式筹集资金，即联邦政府的财政资金与其他投资主体的自筹资金以 1∶1 为最低比例进行投资，其他投资主体主要包括企业、研究机构、非营利性组织等。联邦政府对每个制造业创新中心投入的财政资金规模通常在 1 亿美元左右，一般当作招标后项目的启动经费使用。从目前情况来看，大多数制造业创新中心的自筹资金远远高于联邦政府拨付的财政资金。比如美国先进功能织物研究所（AFFOA）是自筹 3.75 亿美元资金加财政拨款 7 500 万美元；集成光子制造创新中心（AIM）是自筹 5 亿美元资金加财政拨款 1.1 亿美元。为了能够最大限度发挥财政资金的作用，美国政府还详细制定了财政资金的资助方案。具体表现为：项目获批初期，政府财政资金将按比例进行大规模资助，随后逐年递减，并要求创新中心在 5 ~7 年逐步实现自筹资金发展。

第三，通过税收优惠吸引制造业企业回归美国本土。2010 年的《美国制造业促进法案》在相当大范围内进行了税收优惠减免，使得美国总税率由 2006 年的 46.9% 减至 46%，从而降低制造业企业的成本压力。2012 年，美国政府通过降低边际税率，扩大税收抵免范围对制造业企业所得税进行调整，修改后的税收抵免扩大至 17%。2017 年，特朗普当选总统后开始进行税法改革，并拟在未来 10 年内新增 1.5 万亿美元赤字。2018 年的《美国总统经济报告》，拟将公司所得税率由原来的 35% 调低至 21%，并且对资本投资全额予以报销，此举将有望助力美国国内生产总值增加 2 ~4 个百分点。而拜登总统上台后也实行税改政策，其最重要的部分是对上市公司国内和海外利润施加最低税率标准，估计为美国带回约 2 万亿美元的公司利润，并为《美国就业计划》筹集资金。

（二）德国的资金支持战略

德国正式提出“工业 4.0”战略之后，政府便相继出台了配套的财政政策与产业政策，共同通过服务化、标准化来进一步巩固德国在制造业领域的传统优势。

第一，政策性银行为新兴产业提供优惠贷款。作为德国最大的政策性银行，德国复兴信贷银行（KFW）肩负为新产业开发、发展国家重点新兴产业等提供资金支持的重任。当前，德国复兴信贷银行的子公司——KFW 中小企业银行负责制造业中小企业业务，主要是为制造业初创企业提供资金支持和其他金融服务。出于进一步鼓励创业的目的，复兴信贷银行推出了欧洲复兴计划（European Recovery Program，ERP），计划中还包含了优惠性创业贷款，其本质是 KFW 为中小企业的贷款提供担保。ERP 主要从两方面为经营时间持续在 2 年以上的制造业中小企业提供长期金融服务：一是为此类中小企业的市场调研、新产品开发等活动提供总额在 500 万欧元以内的贷款；二是为此类中小企业的新产品推广提供总额在 100 万欧元以内的贷款。此外，该贷款项目还为经营时间不足 3 年但需要资金扶持的中小企业提供中长期低利率贷款。中小企业在申请上述贷款时先通过自己选定的商业银行向 KFW 提出贷款申请，KFW 再通过该商业银行将优惠贷款放至该企业。对于贷款风险，KFW 要求贷款人和其选定的商业银行自行协商贷款抵押物，选定的商业银行承担 20% 的贷款风险，剩下 80% 的贷款风险则由 KFW 承担。

第二，政策性银行支持制造业中小企业股权融资。KFW 在为新兴产业提供优惠贷款之余还与风险投资资本合作，共同为中小企业进行股权融资提供便利。在 ERP 初创企业基金和高科技种子基金两项计划下，仅 2012 年，KFW 就为德国国内中小企业提供了 7 400 万欧元的资金支持。ERP 初创企业基金由 KFW 联合风险投资资本共同创立，KFW 负责其管理和运营，联合为高科技初创企业提供投融资支持。在这种投资模式下，初创企业每年可以获得的最高投资额度为 250 万欧元，但累计投资额度最高不能超过 500 万欧元，其中来自 KFW 的份额不高于 50%，剩下的份额由至少一位私人投资者出资。而高科技种子基金则以政府、政策性银行和民间团体联合合作的方式运作，为经营期尚未超过一年的高科技初创企业提供融资支持。在 2005 ~ 2014 年期间，高科技种子基金的资金池就吸收了来自德国政府的 4.6 亿欧元、KFW 的 5 500 万欧元和民间资本的 5 850 万欧元①，规定高科技初创企业想要申请该基金必须通过严格的风险投资审批程序。

（三）日本的资金支持战略

日本政府财政资金中用于支持经济产业的比重高达 30%②，高于在军事防卫、基础公共服务、教育等领域的投入，对制造业的财政支持也保持在较高水平。其财政资金支持制造业的方式丰富多样，包括委托费、补助金、运营交付金、税收优惠等。

第一，委托费。其实质是政府支付的购买服务的费用。主要是通过企业申报、政府批准、定向支付、事后验收，有目的、有计划地推进特定事业的发展。如日本政府于 20 世纪 60 年代设立了大型工业技术研究开发委托费，主要是从高新技术领域选定课题、设定研发目标，委托企业开展研究。2018 年，经产省委

---

① 《德国：财政金融力撑高端制造业》，http：//xw. cbimc. cn/2021 -01/18/content_379087. htm。

② 《日本高额财政资金支持制造业的启示》，https：//www. 163. com/dy/article/E1IAQCR905118SRU. html。

托费主要用于中小企业经营支援、产业技术研究开发、新产业集群发展等 7 个方面。其中，中小企业经营支援委托费占比最高，约占 61%；产业技术研究开发委托费约占 11%，其中的制造业类主要用于宇宙产业技术、铜原料提纯、政府卫星数据公开和利用等领域；新产业集群发展委托费约占 9%①。

第二，补助金。补助金是直接支付给补助对象的资金，由企业提出申请，政府审核批准。日本政府每年提供大量补助金，主要用于中小企业创业或经营、研究开发或服务开发、医疗救助、海外拓展、知识产权保护、人才培养或人员雇佣等，支持内容广泛。如 2018 年经产省的补助金预算内容包括：中小企业经营支援补助金、医疗研究补助金、中小企业海外开拓补助金、地方新产业促进补助金等。其中，中小企业经营支援补助金额度最高，占全部预算的近 1/2，包括传统产品、地方创业、战略性基础技术等用途。且若因项目进度原因造成资金不能按时发放，补助金可允许结转到次年继续发放。补助金除上述用途外，还有定向发放到日本政策金融公库的补给金，由日本政策金融公库负责对中小企业发放低息贷款和进行股权融资，支持企业发展。

第三，运营交付金。即对经产省下设法人机构的财政拨款。经产省有 15 个独立行政法人机构，主要开展产业技术基础研究和产业化应用研究，弥补大学研究的不足，如经济产业研究所、产业技术综合研究所、产品评价技术基础机构等。对于其中一些法人机构或法人机构牵头组建的官产学研一体化研究单位，政府给予全部或大部财政拨款支持。如科学技术振兴机构 2018 年预算的 1 056. 14 亿日元中，1 009. 54 亿日元来自财政拨款；产业技术综合研究所 2016 年经常性收入 904. 46 亿日元，其中财政拨款 627. 44 亿日元。又如在细分产业领域成立的具有独立法人资格的“技术研究组合”，其政府财政资金支持最高占比高达 50%②。

第四，税收优惠。在日本制造业复兴和蓬勃发展的十几年中，三项主要税制调动了企业技术创新的积极性。一是 1966 年开始设立的对试验研究费予以扣除的税收制度。若制造业企业当年的试验研究费创历史新高，那么可以扣除该年超出部分 20% 的税额。二是 1985 年设立的用于鼓励基础研究创新的税制。基础研究创新产生的资产购置费用的 7%，与“增加试验研究费的税额扣除制度”规定的应扣税额一并扣除。三是针对中小企业的优惠税制。除了对试验研究费历史新高进行扣除外，政府还将对试验研究费 6% 的税额予以扣除。

①② 《日本高额财政资金支持制造业的启示》，https：//www. 163. com/dy/article/E1IAQCR905118SRU. html。

四、发达国家再工业化的能源战略

（一）美国的能源战略①

奥巴马总统一上台就提出了新能源战略，即实施能源新政。能源新政核心目标是强调能源独立和以新能源产业发展来抢占全球经济的制高点，主张大力发展可再生能源，注重扩大国内天然气和石油产量、控制碳排放量、节能和提高能源利用效率等，以应对国内能源安全、国际金融危机以及全球气候变暖等重大国内外棘手问题。可见，发展可再生能源是奥巴马政府的战略重点。2009 年 9 月，奥巴马政府确定将新能源技术作为创新领域的关键点，并制定了联邦政府创新战略；2010 年 1 月，奥巴马在其国情咨文中强调可再生能源领先的国家必将是 21 世纪全球经济的领导者，美国绝不能落在中国、德国和印度的后面。美国在推行再工业化进程中，如此高度重视可再生能源发展，是因为它对美国的发展具有不可替代的战略性作用。

为了争取美国能源独立、提升就业率和促进经济发展，特朗普总统上任后实施了以发展化石能源为核心举措的能源政策。该政策与前任奥巴马政府推行的《清洁电力计划》截然相反，实际上是以“美国优先”，表明了特朗普政府的执政理念。不仅如此，特朗普政府还将能源出口作为地缘政治手段，通过提出“能源主导”新目标来强化美国的领导地位和国际竞争力。2017 年 3 月 28 日，白宫正式发布《特朗普总统的能源独立政策》，这一政策的主要目标如下：放开关于能源生产和相关就业的约束；鼓励美国能源发展，要求相关部门整改原能源计划；废除奥巴马政府推行的气候变化行政行动；放开对石油、天然气和页岩油气行业的管制；要求政府机构彻查阻碍国内能源生产的行为，对未获得法律许可的行为采取行动；放松联邦政府对能源行业的监管。2017 年 6 月 1 日，总统特朗普不顾多方反对意见，宣布退出《巴黎协定》。

美国总统拜登在能源政策方面延续了民主党一贯的立场和主张，支持清洁能源革命，通过多边合作重新加入《巴黎气候协定》。具体而言，在应对气候变化、清洁能源技术和治理环境污染方面，新政府的具体举措如表 5 - 5 所示。

① 本节主要参考：刘建江、邹花兰、唐志良：《美国能源独立：动因、举措及影响研究》，载于《湖南师范大学社会科学学报》2016 年第 2 期。

表 5－5　　拜登政府的相关能源政策

应对气候变化方面	清洁能源技术方面	治理环境污染方面
重新加入《巴黎气候协定》	限制航空业碳排放，为飞机研制新的可持续燃料，以及对飞机技术和空中交通管制进行优化创新	制定要求污染者承担其气候污染全部成本的法案
接受《蒙特利尔议定书》的《基加利修正案》	加快碳捕集、利用和封存（CCUS）技术的开发和部署，提高对 CCUS 项目的税收优惠	授予美国国家环保局和司法部在法律允许的最大范围内追查污染案件的权力
建立一个专注于解决气候问题的跨领域和跨部门研究机构“气候高级研究计划署”	研究核能应用中安全性、废料处理及环境影响等问题	恢复针对社区的联邦保护措施，为有色人种、低收入和土著社区的环境不公正问题制定解决方案
对油、气运营商制定严格的甲烷污染排放限值	加大对“前沿”零碳技术的投资，如小型模块化反应堆、核聚变和绿氢等	确保所有社区都能获得安全的饮用水，升级社区水务管理系统
加大对生物液体燃料的研发投入	通过发展电池储能、下一代建筑材料、可再生能源、氢能和先进核能，确保新技术产品在美国制造，降低关键清洁能源技术成本	确保低收入社区和有色人种社区在清洁经济革命的竞争性资助项目中得到优先考虑
推动电动汽车发展，提出淘汰燃油车计划，减少碳排放	2021 年 5 月 18 日，拜登提出了 1 740 亿美元支持美国电动汽车发展的计划，作为 2.3 万亿美元“基建计划”的一部分，并发表讲话称：电车是汽车行业的未来	强化 SAFE 排放监管标准，通过排放政策倒逼和补贴政策催化两种方式逐步淘汰传统汽油动力汽车

资料来源：笔者整理。

（二）德国的能源战略

作为老牌工业强国之一，德国始终重视能源发展并视能源战略为工业发展和经济增长的命脉。然而，受制于能源资源相对匮乏，能源供给和安全问题成为影响德国走向世界第一强国的一大掣肘。从两次世界大战后的反思，到德国工业再次重返世界工业舞台中央，德国在提出工业 4.0 计划之际，也瞄准了新的能源战略重心，即以可再生能源为核心的绿色转型。

首先，逐步淘汰煤电。2020 年 6 月，德国政府出台《退煤法案》，制定了发电厂的关闭程序以及向经营者赔偿的相关事项。德国政府计划在 2038 年之前淘汰煤电。在《结构发展法》的规定下，德国联邦政府有义务帮助受淘汰煤电影响地区的居民重新就业，工厂重新转变发展方向，为此政府拨付了总计 400 亿欧元的资金进行补助。其中，受到特别影响或是结构性脆弱的地区还可以申请其他的联邦资金援助，对于需要重新进行投资建设的方面，德国政府提供了高达 140 亿欧元的资金支持。此外，煤矿区还可获得政府的配套支持。

其次，发展可再生能源。在可再生能源的有效利用下，预计到 2050 年，德国全部发电和消费都将实现温室气体中和。在风力发电方面，2019 年德国风力发电在可再生能源总发电量占比中超过了 50%，而德国总发电量中又有 43% 的电力来自风能和太阳能等可再生能源①，预计到 2030 年可再生能源发电量将达到总发电量的 65%。为了保证绿色电力的使用能覆盖全国以及加快能源转型步伐，德国政府将进一步开发新能源，出台的《海上风电法》也规定海上风电场的装机容量将于 2030 年之前提高至 20 吉瓦。在太阳能的利用方面，政府加大对光伏产业的补贴力度，2020 年上半年还正式取消了《可再生能源法》中光伏发电装机的补贴上限。这一举动旨在为光伏产业的发展保驾护航，同时也能够提振产业信心，为光伏产业吸引更多投资。

最后，促进氢能创新技术的研发、应用和出口。天然气作为德国的基础能源之一，其消耗量目前占基础能源总消耗的 25%，若不寻找新的清洁能源进行代替，德国在 2050 年前将难以实现此前制定的气候目标。为此，德国政府于 2020 年 6 月 10 日通过了《国家氢能战略》，旨在利用新能源制氢推动德国能源转型，助力德国实现全面脱碳。这一战略主要通过为钢铁行业提供可替代的新能源来提升德国工业竞争力。2020 ~ 2023 年为德国为国内氢能源市场奠定基础的阶段，2024 ~ 2030 年为稳固国内市场，打开欧洲市场和国际市场的阶段。为了支持氢能源的发展，德国政府提供了 90 亿欧元的资金进行扶持，其中的 70 亿欧元用于氢能源的研发和培育，剩下的 20 亿欧元主要是国际合作经费②。

---

① 数据来源：德国联邦电网局 Bundesnetzagentur。

② 《新〈国家氢能战略〉加速德国氢能汽车发展?》，http://www.news.cn/globe/2023 - 09/19/c_1310741888.htm? utm_source = chatgpt.com。

（三）日本的能源战略

与世界上其他强国的能源储备相比，日本是全球能源自给率最低的国家之一，其石油、天然气等化石能源的探明储量相对于世界探明储量而言比重极低。但是，日本政府却致力于通过一系列举措弥补资源禀赋不足的缺陷。当前，日本政府制定了以氢能为核心的新能源战略，将氢能源作为促进日本能源转型升级和应对气候变化的有力抓手。

首先，关于氢能战略的基本目标。日本发展氢能的意向与其能源储备不足息息相关，2014 年 4 月日本政府便发布了“第四次能源基本计划”，明确提出了“氢能社会”的战略发展和建设方向。总体上来看，氢能战略有两大发展方式：一是开发多种清洁能源以提高能源供给率。日本的自有化石能源供给率仅有 6% 左右，这意味着 94% 的化石能源来源于国外进口，其中汽车燃料对国外石油的进口依赖度高达 98%，火力发电的液化天然气则全部依赖进口。核电站的关闭导致日本能源进口规模不断扩大，进而造成外贸赤字持续攀升。二是发展氢能以减少二氧化碳排放量进而实现减排目标。日本政府制定的二氧化碳减排目标是 2030 年比 2013 年削减 26%，到 2050 年要削减 80%。

其次，关于《氢能基本战略》的主要内容。日本的《氢能基本战略》旨在建设一个“氢能社会”，该战略的主要目标是在国内建设加氢站以大规模替代天然气和煤炭发电，降低氢能成本促使其与其他燃料的成本平价，发展家庭热电联供燃料电池系统。受到能源天然不足的影响，日本政府还将大力推进可批量生产、运输氢的全球性供应链建设。此外，该战略还设定了 2030 年和 2050 年以后的氢能具体发展目标。尽管这一目标相当宏伟，但从目前在国内外同时进行的跨部门氢能试点项目来看，其最终能否成功取决于氢能成本能否降低和无碳氢燃料能否获得。就当前情况而言，试点中开始较早的燃料电池汽车和家用热电联产项目已经初见成效，在一定程度上坚定了日本氢能发展之路。

最后，关于日本氢能发展的主要路径。日本政府的氢能发展重点主要聚焦在氢的生产、运输和应用方面。对天然气、石油、煤炭等化石能源进行加工的过程中会产生副产品，而氢能则主要来源于上述副产品。氢的运输方法主要包括液态氢、有机氢化物和氨三个方法，待到达使用部门后，经过气化或脱氢，便能获得氢气。具体而言，其发展路径主要包括：（1）从海外进口化石燃料，进而利用碳捕获、储存技术或可再生能源电解实现低成本零排放制氢；（2）改善国内氢的运输和分配需要的基础设施；（3）在汽车、家庭热电联供和发电等领域推广氢能源的使用。

第五节　发达国家再工业化的制约因素及前景

一、发达国家再工业化的制约因素

（一）美国的主要制约因素

美国的工业化战略中指出，其目前仍在全球保持制造业大国和强国地位，不仅在大多数领域维持产品竞争优势，在通讯、计算机、航空航天等高科技领域更是处于全球支配地位。然而，进入 21 世纪后，美国在制造业方面存在如下制约因素。

第一，再工业化内在动力不足，制造业在 GDP 中的比重继续下滑。资本主义生产方式追求利润最大化，必然会导致资本从低利润的制造业向高利润的金融行业转移。行业利润率大体上可以反映该行业可持续发展的内在动力，2008 ~ 2015 年期间，美国金融行业利润率始终高于制造业利润率，出于资本的逐利天性，制造业的资本定会逐渐向金融行业转移。比如，2008 年股市泡沫破灭后，美联储为了刺激信贷，采用下调利率的方式释放巨额资金，但这些资金并未如愿大量流向实体经济，而是流向了高盈利性的金融、房地产等行业，加上资本在这些行业中反复流转增值，使得美国经济在这些行业的推动下呈现出复苏态势。但是 2008 年系统性金融危机的爆发也从侧面反映了资本逐利的内在困境，即“食利型”经济模式通过非生产性金融部门的增值来拉动整体经济的不可持续性增长，而后开启的再工业进程便是对这种“食利型”经济增长模式的反思。在当前制造业回流背景下，尽管美国政府出台了多项举措刺激资本停留在制造业部门，但若制造业利润率不能得到真正的提高，资本便会为了追逐利润转移至金融行业等高利润部门流转，而不会转化为生产性资本用于创造制造业的价值，美国也依然无法避免过度依赖金融行业的“食利型”经济增长模式。如此循环往复，产业结构过度“金融化”“虚拟化”的不平衡问题仍难以解决，美国的再工业化也失去了内在动力。

第二，美国制造业储备人才缺口亟须填补。美国政府一直强调“制造业回流”，但制造业企业难以雇佣专业的工程师和技工，因此制造业人才紧缺成为制约美国再工业化进程的因素之一。在全球价值链中，美国舍弃生产制造环节而主要从研发与销售两端获得利润。这种获利模式导致了美国制造精神的衰退，使得美国人更为向往销售、金融等高收入行业，出现了逃离制造工厂、逃离工科的“逃离文化”。近年来，美国工科毕业生人数显著下降，白宫又实施了严苛的移民制度，国内国际双向劳动力储备不足导致美国制造业发展乏力。劳动力储备不足一方面将直接影响劳动密集型传统制造业回流美国本土，另一方面放大了美国制造企业人才供给结构差异过大的问题，这种情况下制造业回流美国是有悖经济基本规律的。加上受新冠疫情的短期冲击，不仅各行各业一度处于间断性工作状态，降低劳动力效率，而且死亡率的上升直接降低了劳动力数量。可以预见未来一段时间内，人才储备仍存不足。

第三，贸易摩擦削弱美国制造业竞争力。美国再工业化战略无疑强化了中美在制造业等领域的竞争性，2018 年以来此起彼伏的贸易冲突就是这种竞争的深刻体现。从长远来看，贸易摩擦是双输的博弈，美国将面临如下负面影响：（1）农产品因贸易战而缩减出口，制造业供应链上的关键中间品、材料和零部件也将承受巨大的出口压力，这些都将在一定程度上妨碍美国中间品的贸易交易进展。（2）贸易战中受损的相关厂商和工人对美国偏激贸易政策的不满将部分冲击美国政府的权威。（3）受到贸易摩擦影响，美国制造业为压缩成本将会提高产品价格或裁减员工，这不仅会导致失业率高涨，更会间接推动通货膨胀。

第四，现行工会制度阻碍美国制造业发展。经过长时间的发展，美国工会早已不再是纯粹为工人争取利益的组织，而是成为了给企业巨大压力的特殊利益组织。汽车工业作为美国制造业最显著的代表，其发展一度受到工会制度的阻碍，甚至差点被工会制度断送发展进程。作为美国最大的工会组织，美国汽车工人联合会（UAW）长年与美国三大汽车巨头进行博弈，通过组织工人大范围罢工以及发生暴力冲突来获取利益。2019 年 9 月的大罢工，美国汽车工人联合会组织了通用汽车 33 个工厂和 22 个仓库的总计约 4.9 万名工人加入其中，此举直接导致通用汽车美国工厂停摆，并造成了 36 亿美元的损失。强大的工会力量一旦开始运作，便会增加企业的经营成本，削弱企业竞争力，阻碍企业发展。然而，美国汽车工会只是美国 2 万多个工会组织中的一个，美国汽车业遭遇的困境也只是美国制造业现实窘境的一个缩影。如今，工会组织已经扭曲，演变成为为工人提供“铁饭碗”的强势组织，劳工矛盾也成为资本投资美国制造业时所必须考虑的一个重要因素。美国工会组织对工人的过度保护降低了美国工人工作的积极性，工人即使处于低效率水平也可以获得高福利，这无疑会影响制造业企业的管理效率和劳动力成本，长期下去将会阻碍企业的可持续经营，进而加速美国制造业及其工作岗位的流失。

（二）德国的主要制约因素

在面临美国等发达国家进行“再工业化”、以中国为首的新兴国家制造业转型升级和以智能化为特征的新一轮科技和产业革命蓬勃兴起的三重压力下，德国制造业表现出创新乏力，深陷“内忧外压，前后夹击”的困扰。在数字化、智能化时代德国工业面临的约束有以下几点。

第一，适龄劳动人口下降，老年人比例逐渐上升。人口老龄化是当今社会面临的一个重大问题，德国作为典型的老龄化国家，不仅进入人口老龄化的阶段较早，而且其老龄化进程远远快于大多数其他欧盟国家。据德国联邦统计局 2021 年的调查数据显示，德国 65 岁以上的人口约有 1 800 万人，约占总人口的 22%。早在 2010 年，65 岁以上的人口为 1 660 万人，占总人口的 20.7%。人口老龄化一方面会增加社会福利系统的财政压力，特别是养老保险和护理保险将承受巨大压力；另一方面也会给制造业带来全方位的打击，不得不迫使德国制造业进行转型升级。2018 年，德国央行行长延斯·魏德曼（Jens Weidmann）表示若人口老龄化不能得到很好的缓解，那么 2020 年之后德国经济增长将受到明显制约。而德国一贯谋求在传统制造业保持世界领先地位，但受到老龄化社会和劳动力缺乏等因素的影响，德国 4.0 战略因此只能通过加强智能制造与互联网信息技术的紧密结合，用互联网打造智能工厂的方式来维护自己的竞争优势。

第二，传统产业转型升级速度缓慢。德国在传统制造业领域具备绝对优势，如钢铁产业、铜及铝工业和汽车产业等，但“创新与数字化带来的巨大冲击在德国传统强势领域会更加明显”。随着新一轮科技革命的到来，大数据技术带来的改变将会深刻影响现有的工业体系，若基于数据创新的一系列前沿技术被应用至各行各业，那么传统工业活动与技术方法将被彻底颠覆，制造业价值链也将被重新定义。德国传统优势产业自然也会受到新兴技术突破和数字化转型缓慢的影响，若德国无法很好吸收利用新的数字技术，那么其传统优势必然会被削弱。从《2018 年全球自动驾驶技术发明专利排行榜（TOP100）》发布的数据来看，上述情况已经在汽车行业出现苗头，该发明专利排行榜中德国仅有 7 家企业入围，而中国和美国分别有 36 家、19 家企业入围[①]；毕马威发布的《2019 自动驾驶汽车成熟度指数报告》也表明，德国自动驾驶汽车成熟度在全球排名中出现下跌，2019 年仅在全球排第 8 名，比 2018 年下滑了两个名次。

第三，德国在尖端领域成果稀少。新兴技术的出现催生了新的产业领域，在

① 《2018 年全球自动驾驶技术发明专利排行榜（TOP 100）》，https：//www.sohu.com/a/301229048_120029240。

新兴产业领域如数字化产业，德国承受着来自中、美、日等国家的科技竞争压力，其中来自美国的压力尤其明显。《G20国家数字经济发展研究报告（2018年)》指出，2017年美国的数字经济规模总量高达11.5万亿美元，位居世界首位；2018年全球数字经济发展指数也名列世界第一[①]。在以自动驾驶、互联网、人工智能和生物技术等为代表的尖端科技领域中，德国不仅研究成果稀少，而且未能培育出科技巨头，而美国却拥有亚马逊、微软、苹果和谷歌等高科技企业并表现出强劲的研发创新实力。此外，在人工智能、机器人技术、联网机器以及汽车工业等新兴制造业领域，德国也面临来自日本的压力。近些年来，日本的科技实力同样不容小觑，《2018年世界机器人报告》显示，日本工业机器人在2017年的出货量已经突破全球总出货量的一半，其工业机器人的制造已经处于全球领先地位[②]。

第四，战略性新兴产业领域黯淡和闭环式增值链缺损。《德国工业战略2030》指出“当今最重要的突破性创新就是数字化”，而德国的数字基础设施建设比较落后，在这一领域也缺乏重大进展。2015年德国电信基础投资占GDP比值水平较低，在G20中排名倒数第四。此外，德国的全球经济地位与其数字化全球竞争力并不匹配，从《2018全球数字经济发展指数》发布的数据来看，德国未能进入前十名，排13名。在人工智能和互联网等新兴领域中，德国没有世界性企业，在全球数字企业竞争力前10强中也缺乏德国企业的身影。《2018年全球最具创新力企业50强》榜单的排名也显示，德国进入前50强的7家企业几乎都是传统企业，但这7家企业均止步于20强。从闭环式增值链层面来看，德国新兴产业领域增值链受损主要是由新材料和新技术的缺失引起，《德国工业战略2030》指出，“创新型碳纤维材料主要在德国境外生产”。而自动驾驶领域德国的增值链缺损程度表现得更为突出，由于汽车电池由亚洲生产，智能系统由美国开发等，导致德国和欧洲在自动驾驶领域丧失了话语权，损失占比超过了50%。

（三）日本的主要制约因素

二战结束后，日本制造业在自身产业政策和其他有利因素的支持下迅速崛起，经过几十年的发展跻身制造业强国之列。如今，面对新一轮科技革命催生新技术等以及各国比较优势的持续改变，全球制造业格局发生了深刻变化。日本制造业的发展不仅面临复杂多变的国际环境，也受诸多制约因素的钳制。

第一，人口老龄化问题严重。近几十年来，日本出生率低迷，人口结构始终

① 中国数谷，http：//www. cbdio. com/BigData/2018－12/25/content_5965326. htm。

② 中华工控网，http：//www. gkong. com/item/news/2018/11/95428. html。

未能得到改善，这给日本经济社会发展带来了难以估量的损失。依据世界银行数据，从1990年起，日本劳动力占总人口比例一直持续下滑，由20世纪90年代的70%跌至2018年的60%；老龄人口占比则持续上升，从90年代的12%翻倍增至28%；近些年来日本甚至出现了人口负增长。人口结构不合理，一方面，直接导致出生率下降，制造业劳动力储备不足，劳动用工成本不断上升，难以与美国和以中国为代表的新兴工业化国家竞争；另一方面，人口老龄化严重会一定程度上对社会活力产生抑制，使得整个社会的发展趋于保守，人们容易产生“从众心理”。在技术创新影响全球制造业产业格局演变的国际环境和缺乏活力使集体陷入沉闷的国内环境下，创新机制匮乏将导致日本在高端制造领域失去竞争优势。

第二，经济结构性问题短期内难以解决。日本经济长期处于低迷状态，所谓的“安倍经济学”似乎未能对恢复日本经济活力起到太大作用。由于日本很多产业和领域都趋于饱和状态，仅靠投资无法有效刺激经济增长；而经济增长率低又难以提升居民的收入水平，消费因此也受到限制；日本的出口则一方面受到中国等新兴工业化国家崛起的冲击，导致中低端市场占有率不断下降，另一方面受到美国等发达国家再工业化的影响，逐渐在高端领域失去竞争力，出口受到阻碍。因此，如何突破经济体制和现实的障碍成为了促进日本制造业发展的关键问题。

第三，错误解读创新的内涵和意义。日本制造业企业十分重视创新研发，甚至对创新本体产生了误解。大多数企业将技术研发的阶段性成果当作创新本体，但达到真正创新的最低条件是将新技术运用至新产品，使新产品能得到大规模的推广和应用。此外，高技术水平并不仅仅是指具备了创新点，而是最少需要同时满足以下四个条件：高质量、高性能、低成本、速生产，才能被称为“高水平技术”。然而，很多制造业企业追求创新的极致，反而落入了“创新陷阱”，在不完全符合界定的产品开发和更新迭代中以高技术为定位，进行创新和设计，结果不仅大幅增加了企业成本，而且导致产品在市场上缺乏竞争力。如此循环往复，企业对创新的错误认知未能得到根本性纠正，日本制造业也难以实现创新突破。

此外，发达国家还面临一个共同的制约因素，那就是再工业化受到资本主义体制的内生矛盾的整体制约。一个重要原因是发达国家无法破解政府主导的再工业化与自由市场运行之间的矛盾。

二、发达国家再工业化的前景

当前，发达国家的再工业化战略已初见成效，然而该战略的可持续性以及成功与否仍面临诸多需要克服的困难和不确定性风险：再工业化中核心产业的发展能否克服匹配性问题，从而进一步增加就业；发达国家技术研发与创新能否完成突破；劳动力要素能否实现预期的配置以及能否控制逆全球化趋势带来的影响等都具有相当的不确定性。总体上来看，无论发达国家此次再工业化战略成功与否，其推动全球经济可持续增长的意义都是不容忽视的。

（一）再工业化能否为经济和就业增长注入新动力

发达国家再工业化的出发点及中期目标是促进GDP增长和提高就业率。一方面，通过实施各项政策措施，促使各国制造业回流本国，为经济增长注入新动力；另一方面，加大对新兴产业扶持力度，尤其是新能源、信息、生物、医疗、环保、海洋和空间等新兴行业以及传统行业中高技术附加值的新兴子行业，为经济增长提供新的支撑点，从而改变过分依赖虚拟经济的“空心化”局面。制造业的回归和增长，无疑将为在人口中占比最大的中下层人群创造更多就业机会；而新兴产业的快速发展，将为社会精英人士提供更多高新尖端领域的就业机会，从而改善和促进就业，提高整体收入水平，拉动内需，实现经济增长的良性循环。但制约因素客观存在，新动力仍有待观察。

（二）技术进步、创新能否突破，带来新的经济增长点

一些学者认为发达国家的再工业化前景具有不确定性。如果发达国家无法按照预期完成技术创新方面的突破，再工业化战略将止步于传统制造业的发展，此次再工业化战略也将失去它的核心意义。因此发达国家的技术研发与创新能否引导新技术革命，成为再工业化战略成功与否的重要风险性因素。由于新一轮科技革命带来了数字经济的快速发展，以大数据、云计算、物联网和人工智能等为代表的技术革新，带来了资源配置效率快速提升的可能性，并催生了新的经济形态。发达国家的技术研发与创新能否引导新技术革命，成为再工业化战略成功与否的重要风险性因素。此外，现阶段发达国家经济产出的最大贡献部门为高技术含量的服务业，其劳动力工资水平相对较高，而再工业化战略的重点是发展制造业，要素报酬较低，引导要素资源从高收益部门流向低回报部门具有很大的不确定性。胡鞍钢等（2018）[①] 的研究认为：美国制造业自金融危机之后出现新调整并带呈现新趋势。通过经济学理论分析表明，美国制造业就业回流不具备经济意义上的合理性，美国制造业主要由高技术产业驱动，就业流失的主要原因在于技术进步。进一步分析美国制造业回流的政治内涵，主张美国制造业回流只是当前逆全球化背景下其加强国际领导权的重要表现，反映的是美国对当今国际政治经

① 胡鞍钢、任皓、高宇宁：《国际金融危机以来美国制造业回流政策评述》，载于《国际经济评论》2018年第2期。

济格局转变的焦虑。从这个意义上来说，发达国家再工业化的前景取决于技术进步、创新能否实现新突破，能大幅度提升劳动生产率。

（三）全球化能否延续，逆全球化趋势能否逆转

大变局下，发达国家制造业部门的生产中断尤其是关键医疗用品的供应不足和缺货引发了关于经济去全球化的讨论。一些学者指出，2008 年金融危机揭示了新自由主义全球化造成的严重不平等及后果，这加剧了发达国家民族主义和本土主义的情绪上涨，全球化浪潮由此出现了消退趋势。不过，经济的去全球化并非指民族国家从世界经济中普遍撤出，而是更复杂地表现为发达国家参与全球化的新需求，全球产业链供应链所呈现出的新形态，各主要工业国家追求自主可控的供应链成为常态。

制造业回归是国际产业转移中的“逆向流动”，对发达国家经济复苏有好处，但不利于全球经济结构调整和持续复苏。发达国家政府过度扶持制造业特别是传统制造业的措施，会人为扭曲市场配置社会资源的机制和效率，制约生产要素跨行业自由流动，影响世界经济增长潜力。当然，欧美制造业回归要完全逆转经济全球化大趋势也不容易。原因在于：一是受产业结构限制，服装、纺织品、家电等劳动密集型产业回流欧美本土市场的可能性小；二是中国等亚洲新兴经济体仍是世界经济增长最快、最具活力的经济体和潜力最大的市场，欧美企业为从亚洲经济持续快速增长中获益和贴近市场，不会大规模从亚洲撤出；三是欧美制造业仓促回归本土将面临零部件供应商、机械维修商无法实现国内配套问题。可以推测，未来欧美“再工业化”进程中政府与市场两种力量的博弈将长期存在。

（四）全球分工态势能否持续，全球贸易能否迅速恢复

首先，看后疫情时代全球经济能否迅速得到恢复。新冠疫情冲击金融市场和实体经济，加剧了全球经济复苏的困难。一者，疫情曾导致部分产业链停摆，进而引发大量失业，收入减少带来需求萎缩，产业链危机由供给端扩散至需求端，供需两端同时萎缩进一步加剧对产业链的冲击。二者，疫情加剧保护主义、单边主义、孤立主义、霸凌主义倾向。有的国家采取内顾政策[①]，收回全球化的产业链甚至设置贸易及技术壁垒，推动全球产业链本地化、分散化趋势，导致部分产业链收缩，全球产业链不稳定性升级。三者，疫情期间各国刺激政策短期利于经

① 2017 年，大量报道提及内顾政策的防范问题。比如有关报道称：“金砖国家领导人厦门宣言：防范内顾政策 反对保护主义”。参见：https：//www. sohu. com/a/169504476_313745。不过，当前的世界经济变化趋势远比内顾政策更为严峻，目前更需要防范的是“脱钩”。

济复苏，但中长期可能带来部分后遗症，如各国的货币宽松政策带来潜在通胀风险、长期资产泡沫、货币贬值等负面影响。当前，疫情已经过去，但对全球企业开工、投资与生产等的影响还将存在，进而影响再工业化战略的实施。

其次，要直面新一轮科技革命的冲击。在新一轮科技革命与产业变革方兴未艾条件下，不仅货物贸易进一步走向服务贸易、数字贸易，还出现了国际经济活动形式的变化、全球经济产业分工的调整以及世界政治经济秩序与治理结构的变迁，对国家、地区或城市均产生了深远的影响。伴随全球经济形态转变，以及全球经济中心与经济重心加速双重位移，以往的“中心—外围”发展格局逐步被打破，全球经济失衡进一步加速。在此过程中，传统国际产业价值链加速推倒重建。尽管国际产业梯度转移依然在优化全球产业分工中发挥着重要作用，但已呈现出边际效益递减发展趋势。对于一个国家或地区而言，产业主导权成为全球产业版图与创新版图上的核心。

最后，全球贸易能否良性发展。新兴市场国家正在逐步丧失劳动力、汇率等比较优势，传统制造业一方面可能逐步回归发达国家本土，另一方面则有可能转向其他第三世界国家，这种趋势将受到国际整体政治经济局势等多方面因素影响。受制于地缘政治风险、美国税改政策等，全球投资环境普遍不佳，全球制造业 PMI 指数也持续回落，全球进口额中制造业产品进口占比过半，因此投资下降、制造业产出放缓、工业需求放缓进一步对全球贸易造成较大冲击。当前情况下，全球贸易能否抵抗冲击而良性发展，成为发达国家再工业化成功与否的重要因素。

（五）全球债务问题能否软着陆

2008 年金融危机后，发达经济体普遍采用大规模量化宽松政策，大幅降息，使得长期利率中枢下移。美国的非金融企业债务创历史新高、偿债比率接近 2009 年；欧盟部分经济体希腊、意大利、葡萄牙等国政府债务率高企，2019 年政府债务占 GDP 比重分别为 180.5%、137.4% 和 117.2%，超过上轮欧洲主权债务危机的水平，且经济增速低迷，财政状况恶化，意大利失业率常年在 10% 以上。新兴经济体如阿根廷、哥伦比亚、土耳其、巴西等国外债/经常项目收入之比较高，达到 200% 以上，外债负担沉重。根据国际金融协会（IIF）的新数据，2021 年全球债务总额（企业、家庭、政府三方面的债务总和）达到 303 万亿美元，占全球 GDP 的 357%，其中相当大的比重是公共债务①。这其中，尤其是美国，近

① 杨志锦：《财政部原副部长朱光耀：发展中国家债务危机正在爆发，发达国家也面临债务问题》，载于《21 世纪经济报道》2022 年 7 月 16 日。

年来债务急剧膨胀，到2022年2月1日，根据美国财政部的数据，联邦政府债务规模首次超过30万亿美元。由于全球债务危机隐患凸显、欧盟一体化进程倒退、全球贸易摩擦升级、人口老龄化和贫富差距进一步拉大，全球经济增长乏力，处在“低增长”阶段。量化宽松对于经济的刺激作用逐步减弱，发达国家一方面寻求非常规货币政策或其他财政、产业政策的发力，另一方面，低利率没有带来通胀，经济增长低迷、需求增长不足、原油价格低位等因素使得“低通胀”现象凸显。而欧美国家能否顺利走出高赤字、高债务危机，这既是欧美国家需要实施“再工业化”战略的起源，同时又制约着战略的顺利实施。要解决这一矛盾，需要有多种因素共同支持，内因包括发达国家国内市场需求的提升、房地产市场的恢复、技术进步、削减军费开支等，外因则包括新兴市场国家不断扩张的市场需求、能源资源价格的回落以及国际局势的稳定等。

综上所述，未来发达国家再工业化战略的实施不会一路平坦，但其作为打破原有国际分工格局、实现多极化及全球贸易再平衡的一股力量将长期存在。

第六节　本章小结

再工业化战略大规模推进虽源自于2008年金融危机的冲击，但也不完全是为了应对危机，各国都希望以第四次工业革命为契机，企图在全球工业格局重塑之际，为本国先进制造业发展抢占高地。从具体政策体系来看，美国一直以隐蔽的方式支持特定产业的发展，并通过调整供给—需求侧的手段给予技术发展大量补贴；德国在充分尊重市场规律和调动企业能动性的基础上，凭借产业规划指导重点领域产业发展；日本则通过出台以加强企业应对环境突变灵活性的产业政策，试图重新构建一个具备“高效＋经济安全”的韧性供应链体系。同时，再工业化战略是一项系统工程，需要考虑国内、国外可利用的要素进行整体战略布局。故本章也从人才储备、创新战略、资金支持和能源战略四个方面分别探讨了主要发达国家是如何利用基本要素对再工业化进行强力支撑的。

进一步，我们对发达国家再工业化过程特征、功能特征、生产要素特征、生产方式特征和目标等特征等进行了归纳分析，为中国制造业转型升级、制造业高质量发展提供经验参考。

从发达国家再工业化面临的主要制约因素来看，其共性在于美国、德国和日本三国都受到制造业储备人才缺口的影响，其中德日两国更是被人口老龄化所约束，而差异性则体现在美国不仅再工业化内在动力不足，工会制度也在阻碍美国制造业发展；德国工业面临传统产业转型升级速度缓慢等；日本亟须克服经济结构性问题等。发达国家再工业化前景是否乐观，主要依据核心产业的发展能否克服匹配性问题、技术研发与创新能否完成突破，以及全球化能否摆脱疫情的冲击等进行判断。

整体上，发达国家进一步意识到制造业对实体经济的支撑作用，其制定的“再工业化”战略，不仅是要吸引传统制造业回流本国，而是要进一步强化自身在传统制造业的优势环节，更是要在新兴技术领域实现高附加价值和高精尖技术产品的突破，从而在新时代的全球制造业竞争中抢占话语权，强化欧美经济体在新一轮全球产业竞争和技术竞争中的主导地位，实现本国制造业部门的高质量发展，为国民经济的平稳发展奠基。

第六章

发达国家再工业化影响中国制造业转型升级的理论机制

2008年金融危机后，美欧发达经济体相继实施再工业化战略，在推动传统工业化理论发展的同时，也对高度重视制造业发展的现象提出了新的理论课题。主要工业化大国纷纷推出新的工业化战略，促使人类社会孕育第四次工业革命，并对世界经济、政治格局产生深刻影响。前面从去工业化、再工业化与制造业在国民经济中的地位变化归纳了相关领域的研究，在此基础上，本章将深入研究主要工业化国家的再工业化战略影响我国制造业转型升级的理论机制，从国际市场与国际分工、供求关系、技术创新及国际权力等方面来梳理发达国家再工业化影响我国制造业转型升级的理论机制。

第一节 发达国家再工业化影响中国制造业转型升级的必然性

金融危机之后，中国制造业正面临着欧美等发达国家实施“再工业化”战略和印度、越南等发展中国家低成本优势的“双重挤压”：劳动力成本增加，资源环境约束趋紧，传统竞争优势逐步消失，且外部环境在恶化。加之不稳定、不确定因素增加，不可避免地给我国制造业发展带来了冲击。此外，随着中国经济的持续快速增长，发达国家认为中国的崛起将对现存的世界格局形成挑战，导致部分国际权力的转移，一系列再工业化举措和遏华政策不断涌现，从而我国制造业的转型升级势必受到阻扰与制约。

一、发达国家再工业化影响世界经济格局的必然性

2008 年金融危机后，以美国为首的发达国家再次意识到制造业发展对于振兴实体经济的重要性，随后纷纷推出促进经济社会发展的“再工业化”战略，旨在重构未来全球经济新格局，打造本国制造业新的比较优势，从而夺取新一轮的国际话语权。在国际市场与国际分工互动的共同影响下，发达国家再工业化战略对世界经济体系造成的影响不断涌现，主要集中于打破国际贸易与金融彼此依存格局、导致国际贸易和金融竞争失序、推动全球产业布局方式向市场需求主导转变等方面，中国制造也势必受到影响。

（一）打破国际贸易与金融彼此依存的格局

长期以来，全球经济形成了美国等西方发达国家过度消费、其他国家严重依赖出口的不平衡、不充分的社会发展模式。发达国家再工业化战略和出口扩大战略的实施，不仅压缩出口导向型国家的进出口份额，还将重构全球各个国家间在国际贸易领域的彼此依存格局。此外，发达国家再工业化导致基于产业间贸易的国家在承接产业转移后不断面临产能过剩局面，进一步受到发达国家尤其是美国经济波动的制约，同时加剧了与其他争夺美国市场的出口国之间的贸易争端。金融危机后，美国实施的量化宽松政策引发美元泛滥，加上美国全球霸主地位的相对衰落，促使全球其他国家走上了不同程度的“去美元化”道路，最终可能导致世界各国不断摆脱对美国的金融依赖，原有“中心—外围”体系面临冲击。

（二）导致国际贸易和金融领域的竞争失序

后金融危机时代，科技创新是经济增长的核心支撑点。只有牢牢把核心技术掌握在自己手中，才能不受制于人，推动本国经济持续向好。当前，世界各国先后将先进制造业和战略性新兴产业视作振兴本国实体经济的重要突破方向，其中就包括先进装备制造、节能环保、新能源和新材料等领域，从而创新要素高度集聚的高新技术产业领域的贸易摩擦不断升级，国际经济体系陷入竞争失序状态。全球性贸易保护主义不断蔓延，世界经济竞争失序。

（三）推动全球产业布局方式向市场需求主导转变

作为国际贸易和国际分工的理论基础，比较优势理论长期是全球产业布局的重要理论依据。新一轮的科技革命和产业变革方兴未艾，全球各国的比较优势与市场格局逐步发生变化。

一是个性化需求浪潮不断塑造全新消费市场。从20世纪70年代开始，由于发达国家经济社会的高速发展，消费市场饱和度逐年上升，本土市场竞争日趋激烈，企业相继布局海外市场。伴随着互联网的兴起，年轻消费者的个性化和定制化需求不断攀升，手机、电脑等电子设备更新迭代进一步加快，全新消费市场得到重塑，其中发展中国家尤为明显。

二是新的生产模式弱化了传统低成本优势。随着全球分布式电商网络概念的落地与兴起，就地生产、就地消费的模式快速发展成为就地生产、异地消费的模式，大幅降低了从生产端到消费端各环节的中间成本，同时人工智能、数字技术的广泛应用进一步降低了劳动力和人力资本的投入比重。此外，产业集聚方式也因此而改变，不仅能突破原有的地域限制进而塑造全新的消费集群，而且虚拟生产和虚拟服务相互融合更是形成了全新的虚拟集聚方式，最终使得以降低生产、交易成本从而实现规模效益的传统地理集聚方式得到延伸与拓展。

三是绿色发展理念一定程度暴露了发展中国家的工业污染劣势。面对日趋严峻的环境污染形势，全球低碳转型趋势明显，世界各国都面临“碳达峰”与“碳中和”的双重考验，其中发达国家和地区在高新技术领域具有全球领先优势，绿色生产和清洁技术更为成熟，同时其重污染排放时期已成为过去，实现“双碳”目标更加简便。大多数发展中国家由于过度重视经济的高速发展而较少融入绿色发展理念，目前正处于重污染排放时期，达到绿色生产要求则更为艰难，其经济发展必然受到一定限制。

因此，新一轮的技术革命与产业变革通过改变传统意义上的比较优势进一步影响全球产业布局。发达国家正试图改变研发与制造环节分离的生产模式，进一步打造研发与制造耦合协调发展的产业布局，这将打破发展中国家基于比较优势而参与国际分工的局面，国际分工体系面临重构。

二、世界制造格局重构影响中国制造业转型升级

（一）中国制造高端发展、转型升级受到直接影响

发达国家纷纷制定国家层面的战略和行动计划，推进再工业化战略以应对新

工业革命的挑战，直接影响中国制造高端发展、转型升级。美国提出了“再工业化战略”，英国提出了“英国制造业2050”，法国提出了“新工业法国”战略，日本提出了“制造业白皮书”、德国提出了“工业4.0”战略等。各国推动制造业振兴或发展的相关措施，对我国制造业高质量发展甚至整个产业结构升级都造成了压力。近年来，美国以愈加激进的手段强力推进再工业化战略，意图从各方面对我国进行打压。在2018年4月美国公布的约500亿美元商品的对华加征关税清单中，所覆盖的前十大产业均为“中国制造2025”重点发展的领域。2020年5月，美国再次发布“禁令”，宣布美国公司将暂停向华为出售所有半导体产品，并禁止使用美国半导体技术的其他国家的制造商向华为出售半导体产品。美国以举国之力对华为实施打压，意在阻止中国在未来“关键战略技术”领域取得主导地位①，阻断中国制造转型升级。

（二）制造业低端生产领域亦深受影响

越南、印度等东南亚国家利用人力和物料等方面的低成本竞争优势不断承接中低端产业转移以扩大外资规模，其中主要以劳动密集型产业为主。一方面部分跨国资本直接到东南亚国家增设新工厂，另一方面则计划将在中国投资的旧工厂转移至越南、印度等新兴国家，甚至有些中国本土企业也顺势在东南亚国家建厂。近年来随着全球化的不断深入，加上“一带一路”倡议的推进，我国与“一带一路”沿线国家的出口产品结构和种类等方面的相似度不断提高，这间接表明越南、印度等东南亚国家正不断挤占我国在相关产品出口领域的市场空间，其中玩具、纺织等劳动密集型制造业领域尤为明显。由此，对中国低端制造形成冲击，倒逼中国制造加速转型升级。

（三）全球产业链断链风险影响中国制造长远发展

面对贸易保护主义、逆全球化抬头趋势，全球制造业活动已显现萎缩态势，断链脱钩风险加大，中国制造业难以独善其身。中美战略竞争升级已给全球经济带来巨大冲击，经济增长面临的不确定性增加，全球经济增长普遍放缓。全球产业链频频受阻，也倒逼各国加大维护自身产业安全的力度。美国政府推出史上最大规模的减税计划给予美国企业支持，在一定程度上会对未来美国制造企业的选址或来中国投资设厂造成影响。

① 刘建江、胡悦、李喜梅：《特朗普政府对华贸易战的主要特征及影响研究》，载于《商学研究》2020年第1期。

三、国际政治维度下影响中国制造的历史必然性

（一）中国持续崛起影响当前世界格局

就国际政治环境而言，苏联解体，标志冷战结束。20 世纪 90 年代美国享受冷战红利，加之信息技术助推，一度号称进入了没有经济周期的新经济时代。此后，中国入世，中国经济快速融入全球经济体系，并持续崛起。世界银行数据显示，中国经济占世界 GDP 的规模，1990 年仅为 1.79%，当年美国 GDP 占世界比重 25.5%，到 2009 年中国 GDP 占世界比重上升至 8.65%，2020 年超过 17%，2022 年约为 18.3%。如此之大的经济体的持续崛起，对以往世界经济格局的冲击在所难免。

随着中国经济的持续快速增长，发达国家认为中国崛起将对现存的世界格局形成挑战，将会对发达国家在亚太地区乃至全世界的经济和安全利益构成威胁。发达国家尤其是美国对外采取了更为激进的再工业化举措，表现出强烈的逆全球化和贸易保护主义思想，实施严厉的移民政策、加强外国赴美投资的审查力度、抛弃多边主义，重构双边贸易体系、不断挑起贸易摩擦，等等。由此引起的发达国家制造业回流必将造成国际间产业转移形势改变，部分中、高端制造业迁回发达国家后，将改变我国承接中高端产业发展的趋势。

（二）中国崛起倒逼部分国际权力转移

当前，发达国家大力推进再工业化，促进工业智能化转型升级，重塑国家竞争优势，重振国家制造业体系，提升国家硬实力，试图获取全球未来战略主动权，进而能够继续巩固和提升其国际权力，强化对国际经贸规则或全球治理的主导权，从而可以利用规则的力量来制约我国制造业迈向全球高端领域和“走出去”，使我国制造企业在产品出口、海外投资、重要资源的获取等方面面临更大挑战。由此将对我国制造业转型升级产生显著的抑制作用，进而弱化我国持续发展带来的国际影响力。在此大趋势中，传统以联合国、WTO、世界银行、IMF 为主体的全球治理体系面临冲击，国际经济体系部分处于重构当中，从而使中国制造业转型升级、中国经济转型升级面临新变数。但中国持续崛起，“东升西降”趋势逐步形成，中国制度所展现的强大生命力，正在倒逼部分国际权力向东转移。

第二节 国际市场与国际分工的互动机制

自国家诞生以来，随着生产力的不断发展，大量剩余劳动和商品出现，商品交换逐步突破了国家界限，从而形成了国际市场。从时间维度看，国际市场有属于自己的萌芽、形成与发展的过程，是一个历史概念；从空间维度看，国际市场以某一具体范围内的市场为依据，包括商品交换、劳务交换与资源配置在该范围内的所有经济活动，从而也是一个地理概念；同时，国际市场还可理解为国际产品交换的场所，且这一场所的市场形式由有形市场逐步演变为无形市场，交易方式也演变为线上交易与线下交易等形式，当前发展势头向好的跨境电商即为一种新的交易形式。

国际市场是由国际分工联系起来的各个国家之间商品流通的总和，是一国内部社会分工向国外的延伸、扩大和延续，即生产社会化向国际化发展的趋势，是一国工业化和现代化的外部基础。没有国际分工就没有国际市场，也就没有真正意义上的工业化和现代社会；国际市场随着国际分工的发展而发展，随着工业化的演化而深化。斯密—杨格定理（Smith - Young Theorem）表明，分工在受到市场规模限制的同时又取决于分工的水准，即分工一般取决于分工，这是一个收益不断增加的动态过程，而经济发展的可能性就在于此。当前，随着信息技术的发展，全球化的演进，国际分工也逐步由产业间分工向产业内分工、产品内分工以及工序分工等演化（见表6-1）。南开大学产业经济课题组（2013）认为发达国家通过“再工业化”延长国内高端产品线，塑造新的竞争优势，以高附加值产品平衡与外围国家中低端产品间的贸易。故再工业化深刻影响国际分工格局并重塑国际产业链体系。在我们后文中，将详细分析再工业化对国际分工格局的影响。

表6-1　　国际分工分类

分类	主要内容
依据各国不同生产领域之间媒介差异	以商品交换为媒介的国际分工
	以资本为媒介的国际分工
依据国家之间的社会经济水平差异	“垂直型”国际分工，即经济发展水平相差悬殊的国家之间的分工
	“水平型”国际分工，即经济发展水平大体相同的国家之间的分工
	“混合型”国际分工，即“垂直型”与“水平型”二者结合形式

续表

分类	主要内容
依据各产业之间的分类范围差异	产业间国际分工，即不同产业部门之间的生产国际专业化，进一步可理解为劳动密集型工业、资本密集型工业以及技术密集型工业等不同产业之间的分工
	产业内国际分工，即相同产业部门内部各分部门之间生产专业化，进一步可分为同类产品不同型号规格专业化分工、零部件专业化分工和工艺过程专业化分工
依据信息技术发展和依赖程度的差异	通信网络信息化的“传统互联”国际分工
	智能网络数字化的“移动互联”国际分工

资料来源：笔者整理。

一、国际市场与国际劳动分工的互动机制

（一）国际市场与国际劳动分工互动的主要机制

一定的国际劳动分工是国际市场形成的前提。作为国际市场形成前提的国际分工，哪里有生产，哪里就会有市场。国际分工和商品生产要求具有与分工生产相适应的消费品市场和生产资料市场，从而也创造了国际市场的供给和需求这样两个对立面。一定的国际劳动分工体系需要一定的国际市场结构。从 15 世纪到 18 世纪之间，地理大发现、殖民制度和资本原始积累使得西欧宗主国与殖民地之间逐步建立了不合理、不平等的旧的国际分工和国际市场关系。它们以“商品价格的低廉性”作为“摧毁一切万里长城、征服野蛮人最顽强的心理重炮”，将未开化和半开化的国家从属于文明的国家、使农民阶级的民族从属于资产阶级的民族、让东方从属于西方。可见，资本主义的国际分工使得世界各国之间的生产分工以及市场变得更加相互联系与相互依赖。主要机制表现为：

一是由简到繁的分工协调机制。早期商品经济不发达，从而经济体不必经过市场交换来协调自身分工，只需通过协作就可提高生产力，自然也就没有市场。马克思在《德意志意识形态》一书中指出，“在家庭内部，随后在氏族内部，由于性别和年龄的差别，也就是在纯生理的基础上产生了一种自然的分工。”如耕、牧、纺、织以及缝等在家庭内部即为家庭职能，同样地在自然形式上就是社会职能，如同生产商品一样有其本身自然形成的分工形式。这些基于家庭的简单内部分工不需要市场的调节机制。

二是由国内市场到跨国公司的形成发育机制。具有垂直或水平分工的现代大型跨国公司，经常在其各个分支机构之间进行业务往来，并充分考虑到不同国家之间的要素禀赋和政策，逐步形成了较外部市场更具高效的内部稳定市场关系来获取更大的利润。大型企业有能力在内部将不同产品的不同生产分工和同一产品的各个生产环节内部化为企业的内部分工，并把这些分工配置在全球最有利的国家或地区，从而构成企业内部世界市场。各种独立的产业分工和行业分离相互提供市场，构造出来复杂的市场交换关系。

（二）国际市场与国际劳动分工良性互动的路径

国际市场与国际劳动分工的互动机制表明，国际劳动分工作为国际市场形成前提的同时也受到国际市场结构的制约。两者可以在分工协调（由简到繁、由无市场到有市场）与形成发育（由内部分工通过社会分工到国际分工，由国内市场通过大型跨国公司到国际市场）等机制下构成循环良性互动的回路。图6－1列出了国际市场与国际劳动分工实现良性互动的具体路径。

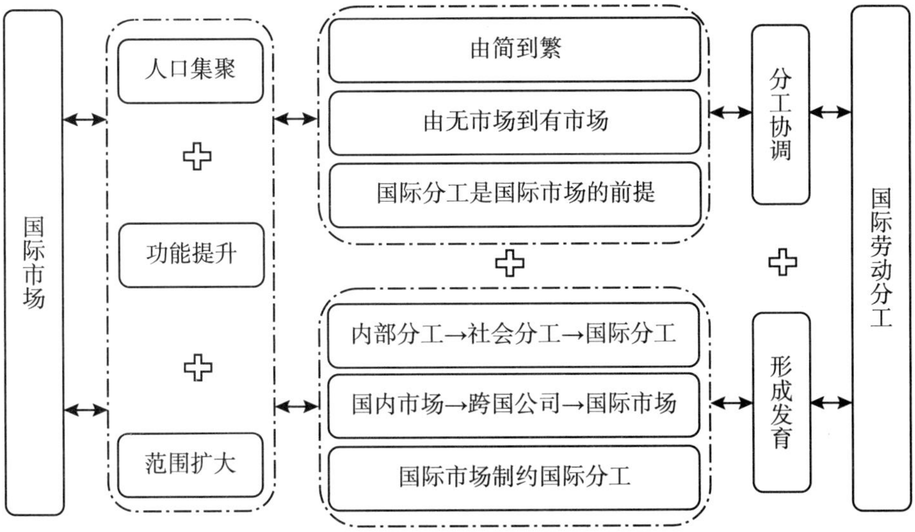

图6－1　国际市场与国际劳动分工良性互动路径

资料来源：笔者整理。

二、国际市场与国际知识分工的关联机制

工业强则国强，尤其是对中国这样的发展中国家更是如此。每个国家的工业发展都受制于外部发展环境。当前，劳动分工理论得到了实践的检验，以此为基

础的关于贸易的绝对优势理论与比较优势理论影响至今。比如，得益于全球化进程，改革开放以来，中国充分发挥了劳动力比较优势与资源环境低成本优势，从而一举成为世界制造大国。但劳动分工理论也容易使人静态地看待经济，关注已经生产的劳动分工和已经被劳动分工利用的资源上，容易让人认为劳动分工结构是可以通盘设计的，或者说通盘设计一个劳动分工体系是较优选择，并以此来提升生产效率。

针对劳动分工理论的不足，哈耶克（1936）在其著作《经济学与知识》中提出了知识分工思想，它是对经济运行、发展框架的一个思维方式的大发展。同时，他还指出，“劳动分工的背后是知识分工，知识分工的前提是分散的局部知识、有限理性、不确定性环境、分工与交易的合作生存方式”。知识分工的角度是动态的，它可使人打开视野，并意识到经济是人运用不同知识以利用物质的活动。而知识分工的最佳办法，是允许每个人自由的充分利用自己了解的独有知识，或是说分散知识，去尝试、创新和生产、改进。由此，从劳动分工到知识分工，对经济体系的看法就从静态有限发展到了动态无限。

（一）国际市场与国际知识分工互为发展的基础与动力

提高知识分工所带来的知识积累效率可以增多劳动分工产生的专业化收益（Becker & Murphy，1992），同时企业组织受知识分工与协调机制的影响，即企业边界取决于知识成本的节约（Demsetz，1988）。

一定的国际市场引导协调国际知识分工。在知识分工体系中的各分工单元存在着“相互解释或强化关系”的知识互补性原则，并以“知识沿时空互补性”表现出来，同时按照一定的逻辑联系在一起，正是知识互补性原则使知识分工单元内部与自身的经济活动的协调相一致。知识与其他产品市场一样存在分工，有交易双方，继而衍生出成本问题，并且其费用随着参与者人数的增加而增加。根据交易费用理论，对配置知识资源具有不同特征的市场与企业是由交易成本所决定的典型经济制度结构，即价格机制引导市场组织中的知识分工与协调。

一定的国际知识分工推动国际市场形成与发展。知识分工的动态演进发展以及知识资源的专用性不断增强能够逐渐转化为集群的惯例、文化以及行为准则并使集群化持续发展。作为国际知识分工体系环节之一的集群知识分工体系并非一个封闭的系统，其知识的转移是在全球交换环境而非区域环境之中。知识创造不仅需要当地企业和人民之间面对面进行，还需要建立一个如国际市场般全球性的沟通渠道。因此，区域间的联系需要集群内个体的主动建设，将区域的集群知识分工体系上升为全球的国际知识分工体系，从而推动国际市场的形成与发展。

（二）国际市场与国际知识分工互动的主要机制

其一，积累演化与实践催生的知识形成发展机制。作为在劳动分工基础上产生的知识分工通过获取外部异质性创新资源从而形成一种空间组织形式：国际市场，其以渐进积累与增强演化作为自身的发展过程的同时，通过知识实践催生新知识。

一者，国际市场通过增强知识的聚合效应来提高集体的创新能力。从某种意义上来讲，“互补性”是人类学习知识之间的关系，即“知识资源的互补”是个人、企业或者机构采取相关合作战略的重要动因。这种“知识的互补性”还包括“时间上的互补”与“空间上的互补”两个方面。时间上的互补性指的是同一个体或群体未获得的知识与已获得的知识之间存在强烈的互补性；空间上的互补性指的是不同个体或群体将已获得的知识通过交往获得互补性。“知识只有互补才会交叉，从而有所吸收继而产生创新”（王发明，2009）。因此，降低创新成本、提高经济收益的重要手段就是通过知识资源的互补进行个体、企业或相关机构之间的合作形成知识网络，并以此来充分发挥国际市场的优势以提高规模收益。

二者，国际市场通过知识共享实践来催生新知识。Brown 和 Duguid（1991）的研究发现，硅谷随处可见一种类似于职业群体的“实践网络”。他们由那些从事同样或者十分相似的工作的人群组成，并通过行会或其他形式的职业协会或者非正式的群体联系起来。实践网络中的人群可能来自不同企业，但其实践活动相近，经常遇到相同或相类似的问题，在相互交流中大家共享着行业内的知识和技艺，新的创意就在此情形下按照较小阻力的途径传播。此外，区域内横向知识流动比纵向流动更为容易，同时在相同实践的同行之间流动速度以及效率也更高。这就是典型的知识外溢效应，而人际关系则加速推进知识在不同的机构之间顺畅地流动。

其二，知识持续竞争与流动配置提高创新的机制。作为一个知识流动与碰撞动态过程的国际市场，其关键在于利用不同的知识源进行整合学习进而影响企业的创新活动与绩效。在赢得持续竞争与创新优势的同时，流动与配置问题的解决也奠定了坚实的创新基础。

一者，根植文化引发学习聚合优势。作为由宗教、习俗以及语言所构成的地域文化，是国际市场文化氛围的首要表现形式，而产业文化是在地域文化的基础上通过国际市场成员之间的分工与合作加上经济内容而成。在共同的产业文化下，国际市场成员通过广泛地交流文化来增强彼此之间的认同感，以此促成了非正式交流的形成并促进了知识的流动以及学习效率的提高。

二者，非正式交流深化知识分工。按照流动方式可将“知识交流”分为

“正式交流”与“非正式交流”两类。相比于正式交流，非正式交流具备交流频繁、氛围宽松、范围宽广、速度快速等优势。它可使交流双方通过广阔的社会网络水平传输知识从而准确理解各自的思想并主动完成产生新观念所必需的信息综合过程。另外，运用国际市场的社会网络进行的非正式交流较之正式交流相比，交流者可以获取更多的知识。可见，产业文化和非正式交流网络作为国际市场独有特征深化了知识分工，形成一个国际市场—创新优势—竞争优势—知识分工的不断演化下去的具有自我激励和自我增强的动态创新网络。

（三）国际市场与国际知识分工良性互动的路径

国际市场与国际知识分工的互动机制表明，国际知识分工受到国际市场引导与协调的同时也推动国际市场形成与发展。两者可以在形成发展（增强知识的聚合效应、实现知识的共享效果）与提高创新（引发学习聚合优势、深化知识分工）等机制下构成循环良性互动的回路。图 6－2 列出了国际市场与国际知识分工实现良性互动的具体路径。

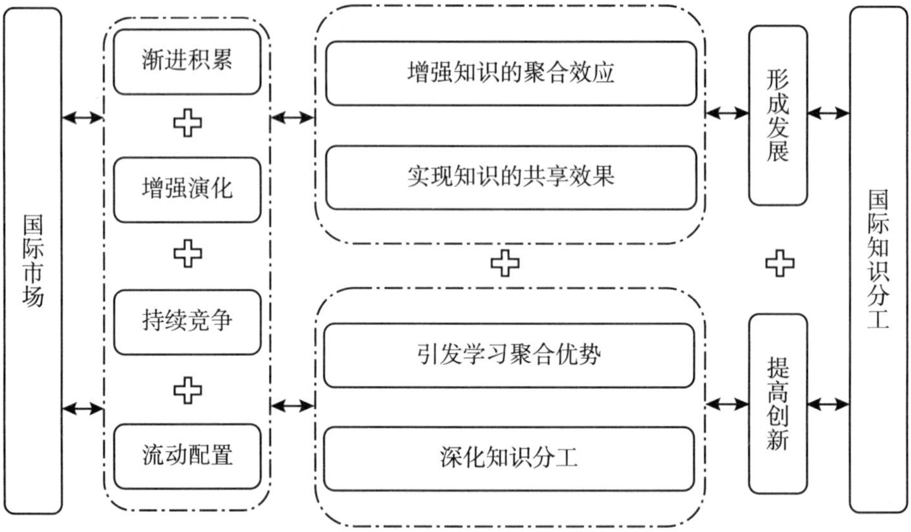

图 6－2　国际市场与国际知识分工良性互动路径

资料来源：笔者整理。

长期以来，美国居于国际分工的金字塔顶端位置，是国际知识的主要提供者，通过拥有美元霸权，长期支撑其经济霸权与军事霸权，全球形成“中心—外围”分工体系。改革开放以来，尤其是中国入世之后，中国经济不断融入全球产业链。20 世纪 90 年代，能源危机迫使发达国家对产业结构做出调整，将相对技术含量较低的劳动密集型制造业转移至发展中国家，并通过跨国公司形式对全球产业链进行纵向延伸，构成以产品为中心的全球分工格局。而中国在改革开放后不断承接国际产业转移，已深深嵌入世界生产的网络当中，且随着规模的扩张和分工细化，中国制造业已逐步成为区域内的贸易中心、全球制造中心。发达国家再工业化战略，尤其是美国、德国、日本的再工业化战略，均体现出其要重新成为全球制造中心，要延续其作为知识分工主导者地位的战略意图。当前，大数据、智能制造和互联网技术的迅速发展，为美国再工业化提供新动力，美国期望通过再工业化再次占据全球产业分工的制高点，重新确立其全球分工体系的控制地位。中国制造已处于全球链价值链中的重要地位，全球对中国制造有较大程度的依赖，为中国制造业转型创造了有利的外部条件，人工智能、生物医药、高端装备、新能源、智能汽车等新兴产业异军突起，成为引领产业结构升级和制造业竞争力提升的重要力量，但全球制造业的激烈竞争，大国博弈深化势必影响全球国际分工格局。

第三节　再工业化影响中国制造业转型升级供给侧与需求侧机制

新古典经济学强调了经济发展与人均收入变化之间导致的产业结构变迁。配第—克拉克法则认为，随着经济的发展，人均国民收入水平的提高，不同产业结构的比例会相应发生变化，这是经济发展水平提高与人均收入变化引致的需求变化的结果，并产生需求引致供给变化的效应，从而推动产业的转型升级。

从供求侧来看，除了萨伊定律（Say Law）所认为的“供给创造自己的需求”之外，经济发展还带来了要素成本的变化，通过影响生产成本来影响产业结构的变化（魏巍等，2020）。另外，霍夫曼工业化经验法则也表明了随着一国工业化的发展，消费品部门与资本品部门的净产值之比也将发生变化。对此，发达国家再工业化首先通过供给侧与需求侧影响中国制造业转型升级，并形成供求互动的动力机制。

一、创新竞争影响供求的机制

发达国家再工业化依仗创新，中国制造业的转型升级也依赖于创新驱动发展。世界各国为把控创新主导权的竞争日趋激烈。对于当前中国来说，经过多年发展，尤其是十八大之后，创新驱动发展已上升到国家战略。在此趋势下，创新竞争直接影响中国制造业转型升级。

一是创新要素需求与供给之间存在必然冲突，从而不可避免地影响供求机制。发达国家再工业化和中国制造业转型升级都以创新为核心，而人才、知识、资本和重要原材料等各种创新要素的集聚和投入是创新成功的关键。从人类社会发展的角度来看，创新要素是一种战略稀缺资源，受多种条件制约，其供给相对有限。从对创新要素的需求来看，一方面，金融危机后，世界工业大国纷纷回归和高度重视制造业的创新发展，把创新置于国民经济发展的核心地位，面对激烈的世界竞争，各大国都想在新一轮工业革命中塑造自己的竞争优势，这就使得对创新要素的大量获取具有显著的急迫性；另一方面，制造业将始终是人类社会的“首席产业”，发展先进制造业更是人类社会永恒的主题，所以，对创新要素的需求具有长期无限性（唐志良，2019）[①]。长期来看，创新要素供给的相对有限性与对创新要素需求的急迫性和无限性的客观存在，必然导致创新要素需求与供给之间的冲突。因而，发达工业大国与中国围绕创新要素而展开的激烈竞争就不可避免。

二是主要工业国家力图遏制我国创新能力持续提升进程，由此产生供求影响机制。改革开放40余年来，一方面，我国大力发展教育，推行自主创新发展战略；另一方面，也积极通过基于进口产品的逆向工程、FDI的技术外溢效应、市场换技术、出国留学和交流、海外并购等多种正规渠道来获取外在的创新要素，以弥补国内短缺。近几年来，我国创新能力显著提升，世界知识产权组织（WIPO）、康奈尔大学等联合发布的“全球创新指数”（The Global Innovation Index，GII）显示，我国排名从2012年的第34位升至2022年的第11位（见表6-2）。由于美国等西方发达国家长期以来通过其可贸易产品上的科技竞争优势，不仅主导国际分工体系，获取巨大全球化利益，还经常巧妙地向发展中国家转嫁国内矛盾。因此，维持全球领先的科技创新优势事关欧美等发达国家的核心利益，这就使得他们对科技创新优势具有高度敏感性。中国创新能力持续提升，容易被发达国家误认为是一种挑战，从而也部分影响他们对中国持续崛起的焦虑。在这种情况下，我国创新能力的持续提升，很容易让处于创新领导地位的发达国家感受到并被认为是一种威胁。于是，发达国家对我国创新能力提升的抑制与我国反抑制的博弈就会形成，进而强化国家之间在创新要素获取以及创新能力等方面的竞争性。

---

① 唐志良：《发达国家再工业化影响我国制造业转型升级的机制研究》，载于《西部经济管理论坛》2019年第1期。

表 6-2　　2022 年全球创新指数排名前 20 名单

排行	国家/地区	得分	收入	排行	国家/地区	得分	收入
1	瑞士	64.6	HI	11	中国	55.3	HI
2	美国	61.8	HI	12	法国	55	HI
3	瑞典	61.6	HI	13	日本	53.6	HI
4	英国	59.7	HI	14	中国香港	51.8	UM
5	荷兰	58	HI	15	加拿大	50.8	HI
6	韩国	57.8	HI	16	以色列	50.2	HI
7	新加坡	57.3	HI	17	奥地利	50.2	HI
8	德国	57.2	HI	18	爱沙尼亚	50.2	HI
9	芬兰	56.9	HI	19	卢森堡	49.8	HI
10	丹麦	55.9	HI	20	冰岛	49.5	HI

资料来源：世界知识产权组织，2022 年全球创新指数报告。

基于上述两个基本方面，发达国家将充分发挥自身既有优势，多措并举，从全球吸取优质创新要素，同时也试图阻挠我国对重要创新要素的获取。即美国等发达国家一方面会利用其在知识、技术、标准、知识产权等方面的领先地位和先发优势，强化对我国的知识和技术封锁，迟滞我国产业升级，同时对我国海外并购以及吸纳高科技人才的国家战略保持高度警惕，并阻碍我国对海外战略原材料的获取，也可能利用美元霸权力量影响我国市场秩序，引发创新要素“脱实向虚”或者流出国门，甚至试图激发我国周边矛盾，扰乱地区秩序稳定，导致我国创新要素的流出，等等。另一方面，发达国家采取措施促使创新要素回流，支持国家制造业重振，比如，2008 年金融危机后，国际人才争夺战日趋白热化。美国力推移民改革，试图在全球吸引高科技领域创新创业人才，欧盟也通过“欧盟框架计划”、设立欧盟“蓝卡”等举措，力争在人才竞争中获取先机，同时美国还进行了大幅度减税，以促进资本回流，等等。这无疑加剧了全球创新要素市场的竞争性，提高了我国制造企业从国内外市场获取创新要素的难度和成本，从而延缓了我国制造业转型升级的进度。

二、资本要素流动影响供求侧

资本流动及趋势性变化，直接影响资本要素的全球新布局。金融危机以来，发达国家再工业化的重要举措就是通过税收政策、补贴政策等来推动资本回流，推动高端制造回流（袁冬梅和刘建江，2012；刘毅和周春山，2013）。从实际情况来看，不管是美国、还是日本，均加大了推进制造和资本回流本国的力度；同时，发达国家还着力实施人力资本战略，通过引进高层次人才，提高人力资源素质（袁冬梅，2012），这两大战略举措对中国制造业发展具有深远影响。美国早期的再工业化加剧中美两国在重点领域和资源的竞争，还通过贸易摩擦加剧、国际并购难度加大、提高生产成本等方式阻碍我国制造业的发展。

（一）影响中国招商引资进程

从 2008 年金融危机开始，中国实际利用外资额累计增长率一度出现三次持续下降情况，而国际资本和技术流出状况开始逆转（周春山和刘毅，2013）。近些年我国实际利用外资额增长率起伏不定，且 2017～2019 年我国利用外资额虽持续增加，但增速出现变缓趋势（参见图 6－3），这在一定程度上预示着国际中高端制造业向中国转移的趋势趋缓，延缓中国制造业转型升级进程，不利于中国制造业吸收国外先进制造技术（高敬峰等，2020）。当然，2021 年中国实际利用外资额恢复性增长，实际使用外资额 1.14936 万亿元人民币，同比增长 14.9%，用美元衡量，实际使用外资 1 734.8 亿美元，同比增长 20.2%，引资规模再创历史新高。

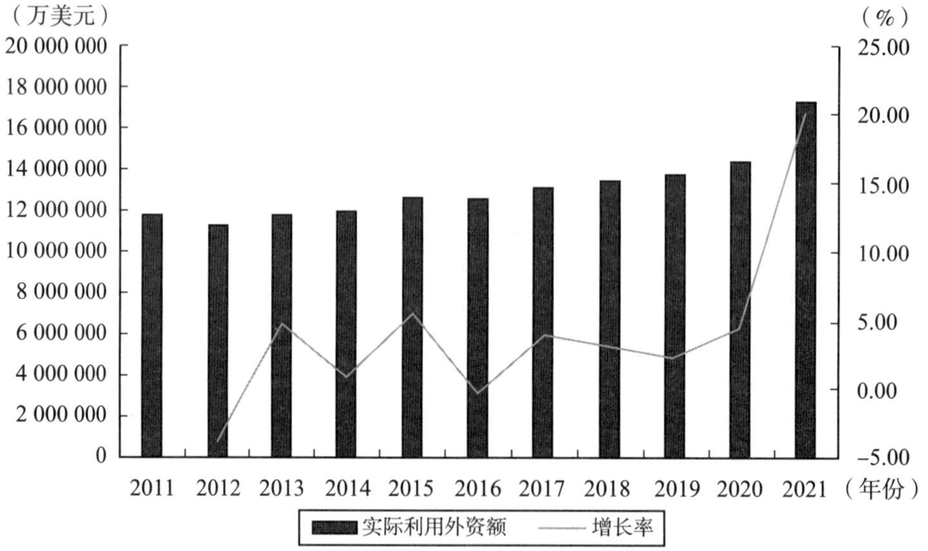

图 6－3　中国实际利用外资额

资料来源：国家统计局。

为了推进再工业化进程以及遏制中国发展，2018 年之后美国陆续出台诸多贸易保护政策，通过不断制造中美贸易摩擦等来加剧市场不确定性，干扰国际资本和外资企业的投资判断。对中国市场反应敏感的国际资本和外资企业可能因此退出或暂停在中国的投资，这将直接导致进入国内的投资流量锐减，使得我国的招商引资计划受到大幅度影响。外商直接投资流量的下降将给我国处于产业转型期的关键技术和高端服务业带来阻碍，减缓中国制造业转型升级的速度。

（二）增加中国制造“走出去”的难度

跨境投资（Cross – Border Investment）是实现资源最优配置的重要方式，然而，欧美发达国家直接减少了对中国制造业的直接投资，延缓中国制造业升级步伐，增加了中国制造海外并购障碍（孟祺，2014；郭进和杨建文，2014），之后在再工业化的大背景下，西方国家开始高度警惕中国制造业的海外收购（孙彦红和吕成达，2020）。Dealogic 数据表明，2010 年中国海外收购失败率达到 11%，而美国、英国海外收购失败率仅为 2% 和 1%（陈汉林和朱行，2016）。即便如此，中国企业的海外投资并购也仍然快速增长，2015 年对外非金融类直接投资规模突破 1 180 亿美元，同比增长 14.7%①。当然，2018 年自中美贸易摩擦开始，中国企业“走出去”不但面临更大的困难，就连部分高新技术产品的进口也面临困难。面对欧美国家再工业化和新冠疫情冲击，相比 2019 年，中国 2020 年全年宣布的海外并购交易数量减少了 30% 左右，交易额则直接下降了 50% 以上。从 UNCTAD 的投资趋势监测报告来看，与 2020 年全球宣布的并购交易量减少 10% 相比，中国企业海外并购的放缓幅度较为明显。然而，跨境投资交易量的下滑不能完全归咎于买方或卖方，除了跨境并购难度大以外，在敏感领域外国政府出于政治目的的审批障碍也是影响交易成败的关键因素。在价值观与意识形态冲击国际政治的大趋势中，中国制造“走出去”难度加大。

三、全球产业生产布局倒逼供求侧

当前的发达国家再工业化，越来越向追求和布局本国或区域全产业链方向发展，既在努力发展高端制造业，抢占未来竞争高峰，又在努力布局传统上的低端制造，比如推进口罩、手套等制造业发展。从全球产业链来说，是既要占领研发和市场两端，又开始谋划制造、加工装配等利润率低的产业链环节，从而对中国制造业所有环节产生全方位的影响。赵福全等（2017）认为，发达国家试图通过“再工业化”战略，加大科技创新力度，推动大数据、云计算、移动互联网、3D 打印等技术的发展，推动高端制造业的发展和构建智能制造体系，完成制造业转型升级，抢占新技术革命的先机，直接增加了中国的高端制造的竞争压力。中国

① 搜狐网，https://www.sohu.com/a/54837868_119737。

制造业拥有完整的产业链和生产能力是建立在国内外旺盛需求基础上的，当前发达国家再工业化促使制造业回流，部分发展中国家也纷纷效仿，减少对中国制造产品的需求，导致我国制造产品供过于求，低端制造业出现严重的产能过剩（张彦，2020），由此还将影响国内投资者和国外投资者的投资信心。

发达国家再工业化一个重要举措是更强调重商主义贸易政策，在鼓励资本流入、为本国制造业产品出口扩大市场的同时，还在努力保护本国市场，从而国际贸易摩擦加重。崔日明和张婷玉（2013）的研究发现美国“再工业化”初显成效将导致美国对华贸易保护和贸易摩擦加重，进而对中国制造业的引资和投资环境及信心产生负面影响。类似的研究也发现，发达国家“再工业化”的实施伴随着关税、反倾销等贸易壁垒以支持本国的制造业发展，这势必减少我国制造业的出口需求，导致我国低端制造业产能过剩，也包括依赖外国先进技术的装备制造业（李士梅和程宇，2014）。全球范围内的再工业化浪潮对我国产业尤其是制造业造成严重的挤压，使得制造业民间投资不断下降，也就是说外部市场的变化影响到了内部市场的投资信心（许祥云等，2017）。美国“再工业化”后，美国制造业回流很大程度上是面临政治压力，迫使大型企业回归本国创造就业机会，从而使得政府应对舆论的压力加大，对全球资本与商品流向产生影响。

全球新冠疫情突发进一步助推了各国努力构建自身全产业链的趋势。陈瑶和陈珊珊（2020）认为可以从两方面总结其对全球供应链的影响，一方面从供给侧中断全球供应链系统，另一方面从需求侧持续暴露全球供应链系统的脆弱性。比如为推动资本回流，白宫表示支持美国企业从中国迁出，且搬迁支出可以计入相关费用抵扣；2020 年 4 月，日本政府表示要向制造商拨款 22 亿美元以帮助其转移生产基地，避免日本过度依赖中国供应链。另外，德国政府则通过执行更为严格的外资并购德国企业审批标准，以期对产业链布局产生影响。如此下去，全球生产布局面临重构，倒逼我们的供求侧改革。

四、对外贸易环境不确定性影响供求侧

从贸易视角来看，发达国家以先进制造业为工业复兴的突破口，对生活型制造业（如纺织、服装、家具、鞋类等）和资源型制造业（如矿产、钢铁、造纸等）加大反倾销、反补贴调查，不断挤压中国制造业的市场。数据表明，2010～2019 年间中国企业遭遇“377 调查”[①] 情况由 19 起上升至 27 起，其中 2019 年创

---

① “377 调查”是一种美国具有单边制裁性质的贸易保护主义手段。凡是被认定侵犯知识产权的产品，将被禁止进口到美国及销售。

历史新高，占当年全部"377 调查"案件量的 57.45%（见图 6-4）。发达国家再工业化加强贸易保护和非关税贸易壁垒，也进一步减少了对中国制造业的需求。也有学者基于供给侧与需求侧提出相应对策。李俊江和孟勐（2016）认为，2008 年金融危机后相当长一段时期的再工业化，美国主要集中在技术和制度创新，加剧的是中美制造业在重点领域和国际资源的竞争。

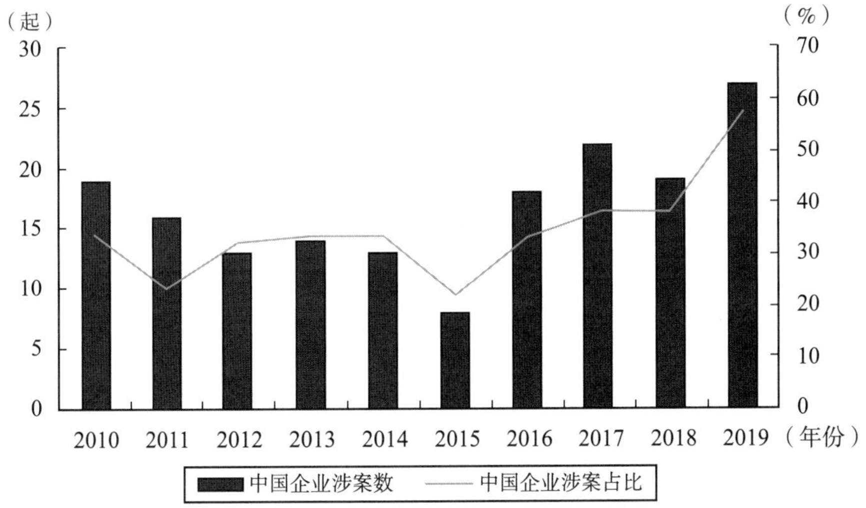

图 6-4　2010~2019 年中国企业遭遇"377 调查"情况

资料来源：中国贸易救济信息网，前瞻产业研究院. https://www.qianzhan.com/analyst/detail/220/210325-c6d6141b.html.

2018 年 3 月以来，中美爆发贸易摩擦，也可算是再工业化的必然结果。中国外部环境面临极大的不确定性。

五、生产方式变革影响供求侧

现代制造业的健康发展，必须拥有复杂且先进的知识和技能。发达国家再工业化就是强调以先进知识为核心，通过知识分工，来促进工业智能化转型升级，凸显了智能化生产方式是世界工业大国竞相追逐的战略制高点。在智能化生产中，现代知识型员工占主体，实现了以少量"现代知识型员工"对大量"传统简单型员工"的替代。对发达国家而言，一方面，它们劳动力相对短缺，就业压力相对较轻；另一方面，它们有比较完善的教育和培训体系，劳动力整体素质也比较高，他们自身专业和发展的转型升级也比较容易，能够更快地适应智能化生产方式的需要。因此，发达国家可以大力推进、快速普及智能化生产方式，提高产业和国家竞争力，而且也能够通过廉价机器人的大规模化应用来重新发展和定义劳动密集型产业，完善产业公地（Industrial Commons），提高国家创新能力。

在技术创新日新月异大趋势中，经济全球化在为全球产业转型提供良好条件的同时，也加剧了全球竞争。根据是否考虑国际贸易与投资因素对产业结构的影响，可将产业转型和升级的理论归纳为两个部分，即开放型产业结构理论和封闭型产业结构理论（见表6-3）。

表6-3　　产业转型升级理论分类

类型	特点	代表	内容
开放型产业结构理论	考虑了国际分工、国际贸易和国际投资对产业结构的影响	斯密、李嘉图等提出的雁形理论、两缺口模型以及产品国际市场生命周期理论	均指明了开放经济下国际产业转型、产业国际转型升级的思路
封闭型产业结构理论	一般不考虑国际贸易对产业结构的影响	配第、克拉克以及霍夫曼等提出配第—克拉克法则、霍夫曼工业化经验法则以及库兹涅茨人均收入影响理论	在一国（地区）封闭的条件下研究产业结构转型和升级的趋势

资料来源：笔者整理。

赫希曼（Hirschman，1958）和罗斯托（Rostow，1960）所提供的理论，重视政府在产业结构转型升级中的作用。传统的计划经济，突出政府在产业发展中的作用。例如，苏联工业化模式，就是优先发展重工业，以重工业来带动工业化的模式。丁伯根（1990）提供的制定经济政策的理论包含丰富的产业结构理论内容。他认为，经济结构就是要有意识地运用一些手段以达到某种目的，其中就包含调整产业结构的手段。其所设计的经济政策分为数量政策、性质政策和改革三种。其中，性质政策就是改变结构（投入产出表）中的一些元素，改革就改变基础中的一些元素。同时，丁伯根所采用的部分投入产出法，就是一种产业关联方法，直接从投资计划项目开始，把微观计划简单地加总成为宏观计划。

在崔日明和张婷玉（2013）和Wu Shaoxin（2016）等看来，美国政府的政策对再工业化存在促进作用，制造业的复苏和升级依此良好的政策环境，让美国占领了高端制造业的顶点。在新全球化时代，不论是更为宏观的产业转型升级，还是相对微观的制造业转型升级，政府所起的作用较以往更加明显（唐志良和刘建江，2017）。崔岩和刘珊珊（2021）提出在制造业转型升级的关键时期，政府应充分发挥其积极的导向作用，促进我国企业在全球产业链地位的稳固提升。杨志安等（2021）认为在“柔性生产”大背景下，政府应降低税费，刺激消费，全面落实“供给侧结构性改革”，持续推进我国制造业转型升级。胡宗义等（2021）认为中国经济已由高速增长阶段转向高质量发展阶段，推动经济高质量发展，政府部门应牵住产业结构转型升级这个“牛鼻子”，国家级新区作为高质量发展的引领区，能否促进产业结构转型升级颇为关键。

我国劳动力丰富，但整体素质有提升空间。2016 年，我国高等教育毛入学率 42.70%，还处于大众化阶段，而发达国家高等教育早就进入了普及化阶段；2014 年，美国、英国、德国、法国、日本等国家的高等教育毛入学率就分别高达 86.66%、56.48%、65.47%、64.39%、63.36%。德科集团与欧洲工商管理学院（INSEAD）及谷歌发布的 2022 年《全球人才竞争力指数报告》（GTCI）显示，中国人才竞争力全球排名第 36 位，较上年度排名上升 1 位，远低于美国、英国等发达国家。因此，我国大部分劳动者难以在短期内实现向现代知识型员工的转型升级，就业压力大。这就决定了我国在推进智能化生产时需要兼顾工业化与劳动力结构、就业之间的平衡。因而，发达国家再工业化不仅会加速弱化我国制造业基于劳动力成本低而形成的传统竞争优势，更会在时间上对我国制造业转型升级乃至国家复兴产生巨大的战略压力。

六、制造业结构调整影响供求侧

发达国家再工业化对不同类型制造业的影响不同。沈坤荣和徐礼伯（2013）指出，美国“再工业化”对我国制造业的冲击在于高新技术产业和战略型新兴产业，对于我国传统制造业的影响较小。因此，我国传统制造业面临“走出去”的新机遇，为我国制造业发展提供新动力。赵彦云等（2012）认为，中国制造业基本上由低技术及中低技术制造业构成，而美国中低技术及中高技术制造业结构非常平衡，并以中高技术制造业为主，但中国中高技术制造业增加值占比与美国的差距逐年缩小，具备较大的发展潜力，美国“再工业化”的冲击主要来自中高技术行业。王芳等（2014）认为，由于我国制造业面临缺乏核心竞争力、过度依赖外国技术、资源利用率低等问题，美国“再工业化”战略对我国制造业的影响主要表现在挤压我国传统制造业，遏制高端制造业的发展，减少外国直接投资，加大贸易摩擦等。

一些学者还肯定来自发达国家再工业化的结构调整机遇。美国再工业化给我国制造业的机遇与挑战并存。一方面，美国的贸易保护政策给我国制造业出口带来诸多限制，这就要求我国制造业更加注重降低制造成本、增加产品附加值和科技创新等，如此将带动我国高端制造业的发展；另一方面，美国再工业化有利于我国推进国际产业转移，将促进我国出口产业结构调整，加快推进产业结构高级化，这是供给侧方面的重要影响。

德国 2013 年提出“工业 4.0”战略，将信息通信技术应用到工业生产中，通过智能工厂和智能生产，对制造业产品制造、物流管理等各个环节进行智能化控制，促进制造业智能化、数字化、网络化和服务化，催生新的商业模式和生产方式，从而影响中国制造转型升级的方向。德国制造业保持优势地位，并通过社会协同、倒逼机制、创新驱动、人才保障等方面为制造业创新驱动发展提供有力保障，这将倒逼中国制造业转型升级。

新发展阶段，我国制造业转型升级面临“断链”“脱钩”“围堵”风险、关键技术“卡脖子”阵痛等新挑战。为应对危机和变局，中央适时做出“构建以国内大循环为主体、国内国际双循环相互促进的新发展格局”这一重大战略部署。强大的制造业在推进双循环新发展格局中将发挥更加突出和重要的作用（徐奇渊，2020）。中国制造业迈上 GVC 中、高端是加快形成新发展格局的基础（李宏等，2021），且构建自主可控的国内价值链更加重要。因此，制造业转型升级具有内在的需要。我国制造业的转型升级是转变经济发展方式和调整经济结构的战略需要。

第四节　技术创新的驱动机制

在面临制造业转型升级和国际竞争的双重压力下，我国适时推出“中国制造 2025”，提出对我国制造业实施创新驱动发展，将制造业创新驱动发展提升到了国家战略层面。《国家创新驱动发展战略纲要》指出，把创新驱动发展作为国家优先发展战略，以科技创新为核心带动全面创新①。当前的第四次新技术革命，实际上是以信息网络技术为核心的技术革命。A－U 模型强调技术创新在产品创新中的作用，企业的创新类型和创新频率取决于产品成长的不同阶段，为利用信息网络技术驱动制造业转型升级提供了思路。

一、创新驱动下的普遍性动力机制

新古典增长理论认为在资源要素供给有限、资本报酬递减的状态下，要实现

① 中国政府网，http://www.gov.cn/zhengce/2016－05/19/content_5074812.htm，最后访问时间：2022－1－15。

经济的持续性增长，必须驱动技术进步带动要素生产率的提高，即创新驱动。刘易斯指出，经济发展由要素、自然资源与技术创新驱动。弗曼等（Furman et al.，2002）的国家创新驱动体系的理论认为，一国想要获得更多的国家竞争优势，创新驱动至关重要。张志元和李兆友（2015）指出，制造业在快速提升科技创新能力、经济创新能力和资源环境保护能力等方面具有重要的影响力，创新是引领制造业转型升级的第一动力。

中国制造业高速发展主要依赖于土地、资源和劳动力等资源的大量投入，属于典型的要素驱动发展模式，但是其弊端日益凸显，如资源能源消耗大、环境污染严重、产品附加值低、自主创新能力薄弱，导致我国制造业长期处于中低端产业的世界产业格局中，呈现“大而不强”、资源浪费严重且低效率的发展困境。创新驱动是我国制造业转型升级的重要发展战略和主要路径，通过技术、制度、观念、管理和商业模式的创新以及劳动者素质的提高，推动经济增长方式的转变，摆脱低劳动力成本、低社会福利成本、低产品质量与低环境污染的“四低”发展模式的路径依赖，是实现“中国制造”向“中国创造”转变的重要途径，是中国经济持续增长的重要保障。未来，要着眼于“创新驱动”这一关键元素，要通过创新驱动，推动我国制造业向全球价值链的高端环节跃迁。未来的制造业转型升级，也需要着眼于“信息技术”这一重要元素，把握好信息技术作用下制造业转型升级模式和路径，企业要处理好信息化应用水平与企业转型升级能力的关系，做好基于信息技术驱动与促进作用下双循环升级和转型的文章。当然，传统制造业集群的低碳转型升级是一个集群内企业相互作用、相互博弈，最终导致复杂现象涌现的动态过程。整体上，创新驱动下的动力机制表现如下。

（一）基于崛起大国与守成大国关系体现的动力机制

从崛起大国与守成大国的关系来看，中国制造业持续崛起被深度感知并认为是挑战。我国作为一个新兴大国、持续崛起大国，正以制造业为支撑来逐步实现国家复兴。2010 年，我国制造业增加值超过了美国，成为世界第一；2013 年货物贸易总额超过美国，跃居世界第一，经济正快速融入世界经济体系。当前我国正在发展更高水平的开放型经济，特别是在“一带一路”倡议的引领下，制造业正在积极“走出去”，努力实行资源配置的全球化。这必然会引起以美国为首的主要发达国家（守成国）的焦虑甚至警惕，进而会对我国制造业海外市场的开拓行为采取遏制措施。这是因为工业革命以来，守成大国与新兴大国之间的互动关系已经表明，新兴大国大规模跨国界的经济活动很容易被守成大国感知并认为是一种挑战。尤其是，新兴大国持续崛起并成为守成大国的挑战者之后，往往招致守成大国的全面遏制。由此出发，中国制造业的转型升级将难以复制以往技术引进的模式，将倒逼中国建构技术创新新模式，探寻新路径。

（二）基于大国制造业高端制造重点领域的重合性所体现的动力机制

从大国制造业发展的重点领域来看，高端领域的竞争越来越重合。发达国家再工业化重在发展工业互联网、智能制造、3D 打印、机器人、下一代信息技术、生物医疗、新材料、新能源等高端制造业和新兴产业，以上产业也是我国曾经发布的《中国制造 2025》中的重点发展内容。这种重点产业发展的相似性，强化了工业大国间相应国际出口市场的重叠性，进而导致了发达国家与我国在先进制造业出口市场方面的竞争日益加剧。

为此，美国等发达国家将积极利用国内外力量，保护国内产业，实行贸易保护主义，对我国中高端制造业出口设置各种贸易壁垒，不断制造贸易摩擦，如此等等，将提高我国产品出口成本并挤压产品出口的市场空间，弱化我国制造业发展的全球性市场支撑和分工拓展，提高制造业实现规模经济效应和深化产业链的难度和成本，进而阻碍我国制造业转型升级。如图 6－5 所示，2018 年之前，中国实体被纳入美国实体名单的数量总体比较平稳，2018 年之后数量猛增，其中涉及电子、电信、AI 领域的企业最多。

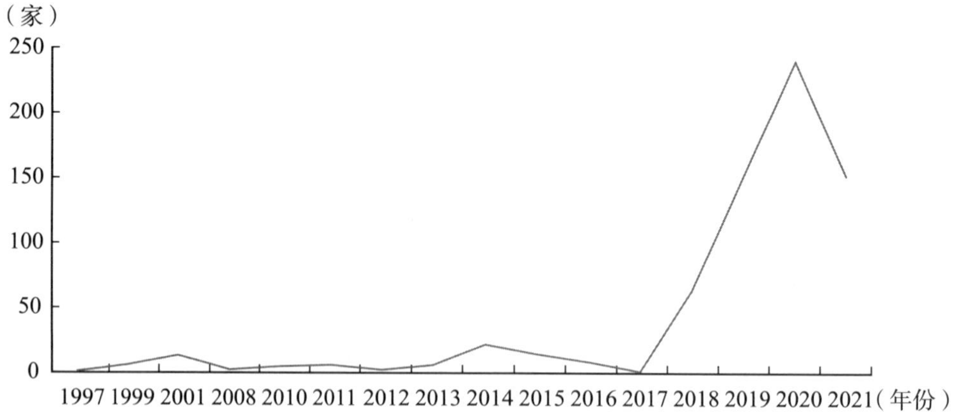

图 6－5　中国被美国纳入实体名单数量

注：2021 年数据截至 2021 年 12 月 18 日。

资料来源：US Department of Commerce；同时根据被美国列入“实体清单”的 611 家中国公司完整名单整理，https：//www. instrument. com. cn/news/20211221/601441. shtml。

二、信息技术创新催生下的特殊动力机制

新一代信息技术不单是信息领域各个分支技术的纵向升级，更是信息技术横向渗透融合到制造、金融等其他行业，并从产品技术提供者逐步转向服务技术提供者。“互联网+”是新一代信息技术的集中体现。随着以物联网（IOT）、可穿戴技术、量子通信、生物计算机等为代表的新一代信息网络技术的发展，信息网络技术逐步进入智慧化阶段。党的十八大报告明确提出，推进经济结构战略性调整，要把“推进信息网络技术的广泛应用”作为重要手段之一①。

信息技术是推动产业升级的一大动因，通过信息技术融合，可降低交易成本、节约生产成本和提高资源利用率，进而提升产业质量（马健，2005）。姚惠琳（2013）认为应用 RFID 信息技术，能够显著降低成本，提高管理水平，从而提升传统制造业的竞争力。而且，互联网等信息技术与工业制造业的融合发展，正在颠覆传统工业生产方式，促使工业制造业生产走向数字化、网络化和智能化，大幅度提升制造业效率，有力地推进制造业转型升级。整体上，信息网络技术可以主要通过要素重组效应、网络协同效应以及技术外溢效应来驱动制造业的转型升级。

（一）要素重组效应

信息网络技术加速资源和要素的整合重组，提高生产效率，进而降低企业生产成本（Freund & Weinhold，2004；Bojnec & Fertoe，2009）。互联网技术通过信息成本节约效应和人力资本提升效应对一国制造业出口具有显著正效应（李金城和周咪咪，2017）。阿诺德等（Arnold et al.，2016）认为物联网技术通过影响企业生产成本和生产效率对商业模式产生深远影响。

（二）网络协同效应

互联网技术的发展催生电子商务平台的发展，通过网络协同效应对制造业产业的组织结构、生产方式、管理模式、技术水平和生产效率都产生了深远影响（Steinfield & Scupola，2006）。卞保武（2008）认为，电子商务主要通过产业集群规模效应促进产业的创新，并且降低企业网络成本。毛园芳（2010）认为，电子商务能够有效扩大产业集群市场规模，整合市场资源，促进知识在产业内的溢

① 中国政府网，http：//www.gov.cn/jrzg/2013－01/07/content_2306329.htm，最后访问时间：2022－1－15。

出和传播，进而提升了企业的协作水平和竞争优势。

（三）技术外溢效应

信息网络技术催生相关领域的技术创新和产品创新，通过技术外溢效应提升整个市场的技术创新。段军山和余点点（2013）利用我国68个大中城市面板数据发现，互联网技术与制造业产业结构优化之间存在明显的相关关系，进一步分析发现，互联网投入能够提高霍夫曼比率①，表明互联网技术能通过外部扩散效应和经济辐射效应推动制造业结构的转变。也有学者认为，美国的再工业化战略、德国的工业4.0战略，均表明发达国家在利用信息技术与互联网技术推动本国制造业的再造和升级。在新的信息技术条件下，制造业升级就是一场信息技术推动下的技术和管理变革（陈志祥和迟家昱，2016）。

第五节　国际权力的影响机制及可能后果

国际权力分为资源性权力和关系性权力。资源性权力是指国家利用所拥有的经济和军事等资源，通过特定情景下的战略转化，获取自己想要结果的能力。关系性权力是指国家改变其他行为体的行为以产生自己想要结果的能力，它包含三个层面：一是命令变化；二是制度框架构建和议程设置；三是偏好塑造。以制造业为支撑的国家实力是国际权力的核心来源，二战后美国就是以强大的制造业为基础，联合其他主要发达资本主义国家，把国家经济、军事和文化等实力转化为国际权力，定义和主导了国际政治经济秩序。我国改革开放以来，也一直是该秩序的参与者、贡献者和受益者，接受和遵守该国际秩序中经贸规则的约束。但是，随着发达国家去工业化进程的开始和我国制造业实力的不断增强，国际权力在国家之间的转移逐渐显现。

一方面，由于20世纪70年代末和80年代初美国、英国等发达国家开始了一个长期的去工业化过程，导致其制造业相对衰落，如表6－4，美国制造业增加值占GDP的比重从1950年的26.8%下降至2019年的10.98%，呈快速下降趋势，产业空心化特征显著，并在一定程度上引发了2008年的全球经济危机，国

① 霍夫曼比率（Hoffmann Ratio），即霍夫曼（W. G. Hoffmann）在1931年提出的解释一个国家（地区）的工业化进程中工业结构演变规律，其中霍夫曼比率＝消费资料工业净产值/资本资料工业净产值。它阐明了随着人类社会生产力水平不断发展、经济文化，尤其是科学技术的突飞猛进，产业结构正由第二产业主导向第三产业主导转变。

际影响力也相对下降。不过可以看出的是，自美国实行再工业化以来，从 2010 年开始其制造业增加值占比下降趋势确实在放缓。

表 6-4　代表性年份美国制造业增加值占 GDP 比重　单位：%

	1950 年	1970 年	1980 年	1990 年	2010 年	2019 年	2020 年	2021 年
制造业增加值占 GDP 比重	26.8	22.9	20.5	17.3	11.91	10.98	10.48	10.54

资料来源：根据世界银行资料整理。

另一方面，我国却一直在大力发展制造业，成为世界第一制造业大国，国家实力持续增加。在经济总量上，2010 年我国 GDP 还只有美国的 40%，2022 年我国 GDP 为 17.96 万亿美元，相当于美国的 70.54%，位居世界第二，是日本的 4 倍。我国与发达国家之间的这种相对巨大变化，使得国际影响力日益提高，国际权力有向我国转移的趋势。我国经济和军事力量庞大，与全球体系联系紧密，其任何作为或不作为都将成为国际体系的一种标准或规则，在国际上扮演领导者角色。因而，以制造业为支撑的中国复兴，必然导致“中国因素”逐渐嵌入传统的国际政治经济秩序，进而引起了发达国家的警惕和担忧。

从未来发展趋势来看，一方面我国国内正在积极推进全面深化改革开放，优化政府与市场之间的关系，强化供给侧结构性改革，积极推进创新驱动发展战略，加快自由贸易试验区和自由港的建设，更加注重发展质量，且国家经济长期维持中高增速；另一方面，在国际上，我国正在大力推进“一带一路”倡议和自由贸易区战略，以构建全球合作网络体系，推动中国技术、产品和标准落地海外，等等。在发达国家看来，我国发展趋势所催生的这种不确定性，已经并将继续对其国际权力造成显著、难以预计的冲击。正如亨利·基辛格（2016）所认为的，21 世纪中国的崛起给欧美主导的传统国际秩序带来了结构性挑战，使当今时代的国际权力处于前所未有的变动中。汉密尔顿（2017）指出，在科技发展、贸易投资和国际影响力等方面，美国显然在与中国竞争，美国不应把世界领导权让给中国，应与盟友合作抗衡中国的影响力[①]。

第六节　本章小结

制造业都是国民经济的主体，是科技创新的主战场，也是立国之本、强国之

① 李·H. 汉密尔顿：《美学者：事实上美国阻挠不了中国崛起》，乔恒译，载于《环球时报》2017 年 12 月 22 日。

基。2008 年金融危机爆发后，欧美发达经济体为走出危机，恢复经济增长，解决本国巨大的贸易赤字和失业问题，并争夺未来全球产业竞争的制高点而纷纷实施再工业化战略。此类经济现象，在推动传统工业化理论发展的同时，也对制造业相关理论提出了新课题，为此需要我们深入研究主要工业化国家的再工业化影响我国制造业转型升级的理论机制。

通过诠释国际劳动分工与国际知识分工同国际市场之间的互动机制，可以发现：国际劳动分工作为国际市场形成前提的同时也受到国际市场结构的制约，二者可以在分工协调与形成发育等机制下构成循环良性互动的回路；国际市场引导与协调国际知识分工的同时也推动了自身的形成与发展，二者可以在形成发展与提高创新等机制下构成循环良性互动的回路。由此出发，可以进一步帮助我们理解国际分工与再工业化之间的关系，并可为分析中美贸易战提供思路。实际上，发达国家再工业化打破了国际贸易与金融彼此依存的格局，导致国际贸易和金融领域的竞争失序，由此推动全球产业布局方式向市场需求主导转变，这是发达国家再工业化影响世界经济格局和我国经济运行必然性的缘由。欧美等发达国家实施“再工业化”战略和印度等发展中国家低成本优势的“双重挤压”以及逆全球化浪潮引致的全球产业链断链风险将影响中国制造长远发展。国际政治维度下影响中国制造业转型升级的历史必然性主要表现为中国的崛起倒逼部分国际权力转移，一定程度上影响当前世界政治格局。

我们从供给与需求的影响角度、技术创新驱动角度、政府作用下的动力角度以及国际权力转移的角度来深入归纳主要工业化国家的再工业化影响我国制造业转型升级的具体机制。其中供给侧与需求侧的影响机制受到创新竞争激烈化、资本要素流动新变化、全球产业布局新态势、对外贸易环境不确定性等诸多因素的影响，而且受到制造业结构调整、生产方式变革等因素的影响。随着资源和环境压力加大以及要素成本的上升，市场倒逼机制推动我国制造业转型升级。从技术创新角度来看，基于崛起大国与守成大国、大国制造业高端领域发展的高度重合性来看，均体现了再工业化对中国制造创新动力的倒逼机制，而信息技术快速发展又带来了影响中国制造业转型升级的要素重组效应、网络协同效应和技术外溢效应。

从制造业与国际权力关系的演进角度出发，我们创造性地提出制造业与国际军事权力、国际经济权力以及国际政治权力关系之间的演进机制。整体上，军事力量得到权力的尊崇在于其可以转化为战争从而扩张以满足自身的发展，与此同时制造业也随之扩张和发展并推动权力关系的演进。在制造业全球分工日益深化的背景下，国际经济权力的演进使得全球价值链已成为当前“世界经济的支柱和中枢神经系统”。一个国家的富强要依靠制造业的发展和转型升级，而发展制造业要依靠强大的政治权力，因为其增长变动会使得国际社会行为体实力发生变化。

当前，中国经济的转型最重要的是实现产业增长动力机制的重塑。在全球价值链分工体系中，传统的低要素价格、制造业出口导向和高强度投资驱动已不再适合当前经济发展的需要。必须将中国产业发展动力转向主动参与国际分工的产业重构、培养新的比较优势。未来我国制造业转型升级的战略思路是以国内和国际市场为需求平台，以原始创新、集成创新和模仿先进技术再创新为新的动力，实现重点领域、重点行业的创新突破，实现制造业在全球价值链中由低端制造业向高端制造业的提升。

第七章

中国制造业转型升级的现状及进展

前面从全球化视角下阐述了发达国家再工业化的理论体系，总结了制造业发展与大国兴衰的历史经验，建构了发达国家再工业化影响我国制造业转型升级的理论基础，并且着重分析了发达国家再工业化影响中国制造业转型升级的机制及路径，由此也表明发达国家再工业化影响中国制造业转型升级具有必然性。事实上，改革开放以来，在中国经济持续崛起过程中，中国制造业转型升级一直在路上，只是不同时期表现不同，侧重点不一，由此也可以将其区分为不同阶段，这反映的是中国制造业转型升级的历史维度分析。2008 年金融危机之后，中国制造业转型升级加入了外部驱动力量，这是一个重大变化，也是本章着力分析的重点。此外，我们还可以从理论总结、政策实践方面对中国制造业转型升级进行具体分析，并由此全面反映发达国家再工业化视角下中国制造业转型升级的现状及存在问题，进一步为精准施策提供决策参考。

第一节　中国制造业转型升级的历史实践

“世界时间”是法国年鉴学派历史学家费尔南·布罗代尔发明的一个历史概念，用此来描述人类文明演进的非均衡状态，各个时代通常有 2 ~ 3 个地区代表本时代人类文明的最高水平。吴晓波在 2013 年出版《历代经济变革得失》中指出：造成“世界时间”大迁移的原因，不是自然性的和资源性的，而是制度性的。在人类2000余年的历史长河中，中国长期是世界工商经济最为发达的国家，是世界经济的引擎。如果说两汉时期，按布罗代尔“世界时间”的描述，当时存在西方的罗马城、东方的西安和洛阳两个世界时间，那么公元6世纪之后，中国独享“世界时间”长达一千年之久。公元10世纪的宋代，中国GDP总量就占世界的1/3，到明清时期，中国仍然拥有世界第一的经济规模，其人口规模、粮食产量均为世界第一，棉纺织业的生产规模是当时英国的6倍。但到18世纪，“世界时间”的钟摆彻底离开了中国。鸦片战争之后，中国受各国欺凌，远远落后西方国家。直至改革开放之后，中国经济重新融入世界经济体系，经过多年的努力，“世界时间”的钟摆重新向中国挪移。

中国重回“世界时间”，一个重要的贡献是中国制造业的快速崛起。到2010年中国成为世界制造业第一大国。而中国制造业的崛起过程，也是一个持续转型升级的过程。回顾其他发展中国家的工业化道路，可以发现后发国家的工业化道路，离不开政府的强力推进，完全的市场化难以成功。巴西、阿根廷等国家没有迈过“中等收入陷阱”，一个重要原因是国际权力的制约。从历史的维度来看，以改革开放为节点，参考吴晓波（2016）、张斌（2019）的研究，中国制造业转型升级大约可归纳为如下五个阶段。当然，本书的主体内容是研究2008年金融危机以来的中国制造业转型升级，也即我们认为的第四、第五阶段的转型升级，关于这两个阶段的详细描述我们分散到了其他章节。

一、中国制造业的第一次转型

1978年是中国改革开放的元年，十一届三中全会召开，制造业在一个低起点上开始第一次转型。

（一）本阶段转型升级的背景

当时，世界经济与政治领域正在发生重大变化，邓小平同志敏锐地把握到这一时代的主题已开始由战争与革命转变，并及时提出“和平与发展”已成当今世界主题的科学论断。邓小平同志1980年1月16日在中央召集的干部会议上正式指出：要把经济发展当作中心。实际上，1978年中国制造业非常落后，当年中国的经济总量是日本的1/3，中国是在一个非常低的起点上开始第一次转型。

（二）转型升级的重点领域

国家建设重心应进行调整，需要推进民生建设，需要轻工业大发展。由此，开启了中国制造的第一次转型升级，由以军工业为重点、军工优先逐步向服务于民生建设、发展轻工业转型，军工重化体系逐步向重工业与轻工业协同发展的体系转型。另外，就是从1978年开始，国有企业（当时称国营企业）慢慢进入企业改制过程，四川省率先试点“放权让利”。

（三）转型升级的主力军

1978～1992年，完成中国第一次转型的主力军，是乡镇企业而非国有企业。乡镇企业基本上是从事纽扣、编织袋、衬衫、电缆、铁锅、自行车、印染等的生产与加工，是“轻小集加”：轻工业、小企业、集体经济和加工业的转型升级。而且乡镇企业在国营的流通体系以外建立了自己的流通体系。从制造业产品来看，体现为中国纺织品制造业异军突起，出口额迅速增加，1984年纺织品出口41.02亿美元，1985年出口达42.33亿美元，到1988年纺织品出口总额突破100亿美元，为100.50亿美元。1990年全国纺织品服装出口138亿美元，占全球比重7.48%，位居第四位。到1994年，我国纺织品服装出口额高达355.5亿美元，占全球比重8.6%，成为世界第一。

（四）国有企业自身的转型升级

这一时期，国有企业也开始尝试转型升级。1986年8月3日，沈阳市防爆器械厂宣布破产，国有企业（国营企业）“铁饭碗”开始被打破，自身开始谋求转型升级。同时期，沈阳、武汉、重庆、太原等4大城市有10家企业试行了破产制度，到8月底有5家企业起死回生。1986年12月2日，《中华人民共和国企业破产法（试行）》正式通过，也倒逼国有企业转型升级。

（五）制造业区域布局的转型

也即区域性的转型升级。表现为三个方面：一是东部沿海，尤其是浙江民营经济大发展，成为全国小商品制造基地，杭州成为全世界最大的服装交易市场；二是珠三角地区获得政策优势，制造业稳步发展；三是大量军工企业转向非军工制造，并由山区、边区、乡村等为代表的三线向城市、大城市迁移。

二、中国制造业的第二次转型

（一）本阶段转型升级的大背景

1992年，在邓小平同志南方谈话和党的十四大的政策引导下，中国加快了改革开放进程和市场经济建设步伐，在所有制改革、财税体制改革、全面对外开放、国有企业改革等方面进行了整体配套改革。《破产法》实施多年，国有企业破产被接受并成为普遍性现象，且越来越多，国有企业“铁饭碗”被打破。良好的改革政策为民间创业、产权保护和发挥市场配置资源的作用创造了制度条件，民营企业迅速崛起。同时，改革开放还激发了富有冒险精神和创业才能的企业家创业的积极性，成为制造业第二次转型的重要推动力。1994 年国务院下发《90年代国家产业政策纲要》，提出加快高新技术产业发展，大力发展新兴产业，进一步促进了制造业的发展，由此发展高新技术产业成为制造业转型升级的主攻方向。

（二）转型升级的驱动力

一是人口红利。凭借丰富而廉价的劳动力资源，中国制造很好地利用了人口红利优势，加之 1994 年实施了汇率体制改革，故获得快速发展，并推动资本快速积累。二是改革开放红利。资本的积累增加又带来制造业规模的迅速扩大，受南方谈话后改革开放力度加大的鼓舞，在巨大的市场规模吸引下，大批国外制造业企业在华投资建厂，中国得以大规模吸引外资，同时大量引进国外技术推动制造业产品转型升级。三是全球化红利。苏联解体后，信息技术快速发展，各国不断融入全球经济体系，经济全球化、政治全球化、文化全球化如火如荼推进。中国经济不断融入全球化，并享受全球化的红利，表现为能较好地利用国际市场。

（三）转型升级中制造业出口成效

这一阶段，制造业走向开放发展之路，工业品国际竞争力得到提高。1992 年以来，加工贸易加速发展，除亚洲新兴经济体外，欧美发达国家机械、家电、信息产业的加工组装企业也大量向我国大陆转移。到 1996 年，加工贸易进出口额在进出口总额中所占比重达到 50.6%，成为我国最主要的贸易形式。1992 ~ 1998 年，中国制造业广泛引进国外的设计和制造技术、外资以满足消费者多样化需求，服装、饮料、家电等行业快速发展。我国纺织品服装出口额由 1995 年的 379.7 亿美元增长到 2001 年的 543.2 亿美元，占世界纺织品服装贸易总额的 13%。中国迅速成长为全球中、低端最终消费品的制造大国，经常项目盈余持续增加，外汇储备也在持续增加，由 1993 年年底的 211.99 亿美元增长到 1997 年年底的 1 398.9 亿美元[①]。

① 数据来源：根据海关总署数据整理。

（四）制造业转型升级的两大路径

一是国有企业改组、改制速度加快，国有企业“破产”和职工“下岗”越来越普遍，自身不断加快转型升级。1993 年起，明确以建立现代企业制度为方向，不断深化改革、完善新体制。1997 年 9 月，党的十五大召开，对国有企业改革做出重大部署，强调指出：“调整和完善所有制结构”，“要从战略上调整国有经济布局。对关系国民经济命脉的重要行业和关键领域，国有经济必须占支配地位。在其他领域，可以通过资产重组和结构调整，以加强重点，提高国有资产的整体质量”。实际上，到 1996 年年底，58 个试点城市中有 1 099 户企业破产终结，有 1 192 户企业被兼并，分离出的非生产机构 5 908 个，分流出富余人员 123 万人。到 1997 年，兼并破产及减员增效企业较上年度翻番，涉及总额高达 2 982 户，其中，破产和兼并企业分别涉及企业总户数的 20.1% 和 44%；资产总额达到 4 115 亿元，涉及职工（在职及离退休）578.74 万人[①]。此后，“下岗分流”成为普遍现象。

二是“抓大放小”，对国有企业进行战略性改组。党的十五大报告指出，要“抓好大的，放活小的。对国有企业实施战略性改组”，“实行鼓励兼并、规范破产、下岗分流、减员增效和再就业工程，形成企业优胜劣汰的竞争机制”。实际上，国有企业在改革过程中逐步形成的“抓大放小”的改革思路在 90 年代中期即开始盛行。这种改组以市场和产业政策为导向，搞好大的，放活小的，其目的是要把优化国有资产分布结构、企业组织结构同优化投资结构有机地结合起来，择优扶强，优胜劣汰，形成兼并破产、减员增效机制，并防止国有资产流失。通过改革，国有经济集中在关系国计民生、国家安全的重要领域，而从一般性竞争领域退出。在“抓大放小”理念引领下，我国掀起一轮世界 500 强情结。当时的国家经贸委宣布，未来几年将重点扶植宝钢、江南造船、海尔、华北制药、长虹、北大方正等 6 家企业进入世界 500 强。这 6 家企业被称为国家种子队。当年，各级政府明确提出要培育进入世界 500 强的目标企业 30 余家[②]。不过 2008 年亚洲金融危机之后，这一计划搁浅。

（五）制造业区域布局的转型

表现为：一是东部沿海地区制造业转型升级步伐加快，逐步形成中国三大制造业集聚地。一为珠三角地区。该地区抓住全球产业大范围转移浪潮机遇，发达

① 《经贸信息》，载于《党政干部学刊》1998 年第 2 期。
② 吴晓波：《激荡三十年：中国企业 1978 - 2008》，中信出版社 2017 年版。

国家大量产业向这一地区转移，香港对珠三角的投资经历了初期试探后，全面进入这一地区，形成“前店后厂”模式。到了90年代后期，这一地区开始从以往的原料+加工+出口的工业方式，向创造发展型过渡，不断推进产业与制造业本身的升级，并带动其向工业化深度发展，形成工业化与城市化良性互动的新局面。珠三角逐步成为中国电子、家电制造业集聚地，并取代了长三角在家电、轻工领域的制造业中心地位。二为长三角地区。为高端制造领域发展，在轻工制造发展滞后之时，逐步培育汽车、电子信息、成套设备、石油化工及精细化工、精品钢材、生物医药六大支柱产业。三为环渤海地区。该地区为老工业基地，工业增长速度除山东之外，长期低于全国平均水平。该地区的重要任务是推进技术改造和结构升级，改变企业经营机制向市场经济转型缓慢的状况。依托北京的高新技术优势，这一地区电子信息、生物制药、新型材料和机电一体化等制造领域崛起，逐步展现出影响力。二是东北老工业化基地的中西部地区产业、制造业转型升级相对滞后，地区收入差距逐步拉大。尤其是一些老工业基地，企业经营转制迟缓，经营理念落后，跟不上市场经济的步伐，逐步被市场所淘汰。

三、中国制造业的第三次转型

（一）本阶段转型升级的大背景

亚洲金融危机后，借入世预期及入世东风，全球产业进一步加速向中国转移。中国经济在20世纪90年代中晚期告别短缺经济时代，由消费需求带动工业快速发展的模式悄然转变，卖方市场转向买方市场。由于内需不足，部分工业行业出现产能过剩，加之亚洲金融危机叠加1998年特大洪灾，中国经济受到较大冲击。在此背景下，政府采取有力措施推动工业发展。故1998年以后中国制造业进入到第三次转型阶段。

（二）转型升级的动力

为了扩大内需，面对金融危机与特大洪灾的双重冲击，中国政府启动城镇化进程，并开启了住房体制改革，其后房地产业被列为支柱产业。城镇化是经济社会发展的必然趋势，是工业化和现代化的重要标志。1998年城市化率为30.4%，2010年达到了49.7%。一方面，城镇化的推进有效提高了国内对工业制成品的需求；另一方面，城镇化带动了包括房地产、基础设施以及城市相关产业在内的投资。21世纪初，房地产业快速发展并进入持续繁荣时代，并刺激了钢铁、化工、有色金属、机械制造等上游制造业产品的需求，同时带动家电、家具等下游制造业产品的需求。中国的整个产业经济由服装、饮料、家电为主的轻工业转向重工业发展。

（三）开放与出口对转型升级的驱动作用

这一时期中国经济外向性极大提升，出口导向工业化战略取得巨大成效。特别是入世后，中国利用这一良好的发展契机，中国制造业迅速走向全球市场，融入全球制造业体系，也大力促进国内市场的培育，规模迅猛扩张。同时制造业进入高端领域，装备业、精密制造业也得到了迅猛发展。在此阶段，中国逐步向全球最终制造业产品的中、高端生产国迈进，并于 2010 年成为世界上最大的制造业国家。

（四）制造业区域新布局

珠三角地区、长三角地区和环渤海地区（京津冀地区）逐步成为中国制造的三大基地，也逐步成为中国的三大经济圈。珠三角集中于发展劳动密集型产业，并逐步向高新技术领域转型，通过加工贸易引领，在家电、服装、玩具等劳动密集型产业制造领域开疆拓土，业已成为全球主要电子和日用消费品生产和出口基地。长三角地区在金属制品业、交通运输设备制造业、普通机械及专用设备制造业等行业的工业总产值上居于首位，并不断向高端装备制造发展。京津冀地区则以重化工—资本密集型为主，依然是中国重要的重化工业、装备制造业和高新技术产业基地。这一时期，内陆地区的成渝、武汉与长株潭制造业也在加快转型升级步伐，逐步展现出特有的地位。

四、中国制造业的第四次转型

（一）本阶段转型升级的大背景

2013 年以来，中国经济发展进入新常态，制造业发展的环境发生了新的变化。国内资源环境和要素成本约束日益趋紧；在国际竞争中，面临着“高端挤压”和“低端挤出”的竞争格局，粗放型制造业发展方式越来越难以为继。因此，2012 年以后中国开始踏上从制造大国迈向制造强国的新征程。党的十八大以来，创新驱动发展战略和制造强国战略开始实施，为新常态下推进我国制造业发展与转型升级提出了新要求。2015 年《政府工作报告》中明确提出了“中国制造2025”战略，目标是实现从制造业大国向制造业强国的转变。党的十九大也明确提出要“加快建设制造强国，加快发展先进制造业，推动互联网、大数据、人工智能和实体经济深度融合”。

（二）转型升级的路径

其一，新阶段要实现从要素驱动为主转向创新驱动为主的动力变革，实现关键领域核心技术的突破，以带动制造业转型升级。其二，优化结构，大力发展战略性新兴产业，推动数字经济、5G技术、互联网、大数据、人工智能等与制造业的深度融合，推动先进制造业集群发展。其三，技术合作与引进，通过对外开放，与技术先进国家展开广泛的合作，引进、吸收国外先进技术，推动制造业转型升级。

（三）转型升级的重要动力：制度创新

经济新常态下，中国政府积极推动新一轮对外开放，创新开放体制，释放开放红利，建设面向世界的开放大国。2013年提出“一带一路”倡议之后，通过“一带一路”建设，中国加强了与共建国家的交流与合作，更好地利用国际资源与国际市场，积极推进各类制造业项目合作，给共建国家经济发展带来影响的同时也在更大范围内优化了中国制造业产业结构。此外，随着自贸试验区的建设，一方面，可以加快构建面向全球高标准自贸区网络建设，以开放型竞争带动制造业产业链的全面升级；另一方面，可以进一步提升内地开放水平，为内地制造业升级注入新的活力。

（四）制造业区域布局的转型

从板块分化来看，随着中部崛起战略的深入实施，中部地区持续承接产业转移，工业呈现井喷式发展，传统工业发展格局出现新的变化，东部地区和中部地区“东中一体”协调发展趋势日益显著。同时，随着经济发展进入新旧动能转换期和经济结构调整期，南北分化、东北衰落问题凸显。从城市群发展来看，一方面，城市群在平衡要素空间聚集所带来的正面效应和负面效应方面具有积极的作用，使得城市群对产业的吸引力不断增强，城市群集聚效应持续显现。另一方面，制造业区域布局存在局部扩散的现象。一是由中心城市向周边城市扩散，二是不同城市群之间存在产业转移的迹象。此外，不同城市群内部也呈现不同态势，成长型城市群呈现内部集聚态势而成熟型城市群呈现内部扩散态势。

五、中国制造业的第五次转型

（一）本阶段转型升级的大背景

一是国际经济政治形势出现新变化，进入百年未有之大变局时代。逆全球化暗流涌动，部分国家民粹主义回潮，世界经济政治发展的不确定性日益增加。二是中美贸易摩擦不断升级。三是新冠疫情突发。四是“双碳”目标的大背景下，低碳化、节能化也将成为制造业高质量发展的必然趋势。五是为了应对产业空心化以及减少对“中国制造”的依赖，以美国为代表的西方发达国家采取了多项措施引导制造业回流，力图重构全球产业链并掌握主导权，全球产业链重构的步伐进一步加快。全球产业链的重构以及区域化、多中心化的全球分工格局将逐渐形成，并对世界经济产生深远影响。同时，国内经济运行面临新的挑战，基于要素成本的比较优势正逐步消失，结构调整与新旧动能转换受到新的制约，经济安全风险上升，关键核心技术受限，产业转型升级压力大等问题均逐步显露，制造业转型升级的路径需要调整和拓展（郭克莎和田潇潇，2021）。

（二）本轮转型升级的制约因素

一者，我国创新主体的自主创新能力较弱，核心竞争力不足，缺乏制造业关键核心技术的多元组织和创新体系，引进技术的消化吸收和二次创新较为薄弱，自主创新面临多重困境，关键领域核心技术存在突破瓶颈限制了我国制造业的转型升级。二者，我国仍然处于全球制造业梯队中的中低端制造领域，产品附加值较低，高端生产装备和核心零部件技术长期受制于人。此外，我国高消耗、高污染行业偏多，产业绿色化程度低，致使制造业的整体竞争力不强。三者，在当前制造业“人口红利”逐渐消退的情况下，急需培养新的红利为制造业转型升级提供动力。四者，我国制造业增加值比重和从业人员比重均出现了连续几年明显下降的趋势，同时又伴随着生产率增速下降（李媛恒等，2020）。我国制造业比重现阶段就已经出现了过早过快下降的势头，并且具有过早“去工业化”的典型特征。五者，国际环境恶化。当今世界进入百年未有之大变局的加速演进期，全球政治经济格局已呈现深度影响，从而中国制造业转型升级的全球化红利消减。

（三）转型升级的有利条件

其一，中国拥有全球规模巨大、持续增长的内需市场，随着生活水平的日益提高，人民群众已经不再简单满足于传统的物质需求，进一步推动制造业向以国内高质量需求为导向的转型之路迈进。其二，中国依然拥有世界上最大的人才资源，每年培养的工程师总量相当于美日欧印的总和。而人才红利对人口红利的替代是制造业发展的必然要求和选择，而人口质量的提升无疑将助推中国迈向制造业转型升级的步伐。其三，中国作为当今全球唯一拥有联合国产业分类中所有门类和最为完整产业链的国家，完善的制造业全产业链体系为今后形成一个内部分工和专业化的雁行内循环模式打下了坚实基础。其四，随着我国深入实施数字经济发展战略，不断完善数字基础设施，加快培育新业态新模式，推进数字产业化和产业数字化取得积极成效。根据工业和信息化部的统计数据，从 2012 年至 2021 年，我国数字经济规模从 11 万亿元增长到超 45 万亿元，数字经济占 GDP 的比重由 21.6% 提升至 39.8%①，为制造业转型升级提供了强大动力。

第二节　中国制造业转型升级的理论认知

一、中国制造业转型升级的战略思路

（一）中国制造业转型升级的战略目标及前景

其一，我国制造业发展的战略目标。新常态下我国经济发展战略从要素驱动、投资驱动和出口导向转向创新驱动，产业发展要从以物质资本为重心转向以人力资本、知识资本和技术资本为重心。伴随着我国经济进入新常态，制造业转型升级的核心问题就是要把制造业的产业链尽量向附加值较高、营利性更强的服务领域延伸。我国的工业化高潮已经基本结束，创新和转型升级将成为我国新常态阶段产业发展的主旋律。中国制造业转型升级是要向中国智造、中国创造方向发展，并实现制造业的整体高质量发展，为中国经济的高质量发展夯实基础。

其二，来看中国制造业转型升级的前景。我国制造业发展为经济发展和转型提供了坚实的物质基础，同时，由此形成的制造业优势和技术为未来制造业转型提供动力。Wood（2003）指出，在全球化背景下各国遵循专业化分工原则，在自身技术和资本积累过程中遵循不同发展路径，国际贸易将放大这些差异。因

① 中国信息通信研究院：《中国数字经济发展报告（2022 年）》，2022 年 7 月 8 日。

此，发达国家制造业更偏向技术密集型，发展中国家总体更加工业化，在世界制造业所占比重整体上在增加，但是对于土地资源富裕的非洲和部分南亚的发展中国家，工业化出现停滞，工业化被低识字率、弱基础设施所拖累。部分土地稀缺的东亚发展中国家，尤其是中国，劳动密集型制造业得到扩张（阿德里安，2017）。随着时间的演进，中国技术水平不断提升，人才红利逐步替代人口红利，人力资本的积累成为经济增长的新动力，为制造业转型升级注入了新动力。许冬兰和张新阔（2021）[①] 认为在中国经济高质量发展的同时，如何在污染改善和环境 TFP 双重视角下实现制造业绿色服务化提升是当前一项重要任务。卢现祥和腾宏玄（2021）[②] 认为虽然制造业转型升级是建立国内大循环的产业基础，然而现阶段中国制造业仍呈现出“大而不强、聚而不集”的特征，推动制造业转型升级的动力尚不明显，因此探索一条适合我国制造业转型升级的路径尤为重要。

（二）中国制造业转型升级的压力及战略基础

其一，来看我国制造业转型升级面临的主要压力。我国制造业面临产业低端化和产业空心化双重压力，制造业转型升级是必由之路。长期以来，我国制造业处于全球价值链低端，面临产业低端化的危机。任保全和王亮亮（2017）采用 DEA 非参数 Malmquist 指数方法测度战略性新兴产业的全要素生产率变化发现，由于技术进步率和纯技术效率的降低，导致我国产业呈现轻技术创新、重规模扩张的低端化发展。除此之外，我国劳动力成本上升，部分企业被迫转移到海外具有更低劳动力成本的国家，导致部分实体产业发展停滞，东南沿海地区出现小企业倒闭潮，我国面临产业空心化危机（胡绪华，2013；胡立君等，2016）。刘海云和聂飞（2012）认为，制造业部门对外直接投资导致国内制造业份额下降，进而导致制造业“空心化”，其利用我国 2003～2013 年数据分析发现，中国成为全球资本输出国中的“后起之秀”，劳动密集型制造业与中西部地区呈现“离制造化”现象。发达国家再工业化战略背景下，我国制造业面临更加严峻的外部竞争环境和贸易环境，应加快制造业向微笑曲线两端转移，从而实现制造业的转型升级，避免陷入产业低端化和产业空心化的危机之中。

其二，来看我国制造业转型升级的基础。要素相对成本低，经济增长强劲，内部市场规模巨大，是中国制造业转型升级的重要基石。有学者认为，我国制造业的发展依赖相对较低的要素成本和全球化发展，资源禀赋和产业基础等初始条

① 许冬兰、张新阔：《中国制造业服务化的绿色福利效应研究——基于污染改善和环境 TFP 双重视角》，载于《中国地质大学学报（社会科学版）》2021 年第 4 期。

② 卢现祥、腾宏玄：《中国制造业转型升级中的路径依赖问题研究》，载于《福建论坛（人文社会科学版）》2021 年第 7 期。

件为我国制造业兴起提供了重要的物质基础，对我国产业结构形成起到关键性作用（刘川，2015）。20 世纪 90 年代以来，我国各地区特别是沿海地区因开放吸收了大量跨国公司的直接投资、产业转移和外包业务，促进了我国劳动密集型、附加价值低的加工贸易制造业的迅速崛起（刘志彪，2005；葛阳琴和谢建国，2017）。制造业创新驱动发展，需要大量技工人才，需要大力发展职业教育、职业培训。真正提升制造业的质量和水平，必须要有工匠精神，形成严谨认真、精益求精的文化（郭大成，2016）。周长富（2012）以江苏昆山制造业企业为例，从企业微观层面实证分析了代工企业转型升级的可能影响因素，研究结果显示，企业价值链升级、企业规模扩大、技术创新强度等因素对代工企业转型升级的影响比较大①。

其三，来看内在学习基础和开放创新的战略基因。从国际经验来看，美国建国后一直学习英国发展制造业，并长期居于世界制造中心地位。长期以来，面对不确定及急剧变化的外部世界，通过学习加强自我调适和组织活力，已成为中国共产党不断取得成功的强大基因。中国共产党百年史是一部创新史，创新与开放是中国共产党的内在基因，并转化为经济可持续发展的强大驱动力，是中国制造业转型升级战略得以顺利实施的战略基础。

其四，来看巨大的市场需要对制造业转型升级的支撑作用。20 世纪 20 年代，大量中产阶级崛起为美国制造业走向创新提供强有力的消费需求动力，如可口可乐、好莱坞、迪士尼、麦当劳等美国品牌也都是在这个时期创立的。同样，20 世纪 70 年代以前的日本主要学习美国，之后大批中产阶级的诞生使日本制造迎来了黄金发展时期。当前的中国也处在这一个黄金发展时期，中产阶级同样是中国制造业创新发展的需求动力。由此可知，中国制造业转型升级的战略基础越来越雄厚。

二、中国制造业转型升级的实施路径

（一）实施路径的整体思路

有关中国制造业转型升级的路径选择，学者们主要从基础研究、技术创新、制度等方面提出了解决方案。张志元（2013）结合马克思主义政治经济原理分析认为，我国制造业发展必须正确处理虚拟经济与实体经济的关系，转变发展方

① 韩文艳、熊永兰、张志强、王恺乐、周飞：《科技强国产业结构演变特点及对中国的启示》，载于《世界科技研究与发展》2019 年第 2 期。

式，调整产业结构，发展低碳经济，有效承接国际产业转移和大力培养高技能人才。张军扩（2015）从宏观层面来概括我国制造业转型升级的路径：智能化、精致化、绿色化和服务化。智能化就是要提升技术水平，要促进信息化和工业化的深度融合，特别是要使传统制造业“+互联网”，而不单单是“互联网+”，要运用新技术来改造和提升传统产业。精致化就是通过从技术到人的理念、素质，从工业基础到管理水平，从基本材料到加工工艺等全流程的提升，使我们的产品品质更高，功能更强，更经久耐用。绿色化就是尽可能减少污染，减少碳排放，保护环境，实现可持续发展，走“绿色制造”之路。服务化就是通过大力加强产品生产过程和产品消费过程中服务投入的比重和质量，提高产品的质量和竞争力。吕铁和贺俊（2016）指出，中国制造业转型最关键的是要进一步完善适应制造业转型升级的制度和政策环境。由此，也需要加强对产权和知识产权的保护，进一步治理和规范市场环境，形成良好的社会信用环境。我国制造业经历了快速的发展时期，在面临当前发达国家再工业化战略和国内经济新常态的双重压力下，中国制造业转型升级具有发展的战略基础，且是当务之急[①]。

（二）通过结构优化来提升制造业效率

制造强国的重要标志之一是制造业规模在GDP中占较大比重、结构优化、生产效率高。未来中国必须优化推进制造业结构升级，大力发展高端装备、新一代信息技术、高档数控机床和机器人、先进轨道交通装备、航空航天装备、海洋工程装备及高技术船舶、新能源汽车、电力装备、大型农机装备、大型运输装备、新材料、生物医药及高性能医疗器械等的制造，发展技术密集、资金密集制造业，促进制造业与服务业融合，发展为制造服务的现代服务业。有学者认为，特别要注重以现代技术改造提升传统制造业，重点立足国际市场，支持中小企业向专业化方向发展，避免大企业的寄生型共生和重复建设，加快建成结构优化的现代制造业体系（王晓红，2014）。李蕾（2016）以长三角地区制造业为例，通过与京津冀比较的实证分析，发现长三角地区制造业的专业化水平较低，区内各省市间制造业结构的差异性和互补性也不及京津冀地区，不过区内各省市间形成了互补性较好的专业化优势产业发展格局。

（三）抓住信息网络技术机遇助推制造业转型升级

Scottmorton（1991）认为，IT技术从5个方面影响企业的转型和升级：局部

① 张彦、刘美玲：《全球产业链视角下中国制造业的升级障碍与对策》，载于《对外经贸实务》2020年第12期。

应用、内部集成、业务流程设计、经营网络设计和经营范围设计。随着互联网技术的发展，信息技术进步加速信息技术与制造业的融合，促进制造业产业结构的不断调整（金志奇，2005）。近年来，互联网、物联网、大数据应用的快速增长，引发生产方式和生产关系的重新组合，产生出与传统制造业不同的分工协作方式和消费模式，进而推动制造业的产业生态和经济模式的转变。当前，信息技术日新月异，5G、量子通讯技术不断产业化，为制造业转型升级提供了源源不断的动力。

（四）不断提升中国制造在全球价值链（GVC）中的地位

GVC 框架下的产业升级包括工艺升级、产品升级、功能升级和链条升级四个阶段，分别作用于分工环节、单个产品、部门内层次和部门间层次。工艺升级和产品升级阶段，产品的复杂程度高、种类更丰富、质量更加可靠，是经济体实现产品由低附加值向高附加值转变的重要环节（Gereffi，2001）。功能升级阶段，经济体内部产业内部协作更加紧密，掌握着重要的技术。链条升级阶段，经济体是 GVC 的治理者，控制着产业价值链的核心环节，是增值能力和控制能力最强的阶段（Humphrey & Schmitz，2002）。改革开放以来，我国一直处在 GVC 的低附加值阶段，外国企业相对本国企业具有更高的平均生产率，技术溢出效应成为本国企业效率提升和转型升级的重要渠道；同时，外资企业对产品的高要求也倒逼本国企业转型升级（李宏和刘珅，2016）。基于 GVC 的产业升级是中国制造业转型升级的重要路径（戴翔和金碚，2013），在发达国家纷纷利用再工业化战略发展制造业和重拾贸易保护的压力下，从微笑曲线的低端向两端升级，发展具有核心竞争力的本土跨国公司（隆国强，2007），产业融合、整体升级和提高产品价值服务是制造业转型升级的重要方向（毛蕴诗和郑奇志，2012；Contreras et al.，2012）。要改变“低端锁定”的现状，应构建国家价值链（NVC），进而提高制造业终端的竞争，推动 NVC 和 GVC 的有效衔接，推动制造业转型升级（巫强和刘志趁，2012；赵放和曾国屏，2014）。刘志彪（2017）认为，中国虽然已成为全球制造大国，但长期以来走的是居于全球价值链底部进行国际代工的全球化道路，付出了巨大的成本，而且可持续性不够。迫切需要构建建设制造强国的环境和机制，建立以中国为主导的全球价值链。

（五）创新驱动制造业转型升级

一是强调创新驱动是中国制造业转型升级的重大机遇。沈坤荣（2015）认为未来我国制造业转型升级要抓紧新一轮工业革命与我国加快转变经济发展方式所形成的历史性交汇机遇，坚持在发展中谋转型，在转型中求升级，全面优化经济结构，完善政策顶层设计，同时进一步从产业、技术、产品、企业、空间布局和政府政策等层面提出了具体对策建议。在技术创新对制造业升级的作用机制和路径的研究，孙徊泉和叶琪（2015）认为创新驱动主要从动力维度、要素维度和竞争维度三个方面为制造业转型升级提供动力。在新一轮的科技革命和产业变革兴起的背景下，中国已成为世界第一大制造业大国，但要实现制造业由大变强的历史性跨越，需要坚持科技创新引领的战略思想，推动中国制造向中国创造转变（石建勋和王盼盼，2017）。刘志彪（2017）指出，我国经济面临的突出矛盾和问题根源是重大结构性失衡，一方面表现为严重的产能过剩，另一方面表现为有效供给不足，再加上人口老龄化加重，中国将有可能陷入“中等收入陷阱”。他们认为，改善这种结构性失衡，必须摒弃嵌入全球价值链的出口导向发展战略，通过创新驱动和实施品牌战略，增加高质量有效供给，加快中国制造业转型升级。

二是回答为何要转向创新驱动。范黎波（2012）从宏观、中观和微观三个视角，国家、产业和企业三个层面分析中国制造业存在的技术缺口和差距及解决途径和方法。孔伟杰（2012）以浙江制造业企业为例，发现创新能力是企业转型升级的关键因素，企业规模对转型升级具有明显的积极促进作用，而外部市场结构和政府财政政策的作用则并不明显。秦可德（2013）以浙江嘉兴制造业为例，从区域层面来分析制造业转型升级问题，指出若要突破制造业附加值的低端锁定，就必须认清区域制造业在全球制造产业集群中的位置，并对下一个相邻可能性区域做出准确判断。黄群慧（2014）指出，在工业化后期，产业结构转型升级之所以构成了一个重要的挑战，是由于在工业化初中期，中国从一个农业大国转变为工业大国的产业升级主要通过“要素驱动战略”实现，而在工业化后期，中国要实现从工业大国转变为工业强国和服务业大国的产业结构升级，更需要的则是“创新驱动战略”。张军扩（2015）认为中国制造业的病症就是增长方式粗放，靠要素投入增加产能，而不是靠提升质量和效益，故需要寻找新的驱动力。黄群慧和原磊（2015）认为我国工业实现快速增长的同时，也积累了不少结构性矛盾。概括地看，这些矛盾集中体现在产业结构失衡、需求结构失衡和财富结构三个层面上。为此，需要加快转变工业增长方式，着力重塑工业增长动力，推动产业向中高端迈进。刘志彪（2015）强调，现代化经济发展应摆脱传统经济发展模式，转而以人才资源、技术创新和知识资源为发展重点。刘志彪（2015）提出以“盘活存量”实现产业转型升级。“要素驱动战略”强调通过投资、劳动力、资源、环境等要素的低成本的大量投入来驱动经济增长，而“创新驱动战略”则强调的是通过技术创新和制度创新来实现经济的可持续发展。

三是讨论推进创新环境的重要性。吕薇（2013）在分析我国产业技术创新阶段特征和创新环境的基础上，提出了完善创新环境和改进创新推进方式的总体思路和政策建议，对战略性新兴产业发展和传统产业技术改造与转型升级的动力、模式、机制和政策，分别提出了政策建议。刘志彪（2017）认为，中国着力改变传统上在全球价值链底部进行国际代工的方式，多方面构建实现制造强国的宏观经济环境，在发展机制和实现路径方面，跟以往会有本质的区别。

四是重点讨论创新驱动中的金融支撑问题。刘佳宁（2016）则重点对金融支撑制造业转型升级进行了实证研究，发现金融发展通过资本的持续积累和技术的突破创新两条主线，对制造业规模扩张、结构优化和技术进步产生影响，进而推动产业升级。孙理军（2016）则关注制造业转型升级绩效的国际比较，完善了基于 GVC 的制造业经济、社会、环境转型升级量化测度指标，研究发现，2000～2012 年期间，与世界其他主要制造业国家相比，我国制造业的经济绩效改善与升级趋势最为突出。还有一些学者重点研究了德国制造业转型升级的经验及其对我国制造业转型升级的启示（郑春荣，2015；杜传忠，2015）。从整体上来看，我国制造业转型升级取得了明显的阶段性成就，但在国际产业链的相对位置还没有发生颠覆性质变，升级还需长期坚持下去，未来要切实落实创新驱动发展战略，强化政府的宏观管理作用，持续深化对外开放（胡迟，2015）。戚聿东和刘健（2014）则强调了第三次工业革命趋势下产业组织转型的必要性及路径。林毅夫团队（2017）提供了有争议的地方产业转移升级发展药方：吉林应转变重工业赶超战略思维，在产业发展上既要扬长，也要弥补轻工业的短板。

三、中国制造业转型升级的约束条件

制造业是我国经济发展的支柱产业，主要面临低成本优势递减、创新能力弱、产品附加价值低、资源约束加剧等问题。具体来看：

一从宏观层面来看。发展环境制约制造业竞争力的提升，主要表现在金融和房地产过度发展对制造业的挤压（刘建江等，2016），全球经济放缓和贸易壁垒使得对外贸易获取利润难以为继，企业税负过高，环境压力和能源危机等。洪银兴（2014）指出，我国经济发展进入中等收入国家行列，扩大内需成为我国经济发展的战略基点。与此相应，我国的产业结构也应该由外需型结构转为内需型结构。产业结构定位就要由比较优势转向竞争优势，通过产业创新培育产业的竞争优势。内需型产业结构的重要特征是服务业尤其是现代服务业的快速增长，创新和市场是产业结构调整的两个杠杆，市场选择和优胜劣汰淘汰过剩产能，产业创新支持战略性新兴产业的发展。张志元和李兆友（2015）将制约因素归纳为：制造业转型升级面临着复杂多变的市场经济环境，日渐弱化的传统发展优势，层次较低的产业集群效应，相对滞后的传统体制观念等。

二在微观层面上。缺乏工艺改进、工装设计、设备开发等能力，缺乏关键技术和软件，无法运用现有技术创造出高附加价值的产品（高歌，2017）。中美贸易摩擦以来，特别表现为在关键核心技术领域频频面临“卡脖子”问题。苗圩（2015）认为，我国工业大而不强、亟须转型升级的阶段性矛盾更为突出，主要表现在自主创新能力弱，部分关键核心技术缺失；产品质量不高，缺乏世界知名品牌和跨国企业；产业结构不合理，传统产业产能过剩和新兴产业供给能力不足并存；资源环境承载能力和要素供给能力接近极限；产业国际化程度不高，全球化经营能力不足。

三在技术层面。我国制造业从制造到智造的转型升级，还面临信息技术和制造技术水平偏低、制造业发展整体水平低且不平衡、相关制度建设不够系统和完善等困境（杜人淮，2015）。徐充和刘志强（2016）则以东北地区分来分析制造业转型升级的制约因素，认为当地制造业以资源密集型企业为主，面临高投入、高能耗、高污染、低产出的粗放式发展特征。

四、中国制造业转型升级的发展方向

制造业转型升级是经济转型升级的一个子系统，也是产业转型的一个部分。制造业转型升级既要考虑解决短期问题，也要考虑长期发展。短期必须要解决的一个重大的问题是如何渡过当前的经济下滑困境、产能过剩困境；中期问题是如何实现创新驱动和创新发展，补全短板，创造优势；长期问题是如何确立制度转型和依法治国。从现有文献看，学者们认为我国制造业转型升级的方向在于：

其一，从加工制造型向创新创造型转变。刘志彪（2011）提供了一个重构中国制造业全球价值链以实现制造大国向制造强国转型的视角。他认为，从“制造大国”转变为“制造强国”，中国必须在微观层面上高度重视从被“俘获”的全球价值链（GVC）中突围的战略问题。长期以来，中国制造在全球价值链底部进行国际代工的全球化，也使中国成为了全球制造大国，而当前需要着力寻求建设制造强国的环境和机制，建立以我为主的全球价值链（刘志彪，2017）。在融入GVC的基础上，尤其要重视重新构建基于内需的NVC的战略问题。由在GVC中的“承包、接包”变成“发包”，由低端变成高端，由“打工者”变成“老板”，由“制造”变成“创造”，这是一场关系到中国经济尤其是制造业发展方式转变的革命性变革。魏龙和王磊（2017）认为，制造业升级的方向选择对产业发展前景及国际竞争力构成重要的影响，中国当前应将GVC上游环节作为制造业升级的方向。创新驱动是要发挥创新要素集聚效应，以产业集聚为载体战略性培育新兴产业，提高科技创新能力和产业层次，引导制造业向高端化、智能化转型升级（李蕾，2016）。

其二，从跟随引进型向自主引领型转变。高俊峰等（2014）认为，如果技术先进国家已建立较高的技术壁垒，后发国家应该通过帮助企业获取互补性资产以突破现有技术壁垒，进而实现自主创新。目前，我国制造业门类众多，发展水平参差不齐，为积极应对全球产业结构大调整，我国必须发挥工匠精神，提升企业的自主创新能力（章立东，2016）。

其三，从简单规模扩张型向综合效益提升型转变。王树华和陈柳（2014）认为，制造业转型升级应以调整存量为主，通过较小的增量投入，带动和盘活更大的存量，实现生产要素向优势企业集中，进而实现社会资源的最优配置。丁文波（2015）指出，目前我国制造业转型升级的关键是要强化企业动态核心能力的开放和提升。王文、孙早（2017）认为，我国制造业转型升级的方向在于改善资源配置效率和提高生产率，一方面通过技术改造实现传统制造业向高附加值和高加工度升级，另一方面实现高端制造业和现代服务业融合互动发展。

其四，从粗放消耗型向集约环保型转变。在产业转型中，学者们开始关注社会和环境问题，认为转型升级与可持续发展有关（Peneder，2003），绿色发展、环境改善、员工待遇与权力等都是制造业转型升级的重要内容（Giuliani et al，2005；Rolstadas et al，2012；Rossi，2013）。张志元和李兆友（2013）认为，为化解传统制造业发展模式的困境，应加快低碳经济发展，以实现节能减排，是调整经济结构和转变经济增长方式的重要方式。他们进一步指出，转变制造业的发展方式，核心是从资源消耗型转向要素集约利用型。现有文献主要从技术创新、资源配置效率、环境保护等方面考虑我国制造业转型升级的方向，还有学者认为制造业转型升级的方向应该注重产品的质量（邵安菊，2016）、中国智造等，属于从理论视角观察的研究。

其五，全面开放型转型升级。过去在全球价值链底部进行国际代工的全球化，使我国成为全球制造大国，现在要寻求建设制造强国的环境和机制，需要建立以我为主的全球价值链。具体而言，以新全球化的视角来看，中国制造业转型升级，应该从狭义外向型向全面开放型转变、从劳动资源密集型向资本智力密集型转变，进而避免发达国家再工业化对我国造成的内外冲击。

刘志彪（2017）提出制造业的“刘十条”：一是坚决抑制虚拟经济尤其是房地产业的过度繁荣；二是利用市场化竞争机制与环保政策而非行政手段去产能，通过兼并收购重组来增加制造业企业集中度；三是构建法治化市场营商环境，保护和支持民营企业家的创业创新精神；四是加大对战略性新兴产业投资的同时，运用一切手段鼓励传统产业中的企业在经济周期的底部阶段进行大规模的技术改造；五是实施“品牌中国”战略，大张旗鼓地表彰中国制造业中为国争光的各类品牌企业、优秀企业家，对在国际竞争中胜出的企业设立“中国工匠”的表彰制度；六是大幅度提高制造业中技术工人的待遇，实施首席技工制度，并通过股权激励来助推其发展；七是为制造业民企减负；八是鼓励中国制造利用好“一带一路”机遇在重点城市构建企业总部，以此为点适度转移生产、加工、制造环节，形成以我为主的全球价值链，在开拓内需中形成国家价值链，升级全球价值链；九是保护知识产权，坚决打击各种名义的侵犯知识产权的行为，激励制造企业加大自主知识产权的投资，尽快形成核心竞争力；十是发展职业技术教育，大幅度提高职业技术教育的社会地位和经济地位。

五、中国制造业转型升级的保障体系

美日欧等发达国家提出的再工业化战略，旨在提升制造业和发展新兴产业，解决产业空心化，重振制造业实力。为巩固其实体经济的竞争优势，纷纷通过贸易壁垒等形式压制发展中国家。中国为世界第二大经济体，发达国家战略改变的影响、发展中国家合作战略的平衡都是中国在世界经济中站稳脚步必须要考虑的问题。从抗衡美日欧等发达国家实施的再工业化战略及平衡发展中国家战略合作的角度，学者们对中国制造业发展主要提出以下保障体系构建思路。

一是要重视高端制造业人才培养。全球新兴制造业的竞争归根到底是高端制造业的人才竞争。从美国再工业化的具体措施不难看出，美国将高端人才培养和制造业工人的培训放在重要的位置。二是要营造有利于科技创新的制度环境。现阶段中国制造业“大而不强”的根本原因在于中国缺乏有利于科技创新的制度环境，进而导致中国长于低附加值的组装加工，而弱于高附加值的核心技术开发。为此，中国应进一步加大知识产权保护的力度，营造引导创新、保护创新、激励创新的制度环境。三是要注重提升自主创新能力。我国制造业转型势在必行，要加快自主创新步伐，充分发掘国内市场的需求和潜力。要实现“中国制造”向“中国创造”的转变，必须依据中国的基本国情，在充分借鉴国际经验的基础上，在创新目标、创新方式、创新机制等方面，不断强化自主创新意识（Wang & Lei，2007）。左世全（2012）认为，要加强顶层设计，制定先进制造业的发展计划，完善制造业创新政策，提升企业创新能力。唐志良和刘建江（2012）认为，美国再工业化战略强调制度创新和技术创新互动，因此，我国应从宏观、微观层面构建促进技术创新的制度平台。政府、企业、学校三者通力合作，利益共享、风险共担，将有效降低研发成本和风险，缩短研发周期，提升自主创新能力（崔日明和张婷玉，2015）。四是在新发展格局下来推进制造业转型升级。制造业外向型特征明显，受外部影响较大。连平（2021）指出，外部环境不确定性持续不断上升，我国国内市场容量大幅度扩张，具有超大规模市场优势，制造业需要更大力度地转向依托国内市场，来提升国际竞争力。

第三节　中国制造业转型升级的政策支持

中国从2010年成为世界第一制造业大国后，制造业强国目标定位和制造业转型升级的方向在我国产业政策的制定过程中始终占据着重要位置。当前，我国经济建设的首要任务之一是加快建设制造强国，推进先进制造业局促发展，加快我国产业迈向全球价值链中高端，培育若干世界级先进制造业集群。为此，国家整体、相关部门及各省市均出台了一系列制造业政策，为中国制造业转型升级提供了有效的制度保障。从实践层面来看，这些政策的出台也反映了中国制造业转型升级的阶段性进展及预期目标。

一、国家推进制造业转型升级的整体性政策文件

改革开放以来，中国制造历经多轮制造业转型升级。2008年全球金融危机以来，我国不断加强制造业顶层设计，为中国制造业转型升级谋篇布局。为调整和优化经济结构、促进工业转型升级、实现工业由大到强转变，于2011年出台了《工业转型升级规划（2011－2015年）》，这对于增强我国工业核心竞争力和可持续发展能力具有重要的指导意义。面对发达国家纷纷推行再工业化战略的大趋势，中国发布《中国制造2025》也就顺理成章。这是当时我国全面推进实施制造强国的一份纲领性文件，拟作为我国制造业转型升级的指引。作为落实“制造强国”战略的指引性文件，《中国制造2025》以制造业创新发展为主题，提质增效为中心，推进智能制造为主攻方向，同时制定“三步走”的战略目标，旨在培育有中国特色的制造文化，实现中国制造由大变强的历史跨越，为我国制造业未来发展明确目标。

随着时代发展与国家重大战略需求的转变，我国先后出台了《关于深化制造业与互联网融合发展的指导意见》《“十三五”国家战略性新兴产业发展规划》《关于深化“互联网＋先进制造业”发展工业互联网的指导意见》，从上述文件的具体内容不难看出，智能制造和先进制造业的发展是我国现阶段制造业政策的重点支持领域。面对美国的技术封锁，中国2020年出台了《新时期促进集成电路产业和软件产业高质量发展的若干政策》，旨在集中力量攻克集成电路产业和

软件产业的关键核心技术，改变我国关键核心技术受制于人的局面，是我国构建“双循环”新发展格局过程中针对制造业领域的必要措施。

“十四五”规划纲要中关于制造业的论述为我国下一阶段的制造业发展指明了方向，其中明确提出要深入实施“制造强国”战略，培育先进制造业集群，推动航空航天、集成电路、船舶与海洋工程装备、机器人、先进轨道交通装备、先进电力装备、工程机械、高端数控机床、医药及医疗设备等产业创新发展，坚持自主可控、安全高效，要着力推进产业基础高级化、产业链现代化，保持制造业比重基本稳定，增强我国制造业竞争优势，推动制造业高质量发展，稳步向制造强国迈进（见表7－1）。

表7－1　　国务院发布的国家整体制造业政策及相关要点

发布时间	发布单位	政策名称	相关要点
2011年12月	国务院	《工业转型升级规划（2011－2015年）》	围绕先进制造、交通、能源、环保与资源综合利用等国民经济重点领域发展需要，组织实施智能制造装备创新发展工程和应用示范，集成创新一批以智能化形成和加工成套设备、冶金及石油石化成套设备、自动化物流成套设备、智能化造纸及印刷装备等为代表的流程制造装备和离散型制造装备，实现制造过程的智能化和绿色化
2015年5月	国务院	《中国制造2025》	从制造业大国向制造业强国转变，最终实现制造强国。通过“三步走”“四项原则”以及“两个五”提高制造业创新能力，推进信息化与工业化深度融合，把智能制造作为两化融合的主攻方向
2016年5月	国务院	《关于深化制造业与互联网融合发展的指导意见》	打造制造业企业互联网“双创平台”，推动互联网企业构建制造业“双创”服务体系，探索制造业与互联网融合新模式。强化融合发展基础支撑，提升融合发展系统解决方案能力，提高工业信息系统安全水平，完善融合发展体制机制，完善支持融合发展的税收和金融政策
2016年8月	国务院	《“十三五”国家科技创新规划》	围绕建设制造强国，大力推进制造业向智能化、绿色化、服务化方向发展；推动制造业信息化服务增效，加强制造装备及产品“数控一代”创新应用示范，提高制造业信息化和自动化水平，支撑传统制造业转型升级
2016年12月	国务院	《“十三五”国家战略性新兴产业发展规划》	构建现代产业体系，提升创新能力，深化国际合作，进一步发展壮大新一代信息技术、高端装备、新材料、生物、新能源、节能环保、数字创意等战略性新兴产业，推动更广领域新技术、新产品、新业态、新模式蓬勃发展，建设制造强国

续表

发布时间	发布单位	政策名称	相关要点
2017年11月	国务院	《关于深化“互联网+先进制造业”发展工业互联网的指导意见》	打造与我国经济发展相适应的工业互联网体系。主要目的是：到2025年，基本形成具备国际竞争力的基础设施和产业体系；到2035年，建成国际领先的工业互联网网络基础设施和平台，形成国际先进的技术与产业体系，工业互联网全面深度应用并在优势行业形成创新引领能力，安全保障能力全面提升，重点领域实现国际领先。当前重要任务是：（1）夯实网络基础；（2）打造平台体系；（3）加强产业支撑；（4）促进融合应用；（5）完善生态体系；（6）强化安全保障；（7）推动开放合作
2020年7月	国务院	《新时期促进集成电路产业和软件产业高质量发展的若干政策》	通过制定财税政策、投融资政策、研究开发政策、进出口政策、人才政策、知识产权政策、市场应用政策以及国际合作政策等为集成电路产业和软件产业高质量发展提供支持。在先进存储、先进计算、先进制造、高端封装测试、关键装备材料、新一代半导体技术等领域，结合行业特点推动各类创新平台建设
2021年2月	国务院	《关于加快建立健全绿色低碳循环发展经济体系的指导意见》	推进工业绿色升级。加快实施钢铁、石化、化工、有色、建材、纺织、造纸、皮革等行业绿色化改造。推行产品绿色设计，建设绿色制造体系。大力发展再制造产业，加强再制造产品认证与推广应用。建设资源综合利用基地，促进工业固体废物综合利用。全面推行清洁生产，依法在“双超双有高耗能”行业实施强制性清洁生产审核。加强工业生产过程中危险废物管理
2021年8月	国务院	《“十四五”就业促进规划》	促进制造业高质量就业，支持吸纳就业能力强的劳动密集型行业发展。注重发展技能密集型产业，推动传统制造业转型升级赋能、延伸产业链条，开发更多制造业领域技能型就业岗位。立足我国产业规模优势、配套优势和部分领域先发优势，发展服务型制造新模式，做大做强新兴产业链，推动先进制造业集群发展，打造更多制造业就业增长点

资料来源：根据国务院官网信息整理。

2023年7月，工业和信息化部、教育部、科技部、财政部、国家市场监管总局等五部门联合发布《制造业可靠性提升实施意见》，聚焦机械、电子、汽车等行业，提出实施基础产品可靠性“筑基”工程、整机装备与系统可靠性“倍增”工程，明确了相关行业未来发展的关键技术，这也代表了未来的一些直接投资方向。

二、相关部委推进制造业转型升级的配套政策文件

相关部委的制造业配套政策密集出台，中国制造业转型升级政策体系成型。从2015年之前的政策可以看出，相关部委的关注点集中在智能制造和高端装备制造，针对智能制造和先进制造业发展的政策体系已初具雏形。《中国制造2025》出台之后，相关部委对中国制造业转型升级的关注逐渐加强。随后几年中，陆续出台了相关支持政策20余项，平均每年3项以上，其中2015~2017年和2020年是两个小高潮。这充分体现了政策层面对制造业举足轻重地位的确认，以及国家对制造业转型升级的迫切要求。通观相关部委政策，有两大特征值得关注：

（一）强调攻关共性技术，夯实产业“基础设施”

产业共性技术具有通用性、关联性、系统性、开放性等特点，是产业发展的“基础设施”，没有自主掌握产业共性技术已成为制约我国制造业核心竞争力提升的一大瓶颈。我国重视以“共性技术”的突破带动全行业整体提升。《中国制造2025》提出要“突破一批重点领域关键共性技术，促进制造业数字化网络化智能化，走创新驱动的发展道路”，强调要攻克“对产业竞争力整体提升有全局性影响的、带动性强的”关键共性技术。工信部随后发布了《产业关键共性技术发展指南（2015)》，梳理出多项数字化智能化研发、制造、管理方面需要发力的共性技术。后续政策均强调共性技术在制造业转型升级中的基础性角色。2020年4月，国家发改委推出的《关于推进“上云用数赋智”行动，培育新经济发展实施方案》指出要加快数字产业化和产业数字化，助力建设现代化产业体系，实现经济高质量发展，特别强调共性技术是数字化转型的基石，要加大对共性平台、共性方案的支持，鼓励相关技术和平台的开源共享。2021年3月，国务院国资委发布《关于加快推进国有企业数字化转型工作的通知》，要求通过联合攻关、产业合作、并购重组等方式，围绕企业实际应用场景，加速突破先进传感、新型网络、大数据分析等数字化共性技术。

（二）强调营造大中小企业联动的产业生态，赋能中小企业

2017 年 4 月，科技部印发《“十三五”先进制造技术领域科技创新专项规划》，强调要让龙头企业示范带动中小企业集群；2021 年 7 月六部委联合发布《关于加快培育发展制造业优质企业的指导意见》，也鼓励领航企业与中小企业建立稳定合作关系，打造大中小企业融通发展生态、建设先进制造业集群等。值得注意的是，“专精特新”中小企业的概念在 2012 年被第一次提出，2021 年 7 月进入政治局会议议程。财政部与工信部于 2021 年 1 月下发了《关于支持“专精特新”中小企业高质量发展的通知》，指明要促进这些企业的“数字化网络化智能化改造，业务系统向云端迁移，并通过工业设计促进提品质和创品牌”。其他政策也对此频繁印证，如 2021 年 7 月发布的《关于加快培育发展制造业优质企业的指导意见》中指出要“健全梯度培育工作机制，引导‘专精特新’中小企业成长为国内市场领先的‘小巨人’企业”（见表 7－2）。

表 7－2　　相关部委发布的制造业政策文件及相关要点

发布时间	发布单位	政策名称	相关要点
2012 年 3 月	科技部	《智能制造科技发展“十二五”转型规划》	通过智能化高端装备、制造过程智能化技术与系统、基础技术与部件的研发、示范应用及产业化，提高高端装备、技术与系统的自主率，带动我国制造业技术升级，实现制造业高效、安全及可持续发展
2012 年 5 月	工信部	《高端装备制造业“十二五”发展规划》	加强对共性智能技术、算法、软件架构、软件平台、软件系统、嵌入式系统、大型复杂装备系统仿真软件的研发，为实现制造装备和制造过程的智能化提供技术支撑；开展基于机器人的自动化成形与加工装备生产线
2016 年 12 月	工信部、财政部	《智能制造发展规划（2016－2020 年）》	创新产学研用合作模式，研发高档数控机床与工业机器增材制造装备、智能化传感与控制装备、智能检测与装备装配、智能物流与仓储装备五类关键技术装备
2017 年 4 月	科技部	《“十三五”先进制造科技创新专项规划》	强化制造核心基础件和智能制造关键基础技术，在增材制造、激光制造、智能机器人、智能成套装备、新型电子制造装备等领域掌握一批具有自主知识产权的核心关键技术与装备产品实现制造业由大变强的跨越

续表

发布时间	发布单位	政策名称	相关要点
2017年10月	工信部	《高端制造再制造行动计划》	到2020年，突破一批制约我国高端制造在制造发展的拆解、检测、形成加工等关键共性技术，智能检测、形成加工技术达到国际先进水平，发布50项高端制造再制造管理、技术、装备及评价等标准
2017年11月	发改委	《增强制造业核心竞争力三年行动计划（2018－2020年）》	加强支撑体系建设、优化完善激励政策、强化金融政策扶持、加大国际合作力度。到“十三五”末，轨道交通装备等制造业重点领域突破一批重大关键技术实现产业化，形成一批具有国际影响力的领军企业，打造一批中国制造的知名品牌，创建一批国际公认的中国标准，制造业创新能力明显提升、产品质量大幅提高、综合素质显著增强
2018年7月	工信部、国家标准化管委会	《国家智能制造标准体系建设指南（2018年版）》	针对智能制造标准跨行业、跨领域、跨专业的特点，立足国内需求、兼顾国际体系，建立涵盖基础共性、关键技术和行业应用等三类标准的国家智能制造体系。加强标准的统筹规划与宏观指导，加快创新技术成果向标准转化，强化标准的实施与监督，深化智能制造标准国际交流与合作，提升标准对制造业的整体支撑作用，为产业高质量发展保驾护航
2019年11月	工信部、发改委等十五部委	《关于推动先进制造业和现代服务业深度融合发展实践》	推进建设智能工厂，加快工业互联网创新应用，推广柔性化定制，发展共享生产平台，优化供应链管理等，形成一批创新活跃、效益显著、质量卓越、带动效应突出的深度融合发展企业、平台和示范区，企业生产性服务投入逐步提高，产业生态不断完善，两业融合成为推动制造业高质量发展的重要支撑
2020年10月	工信部	《“工业互联网＋安全生产”行动计划（2021－2023年）》	建设“互联网＋安全生产”新型基础设施，打造基于工业互联网的安全生产力新型能力，深化工业互联网和安全生产的融合应用，构建“互联网＋安全生产”支撑体系。到2023年底，工业互联网与安全生产协同推进发展格局基本形成，工业企业本质安全水平明显增强

续表

发布时间	发布单位	政策名称	相关要点
2021 年 1 月	财政部、工信部	《关于支持“专精特新”中小企业高质量发展的通知》	通过中央财政资金引导，促进上下联动，将培优中小企业与做强产业相结合，加快培育一批专注于细分市场、聚焦主业、创新能力强、成长性好的专精特新“小巨人”企业，推动提升专精特新“小巨人”企业数量和质量，助力实体经济特别是制造业做实做强做优，提升产业链供应链稳定性和竞争力
2021 年 7 月	工信部、科技部、财政部、商务部等六部委	《关于加快培育发展制造业优质企业的指导意见》	围绕加快培育发展以专精特新“小巨人”企业、制造业单项冠军企业、产业链领航企业（以下简称“小巨人”企业、单项冠军企业、领航企业）为代表的优质企业，提出准确把握培育发展优质企业的总体要求、构建优质企业梯度培育格局、提高优质企业自主创新能力、促进提升产业链供应链现代化水平、引导优质企业高端化智能化绿色化发展、打造大中小企业融通发展生态、促进优质企业加强管理创新和文化建设、提升优质企业开放合作水平、完善金融财政和人才政策措施、加强对优质企业的精准服务等 10 条指导意见
2021 年 12 月	工信部、发改委等十五部委	《“十四五”智能制造发展规划》	“十四五”期间，加快系统创新，增强融合发展新动能；深化推广应用，开拓转型升级新路径；加强自主供给，壮大产业体系新优势；夯实基础支撑，构筑智能制造新保障。到 2025 年，规模以上制造业企业大部分实现数字化网络化，重点行业骨干企业初步应用智能化；到 2035 年，规模以上制造业企业全面普及数字化网络化，重点行业骨干企业基本实现智能化
2021 年 12 月	工信部、科技部等三部委	《“十四五”原材料工业发展规划》	到 2025 年，原材料工业保障和引领制造业高质量发展的能力明显增强；增加值增速保持合理水平，在制造业中比重基本稳定；新材料产业规模持续提升，占原材料工业比重明显提高；初步形成更高质量、更好效益、更优布局、更加绿色、更为安全的产业发展格局。到 2035 年，成为世界重要原材料产品的研发、生产、应用高地，新材料产业竞争力全面提升，绿色低碳发展水平世界领先

续表

发布时间	发布单位	政策名称	相关要点
2021年12月	工信部等十部委	《“十四五”医疗装备产业发展规划》	到2025年，医疗装备产业基础高级化、产业链现代化水平明显提升，主流医疗装备基本实现有效供给，高端医疗装备产品性能和质量水平明显提升，初步形成对公共卫生和医疗健康需求的全面支撑能力。到2035年，医疗装备的研发、制造、应用提升至世界先进水平
2021年12月	工信部等十五部委	《“十四五”机器人产业发展规划》	到2025年，我国成为全球机器人技术创新策源地、高端制造集聚地和集成应用新高地。“十四五”期间，将推动一批机器人核心技术和高端产品取得突破，整机综合指标达到国际先进水平，关键零部件性能和可靠性达到国际同类产品水平；机器人产业营业收入年均增速超过20%；形成一批具有国际竞争力的领军企业及一大批创新能力强、成长性好的专精特新“小巨人”企业，建成3到5个有国际影响力的产业集群；制造业机器人密度实现翻番
2023年2月	国家发展和改革委员会	《国家关于支持智能制造业发展的政策》	一是建立智能制造业发展规划，推动智能制造业的发展；二是加强政策扶持，支持企业开展技术改造，研发和推广应用智能制造技术；三是加强技术研发和应用，支持企业开展智能制造技术的研发和应用；四是加强人才培养，支持企业招聘和培养专业技术人才；五是支持行业联盟，加强智能制造业的行业联盟建设；六是加强技术标准制定，研究制定智能制造业的国家标准
2023年7月	工信部、教育部、科技部、财政部、国家市场监管总局等五部门	《制造业可靠性提升实施意见》（工信部联科〔2023〕77号）	聚焦机械、电子、汽车等行业，提出实施基础产品可靠性“筑基”工程、整机装备与系统可靠性“倍增”工程，明确了相关行业未来发展的关键技术，这也代表了未来的一些直接投资方向

资料来源：根据各部门官网整理。

三、主要省市推进制造业转型升级的政策文件

各省市相继推进制造业政策，不断加快中国制造业转型升级步伐。近年来，国务院及相关部委不断出台法律法规和政策支持制造业健康、良性发展，智能制造与先进制造业作为高端装备制造业的重点领域得到了国家政策的鼓励与支持。在“制造强国”战略背景下，各省市陆续颁布制造业政策支持文件，明确智能制造和先进制造业为重点发展领域，推广应用数字化技术、系统集成技术、智能制造装备和工业互联网技术，对行业内企业的信息化、智能化水平提出了更高要求，促进企业加快在技术水平、经营模式等方面的升级创新，推动行业竞争格局的变革。

（一）聚焦智能制造领域

智能制造行业作为中国制造业核心竞争力的主要驱动力之一，在国家政策推动下，中国智能制造产业发展迅速，对产业发展和分工格局带来深刻影响。近年来，随着各省市智能制造领域政策的持续出台，我国制造业逐渐向智能制造方向转型，并开始大量运用云计算、大数据、机器人等相关技术。

其中，北京市在《“新制造100”工程实施方案（2021－2025年）》中表示，系统构建北京智能制造评估诊断体系，遴选第三方机构为制造业企业提供智能制造能力成熟度评估、智能化转型咨询诊断等服务，助力制造业企业智能化转型升级。山东省提出开展智能制造试点示范，打造智能标杆企业，对标德国智能制造，瞄准国际国内一流方阵，围绕流程制造、离散制造等重点领域，创建一批示范引领作用强、综合效益显著的智能工厂。江苏省、江西省和重庆市在“十四五”规划中提出将以智能制造、服务型制造、绿色制造为主攻方向，持续提升行业绿色环保和智能制造水平，增强装备制造产业研发设计和系统集成能力。具体到地级市层面，《株洲市智能制造三年行动计划（2021－2023年）》明确提出推进企业智能化提质升级，大力推行智能制造能力成熟度评估，建立全市智能制造成熟度分级名录库。根据分级名录和企业实力，制定智能制造企业梯度培育计划，促进企业加快升档晋级步伐。广深佛莞智能装备产业集群提出，到2025年建成产值突破万亿元的世界级智能装备产业集群，形成创新活跃、结构优化、规模领先的智能装备产业体系。深圳将面向深广高端医疗器械集群支持重点项目建设，发挥政府基金引导作用，吸引产业投资基金和创业投资机构，建立全链条资本支持方式。全球新一轮科技革命和产业变革加紧孕育兴起，与我国制造业转型升级形成历史性交汇。智能制造在全球范围内快速发展，已成为制造业重要发展

趋势，对产业发展和分工格局带来深刻影响，推动形成新的生产方式、产业形态、商业模式（见表7－3）。

表7－3　有关省市制造业政策文件及相关要点

发布时间	发布省市	政策名称	相关要点
2011年7月	北京市	《北京市关于加快培育和发展战略性新兴产业的实施意见》	加快培育和发展战略性新兴产业，按照“创新驱动、高端发展、重点跨越、引领示范”的发展方向，构建“以新一代信息技术为引擎，以生物、节能环保、新材料、新能源汽车为突破，以新能源、航空航天、高端装备制造为先导”的战略性新兴产业格局，深度推进产业结构优化升级
2012年11月	广东省	《广东省先进制造业重点产业“十二五”规划》	以装备制造、汽车、石化、船舶和钢铁五大产业领域为主体，重点发展智能制造装备、发电及输配电装备、轨道交通装备、工程装备、医疗器械、通用航空、节能环保和安全生产装备、电子电工装备、节能和新能源汽车、船舶修造、石化及化学工业、钢铁工业等12个产业
2015年7月	广东省	《广东省智能制造发展规划（2015－2025年）》	到2025年，广东省制造业综合实力、可持续发展能力显著增强，在全球产业链、价值链中的地位明显提升，全省建成全国智能制造发展示范引领区和具有国际竞争力的智能制造产业聚居区
2015年11月	湖南省	《湖南省贯彻建设制造强省五年行动计划（2016－2020年）》	到2020年，湖南建成一批智能制造示范企业、一批智能制造示范车间，同时建成一批基于智能服务并具有解决方案提供能力的总集成、总承包企业
2016年9月	河北省	《河北省工业转型升级“十三五”规划》	加快发展培育集成电路、新型显示、通信与半导体导航等产业，打造千亿级新型显示产业集群
2017年7月	吉林省	《吉林省工业转型升级行动计划（2017－2020年）》	支持超小型片式元器件、绝缘栅双极型晶体管、LED模块等重点元器件产品研发和产业化。加快提升光电编码器、全固态半导体激光器等光电子核心元器件供给能力

续表

发布时间	发布省市	政策名称	相关要点
2017年9月	黑龙江省	《黑龙江省制造业转型升级“十三五”规划》	支持骨干企业，突破多晶硅、单晶硅产业化关键技术，发展硅基半导体材料
2017年11月	天津市	《天津市智能制造发展专项行动计划》	围绕高性能服务器、集成电路、片式元器件等重点领域，加快化学机械抛光（CMP）、12寸晶圆检测、半导体无掩模光刻等智能装备的研发及产业化
2018年6月	甘肃省	《甘肃省先进制造产业发展专项行动计划》	以智能制造为主攻方向，加快装备制造业研发模式、制造模式创新、推进产业转型升级，协同发展，提高智能制造和集成应用水平
2018年12月	重庆市	《重庆市发展智能制造实施方案（2019－2022年）》	到2022年，全市智能制造进一步发展，累计推动5 000家企业实施智能化改造，建设10个具备国内较强竞争力的工业互联网平台、50个智能工厂、500个数字化车间，创建25个行业级智能制造标杆企业，建设12个智能制造示范园区
2019年1月	辽宁省	《辽宁省建设具有国际竞争力的先进装备制造业基地工程实施方案》	支持以12英寸为重点的集成电路生产设备的研制，加快基于倒装、芯片级封装等先进封装技术的设备研发；支持半导体晶圆切割设备、芯片绑定、焊接装备自主创新
2019年4月	山西省	《山西省智能制造发展2019年行动计划》	2019年，省级智能制造试点示范创建10户以上，争取创建1～2户智能制造示范园区，新建或完善智能工厂、数字化生产车间50个，新制（修）定国家、行业及地方标准20项以上
2020年8月	浙江省	《浙江省实施制造业产业基础再造和产业链提升工程行动方案（2020－2025年）》	制造业基础再造强链、可替代技术产品供应链重组补链、产业链协同创新强链、制造业首台套产品应用补链、全球精准合作补链、关键核心技术与断链断供技术攻关补链、产业链上下游企业共同体带动护链、工业互联网建链、涉企服务平台畅链、数字新基建强链等方法与途径推动制造业产业基础再造和产业链提升

续表

发布时间	发布省市	政策名称	相关要点
2020年12月	江苏省	《关于促进全省高新技术产业开发区高质量发展的实施意见》	加强战略前沿领域部署，积极培育人工智能、未来网络、5G、量子计算、第三代半导体、区块链、大数据、车联网等前瞻性产业，构建多元化应用场景，提升高新区新型基础设施建设能级
2021年7月	浙江省	《浙江省全球先进制造业基地建设“十四五”规划》	促进关键战略材料技术突破，重点发展先进半导体材料、新型显示材料等。谋划布局人工智能、区块链、第三代半导体等颠覆性技术与前沿产业，加快跨界融合和集成创新，孕育新产业新业态新模式
2021年7月	上海市	《上海市先进制造业发展“十四五”规划》	推进半导体材料、高频器件等关键产业基础的储备。加强核心基础元器件技术攻关，加快突破影响产品性能和稳定性的关键共性技术
2021年8月	江苏省	《江苏省“十四五”制造业高质量发展规划》	突破特高压大功率半导体器件、直流输电关键设备和自主安全电力保护控制设备（系统）；加快第三代半导体等先进电子材料的关键技术突破，重点发展氮化镓、碳化硅等第三代半导体材料
2021年11月	四川省	《四川省“十四五”制造业高质量发展规划》	构建以“3+4+4+N”为格局的现代制造业新体系。培育世界级电子信息产业集群、世界级重大装备制造产业集群、世界级特色消费品产业集群等3个具有国际竞争力的产业集群；建设全国重要的先进材料、能源化工、汽车产业研发制造和医药健康等4个产业基地；改造提升机械、轻工、冶金、建材等4个传统优势制造业；加快发展N个战略性新兴产业和未来产业等
2022年5月	湖南省	《湖南省打造国家重要先进制造业高地若干财政支持政策》	为加快打造国家重要先进制造业高地：一是加快提质升级；二是发展服务型制造；三是提升要素保障；四是促进开放发展；五是健全激励机制

资料来源：有关省市官网。

（二）聚焦先进制造业领域

当前，我国先进制造业大致由两部分构成，一部分是传统制造业吸纳、融入先进制造技术和其他高新技术，尤其是信息技术后，提升为先进制造业，例如数控机床、海洋工程装备、航天装备、航空装备等；另一部分是新兴技术成果产业化后形成的新产业，并带有基础性和引领性产业，例如增量制造、生物制造、微纳制造等。

截至 2021 年，全国主要省市相继推出利好先进制造业政策。2021 年 5 月，《浙江省全球先进制造业基地建设“十四五”规划》指出将推动纺织产业向高端化、品牌化、时尚化、绿色化方向发展，到 2025 年，现代纺织产业链年产值达到 1 万亿元。江苏省从各项奖励上鼓励省内先进制造企业发展。上海集成电路集群“十四五”期间将再投入 3 000 亿元，同时在人才落户、个税减免、中小企业培育、产业基金支持等方面出台有针对性的政策，保障产业发展。具体到地级市层面，《广州市先进制造业强市三年行动计划（2019 - 2021 年）》指出到 2021 年，广州市先进制造业增加值达 3 000 亿元以上，打造汽车、超高清视频及新型显示两大世界级先进制造业集群，集群规模分别达到 6 000 亿元、2 300 亿元；打造新材料、都市消费工业等四大国家级先进制造业集群，集群规模分别达到 3 000 亿元、2 000 亿元、1 200 亿元、1 000 亿元。南京市提出，到 2025 年新型电力（智能电网）装备集群产值突破 4 000 亿元。株洲提出，建成世界级先进轨道交通装备产业集群，到 2025 年实现集群规模突破 2 000 亿元，建设世界一流的轨道交通装备研发中心、国际领先的轨道交通装备智造中心。深圳则从住房分配方面鼓励深圳市先进制造业企业发展。

第四节　中国制造业转型升级的具体表现及成效

工业和信息化部部长金壮龙于 2023 年 8 月 7 日在第七届金砖国家工业部长会议上表示，中国积极推进新型工业化，以深化供给侧结构性改革为主线，以智能制造为主攻方向，以数字技术创新和应用拓展为主要突破点，推动信息化和工业化融合发展，加快传统产业改造升级，推进制造业高端化智能化绿色化发展，促进数字经济与实体经济深度融合。

一、中国制造业发展成绩

（一）制造业跨越式发展并逐步取得全球领先地位

改革开放的40余年，我国制造业持续发力并获得了快速发展，制造业发展对于我国经济高速增长长期发挥着重要的带动作用，其国际化程度和市场化程度一直指引着我国经济发展的前进方向。多年来，我国工业增加值不断攀升，持续刷新纪录，从1992年突破1万亿元到2007年突破10万亿元，再到2021年突破37万亿元大关（参见图7-1）。按不变价格计算，1978~2018年我国的工业增加值年均增长10.7%，其中2018年的工业增加值比1978年增长56.4倍[①]。此外，基于世界银行数据可知，我国制造业生产率不断提高，从1990年到2019年我国制造业生产率年均增长率处于10%~15%的稳定水平。

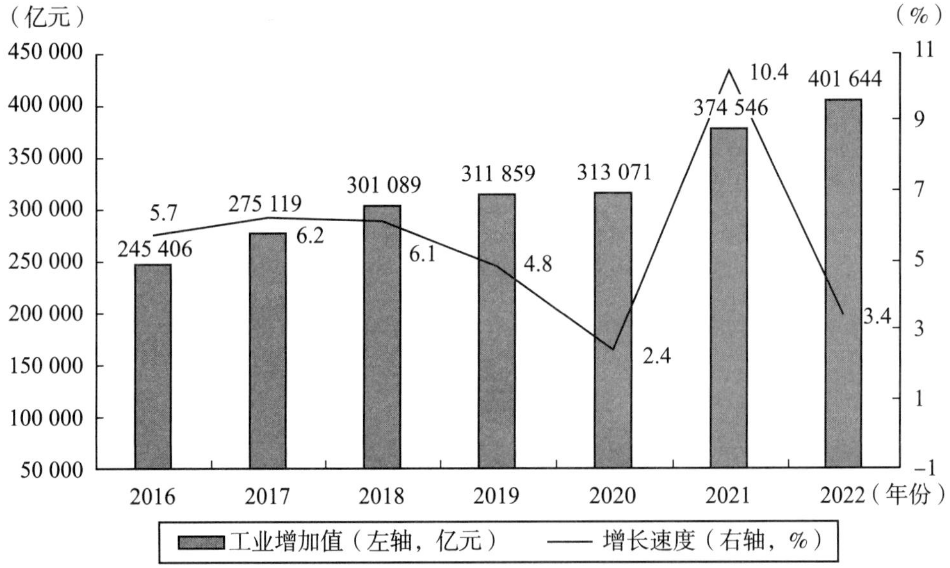

图7-1 2016~2022年中国全部工业增加值及其增速

资料来源：《中华人民共和国2016-2022年国民经济和社会发展统计公报》。

从世界各国整体发展水平的比较来看，1990年我国制造业增加值占全球比

① 《工业经济跨越发展 制造大国屹立东方——新中国成立70周年经济社会发展成就系列报告之三》，国家统计局网站。

重仅为3%，经过16年不断地发展壮大，制造业增加值占全球比重于2006年超过日本排在世界第二位，到2010年我国制造业增加值占比19.8%位居世界第一，首次超过美国的19.4%。从1895年到2009年的114年间，美国一直占据制造业增加值占比世界第一的位置，而2010年中国制造业产出的惊艳表现打破了这一格局。有学者认为，这意味着过去500年经济周期的结束①。

2010年我国制造业增加值占比超过美国后，在制造业领域继续保持世界第一的位置。2011年，我国工业增加值是同时期美国工业增加值的1.21倍，更是同时期日本工业增加值的2.35倍。到2012年我国工业增加值直接高于全部欧盟国家工业增加值的总和。2015～2021年我国制造业增加值增速保持在6.7%的平均水平（见图7-2）。我国制造业占全球制造业的比重到2017年上升到28.6%，比2010年的19.8%提高了8.8个百分点，同时期的美国制造业增加值占比为17.89%，日本制造业增加值占比为8.16%，德国制造业增加值占比为6.05%。在全球制造业出口总量变化不大的情况下，我国制造业出口全球份额的增加主要源于美国、日本与欧洲国家出口全球份额的减少。2019年我国制造业出口全球份额是俄罗斯的13倍，与美国、日本、德国的总和基本持平。同时，从制造业增加值人均占比来看，我国人均制造业增加值是发展中国家的2～10倍②。2020年我国制造业增加值达到26.59万亿美元，是美国制造业增加值的1.7倍，在全球制造业增加值总额中占比接近30%，连续11年保持世界第一制造大国地位。2021年，我国制造业增加值规模达31.4万亿元，占GDP的比重达27.4%。

（二）制造业出口规模持续扩大

对外开放的进一步扩大叠加“一带一路”倡议的实施推进，不断推动着我国制造业出口的扩大。由表7-4可以看出，从1978年到2022年，我国货物进出口贸易总额从最初的355亿元增加到了420 678亿元，40余年间我国进出口贸易总额年均增长17.89%，其中出口额年均增长18.4%。不仅如此，我国出口产品结构也相应发生了改变，其中工业制成品出口表现尤为明显，其出口额在出口产品总额中的占比显著上升。具体的数据显示，初级产品出口额占比从1980年的50.3%下降至2000年的10.2%，再到下降至2019年的5.4%。相应地，工业制成品占比从1980年的49.7%上升至2000年的89.8%，到2019年这一比重达到94.6%。

---

① 胡迟：《加快制造业转型升级的战略举措》，载于《经济纵横》2013年第1期。

② 搜狐网，https://www.sohu.com/a/307798563_680938，最后访问时间：2022-1-22。

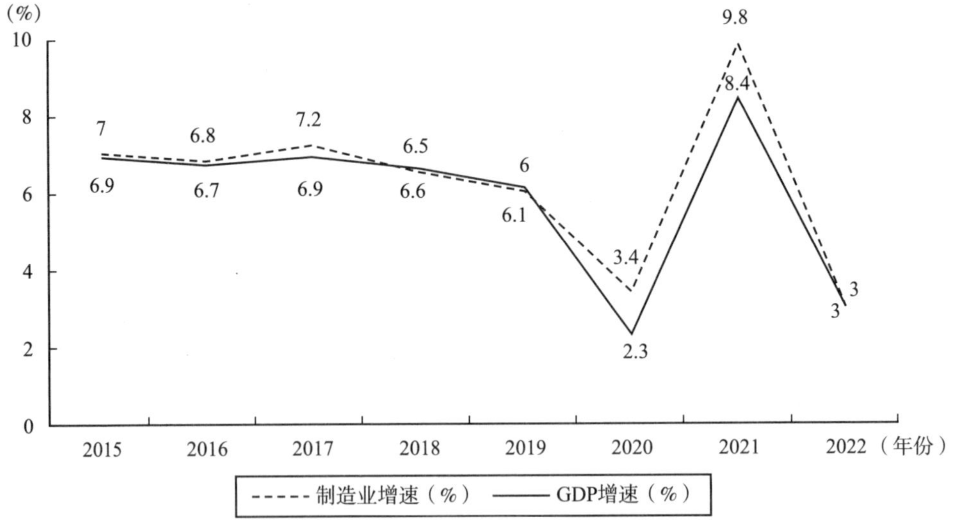

图 7-2　2015~2022 年中国制造业增加值增速与 GDP 增速

资料来源：《中华人民共和国 2015-2022 年国民经济和社会发展统计公报》。

表 7-4　　代表性年份制造业出口情况

项目	1978 年	1990 年	2000 年	2010 年	2020 年	2021 年	2022 年
进出口总额（亿元）	355	5 522	39 273	201 325	321 557	390 921	420 678
其中：出口总额（亿元）	168	2 970	20 634	106 806	179 326	217 287	239 654
出口占比（%）	47.3	53.8	52.5	53.1	55.8	55.6	56.9

资料来源：历年《中国统计年鉴》《中华人民共和国国民经济和社会发展统计公报》。

（三）制造业体系日趋完整

改革开放 40 多年来，在不断开放与创新中，中国成为世界制造业生产和出口大国，中国制造拥有了面向世界的供应能力。从积极承接全球制造业转移到拥有完备产业链，从代工起步到求品质、做品牌，从“引进来”到“走出去”，开放与竞争倒逼中国制造不断朝着提升产品品质、优化产业结构方向前行。根据国家统计局的数据，在联合国对于制造业的具体分类中，大、中、小三类产品的生产我国均有涉及。工信部部长肖亚庆（2021）提供的数据表明，我国工业拥有 41 个大类、207 个中类、666 个小类，是世界上工业体系最为健全的国家（见表 7-5）。

目前，我国拥有强大的产业链完整度和复合度，一方面，制造业覆盖了从低端生产、中端组装到高端智造的全过程，另一方面，形成了从采购到营销再到服务的追溯体系，资源整合、品牌打造和技术转换等贯穿其中，我国已然形成较为完备的基础设施和配套产业体系。

表 7 - 5　制造业大类代码和名称

大类代码	大类名称	大类代码	大类名称
13	农副食品加工业	29	橡胶和塑料制品业
14	食品制造业	30	非金属矿物制品业
15	酒、饮料和精制茶制造业	31	黑色金属冶炼和压延加工业
16	烟草制品业	32	有色金属冶炼和压延加工业
17	纺织业	33	金属制品业
18	纺织服装、服饰业	34	通用设备制造业
19	皮革、毛皮、羽毛及其制品和制鞋业	35	专用设备制造业
20	木材加工和木、竹、藤、棕、草制品业	36	汽车制造业
21	家具制造业	37	铁路、船舶、航空航天和其他运输设备制造业
22	造纸和纸制品业	38	电气机械和器材制造业
23	印刷和记录媒介复制业	39	计算机、通信和其他电子设备制造业
24	文教、工美、体育和娱乐用品制造业	40	仪器仪表制造业
25	石油、煤炭及其他燃料加工业	41	其他制造业
26	化学原料和化学制品制造业	42	废弃资源综合利用业
27	医药制造业	43	金属制品、机械和设备修理业
28	化学纤维制造业		

资料来源：《2017 年国民经济行业分类》（限于篇幅，本书未列制造业中类和小类情况）。

二、中国制造业转型升级成绩

自“十三五”规划实施起，为尽力消除经济下行和需求不足的消极影响，稳增长、调结构、促转型成为一段时期内我国制造业发展的方向标。在系列产业政策的持续发力下，我国制造业发展取得了新进展、新成就，始终朝着绿色化、智能化方向转型升级，并不断沿着全球价值链高端攀升。近年来，以新能源、新材料为代表的高新技术产业是我国各级政府的重点支持领域，相关针对性的优惠政策不断倾斜，为先进制造业的高质量发展提供便利。在贸易保护主义抬头和新冠疫情大冲击下，我国依然是当今世界最具活力的经济体，作为一直具有超高成本效益的世界工厂，仍然吸引着世界其他国家的跨境资本投资建厂。在“十四五”规划与2035年远景目标的建议中，我国更是明确提出保持制造业比重基本稳定，持续推动产业基础高级化、产业链现代化，发展服务型制造，坚定不移建设制造强国。

对于制造业转型升级取得的新进展、新成就，本小节主要通过转型升级的概念和方向进行梳理。国务院印发的《工业转型升级规划（2011－2015年）》表明转型和升级是不同的概念，前者主要指的是工业发展方式的转变，传统工业化过渡到新型工业化是其中的应有之义，后者主要指的是工业结构的优化升级，具体而言则是行业结构、组织结构、布局结构和技术结构等方面的全方位、系统性升级。同时，产业经济学学科观点认为，产业结构并不是单一的产业间比例关系，而是交叉融合且联系密切的复合有机体。具体到制造业的转型升级，则有横向与纵向两个维度的区别。横向角度指的是制造业本身的技术进步与产业基础升级，纵向角度指的是制造业与上下游产业之间的动态调整（胡迟，2019）[①]。此外，制造业转型升级的成功与否不仅注重转型升级效果的测度与评估，其转型升级过程也不容忽视，而目前对于产业结构转型升级的成效测度尚未形成具体且准确的指标体系。

“十二五”规划中涉及“转型升级”关键词的主要有改造提升制造业、培育发展战略性新兴产业、加快发展生产性服务业等三个方面。该规划未明确强调要推进制造业或制造转型升级，但关于“改造提升制造业”，可以理解为制造业转型升级。“十三五”规划则在“实施制造强国战略”一章中明确表示，为培育制造业优质企业、制造业竞争新优势，需不断推动信息技术赋能制造业发展，以加快制造业自主创新为重点，以促进产业基础高级化、产业链现代化为主要目标，不断推动制造业朝着高级化、绿色化、智能化、服务化方向转型升级。

基于上述分析，本小节具体从制造业内部结构、能源利用效率、生产性服务业贡献度、信息化提升效果、创新驱动作用等五个方面进行制造业转型升级相关成就的阐述。

（一）制造业内部结构改善

主要表现为高技术制造业增加值占规模以上工业增加值比重连年上升，且上升幅度逐年递增，装备制造业比重则趋于平稳。2016～2020年，我国高技术制造业、装备制造业增加值年均分别增长10.4%和8.4%，其中高技术制造业比重从

---

① 胡迟：《以创新驱动打造我国制造业高质量成长——于建国七十年之际论我国制造业突破低端陷阱的路径选择》，载于《上海企业》2019年第11期。

2016 年的 12.4% 提高至 2020 年的 15.1%（见图 7-3），装备制造业比重平稳保持在 32.9% 的水平。2020 年，规模以上制造业增加值增长 3.4%，其中高技术制造业与装备制造业投资继续保持较高增速，远高于制造业总体投资增幅的平均水平。在国家产业政策扶持下，新能源、新材料和高端装备制造等产业发展规划相继颁布实施，高新技术产业投资逐年上升，到 2020 年投资增长 10.6%。进一步的数据显示，2020 年集成电路与新能源汽车产量上涨明显，集成电路比上年增长 29.6%，产量达 2 614.7 亿块，新能源汽车比上年增长 17.3%，产量达到 145.6 万辆。规模以上工业数据显示，高技术制造业增加值占比 15.1%，比 2019 年增长 7.1%，装备制造业增加值占比 33.7%，比 2019 年增长 6.6%。而 2015 年高技术制造业增加值占比仅为 11.8%、装备制造业增加值占比仅为 31.8%，上述数据[①]的变化均显示我国产业形态加快向中高端迈进。

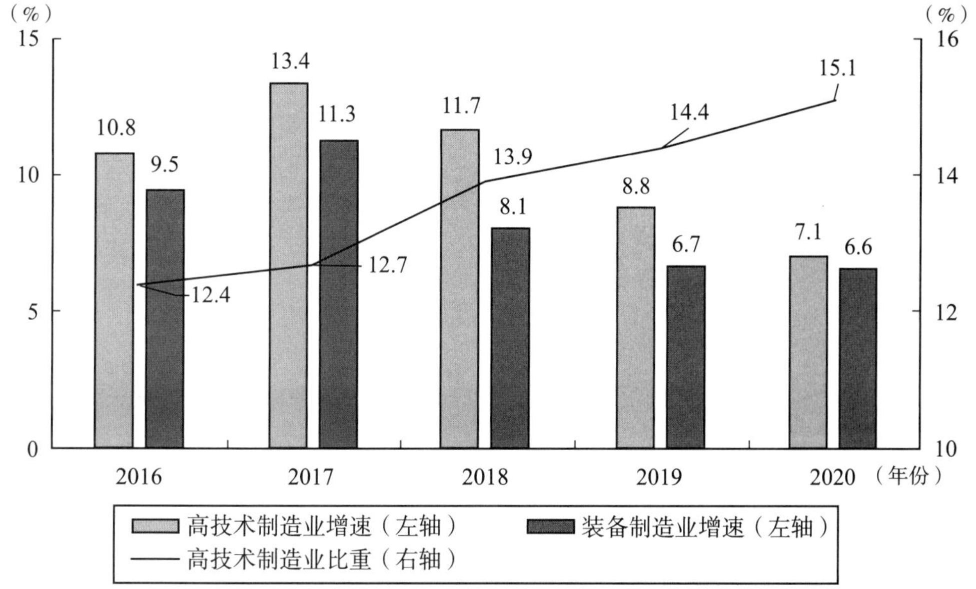

图 7-3　2016~2020 年高技术制造业增速、装备制造业增速和高技术制造业比重

资料来源：《中华人民共和国 2020 年国民经济和社会发展统计公报》。

（二）能源利用效率提高[②]

“十一五”规划实施后，我国正式开始推行节能减排战略。为促进节能减排

① 《中华人民共和国 2016-2020 年国民经济和社会发展统计公报》，国家统计局网站，2021 年 2 月 28 日。

② 关于能源利用效率问题，我们在下面的章节中，将专门设计绿色指标来评价转型升级的成效。

战略实施落地，“十一五”规划明确提出到规划末年单位 GDP 能耗下降 20%，“十二五”和“十三五”规划也分别提出了单位 GDP 能耗下降 16% 和 15% 的节能减排目标。国家统计局的数据显示，上述五年规划设定的节能减排目标均已完成。从 2020 年来看，重点耗能工业企业单位电石综合能耗下降 2.1%，吨钢综合能耗下降 0.3%，单位电解铝综合能耗下降 1.0%，每千瓦时火力发电标准煤耗下降 0.6%（见图 7－4），全国万元 GDP 二氧化碳排放下降 1.0%。上述指标自“十一五”规划实施以来逐年下降且降幅明显，表明我国节能减排战略实施成效显著。从实际公布的数据来看，自“十三五”规划实施以来，每年的年度节能减排目标均已完成，其中 2016 年和 2017 年更是超额完成。最新的“十四五”规划提出的节能减排目标是，到规划期末全国单位 GDP 能耗下降 13.5%，以促进“碳达峰”“碳中和”目标的顺利达成。2022 年重点耗能工业企业单位电石综合能耗下降 1.6%，单位合成氨综合能耗下降 0.8%，吨钢综合能耗上升 1.7%，单位电解铝综合能耗下降 0.4%。

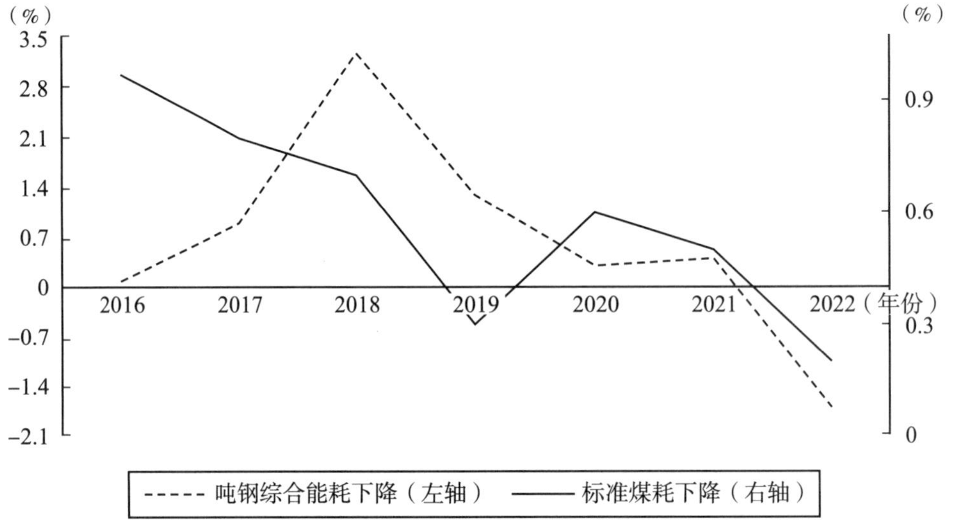

图 7－4　2016～2022 年重点耗能工业企业吨钢综合能耗和标准煤耗下降速度

资料来源：《中华人民共和国 2016－2022 年国民经济和社会发展统计公报》。

（三）信息化提升效果增强

当前，我国正稳步推动工业化和信息化的深度融合。随着国务院制定的《关于大力推进信息化发展和切实保障信息安全的若干意见》颁布实施后，工业中的制造业、制造业中的重点行业不断将相关的信息技术应用至 R&D 和生产中，两者相互交织、深化融合。做好工业化和信息化的深度融合是新时代推动智能制造的本职工作。随着两化融合示范区和新兴工业示范基地的试点建设，逐步制定并形成了企业两化融合评估标准，进一步顺利开展了从企业到行业再到区域的两化融合水平的评估工作，同时有序推动了以两化融合为主题的重点项目的落地实施。2016 年全国两化融合发展水平为 50.7，已属中上等水平。从我国 35 个重点行业的两化融合评估数据来看，到 2016 年，重点行业进行两化融合建设处于起步阶段的大中型企业占比 31%，处于单项覆盖阶段的大中型企业占比 37%，处于集成提升阶段的大中型企业占比 22%，处于创新突破阶段的大中型企业占比 10%。2013 年以来，智能化逐步应用于设计、制造、运营、管理、决策、产品全过程的智能工业迅速成长，逐步实现制造业从手动化向自动化再向智能化飞跃的更高目标。

（四）创新驱动作用显著

党的十八大以来，创新驱动发展战略上升到国家战略，我国已经向建设创新型国家迈进。从国民经济整体来看，中国科技进步贡献率在 2001 年仅为 39%，自 2010 年起超过 50% 且一路攀升，到 2020 年突破了 60%，与创新型国家普遍在 70% 以上的差距越来越小。从创新投入角度来看，改革开放以来，我国研发经费投入强度不断提升，从 2002 年首次突破 1%，到 2014 年迈上 2% 新台阶，再到 2020 年提升至 2.4% 的新高度，预计到 2030 年我国研发强度将提高至 2.8%①。其中，2022 年我国 R&D 支出 30 870 亿元，比 2021 年增长 10.4%（见图 7-5），与 GDP 之比为 2.55%，基础研究经费已达 1 951 亿元。从创新产出角度来看，2022 年授予专利 432.3 万件，共签订技术合同 77 万项，技术合同成交金额 47 791 亿元，比上年增长 28.2%②。从微观企业层面来看，我国规模以上工业中进行研发创新的工业企业数量逐年增多，2019 年达到 12.9 万家，是 2009 年的 3.6 倍。其中，我国规模以上工业有效发明专利数 121.8 万件，比 2009 年增长 10.3 倍。此外，世界知识产权组织发布的 2020 年全球创新指数（GII）显示，中国技术创新步伐依旧阔步向前，排在第 14 位，是前 30 名中唯一的中等收入经济体。

三、中国制造业转型升级存在的不足

改革开放以来，我国制造业经过 40 余年的发展不断迈向新的台阶，不仅是我国实体经济的重要组成部分，更是全球货物贸易市场不容忽视的参与主体。基

① 联合国教科文组织（UNESCO）：《科学报告：争分夺秒实现更加智能化的发展》，2021-06-11。

② 《中华人民共和国 2022 年国民经济和社会发展统计公报》，国家统计局网站，2023-02-28。

于纵向视角，我国制造业在“后发优势”的推动下不断自我超越，并持续缩小与发达国家之间的差距；基于横向视角，我国制造业虽居一定规模，但综合实力仍未达到国际先进水平。具体而言，我国处于全球价值链低端的制造业行业数量高达 12 个，超过了全部制造业行业总数的一半，而处于全球价值链中高端的制造业行业数占比只为 13.6%（周维富，2018）①。2015 年，工信部前任部长苗圩认为全球制造业发展格局目前具有四级梯队特征，其中引领全球制造业发展趋势的是以美国为首的第一梯队，主要攻关先进制造业领域的创新难题；其次则是以欧盟和日本等国家为代表的第二梯队，主要从事高端制造业的研发；第三梯队则是以部分新兴国家为代表，主要从事中低端制造业的生产、加工，中国则属于该梯队；而以非洲、拉美等国家为代表的第四梯队主要依靠本国资源，承担资源输出的角色②。到后来的 2020 年，中国在全球制造业领域的排名及所处梯队大致同前，仍处于第三梯队前列，其中还包括英国、法国和韩国；处于第一梯队的美国综合实力依旧突出，制造强国发展指数遥遥领先；处于第二梯队的德国和日本则凭借明显的相对优势紧随其后（见表 7-6）。

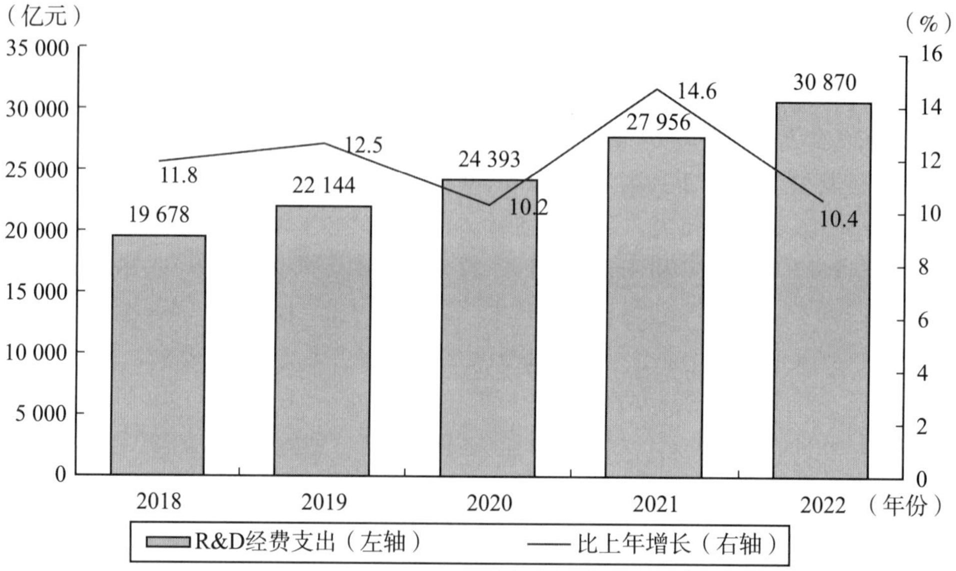

图 7-5　2018～2022 年研究与试验发展（R&D）经费支出及其增速

资料来源：《中华人民共和国 2018-2022 年国民经济和社会发展统计公报》。

① 周维富：《我国实体经济发展的结构性困境及转型升级对策》，载于《经济纵横》2018 年第 3 期。

② 《中国工信部部长：中国制造处于全球制造第三梯队》，中国新闻网，2015-11-18。

表 7 – 6　　2012 ~ 2020 年各国制造强国发展指数

国别		2012 年	2013 年	2014 年	2015 年	2016 年	2017 年	2018 年	2019 年	2020 年
第一阵列	美国	160.35	161.22	163.83	165.12	172.28	170.99	166.06	168.71	173.19
第二阵列	德国	114.32	117.69	119.92	118.73	121.31	124.96	127.15	125.65	125.94
	日本	124.29	116.49	114.03	107.13	112.52	111.84	116.29	117.16	118.19
第三阵列	中国	92.31	97.84	103.35	105.78	104.34	108.94	109.94	110.84	116.02
	韩国	66.14	72.74	70.44	68.60	69.87	78.11	74.45	73.95	74.39
	法国	70.32	70.93	70.85	68.01	67.72	67.82	71.78	70.07	69.35
	英国	64.78	65.30	67.93	66.86	63.64	63.46	67.99	63.03	61.45
其他国家	印度	42.75	42.90	43.65	42.69	42.77	43.80	41.21	43.50	44.56
	巴西	36.43	31.55	37.66	29.25	34.26	32.96	30.41	28.69	27.38

资料来源：《2021 中国制造强国发展指数报告》，中国工程院战略咨询中心，2021 年 12 月。

制造强国发展指数由规模发展、质量效益、结构优化、持续发展共四个分项数值构成，综合反映一国制造业发展的强弱水平。从分项数值看，质量效益在长时间内仍是我国制造业发展的最大短板弱项。从图 7 – 6 可以看出，美国 2019 年持续保持该项数值增加的势头，其质量效益分项数值达到 51.96，绝对优势依旧明显，其中贡献最大的指标为“一国制造业拥有世界知名品牌数”和“制造业全员劳动生产率”；排在第二至第九名的分别为日本、法国、德国、英国、韩国、中国、印度、巴西。美国、日本、中国增幅位列前三，英国降幅最大。值得注意的是，质量效益中的“制造业全员劳动生产率”在短时间无法快速提高，而该指标恰恰是造成我国与制造强国差距的重要因素之一。加上我国“制造业增加值率”近年来也呈现提升乏力的趋势，势必导致我国制造业赶超难度加大。

不同于美国的全球产业链，掌握了制造业尤其是先进制造业领域的关键核心技术，长期出口关键材料、零部件以及一系列高端设备，体现为国际循环强劲，而我国虽然拥有全产业链，工业体系健全，但制造业整体缺乏自主创新能力，导致我国制造业长期处于全球价值链的低端环节，中高端环节需要的关键核心技术与先进设备外贸依存度较高（胡迟，2019）[①]。受逆全球化、贸易保护主义盛行影响，中国外循环系统受阻，最终波及国内市场，同时在国内消费需求低迷的情况下，我国制造产品库存积压，短时间内难以处理，落后产能严重过剩。从国内

① 胡迟：《中国制造业发展 70 年：历史成就、现实差距与路径选择》，载于《经济研究参考》2019 年第 17 期。

情况来看，我国制造业转型升级步伐稳步前进，但一直未出现产业演变的“拐点”；放眼于国际，我国制造业在全球价值链中的位置仍未发生明显质变。由此可看出，中国制造业转型升级并非短期目标，而是一项长期且艰巨的重要任务。在数字经济驱动与“双碳”目标约束下，我国不仅要积极发展服务型制造和绿色制造，更要大力推动中国制造向中国智造转型。外部环境急剧恶化的形势下，我国制造业转型升级任重而道远，制造业企业面临着前所未有的艰难处境，堵点、难点急需解决，这就需要我国处理好政府与市场的关系，尽最大努力改善营商环境，全方位营造我国制造业高质量发展的良好氛围，通过自主创新推动我国制造业攀升全球价值链高端。因此，系统认识我国制造业转型升级面临的外部环境和存在的顽疾，对于我国制造业实现可持续的转型升级有着理论与实践上的重要意义。

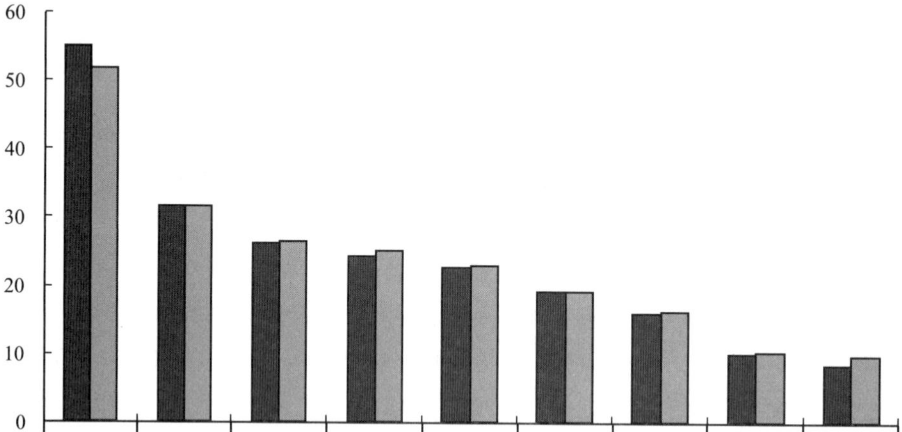

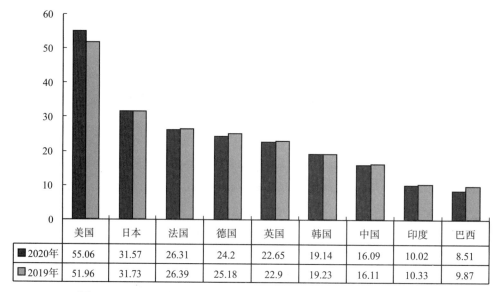

	美国	日本	法国	德国	英国	韩国	中国	印度	巴西
■2020年	55.06	31.57	26.31	24.2	22.65	19.14	16.09	10.02	8.51
□2019年	51.96	31.73	26.39	25.18	22.9	19.23	16.11	10.33	9.87

图 7-6　2020 年各国制造强国发展指数质量效益分项数值

资料来源：中国工程院《2021 中国制造强国发展指数报告》。

从前面关于我国制造业的现状分析可以看出，我国制造业转型升级存在的问题或不足主要体现在以下方面：

（一）制造业自主创新积极性不高

习近平总书记在《求是》杂志 2021 年第 6 期上发表重要文章《努力成为世界主要科学中心和创新高地》，强调“矢志不移自主创新，坚定创新信心，着力增强自主创新能力”，同时明确指出“企业是创新的主体，是推动创新创造的生力军”。技术创新是制造业升级最重要的推动力，自主创新更是保证我国制造业可持续发展必不可少的创新模式，但同时也是当前制约我国制造业向产业链高端环节攀升的最关键因素。一方面，央企拥有丰富的研发资源，承担着自主创新的重要角色，但其知识产权保护意识一般、创新激励体系尚未成型，技术创新的溢出效应有限，未较好产生应有的引领作用；另一方面，我国民营企业在利润最大化的前提下过于重视市场化，关键核心技术的研发投入严重不足，自主创新意识也不够高。

其一，研发投入强度不足。自1978年以来，通过技术引进、设备购买的方式，我国制造业取得了快速发展并一跃成为世界制造第一工厂，40余年的追赶使我国制造业不断迈向新的台阶，与发达国家制造业的先进水平差距逐步缩小。不过“拿来主义”的弊端更加值得关注，主要表现为我国制造业的研发投入力度不足、自主创新乏力、基础研究配套能力缺失，这直接导致我国制造业未能攻克关键领域的核心技术，工业“四基”瓶颈问题突出，如检测手段单一、制造工艺落后，故长期依赖进口、受制于人的境况一直没有得到好转。

其二，对外技术依存度过高。2018年，工信部针对我国制造业领域30多家大型企业的基础材料掌握情况进行了调研，结果发现130多种关键基础材料中，超过半数依赖进口，尤其是大部分计算机和服务器当中需使用的关键材料严重不足，其中智能终端处理器以及绝大多数存储芯片进口占比达70%以上，更甚者如高端芯片进口占比高达95%。此外，在高端装备制造如航空发动机、运载火箭和高档数控机床等领域的关键设备自给率几乎为零，其制造及检测设备进口占比超过95%①。总体来讲，当前在高新制造业领域我国自主品牌出口仅占10%，而对外技术依存度高于40%，关键核心技术“卡脖子”情况严峻。

（二）制造业高端人才缺乏

人才是推动制造业高质量发展的重要支撑，“技工荒”在一定程度上成为制约中国制造业发展的瓶颈。当前，我国制造业人才队伍在总量和结构等方面都难以适应制造业高质量发展的要求。

其一，从总量上看，制造业从业人员的规模和比重双下降。从国家统计局发布的第四次全国经济普查公报数据来看，制造业从业人员数在2013年至2018年期间呈持续下滑趋势，从2013年末的12 515.1万人减少到2018年末的10 471.3万人，共减少2 043.8万人，是制造业从业人员规模下降的直接表现。2018年末制造业从业人员数占全部从业人员总数（不含农业）的比重为27.32%，比2013

---

① 《工信部副部长：130多种关键基础材料中32%在中国仍空白》，人民网，2018-07-17.

年下降了7.83个百分点，制造业从业人员数比重下降明显。整理历次全国经济普查公报数据可以发现，在更长的时间窗口中我国制造业从业人员规模呈现出“倒U型”特征的演变趋势，目前处于右侧下降阶段，而我国制造业从业人员比重则一路下滑，未曾有过上升阶段。出现上述变化趋势可能的原因与我国人口结构的变化密切相关，随着老龄人口比重的不断上升，劳动年龄人口比重则会相应下降，这直接反映出全社会的劳动力供给能力降低。具体而言，我国劳动人口比重在2010年达到74.53%的历史最高点后开始出现下降趋势，而这也印证了老龄化社会的到来是导致我国制造业从业人员规模和比重双下降的时代背景。

其二，从结构上看，表现为高级人力资本占比偏低。总体来看，我国研发型、创新型劳动力占就业人员总数的比重明显偏低，先进制造业领域掌握高精尖技术的专业型人才紧缺，综合具备制造和研发技能的复合型人才更是少有。2020年《中国人口与就业统计年鉴》的数据显示，当前我国高技能人才超过5 000万人，但占总就业人数的比重只有6%，与发达国家普遍高于35%的平均水平相比，我国高技能人才数量还有很大差距。作为劳动力资源大国，首要任务则是普遍提高我国劳动力人员素质，向劳动力资源强国转变。我国大多数企业缺乏技能型人才，迫切需要积极转变“重装备、轻技工，重学历、轻能力，重理论、轻操作”的观念。在大力发展先进制造业和战略性新兴产业的时代背景下，我国制造业发展更需要注重“大国工匠”的培养、“工匠精神”的传承与弘扬，需要不断加大以技能型人才和管理人才为代表的高级人力资本的积累，避免出现因劳动力比较优势不再、缺乏关键核心新技术，而通过减少员工薪资获取微薄利润的情况。

其三，从分布上看，表现为劳动力资源错配。当前我国制造业转型升级需要大量的技能型人才，但供需矛盾突出，一方面，我国东部沿海地区对技术工人的需求旺盛，但供给严重不足；另一方面，以东北老工业基地为代表的经济低迷地区劳动力需求不足，供给严重过剩，多数技术工人面临失业。劳动力资源的错配问题还体现在产业分布上，以机械加工、纺织等行业为代表的传统中低端制造业劳动力资源分布较多，而以先进制造业和战略性新兴产业为代表的高端制造业则分布较少。此外，高技能劳动力资源在国有企业和民营企业中同样存在错配问题，在国有大中型企业中的高技能劳动力占比更多，而在民营企业尤其是中小企业分布较少。同时，劳动力资源年龄分布存在不均衡情况，高年龄技术工人占比较高，青年劳动力严重短缺。

（三）生产性服务体系尚未成型

我国正稳步推进“制造强国”战略，不断攀升全球价值链高端环节，而在该过程中以第三产业尤其是生产性服务业作为中间品投入的产业关联贡献至关重要。我国制造业在持续的转型升级中，对生产性服务业的需求规模不断扩大、需求层次不断提升，并且要求服务逐步趋于专业化与差异化。而我国过去由于重点发展第二产业，产业结构升级速度缓慢，导致第三产业发展滞后，高效的生产性服务体系尚未成型，直接影响我国制造业转型升级所需的服务产品质量。

从 2021 年《财富》世界 500 强上榜的企业数据中可以发现，中美两国在产业结构上具有较大差异。从上榜企业所在行业来看，美国已进入工业 4.0 时代，多数行业是先进制造业及战略性新兴产业，呈现出具有后工业化发展特征的产业结构，而我国相对来说还处于工业 2.5 ~ 3.0 阶段，上榜企业多属于传统制造业，呈现出具有工业化时期特征的产业结构。具体而言，中美两国企业所处交叉行业主要包括银行、能源和保险等产业，但中国的房企、车企和工程建筑企业上榜数量较多，而美国上榜企业则少有身影出现在上述行业中。此外，与人体健康相关的医疗等产业中，以美国为首的发达国家上榜企业众多，而我国上榜企业较少，仅有两家药企。

（四）制造业发展质量还不高

与发达经济体相比，由于我国在关键核心技术与自主创新产品方面尚未具备核心竞争力，导致我国制造强国发展指数中的质量效益分项指数相对偏低。对于质量效益指标的衡量，学术界未有统一标准，下面以制造业劳动生产率与制造业附加值率表征制造业发展质量。

一是劳动生产率指标。根据《2020 中国制造强国发展指数报告》中数据计算可知，2019 年我国制造业全员劳动生产率为 22.58 万元/人，同比增长 6.81%，相比 2012 年水平上涨 86.6%。虽然我国制造业全员劳动生产率上涨明显，但与发达国家尚有一定差距，当前仅相当于美国同期水平的 20.46%，且与 2012 年相当于美国水平的 14.91% 相比，8 年来仅缩小了 5.55 个百分点，我国制造业产业体系运转效率仍处于较低水平。

二是制造业增加值率指标。与美国、德国等工业发达国家“制造业增加值率”平均 30% 以上的高水平相比，中国“制造业增加值率”始终在 20% 左右徘徊，2015 年达到 21.77% 的最大值后，逐年下降至 2017 年 19.37% 的最小值，2018 年和 2019 年虽连续两年回升，也仅达到 21.31%。我国制造业增加值率之所以长期无法提高且低于世界平均水平，不仅是因为我国制造业处于全球价值链低端环节，更是因为我国一直以来粗放的经济发展方式。

（五）制造业关键领域被“卡脖子”

2020年中央经济工作会议两次提及“卡脖子”问题，多次提及“发挥新型举国体制优势”，打好关键核心技术攻坚战。相关数据显示，我国制造业仍有部分关键核心技术和设备依赖于日本，主要包括机器人、半导体和工业机床等领域。其中，2018年以来有媒体曾推出报道制约我国工业发展的35项“卡脖子”的关键技术。（见表7-7）

表7-7　中国尚未掌控的核心技术清单（部分，截至2018年）*

领域	技术、设备与材料
半导体加工设备	数控机床、光栅刻画机、光刻机
半导体材料	硅晶圆、合成半导体晶圆、光罩、光刻胶、药业、靶材料、保护涂膜、引线架、陶瓷板、塑料板、TAB等14种重要材料
超高精度机床	5轴龙镗铣、AHN15-3D自由曲面金刚石加工机等
工业机器人	控制器、减速机、机器人专用伺服电机及其控制技术
顶尖精密仪器	显微镜、光谱仪、引力波探测器、拉曼成像仪、测量仪等
工程器械	动臂自升式起重机等
碳纤维	新材料SIC纤维等
光学	光学玻璃、光学红外天文望远镜等
发电用燃气机轮	大功率、高热转换效率燃气机轮

注：*到2023年初，有媒体报道，35项关键技术中我国至少已经攻破了21项关键技术（参见：https://www.zhihu.com/question/595498880?utm_id=0；访问日期：2023-08-26）。

资料来源：《中国尚未掌控的核心技术清单》，广东产业园，2018年7月26日。

以具体的“工业母机”机床设备为例，我国机床在2018年的产量占世界机床总产量的比重为38%，但机床质量还有待提升，并且我国高档机床外贸依存度较高，基本要靠进口满足国内需求，制作工艺普遍落后于德国、日本等主要工业化国家几十年，国内市场占有率不足5%；而我国80%的中档机床中的操作系统和关键部件也需要依赖进口，与上述国家的先进水平也有一定差距①。同年，我国电视机和手机的产量分别超过1亿台、10亿部，但其中多数关键核心技术和专利并非本土企业所拥有。值得高度关注的是，我国的芯片自给率只有20%，90%的半导体需要从发达国家进口。2013～2018年，中国进口芯片用汇持续上

① 赵建勋：《一张通缉令背后的中国制造大隐忧：机床》，华商韬略，2018年7月8日。

涨，2018 年高达 3 000 亿美元，比 2013 年净涨 700 亿美元，是同年我国石油进口总额的 1.3 倍。2020 年中国半导体进口超过 3 500 亿美元；2021 年进口 4 397 亿美元。根据 SIA 的数据，2022 年全球半导体市场规模约为 5 470 亿美元，当年中国进口芯片 4 156 亿美元，占据全球芯片产量的 72%。

第五节　本章小结

改革开放以来，中国制造业转型升级一直在演进过程中，而发达国家再工业化无疑是一个节点。我们从历史经验、理论总结、政策实践层面全面梳理中国制造业转型升级的进展。

从历史经验来看，以改革开放为起点，将中国制造业转型升级划分为五个阶段：(1) 1978 年，中国制造开始第一次转型升级。以经济发展为中心的战略转变是其背景；军工重化体系逐步向重工业与轻工业协同发展是其方向；乡镇企业是其主力军；偏远地区向城市转移是其布局趋势。(2) 1992 年，中国制造开始第二次转型升级。改革开放进程和市场经济建设步伐加快是其背景；人口红利、改革开放红利和全球化红利是其重要驱动力；工业品国际竞争力提高是其显著成效；“下岗分流”和“抓大放小”是其两大路径；东部地区快速发展和中西部地区相对滞后是其特征。(3) 1998 年，中国制造开始第三次转型升级。亚洲金融危机叠加特大洪灾是其背景；城市化和对外贸易是其驱动力；珠三角地区、长三角地区和京津冀地区是其布局重点。(4) 2013 年，中国制造开始第四次转型升级。“高端挤压”和“低端挤出”的竞争格局是其新背景；创新驱动、技术引进和发展战略性新兴产业是其路径；“一带一路”倡议是其全新活力；“东中一体”产业协调发展和城市群产业集聚是其布局趋势。(5) 2020 年，中国制造开始第五次转型升级。逆全球化浪潮、美国对华遏制、突发疫情冲击是其背景；自主创新能力较弱、产品附加值较低和重污染行业较多是其制约因素；强大内需市场、丰富人才资源、完整产业链和数字经济赋能是其有利条件；重构制造业产业链、塑造技术优势和培育创新人才是其主要路径。

对现有文献进行总结，中国转型升级体现为如下方面：(1) 中国制造转型升级向中国智造、中国创造方向发展并实现制造业的整体高质量发展是中国制造业转型升级的战略目标，其中巨大的内部市场规模和外部市场需求、强大的内在学习和开放创新基因是中国制造业转型升级的战略基础。(2) 创新驱动、数字嵌入、结构优化、价值链攀升是中国制造业转型升级的主要路径，但中国制造在转型升级过程中同时面临低成本优势递减、创新能力弱、产品附加价值低、资源约束加剧等突出问题。(3) 中国制造业转型升级主要朝着加工制造型向创新创造型、跟随引进型向自主引领型、简单规模扩张型向综合效益提升型、粗放消耗型向集约环保型、全面开放型转型升级等五大发展方向迈进。(4) 重视高端制造业人才培养、营造有利于科技创新的制度环境、注重提升自主创新能力、在新发展格局背景下推进制造业转型升级是构建中国制造业转型升级保障体系需着重考虑的四个方面。

从政策维度来看，中国转型升级的相关政策直接反映了政策制订期的现状及预期目标、重要举措，体现为：(1) 我国不断加强制造业发展顶层设计，为中国制造业转型升级谋篇布局。以《中国制造 2025》为代表的国家整体性政策是我国全面推进实施制造强国的一份纲领性文件，拟作为我国制造业转型升级的指引，明确我国制造业未来发展目标。(2) 相关部委推进制造业转型升级的配套政策文件密集出台，中国制造转型升级政策体系成型。(3) 各省市相继推进制造业发展政策，不断加快中国制造业转型升级步伐。

整体来看，中国制造转型升级的具体表现及成效可归纳为：一是表现为制造业跨越式发展取得领先地位、制造业出口规模持续扩大以及制造业体系日趋完整等三个方面的整体成效；二是制造业内部结构改善、能源利用效率提高、服务业贡献度攀升、信息化提升效果增强以及创新驱动作用显著等五个方面的具体成效；三是中国制造转型升级还面临的企业自主创新积极性不高、制造业高端人才缺乏、生产性服务体系尚未成型以及制造业发展质量不高等一系列严峻问题。

第八章

再工业化下的国际分工新格局

在2008年国际金融危机的影响下，主要工业国家受到了全方位、多层次的冲击。经济不振、失业率高涨、债务危机扩大以及收入不平等扩大，使得发达国家深陷“发展陷阱”。为此，以美国为首的发达国家提出并实施再工业化战略。这一战略的实施，有产业空心化反思后的醒悟，有维持竞争优势的超前眼光，也被人解读是运用新技术和智能化抢占未来先机，对我国制造业转型升级势必产生重要影响。本章着重剖析发达国家再工业化对我国制造业转型升级及全球国际分工格局的影响，分析当前再工业化是如何演变为应对新一轮技术革命的主动战略。这种再工业化战略，是对传统国际分工体系的重塑，同时对国际政治经济秩序造成了深远的影响。站在国际分工大变局的基础上来解读再工业化冲击下的中美经贸关系，可帮助我们认清再工业化影响中国制造的本质和中美经贸关系由互补型向竞争型深化之下中美竞争的本质。

第一节　再工业化前期以典型性特征产品为基础的国际分工格局

前文分析了国际市场与国际分工的互动机制，为建立发达国家再工业化对中国制造业转型升级的影响建立了联系。

20世纪80年代以来，随着经济全球化的不断深入，国际分工在不断深化。

其中一个重要变化是中国经济不断融入全球分工体系，融入世界经济体系。发达国家“去工业化”、推进全球产业转移以及建立在产品内分工的基础之上的国际分工体系中，若综合不同国家的主要产品形态特征，那么以国家为整体的国际分工格局可抽象为以典型国家典型产品为核心的六个层次的金字塔架构国际分工格局（华民，2002；刘建江，2006；刘建江，2017）①。从底层次到高层次可高度概括为如图 8－1 所示。

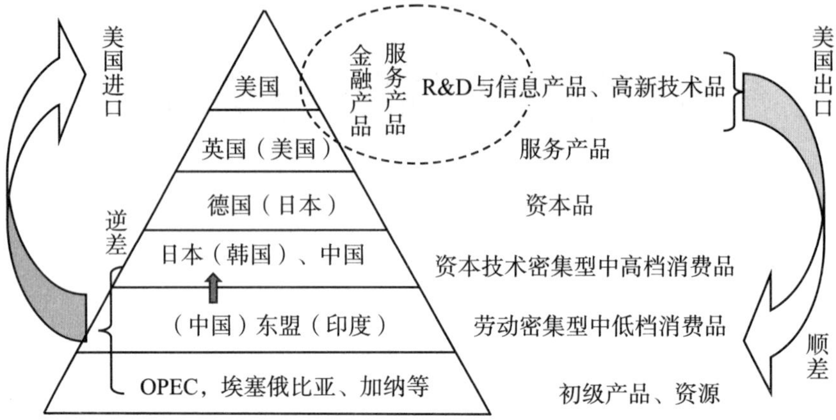

图 8－1　以国家为代表的金字塔国际分工格局

一、第一层次国家

第一层次的国家是资源性产品的提供国家。这一个层次的国家主要包括两大类型。一类由众多中低收入国家组成，提供初级产品，比如数量众多的非洲国家，例如加纳、埃塞俄比亚等；又比如亚洲的孟加拉国，南美的智利、委内瑞拉，他们主要是比较落后的发展中国家，主要从事农业与初级产品的生产、加工，通过向全世界提供初级产品或半成品参与国际分工。这一领域的国家，比较容易陷入出口的贫困增长境地。另一类是资源丰富、人口相对稀少的富裕国家，如部分石油输出国组织（OPEC）成员、澳大利亚等。其中 OPEC 成员主要向全世界提供石油及天然气产品，澳大利亚则向全世界提供以铁矿石、煤为代表的初级产品。实际上，中国在 20 世纪 80 年代也一度是一个资源性产品与初级产品的

① 本节以“刘建江、袁冬梅：《贸易逆差是否削弱了一国国际竞争力：美国经验》，载于《国际贸易问题》2008 年第 12 期”为基础，同时参考了：“华民：《“入世”后中国如何参与国际分工》，载于《世界经济与政治》2002 年第 4 期”。我们在华民（2002）基础上进行了调整，将国家层次分为六个层次，顶层的国家增加了金融产品，融合了“金融—制造”分工思路，底层国家增加了资源性产品的提供国。

提供国。

二、第二层次国家

从某种意义上说，亚洲金融危机前的中国，与东盟各国及当前的印度一样，曾经长期向全球提供劳动密集型的低档、中档最终消费品来参与国际分工。他们多是主要工业化国家产业转移的承接地，从第一层次的国家进口初级产品，向第四层次的国家进口资本品，利用本地区的丰富劳动力资源、多以牺牲环境为代价生产，并转化为最终消费品。在这个层次，产品技术相对成熟，产品多是标准化产品，供给过剩而需求却相对不足几乎是普遍现象，劳动力成本成为决定国际竞争胜负的核心因素。且随着这些地区经济水平的不断提高，生产中的环境成本也日益上升，从而竞争日益残酷。1994 年中国汇率体制改革后，中国制造在全球中的占比日益上升，到了 1998 年亚洲金融危机，中国逐步成为这一层次的主导者。有学者甚至认为，亚洲金融危机的产生原因之一是 1994 年以来中国出口的大幅度增长，影响了东南亚其他国家的国际收支的失衡。

三、第三层次国家

这一层次的国家长期由日本、韩国来担任，还有一个较为典型的是欧洲国家荷兰。当前的中国俨然进入且主导该层次。日本曾经成为世界工厂，韩国的制造业产品也风靡世界。该层次的国家主要从事资本技术密集型与附加值高的高档、中档最终消费品的制造。日本制造在 20 世纪 70 年代不断崛起，并成为世界工厂。韩国经济的崛起和起飞源于 20 世纪 60 年代，他们抓住西方国家向世界其他地方转移低端产业的机会，大力发展加工业和出口贸易。当时的韩国实际上主要从事服装、纺织品和部分农产品等低端产品的生产。到了 70 年代，韩国开始推进产业升级，大量引进西方国家的技术和设备，且注重提升本土人力资本，产业也逐步由轻工业为主导转而开始大力发展重工业，钢铁、造船、化工开始起飞。20 世纪 80 年代末期至 90 年代，韩国再次推进产业升级，以大力发展高新技术产业、高端装备制造业、信息技术产业为主并替代重化工业，同时借助 1988 年汉城奥运会的东风将韩国品牌推向全世界。20 世纪 90 年代中晚期到 21 世纪初，韩国产生众多全球知名企业，现代汽车、三星电子、LG 电子、SK 化工都已经发展成为世界型的企业，从而韩国与日本一样成为全球中端、高端最终消费品的制造业国家。

在 20 世纪 90 年代全球产业转移的大趋势下，尤其是亚洲金融危机后，借入世东风，全球产业大量向中国转移，加之中国改革开放，不断提升自身的发展质量与水平，中国制造迅速崛起，产品性能与质量不断提升，中国制造正逐步向上一层次升级并成为更上一层次的有力挑战者，从而不断由第二层次的国家向第三层次的国家迈进。例如，2010 年中国制造业增加值居于全球第一，机电产品以 1.59 万亿美元的进口和 9 334 亿美元的出口双双跃居世界第一，出口扩展至 225 个国家和地区，新兴市场份额从 26.1% 提高到 33.1%，增量占比超过 40%。

四、第四层次国家

典型代表性国家是德国。德国是欧盟重视实体经济国家的典型代表，高度重视制造业在国民经济体系中的地位，主要以从事资本品的生产参与当今国际分工。另一个代表性国家是日本。日本既属于第三层次的中、高端最终消费品制造业生产国，也是重要的资本品生产国。比如 2016 年，德国新机床制造及零配件制造总产值为 150 亿欧元（总计 150 亿欧元，其中机床服务产值 13 亿欧元），新机床产值 11 亿欧元，当年总计出口机床及零配件 92 亿欧元。当年，日本机床产量也与德国相近，高达 111 亿欧元，但顺差高达 59 亿欧元。中国当年虽然生产了 171 亿欧元，但消费量却高达 216 亿欧元，逆差 45 亿欧元①。从全球数控机床数据来看，以 2019 年为例，日本产业规模全球第一，占比约为 32.1%，中国占比 31.5%，德国整体产业规模占全球比重约 17.2%。不过，中国机床需要大量进口，2019 年逆差达 29 亿美元。根据赛迪顾问 2020 年 4 月发布的 2019 年全球 TOP 10 数控机床企业按营收规模的排名，日本和德国分别有 4 家，美国 2 家，日本的山崎马扎克以 52.8 亿美元排名第一，德国通快公司以 42.4 亿美元排名第二②。对于德国来说，作为这一个层次的典型国家，实体经济长期相对繁荣、证券化率不是太高，算是其典型性的特征。比如，发达国家中的证券化率，德国 1995 年只有 25.63%，2012 年也仅有 43.72%；同期，日本分别是 73.58% 和 61.76%。这两个国家的证券化率均远低于美国同期 135.07% 和 119.02% 的水平。

---

① 《全球十大机床市场最新运行情况分析》，https://www.sohu.com/a/162243965_820708，最后访问时间：2022-01-20。

② 《2019 年机床榜单发布，中国无一家上榜》，https://www.sohu.com/a/393265385_659516，最后访问时间：2022-01-20。

五、第五层次国家

主要是英国和美国。这一层次的国家是世界服务产品，尤其是金融服务产品的重要提供国，也是全球价值链终端领域的重要提供者。对英国来说，伦敦是世界金融中心，是全球最核心的外汇交易市场，交易量占全球总量的35%～45%。其中，2019年全球日均外汇交易额达3.58万亿美元，占全球比重的43.1%①。从服务贸易整体情况来看，2004～2013年，英国服务贸易顺差以年均11.68%的速度在增长，由487.99亿美元增长到1 186.89亿美元。美国是另一个全球服务产品大国，也是世界第一大服务贸易国家。2005年服务贸易顺差达696亿美元，2013年美国货物贸易逆差高达7 526.2亿美元，同比下降4.7%，但服务贸易顺差却高达2 316.3亿美元，同比增长12.0%。2019年，美国服务贸易进口8 533亿美元，占全球市场份额约14.4%；出口额为5 643亿美元，占全球市场份额的9.8%，顺差高达2 910亿美元。这种类型的国家，其资本市场较为发达，证券化率通常比较高。比如英国2012年的证券化率高达123.99%，还高于当年的美国119.02%。当然，美国证券市场则长期拥有世界上最大的规模，也是全球第一大融资场所。

该层次国家，也由于拥有其独特的产品优势，市场空间广阔且竞争者少，在全球利益分配格局中往往占据有利位置。

六、第六层次的国家

美国以新产品的研究与开发（R&D）、信息技术产品、金融产品与服务产品的相对垄断性供给地位长期居于国际分工的顶端位置，长期以来科技水平总体保持了世界领先，兰德公司认为这是美国保持经济总量绝对领先于其他国家的基础。

从信息技术产品来看。美国作为全球网络信息技术的发源地，20世纪90年代以来，以英特尔公司和微软公司为代表的信息产业，长期垄断世界信息产品市场，并源源不断做大做强整个信息产品市场。20世纪90年代中晚期，其信息技术产业年均高速增长30%，并逐渐成为美国最大的支柱产业之一。美国经济增长中有27%归功于高科技通信和信息产业，其产值占GDP的75%以上，而传统支柱产业建筑业只占14%，汽车工业仅占4%。这一时期美国出口的产品中，电

① 《全球日均外汇交易量6.6万亿美元，上海首次跻身八大交易中心》，https://xueqiu.com/7290820255/132936051?from=singlemessage，最后访问时间：2022－01－20。

子计算机、半导体、航空、通信设备等高附加值的产品总占比超过 40%。1999 年美国信息产业产值增加 5 070 亿美元，约占美国当年 GDP 的 10%。2006 年美国信息产业增加值高达 1.03 万亿美元，比第二位的日本多出 7 858.5 亿美元（刘建江等，2008），当年高新技术产品出口占其出口总额中的比重高达 30%。即使在正式进入 5G 通讯元年的 2020 年，美国依然拥有英特尔、高通、思科、苹果、微软、甲骨文、谷歌等知名企业，掌握大量专利，主导着全球网络信息技术和产业的发展进程，控制着全球网络信息产业链的话语权。

从 R&D 来看。根据 2015 年 3 月，DNP Analytics 发布的《知识产权密集型制造产业：促进美国经济增长》研究报告，2000～2012 年期间，美国知识产权密集型制造产业每年年均 R&D 为 30 375 美元/人，是非知识产权密集型制造产业的 12.2 倍；其中，两种类型的员工平均每人每年创造价值增加值相差约 2 倍，前者为 248 254 美元；两种类型的员工工资也相差不少，前者年均工资为 58 832 美元，比后者高出 50%[①]。2014 年，美国 29% 的研发活动集中于知识密集型服务业；50% 的研发活动服务于航空航天、制药、计算机、通信和科学仪器等高技术制造业。2014 年，全球商业、金融和信息等三大知识密集型服务业产业增加值为 12.7 万亿美元，其中美国占据 1/3，居世界之首[②]。在极具战略性竞争优势的航空航天器及零部件方面，美国占据绝对优势，2013 年高达 1 153.81 亿美元，其中有顺差 862.7 亿美元，而 2006 年的出口额才 667.5 亿美元；2016 年出口额增长到 1 460 亿美元，创历史新高。根据美国计算机行业协会提供的《2020 年 IT 行业展望》研究报告，全球信息技术产业 2020 年约 5.2 万亿美元，美国约为 1.7 万亿美元，占比 32%，是世界上最大的科技市场。由此，也直接证明美国居于全球国际分工的顶层位置。

从服务产品来看。美国长期是全球最大的服务贸易顺差国，当然也是世界最大的服务贸易进口国和出口国。比如美国 2018 年货物贸易逆差 8 913 亿美元，同比增长 10.4%，而服务贸易则有高达 2 702 亿美元的顺差，较 2017 年增加 150 亿美元。在美国服务贸易中，贸易顺差最大的三类是旅行服务、专业服务和金融服务贸易。2018 年，美国金融服务出口总额为 1 295 亿美元（占美国跨境服务出口贸易总额的 16%），进口总额为 738 亿美元（占跨境服务进口总额的 14%），跨境贸易顺差 557 亿美元。

---

① 国家知识产权战略网，http：//www.nipso.cn/onews.asp？id=26516，最后访问时间：2022-01-20。

② 姜桂兴、许婧：《世界主要国家近 10 年科学与创新投入态势分析》，载于《世界科技研究与发展》2017 年第 5 期。

第二节 国际分工视角下世界经济体系的相对稳态

一、美国巨额贸易逆差成因及稳态

根据全球金字塔架构体系中的国际分工格局的分析，美国无疑是长期的商品贸易逆差之国，也是服务贸易顺差国，但整体上是经常项目赤字之国。同时，美国又通过资本及金融项目的顺差，将贸易赤字外流的资金吸引回美国，维持了美国及世界经济体系的相对均衡，使世界经济体系保持在相对稳定状态之下。

在以国家为代表的金字塔国际分工格局中，美国因为对高端产品的生产和终端产品的销售拥有巨大控制权而牢牢占据全球价值链的两端，发展中国家则通过参与中间产品的制造和边缘产品的生产而融入全球价值链。美国在长期的产业转移和“去工业化”过程中，积极推进高新技术产业发展，不断向全球输出高附加值信息产品和提供高质量服务产品，同时从金字塔国际分工格局中的底层国家进口大量初级产品（资源）和其他最终消费品。实际上，1997 年开始美国进出口贸易情况发生明显变化，其在传统的资本密集型产品的贸易方向上也已经由出口国转变为进口国，且在进出口商品结构性占比中，消费性产品所占比例逐年上升。这种转变说明美国在不断向全球转移低端产业，加工制造业在本土的占比也逐步下降，更多的是选择从发展中国家进口。美国向全球出口以知识产权和服务贸易为代表的无形产品虽然存在巨大的利润空间，但此种贸易交易量小且统计数据无法很好反映其贸易状况（齐俊妍，2007）。

图 8－1 表明，美国从金字塔底层国家进口初级产品（资源）和最终消费品，具体如金字塔左侧所示；美国向金字塔底层国家出口高科技产品和服务产品等，具体如金字塔右侧所示。在金字塔国际分工格局下，美国对资源性产品和中高档消费品的大量进口和消费远超其他国家，使得其在全球贸易中连年出现巨额贸易赤字。比如 2021 年 1～11 月，美国出口的服务总额为 6 964.84 亿美元，进口的服务金额为 4 857.58 亿美元，服务贸易顺差约为 2 107.26 亿美元。同期，美国进出口商品贸易金额扩大至 41 991 亿美元，同比增长了 22.36%，其中商品贸易逆差扩大至 9 961.79 亿美元。由此看来，美国是当之无愧地向全世界提供服务产品的国家。基于国家为代表的金字塔国际分工格局和贸易整体状况的分析表明，全球绝大多数贸易顺差国以牺牲本国资源和提供低廉劳动力的方式为美国经济繁荣提供了物质基础，而得到的却是美国向外转移的以环境污染、资源耗费等为代

表的生产和生活负外部性。即美国是名义上的整体贸易赤字之国，可能是实际上的福利和利益盈余之国。

英国与美国的贸易情况也有相同之处，从服务贸易数据来看，英国自 1996 年起便居于服务贸易顺差国行列，例如 2019 年、2018 年和 2017 年各有 1 325.2 亿美元、1 462 亿美元和 1 425.6 亿美元的顺差①，但货物贸易却一直处于逆差国行列。与此相比，金字塔国际分工格局下的其他代表性国家如德国、日本和中国的货物贸易则呈现出顺差状态。当然，金字塔架构中第六层次的资源性产品国家，比如多数石油输出国和中国等东亚国家也持续处于经常账户盈余状态。

二、贸易逆差与国际竞争力的分离

发达国家再工业化的一个重要战略目标是要赢得未来国际竞争力。较强的国际竞争力通常被认为是世界经济强国的标志。不管是 WEF 的评价指标体系还是 IMD 的评价指标体系，都重视国际贸易、国际投资对一国竞争力的影响，这也反映出国际竞争力的评价与对外贸易之间的紧密关系。同时，贸易理论也成为国际竞争力研究的不可或缺的基础，例如比较优势理论与要素禀赋理论（H－O 模型）等。隐含的一个重要推论是贸易逆差往往在一定程度上反映出一国竞争力的下滑或呈下降趋势。

那么各国的实际表现是否验证了这一推论？来看 1992 年以来，虽然美国贸易逆差在持续扩大，但美国国际竞争力一直居于全球前列，这一记录一直保持到 2009 年。有趣的是，2009 年以来美国贸易逆差有较大幅度下降，然而其国际竞争力却表现出先降后升的趋势。根据 WEF 世界竞争力排名，英国也有相对较多的贸易逆差，法国则相对较好，可英国国际竞争力排名好于法国。日本是一个鲜有逆差的国家，其国际竞争力排名长期处于全球前十位的水平，即使是 2012～2014 年间出现大额逆差，其国际竞争力排名却反而有所上升。法国的情况也基本类似，逆差不但伴随其国际竞争力排名停滞不前出现，而且竞争力排名还呈现下滑态势，2012～2017 年降到 20 位以后。意大利竞争力长期靠后，也是属于长期顺差国家，2019 年之前甚至没有进入前 30 名。在表 8－1 所列的几个发达国家中，加拿大算是逆差与竞争力之间唯一呈现一定正相关关系的国家了。

① 资料来源：WTO 数据库。

表 8－1　部分国家贸易差额与 WEF 国际竞争力排名对照

单位：亿美元

国家		2009 年	2010 年	2011 年	2012 年	2013 年	2014 年	2015 年	2016 年	2017 年	2018 年	2019 年	2020 年
美国	排名	2	4	5	7	5	3	3	3	2	1	2	—
	差额	－4 191.5	－5 323.1	－5 796.2	－5 516.2	－4 793.9	－5 100.4	－5 262	－5 062.5	－5 399.3	－5 961.9	－5 962.6	－6 511.9
日本	排名	8	6	9	10	9	6	6	8	9	5	6	—
	差额	237.5	770.9	－402.7	－1 029.5	－1 256.4	－1 270.3	－246.2	403.1	374.6	10.1	－16	－0.85
德国	排名	7	5	6	6	4	5	4	5	5	3	7	—
	差额	1 702.7	1 787.3	1 837.8	2 151.8	2 149.5	2 570.6	2 549.2	2 557.9	2 609.9	2 451.9	2 196.4	2 202.2
法国	排名	16	15	18	21	23	23	22	21	22	17	15	—
	差额	－212.9	－341.2	－557.4	－347.8	－290.8	－326.7	－138.1	－149.5	－275.6	－281.9	－261.3	－531.4
英国	排名	13	12	10	8	10	9	10	7	8	8	9	—
	差额	－357.6	－466.9	－268.7	－335	－366.4	－544.6	－457.3	－445.9	－341	－377.5	－264.1	54.9
意大利	排名	48	48	43	42	49	49	43	44	43	31	30	—
	差额	－136	－396.5	－321	230.4	513.7	625.2	553.3	616.8	560.3	502.6	665.6	696.9
加拿大	排名	9	10	12	14	14	15	13	15	14	12	14	—
	差额	－198.3	－303	－204.8	－345.5	－289.4	－163.5	－383.7	－360.4	－361.6	－325.6	－277.9	－337.3
中国	排名	29	27	26	29	29	28	28	28	27	28	28	—
	差额	2 201.3	2 224	1 808.9	2 318.7	2 348.7	2 215.5	3 588.4	2 554.8	2 157	914.9	1 327.9	3 661.5
印度	排名	49	51	56	59	60	71	55	39	40	58	68	—
	差额	－734.3	－746.2	－1 192.8	－1 229.1	－553.8	－608.9	－483.1	－405.3	－837.6	－1 003.8	－725.7	－144.9

注：此处的贸易差额是指货物与服务进出口差额总和。

资料来源：贸易差额根据世界银行统计；国际竞争力排名系根据 IMD 历年《世界竞争力年鉴》整理。

下面再通过对两个发展中国家的研究，来验证贸易差额与竞争力之间的关系。中国是世界上最大的发展中国家，1997 年以来一直处于贸易顺差，但国际竞争力排名却从未进入前 20 名。数据表明，中国的贸易顺差与竞争力排名并未呈现一定的规律，2012 年贸易顺差较上年度大增约 500 亿美元，排名却从 26 名下降到 29 名，2011 年顺差同比下降约 400 亿美元，但是排名却前进了 1 名，上升至 26 位，贸易顺差似乎与竞争力排名并没有很强的相关性。再来分析印度，长期以来印度一直处于贸易逆差状态，但从 2009 年以后可以把印度的贸易差额和竞争力排名分为三个阶段：第一阶段 2009 ~ 2012 年，其贸易逆差逐渐增大，竞争力排名也逐渐下降；第二阶段 2012 ~ 2017 年，贸易逆差缩小，竞争力排名也水涨船高，从 60 名上升到 40 名；第三阶段 2018 ~ 2019 年，贸易逆差总体稳定，但竞争力排名却下跌了。美国 2012 年国际竞争力排名下降至第 7 名，2018 年又上升到第 1 名，但 2018 年的贸易差额还较 2012 年有所上升。2017 ~ 2021 年主要经济体国际竞争力排名变化情况如表 8 – 2、表 8 – 3 所示。

表 8 – 2　　2017 ~ 2019 年主要经济体 WEF 世界竞争力排名对照

2019 年	新加坡	美国	中国香港地区	荷兰	瑞士	日本	中国
	1	2	3	4	5	6	28
2018 年	美国	新加坡	德国	瑞士	日本	中国香港地区	中国
	1	2	3	4	5	7	28
2017 年	瑞士	美国	新加坡	荷兰	德国	日本	中国
	1	2	3	4	5	9	27

资料来源：2017 ~ 2019 年 WEF 全球竞争力年度报告。

表 8 – 3　　2021 年主要经济体 IMD 世界竞争力排名对照

2021 年	瑞士	瑞典	丹麦	荷兰	新加坡	美国	中国
	1	2	3	4	5	10	16

资料来源：2021 年 IMD 全球竞争力年度报告。

长期以来形成的金字塔架构下的分工格局，也直接决定了美国货物贸易的巨额逆差和服务贸易的巨额顺差。在这一层次，除农产品之外的绝大部分最终消费品及资源性产品均需要大量进口。这一分工格局也表明，巨额贸易逆差的存在，并不代表美国竞争力的下降或竞争力不如其他国家。由此看来，发达国家寄希望通过再工业化来提升产品国际竞争力或国家竞争力的企图至少短期内难以实现。

第三节 再工业化下“金融—制造”国际分工格局的挑战

将美元与美元资产当作一种产品，并从这一全新视角重新审视国际分工格局可以发现，全球国际分工表现出“金融—制造”相对分离的新形态（徐建炜和姚洋，2010；刘建江，2017）。这种形态与胡超和张捷（2010）提出的“服务—制造”新形态国际分工格式存在相似之处。对中国和美国来说，中方通过贸易所获得的外汇资金，购买了大量的美元债券，事实上进入了所谓的“斯蒂格利茨陷阱”①。更进一步的是，美国还可能以此在未来可能的中美冲突中抢占先机。

于美国而言，金融危机前其经济结构逐渐虚拟化和制造业比重持续下滑是金融发展比较优势不断深化和去工业化的具体表现。胡晓（2012）将一国经济部门归纳为三个类别：一是以金融行业和房地产行业为代表的虚拟经济部门；二是传统制造业部门；三是涵盖批发、零售和商业服务业等的服务部门。从 20 世纪 70 年代开始，美国 GDP 占比中，服务部门对经济增长的贡献稳步上升，进入 21 世纪后，服务部门增加值在 GDP 中的占比大体稳定在 73% 以上，2020 年美国服务业增加值占 GDP 比重达到 81.5%；虚拟经济部门对 GDP 的贡献率也保持上升趋势，2020 年其在 GDP 的占比达到 21.12%。制造业的 GDP 占比与服务部门和虚拟经济部门的持续上涨截然相反，其比重不断下降。20 世纪 80 年代末起，GDP 中制造业的占比再也未能超过虚拟经济部门，进入 21 世纪后，这一占比跌破 13%，2009 年继续下滑至 11.73%，2014 年这一比重也只达到 11.65%，2020 年这一比重继续下降至 10.93%。

图 8－1 是在总结不同国家产业整体特征的基础上而形成的金字塔国际分工层次。位于金字塔顶端的美国和英国，相对于金字塔中、高层次的德国和日本而言，其依靠发达的金融业和后天巩固的货币地位，在金融领域独树一帜，领先于德国和日本。而以制造业为经济增长突破口的德国、日本和中国虽在金融领域不具备比较优势，但在制造业领域却表现出巨大的比较优势，并且制造业占据经济结构体系的主导地位。从这两大类国家的证券化率来看，二者存在显著区别。美国和英国的证券化率一直处于 100% 以上，只是在 2008 年金融危机中出现过例外。其他国家的情况，以日本为例来看，2005～2007 年日本证券化率突破了

① 从我国角度来分析，所谓斯蒂格利茨陷阱，即我国以高昂的代价促进出口以获取外汇，又以低收益购买美国债券方式再回流美国，造成巨大的福利损失。

100%，但2008年后其证券化率大体稳定在60%～75%。

相对于美国和英国的金融业发达程度而言，以中国等为代表的其他新兴经济体的金融市场有待进一步成熟，储蓄向投资的转化效率也有待提高，因此这类国家在美国和英国主导的"金融—制造"国际分工体系中，主要是以制造业比较优势参与国际分工。这种"金融—制造"国际分工格局的本质是"中心—外围"体系①。其中"中心国"原来是指以美国、欧盟为首的金融国、发达工业化国家，当前特指美国。中心国掌控国际政治经济的游戏规则制定权，拥有美元霸权、军事霸权与文化霸权，掌控战略交通要道的海上和陆路航线，并掌握全球价值链的高端领域。而"外围国"就是指工业国和原材料供应国，是居于图8－1中的第三、第四、第五、第六层次的国家。当前，外围国家的典型代表是中国。

这种体系之下，"外围国"以原材料或最终制造业品来交换"中心国"的金融产品，故前者贸易状况表现出持续贸易顺差，后者表现为持续贸易赤字。当前，美国极力推进再工业化，要改变原有顶层国际分工地位，即不单纯要向全世界继续提供金融产品，而且要大力推进制造业。以中国为代表的顺差国家，则努力要摆脱美元霸权，由此逐步冲击原有的"金融—制造"国际分工格局，冲击"中心—外围"体系。随着再工业化的不断推进，中美因国际分工新格局的形成而带来的冲突必然会逐步增加。

第四节　本章小结

21世纪以来，尤其是金融危机之后，随着传统国际分工体系的重塑，我国建立在劳动力成本基础上的比较优势也逐渐发生深刻变化，在制造业转型升级之际与发达国家的再工业化战略之间的竞争转向正面，传统的相互依赖关系发生改变，需高度关注发达国家再工业化对我国制造业转型升级所产生的重大影响。

放眼世界市场，国际市场与国际分工的互动是其基本特征，各国国际分工地位又影响其政治经济发展。在全球产业转移的过程中，通过综合不同国家的主要产品形态特征，可以将以国家为整体的国际分工格局抽象为以典型国家典型产品为核心的六个层次的金字塔架构国际分工格局，用以分析全球分工体系的深刻变化。这一分工格局下，美国虽在商品贸易方面保持巨额逆差，但却能通过资本及

① 中心—外围理论（core and periphery theory），原是由劳尔·普雷维什提出的一种理论模式。该理论资本主义世界划分成两个部分：一个是生产结构同质性和多样化的"中心"；一个是生产结构异质性和专业化的"外围"。

金融项目的顺差，将贸易赤字外流的资金吸引回美国，进而维持美国及世界经济体系的相对均衡，使世界经济体系保持在相对稳定状态之下。实际上，这种分工格局也表明巨额贸易逆差的存在，并不代表美国竞争力的下降或竞争力不如其他国家。由此看来，发达国家寄希望通过再工业化来提升产品国际竞争力或国家竞争力的企图至少短期内难以实现。然而，随着美国不断加大再工业化力度和中国的崛起，中美经贸关系开始发生质变。工业 4.0 时代来临、美国政府再工业化战略实施力度增强且越发注重研发与制造的一体化以及人民币国际化冲击以美元为主导的传统国际货币体系加剧了中美贸易摩擦，导致中美互补型经贸关系开始动摇，并逐渐转变为竞争型经贸关系。

再根据前面的分析思路，全球国际分工新格局也表明，发达国家再工业化与我国制造业转型升级和高质量发展之间，既存在一定的梯度性和错位性，表现为经贸领域的互补为我国与发达国家提供了合作可能性；又存在不同领域发展内容的重叠性，催生了我国与发达国家之间的竞争性。合作性从正面促进我国制造业高质量发展，而竞争性则通过压力形成一种倒逼机制来促进我国制造业高质量发展。

第九章

发达国家再工业化与中国制造业转型升级的异同性

虽然发达国家再工业化因为国情、经济结构、国家规模迥异，再工业化的战略目标、战略举措也存在差异，但共同点不少，其推进的背景是进入了后工业化[①]时代，比如均是要立足国情抢占未来制造业高地，要在工业 4.0 时代抢占先机。对于尚处于工业化中后期的中国来说，是既要完成工业化，迅速进入后工业化时代，又要直面工业 4.0，要快速从工业 2.5～3.0 阶段跨越式进入工业 4.0。中国能否顺利完成进入工业 4.0 的跨越，取决于制造业能否顺利实施转型升级；实现制造业的高质量发展，取决于制造业强国战略能否顺利实施。通过发达国家再工业化与中国制造业转型升级的异同性的比较，可以进一步查找中国的差距、存在的短板，从而站在发达国家相近的起跑线上来推进制造业转型升级[②]。

第一节　再工业化与中国制造业转型升级战略的共性

中国制造业转型升级，是中国制造高质量发展的必由之路，也是制造强国必

① 李毅中（2018）在《中国经济大讲堂》中指出，一个国家或地区是否进入后工业化时代，通常有三个判断标准：一是高科技产业是否在全世界领先；二是制造业在全球价值链是否居于高端位置；三是城镇化是否已经成熟、中产阶级已经成为社会主导。

② 本章主要以“唐志良、刘建江：《美国再工业化与中国制造 2025 的异同性研究》，载于《生产力研究》2017 年第 2 期”为基础。

经阶段，是制造强国战略的一个重要组成部分。从广义来说，制造强国作为一项战略，与发达国家的再工业化战略既有共性，也有差异。为进一步理解发达国家再工业化对中国制造业转型升级的影响，本节着重于对二者进行比较。

一、高度重视制造业成为大国共识

2008 年爆发金融危机后，各国开始警醒，重新认识到制造业才是国家经济发展的基石，是国家之间竞争力的关键所在①。从宏观层面上讲，制造业的发展能加强科技进步、推动就业增长、保障国家安全和促进国家经济繁荣。大量的学者对制造业进行了研究，普遍认为制造业在经济发展中具有重要作用：其一，制造业具有较强的创新能力，制造业对整合国家创新能力和维持创新的可持续发展至关重要（贾根良等，2019）②。其二，制造业具有较强的溢出效应。在全球价值链分工的背景下，戴枫等（2020）基于国际空间关联的视角建立空间杜宾模型对 2000 ~2014 年 42 个国家制造业的进口对经济增长的直接和间接影响进行实证分析，表明制造业进口对于经济增长有显著的国内和国家间溢出效应③。其三，制造业能拉动生产性服务业的发展。制造业发展表现出对生产性服务业的显著促进作用，制造业服务外包能促进生产性服务业这一类知识密集型行业的产出和就业，从而带动服务业产业结构升级，间接地影响服务业的劳动生产率（高觉民和李晓慧，2011④；刘志彪，2020）。

对于发达国家而言，制造业对经济发展的重要性远远高于其就业与产值份额所体现的重要性。相比较来说，制造业对发展中国家的重要性主要是从追赶角度来看，制造业是技术与创新的载体，对于发展中国家提高收入水平和实现生产率方面比其他部门更加重要。从当前世界经济放缓角度来看，制造业具有技术活力和潜力，可以在其他部门因技术停滞的情况下实现扩张和吸收劳动力。在外部世界继续保持开放的条件下，制造业作为可贸易部门不受国内收入和消费不足的影响，向外扩张吸收大量非熟练劳动力实现无条件劳动生产率趋同与提高（王展

---

① Kaldor N. Causes of Growth and Stagnation in the World Economy. Cambridge: Cambridge University Press, 1960.

② 贾根良、楚珊珊：《制造业对创新的重要性：美国再工业化的新解读》，载于《江西社会科学》2019 年第 6 期。

③ 戴枫、王盛媛、柴嘉悦：《制造业进口与经济增长：基于国际空间关联的视角》，载于《郑州大学学报（哲学社会科学版）》2020 年第 4 期。

④ 高觉民、李晓慧：《生产性服务业与制造业的互动机理：理论与实证》，载于《中国工业经济》2011 年第 6 期。

祥，2018)[1]。一个国家要提高自己在国际上的经济地位，制造业作为实体经济的代表和国家创新力的重要载体，应该受到各个国家的重视。

2008 年金融危机之后，美国开始提出要“再工业化”。奥巴马政府将“再工业化”提升到国家战略层面；特朗普政府在此基础上推进“再工业化”，倡导“美国制造”“美国优先”，鼓励制造业回流，退出 TPP。拜登总统上任后，继续实施再工业化战略，出台了《关于确保未来由美国工人在美国制造》的行政令，以促进美国产品销售、就业和投资，通过了《2021 年美国创新和竞争法案》，从各个方面遏制中国，主张“制造和创新战略”、扩大“制造业创新伙伴关系”、提出“买美国货”。无论是奥巴马政府、特朗普政府还是拜登政府，都呈现出一致的认识，即制造业是美国经济长期繁荣发展的核心，要维持制造业的竞争优势以抢占国际竞争的制高点。

德国制造业被称为“众厂之厂”，是世界工厂的制造者。2019 年，在机械制造业的 31 个部门中，德国有 27 个占据全球领先地位，处于前 3 位的部门共有 17 个[2]。德国在经济结构上虽然和美英等发达国家一样是服务业占据国民经济最主要的位置，但不可否认的是，其工业支撑了其出口竞争力，在 2015 ~ 2019 年这五年连续成为全球最大的贸易顺差国，加工业和制造业占德国出口的 75%。在制造业人口就业方面，虽然德国制造业就业总比例从 1970 年的 39.5% 下降到 2020 年的 26.78%，但制造业的绝对就业人数从 2010 年的 490 万人增长到 2020 年 7 月的 550 万人[3]。德国重视制造业传统规则从德意志时期传承至今，2019 年德国政府发布《工业战略 2030》，提出到 2030 年工业在本国增加值总额中所占比重增至 25%。总体来说，德国制造业在面对全球化方面一直保持强健的水平，并且将制造业竞争力视为未来立足之本。

日本制造业技术和能力名列前茅，是全球制造业强国之一。在汽车、电子信息等高端制造业领域，日本处于全球供应链价值链上重要的位置，发达的高精尖端生产水平、核心技术、关键装备甚至对美国构成一定的威胁。与欧美国家更为重视信息化产业不同，日本一直把制造业放在经济发展的首要位置。在振兴本国机械工业初定制《机械工业振兴法》并对其先后进行三次修改；发表“制造业白皮书”以应对制造业出现的问题，大力调整制造业结构，重点发展机器人、再生医疗、下一代清洁能源汽车以及 3D 打印技术。日本坚定不移以制造业作为立

---

① 王展祥：《制造业还是经济增长的发动机吗》，载于《江西财经大学学报》2018 年第 6 期。

② 《德国制造业强在哪里：世界 500 强里的德国企业》，https://www.sohu.com/a/299825719_114502。

③ 《瞭望｜镜鉴：德国“产业强国”道路上的得与失》，https://baijiahao.baidu.com/s?id=1702683786950760970&wfr=spider&for=pc。

国之本，坚持以制造业的发展带动信息化的发展，坚持信息技术发展和制造业同时发展。

从我国的情况来看，2018 年 12 月中央经济工作会议明确提出 2019 年的重点工作任务，其中推动制造业高质量发展列于首位。制造业高质量发展是经济高质量发展的重要内容，是全面建成小康社会、全面建设社会主义现代化国家的关键战略支撑。我国高度重视制造强国战略，并为此采取了多种举措。2019 年制造业等行业的增值税税率由 16% 下降为 13%，为实体经济尤其是制造业企业降税减负。习近平总书记指出，金融要把实体经济服务作为出发点和落脚点，全面提升效率和水平①。“十四五”规划和 2035 年远景目标纲要明确提出，要深入实施制造强国战略。党的十九届五中全会明确指出，加快发展现代产业体系，把发展经济着力点放在实体经济上，坚定不移建设制造强国，重视程度应与他国一致。

二、两大类战略的本质都是制度创新与科技创新协同推进

美国再工业化的一个重要战略意图就是要维持先进制造业的全球领导地位，而其关键在于有效的科技创新。要想持续推进科技创新，就需要遵循科技创新的客观要求，积极发展制度的力量，坚持制度创新与科技创新互动的一般性原理。美国的再工业化，也在经历一个不断的动态调整，其高度也在不断升级。《美国创新战略》历经了 2009 年版、2011 年版和 2015 年版，国家创新战略在不断动态调整进程中，以此来引导、支持和促进美国战略性科技创新，其战略的升级主要对未来先进制造业的重点领域作出了重大部署，显示了美国抢占新一轮竞争制高点及保持霸主地位的战略意图。从 2009 年的《2009 美国复兴与再投资法》《网络和信息技术研发法案》，到 2010 年的《美国高科技再授权法案》《国家制造业发展战略法案》《2010 美国制造业促进法案》等，都强调通过立法来推进科技创新，2011 年的《美国创新实施战略》提出维持创新生态系统，2012 年的《国家生物经济蓝图》阐述了美国生物经济发展的战略目标，将生物经济列为优先政策领域；2011 年的《先进制造业伙伴计划》，2012 年的《美国竞争力和创新能力》以及《美国国家制造创新网络计划》强调把美国的产业界、学界和联邦政府部门联系在一起，建立全国性的产业界和学术界之间有效的链接；2018 年《美国重建基础设施立法纲要》提出加大对个人磁悬浮等领域的研发，2019 年 2 月的“美国人工智能倡议”目标在于集中联邦政府资源发展人工智能重点关注某些领域以促进经济发展，改善国民生活质量，抢占未来科技战略制高点；等等。可

① 习近平：《在全球金融工作会议上的讲话》，载于《人民日报》2017 年 7 月 16 日。

见，美国不断从战略、立法、政策措施等方面来进行动态变革，进行制度创新，以持续促进科技创新。美国科学技术迅速发展且保持长期领先的一个非常重要的基础条件是美国完备的科技创新配套制度，适时调整法律体系以及政策塑造出诱致科技创新、推动科技成果转化的制度环境，在该环境下，创新要素集聚，创新成果猛增，科技实力稳步提升。科技创新制度和科技实力协同演化，构建出支撑美国霸权地位的国家创新系统①。

中国制造强国战略也是如此，其战略目标是促进国家制造业转型升级推进制造业高质量发展，进而实现制造强国，而其中的关键在于科技创新和制度创新。我国正在实施创新驱动发展战略，2015 年 3 月 23 日，我国发布了《中共中央　国务院关于深化体制机制改革加快实施创新驱动发展战略的若干意见》，明确要求实现科技创新和制度创新的有机统一和协同发展。党的十九大报告明确提出要“深化科技体制改革，建立以企业为主体、市场为导向、产学研深度融合的技术创新体系，加强对中小企业创新的支持，促进科技成果转化”。中国制造高质量发展也强调要把创新摆在制造业发展全局的核心位置，加强全面深化改革，充分发挥市场在资源配置中的决定性作用和更好地发挥政府的力量。这体现了一方面要强化制度变革，完善市场机制，激发企业的创造力，以企业为主体来推进科技创新；另一方面要更好地发挥政府的宏观指导作用，不断创新宏观政策措施，来引导和支持战略性、基础性科技创新以及企业的自主创新行为。因此，制度创新与科技创新的协同推进也自然是中国制造高质量发展的必然选择。

德国在二战后最初通过“马歇尔计划”扶持经济迅速恢复，究其更深层次的原因发现，“社会市场经济”系统连贯的新制度环境和为科技和经济发展服务的现代国民教育体系为德国提供了高水平、高质量的高等教育体系和先进高效的职业教育体系。德国政府十分重视科学技术，连贯的科技政策让德国早在二战时期就引入了国家标准体系并发展为德国工业标准（DIN）和电子设备技术标准（VDE），为德国制造走向世界奠定了基础。同时，新进的大学教育和面向企业的职业教育“双元发展”模式培育出大量的高素质的人才，为科技创新和生产实力的提升提供了必要的人才基础。德国能够在短时间快速崛起，很大程度上得益于科技创新和制度创新的协同发展。

日本在发展过程中重视科技投入，研发成果所获专利数名列前茅，重视科技成果产业化，以实现创新的价值和意义。日本鼓励大学组建技术转移机构，至 2020 年 5 月末，日本官方认定的大学技术转移机构 34 家，遍布全国各地，促进

① 朱晓、王欢：《科技与制度互动：机理·阻碍·对策——基于协同演化理论的视角》，载于《西南石油大学学报（社会科学版）》2021 年第 2 期。

了各地区产学研合作、推动企业的技术进步及发展、推动产业结构调整。不仅如此，日本对知识产权保护十分重视，产业知识保护的法规体系比较完善，为自主创新和自主专利提供了一定的保障。2021 年 1 月日本政府完成了第六期科技创新基本计划草案的拟订，奠定了 2021 年开始的为期 5 年的科技创新政策，本期科技振兴计划将“超智能社会”即“社会 5.0”目标具体化。

科技基于创新创造目标以及成果保护需要推动制度改革，制度系统主动或被动地进行渐进式或突变式改革，两者分别沿时间序列在近平衡态、平衡态与远离平衡态的转换中协同演化，直至形成一定时期社会发展需要的最优状态。

三、两大类发展战略均体现出维护大国地位的逻辑

学术界对“大国”的界定各不相同，有的学者根据统计数据划分大国和小国（库兹涅茨，1971；张李节，2007；黄杰，2012）。数据指标虽然直观，但难以从综合性的角度与经济理论相结合。从经济学的角度出发，以定价理论为基础，若一国对世界经济具有较大的影响力，即以“价格”制定者的身份参与国际市场的经济活动，则称该国为大国。大国参与国际市场交易时，将能够决定国际市场的交易价格或者交易规则，而不是作为一个被动的接受者，去接受国际市场中的外部价格[①]。从自然和社会的初始特征出发，大国经济的特征有以下三个：一是在规模上，经济总量、要素规模、市场规模和产业规模大；二是内源特征，依靠国内要素供给和市场需求达到经济自主发展；三是多元特征，国家内部存在要素禀赋差异而形成多层次的经济结构（欧阳峣，2014）[②]。美国、德国、日本的“再工业化”和中国制造业高质量发展是对国内外环境的变化和发展趋势所作出的战略性回应，都体现了大国逻辑。按照国际惯例，世界经济大国的判断依据之一，GDP 占全球 GDP 的比重达到 5%；判断依据之二，该国的主权货币是可自由兑换的国际货币；判据之三，进出口贸易总额具有一定规模，集中表现该国对世界经济的影响程度。

2014 年 5 月，美国前总统奥巴马在西点军校毕业典礼发表演讲时指出，美国未来还要领导世界 100 年。2016 年特朗普在竞选时以“美国优先”和“让美国再次伟大”为竞选口号。2021 年民主党派参选人拜登 - 哈里斯上台，呼吁“美国归来”，不断整合全球资源与中国展开全面竞争，以维持其霸主地位。作为民主党要领导世界，硬实力是其不可或缺的基础，而制造业就是一个大国硬实力的

① 郑捷：《如何定义“大国”?》，载于《统计研究》2007 年第 10 期。

② 欧阳峣：《大国经济发展理论》，中国人民大学出版社 2014 年版，第 65 页。

主要来源。彼得·纳瓦罗（Peter Navarro，2015）明确指出，强大的制造能力是美国取得二战胜利的一个关键因素，制造业实力直接关系到美国未来的国家安全。因此，美国再工业化战略不可能仅仅只局限于国内问题以应对经济危机和促进经济可持续发展，它还有更远大的全球化战略意图，那就是通过重振国家制造业体系，在世界工业大国的竞争中占据优势，重塑全球制造业价值链，为美国继续领导世界提供硬实力支撑。

制造业同样也是我国硬实力的主要来源。新中国成立以来，我们走出了中国特色的新型工业化发展道路，走过了发达国家几百年的工业化历程，现在我国已建成门类齐全、独立完整的现代工业体系，是全世界唯一拥有联合国产业分类中全部工业门类的国家。工业增加值从1952年的120亿元增加到2020年的31.31万亿元，是1952年的2 609倍。我们的贸易伙伴已经遍布全球，如何维护我国正当的全球利益，寻求与自身国际经济地位相称的全球治理话语权已经成为国家的战略诉求。中国制造高质量发展的推出在某种程度上就是对这一战略诉求所作出的反应。实施中国制造高质量发展，可助推我国制造业转型升级，提升我国在国际上的硬实力，扩大我国国际影响力，强化我国塑造世界政治经济新秩序的能力。而在国际政治经济秩序中有了相应的话语权，就自然能更好地维护我国的全球利益，实现中华民族伟大复兴的中国梦。因此，中国制造高质量发展同样也体现了大国逻辑。

德国作为世界上最大的机械制造商，早已经完成了“工业3.0”，长期以来，德国建立了严谨的工业标准体系，先后颁布《德国工业4.0标准路线图》《德国标准化战略》《国际标准化研究2030》《人工智能标准化路线图》等，以确保德国继续战略生产制造领域的制高点，并且大部分都上升为欧洲标准或国际标准。德国在经济发展过程中很好地处理了金融与实体经济的关系，制造业增加值占GDP比重长期保持在20%以上，制造业竞争力位于全球第一位，中高端制造业增加值在全部制造业增加值中所占比重高达62%，其30%以上的出口商品在国际市场上竞争力大没有竞争对手。日本有超过1.2亿人口，是发达国家中的人口第二大国，人口数量远远超过英国、法国和德国，国土面积超过英国和德国。到2016年底，日本以人均制造业增加值7 993.99美元位居世界第一，以人均制造业出口值5 521.04美元位居世界第四；以37.4%的工业化程度位居世界第四；以85.69%的出口质量位居世界第二；以14.13%的国际制造业影响居第二；以6.53%的世界贸易影响力位居世界第三。日本的企业在全球产业链供应链处于非常重要的位置，目前日本在芯片材料、汽车、精密仪器等行业具有很强的实力，其中包括大众所熟知的品牌如本田、松丰、东芝，其工业实力的强大不仅体现在世界知名的企业，更关键在于它有很多隐形冠军型企业。毫无疑问，日本是一个制造业大国。

四、两大发展大战略具有相同的动力模式

创新是经济社会发展的第一驱动力，是先进制造业发展的关键驱动力。习近平总书记指出，创新始终是推动一个国家、一个民族向前发展的重要力量[①]。我国制造业高质量发展要抓住新的工业革命机遇，促进高质量制造业的发展，建设智能、面向服务、生态友好的新生产体系，为我国经济的快速发展创造新动力。我国经济社会增长方式发生转变，加强知识和人才的储备，协调创新现有的要素，促进和平健康、稳定和可持续的发展。核心科学技术是创新驱动的生产要素，知识这种无形资产是制造业的主要生产要素，其生产率远远高于社会基本劳动力。制造业要实现质量、效率和效益的转变，最重要的是依靠科技进步和产业创新来促进制造业实现质量发展的关键驱动力。根据来源、功能和价值等维度可以将推动制造业高质量发展的动力机制分为创新动力、改革动力、开放动力、要素支持力、需求拉动力和人才支撑力等六个方面。其中，创新动力、改革动力和人才支撑力是推动制造业高质量发展的内生性核心动力，属于内源动力机制；开放动力、要素支持力和需求拉动力是外部支撑动力，属于外源动力机制（余东华，2020）。

美国长期居于全球创新领导者地位，创新也是美国一直以来保持强大、经久不衰的最根本的原因。美国的再工业化，也是以创新为基本驱动力。一方面，美国逐步形成了以政府、基金会、产业界为支撑的科研资助体系；另一方面，政府通过颁布系列法律法规、政策制度以起到直接的科技创新导向作用，伴随科技政策决策科学化的需求不断增强，科技政策科学应运而生，有效规范着美国科技政策的合理拟订。美国在 2009 年、2011 年和 2015 年连续出台的科技战略规划，逐渐形成了政府、企业、高校全民参与的创新体系，目的是激活科技创新要素，鼓励全民积极参与创新，从而较好地推进再工业化战略。2016 年的《国家制造创新网络计划战略计划》、2019 年的“美国人工智能倡议”、2021 年的《2021 美国创新和竞争法案》都提出了鼓励创新、发展科技前沿。同时，美国依靠高效的资金投入和政策支持为科技人才的发展提供了可持续性，为创新能力的发展提供了支撑。

德国将高科技战略视为其发展的重点。自 2011 年以来，德国联邦政府发布了多项产业创新政策全面提升德国国家竞争力，2014 年《新高科技战略——为

① 习近平：《在中央财经领导小组第七次会议上的讲话》，载于《人民日报》2014 年 8 月 19 日。

德国而创新》旨在打造德国经济的创新能力，使德国成为全球领先的创新国家。德国政策制定者重申产业政策的重要性，重视高科技战略并将其视为现代的产业政策（史世伟和寇蔻，2018）。2018 年德国发布《高科技战略 2025》从应对社会挑战、提高未来的适应力和打造创新文化三方面进行战略布局，推动中小企业加强企业家精神和创新能力，为德国未来产业的科研和创新政策制定了战略框架。由此可以看出德国对巩固其工业制造强国地位的决心。2021 年，德国在世界知识产权组织（INSEAD & WIPO）发布的《全球创新指数》中，创新指数排名第九。德国的创新体系在不断地建设和完善，综合创新能力一直维持在全球高水平，其创新体制建设成熟、研发投入水平较高，且政府、企业和高等院校在教育和创新方面的投入非常可观。

日本政府对科技创新十分重视，在法律层面上，于 1995 年确立“科技创造”的立国方针，通过对“科学技术基本法”的立法为机构和企业的创新提供政策和法律方面的支持和保障，为了保证立法的可用性，政府每年都会组织专家讨论，对“科学技术基本法”提出修改意见并进行修订。在社会层面上，日本政府通过支援中小企业参与国家主导的研究开发项目来发掘和培养民间的科技创新。通过颁布“知识产权基本法”提高国民对知识产权的保护意识，减少科研成果被侵害的情况，使研发环境更加透明化。

我国高度重视创新。1988 年 9 月 5 日，邓小平同志提出了“科学技术是第一生产力”的重要论断。党的十八大明确提出“科技创新是提高社会生产力和综合国力的战略支撑，必须摆在国家发展全局的核心位置。”强调要坚持走中国特色自主创新道路、实施创新驱动发展战略。习近平总书记指出，新一轮科技革命和产业变革正在孕育兴起，一些重要科学问题和关键核心技术已经呈现出革命性突破的先兆，带动了关键技术交叉融合、群体跃进，变革突破的能量正在不断积累①。全球制造业在经历着变革，各国都在推进创新，力图抢占世纪大机遇，在新一轮的产业和科技的革命抢占先机。对此，创新作为驱动我国制造业转型升级最为核心的因素，起到了决定性因素。

总之，面对新一轮工业革命，无论是中国的制造业转型升级、制造强国战略，还是主要发达国家的再工业化战略，创新均是第一驱动力。当前，重大颠覆性技术不断涌现，新兴行业的潜力巨大，未来的竞争优势越来越体现在创新能力上，各国纷纷出台相关战略，加强创新投入、人才的培养和争夺，以创新作为发展的动力，以人力资源作为支撑，抢占未来先进制造业的制高点。

---

① 《在十八届中央政治局第九次集体学习时的讲话》，载于《人民日报》2013 年 10 月 2 日。

五、两大类发展战略都强调生产方式的数字化和智能化变革

美国在对国内和国际产业形势作出判断的基础上作出“互联网 + 先进制造业”的决策，注重 CPS（信息物理系统）技术在未来工业发展中的核心地位，在全局化、信息化、网络化、智能化等方面投入大量资源创新研究并取得了一定的进展。2018 年 10 月 5 日，美国发布《先进制造领导力战略》，强调美国在全球科技创新中居于领导地位，提出开发和转化新的制造技术，教育、培训和集聚制造业劳动力，扩展国内制造供应链的能力三大战略目标，并指出智能与数字制造、先进工业机器人、人工智能基础设施、高性能材料、半导体设计供给和制造等 13 个优先支持领域。2021 年《无尽前沿法案》中，设立新的技术和创新理事会、创设区域技术中心等，授权其中的大部分资金约 1 000 亿美元，用于关键技术领域的基础性和先进研究、商业化、教育及培训计划，包括人工智能、半导体、量子计算、生物技术和先进能源等领域。

2014 年德国颁布了《数字纲要 2014 – 2017》，为数字化、智能化建设部署战略方向；2014 年 9 月德国印发《数字化管理 2020》，制定了未来管理的框架条件；同年，德国出台高新科技战略，确定未来六大研究与优先发展的创新领域，其中数字化是重中之重；2015 年 3 月德国发布《数字未来计划》，涵盖包括“工业 4.0”平台、未来产业联盟、数字议程等 12 大支柱；2016 年 3 月德国政府发布《数字化战略 2025》，强调利用“工业 4.0”推动德国的生产作业现场现代化，带动传统产业的数字化转型；2018 年发布“建设数字化”战略，重点建设数字化相关领域和现代国家五大行动领域，强调政府部门各自的数字化转型的工作重点，加强各部门产学研的合作；2019 年 3 月对数字化战略进行更新，明确并公开其数字化战略的具体目标。根据欧盟委员会 2020 年 6 月份公布的 2020 年数字经济与社会指数，德国位列第 12 位，作为产业数字化的先行者，德国最先提出了“工业 4.0”概念，在产业数字化领域领跑全球，重点依托工业互联网平台和龙头企业推动制造业数字化。

日本制定和发布了一系列技术创新计划和数字化转型举措以在新一轮的国际竞争中取得优势，2016 年发布的《第五期科学技术基本计划（2016 – 2020）》提出通过信息技术的使用使网络空间和物理世界深度融合，通过数据跨领域应用，催生新价值和新服务，并首次提出建立高度融合的网络空间和物理空间，以及以人工智能技术为基础、以提供个性化产品和服务为核心的“超智能社会”概念；2018 年 6 月发布的《日本制造业白皮书》强调通过连接人、设备、系统技术等创造新的附加值，正式明确将互联工业作为制造业发展的战略目标，并通过推进

超智能社会建设，抢抓产业创新和社会转型的先机；2019 年 6 月于大阪举办的二十国集团（G20）峰会上，日本提出将致力于推动建立新的国际数据监督体系和 G20 “大阪路径”，日本倡导要通过数字化基础设施、数字素养等方面推动数字经济可持续发展和包容性增长。

中国高质量发展中提出，要以智能制造为突破口和主攻方向。工信部通过对制造业活动的关键环节的切入，加上对“点”的突破，实施“智能制造试点示范专项行动”，形成有效的经验和模式。中国制造高质量发展以体现信息技术与制造业深度融合的数字化网络化智能化制造为主线。其对策包括：制造业实行数字化网络化智能化、提升产品设计能力、完善制造业技术创新体系、强化基础制造、提升产品质量、推行绿色制造、培育具有全球竞争力的企业群体和优势产业、发展现代制造服务业。中国制造高质量发展的核心在于创新驱动发展，主线是工业化和信息化两化融合，主攻方向是智能制造，最终实现制造业数字化、网络化、智能化。

全球运营模式、商业模式向数字化迭代转型，各国在信息数字化经济投入大量资金，以探索下一轮科技浪潮的方向。面临新一轮科技革命和产业变革，各国纷纷提出了制造业升级的思路和规划，信息技术和制造业的深度融合将成为未来产业竞争的制高点。美国再工业化基于其全球领先的互联网 IT 技术，通过 CPS 信息物理系统，通过对工业互联网的使用实现“再工业化”；中国的制造业以信息化和工业化深度融合为主线，重点发展新一代信息技术、航天航空装备等十大领域，努力向制造业强国发展；德国通过一系列的数字化和智能化的战略部署，在产业数字化领域一直处于较为领先的位置。日本制定了一系列技术创新和数字化转型举措在国际竞争中取得优势。

六、两大类发展战略都体现了绿色工业化的基本理念

基于煤炭、石油等化石能源上的传统工业化，使人类陷入了生态困境，如资源紧张、环境污染、气候变暖等问题日益突出。为此，走绿色工业化道路是人类发展的必然选择。当前，人类社会正孕育着绿色工业革命，绿色能源、绿色工业制品、绿色消费等将会迅速发展。

2008 年，联合国环境规划署（UNEP）首次提出绿色新政，拟在全球范围内大力发展绿色经济，建立可持续发展的经济模式。胡鞍钢（2015）指出，绿色工业革命是指生产函数的要素从自然要素到绿色要素投入为特征的变迁，且绿色要素逐步占据主要地位并被广泛普及。伍德罗·克拉克（Woodrow W. Clark，2015）指出，信息技术、智能制造（3D 打印）、可再生能源和智能电网等因素是绿色工

业革命的关键组成部分，这些核心因素能有效地提高资源利用率和能源效率、降低碳排放和产品成本，共同推动一个环境与资源可持续发展的未来。

工业绿色化是目前工业发展的趋势和挑战，积极发展绿色经济既是本国的战略需要，也是一个大国的国际责任。前总统奥巴马上任，就力推绿色经济，2009年4月的一次演讲中指出，美国需要建立新的经济增长点，那就是绿色经济。约瑟夫·斯蒂格利茨（2009）认为，美国有责任引领全球绿色经济。而克拉克（2015）更是直接指出，作为世界上先进的发达国家，美国必须领导绿色工业革命。

德国从很早就开始高度重视绿色发展。首先体现在保护环境和促进绿色发展的法规体系之中，目前，德国有大量的联邦和各州的环境法律法规以及相关法规，形成了较为完备的环境问题管控体系；其次，德国绿色科技企业致力于数字化技术的发展，在绿色科技研发方面的投入高；最后，德国通过法律法规的制定、全过程管理、设置环保计划等手段推进循环经济发展。资源效率的提升有利于提升企业的国际市场竞争力、降低产品生产成本，绿色发展还将带来整条产业链的整合升级，提供大量的高质量就业机会。2020年日本经济产业省发布《2050年碳中和绿色增长战略》，通过监管、补贴和税收优惠等激励措施动员超过240万亿日元（约合2.33万亿美元）的私营领域绿色投资，以此促进日本经济的持续复苏。

面对我国工业节能减排取得的成绩，我国也高度重视绿色经济的发展，中共十八届五中全会把“绿色”作为引领中国发展全局的五大理念之一。《中华人民共和国国民经济和社会发展第十四个五年规划和2035年远景目标纲要》将“坚定不移贯彻创新、协调、绿色、开放、共享的新发展理念”作为“十四五”时期经济社会发展指导思想的重要内容，并围绕“推动绿色发展”“促进人与自然和谐共生”作出部署，对“加快发展方式绿色转型”提出要求。党的十九届五中全会将“广泛形成绿色生产生活方式”作为到2035年基本实现社会主义现代化远景目标的重要内容。我国工业绿色化目前水平未能满足可持续发展的目标，具有一定的进步空间（王宇，2017）。绿色工业化作为核心战略，中国制造高质量发展和美国、德国、日本再工业化坚持绿色工业化的基本理念是必然要求。其具体思路如下。

（一）以智能制造来塑造绿色生产方式

智能制造是未来新一轮工业革命的核心特征之一，这也是美国、日本、德国再工业化和中国制造高质量发展的一个主攻方向。美、德等发达国家是智能制造发展的先驱，在智能机器人领域处于领先的地位。新一届欧委会提出今后施政重点将是推动欧盟经济社会向绿色和数字化转型，提出综合“欧洲工业战略”，以支持欧洲的生态和数字化转型，鼓励公平竞争。未来智能制造的发展强调信息技术与制造业的深度融合，以颠覆传统生产方式，进行智能化生产，全面构建绿色产业体系，高效利用资源，实现废弃物的低排放甚至零排放，塑造绿色生产方式。

随着科技的发展，用户需求逐渐从“批量化”走向“定制化”，市场的转变为企业带来了更高的要求，厂商的生产从“批量生产”过渡为“定制生产”，在“互联网+”新经济常态的背景下，工业生产领域将先进制造业作为产业绿色转型升级的主战场，推动制造业数字化和智能化转型，打造“智能化制造”和“绿色生产”相结合的新模式。

（二）强调清洁能源对制造业发展的支持作用

美国、中国、德国、日本均把发展新能源作为优先突破的重点领域之一。美国在发展的历程中走过了“发展→污染→治理→再发展”的过程，至今十分重视绿色产业的发展。美国重视绿色新能源的发展，通过法律制度及新能源政策的实施大力推进新能源等高科技产业的发展，因此美国在该领域处于全球领先的地位。奥巴马上任之初即选取清洁能源产业作为国家经济复苏的切入点，在绿色清洁技术的创新方面积极推进。特朗普上任后，虽然宣布退出《巴黎气候协定》、废除《清洁能源计划》，但实际上这些年来美国可再生能源经历了显著的增长，2012 年至 2017 年，陆上新增容量从 60 005MW 增至 89 078MW，增长了 48%。2021 年拜登上任后立即重返《巴黎协定》。美国大力发展绿色新兴产业的核心目标是没有变化的，只是两党的执政理念有所差异，特朗普把政府干预的“有形之手”运用得更加明显和直接。

德国曾对《可再生能源优先法》进行五次修订，鼓励对新能源进行投资、提升可再生能源发展的安全性、降低电力行业成本，落实可再生能源发展目标。德国通过不断的努力在绿色发展方面取得了长足进步，建立起较为完善的绿色产业发展和环境保护治理法规体系，绿色产业和科技发展居于全球前列，极大优化了德国能源结构，德国先进环保产业技术和设备大量输出，绿色发展国际合作促进了全球产业发展和合作水平的提高。2020 年 12 月德国通过了具有里程碑意义的可再生能源法案（EEG2021），忠实于法案的最新原则，通过可再生能源招标，同时结合 2020 年国家氢气战略和电动汽车充电电价等新趋势，推动可再生能源发电商更具市场竞争力。

早在 2002 年，日本就制定了《能源政策基本法》，并在次年 10 月出台了首个《能源基本计划》，后来又在 2007 年、2010 年、2014 年三次修改。2018 年 7

月，日本内阁通过了现阶段能源计划，到2030年，可再生能源电力供应量占比为22%至24%之间，核能供应量占比为20%至22%。2020年12月，日本政府宣布，到2050年，可再生能源供应量将占全国电力的50%至60%——比目前用量增加了近3倍。2021年7月日本以加速可再生能源的普及为目的启用了FIT（可再生能源固定价格收购）制度，旨在促进可再生能源的自主普及和自由竞争，而自2022年起，除FIT制度之外，日本还将引入与市场相关的FIP制度。

我国也高度重视清洁能源的发展，在中国制造高质量发展中，明确把“绿色发展”作为一个重要的指导思想，强化节能环保技术的研发，大力发展清洁能源，全面推行清洁生产，构建国家绿色制造业体系，推行绿色工业化模式，出台了诸多绿色产业规章制度和政策，其中包括绿色产业相关的宏观经济政策，发展绿色产业是全球发展的趋势，是公民和全社会的共识，我国综合利用法律、金融、税收、补贴等制度性工具和行政化手段，将绿色产业的经济制度落到实处。

绿色经济是全球绿色发展的潮流，是提升国际竞争力的必然选择，也是破解当前资源环境制约、加快经济建设的有效支撑。绿色产业作为经济持续增长的动力，要增加其在经济中的重要性，使其成为国民经济发展的支柱产业。不断突破绿色前沿技术并使其产业化，创新应用绿色新技术，提升绿色产业整体创新能力和国际竞争力。

第二节　再工业化与中国制造业转型升级、制造强国战略的差异性

一、战略目标层面的差异

（一）美国再工业化的战略目标

一看整体目标。美国“再工业化”战略，其重点在于重塑工业的新发展动力，根本目标是构建与占领未来产业制高点，以实现为维护世界领导者地位提供坚实物质基础的战略目标，最终实现维持其长期的世界霸主地位。其具体目标表现为提升就业、减少贸易逆差和抢占先进制造业领导地位，推进经济增长。

美国是世界上最大的发达国家，工业体系具有强大的自我发展能力。金融危机后，美国虽然失业率高企，国家经济陷入困境，国力呈相对衰落趋势，以往长期去工业的弊端暴露无遗，但在科技创新、先进制造业实力等方面还是处于世界的领导地位，只是受到了德国、中国等国家的挑战，出现了一种战略上的焦虑。为此，美国提出和实施再工业化一方面是为了提高就业率、转变经济发展方式、推动国家经济可持续发展；另一方面是缓解战略焦虑，着力维护世界领导地位。为此，美国再工业化的一个重要目标是与中国竞争。

二看促进就业水平提升目标。20 世纪 90 年代中期以来，美国失业率一般在 4% 上下浮动。美国制造业的就业人数在 2000 年到 2010 年有着明显的下降趋势，并在 2010 年达到最低点，同时制造业就业人数占总就业人数的比例也呈现出下降的趋势。这些数据上的变化说明美国在后工业化时期其经济发展的重心转移到了以第三产业为主的非实体经济体上，存在着明显的“去工业化”的趋势。制造业在进行循环的整个流程中都可以吸引劳动力，有着其他岗位无法媲美的乘数效应，带动其他行业的就业需求。因此在面临国内就业低迷的情况下，美国政府希望通过振兴以制造业为主体的工业产业来提升就业水平。制造业在 2008 年之后呈现出比较平稳的上升，说明金融危机没有对制造业造成明显的冲击，2010 年以后美国制造业就业所占的比例开始有所提升，且维持在 10% 左右，间接反映对制造业的重视取得了一定成效（见图 9－1）。这也从侧面证明美国当时的意图是要通过重返制造业来度过金融危机。

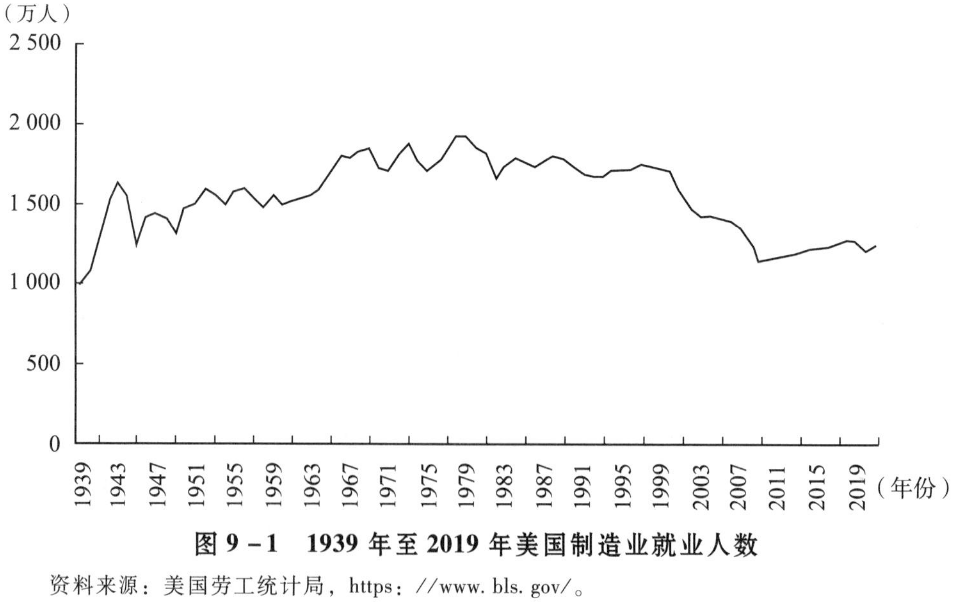

图 9－1　1939 年至 2019 年美国制造业就业人数

资料来源：美国劳工统计局，https：//www. bls. gov/。

从整体就业情况来看，根据美国劳工统计局的非农失业率，在2000～2007年间，失业率在4%～6%之间波动，2008年爆发金融危机之后，失业率持续走高，于2009年10月达到近20余年来的最高值10%，2010年全年失业率也都维持在9%附近。2011年失业率开始逐步下降，到2014年下降到6%以下，2018年保持在4%左右，直到2020年1月，失业率几乎在4%以下，2020年中旬失业率在10%以上，在5月达到14.7%，从2020年9月开始，失业率持续下降，在2021年维持在6%以下，年底为3.9%，2022年下降到3.6%（见图9－2）。

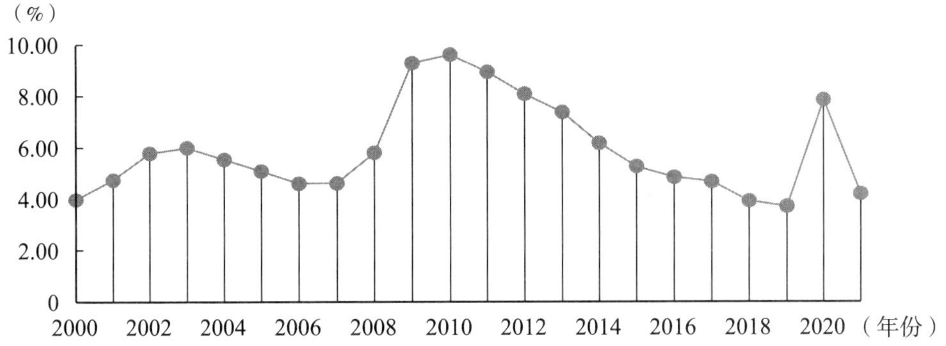

图9－2　2000年至2020年美国失业率数据

资料来源：根据美国劳工统计局（https://www.bls.gov/）整理。

三看减少贸易逆差目标。美国巨额的贸易逆差被视为美国金融危机爆发的一个重要原因，经济朝着多边化、全球化的方向发展，由于比较优势的存在，基于最优的资源配置行为，美国国内大量的加工制造业向海外转移，贸易赤字逐渐加大。美国希望通过贸易保护手段，促进制造业回流，增加出口总额，减少贸易逆差。二战后，美国的经济实力在世界上无法超越，同时，通过领导其他发达国家建立了有益于自己的自由贸易体系；美国占据先进的科技和管理能力，加上其控制的世界经济机制，产品竞争力较强。尽管如此，美国仍存在巨额的贸易逆差，且被视为金融危机爆发的一个重要原因。因此，促进制造业出口，通过贸易保护手段减少贸易逆差也是美国政府希望通过“再工业化”战略实现的目标之一。

四看抢占世界先进制造业领导地位战略目标。经历了金融危机后，美国否定了以金融服务业作为经济驱动的方式，寄希望于制造业为主的工业部门。并且开始强调发展高新技术和新兴产业，先进制造业主导从而引领相关产业的协同发展。通过“再工业化”巩固美国在世界上的领导地位，实现经济结构发展的平衡，重新构建经济增长的推动力，实现美国经济可持续发展。

（二）德国再工业化的战略目标

突出体现为工业的创新提质，保持德国在全球工业领域的领先地位。德国再工业化在不同的阶段提出了不同的战略方向，德国工业 4.0 战略是一个革命性的基础性科技战略，立足于从制造方式最基础层面进行变革，以此来实现整个工业发展的质的飞跃，而不只是简单地提升某几个相关工业领域的制造技术。因此，德国工业 4.0 战略的核心内容不仅仅是在工业产值数据这个层面上“量”的变化，更注重的是生产方式“质”的变化。从《数字议程（2014－2017）》经过《数字化战略 2025》，再到下一步《德国工业战略 2030》，目标主要在于确保德国在全球工业领域的领先地位，保持德国的经济实力。2016 年发布的《数字化战略 2025》目的是将德国建成现代化的工业化国家。2019 年 2 月发布《德国工业战略 2030》中，相当于明确提出了德国再工业化的战略目标：一是所有重要领域在全球达到领先地位；二是保障公民的利益，长期保障国民经济的整体绩效能力以保证能提供丰富的工作岗位；三是工业在国内生产总值到 2030 年达到 25%；四是坚决抵制其他国家对市场经济过程的肆意干预，在维护自身利益的基础上贡献全球市场经济。

（三）日本再工业化的战略目标

面对全球的制造业回流热潮，2015 年 6 月，日本公布了《2015 年版制造白皮书》，提出了“重振日本制造业”的战略目标。日本的“再工业化”表现既具有产业转移型的“去工业化”特征，也具有产业升级型的“再工业化”特征。同年推出《推进成长战略的方针》强调以“实现机器人革命”为突破口，利用大数据等对日本制造业进行重构，实现产业结构变革。2021 年《制造业白皮书》指出未来制造业发展的三大战略目标：一是应对全球疫情，增强制造业供应链的安全性；二是推进去碳化和绿色发展，实现“碳中和”；三是推动数字化发展，深化数字化转型升级。

（四）中国制造业转型升级、制造强国战略目标

《中国制造 2025》是 2015 年中国实施制造强国战略第一个十年的行动纲领，其与制造业高质量发展战略目标异曲同工。2018 年底召开的中央经济工作会议指出，要推动制造业高质量发展，坚定不移建设制造强国。2021 年 3 月，“十四五”规划和 2035 年远景目标纲要公布，纲要明确指出，保持制造业比重基本稳定，增强制造业竞争优势，推动制造业高质量发展。“十四五”时期我国经济社

会发展取得新成效（见表9－1），现代化经济体系建设取得重大进展、建设更高水平开放型经济新体制、提高社会文明程度、维护生态文明、提高民生福祉以及提升国家治理效能。整体上，制造业高质量发展是服务于我国“十四五”规划和2035年远景目标，并要承担该目标实现的强大驱动力。

表9－1　　“十四五”时期经济社会发展主要指标

类别	指标	2020年	2025年	年均/累计	属性
经济发展	1. 国内生产总值（GDP）增长（%）	2.3	—	保持在合理区间、各年度视情况提出	预期性
	2. 全员劳动生产率增长（%）	2.5	—	高于GDP增长	预期性
	3. 常住人口城镇化率（%）	60.6*	65	—	预期性
创新驱动	4. 全社会研发经费投入增长（%）	—	—	>7，力争投入强度高于“十三五”时期实际	预期性
	5. 每万人口高价值发明专利拥有量（件）	6.3	12	—	预期性
	6. 数字经济核心产业增加值占GDP比重（%）	7.8	10	—	预期性
民生福祉	7. 居民人均可支配收入增长（%）	2.1	—	与GDP增长基本同步	预期性
	8. 城镇调查失业率（%）	5.2	—	<5.5	预期性
	9. 劳动人口年龄平均受教育年限（年）	10.8	11.3	—	预期性
	10. 每千人口拥有执业（助理）医师数（人）	2.9	3.2	—	预期性
	11. 基本养老保险参保率（%）	91	95	—	预期性
	12. 每千人口拥有3岁以下婴幼儿托位数（个）	1.8	4.5	—	预期性
	13. 人均预期寿命（岁）	77.3*	—	（1）	预期性
绿色生态	14. 单位GDP能源消耗降低（%）	—	—	（13.5）	预期性
	15. 单位GDP二氧化碳排放降低（%）	—	—	（18）	约束性
	16. 地级及以上城市空气质量优良天数比率（%）	87	87.5	—	约束性

续表

类别	指标	2020年	2025年	年均/累计	属性
绿色生态	17. 地表水达到或好于Ⅲ类水体比例（%）	83.4	85	—	约束性
	18. 森林覆盖率（%）	23.2*	24.1	—	约束性
安全保障	19. 粮食综合生产能力（亿吨）	—	>6.5	—	约束性
	20. 能源综合生产能力（亿吨标准煤）	—	>46	—	约束性

注：（1）括号内为5年累计数。（2）带*的为2019年数据。（3）能源综合生产能力指煤炭、石油、天然气、非化石能源生产能力之和。（4）2020年地级及以上城市空气质量优良天数比率和地表水达到或好于Ⅲ类水体比例指标值受新冠肺炎疫情等因素影响，明显高于正常年份。（5）2020年全员劳动生产率增长2.5%为预计数。

资料来源：《中华人民共和国国民经济和社会发展第十四个五年规划和2035年远景目标纲要（草案）》。

二、战略思维层面的差异

（一）美国以己为中心排他性“零和”战略思维

冷战结束后，美国成为世界上唯一的超级大国。金融危机后，面对国内经济困境和国际上中国、印度等新兴国家以制造业为支撑的快速崛起，美国感觉其全球领导地位受到了显著挑战，进而产生了领导国家受到挑战的严重战略焦虑。

实际上，这种战略焦虑早在2008年前就有表达。2008年11月，美国国家情报委员会（NIC）发表了《2025年全球趋势：一个改变了的世界》战略研究报告，该报告认为中国、日本、印度等国家正以制造业等实体经济为支撑以实现经济快速增长，世界的财富和权力在向这些实体经济发展较好的国家转移，预计到2025年，美国的全球支配地位会受到削弱，而中国将具有全球领先的军事力量（V. K. Fouskas & Bülent Gökay，2013）。2008年金融危机后，面对德国、日本等国家相继推进“再工业化”战略以抢占工业4.0的制高点的格局，美国进一步深感先进制造业的领导地位面临的严峻挑战。为此，美国再工业化战略在思维层面，就是要以创新为核心动力，大力发展高端制造业，重振美国先进制造业体系，维护美国在创新、先进制造业和国家综合实力的全球领导地位，确保未来全球经贸秩序是由美国来书写，这体现了美国再工业化是一种具有排他性、以自我为中心的“零和”的战略思维，有悖于世界多极化的发展趋势。

当今世界正经历百年未有之大变局，大国竞争加剧，其重点转向了产业政策竞争[1]。2021 年 3 月拜登政府在发布《国家安全战略指南》时强调美国应该努力以赢得与中国多方面的竞争，称“中国是唯一可能将其经济、外交、军事和技术力量相结合，以对稳定和开放的国际体系提出持续挑战的竞争对手”。美国作为世界头号强国，其种种行为反映出美国作为世界领导者国家的“强权”逻辑。

（二）德国作为欧盟领导国家地位的战略思维

德国的战略思维体现出其作为欧盟领导国家地位的逻辑。随着地缘格局“东升西降”，印太地区日益成为国际关注的“战略焦点”，欧洲有向世界边缘地滑落的趋势。作为多种供应链的核心，欧洲拥有巨大的内部市场，仍是部分重要国际组织所在地。近年来，欧洲不仅面临着出口管制、惩罚性关税、贸易限制等经济胁迫，欧美经贸关系在特朗普政府时期严重恶化，2020 年以来欧盟成员国的政治领导层频繁使用“战略自主”、“经济主权”和“技术主权”来表达欧盟未来技术进步、产业升级和其他相关经济政策议题的总体布局和战略方向，这三个概念表达了未来欧盟战略决策布局的重心，也体现了德国的思维逻辑。

德国积极推进“战略自主”，这包含了欧盟委员会对未来欧盟运行与决策宏观愿景的总体设计，旨在摆脱域外大国对欧盟战略规划与行动能力的限制，具有全局性和长远性。“经济主权”和“技术主权”则是其应对当前国际竞争的策略，旨在强化一个地区在具体领域的决策权力、政策执行和对外影响力，三者相辅相成[2]。总体上，德国工业 4.0 战略的立足点并不是单纯提升某几个工业制造技术，而是从制造方式最基础层面上进行变革，从而实现整个工业发展的质的飞跃。

（三）日本强化日美同盟及与之协同发展的战略思维

日本的发展十分依赖国际环境，对国际局势的变化敏于应对，推行“积极和平主义”国家战略，2020 年 9 月，安倍首相辞职，菅义伟新政府当职，2021 年 11 月 10 日，岸田文雄又当选日本第 101 任首相。拜登政府上任，日本“基于国际协调的积极和平主义”进入新阶段，决心抓住机会主导后疫情时代的国际秩序形成，提高在国际社会的存在感，推动多边主义的构想“自由开放的印太”，进一步强化日美同盟。在此思维指导下，日本的经济政策、再工业化相关举措，重要内容是追随美国，迎合美国的制造业、经贸战略举措，试图与美国一道成为国际秩序的主导者。

---

① 雷少华：《超越地缘政治——产业政策与大国竞争》，载于《世界经济与政治》2019 年第 5 期。

② 忻华：《“欧洲经济主权与技术主权”的战略内涵分析》，载于《欧洲研究》2020 年第 4 期。

（四）体现五大发展理念的中国战略思维

中国的制造业转型升级与制造业高质量发展的战略思维，充分体现了五大发展理念。对于中国而言，一方面，国内劳动力成本上涨、受限于资源和环境等因素，制造业传统发展比较优势正在消失，转型升级迫在眉睫；另一方面，不仅发达国家纷纷推进再工业化以大力发展高端制造业，越南、印度、巴西等发展中国家也在以更低的成本积极承接国际产业转移，积极发展中低端制造业。故中国制造业发展在国际上面临发达国家和发展中国家的“双向挤压”。

为此，我国积极推进高质量发展，提出立足国情，面向世界，以创新为核心，坚持智能转型、强化基础和绿色发展，力争通过“三步走”，来实现制造强国的战略路径。而建设制造强国，必须发挥制度力量。由于我国还是一个发展中国家，制度的供给还显著低于制度的需求。为此，中国制造业高质量发展要积极调动能调动的力量，加大深化改革的力度，大力强调深化市场准入制度改革，实施负面清单管理，积极步入国际化轨道，建立完善、开放的市场体系，进一步扩大制造业对外开放水平，大力支持制造业“引进来”和“走出去”。2014 年 12 月，中共中央政治局第十九次集体学习时，习近平总书记指出：“要树立战略思维和全球视野，站在国内国际两个大局相互联系的高度，审视我国和世界的发展，把我国对外开放事业不断推向前进。”

可以看出中国制造业高质量发展背后体现的是如何更好地进一步融入世界经济体系（而非如何领导世界经济体系），利用国际分工的力量，来实现制造强国的目标。这彰显了我国积极顺应世界多极化发展趋势，以“包容性、合作性”的战略思维来推进中国制造高质量发展。中国始终坚持做世界和平的建设者、全球发展的贡献者、国际秩序的维护者，为完善全球治理贡献中国智慧、中国力量。

中国在《国民经济和社会发展第十四个五年规划和 2035 年远景目标纲要》中所论述的战略均是立足于中国自己怎么做，体现了“以我为主”的战略思维。

三、战略基础层面的差异

2008 年金融危机后，创新在全球兴起，成为世界经济发展的一大趋势。美国、欧盟成员国、中国等国家更是把创新放在国家发展全局的中心，美国、欧盟再工业化和中国制造高质量发展成功实现关键也在创新。因此，国家创新能力是这两大战略未来持续推进的核心战略基础，但这些国家的国家创新能力存在显著的差异。

（一）宏观视角下战略基础的差异

第一，来看美国的宏观战略基础。美国长期是世界创新领导者国家。2015年、2020年的“全球创新指数”，2016年、2020年发布的彭博创新指数显示（见表9-2），美国国家创新能力世界一流，属于世界创新领跑者，排名位于全球前10，德国位于全球第9位，中国位于第14位，日本位于第16位，而中国和日本显著低于美国和德国，属于创新学习者，差距正在缩小，在近几年中，中国、美国、德国以及日本都在飞速发展着。

美国的优势主要体现在完善的法律和政策支持体系、成熟的市场和商业环境、一流的教育体系、大量的研发投入以及高科技密度、生产力和专利活动等方面，但在硬性基础设施、理工科人才培养、制造业增加值等方面存在明显不足。2020年起新冠疫情蔓延全球，美国开始加大政府的干预，重视产业政策的实施，引导美国更积极的创新战略，确保其在关键领域的领先地位。

表9-2　　　　宏观层面的中美等国家创新能力的比较

<table>
<tr><th>发布时间</th><th>发布机构</th><th>报告主题</th><th>排名比较</th><th>指数关注因素</th><th>结论</th></tr>
<tr><td>2020年</td><td>WIPO等</td><td>2020年全球创新指数</td><td>美国第3位
德国第9位
中国第14位
日本第16位</td><td rowspan="2">包括制度规范、人力资本及研发、基础设施、市场成熟度、商业成熟度、知识和技术产出、创新产品和服务产出等，可以从宏观层面把握各经济体之间的创新能力差异</td><td rowspan="4">美国是世界创新领跑者，德国的创新能力较强，中国和日本还只是创新学习者，但中国在创新能力方面提升显著</td></tr>
<tr><td>2015年</td><td>WIPO等</td><td>2015年全球创新指数</td><td>美国第5位
德国第12位
日本第19位
中国第29位</td></tr>
<tr><td>2016年</td><td>Bloomberg News</td><td>2016年彭博创新指数</td><td>德国第2位
日本第4位
美国第8位
中国第21位</td><td rowspan="2">考虑研发、制造业增加值、生产力、高科技密度、高等教育、研究人员集中度和专利活动等因素对经济体创新能力的影响</td></tr>
<tr><td>2020年</td><td>Bloomberg News</td><td>2021年彭博创新指数</td><td>德国第4位
美国第11位
日本第12位
中国第16位</td></tr>
</table>

资料来源：笔者根据新华网、光明网、人民网、凤凰网的资料整理。

第二，来看德国的宏观战略基础。面临激烈的国际竞争，德国坚持开放和自由的贸易政策，保持与世界各地区的自由贸易关系，并且在开放的国际竞争中积极进取。按照创新综述指数的高低变化，可将欧盟国归为四种类型，即：创新领先国家、创新跟进国家、创新一般国家、创新较弱国家，德国创新能力在全球遥遥领先，处于创新领先国家。德国采取一系列的推动科研和创新的政策来维持在新能源、环保和其他高科技领域的领先地位，制定和推行了一系列高质量的科技和环保标准，推动德国产业的绿色和数字化升级，以增强德国在科技创新和产业竞争方面的战略自主权和竞争力。

第三，来看日本的宏观战略基础。世界知识产权组织（WIPO）发布的《全球创新指数报告》显示，2020 年的日本创新指数下滑至第 16 位，继 2019 年之后仍居于中国之后，在人力资本和研究、知识和技术产出、创意产出的子指数排名中均被中国反超。在瑞士洛桑国际管理学院（IMD）发布的《全球数字竞争力排名 2020》中，日本排名第 27 位，较 2019 年下降了 4 位。日本国家科学技术政策研究所发布的《科学技术指标 2020》显示，2016～2018 年间，日本发表的论文数量排名下降至全球第 4 位，中国位居第 1；在排名前 10%、1% 的高被引论文数方面，日本排名显著下滑，均为全球第 9 位；在 2016～2018 年对世界论文生产的关联度和贡献度等数据中，日本也均呈现下降趋势。因此，从创新指数来看，日本再工业化的基础较为薄弱。另外，日本人口老龄化极其严重，出生率持续下降，也在一定程度上弱化了日本的竞争力。

第四，来看中国的宏观战略基础。中国相较于其他国家而言，拥有庞大的接受过高等教育的人才队伍，拥有巨大的国内市场以及强大的制造部门，其创新优势表现为：一是人才优势，中国高校培养出了未来成为科学家和工程师的足量人才，中国工程领域的博士数量也领先于很多国家；二是经费优势，中国的研发经费充足，且过去的五六年中实现每年超过 20% 的增长；三是设备优势，中国拥有许多领域一流的设备和设施，专精特新“小巨人”企业近年来发展迅速；四是强大的制造业优势，形成了研发到终端生产、再到消费品市场反馈的正态创新体系；五是巨大的规模市场优势。而且，中国的创造型人才具有全球视野，中国的学者到国外学习新思想，并将其带回中国。2020 年彭博创新指数显示，中国拖后腿的主要是生产率和研究人员集中度等方面，这些指标在全球排名分别为第 47 位和第 39 位，而美国这三者排名分别为第 6 位和第 29 位。2020 年，世界科技热点百强榜单中东京—横滨再次成为排名首位的热点，其次是深圳—香港—广州、首尔、北京、圣何塞—旧金山。美国仍是拥有热点数量（25 个）最多的经济体，其次是中国（17 个）、德国（10 个）、日本（5 个），其中深圳—香港—广州和北京分别位居第 2 和第 4。

（二）微观视角下战略基础的差异

首先，来看创新能力企业全球排行榜数据。在微观层面，国家创新能力体现在企业、科学家、其他广大就业人员或公民等微观行为主体上（见表9-3）。波士顿咨询公司（BCG）发布了“2020全球最具创新能力企业50强”（2020 Most Innovative Companies）名单，中国有5家企业（华为、阿里巴巴、腾讯、小米和京东，分别排名第6、第7、第14、第24和第31名）上榜，比2019年增加了3家，远低于美国的25家、德国7家、日本3家、法国2家，凸显了中国龙头企业群体的创新能力虽然在提升但整体偏弱，国际竞争力不强。2016年1月，汤森路透（Thomson Reuters）《2015年全球最具影响力的科研精英》报告，列举了近3 000位来自全球的“高被引科学家”（Highly Cited Researchers，HCR），其中，美国人数为1 548人，德国和中国的占比也比较强势，但都与美国差距巨大，在很大程度上彰显了美国研发能力的巨大优势，以及其他国家的相对落后，与以美国为首的进入创新型国家行列的发达国家相比，差距显著（见表9-3）。

表9-3　微观层面的中美国家创新能力比较

发布时间	发布机构	报告主题	比较	结论
2020年	BCG	2020年全球最具创新能力企业50强	美国25家 德国7家 法国2家 中国5家	中国、德国和日本在企业群体的创新能力、基础研究以及民间大众创新能力等方面都显著低于美国
2018年	Thomson Reuters	2015年全球最具影响力的科研精英	美国HCR人数2 639人 中国大陆HCR人数482人 德国HCR人数356人	

资料来源：笔者整理。

其次，来看研发投入。美国在研发上的投入超过全球任何其他国家，2017年的R&D总支出达5 490亿美元。但是，随着许多亚洲国家（尤其是中国）的研发支出增加，自2000年以来，美国的研发支出占全球的比重一直呈下降趋势。据美国国家科学委员会（National Science Board，NSB）公开发布的《美国科学与工程状况》报告估计，全球的R&D支出已经从2000年的7 220亿美元增长到2017年的2.2万亿美元。其中，2017年，美国R&D总支出约占全球的25%，中国紧随其后，约占23%。中美的R&D支出之和几乎贡献了全球R&D总投入的半壁江山。根据清华大学科技情报大数据挖掘与服务系统平台发布的《人工智能发展报告 2011－2020》数据，人工智能领域高水平科研论文发表数为例，居于前十的国家依次是美国、中国、德国、英国、日本、加拿大、法国、韩国、意大利和澳大利亚。其中高水平论文发表方面，美国和中国明显高于其他国家，分别位居第 1、第 2，中国的论文量紧随美国之后，德国排第 3、日本第 5（见图 9－3）。

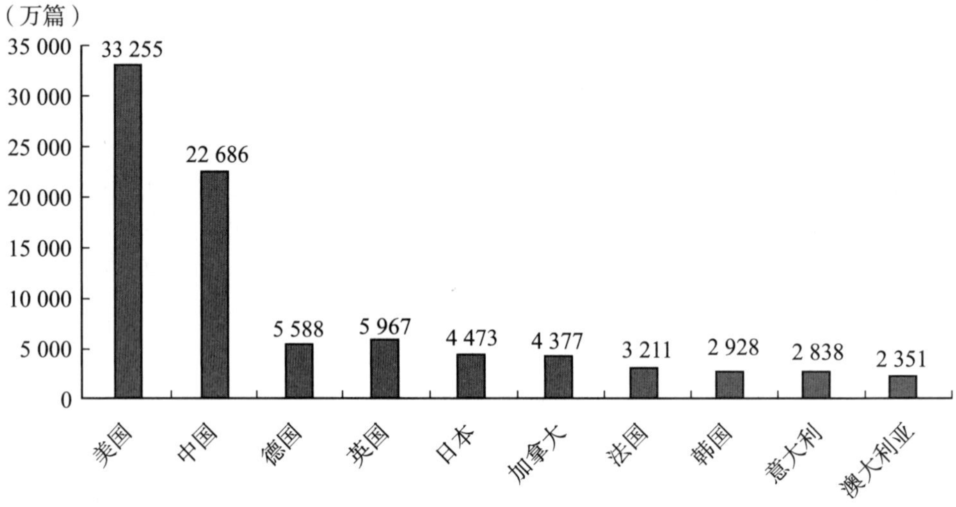

图 9－3　2017 年人工智能领域论文发表量

资料来源：《人工智能发展报告 2011－2020》。

最后，来看研发投入的变动情况。从 2000 年开始，美国的研发投入处于全球领先的位置，且领先程度大，且 2000～2019 年的研发投入一直处于增加的状态。中国在 2000 年的研发投入总额处于较低水平，在 2000～2015 年期间，研发投入的增加速度快，开始超过德国和日本位于世界第 2 位的水平。2023 年我国 RD 经费投入总量突破 3.3 万亿元，比上年增长 8.4%。德国的研发投入一直处于较低水平，绝对值在上升，日本的研发投入水平在 2000 年处于较低的水平，但在 2016～2018 年研发投入波动很大，之后又回到相对较低的水平（见图 9－4）。

整体上，无论从微观层面还是从宏观层面来看，美国都具有强大的国家创新能力，因而美国再工业化战略能获得这一关键性的、强劲的战略基础支持。德国虽然在这些年创新能力相对有些下降，但其中涵盖许多传统型的领先的创新型国家，发展潜力不容小觑。这也可以从 2020 年 1 月美国国家科学委员会（National Science Board，NSB）公开发布了最新一期的科学技术与工程指标报告之 2020 版中提供的数据来得到进一步印证：2017 年，全球的研发活动仍主要集中在美国、欧洲和东亚—东南亚、南亚区域。

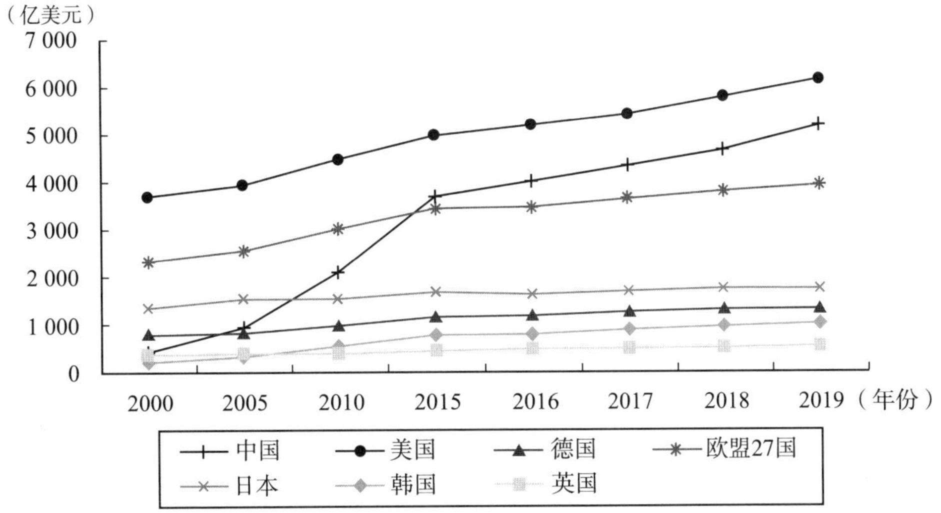

图 9-4　2000~2019 年全球研发投入情况

资料来源：OCED 前瞻产业研究院及笔者整理，https：//www.163.com/dy/article/GD3QGMKU051480KF.html。

四、战略创新方面的差异

（一）科技创新方面

首先，来看美国，强调的是“美国引领创新”。由此体现的是美国要成为全球创新的引领者，要实现创新引领世界。从创新的地位来看，美国是世界上唯一的超级大国，虽然目前走势相对衰退，但是在全球的地位一直居高不下，处于创新的长期领跑地位。美国于 2017 年的《美国国家安全战略》中提出国家安全创新基地的概念，之后发表了许多关于科技创新的战略及报告。拜登总统在竞选时即提出“美国引领创新”。近年来，美国更加重视科技创新领域的作用，要通过创新来应对来自中国的压力，并于 2021 年 6 月通过《美国创新与竞争法》，通过投资研究资金等提高美国竞争力，确保美国持续的经济实力和技术领导。

其次，来看德国，重点在于改革科研政策，涵盖健康、通信及交通、前沿科技三大领域，提出产业集群战略。2006 年德国政府首次提出高科技战略，2007 年科研政策扩展到环境保护领域。2010 年，德国的科技战略重心从单纯的技术领域转移到需求领域，多方面寻求最佳解决方案应对全球挑战。2014 年的高科技论坛组织宣布德国战略主旨为：应对全球挑战，要在数字经济与社会、可持续的经济和能源、工作环境创新、健康生活、公民安全等六大领域成为科技创新的领导者，其中包括“工业4.0”。2018年德国联邦政府出台“高科技战略2025”，旨在加大促进科研和创新，保证可持续发展，到2025年实现科研支出占比GDP3.5%的目标。2019年，德国联邦经济与能源部发布《国家工业战略2030》（*Nationale Industriestrategie* 2030），旨在有针对性地扶持重点工业领域，进一步提高德国的创新能力，以在新一轮世界产业竞争中保持德国的领先地位。整体上，德国政府一直以来采取多项产业政策促进优势产业和新兴产业的发展，将高科技战略看作战略性创新政策的一部分，提高德国的科技创新能力，保持其在国际上的领先地位。

再次，来看日本，将“科学技术创新立国”视为重要的科技政策。日本的科技创新基本计划是日本依据《科技基本法》制订的科技振兴计划，自1996年每5年更新一次。21世纪以来，日本坚持“强化科技创新”，提出一系列产业创新实践活动和配套政策，如“信息技术立国”“知识产权立国”“环境立国”等战略，优化创新政策，推动体制改革，全面提升国际产业技术竞争力。2020年日本提出第六期科技创新基本计划，将第五期计划中提出的建设“超智能社会”即“社会5.0”目标具体化，以提升日本科技创新能力。实际上，日本从科技相对落后的国家成为世界科技强国，制定了与时俱进的科技发展战略和科学技术基本计划，目前许多高新技术都处于世界领先水平。

最后，来看中国，当前创新驱动发展成为国家战略。我国是一个发展中大国，长期以来科技创新能力明显低于美国，与德国、日本在诸多方面也存在不少差距。当前，我国经济实力以及自主创新和创新驱动发展战略的实施让我国的科技创新能力快速提升。党的十八届五中全会上，习近平总书记指出，我国科技创新已经进入以跟踪为主转向跟踪和并跑、领跑并存的新阶段，具有三重身份。2020年底中央经济工作会议将强化国家战略科技力量放在2021年八项重点任务的首位，并提出要发挥企业在科技创新中的主体作用。2021年的政府工作报告指出，延续执行企业研发费用加计扣除75%政策，将制造业企业加计扣除比例提高到100%，用政策优惠机制鼓励企业加大研发投入，推动企业创新引领发展。

（二）制度创新方面

美国是一个成熟的发达国家，市场机制完善、商业环境良好、社会保障体系相对健全，拥有很强的社会纠错机制以及世界上领先的高等教育体系。因此，美国再工业化进程中的制度创新，主要体现在经济政策、相关法律建设、中小教育等领域，近年来，也在大力推进有利于创新的产业政策，而且再工业化战略的实施本身就是一种制度创新。但整体上，美国推进的是一种局部性制度创新，而非像我国的那种全面性制度创新。

德国在国家创新体系建设过程中，十分注重保障性制度和引导性机制的作用（见图9－5）。一方面德国建立了完善的科研经费投入体系，另一方面依靠创立创新友好型制度建立完善的创新环境支撑体系，同时依靠内外联动机制建立完善的创新资源整合体系，促进形成高效的科技创新组织结构。

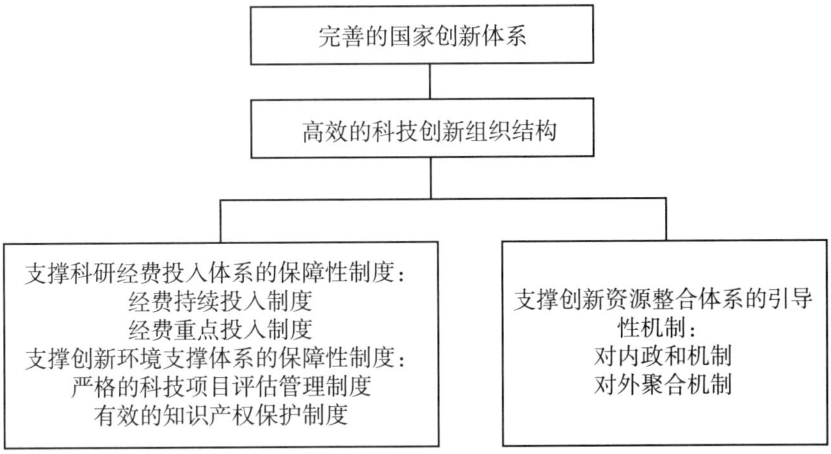

图9－5　德国国家创新体系建设的路径

资料来源：汪胡根、刘俊伶：《借鉴德国经验 建设中国国家创新体系》，载于《宏观经济管理》2018年第8期。

在后发展条件约束下，日本在追赶西方发达国家的过程中受到发展主义意识的影响，经过政府和民间的博弈，以分割的多元化官僚体制为基础、科学行政体系与技术行政体系相互独立、以经济产业省为产业创新行政中心、以产业政策为范式、以大企业（集团）为创新主体、以非市场治理机制为连接的“关系型”国家创新体系得以形成。

我国是一个发展中大国，过去一直实行的是一种非平衡发展战略，重经济而轻社会、政治和环境。2008年全球金融危机后，我国人口、土地、资源和环境的矛盾日益突出，传统的经济发展方式转型迫在眉睫，我国也开始进入全面深化改革的阶段。2014年我国开始全面深化改革，政府职能开始转变、司法体制改革、收入分配改革等各领域加速推进全面改革。2021年“十四五”规划提出“十四五”时期经济社会发展的目标，深入推进科技体制改革，完善国家科技治理体系，优化国家科技计划体系和运行机制，推动重点领域项目、基地、人才、资金一体化配置。在政治、经济、社会与环境等各方面全面性制度创新，为科技创新和制造业高质量发展的有效推进提供良好的环境。

五、战略任务层面的差异

美国再工业化的战略任务中，一是支持制造业全面回流。这不仅能从海外带回工作岗位，而且还能壮大美国制造业体系，优化产业结构，完善产业链，塑造有利于制造业创新的“产业公地”；二是支持小企业发展，由此显著增加就业机会，并壮大制造业创新主体；三是强化基础设施建设，由此扩大就业，并为美国经济可持续发展奠定基础；四是大力发展工业互联网、高科技和先进制造业，由此长期催生新的领域和行业，进而增加就业机会，并优化产业结构，促进经济发展方式转变，尤其是促进美国工业体系的智能化、绿色化，抢占新一轮工业革命的制高点，继续引领全球经济。故美国再工业化的战略任务重点是要增加就业机会、强化创新能力、转变经济发展方式、引领工业 4.0、维护世界领导地位。

2018 年德国提出“高技术战略 2025”，根据目前所面临的重大挑战和未来发展的需求，确定了未来德国发展的三大任务：应对社会重要挑战、加强德国未来能力和建立开放的创新与风险文化。日本政府在 2016 年首次提出“社会 5.0”概念，主要任务在于最大限度应用信息通讯（ICT）技术，通过物理空间和网络空间的融合，实现“超智能社会”，将虚拟空间与现实空间高度融合，为人们提供精准的服务。立足整个经济社会，提升产业的生产性和生活的便捷性，解决老龄化、环境和能源等问题。

对于中国来说，党的十九届五中全会提出，到 2035 年基本实现新型工业化、信息化、城镇化、农业现代化，建成现代化经济体系。由此对我国制造业高质量发展提出了更高的要求（见表 9－4），打造符合全球水准的制造业体系，是提升国家综合国力与核心竞争力、保障国家安全的必由之路。

表 9－4　　中国制造高质量发展时期战略任务

	中国制造高质量发展主要任务	“十四五”时期中国工业发展的战略任务
战略任务	优化产品结构，提高产品有效供给能力； 增强主体活力，提升企业发展水平和素质； 强化要素支撑，多策并举推动制造业高质量发展	以先进制造业为核心，保持制造业比重基本稳定； 实施创新驱动战略，实现工业高质量发展； 推进工业化深度发展，构建现代化产业体系； 实施“智能＋”战略，推动产业深度融合； 推进全面开放，增强全球价值链掌控力； 释放内需潜力，增强内需对工业发展的拉动

资料来源：王昌林、任晓刚：《制造业高质量发展的主要任务》，载于《人民周刊》2019 年第 14 期；刘勇：《“十四五”时期我国工业发展面临的形势与任务》，载于《国家治理》2020 年第 43 期。

六、战略举措方面的差异

（一）美国的战略举措侧重点

美国再工业化的战略举措是侧重于立法工作，通过立法来对制造业发展提供战略保障。从《2009美国复兴与再投资法》《网络和信息技术研发法案》《美国高科技再授权法案》《国家制造业发展战略法案》《清洁能源制造业及出口补贴法案》《终结贸易赤字法案》《2010美国制造业促进法案》，到《小企业就业法案》《创业企业扶助法》，再到《修复美国地面交通法》，等等。美国密集推出系列法律，努力从投资、科技研发、产业发展、清洁能源、贸易、小企业支持和交通基础设施等多方面构建美国再工业化的法律保障体系。

（二）德国的战略举措侧重点

欧洲国家出现了相对于新自由主义政策取向的、不同程度的回调，向更加积极主动转型，其中最突出的表现就是再度重视产业政策，除了应对“市场失灵”，政府开始要求自身具备战略眼光，纷纷制定新的经济与产业发展战略。德国对工业地位的高度重视或再度重视，产业政策和产业战略都回归，逐渐开始关注“使命导向型创新政策和产业战略”。

（三）日本的战略举措侧重点

日本的“第四次工业革命”主要依托四大新科技载体的集合，通过对物联网、互联网、大数据、人工智能、机器人的有序整合实现其价值，提升既有生产力的质量与效率。2015年推出《日本复兴战略2015》，将“第四次工业革命”视为引起经济社会根本性变革的推手；2016年《第四次工业革命先导战略》从国家创新计划层面出发，通过对战略进行调整推动国家和社会的变革；2017年《未来投资战略》，认为物联网、机器人、大数据、人工智能等新兴概念在内的“第四次工业革命”，是打破经济发展长期停滞、实现未来中长期经济增长的关键所在。

（四）中国的战略举措侧重点

中国作为一个后发大国，要完成工业化，要推进制造业转型升级，走西方发达国家完全市场经济的道路，会困难重重。而中国工业化的重要经验在于：通过动用国家的力量来动用资源，通过重点突破在局部领域、部分区域实现工业化，然后再带动国民经济、全国不同区域的整体工业化。

2017年党的十八届三中全会，提出了全面深化改革的指导思想、目标任务、重大原则，描绘了全面深化改革的新蓝图、新愿景、新目标，合理布局了深化改革的战略重点、优先顺序、主攻方向、工作机制、推进方式和时间表、路线图，汇集了全面深化改革的新思想、新论断、新举措，是我们党在新的历史起点上全面深化改革的科学指南和行动纲领。2018年发布《市场准入负面清单》，标志着我国全面实施市场准入负面清单制度。实施市场准入负面清单制度，有利于激发市场主体活力，各类市场主体享有同等的市场准入条件待遇；有利于政府加强事中事后监管；有利于推动相关审批体制、投资体制、监管机制、社会信用体系和激励惩戒机制改革，推进国家治理体系和治理能力现代化。2020年6月，国务院发布的《关于落实政府工作报告重点工作部门分工的意见》中提到，实施国企改革三年行动。因此，在促进国家制造业体系的发展的战略措施方面，我国首先强调的是转变政府职能，简政放权，对权力实行正面清单，对市场实行负面清单，明确政府权力的作用范围，充分发挥市场在资源配置中的决定性作用。通过对政府与市场关系的现代化治理，来有效深化体制机制改革，营造公平竞争的市场环境，为我国制造业的发展塑造科学的长效机制和公平的营商环境。

整体上，美国是一个早已进入后工业化时代的发达国家，已经建立了完善、法制的市场经济体系，其战略举措突出体现在立法方面。欧盟由27个国家结盟而成，各国家的情况不尽相同，以德国为代表，其再工业化的战略举措突出体现在产业政策，尤其是区域性产业政策方面。中国还是一个处于工业化中后期的发展中大国，市场化经济体系建设、法治化还有待于进一步完善，中国首要强调的是改革，通过改革为中国制造高质量发展创造良好的体制机制环境。

发达国家再工业化的经验表明，制造业对于一国实现经济增长、充分就业、技术领先、地区繁荣和国家安全发挥着重要作用。作为发展中国家的中国要想迈入发达国家行列，第一，必须完善并发展国内制造业体系，需要理清制造业与金融业、房地产业三者之间的关系，防范脱实向虚。第二，必须重视制造业的创新性和先进性，增加制造业占国民经济比重，并将诸如巨型企业和隐形冠军等民族企业的数量和质量，基础设施的规模大小、密度程度和智能化水平等指标纳入经济指标体系建设中。第三，需要进一步完善我国产业链体系，着力发展高新技术产业链。但需要注意的是，我国的中低端制造产业在增加就业机会，为下游高端制造业产业提供原材料等方面发挥了重要的作用，因此不能为了发展高新技术产业而完全放弃在中低端产业在本土的发展，相反，应该采用技术创新对传统低端产业实行升级改造，鼓励在本国范围内同时发展低、中、高多层次产业，逐步实现中高端制造业全产业链的布局。第四，重视对制造业关键原材料的保护，合理开发利用我国丰富的稀土资源，也应重视对我国传统民族工业企业的保护，坚持对外开放原则，积极推进全球化进程。

第三节　异同性诱发的经济政治效应

主要发达国家的再工业化、中国制造业转型升级客观上存在的异同性，在未来长期的实施实践过程中，由于全球化条件下大国之间广泛存在的非线性作用，这种异同性会在各国之间催生各种政治经济效应。

一、竞争强化效应

美国、德国和日本再工业化和中国制造业转型升级都遵循大国逻辑，客观上都强调对世界的影响和塑造，这主要体现在经济、军事、国际秩序等领域。由于以上国家的战略的优先突破领域具有相同性以及战略思维的差异性，将强化各国在经济、军事和国际秩序等领域的竞争性。

（一）经济领域的竞争强化效应

第一个表现是经济领域的区域性竞争强化。面对竞争越来越激烈的国际市场，各国都在积极寻找可发展的领域，进行产业布局，强化区域合作，争取国际竞争优势。美国试图构建和主导下一代高标准全球经济贸易规则，以美国为核心来整合亚欧两大板块的资源，促进美国经济的发展。他们曾力推国际服务贸易协定（TISA）、跨大西洋贸易与投资伙伴协议（TTIP）、印太战略等。欧盟与英国、加拿大、越南等多国签订了自由贸易协定，如《欧盟与加拿大全面经济贸易协定》（CETA 协定）、欧美 TTIP 协定等。日本积极与其他国家签订贸易协定，2012 年中日韩自由贸易协定、2020 年日美贸易协定、2021 年 4 月日本会议批准加入 RCEP 等，在全球化的过程中日本建立了丰富的关系网络，为其再工业化发展提供了一定的便利。美国退出跨太平洋伙伴关系协定（TPP）之后，“全面与进步跨太平洋伙伴关系协定”（CPTPP）取代 TPP 运行。面临全球激烈的竞争，我国坚持以开放的态度面向世界，积极推行区域全面经济伙伴关系协定（RCEP）等多边性的战略，构建全球性的联系枢纽。2020 年 11 月，中国宣布考虑加入 CPTPP，既是主动适应全球区域性竞争之举，也是促进我国经济高质量发展，构建双循环新发展格局之举。

第二个突出表现是高端制造业领域的竞争日益激烈。美国、德国、日本再工业化和中国制造高质量发展都明确了国家战略优先突破的领域，都强调政府要大力支持下一代信息技术、智能制造、新能源、新材料、生物医药、航天航空等高端制造业和战略性新兴产业的发展。优先领域的相同性或相近性，将强化中美两国在高端制造业领域的竞争性。

（二）军事领域的竞争延伸

一是军工制造持续受到重视且竞争激烈。军工历来受到各国重视。2020 年“全球火力”网站采用了人口、兵力，武器装备等 50 项参考因素，综合给出军力的评价，评分越接近 0，代表军事力量越强大。在榜单中，只有 4 个国家的军力指数低于 0.1，分别是美国（0.0606）、俄罗斯（0.0681）、中国（0.0691）和印度（0.0953），然后分别是日本（0.1501）、韩国（0.1509）、法国（0.1702）、英国（0.1707）。作为各主要工业国家高度重视的军工制造，长期是各国制造业体系的重要组成部分。对于美国来说，其利益遍布全球，需要国家军事力量来有效维护，需要强大的军工制造来支撑。

2020 年 11 月，欧盟发布首份年度防务评估报告，报告认为欧盟缺乏快速应对各种地区危机的能力，无法按照多数成员国所期望的那样，建设一支强有力的军事力量，其中只有六成的成员国处于可部署状态，且因为各国的不重视，欧盟在世界范围的军事行动中可部署的兵力只有 7%，军力建设与经济发展不匹配。近年来，在欧盟主要国家特别是法德两国的推动下，对军事部署做了较大努力。

2016 年，欧盟非正式峰会讨论“组建永久性欧盟军事指挥部”，呼吁成立“欧盟防务联盟”，2017 年，欧盟 25 个成员国签署联合协议永久构建“永久性结构合作机制”，2018 年法、德、英等 9 国签订“欧洲干预倡议”，承诺组建一支联合军事干预部队，另外，欧盟各个国家要求在 2025 年前完成“永久性结构合作”下一阶段的目标。从欧洲自身战略来看，长期追求着实现共同防务的目标，随着经济实力不断加强，欧盟希望未来能成为世界格局中的真正一极。且近年来欧洲安全环境不断恶化，欧盟需加强联合防务以共同应对突发事件。此外，各个国家或地区的军事冲突也会迫使各国加强军事建设。因此，美国再工业化、欧盟再工业化和中国制造高质量发展的持续推进，必将以军工制造业为核心，强化各国军事力量之间的战略竞争。

二是中国面临的安全压力不断提升。金融危机后，美国在全球进行了战略收缩，高调推进重返亚太战略，大量军事力量向亚太部署，给我们国防安全施加了较大压力。我国的军事力量要想维护国家的全球利益，必须通过太平洋、印度洋等海洋渠道走向全球，而要走向全球，首先就需要突破我国周边“美国力量”的封锁线。我国必须大力发展军工制造，强化军事实力，来应对外部挑战。

（三）国际秩序领域

随着后冷战时代的开启与全球化的深入发展，由西方大国主导建构的世界秩序开始出现新的面目。以美国为首的资本主义力量近些年来所采取的“亚太再平衡”“美国优先”“退群外交”等行为，“英国脱欧”和法国的“黄马甲运动”等民粹主义社会思潮交互叠加，不但给这些国家社会内部的秩序和地区秩序带来震荡，也给世界秩序造成了不同程度的冲击。权力碰撞、文明冲突、制度重叠正在以不同的方式解构着无政府状态下的世界秩序。这背后的深层次根源则在于，欧美等西方大国主导建立的世界秩序是一个逆向的天下体系。[①]

纵观当前局面，东亚具有的政治优势使其更善于管控局势，将会导致权力向东移动，推动全球局势“东升西降”，西方霸主地位受到威胁，“单极世界”受到冲击，欧盟国际权力相对下降，中美在国际上的影响力将加强。欧日等国加强安全自保与战略自主，致使中等强国加强联合，形成巨大的“中间地带”，对超级大国形成更大牵制。

二、合作拓展效应

（一）深化政策合作

一方面，制造业发展战略都是实行以市场为主导、政府引导的动力模式，重视政府的战略性支持；另一方面，美国、日本和德国是世界工业强国的第一梯队，工业门类较齐全，工业规模较为庞大，实力在全球处于领先地位，中美是世界前二大经济体，且都广泛融入了全球经济体系。在全球化的影响下，一个国家的政策会对其他国家乃至全球经济产生重要影响。比如中美的能源政策对德日的能源产业会产生巨大影响，从而全球的能源布局也会受到影响，等等，进而中美自身的能源政策也会受到影响。那么，一个国家在制造业发展的过程中战略的推进对其他国家乃至全球的政策交流、沟通和合作都十分重要，协调其政策所产生的全球效应，维护世界经济市场的稳定和健康发展就尤为重要。由于竞争强化效应的存在，在不确定的世界经济体系中更需要人员沟通与交流合作，尤其是要加

① 李博一：《百年变局下的世界秩序：解构与重构》，载于《天府新论》2021 年第 3 期。

强中、美、日、德等政策的沟通、合作，有利于管控战略性竞争。

（二）深化科技发展合作

大国制造业发展战略在战略目标、战略思维、战略任务等方面存在巨大的差异，中美日德在国家综合创新能力、科技创新能力、制造业的发展能力等方面存在差异，为此这几个国家在技术发展、人才培养等方面可以相互合作。我国低、中、高端制造业并存，市场广阔，给美国在中低端制造业发展提供了巨大的空间。中德科学技术合作机制自 1978 年建立以来不断发展壮大，两国不仅在工业 4.0、环保及可持续发展、城市化、电动汽车和生命科学等多个领域密切合作，多年来在高等教育和职业教育领域的合作也硕果累累。在国际市场上，基于国际分工的客观规律，有利于优化资源配置，形成优劣势互补的局势，从而形成帕累托优化。

（三）强化全球生态建设合作

全球的生态环境需要世界各国尤其是大国的合作，美国、中国、德国和日本制造业的发展都注重绿色生产方式的发展，根据 2000 年以来的专利数统计，美、日、德在绿色技术领域的研发技术处于全球领先地位，是绿色技术 PCT 专利的主要技术来源国，中国绿色技术 PCT 专利虽然与发达国家存在着一定的差异，但申请数量在不断增加。欧美中日等多个国家应对气候变化响应“碳中和”的目标，绿色技术创新作为实现绿色发展和碳中和的关键驱动力，正成为全球新一轮工业革命和科技竞争的重要新兴领域。

三、学习深化效应

王绍光（2008）认为，从制度学习视角来看，学习是指有意利用某时、某地有关制度的经验教训来调整此时、此地的制度。美中日德制造业的发展出台了一系列的战略措施，取得了显著的成效，它们具有一定的共性，如重视制造业的地位、遵循大国逻辑、努力推进创新以及积极探索绿色化的道路，同时这几个国家具有一定的差异性，这就为这几个国家相互学习、借鉴经验提供了可能性。

我国作为一个发展中国家，一方面，需要以制造业升级发展为支撑来实现整个国民经济的升级发展和全面建成小康社会以及迈入世界强国行列，实现民族的伟大复兴；另一方面，在国际上，面临美国、德国、日本等世界强国的激烈竞争。我国唯有强化学习、创新，才能有效面对国内外的巨大挑战。为此，我国具有巨大的学习压力和强大的学习动机，这催生了我国向其他国家再工业化学习的现实必要性。基于逻辑上的可能性和现实的必要性，我国会积极去对接其他国家“再工业化”这一学习源，及时跟踪再工业化所采取的各项措施、取得的绩效、面临的制约、发展趋势和前景等各方面的进展，进行深度学习、借鉴、创新，以便少走弯路，采取有效措施来推进中国制造业高质量发展。同时，其他国家也可以借鉴他国经验推进本国制造业的发展。

四、全球产业链重构效应

当今的全球产业布局和供应链结构是以跨国公司的资本流动为载体，以生产要素的全球化配置为特征，各个国家和地区根据要素禀赋的差异处于全球价值链中不同的增值环节。近 30 年来，在全球化进程不断扩展并深度交织的同时，贸易保护主义和民粹主义的抬头为全球化进程带来了极大的不确定性，产业链、供应链中的某些产业带来了“断链”冲击，成为全球产业链重构的催化剂，以前单纯从成本角度考虑的产业链开始重构，各国、各企业开始从安全、平稳等多个角度重新考虑其产业链。产业链重构是结构性重构而非转移性脱钩，是产品生产链、供应链与需求链体系重构的过程，是不同市场主体产业活动空间重新分布的过程，是不同产业要素资源重新配置的过程。全球产业链重塑将呈现以下几个特点。

（一）产业链多元化

跨国公司将通过多元化产业聚集以增强产业链抗风险能力。依靠全球产业链的比较优势格局而形成的横向产业链将会被重新构建，虽然这样的产业链有成本和效率等方面的优势，但其本身的脆弱性难以应对意外冲击，比如在疫情期间各国药品的供应紧张，单边贸易主义使得产业链供应链出现断链危机等。在此背景下，跨国公司也通过多元化聚集以增强产业链的抗风险能力，全球的产业链开始多元化的进程，以确保产业链的稳定性和可预期性。

（二）产业链区域化和本土化

基于产业链安全的考虑，全球产业链将向着区域化和本土化的方向发展。面对地缘政治局势紧张、贸易限制和民粹主义政策等多种问题，各国开始强调供应链的安全自主性，以社会成本作为产业配置的最终目标，对多个关键产业链供应链布局进行调整，减少对他国的依赖，加快制造业回流本国。不少国家为了分散风险、强化关键战略产业的供应安全等因素，加快产业回流战略部署。如美国通过税收杠杆迫使跨国企业回流，日本通过“供应链改革”支持产业回流。前总统特朗普推动的非合作博弈使得全球价值链往区域化的方向发展。各国家之间相互缔结了不同程度的协定，如USMCA、TTIP、东盟（10+3）等。近年东亚对全球经济增长的贡献达到60%。货币基金组织最近的统计数据显示，中日韩三国在2019年的经济总量达到全球的24.1%，与美国的24.4%相当。同时RCEP的签署奠定了东亚区域经贸体系的制度性框架，有利于区域间构建更加安全和韧性的区域生产网络和统一的消费市场，奠定了欧洲、北美、东亚“三足鼎立”格局的制度性基础。

（三）产业链数字化

随着全球要素禀赋格局的变化，全球产业链将在长期中呈现出知识化、数字化和资本化的趋势。当前全球制造业正加快迈向智能化制造时代，世界主要国家纷纷围绕核心技术、顶尖人才等强化部署。全球化的进程由传统贸易一体化发展到生产一体化再到现在的数字化时代。相应地，全球化的跨境流动载体也由跨境电商销售、跨境资本流动到跨境信息流动。在数字化时代，海量信息的跨境流动关系到国家安全，在数字化领域各个国家之间的冲突日益加剧，使得有些国家信任度下降因此他们之间的关系变得更加脆弱和复杂。各有实力发展数字化的国家都会努力实现数字化的进程，以获得其在全球竞争中的优势。

（四）产业链绿色化

绿色低碳成为未来产业链发展的要求。碳关税的法案的出台影响着全球产业链，2021年3月，欧盟会议通过“碳边境调节机制（CBAM）”的决议，决定自2023年起对不符合其碳排放要求的国家征收碳关税，在2008年美国尝试对碳关税进行立法，虽然未通过，但其1 306条款也列出了免于征税的国家。许多与气候和环境相关的协定如《巴黎协定》《京都协议书》等协定要求协议签署国家发展绿色技术、绿色产业，绿色低碳也将成为有些国家发展的限制条件。

五、全球经贸规则重塑效应

当前全球局势动荡，经济秩序面临大调整，全球经贸规则将被重构。普特南（Putnam）的双层博弈论提出国内政治与国际政治的互动将影响国际贸易规则的形成。[1] 各国在全球的博弈当中相互磋商、相互影响，经贸规则在重塑。

（一）数字贸易成为新国际贸易的竞争焦点

国际经贸规则正在从以“关税和边境上问题”为核心向“边境后措施”和数字贸易为核心转变，重点逐渐转向国内制度间的竞争性融合。随着信息技术的不断发展，数字贸易和服务贸易越来越重要，各国基于自身的利益及情况纷纷提出相应的规则。各经济体在多边、区域和双边层面推出符合其价值理念的数字贸易规则，美欧等发达国家利用自己的优势在国际规则的制定中积极抢占制高点。

在美欧主导的 TPP（美国已退出）、TISA、TTIP（谈判被搁置）新一代区域贸易协定中，数字贸易国际规则展现出 21 世纪数字贸易发展的新需求，高标准和高水平的知识产权保护、跨境数据自由流动和个人信息保护等议题成为谈判的重点。美国作为数字贸易强国，对于规则的制定有很强的引领作用，一直致力于打造一个具有约束力的全球数字贸易规则体系。如在 USMCA 中明确提出数字流动、数字产品的公平待遇、非约束的本地化等。截至 2020 年 6 月，全球共有 89 个区域和双边贸易协定（电子商务）规则，《美墨加协定》（USMCA）是以数字经济为重点的自由贸易协定，2018 年的日本和欧盟的《经济伙伴关系协定》（DEPA）、2020 新加坡—智利—新西兰、日本—英国、新加坡—澳大利亚均签署了数字经济贸易伙伴关系。从当前的发展动态来看，西方国家围绕数字贸易这一新形态调整规则的制定，正成为新一轮国际贸易话语权争夺的焦点。

（二）“边境规则”逐步向“边境内”规则转移

当前贸易协定和经贸规则不仅覆盖经济因素，更包括了各种非经济因素，各成员国要受到经贸规则、法律法规、生态环境等多方面的约束。传统的经贸规则的主要实施对象是商品、服务或者跨越关境时的措施，此后，非关税削减等“边境上壁垒”以及“跨边境互通互联”，涵盖多种后边境规则，不断提升法律可执行度。例如《美墨加协定》（USMCA）内容是原《北美自由贸易协定》（NAFTA）的近 3 倍覆盖范围，除了货物贸易、原产地规则外还包含了知识产权、数字贸易、金融服务、劳动者权利、环境保护等内容，并首次加入了宏观政策和汇率章节，还特别增加了“毒丸条款”。

---

① Robert D. Putnam, Diplomacy and Domestic Politics: The Logic of Two - Level Games, International Organization, 1988, 42 (3): 427 - 460.

（三）国际投资规则呈现区域化、碎片化特点

当今，各个国家在制度领域的非合作博弈导致国际经贸规则更加的碎片化趋势，由于在全球贸易中各主要经济体所占的份额发生较大的变化，以 WTO 为代表的多边协议难以协调各经济体的政策分化矛盾，发达经济体和新兴经济体均有重塑当前全球经贸治理体系的动机和诉求。2017 年以来，《加拿大 - 欧盟综合性经济贸易协定》（CETA）、《全面与进步跨太平洋伙伴关系协定》（CPTPP）、《日本 - 欧盟经济伙伴关系协定》（EPA）和《美墨加协定》（USMCA）等主要发达经济体主导的自贸协定先后签署。2020 年以来，英国和日本在疫情的影响下仅用三个月就达成双边自贸协定；与此同时，东盟十国、中日韩等亚太国家的《区域全面经济伙伴关系协定》（RCEP）也在加速推进，国际投资规则呈现区域化和碎片化。

一是国际经贸治理框架转向区域和双边。单边主义和保护主义将制定经贸规则的关注点聚焦于区域层面，加剧了全球贸易投资治理的碎片化倾向。CPTPP、USMCA、RCEP 等大型区域贸易协定以及 CETA、EPA 等双边自贸协定的达成，一方面，在区域内构建了自由、开放的大市场；另一方面，也将域外国家和经济体排除在外。二是新一代规则中更多的“高标准和排他性”。当前新一代的经贸规则趋于“宽领域、高标准”，但当前国际贸易规则的重构中条款设定表现了典型的排他性特征。三是西方经济体对中国展开“规则合围”。发达国家对“中国议题”十分关注，美国在 USMCA 中引入“非市场经济国家”的排他性条款、提出改革 WTO 对发展中国家的差别待遇；美日欧提出“规则现代化”“结构化改革”的议题；美欧等经济体还强化外资审查力度。四是疫情使经贸规则演变提速。受疫情冲击，各国的政治经济立场都受其影响，从成本收益和产业分工向价值取向关和产业链安全靠拢，全球价值链的重塑以及产业的转移将变得更加地迅速。

第四节 本章小结

实现制造业高质量发展，是要以增强创新能力为核心，以产品质量、标准和服务提升为主要标志，最终形成产品具有国际竞争力、企业具有世界影响力、产业具有全球整合力的总体格局。我国经济社会发展面临着劳动力成本上升、气候变化、能源和环境问题、人口老龄化、消费升级等各种挑战，迫切要求制造业高

质量发展。在此背景下，可借鉴发达国家再工业化的有益经验，为我国推动制造业高质量发展提供参考。

将发达国家再工业化与制造业转型升级、制造强国战略进行对比，可发现二者之间具有很强的共性：在过程上都重视制度创新和科技创新相协同；在功能上都体现了再工业化对一个国家在国际地位发展上的重要性；从生产要素和生产方式的角度来看，制造业的发展向智能化、数字化和绿色化的方向转化；各国重视制造业的发展以实现对国民经济的统治。对比中发现不同国家制造业的发展在战略目标、战略思维、战略基础、战略创新等方面具有一定的差异性。对发达国家再工业化与中国制造业高质量发展进行多维度的比较，能为我国制造业的发展提供更准确的定位，对于探讨制造业发展的策略是非常有意义的。

基于前面的分析以及对当前国内国际环境的分析，研究异同性所诱发的经济政治效应，各国制造业的发展对经济、军事和国际秩序领域都带来竞争强化效应；在合作方面，加强了各国在政策、科技发展及全球生态建设上的合作；促进了各国之间经验的借鉴与学习；全球产业链重构向多元化、区域化、本土化、数字化和绿色化的方向发展；全球经贸规则也将带来很大的改变。面对这些变化，对如何借鉴西方国家的经验，避免走弯路，具有重要参考价值。

第十章

再工业化冲击下的中国制造业转型升级评价体系

在发达国家再工业化如火如荼地推进过程中，作为全球最大的制造业大国，中国制造业转型升级更具紧迫性、艰巨性和复杂性。由于不同经济目标、不同时期、不同地区和不同产业评价标准的不同，如何评价制造业转型升级的程度及成效是关注的焦点。2018 年 12 月的中央经济工作会议明确提出："要推动制造业高质量发展，坚定不移建设制造强国。"要推动经济高质量发展，需要对我国制造业的转型发展所处的阶段以及取得的成效进行科学的评估，总结成功经验和优势、吸取失败教训。以发达国家再工业化为大背景，充分吸收其中的优秀成果和经验教训，结合我国的国情，构建与我国制造业转型升级的评价指标体系，以求客观评价我国制造业转型过程中存在的不足，帮助我们动态地监测制造业高质量转型发展程度，在促进经济发展的同时对制造业产业结构和空间布局进行全方位优化，着重提升发展质量，由此进一步思考中国制造业转型升级的成效、不足及未来方向。

第一节　评价指标体系构建的依据及整体思路

一、评价指标体系构建的主要依据

前文搭建了再工业化理论的整体分析框架，也分析了产业升级、制造业转型升级等范畴的内涵与外延。同时还结合了全球化的演进趋势、国际政治经济演变趋势等来分析中国制造业转型升级的机遇与挑战。这些均为我们构建应对发达国家再工业化的中国制造业转型升级评价体系搭建了理论基础。实际上，对制造业转型升级的研究，是从产业转型升级的相关理论中延伸出来的，而产业转型升级理论的重要基础则是产业结构理论。因此在中国制造业转型升级的评价指标体系的构建中，产业结构理论是重要的理论依据。

西方传统的产业组织理论提供了产业的定义：产业是生产同类产品或提供同类服务企业（产品或服务具有紧密替代弹性）的集合体。这一产业概念的界定，受到学者们的普遍认可。从宏观经济来看，产业是基于国民经济的共同标准而划分的部分。比如我国统计局在2003年5月发布的《三次产业划分规定》中，国民经济被划分为20个产业类别，98个行业。由此也可以理解为产业是一个广泛的概念，其内涵随着生产力进步和经济结构调整而变化。目前我国国民经济行业分类标准为（GB/T 4754－2011）和（GB/T 4754－2017），产业被分为20个门类，26个大类，432个中类，1 094个小类。

企业是经济的基本细胞，产业是经济活动的基础，是不同市场力量相互交融、相互影响的场所。国民经济的各个产业部门之间和每个产业内部之间的构成，以及他们之间相互制约的经济联系和数量对比关系，构成了产业结构。产业及产业结构演进历史伴随人类始终，决定社会结构和社会形态的演变。因此，关于产业政策和产业结构的研究特别重要，围绕产业及产业结构的演进规律及趋势的研究的历史十分悠久。

前文所述，关于产业结构的理论研究通常沿着配第－克拉克定理来展开。威廉·配第（William Petty）、费歇尔（Fisher）较早从三次产业结构转变角度诠释产业升级。由此逐步开启了第一产业、第二产业、第三产业的三次产业划分。库兹涅茨（Kuznets，1941）产业结构理论说明国民收入和劳动力在各个产业分布的演变趋势和原因，并得出两个结论：其一，农业产生的国民收入的相对比重和农业劳动力在全劳动力中的相对比重在减少，而且国民收入的下降幅度远远超过劳动力的下降幅度；其二，工业对应的国民收入相对比重出现增大趋势，而劳动力的相对比重基本没有变化；总体上看，各国的工业国民收入的比重增加是普遍的，虽然工业化程度有所同，但是各国的劳动力比重持在稳定水平。服务业的国民收入的相对比重在所有国家中略有上升，而且其占有的劳动力比重上升明显；服务业门类中，教育、科研及政府部门的劳动力在劳动人口中的比重上升最快。由此出发，金融危机之前的美国服务型、虚拟型经济增长模式一直受到尊崇。

在现代经济学中有一种普遍的观点，即越高级的产业其自然性质越弱，且其创造的附加值越高，这符合配第、克拉克的产业理论以及库兹涅茨的产业结构理论发现产业的特征，同时，从马克思政治经济学的角度，也可以解释产业化的过程。从配第、克拉克的产业结构理论可以看出，其理论基础下的“投资报酬差异”一项相似于马克思解释的“价值规律对产业结构化的影响”，二者都体现出投资报酬是产业结构演变的重要原因之一，而且生产商寻求报酬的动机增强了资本从一个产业向另一个产业转移的力度，整个社会的资本向利润高的行业集中，滞后的行业遭淘汰，产业结构实现升级。马克思主义政治经济学认为资本的技术构成决定资本的价值构成。对利润的追逐拉动劳动生产率的上升，而劳动生产率的增加使得资本的技术构成提高，并最终使得资本的有机构成提高。最终，产业结构演变的结果就是劳动力从第一产业进入第二产业，从第二产业进入第三产业，也就是第二产业、第三产业在国民经济中的比重上升。

产业结构理论的进一步启示在于，可以借鉴其结构分析思路，对制造业结构进行进一步的诠释，从而进一步理解制造业的合理化、高级化之要义。

二、评价指标体系确定的考虑因素

（一）评价指标体系要体现好五大发展理念的内涵

作为国民经济发展的支柱产业，在当前百年未有之大变局之下，我国制造业的发展陷入瓶颈期，如何往更高层次转型、朝更高质量升级以满足供给侧结构性改革的需求显得尤为重要。党的十八届五中全会提出“必须牢固树立并切实贯彻创新、协调、绿色、开放、共享的发展理念”。这对我国制造业结构升级转型具有重要的指引作用。构建制造业转型升级的评价指标体系，要以五大发展理念为引领。

第一，制造业转型升级的评价指标应当涵盖创新理念。创新是发展中最为强劲的第一动力，在制造业往高质量层次转型发展的过程中应坚持创新发展理念，创新制造业供给的新渠道，培育助力制造业高质量转型的新动能。第二，评价制造业结构是否优化，需要贯彻协调理念。通过优化制造业产业结构积极来化解部分制造业部门过剩产能、通过积极推进制造业改造提升构建与新兴产业发展步调一致协调的产业结构、通过不同区域各具重心的制造业协调发展来优化整体产业空间布局结构、通过助力中小型企业协调发展充实制造业组织体系的有机构成。第三，对制造业的可持续发展能力进行综合评估需要贯彻绿色发展理念。要鼓励和引导制造业往绿色化发展，提高节能减排能力、加强绿色产品研发应用并增加绿色产品供给、提升资源利用效率积极促进制造业往低碳化过渡。第四，评价指标中引入开放发展理念。一方面，构建考察制造业“走出去”的评价指标，从中国制造业的国际竞争率等角度对制造业转型升级在国际竞争中取得的成就进行评价。另一方面，对制造业"引进来"的效果进行评价，如从先进技术的新产品产值率、新产品开发项目数等方面着眼。第五，在评价指标中镶嵌共享的发展理念，巩固改革的群众基础，在推进制造转型的发展过程中注重让每一个参与者都获得幸福感、参与感。可以在构建的评价体系中设立考察制造业就业创业的政策和环境、市场竞争公平性以及制造业就业人员社会保障政策的指标。

（二）评价指标体系要"与时俱进"

对制造业转型升级进行评价时特别要突出全球化的新变化和不确定性。中国推进制造业转型升级是在全球化浪潮加速席卷、全球制造业格局重构、产业供需链不断延展丰富、信息技术和互联网科技与产业结构各环节深度嵌入的时代背景下进行的，并随着时代的发展而面临新任务，我们所构建的评价指标体系应当体现"与实俱进"的特点。为此，评价指标体系尤其需要考虑如下两大方面。

其一，构建制造业转型升级的评价指标体系应当体现数字经济的时代内涵。我国传统产业正处于新旧动能转换与第四次工业革命交错的风口浪尖，为了顺利推进转型升级，中国制造业发展方向必须抓住"智能化"的机遇，直面"双碳"的机遇与挑战。从全球范围来看，根据麦肯锡的预测，到 2025 年，基于数字化和智能化的新一代制造给中国经济将带来 4 500 亿～7 800 亿美元的生产总值，而智能制造和创新驱动发展将带动 1 万亿～2.18 万亿美元的生产总值①。正是在这样的大趋势下，2019 年的《政府工作报告》中首次提出了"智能 +"的概念并强调，要"推动传统产业改造提升，围绕推动制造业高质量发展，强化工业基础和技术创新能力，促进先进制造业和现代服务业融合发展，加快建设制造强国。打造工业互联网平台，拓展'智能 +'，为制造业转型升级赋能。"

其二，所构建的评价指标体系需要较为及时、准确地体现当前全球化的新变化，尤其是要体现产业链完整性的新内涵。当前，全球产业链的发展进入了一个剧烈动荡和剧烈变化的时期。其中最为典型的变化就是全球产业格局的分布表现出了区域内局部割裂化和经济体内链化，世界各国正逐步将保持本国产业链的完备性和安全性作为产业政策的首要目标。过去的全球化主要是依托产品分工理论建立起来的，这一时期的全球化本质就是产品生产在全球范围内进行分工。进入 21 世纪之后，世界分工呈现新趋势，产品内分工不断深化，向工序分工等方向转化，单一产品分成许多环节、众多片段，以效率高低在全球范围内来决定生产地点。

① 参见世界经济论坛、麦肯锡白皮书：《第四次工业革命制造业技术创新之光》，2019 年 1 月；同时参见 https：//www.sohu.com/a/341356480_120091964。

当前的全球产业链演化则出现了两个趋势：一是从纵向来看，全球产业链条呈现出缩短态势。以往各种生产工序分包给不同的国家和企业生产的全球分工，有回归到跨国公司内部或者跨国公司控制范围之内的区域当中的趋势；二是从横向来看，全球产业链在空间上逐步向特定区域内收缩和演化，即由此前分散在全球产业聚落，又重新聚集收缩在一个较小的、为某一主权国家或某一区域性经济体实际控制的区域内，并通过参与周边国家或者地区的内部生产环节得以形成完整产业链条。

鉴于全球化产生了上述新变化和不确定性，产业链的完整性也是构建评价指标体系时需要考虑的因素。

三、评价指标体系确定的具体原则

制造业转型升级的评价指标体系不仅要能对制造业升级转型的效果进行科学评估、反映产业升级的内涵和转型方向，更要体现制造业升级发展对经济效益、环境生态保护以及社会责任等诸多维度的考量。因此，本书在建立测度我国制造业转型升级所处的发展阶段以及相关成效的指标体系时，为了保证考察结果的质量、凸显评价体系构造的科学性，对评价体系结构层次的合理性做了重点分析。因此，在构建制造业转型升级评价指标体系时，需要遵循科学性、主导性、一致性和特殊性、可获得性、相对独立性等基本原则，并不是把一系列指标进行简单的组合与堆积，具体原则见表 10 - 1。

表 10 - 1　　　　制造业转型升级评价体系确定的原则

评价原则	解释说明
科学性原则	科学性是指所建立的指标体系能客观、准确地反映出所评价对象的科学内涵。指标体系的选取一方面要符合制造业转型升级发展的客观规律和基本要求，能够科学地概括制造业转型升级的主要内容和特征，从而为制造业转型提供理论依据；另一方面要求可对指标进行量化，能够对产业发展现状进行评价，为制造业转型提供决策依据
主导性原则	制造业转型升级评价指标选取难以涵盖所有领域，但必须较为全面地反映当前区域制造业转型升级发展中迫切需要解决的主要问题，因此，选取指标时需要选择具有代表性、信息量大的指标
一致性和特殊性原则	一致性是指所选取的指标要尽量符合国内外通用的指标，如欧美发达国家再工业化过程中采用的相关评价指标；特殊性要求结合中国制造业转型升级本身的特点、中国国情来选取指标

续表

评价原则	解释说明
可获得性原则	对于无法获得的数据或者难以获得的数据，抑或是获得数据的成本大于该指标本身的价值时，可以对这些指标予以舍弃
相对独立性原则	在指标选取过程中，很难避免各个指标间存在的交叉耦合现象，故要尽可能地降低各个指标间的关联度，尽最大限度地选取相对独立的指标，从而使评价结果的科学性和准确性得到增加

资料来源：笔者整理。

四、评价指标体系确定的方法依据

对中国制造业转型升级所处的阶段以及取得的效果进行测度评价涉及到多个指标，这实际上是一个针对多重属性、复数目标主体的决策问题。对多目标问题进行决策有不少成熟的方法。研究制造业产业转型升级及其成效测评的学者和文献已经有许多，不论哪种方法，其核心和关键都只有一点，即如何确定指标的权重分配。当前的研究指标权重分配的方法主要集中于主观赋权法和客观赋权法两大类，另外就是组合赋权。

（一）主观赋权法

主观赋权法是根据主观决策者掌握的信息作为决策依据进行赋权的一类方法，主要有德尔菲法、层次分析法和模糊层次分析法等（兰继斌，2006），这类方法主观随意性较大，没有充分考虑客观历史数据的重要性。

（二）客观赋权法

客观赋权法是对原始客观数据特定数理关系进行一定的数学处理后来赋予不同指标的比重，更重视对原始数据的客观分析，主要包括离差最大化决策、多目标规划法和熵权法。

（三）组合赋权法

所谓组合赋权法，是在充分理解了上述两种赋权方法的优势与缺陷之后，综合采纳二者优势、相对克服两者不足的方法。主观赋权法确定的权值符合人的主观取向，其过程缺乏数理方法的支撑，客观说服力弱；客观赋权法以原始的客观数据为依据，基于某种数学处理获取指标比重权值，可信度固然有保证，但未考虑评价决策者的初衷意图，所得出的结果有可能严重偏离实际应用。为了更完美地进行指标赋权，使赋权后的指标既能体现评价者的初衷又能获取客观数据和计算过程的支持，使最终确定的指标体系权重兼有主观实用性与客观真实性，不少学者开始将研究重心投放在除了主观赋权法、客观赋权法这两类主要的赋权方法外的组合赋权法。

五、评价指标体系的整体框架及相关说明

发达国家长期占据全球价值链“双高端”，在全球价值链中处于主导地位。但是对加入全球价值链的国家，仍然可以借助这个机遇升级其产业活动的诸多方面。Gereff（2000）认为发展中国家可以利用发达国家将其非核心业务外包、减少成本的契机，通过发展加工贸易嵌入全球价值链的战略环节。此外，从全球经济发展以及全球化的新趋势来看，对转型升级后的中国制造业在全球市场的国际竞争力、人民币国际影响力等指标的评价很有必要。

依据产业结构理论和新型工业化理论，制造业转型升级成效的评价需要反映出产业融合以及区域协调发展的主要趋势和关键特征。对于我国制造业转型升级的成效而言，倘若仅仅是实现了制造业本身的技术创新、产能优化、提升劳动生产率这些目标，但是对于产业结构的优化、社会经济体系的协调发展没有裨益，甚至产生了对生态环境、资源的负面效果，那么制造业的转型升级依旧不能说是成功的。此外，在我国加快形成“以国内大循环为主体、国内国际双循环相互促进的新发展格局”的背景下区域协调发展和各产业之间的融合创新成为制造业的新发展方向，因此有必要对这方面的成效进行评价考察。最后，从宏观经济目标的角度出发，制造业转型升级对于我国经济增长、充分就业、物价稳定、国际收支平衡等经济目标的实现也是制造业转型升级成效的重要考察指标。

基于此，我们拟从宏观、中观、微观三个层次设置制造业转型升级成效的评价指标体系的整体框架，同时单独设立辅助指标体系以囊括层次跨度较大或因为其包含的评价对象比较宽泛的评价指标。

国务院发布的《工业转型升级规划（2011－2015 年）》文件中把“工业保持平稳较快增长、自主创新能力明显增强、产业结构进一步优化、信息化和军民融合水平显著提高、质量品牌建设迈上新台阶、资源节约环境保护和安全生产水平显著提升”等方面的内容作为“十二五”时期“走中国特色新型工业化道路和加快转变经济发展方式的总体要求”①。此后的相关政府文件中对制造业朝高质

① 国务院：《工业转型升级规划（2011－2015 年）》，中华人民共和国国务院办公厅，2011 年。

量升级、尽快实现从“大而不强”向“既大又强”的制造业强国迈进提出了“提高国家制造业创新能力、推进信息化与工业化深度融合、强化工业基础能力、加强质量品牌建设、全面推行绿色制造、大力推动重点领域突破发展、深入推进制造业结构调整、积极发展服务型制造和生产性服务业、提高制造业国际化发展水平”[①] 九个具体目标。以政府文件为指导，本节将制造业转型升级的具体内容划分为两大块即以实现制造业可持续和绿色环保发展为目标的发展方式的转变和以提高产能、优化质量为出发点的制造业结构转变。

国内学术界对产业升级和高质量发展测评方法的研究较为密集，岳意定和谢伟峰（2014）在综合分析了工业向高质量升级和转型发展的外在特征以及相关文件的精神内涵后，从结构优化、资源可持续利用、产业发展、技术升级、工业和信息两化融合、国际化程度六个维度构建工业部门向高质量升级的转型效果评价指标体系，提出了不同指标的设立在相关产业向高质量升级的转型过程中会发挥不同的重要性。李平等（2010）对中国制造业实现可持续发展的逻辑性进行了分析，从总体产量、结构优度、技术构成、环保节约四个角度为中心构建了囊括工业化、现代化以及文明化三个层级的指标体系。段敏芳和田秉鑫（2017）在传统的指标构建理论外，以生产要素的迁移升级为突破口，从要素流动、供需结构及市场竞争优势三个角度入手，逐一挑选指标对制造业高质量升级（尤其是在这一过程中要素的迁移）的评价体系进行了创新。此外，在《中国制造 2025》文件中，提出了“创新能力、质量效益、两化融合、绿色发展”4 大类共 12 项指标，这对中国制造业取得的升级转型成效评价体系的构建具有指引价值。

虽然学者们对产业转型升级测度方法的研究颇为丰富，但是目前学者们尚未明确制造业转型升级达到目标成效的标准，未设置标准统一的成效评价体系。本书拟遵循科学性、主导性、一致性和特殊性、可获得性、相对独立性等基本原则，参考美国等发达国家再工业化过程中相关成效评价体系与相关研究，结合相关文件的精神，按照经济效益、科技创新、产业发展、绿色发展、国际竞争 5 个维度共 23 个指标，从多视角构造中国制造业转型升级评价体系（见表 10－2）。

表 10－2　　　　制造业转型升级评价指标体系

主指标	子指标	指标解释	指标单位	指标属性
经济效益 A	制造业总产值	所有制造业行业产值的加总	亿元	正向
	制造业总产值增速	（本期制造业行业 GDP－上期制造业行业 GDP）/上期制造业行业 GDP	%	正向

① 国务院：《中国制造 2025》，中华人民共和国国务院办公厅，2015 年。

续表

主指标	子指标	指标解释	指标单位	指标属性
经济效益A	制造业总产值占 GDP 比重	制造业总产值/GDP	%	正向
	制造业就业人数占比	制造业部门的就业人数/总就业人数	%	正向
	工业制成品出口比重	工业制成品出口额/出口商品总额	%	正向
科技创新B	R&D 经费支出	高技术产业 R&D 经费内部支出	亿元	正向
	有效专利发明数	所有制造业有效专利拥有数量加总	件	正向
	制造业新产品销售收入	制造业新产品的销售收入	亿元	正向
	制造业新产品开发项目数	所有制造业新产品开发数加总	项	正向
产业发展C	劳动密集型产业发展状况	劳动密集型产业法人单位注册数	个	正向
	技术密集型产业发展状况	技术密集型产业法人单位注册数	个	正向
	先进制造业比重	先进制造业总产值与制造业总产值之比	%	正向
	制造业就业人员劳动生产率	制造业总产值与制造业从业人员数之比	万元/人	正向
	高技术产品贸易竞争优势指数	高技术产品进出口贸易的差额占进出口总额的比重	%	正向
绿色发展D*	制造业单位产值电力消耗量	制造业终端电力消耗量/制造业总产值	亿千瓦时/亿元	逆向
	制造业单位产值煤炭消耗量	制造业终端煤炭消耗量/制造业总产值	万吨/亿元	逆向
	制造业单位产值废水排放量	制造业废水排放总量/制造业总产值	万吨/亿元	逆向
	制造业单位产值废气排放量	制造业废气排放总量/制造业总产值	吨/亿元	逆向
国际竞争E	制造业国际市场占有率	制造业出口总额/世界制造业出口总额	%	正向
	人民币国际化指数	国际贸易、资本流动、官方外汇储备资产交易活动中使用人民币的交易额	—	正向
	全球制造业国际竞争力指数	综合评价一国制造业的国际竞争能力，由德勤公司制作	—	正向
	制造强国发展指数	详细评估世界主要制造业强国的进程趋势与发展特征，由中国工程院等单位联合编制	—	正向
	国际产业链供应链影响力	综合评价中国制造业在国际产业链、供应链的地位与影响力	非量化	补充指标

注：* 数值变大表示负向/逆向评价；数字变小表示为正向评价。

资料来源：参照中国工程院《中国制造强国发展指数 2020》等整理设计。

第二节　制造业转型升级评价的宏观指标体系

一、宏观经济指标体系包含的主要领域

该系列评价指标反映制造业转型升级的经济贡献能力。主要从制造业产值及其占工业总产值比重、制造业就业人数占比、贸易逆差改善等指标来衡量制造业转型升级对宏观经济的贡献能力。

这几个评价指标侧重于对制造业转型升级在实现充分就业、经济增长等宏观经济目标中的作用进行评价。制造业产值占工业总产值比重更能具体、直观地凸显制造业转型升级在整个工业体系建设中的成效。贸易逆差改善是一个比较宽泛的概念，除了用净出口额来衡量以外，针对制造业转型升级的成效评价，还可以结合工业制成品出口额以及工业制成品出口比重这两项指标来综合考察。工业制成品出口比重则能更直观地反映出制造业转型升级对于国际收支改善的作用。

（一）制造业转型升级对经济增长的促进作用

经济增长是宏观经济主要目标之一。这一目标的核心就是保持较高 GDP（或者人均值），并且为了提高一国经济的持续发展动力，要尽力避免该指标出现停滞甚至是萎缩。具体而言，一是要考察制造业对于 GDP 增速的影响，即衡量 GDP 增速中有多少是由制造业转型升级贡献的真实数值。实际操作中因制造业转型升级量化指标不易，我们也用制造业整体来替代；二是要考察制造业朝更高质量升级前后的制造业对经济增长贡献的相对比较。为此，可以考虑设立制造业总产值和制造业总产值占 GDP 比重这两项指标来考察制造业对 GDP 增速的影响。还可以通过设立制造业增加值及其占 GDP 比重指标来衡量制造业转型升级对于传统制造业在经济增长中贡献能力的提升。

（二）制造业转型升级对降低失业率的贡献

就业乃民生之本。充分就业一直是国民经济宏观政策体系中的重要一环，考察制造业转型升级对失业率的影响，具有重要意义。失业率的设定旨在考察闲置

劳动产出，是反映一个国家或地区经济发展和社会稳定（主要是就业情况）的主要指标。该数字的变化趋势与经济发展呈反函数的变动关系，2013 年我国首次发布失业率相关数据的官方报告，2018 年正式发布城镇调查失业率数据。另外，与失业数据相反的就业数字中非农部门就业人数颇受重视。非农业部门就业人数主要统计国民经济中剔除了农业岗位劳动力职位的就业数据，锁定的是制造业部门和从事服务业的就业人数，更具体、更有说服力。这一数字减少便意味着生产性企业和产品制造部门的产出受限，如果该现象长期持续可能会发生经济衰退。综合来看，该项指标是观察社会生产能力和经济金融发展程度的重要参考。

当前我国经济正处于将要到新平台、未到新平台、快要到新平台的阶段。在此阶段，最重要的任务是要加快培育制度、结构和要素这三大新动力或新动能。其中，在新旧阶段、新旧产业和新旧动能转换过程中的风险控制过程中，不可避免地会对过去的行业和相关人员的就业情况产生冲击，也即将产生就业结构的调整效应，因此可以设立制造业就业人数占总就业人数比重这一评价指标来考察转型升级后的制造业吸纳就业的能力和制造业对就业的贡献。

（三）制造业转型升级对维持国际收支平衡的作用

我国的国际收支模式非常特殊，自 20 世纪 90 年代以来除个别年份外，国际收支呈现出经常、资本项目“双顺差”的情况。特别是进入 21 世纪以来，双顺差规模出现迅速扩大趋势，其中经常项目账户的顺差主要来源于货物贸易的差额，而资本金融项目账户的顺差则得益于 FDI 增长。2016 年之前，随着中国企业整体竞争优势的不断提高，许多产业的国际竞争能力显著增强。充足的资金与生产能力、稳定的宏观经济环境与人民币汇率、日益开放的经济政策都为我国的产品出口提供了便利，使得国际贸易顺差不断保持甚至扩大。

新中国成立初期的 1952 年，我国的工业增加值只有 120 亿元，勉强过百亿元；到了改革开放的第一个年头，该数值就超过了 1 600 亿元。此后我国奋起直追，到了 2012 年闯过 20 万亿元大关①。2023 年全国工业增加值为 39.91 万亿元。从 1952 年到 2018 年，根据这些年来的工业增加值绘制而成的折线图来看，我国的工业制成品增加值增长了约 970 倍（以不变价格计算），年均增长达到了 11% 。

因此，可以采用工业制成品出口比重这一评价指标来评价制造业转型升级在维持国际收支平衡中的作用。

---

① 资料来源：国家统计局。

二、经济效益指标（A）衡量情况分解

（一）制造业总产值及占工业总产值或 GDP 比重（A_{1i}）

制造业总产值，我们用 MIG 表示，工业总产业值用 IOG 表示，即为：

$$A_1 = \frac{MIG}{IOG}\% \qquad (10.1)$$

从一国整体来衡量，A_1 指标也可用如下方程来表示，即：

$$A_{12} = \frac{MIG}{GDP}\% \qquad (10.2)$$

对于我国这样的大国经济体系来说，还涉及到中国制造业增加值在全球的占比问题，反映的是我国制造业在全球的比重。方程（10.1）转化为（10.3）：

$$A_{13} = \frac{MIG}{\sum_i MIG}\% \qquad (10.3)$$

一是自政府推进制造业转型升级的国家战略以来，制造业总产值及其占工业总产值比重增速明显。2012～2022 年，我国工业增加值由 20.9 万亿元增长到 40.16 万亿元，其中制造业增加值由 16.98 万亿元增长到 33.52 万亿元，占全球比重由 22.5% 提高到近 30%。根据工信部数据显示，截至 2022 年 12 月 30 日这一比重达到 30%。2016 年至 2019 年，GDP 年均增长率仅为 6.575%，而同期制造业增加值年均增长 8.7%，已成名副其实的制造业大国（见图 10－1）。

二是制造业与互联网不断融合，工业互联网加速推进制造业转型升级。2020 年，中国工业互联网规模增速高达 11.28%，在全球主要工业国家中排名第一，中国工业互联网规模仅次于美国，超过日本与德国总和，占全球主要工业 10 国的 20.19%。根据 2021 年 9 月发布的《中国工业互联网产业发展指数报告》，我国工业互联网直接带动的产业就业 2020 年增长 6.86%，预计 2021 年同比增长 7.77%；带动的间接产业就业 2020 年同比增长 9.32%，2021 年预计同比增长 11.55%。

三是工业增加值占 GDP 比重排名保持相对稳定。根据国家统计局数据显示，以方程（10.2）计算，2020（2022）年中国第二产业增加值占 GDP 比重为 37.8%（33.2%），制造业仍然占据我国经济发展的重要地位。另外，中国制造业增加值占 GDP 比例相较于世界范围内的其他国家来说，仍然相对较高，制造业的占比比重对世界制造业贡献比重接近 30%（见图 10－2）。

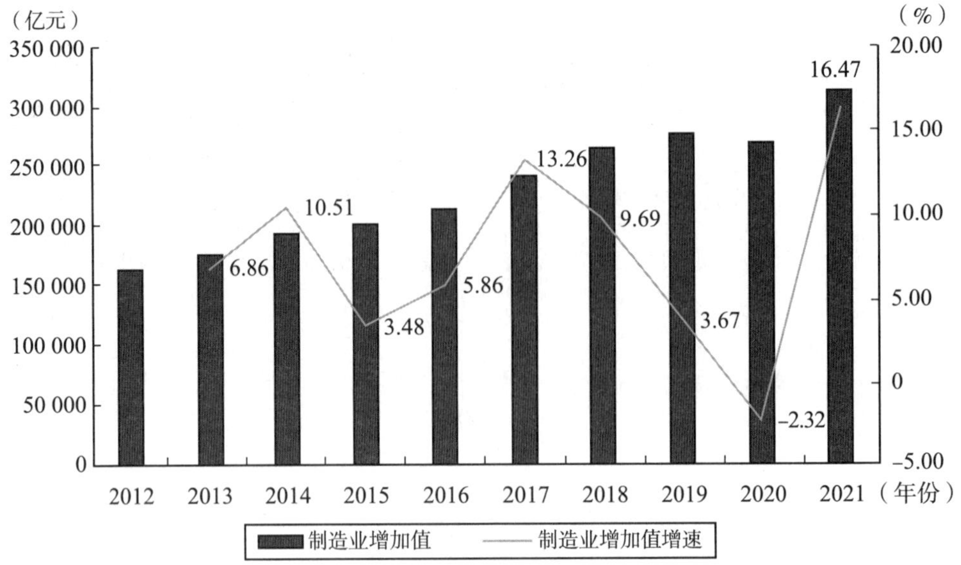

图 10－1　中国制造业增加值及增速

资料来源：国家统计局，笔者整理。

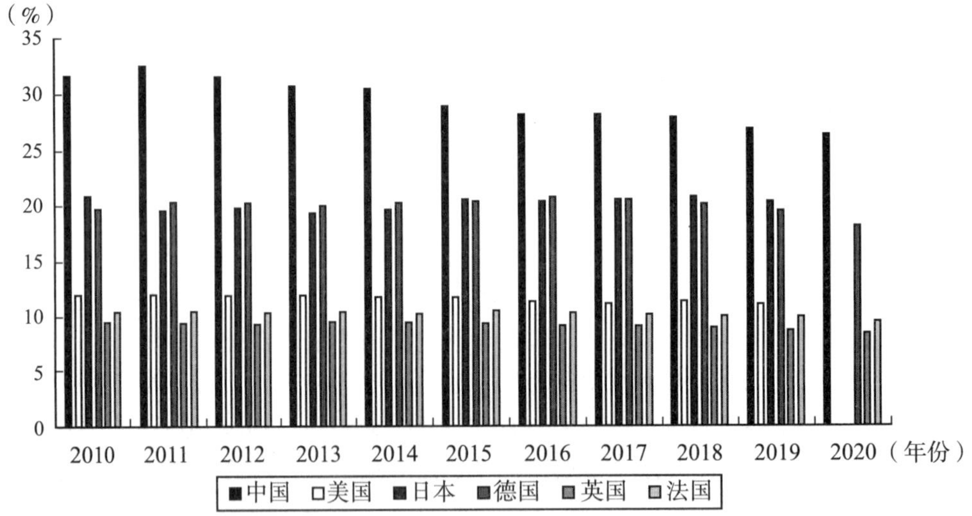

图 10－2　主要发达国家制造业增加值占 GDP 比重

资料来源：世界银行，笔者整理。

四是数字化转型加快。近年来，我国重点发展以人工智能、大数据、物联网等新一代信息产业技术支撑的高端制造行业，大力推动数字经济发展。根据工信部公布的数据来看，2005～2019 年数字经济规模增长 12.7 倍，年复合增长率 20.6%。2022 年我国数字经济规模达 50.2 万亿元，总量稳居世界第二，同比名义增长10.3%，占国内生产总值比重提升至41.5%（见图10-3）。

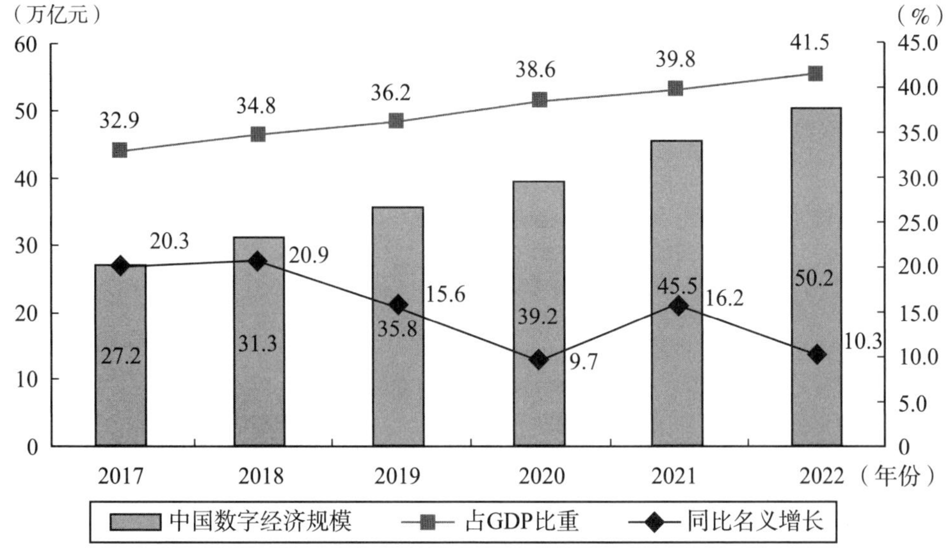

图10-3　我国数字经济增加值及占比

资料来源：中国信通院：《中国数字经济发展白皮书（2022年）》。

（二）制造业对GDP的贡献（A_{2i}）

从制造业对GDP的贡献来看，2019年我国制造业拉动GDP增长1.6个百分点，是实际增长拉动最大的行业，其后的才是批发和零售业、金融业和房地产业，均拉动经济增长0.6个百分点（见图10-4）。再看具体行业贡献度，根据蒲则文（2020）[①] 的测算，2019年四大支柱行业石化、制造、冶金、农产品加工等的行业经济贡献逐步上升，占比分别为31.5%、17.1%、16.4%和20.2%，四大支柱行业中，占比贡献度最高的是制造业，在主营业务收入以及资产总额、利润总额当中的占比度充分显示了制造业在中国经济贡献当中的作用。

（三）制造业就业人数占比（A_{3i}）

根据国家统计局的数据，2015年我国第二产业就业人数2.26亿人，其中制造业从业人数为1.81亿人，2021年减少到1.47亿人，较之2015年减少约18.8%，且第二产业就业人数占总就业人数比重从2012年开始基本呈逐年下降的趋势（见图10-5）。如果从我国制造业增加值不断增长的事实来看，可以理

① 蒲则文：《我国制造业的发展及对经济增长的贡献分析》，载于《财经界》2020年第15期。

解为在制造业部门向更高级的形式演化的进程中，依赖大量人力资源的行业其提供的就业岗位正逐步萎缩，间接反映制造业转型升级的成效。因此，这一指标不能简单地从数值变化来看，需要进行结构性分析。目前，制造工业部门的就业数字变动呈现出以下四个特点。

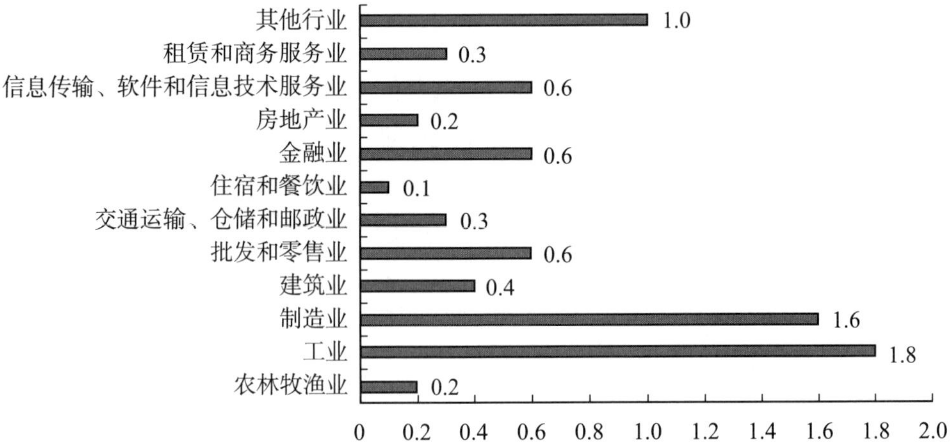

图 10－4　2019 年中国分行业增加值对 GDP 实际同比拉动百分点

资料来源：国家统计局，笔者整理。

一是主要制造业板块中汽车行业就业表现增长，高能耗行业就业明显萎缩。根据 2020 年统计数字，第二产业门类中，仅信息传输、软件和信息技术服务业实现了就业人数的增长，其余门类均出现了不同程度的萎缩，该部门 5 年间就业岗位年均增长 4 个百分点；而以煤炭采掘为代表的高污染、高能耗产业的就业情况在第二产业门类中显著衰减。上述数字的变化以及数字背后表现出来的现象，反映的是我国产业政策在提振发展质量、促进经济结构向更高级演化的卓越成效。

二是制造业内部就业结构重构，高端制造业用工需求扩大。第二产业制造部门就业岗位有所减少，但在部门内的行业间就业结构发生了重构，用工人数需求已经不再集中于基本原料加工、高污染低效率的部门，而是向着富含高精尖技术的高端制造业集聚，反映的是制造业转型升级的积极信号。截至 2020 年，基本原料加工、高污染低效率的制造业部门从业人员的比重较 5 年前均下降约 2 个百分点，而代表高精尖领域的装备制造业其就业人数占比则有所上升，占到了整个制造业部门的四成左右，这表明我国制造业改革的相关政策取得了初步成效。

三是在不同地域就业数字普遍萎缩，格局重构平缓过渡。2020 年，30 个省份（除西藏）从事工业制造部门的劳动人数较 5 年前均有不同程度的缩减。其中，粤、鲁、浙、豫、苏这五个传统劳动力需求大区总计工业制造部门劳动力较 5 年前下降约 14%，年均下降 2.8 个百分点。同时，不同经济区间的具体表现也略有不同，同期内东部地区该数字基本没有变化、中部地区略有提高、西部地区则略有下降；长江经济带较5年前提高约2%，其工业制造部门劳动力在全国占比达到了45%。以上经济规划区间在制造业就业人数上呈现出的差异，反映出国家对中南地区经济开发与产业扶植政策取得成效。另外，京津冀华北经济区的该指标比重在5年间下降至约6%，这与"首都经济圈"协调一体化战略下实施的缓解"大城市"病、优化生态环境布局、产业格局重构等"一揽子"政策密不可分。

四是民营企业劳动力旺盛，吸纳就业压力的功能进一步增强。2020年从事工业制造部门的民营单位从业数在5年间平均每年增加了1.6个百分点，是全部工业制造部门下降速度的1/3；2013～2018年5年间第二产业制造部门的就业岗位出现削减的大背景下，民营单位吸收劳动力在全部工业制造部门劳动力的占比提高了超7个百分点，已贡献了约52%的就业岗位。

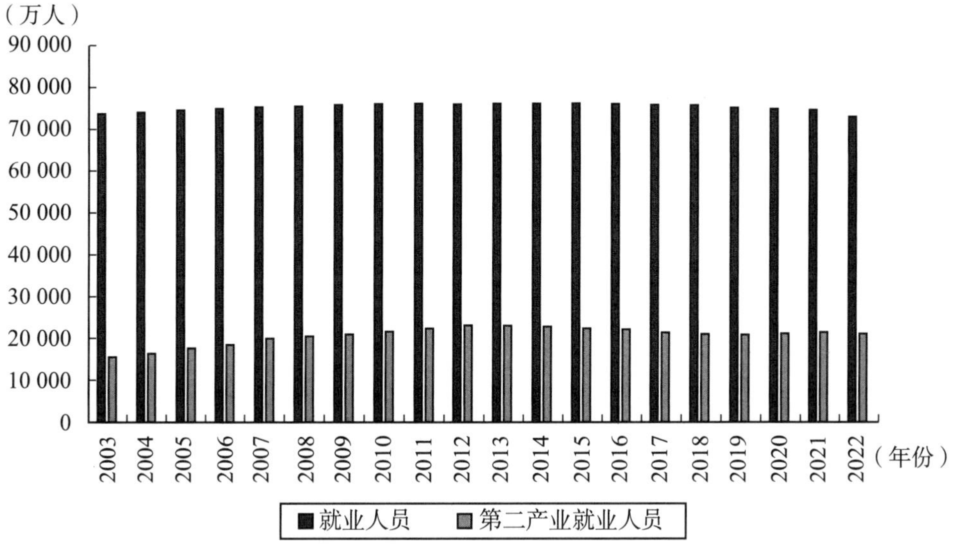

图10－5　第二产业就业人数与总就业人数

资料来源：国家统计局，笔者整理。

（四）制造业对贸易状况改善的作用（A_{4i}）

我国长期以来保持了货物贸易顺差、服务贸易逆差状态。2022年，按国际收支口径统计，货物贸易顺差6 856亿美元，服务贸易逆差943亿美元①。整体上，我国国际货物进出口已经步入一个较为均衡的状态。制造业的转型升级战略为产品出口提供驱动力。多年来，我国制造产品竞争力不断提升，2019年高精

① 资料来源：国家外汇管理局。

尖领域的制造品出口额接近1.5万亿美元，在全部商品出口额度中的占比超过了55%，较刚进入21世纪时的这一比重数字提高了15%[①]。

得益于工业制造业发展质量的迅速提升，工业制成品在国际市场上的竞争力越发强盛。改革开放以来，出口的制造业商品总额增长了900多倍。更为重要的一个变化是出口产品的层级构成：新中国成立伊始，我国出口到海外的商品中初级制造产品占比超过80%，其中绝大部分是基础原材料；20世纪80年代，中国出口的货物产品中，工业制成品的总额仅为87亿美元，在全球制成品出口版图中约为0.8%，仅相当于那一时期世界上工业制成品出口量最大的德国所出口的制成品份额的5.38%。进入21世纪以后，制造业中高端制成品已经占出口商品货物总额的九成以上。2008年，中国制成品出口额首次超过德国，排名全球第一[②]。此后，中国制成品出口增长率连续多年稳步增长。高新技术领域的出口产品竞争已逐步在国际市场上取得长足优势，如高铁、精密电力设备、5G设备等高精尖产业的竞争优势大幅提升。

从工业制成品出口额来看，工业制成品出口比重一直保持在94%左右，制造业转型升级并未给我国工业制成品的出口造成阶段性冲击，制造业转型升级的过渡期较为平稳。从整体上来说，中国制造业转型升级一直在路上，且成效明显。

综上，我国已经形成的国际货物贸易差额均衡区间有足够的经济、环境和政策支撑，根基牢固、安全稳定不容易轻易发生剧烈震荡，其中制造业贡献显著。

第三节　制造业转型升级评价的中观指标体系

一、科技创新指标（B）的内涵及其衡量

创新是先进制造业发展的灵魂，没有创新也就难有制造业的转型升级。21世纪初，随着全球经济格局的进一步发展以及信息化浪潮的冲击，国际制造业的竞争格局也出现了新变数，为抢占制造业未来制高点，制造业创新进入激烈竞争时代，科技投入和创新研发正逐步取代其他要素成为制造业朝先进化方向发展的核心动力。

制造业转型升级的重要任务之一是要培育和发展好制造业战略性新兴产业。

① 资料来源：国家统计局。

② 《中国制造业结构升级的发展之路》，https：//www.sohu.com/a/395139007_760770。

为此，首要任务是突破制造业核心技术，尤其是突破基础制造的“卡脖子”领域，缩小我国与发达国家在先进制造业方面的差距，为制造业转型升级奠定基础。尤其是要加快制造业数字化和智能化转型升级，进一步巩固筑牢我国在部分高科技制造领域已取得的领先优势，进而借助新基建春风，可触发制造业新一轮产业优化，促进先进制造业和现代服务业融合发展，助推我国制造业迈向全球价值链中高端。

参考借鉴美国、欧盟等发达经济体再工业化过程中对科技创新进行评价的经验，可设立反映制造业转型升级过程中的科技创新能力的评价指标。结合国内外相关研究的成果，兼顾中国制造业转型升级的时代背景，考虑从 R&D 经费支出比重、有效专利发明数、新产品开发等方面衡量制造业企业的研发投入、技术转化和应用能力。

（一）R&D 经费投入（B_{1i}）

R&D 投入在推动制造业转型升级中发挥了重要作用。制造业领域持续吸引 R&D 投入，既反映出制造业转型升级拥有长久驱动力，亦可反映出制造业转型升级的成果。根据国家统计局数据，国家财政对研究与试验发展（R&D）的资金支持力度持续稳步强化。2021 年，国家财政对 R&D 活动提供了约 27 864 亿元的资金支持，较 2020 年度约增长 12.46%；2021 年 R&D 经费投入与 GDP 的比值为 2.42%，比 2020 年增长了约 0.2 个百分点；2020 年中国 R&D 经费投入为 24 393.1 亿元，与 GDP 的比值为 2.40%（见表 10－3）。从研发对象类型来看，2020 年全国基础研究经费 1 467.0 亿元，比上年增长 9.8%；应用研究经费 2 757.2 亿元，同比增长 10.4%；试验发展经费 20 168.9 亿元，同比增长 10.2%。基础研究、应用研究和试验发展经费所占比重分别为 6.0%、11.3% 和 82.7%。2021 年，全社会 R&D 经费支出比上年增长 14.2%，增速较上年度快 4 个百分点，达到了 27 864 亿元。从具体制造业研发投入数据来看，2019 年，我国制造业研发投入强度 1.45%，较上年度下滑 0.78 个百分点，而同期全球平均水平为 2.23%。

表 10－3　2013～2022 年我国研究与试验发展（R&D）经费投入情况

单位：亿元

	2014 年	2015 年	2016 年	2017 年	2018 年	2019 年	2020 年	2021 年	2022 年
R&D 经费投入	13 015.6	14 169.9	15 676.7	17 606.1	19 677.9	22 143.6	24 393.1	27 864	30 870

资料来源：笔者根据《中国统计年鉴》整理。

从产业门类的角度进行分类考察。2020 年，作为制造业由“大而不强”向“既大又强迈进”道路中最重要的高新技术部门和尖端装备制造部门的 R&D 经费投入量以及在全部投入的经费中的比重表现十分突出，投入强度均超过了 2.2%，比 2019 年提高 0.15 个百分点。在规模以上工业企业中，R&D 经费投入超过 500 亿元的行业大类有 10 个，这 10 个行业的经费占全部规模以上工业企业 R&D 经费的比重为 73.6%（见表 10-4）。从具体门类来看，2015~2016 年，我国聚焦动力电池、增材制造、信息光电子、集成电路、高性能医疗器械等重点建设制造业领域。

表 10-4　2020 年分行业规模以上工业企业研究与试验发展（R&D）经费情况

行业	R&D 经费（亿元）	R&D 经费投入强度（%）
采矿业	294.8	0.73
制造业	14 783.8	1.54
电力、热力、燃气及水生产和供应业	192.7	0.24
合计	15 271.3	1.41

资料来源：国家统计局。

从地域分布视角来看，2020 年全部 31 个省区市中，千亿级 R&D 经费投入的省（市）地区有 8 个，由大到小分别为广东（3 479.9 亿元）、江苏（3 005.9 亿元）、北京（2 326.6 亿元）、浙江（1 859.9 亿元）、山东（1 681.9 亿元）、上海（1 615.7 亿元）、四川（1 055.3 亿元）和湖北（1 005.3 亿元）。R&D 经费投入强度（与地区生产总值之比）超过全国平均水平的省（市）有 7 个，分别为北京、上海、天津、广东、江苏、浙江和陕西（见表 10-5）。

上述数据表明，我国 R&D 经费投入继续保持较快增长，投入强度持续提升，而制造业企业 R&D 投入的同比例增长，能为我国制造业技术创新提供更多的资金支持，从而对制造业转型升级起到正向促进作用。

进一步以制造业上市公司为例进行深入分析。根据智研咨询提供的数据：2020 年，我国制造业整体 R&D 占营业收入的比重为 5.5%，轻工制造占比比较低，仅为 2.6%，而先进制造业占比均高于整体水平，超过轻工制造的 1 倍以上。受疫情影响，医药生物行业大幅提高了 R&D 投入，2020 年高达 13.7%，同比提升 4.5 个百分点。由此也直接体现出制造业转型升级效果比较明显（见表 10-6）。

表 10-5　2020 年各地区研究与试验发展（R&D）经费情况

地区	R&D 经费（亿元）	R&D 经费投入强度（%）	地区	R&D 经费（亿元）	R&D 经费投入强度（%）
全国	24 393.1	2.40	河南	901.3	1.64
北京	2 326.6	6.44	湖北	1 005.3	2.31
天津	485.0	3.44	湖南	898.7	2.15
河北	634.4	1.75	广东	3 479.9	3.14
山西	211.1	1.20	广西	173.2	0.78
内蒙古	161.1	0.93	海南	36.6	0.66
辽宁	549.0	2.19	重庆	526.8	2.11
吉林	159.5	1.30	四川	1 055.3	2.17
黑龙江	173.2	1.26	贵州	161.7	0.91
上海	1 615.7	4.17	云南	246.0	1.00
江苏	3 005.9	2.93	西藏	4.4	0.23
浙江	1 859.9	2.88	陕西	632.3	2.42
安徽	883.2	2.28	甘肃	109.6	1.22
福建	842.4	1.92	青海	21.3	0.71
江西	430.7	1.68	宁夏	59.6	1.52
山东	1 681.9	2.30	新疆	61.6	0.45

资料来源：国家统计局。

表 10-6　我国制造业及其细分行业上市公司 R&D 占营业收入比重　单位：%

年份	制造业整体	机械设备制造	电气设备制造	国防军工	医药生物制造	轻工制造
2019	5.3	6.3	5.6	8.0	9.2	2.5
2020	5.5	6.4	5.7	8.8	13.7	2.6

资料来源：根据智研咨询《2022-2028 年中国制造业市场竞争格局分析及投资发展研究报告》数据整理。

（二）有效专利发明数（B_{2i}）

将有效专利发明数纳入衡量制造业科技创新的成效指标是因为保持生效的专利是研发活动的直接产出，是该部门知识产权研发的实际载体。追踪我国国家知识产权局的记录可以看到，中国的专利申请授权数从 2003 年的 18.2 万件到 2022 年已经发展到了超过 432.3 万件，年均增速 20.7%。其中发明创造类专利在所有专利中的比重已经从1995年的8%翻了约2.5番，于2020年达到了近20%，这说明我国专利发展取得的成效量与质得到双提升。2018年，来自制造业部门的专利数超过91万件，过去5年年均增长率超过11%，显示在制造业转型升级过程中对科技创新的投入已初见成效（见表10-7）。

表10-7　2015~2022年中国专利申请授权数　单位：万项

	2015年	2016年	2017年	2018年	2019年	2020年	2021年	2022年
专利申请授权数	171.8	175.4	183.6	244.7	259.2	363.9	460.1	432.3

资料来源：笔者根据《中国统计年鉴》整理。

（三）新产品销售收入（B_{3i}）

作为支撑我国实体经济持续增长的关键领域，传统制造业面临的优化升级问题一直受到各方的高度重视。近年来，传统制造业越来越重视R&D，随着其R&D力度的持续加大，传统制造业的工艺技术不断进步，众多关键环节的技术难题也被逐一攻克，新产品不断涌现。新产品的销售能给企业带来巨大的经济收益，其新产品销售收入也可在一定程度上代表制造业利用科技创新技术增加营业收入，提升盈利水平的能力，同时也从侧面反映企业研发的新产品拥有广阔的市场需求。

从表10-8可以看出，我国规模以上工业企业的新产品销售收入不断增长，2021年全国规模以上工业企业实现新产品销售收入29.557万亿元，比上年增长24.1%。新产品的销售能给企业带来了很大的经济收益，同时也从侧面说明，企业依靠创新研发得到的新产品拥有广阔的市场需求，创新对产品结构调整的作用更趋明显。

表10-8　2015~2021年中国规模以上工业企业新产品销售收入　单位：亿元

	2015年	2016年	2017年	2018年	2019年	2020年	2021年
新产品销售收入	150 856.5	174 604.2	191 568.7	197 094.1	212 060.3	238 073.7	295 566.7

资料来源：笔者根据国家统计局数据整理。

（四）新产品开发（B_{4i}）

制造业新产品销售收入和制造业新产品开发项目数则是从科技创新成果转化的层面考虑，衡量制造业科技创新对实际产业的支持效果，这两个评价指标的设立最能直观地反映制造业转型升级中科技创新的成果转化能力，对于考察制造业转型升级对实体经济的扶持提升具有重要意义。

根据2018年国家统计局数据显示，出自制造业部门新开发的产品门类突破55万个，较5年前增幅超过50%。随着我国战略优势竞争产业蓬勃发展，制造业转型不断有新动力注入。2018年，国内工业部门中专注于高精尖战略性产品制造的企业有近6.6万家，在主要制造工业企业数的比重为17.7%，较上年提高3个百分点以上；战略性高精尖部门创造的增加值占全部产值的比重超过1/5。在当前我国最新扩展后的9大高精尖技术战略性产业中，信息技术部门占全部9个产业门类产值合计的比重30%以上（见表10－9）。

表10－9　2015～2021年中国规模以上工业企业新产品项目数　单位：项

	2015年	2016年	2017年	2018年	2019年	2020年	2021年
新产品项目数	326 286	391 872	477 861	558 005	671 799	788 125	958 709

资料来源：笔者根据国家统计局数据整理。

由此可见，制造业转型升级的实施使得我国制造业自主创新能力显著提高，制造业科技成果丰硕，且创新成果转化为实际产值的能力较强。

二、产业发展指标（C）的内涵及其衡量

为了反映制造业转型升级对制造业结构优化、产业发展情况的影响而设立的一系列指标。主要从劳动密集型产业法人单位注册数和从业人数、技术密集型产业法人单位注册数和从业人数、先进制造业比重、高技术产品贸易竞争优势指数、制造业就业人员劳动生产率等方面考察制造业发展的质量和国际地位。

制造业就业人员劳动生产率是以单位时间衡量的每个制造业劳动者生产出的价值量，其作为考核制造业部门经济产出实际效率的关键考核指标，可以通过（制造业总产值/考察期内从事制造业人数）计算得出。制造业部门中所谓的结构转型与朝更高层次升级，从根本上讲就是所依赖的生产要素的结构转移，即逐渐从依赖劳动力要素向科技要素以及资本要素靠拢。由此可选用资本、技术密集型产业各自的法人单位注册数和就业人数来对制造业部门的质量构成进行考察。实际上，考察先进制造业比重对评价制造业转型升级的成效有重要意义。

（一）劳动密集型产业与技术密集型产业发展状况（C_{1i}）

面对错综复杂的国际政治经济形势，举国上下齐心协力发力供给侧结构性改革，扛住了重大疫情冲击，率先复工复产，国内制造工业部门的转型道路一直稳中有进，在全球制造业格局中的重要性和竞争优势日趋明显。

制造业的产值规模稳中有增，发展模式从传统的依靠数量和高增速向提升发展质量转型。从规模以上工业企业单位数量变化来看，近年来变动不大，总体水平维持在36万家以上，2019年为36.98万家；其中，劳动密集型企业占规模以上工业企业比重近年来较为稳定接近50%，这表示我国工业企业仍具有劳动密集型性质；技术密集型企业在规模以上工业企业数中的比重连年上升从21.97%上升至2019年的25.3%，这表明我国庞大的工业体系2013年以来已出现了向技术密集型企业转化的趋势（见表10－10）。

表10－10　　　　2013～2019年企业单位数量统计

指标	2013年	2014年	2015年	2016年	2017年	2018年	2019年
劳动密集型企业单位数（个）	177 786	183 174	187 581	186 616	182 155	184 502	183 298
技术密集型企业单位数（个）	81 243	84 359	86 924	87 748	89 560	92 236	95 583
规模以上工业企业单位数（个）	369 813	377 888	383 148	378 599	372 729	374 964	377 815
劳动密集型企业占比（%）	48.07	48.47	48.96	49.29	48.87	49.21	48.52
技术密集型企业占比（%）	21.97	22.32	22.69	23.18	24.03	24.60	25.30

数据来源：笔者根据国家统计局数据整理。

（二）先进制造业比重（C_{2i}）

随着供给侧结构性改革和制造强国战略的推进，我国制造业逐步朝“既大又强”目标迈进的推进。“十二五”期间，以高端装备和高新技术研发为代表的先进制造部门保持了快速发展的状态，先进制造业生产总值约占制造业生产总值的75%（见表10－11）。“十三五”期间，也即2016～2020年，先进制造业进一步快速增长。到2020年，高技术制造业、装备制造业增加值占规模以上工业增加值的比重分别较2015年提高3.3个、1.9个百分点，分别达到15.1%、33.7%，成为推动我国制造业发展的主力。2020年，全年高技术制造业是利润增长最快的工业行业部门，利润总额占规模以上工业企业的比重为17.8%，较上年度提高1.9个百分点。

我国部分先进制造业前沿领域中的表现很好，比如工业机器人，2017年较上年度的产量增长68.1%，新能源汽车产量同比增长51.1%。2018年我国新能源汽车产销量分别高达127.0万辆和125.6万辆，同比分别增长59.9%和61.7%。2019年后，受新能源汽车补贴政策调整的影响，该领域产销量受到一定影响，当年新能源汽车产销量分别为 124.2 万辆和 120.6 万辆，同比分别下降 2.3% 和 4.0%（苗圩，2018）。

表 10－11　　2012～2016 年先进制造业比重　　单位：%

	2012 年	2013 年	2014 年	2015 年	2016 年
先进制造业比重	75.09	75.10	74.85	74.73	74.27

资料来源：笔者根据国家统计局整理得出。

（三）制造业就业人员劳动生产率（C_{3i}）

与此同时，制造业就业人员的利用率得到有效提升，在 2012 至 2020 年间，制造业单位就业人员创造的 GDP 从 51.61% 增长到 75.21%，呈现了明显上涨的趋势（见表 10－12）。

表 10－12　　2012～2020 年制造业就业人员劳动生产率　　单位：万元/人

	2012 年	2013 年	2014 年	2015 年	2016 年	2017 年	2018 年	2019 年	2020 年
制造业就业人员劳动生产率	51.61	50.36	52.98	54.53	57.79	67.03	74.92	78.12	75.21

资料来源：根据国家统计局数据整理得出。

（四）高技术产品贸易竞争优势指数（C_{4i}）

要考察制造业创新研发中的高端科技含量产品（High-tech Product，HTP）在国际市场中相关领域的竞争比较优势，可以用到高技术产品贸易竞争优势指数指标，其计算方法列为：

$$TTC = \frac{HTPEx - HTPEm}{HTPEx + HTPEm} * 100\% \qquad (10.4)$$

即，(HTP 出口额与进口额之差)/(HTP 出口额与进口额之和)。我国高技术产业的主要特点是“量大而少精”，高技术产品贸易竞争优势不够明显，常年维持在 8% 上下浮动，从整体来说，我国高技术产品国际竞争力稍弱（见表 10－13）。

表 10－13　　2012～2020 年高技术产品国际竞争力优势指数　　单位：%

	2012 年	2013 年	2014 年	2015 年	2016 年	2017 年	2018 年	2019 年	2020 年
高技术产品国际竞争力优势指数	8.51	8.38	9.00	8.91	7.09	6.72	5.30	6.79	6.46

资料来源：根据国家统计局数据整理得出。

综合上述评价指标反映的结果，可以看到制造业转型升级对我国制造业结构优化具有一定的推动作用，尤其是新兴先进制造业、高技术制造业的体量有所提高，其发展取得了一定突破。同时，我国也开始出现制造业重心也从过去偏中、低端的劳动密集型产业、资源消耗型产业像技术密集型、劳动密集型产业转移的趋势。

三、绿色发展指标（D）的内涵及其衡量

（一）制造业绿色发展情况梳理

一是制造业能源消耗情况。制造业转型升级的一大目标就是推进制造业结构优化，传统高耗能产业呈现“三高”的特征。根据国家统计局数据，2020 年我国制造业能源消耗总量为 279 651 万吨、制造业煤炭消耗量为 159 830 万吨、制造业电力消耗量为 39 853.38 亿千瓦时，而 2011 年上述数据分别为 229 091 万吨、163 946 万吨、25 526.84 亿千瓦时。从制造业能源消耗总量数据可以看出，制造业能源消耗总量自 2011 年起不断攀升，反映出制造业能耗利用率的提高尤为重要（见表 10 - 14）。

表 10 - 14　2011 ~ 2020 年制造业能源消耗量

年份	制造业能源消耗总量（万吨）	制造业煤炭消耗量（万吨）	制造业电力消耗量（亿千瓦小时）
2011	229 091	163 946	25 526.84
2012	234 539	165 862	26 822.46
2013	239 053	173 152	28 987.01
2014	248 976	179 535	31 640.98
2015	248 264	181 345	31 178.10
2016	247 658	172 342	32 131.97
2017	252 462	162 194	34 687.63
2018	258 604	161 049	36 935.83
2019	268 426	159 894	38 108.53
2020	279 651	159 830	39 853.38

资料来源：根据国家统计局数据整理。

二是制造业污染物排放情况。根据有关部门的统计数据，从 1991 年开始一

直到 2012 年，源自我国第二产业中冶炼、化工行业的碳排放量，年均占比超过了全部第二产业碳排放量的六成。可见，在我国制造业门类中的最主要的排碳产业其单位碳排放的生产效率仍存在较大提升空间。自 2011 年开始，我国工业二氧化硫排放量和工业氮氧化物排放量逐年下降，其中工业二氧化硫排放量从 2011 年的 18 964 630 吨下降至 2020 年的 2 531 511 吨，工业氮氧化物排放量从 2011 年的 16 600 615 吨下降至 2020 年的 4 174 959 吨，下降比例分别高达 86.65% 和 74.85%（见表 10－15）。

表 10－15　　　　2011～2020 年工业废气排放量

年份	工业废气排放总量（亿立方米）	工业二氧化硫排放量（吨）	工业氮氧化物排放量（吨）
2011	674 509	18 964 630	16 600 615
2012	635 519	17 758 201	15 808 097
2013	669 361	16 892 309	14 649 394
2014	694 190	15 845 169	13 162 147
2015	685 190	14 007 381	10 881 097
2016	—	7 704 689	8 091 004
2017	—	5 298 770	6 464 927
2018	—	4 467 324	5 887 366
2019	—	3 953 670	5 480 735
2020	—	2 531 511	4 174 959

资料来源：中国环境统计年鉴（自 2016 年起，工业废气排放总量不再披露）。

与此同时，工业废水排放量下降成效显著。据中国环境统计年鉴数据可知，2011～2015 年间，工业废水排放总量从最初的 2 129 036 万吨下降至 1 815 527 万吨。并且化学需氧量排放量和氨氮排放量从 2011 年的 3 219 679 吨、262 370 吨下降至 2020 年的 497 323 吨、21 216 吨，下降比例分别高达 84.55%、91.91%。整体上，我国的工业污染物排放得到了有力遏制，反映出制造业绿色发展效果显著（见表 10－16）。

表 10－16　　　　2011～2020 年工业废水排放量

年份	工业废水排放总量（万吨）	化学需氧量排放量（吨）	氨氮排放量（吨）
2011	2 129 036	3 219 679	262 370
2012	2 033 627	3 038 761	242 236

续表

年份	工业废水排放总量（万吨）	化学需氧量排放量（吨）	氨氮排放量（吨）
2013	1 924 811	2 852 944	224 769
2014	1 869 626	2 745 819	210 466
2015	1 815 527	2 555 499	196 305
2016	—	1 228 259	64 502
2017	—	909 631	44 500
2018	—	813 894	39 863
2019	—	771 611	34 911
2020	—	497 323	21 216

资料来源：中国环境统计年鉴（自 2016 年起，工业废水排放总量不再披露）。

此外，制造业节能发展与资源高效利用能力显著提升。我国在监管查处和检测优化两个方面同时下手，在“十三五”规划的头 4 年，第二产业规模化单位生产的增加值单位能耗缩小了 15%，每万元产值的用水量节省近 28%。我国陆续设立了 60 余座工业废弃物综合回收再利用示范基地，推动大型工业废弃物和可再生资源利用范围的推广和深化。同时对有害电子废弃物和汽车制造业中轿车类生产过程中对重金属铅的投入量的监管力度不断加大。

2024 年 2 月，工信部官网数据显示，国家层面累计培育绿色工厂 5 095 家、绿色工业园 371 家、绿色供应链管理企业 605 家、绿色产品近 3.5 万个，带动地方累计创建省级绿色工厂超 6 000 家、省市级绿色工业园区近 300 家、省市级绿色供应链管理企业 200 家，各行业、各地区绿色制造业水平不断提升。同时，我国与国际制造业绿色化发展的交流也不断加深，分别与欧盟、意大利、韩国、日本等经济体开展项目合作与经验交流，稳步打造制造业绿色化发展的“一带一路”工程。

（二）制造业绿色发展成效检验

基于数据可获得性，本节利用中国制造业上市公司数据进行制造业绿色发展成效的简单验证。为了检验中国制造业绿色发展的成效及相应的驱动因素，在考虑时间固定效应与个体固定效应后，构建基准模型（10.5）如下：

$$EP_{it} = \alpha + \beta Ginno_{it} + \vartheta X_{it} + \lambda_t + \mu_i + \varepsilon_{it} \tag{10.5}$$

其中，被解释变量 EP 为制造业绿色发展指标。$Ginno$ 为本节的核心解释变量。X 代表控制变量，λ 代表时间固定效应，μ 代表企业固定效应，ε 为随机误差项，i、t 分别表示企业和年份。系数 β 表示制造业绿色创新对制造业环境绩效的影响，预期符号为正。

参考王馨和王营（2021）[①] 的做法，我们以制造业企业是否获得环境表彰衡量绿色发展，如果企业获得了环境表彰或者其他正面评价，则取值为1，没有则取值为0。同时，李青原和肖泽华（2018）[②] 认为发明专利、实用新型专利和外观设计专利的创新性是依次降低的，发明专利更能代表创新质量。此外，专利授权数可能存在问题，专利从申请到授权具有一定的时滞，不能反映企业当期的创新情况。因此，本节选取制造业上市公司绿色发明专利申请数加1后取对数（*Ginno*）作为制造业绿色创新的衡量指标，同时为了保证变量选取的科学性与结论的稳定性，后续以制造业上市公司绿色发明专利申请数占其当年所有专利申请总数的比重衡量的制造业绿色创新指标进行稳健性检验。为控制其他影响制造业绿色创新的因素，根据现有文献（苏丹妮和盛斌，2021）[③]，回归模型加入企业控制变量（*X*）。具体包括：企业规模（*Size*），使用员工人数的对数来表示；企业年龄（*Age*），用当年年份减去企业成立年份后取对数表示；独立董事比例（*Indep*），用独立董事人数与董事会总人数之比表示；经营现金流（*Cflow*），用经营活动产生的现金流量净额与总资产之比表示；两职合一（*Duality*），以董事长与总经理是否为同一人表示；股权集中度（*Top*1），以第一大股东持股比例表示；盈利能力（*ROA*），用营业利润与总资产之比表示；资产结构（*Stru*），用固定资产净额与总资产表示。

本节数据为2004～2020年的制造业上市公司数据。企业财务数据主要来自国泰安数据库、万得数据库，绿色专利和环境表彰数据来自中国研究数据服务平台（CNRDS），该数据库对绿色专利划分标准完全遵循了世界知识产权局的绿色专利标准，对来源于国家知识产权局和Google Patent的专利进行统计。此外，依照常规处理办法对初始样本进行相应的删减：（1）剔除ST、PT等状态异常的上市公司；（2）仅保留制造业上市公司样本；（3）剔除关键指标缺失及异常的观测值。经过上述处理，最终获得符合标准的由22 709个公司—年度观测值组成的非平衡面板数据，同时对连续变量在上下1%进行缩尾处理，以控制极端值影响。主要变量的描述性统计如表10－17所示。

---

① 王馨、王营：《绿色信贷政策增进绿色创新研究》，载于《管理世界》2021年第6期。

② 李青原、肖泽华：《异质性环境规制工具与企业绿色创新激励——来自上市企业绿色专利的证据》，载于《经济研究》2020年第9期。

③ 苏丹妮、盛斌：《服务业外资开放如何影响企业环境绩效——来自中国的经验》，载于《中国工业经济》2021年第6期。

表 10 - 17　　　　　　描述性统计

变量	样本量	均值	标准差	最小值	最大值
EP	22 709	0. 045	0. 208	0	1
Ginno	22 709	0. 174	0. 512	0	2. 890
Size	22 709	7. 642	1. 189	2. 398	12. 438
Age	22 709	2. 660	0. 451	0	4. 127
Indep	22 709	0. 372	0. 052	0. 3	0. 571
Cflow	22 709	0. 050	0. 069	- 0. 158	0. 248
Duality	22 709	0. 291	0. 454	0	1
*Top*1	22 709	0. 348	0. 145	0. 091	0. 747
ROA	22 709	0. 050	0. 075	- 0. 317	0. 252
Stru	22 709	0. 236	0. 143	0. 013	0. 646

基于前文研究设计，该部分借助基准回归模型（1），报告制造绿色创新对制造业绿色发展的影响，结果如表 10 - 18 所示。其中，列（1）仅控制企业固定效应，列（2）同时控制企业固定效应与时间固定效应。列（3）进一步加入控制变量。不难发现，无论是否加入控制变量，回归系数均显著为正。表明制造绿色创新驱动制造业绿色发展的效果非常明显。

表 10 - 18　　　　制造业绿色创新对制造业绿色发展的影响

变量	*EP*		
	(1)	(2)	(3)
Ginno	0. 039 *** (0. 007)	0. 025 *** (0. 006)	0. 024 *** (0. 006)
Size			0. 011 *** (0. 003)
Age			- 0. 000 (0. 012)
Indep			0. 016 (0. 044)
Cflow			0. 015 (0. 021)

续表

变量	EP		
	(1)	(2)	(3)
Duality			-0.008* (0.005)
*Top*1			-0.006 (0.025)
ROA			0.043** (0.019)
Stru			0.011 (0.022)
企业固定效应	YES	YES	YES
时间固定效应	NO	YES	YES
常数项	0.039*** (0.001)	0.042*** (0.001)	-0.048 (0.042)
N	22 709	22 709	22 709
R^2	0.322	0.346	0.347

注：括号内为聚类到企业层面的稳健标准误，*、** 和 *** 分别表示显著性水平为10%、5%和1%。

为保证基准回归结果的稳健性，继续进行以下稳健性检验。首先，更换指标。除了以绿色专利授权数加取对衡量制造业绿色创新之外，继续更换以绿色专利授权数占所有专利授权总数的比重指标进行稳健性检验，表 10－19 第（1）列报告了相关结果；其次，更换样本。进一步提取直辖市样本进行稳健性检验，表 10－19 第（2）列报告了相关结果；再次，控制省份－时间联合固定效应。理论上诸如地区经济波动、产业政策等区域及产业层面的宏观冲击对估计结果影响应当是有限的，即无偏性基本满足，但为确保基准结果估计的有效性，该部分进一步控制各省份可能随时间变化因素的宏观影响，表 10－19 第（3）列表示在控制企业固定效应和时间固定效应的基础上进一步控制省份－时间联合固定效应，进而得出更为纯净的估计效果；最后，不同层次聚类稳健标准误。不同层级聚类标准分析是基于样本相关性作出的不同假设，其会对样本估计结果的显著性产生直接影响，为保证聚类层级不会影响基准结果的可靠性，该部分将基准回归模型的聚类层级依次替换为行业、城市和省份，表 10－19 第（4）~（6）列是通过提高聚类层级相应的估计结果。从表 10－19 的结果可以看出，在经过上述一系列稳健性检验之后，回归系数依然显著为正，与基准回归结果一致，也即制造业绿色创新显著推动了制造业绿色发展，证明本书结论是稳健的。

表 10 - 19　　稳健性检验

	(1)	(2)	(3)	(4)	(5)	(6)
Ginno	0.022*** (0.008)	0.020*** (0.007)	0.024*** (0.006)	0.024** (0.009)	0.024*** (0.007)	0.020** (0.008)
Size	0.012*** (0.003)	0.012*** (0.004)	0.011*** (0.003)	0.011*** (0.003)	0.011*** (0.003)	0.012*** (0.003)
Age	-0.000 (0.012)	0.002 (0.013)	-0.000 (0.012)	-0.000 (0.013)	-0.000 (0.012)	-0.010 (0.009)
Indep	0.015 (0.044)	0.011 (0.047)	0.016 (0.044)	0.016 (0.043)	0.016 (0.041)	0.033 (0.050)
Cflow	0.015 (0.021)	0.010 (0.022)	0.015 (0.021)	0.015 (0.022)	0.015 (0.021)	0.018 (0.029)
Duality	-0.009* (0.005)	-0.004 (0.005)	-0.008* (0.005)	-0.008* (0.005)	-0.008* (0.005)	-0.009 (0.006)
*Top*1	-0.008 (0.025)	0.002 (0.026)	-0.006 (0.025)	-0.006 (0.028)	-0.006 (0.024)	0.014 (0.028)
ROA	0.044** (0.019)	0.049** (0.021)	0.043** (0.019)	0.043** (0.017)	0.043** (0.018)	0.054* (0.029)
Stru	0.011 (0.022)	0.012 (0.024)	0.011 (0.022)	0.011 (0.018)	0.011 (0.022)	0.001 (0.025)
企业固定效应	YES	YES	YES	YES	YES	YES
时间固定效应	YES	YES	YES	YES	YES	YES
省 - 时固定效应	NO	NO	YES	NO	NO	NO
常数项	-0.052 (0.043)	-0.065 (0.046)	-0.048 (0.042)	-0.048 (0.035)	-0.048 (0.045)	-0.039 (0.046)
N	22 709	19 519	22 709	22 709	22 709	19 035
R^2	0.346	0.358	0.347	0.347	0.347	0.366

注：括号（1）（2）（3）聚类到企业层面的稳健标准误，括号（4）（5）（6）分别为聚类到行业、城市和省份层面的稳健标准误，*、** 和 *** 分别表示显著性水平为 10%、5% 和 1%。

可见，当前我国制造业绿色发展虽已初见成效，但并不能盲目乐观，下一阶段的工作重心应当放在突破技术门槛和完善配套政策体系上。一是以技术突破作为推进制造业绿色化的源动力，将创新的焦点转向整个行业甚至是某一片产业集群，为制造业向绿色化发展转型提供全方面、成体系的突破动能。二是构建符合绿色化制造业发展内在要求的配套政策体系。一方面，在监管查处和检测优化两个方面同时出手，全面监控不符合绿色化发展模式制造部门并为之提供优化建议与帮助；另一方面，在财政金融方面推行保障措施，为绿色制造的发展提供金融与资本市场的支持，充分发挥资本活水的滋养作用。

第四节　制造业转型升级评价的微观指标体系

推进制造业的转型升级，离不开对制造业主体的考察。除了国家政府层面提供的政策以及制度所施加的宏观保障之外，经济主体层面中、微观部门所展现出来的创新活力与能动性也为实体经济的平稳发展和社会经济可持续的高质量化升级提供了源源不断的活力。作为制造业的微观主体，制造业企业的创新活力、竞争能力等诸多关键能力对于推动中国制造业转型升级而言都至关重要。因此有必要从这一角度出发，设立相关评价指标，对制造业微观主体在制造业转型升级时期的各种能力和表现进行全面的考察评价。

一、制造业转型升级中的企业创新活力

微观企业主体所蕴含的创新活力，是推动我国制造产业高质量转型的磅礴动力。比如，制造部门的企业从向消费者提供单一的生产制成品朝提供包含一系列增值服务在内的“产品+”模式转型，由此演化而来的制造业朝服务化转型为产品赋予了更多的附属价值和个性化需求，有利于我国制造产业链在“微笑曲线”的位势向更优处攀移，形成“弹性制造”，从而在更深的精度和更广的宽度上对市场需求进行饱和性吸收。只要汇聚每一个微观企业主体的创新活力，就能形成促进发展的强大合力和势能，从而“推进中国制造向中国创造转变、中国速度向中国质量转变、制造大国向制造强国转变”。努力把“四个协同”（人才、产业、生活、生态）的产业体系打造成经济体系现代化过程中的承载骨架，即“实体经济、科技创新、现代金融和人力资源协同发展的产业体系”。要解决现代化经济体系建设过程中的动力问题，根本的路径是解放微观企业主体的活力、解放束缚

其生产经营的外部枷锁。在解放微观企业主体的活力时，重点是要抓住企业家、科技工作者和党政机关领导干部三个“关键少数”，发挥其带头示范效应；调动创业群众这个“绝大多数”，给予发挥他们创新创业能动性更广阔的制度和市场空间。就企业活力这一指标而言，可以设立盈利能力、创新能力、风险失信、高管素质等诸多子指标来进行考察评价。

二、制造业转型升级中制造业企业新增及上市公司情况

结合国内外学者关于企业转型升级的研究，基于价值链理论、企业成长理论、创新理论以及企业核心竞争力理论，除了制造业上市公司数这一评价指标，制造业上市公司的财务发展能力、企业创新能力、市场竞争能力、国际化水平等细分指标也可以考虑纳入制造业转型升级的微观评价指标体系（唐辉亮，2016）。

从制造业企业上市情况来看，依据中国上市公司协会发布的《中国高端制造业上市公司白皮书》，截至 2022 年 12 月 10 日，我国 A 股制造业上市公司数量达到 3 313 家，占 A 股全部的 65.5%。其中，高端制造业上市公司数量达到 2 121 家，占制造业上市公司的 65%，相比于 2017 年底的 1 250 家增长了 69.7%。虽然我国制造业企业上市公司市值与数量占比不相称，但整体上也体现了作为制造业转型升级的微观主体正在发挥其应有的作用，从侧面反映各部门对制造业转型升级的扶持。

从整体制造业企业数量上看，我国每年新增的制造企业登记注册情况可以反映出制造业的发展处境。2013 年我国制造业企业数为 33.5 万家，而这一数字在 2020 年末增加到了约 36.2 万家，10 年期间近乎增长了 10%（见表 10－20）。

表 10－20　　2013～2023 年中国制造业企业注册数量　　单位：万家

	2013 年	2014 年	2015 年	2016 年	2017 年	2018 年	2019 年	2020 年	2021 年	2022 年	2023 年
注册数量	33.5	34.7	35.1	34.9	34.5	34.4	34.7	36.3	40.0	43.0	44.5

资料来源：国家统计局。

第五节　制造业转型升级评价的辅助性指标体系

除了从上述三个层次的视角来构建中国制造业转型升级的评价指标体系以外，还有一些辅助性的评价指标，这些评价指标或因其所涉及的层次跨度较大或

因为其包含的评价对象比较宽泛，不便于用典型的宏观、中观、微观体系来概括，因此单独设立其他辅助性指标体系。

一、制造业转型升级对营商环境的完善作用

营商环境是很有意义的一个辅助性评价指标。所谓营商环境是指市场主体在准入、生产经营、退出等过程中涉及的政务环境、市场环境、法治环境、人文环境等有关外部因素和条件的总和。营商环境是市场经济运行不可或缺的外部条件，也是决定能否吸引市场主体参与经营交易的重要考量，不论是要解放国内生产力还是想提高国际市场之间吸引投资的竞争力，对营商环境的优化建设都是绕不开的工作。2020 年年底，中央发改委对外公布了我国历史上第一部对营商环境进行评估分析的报告：《中国营商环境报告 2020》，该报告对营商环境的评价范围已经囊括了我国 31 个省份。该报告显示，我国营商环境的优化建设工程已取得较为积极的成效，企业和群众的参与度大大提升且获得感明显增强。

世界银行《营商环境报告》每年发布一次，用于评估全球 190 个经济体的内资中小企业营商难易程度，具体衡量其营商成本以及影响营商环境的法规制度的质量。中国营商环境全球排名从 2018 年的第 78 位升至 2020 年的第 31 位，跃升了近 50 位，连续两年成为全球优化营商环境改善幅度最大的十大经济体之一。世界银行《2020 年营商环境报告》涵盖了 12 个指标和 190 个经济体（见表 10 - 21），其中有 10 个指标被纳入营商环境便利度得分和营商环境便利度排名，覆盖企业整个生命周期中的几个关键环节。在世界银行 10 项评估指标中，中国有 8 项指标排名上升，比上年多 1 项。可以参考这些指标，构建营商环境的评价指标体系。

表 10 - 21　世界银行《2020 年营商环境报告》评价指标

指标	考量的内容
开办企业	设立有限责任公司的手续、时间、费用和最低资本金
办理施工许可证	办理施工许可手续的手续、时间和费用以及施工许可制度的质量控制和安全机制
获得电力供应	获得电力供应的手续，时间和成本，电力供应的可靠性和收费的透明度
登记财产	动产抵押法律和信用信息系统
保护中小投资者	关联交易及公司治理中的中小股东权利

续表

指标	考量的内容
纳税	公司进行纳税、申报过程中，税费的支付、时间和税率等
跨境贸易	进出口的时间及成本
执行合同	处理商业纠纷的时间、成本和司法程序
处理破产	处理商业破产的时间、成本、结果、回收率及破产法律框架的强度
雇佣劳工	雇佣规章的灵活性
获得信贷	动产抵押法律和信用信息系统
与政府签约	通过政府采购及政府采购规管架构参与并获得工程合约的程序及时间

资料来源：摘自世界银行《2020 年营商环境报告》。

二、国际竞争指标（E）的内涵及其衡量

对制造业转型升级的评价不仅要反映其在国内取得的成效，更需要体现其对中国制造业乃至中国经济国际竞争力的提升效果。该领域主要从制造业产品国际市场占有率、人民币国际化指数、全球制造业国际竞争力指数等方面来评价。国际产业链供应链影响力可列为国际竞争指标的一个补充指标，用来综合评价中国制造业在国际产业链、供应链的地位与影响力，属于非量化的指标。

（一）全球制造业国际竞争力指数（E_{1i}）及中国地位

根据 Porter（1990）的思想以及一些经济学的理论，某一产品的出口额以及在全球市场中相关领域的份额比重是衡量一国在该产业部门竞争优势的直观体现。由此出发，可设计全球制造业竞争力指数。这一工作首先体现在德勤有限公司（德勤全球）携手美国竞争力委员会联合进行研究并发布的《全球制造业竞争力指数》之中。从 2010 年开始，《全球制造业竞争力指数》每 3 年发布一版新的报告，至今已发布了 3 份研究报告。

2010 年以来中国已经连续三次蝉联全球制造业竞争力的第 1 名（见表 10－22）。而随着制造业变得越来越先进和成熟，也受到再工业化相关政策的影响，20 世纪的传统制造业大国（美国、德国、日本和英国）持续投入开发先进制造技术，排名有所回升。

表 10-22　　2013~2020 年世界主要国家制造业竞争力指数排名（指数/排名）

年份	中国	美国	德国	韩国	英国	日本
2010	10.00/1	5.84/4	4.80/8	6.79/3	2.82/17	5.11/6
2013	10.00/1	7.84/3	7.98/2	7.59/5	5.81/15	6.60/10
2016*	100.0/1	99.5/2	93.9/3	76.7/5	75.8/6	80.4/4
2020**	93.5/2	100.0/1	90.8/3	77.0/6	73.8/8	78.0/4

注：* 德勤公司于 2016 年之后将指数编制更改为百分制以便更为精确地显示各国之间的差异；** 为笔者对 2020 年的预测值。

资料来源：笔者根据德勤《全球制造业竞争力指数》整理。

该报告强调了创新在制造业发展中的作用，认为中国政府不断通过公共方式投资于研发领域，同时激励私营部门以建立协作创新生态系统的方式开展自主研究。每年显著增长的研发投入，每年有大量的理工科专业的毕业生形成人才红利，加之有十分注重技术商业化以及强劲增长的风险资本的投资，相当于整合了政府、学术界、私人股权投资者和制造业企业，由此共同建立和维持的这种创新生态系统，制造商参与其中并获得显著利益。中国多年蝉联榜首，不仅因为其传统低成本价值，还归功于长期布局的创新基础设施。

另一个类似指数是联合国工业发展组织（United Nations Industrial Development Organ，UNIDO）发布的"全球制造业竞争力指数"（Competitive Industrial Performance Index，CIP）。2003 年版的 CIP 由人均制造业增加值、人均制成品出口额、制造业增加值中高技术产品的比重、制成品出口中高技术产品的比重 4 个指标构成，涵盖 87 个国家和地区。2004 年版的 CIP 再增加了制造业增加值占 GDP 的比重、制成品占总出口的比重两个指标，涵盖的国家和地区扩大到 155 个。2021 年 4 月底，UNIDO 以 2018 年 8 个指标为标准发布新版 CIP，对全球 152 个国家、地区的生产和出口制成品的能力进行了评估（见表 10-23）。

表 10-23　　全球制造业竞争力指数（CIP）主要国家（地区）变化情况

经济体	2018 年 CIP 排名	2012 年 CIP 排名	2012~2018 年排名变化
德国	1	1	⇔
中国	2	5	⇑
韩国	3	4	⇑
美国	4	2	⇓
日本	5	3	⇓

续表

经济体	2018 年 CIP 排名	2012 年 CIP 排名	2012 ~ 2018 年排名变化
爱尔兰	6	13	⇑
瑞士	7	6	⇓
中国台湾	8	8	⇔
新加坡	9	7	⇓
荷兰	10	9	⇓

资料来源：笔者根据 UNIDO 于 2021 年 4 月发布的“全球制造业竞争力指数（以 2018 年指标为准）”统计。

该报告显示，德国长期稳居世界各国、地区的首位。德国的“生产和出口制成品的能力”表现突出，但“技术深化和升级水平”和“世界影响力”指标方面，以中国、韩国为代表的东亚国家，近年来有了长足发展并脱颖而出。美国，虽然制造业各项指标得分不低，但全球排名下滑。

中国制造业近年来发展一直向好，具有整体竞争力优势。CIP 指数显示，中国制造业全球竞争力连续 4 年排名第 2，2018 年较 1990 年提高 30 名，较金融危机前的 2007 年提高 10 名。

（二）国际市场占有率（E_{2i}）

世界制造业总出口值（Manufacturing Export Value），我们用 MEV_{world} 表示，中国制造业总出口值，我们用 MEV_{china} 表示，即制造业国际市场占有率为：

$$E_1 = \frac{MEV_{china}}{MEV_{world}}\% \qquad (10.6)$$

在制造业升级的一系列措施的助推下，中国生产的制造业产品在国际货物出口市场的占比不断增大。以方程（10.6）计算，21 世纪初生产的制造业产品在国际货物出口市场的占比不足 5%，而经过 15 年后该比重在 2015 年已经接近 19%。“中国制造”已经在国际竞争中成为了世界各国不可忽视的重要力量，中国也成为了制造业体量最大的国家。

从行业类别分析，我国技术含量较低的初级产品在国际市场的竞争优势地位仍难以撼动，15 个详细门类中，中国仅有 4 个产品门类在全球出口货物的占比不足 1/10。除个别产业因为出口数量的基数较大导致相对增幅难以明显增长，其他产品的全球市场占比增速明显。具备一定技术含量的中级加工产品近年来普遍获得了一定程度的发展，在国际市场上的竞争表现尚不强势。其中化学化工制品和钢铁制品两类在全球出口市场的占比取得了较为不错的增长。高精尖技术领域中，中国的自动化处理产品、5G、高铁等产业因为具备较为明显的比较优势，国际市场竞争力十分明显，市场份额占比较高。2019 年中国制造业在全球产业链中的占比接近 30%，其中：汽车零部件、家电、服务机器人、光伏等出口占比 30% 以上。

制造业增加值是一国生产力水平的体现，也是制造业实力的象征。比较中美相关数据，20 世纪 60 年代为大力发展高附加值的高新技术制造业，美国开启“去工业化”进程，其制造业增加值占 GDP 的比重由 1960 年的 25.3% 下降至 2018 年的 11.3%，同时非农就业人数中制造业的比重也由原先的 33% 滑落至 10%（见图 10-6）。

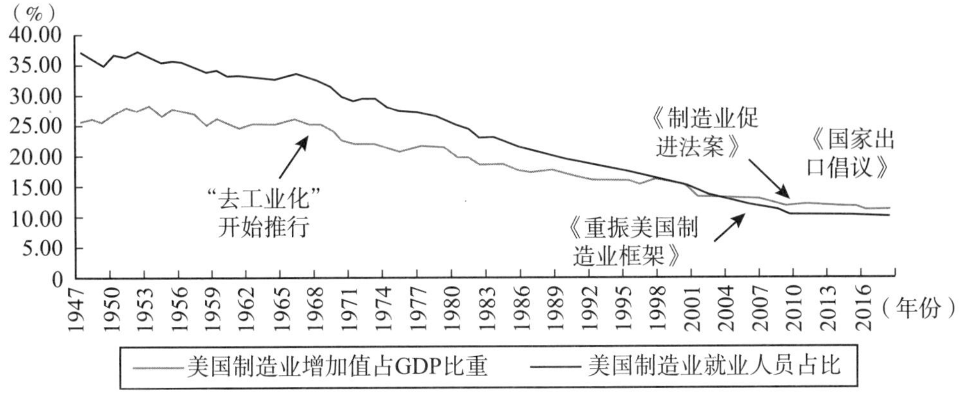

图 10-6　美国由去工业化向再工业化的转变

资料来源：Wind，中信证券研究部，https：//www.gelonghui.com/p/339394。笔者根据世界银行数据整理。

在此之后美国开始认识到制造业发展的重要性并推出《重振美国制造业框架》。与美国的去工业化路径不同，中国改革开放则开启了工业化道路，不断推进制造业转型升级，制造业增加值占 GDP 的比重日益上升。据世界银行数据显示，按现价美元测算，2010 年我国制造业增加值首次超过美国居世界第一，自此以后连续多年稳居世界第一。从 2010 年开始，美国和中国工业增加值的差距总体呈增大趋势，2016 年之后中国的领先优势愈发明显。如果按照 10 年平均增长率估算我国 2025 年制造业增加值将达到 5.53 万亿美元，将超过美国和欧盟 2.32 的总和（见表 10-24）。

由于 2020 年疫情蔓延原因，导致低翘尾效应，2021 年中国、欧盟、美国的经济增长都要超过平常年份，制造业增加值都要超过 10 年平均值。但是我国的经济增速比欧盟和美国高，加上我国的制造业占比比欧盟和美国要大，故制造业增加值可能提高更多。由于美元贬值，以美元计算中国和欧盟的制造业增加值相应的增量会更大，由于我国制造业总量更大，所以增量更大。因此我国制造业增加值超过美国和欧盟27国之和的时间可能会提前，2021年上半年我国制造业增加值达2.28万亿美元，全年可能接近5万亿美元，如果美元持续走弱，那么2022年我国制造业增加值很有可能就会超过美国和欧盟27国之和。

表10－24　2005～2021年主要发达国家和地区制造业增加值及增速

年份	中国		美国		日本		欧盟	
	制造业增加值（亿美元）	增速（%）	制造业增加值（亿美元）	增速（%）	制造业增加值（亿美元）	增速（%）	制造业增加值（亿美元）	增速（%）
2005	7 336.56	17.34	16 938.60	5.22	10 350.63	0.16	18 870.85	2.66
2006	8 931.31	21.74	17 950.87	5.98	9 847.23	-4.86	20 090.58	6.46
2007	11 497.20	28.73	18 473.05	2.91	10 018.44	1.74	23 322.15	16.09
2008	14 756.64	28.35	18 031.62	-2.39	10 863.97	8.44	24 791.21	6.30
2009	16 119.46	9.24	16 950.73	-5.99	10 075.26	-7.26	20 411.51	-17.67
2010	19 243.24	19.38	17 889.54	5.54	11 959.40	18.70	21 053.04	3.14
2011	24 213.73	25.83	18 576.82	3.84	12 176.80	1.82	23 237.61	10.38
2012	26 900.91	11.10	19 197.03	3.34	12 335.67	1.30	21 307.96	-8.30
2013	29 353.40	9.12	19 817.54	3.23	10 074.93	-18.33	22 128.94	3.85
2014	31 842.35	8.48	20 423.39	3.06	9 594.98	-4.76	22 961.93	3.76
2015	32 025.04	0.57	21 217.85	3.89	9 095.43	-5.21	20 703.77	-9.83
2016	31 351.18	-2.10	20 940.72	-1.31	10 151.48	11.61	21 355.83	3.15
2017	34 603.25	10.37	21 749.39	3.86	10 076.63	-0.74	22 525.66	5.48
2018	38 684.58	11.79	23 080.55	6.12	10 419.67	3.40	24 211.6	7.48
2019	38 234.14	-1.16	23 418.48	1.46	10 455.48	0.34	23 416.27	-3.28
2020	38 538.08	0.79	22 691.87	-3.10	10 300.00	-1.49	22 283.02	-4.84
2021	48 658.27	26.26	24 971.31	10.04	9 679.62	-6.02	25 301.51	13.54

资料来源：笔者整理。

（三）人民币国际化指数（E_{3i}）

当某一货币的发行国因其制造业的竞争优势，使得其对外出口和直接投资水平逐步提升时，就可以通过本国商品在国际贸易和国际支付活动中的优势地位推动其货币的使用范围和使用深度，从而全方位提升其货币国际化程度。反过来，一国货币的国际化水平越高，汇率就会在逐步走强中趋于稳定，从而有利于该国产品的出口与产业升级。

人民币国际化指数（RII）由中国人民大学国际货币研究所提出并编制。对RII指数反映的经济学内涵可以做如下理解：RII数字可以等同于人民币在国际经济贸易活动中所有结算币种的比重，如果RII为100则意味着全球交易结算只用人民币一种货币被使用，如果RII指数上升则表明人民币国际化水平不断提高。借助对该指标变动情况的跟踪，可以分析中国人民币在国际经济活动中的价值尺度功能与支付手段功能，进而从侧面反映出中国经济和制造业在国际竞争中的地位。

根据《人民币国际化报告2021》提供的最新数据，截至2020年底，RII达到5.02，同比大幅增长54.20%，创下历史新高，与10年前我国尝试性推行跨境贸易人民币结算时0.02%的数据相比，上涨了160倍。RII大幅增长得益于以下三方面：一是人民币国际贸易计价结算职能继续巩固；二是人民币金融交易职能显著增强，在全球直接比达到9.89%，同比增长84.23%，成为RII攀升的主要动力；三是人民币国际储备职能进一步显现（见图10－7），由此也能从侧面反映出中国制造在全球竞争力的提升。

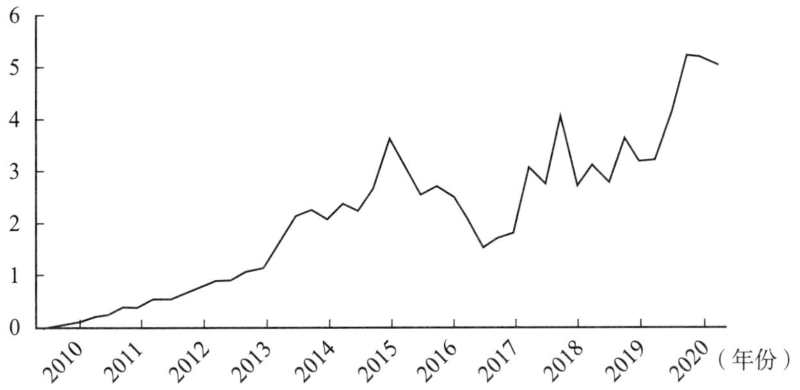

图10－7　人民币国际化指数

资料来源：参见中国人民大学国际货币研究所发布的《人民币国际化报告2021》。

（四）制造强国发展指数（E_{4i}）

中国制造强国发展指数由中国工程院和南京航空航天大学等机构联合编制，通过综合考察一国制造业发展过程中的产业规模、质量效应、产业结构以及可持续化发展能力，编制出9国制造强国发展指数（印度和巴西作为发展中国家对照组）以反映该国制造业的发展趋势和产业特点。

从制造强国发展指数来看，2020年美国指数为173.19，远超其余八国，处于第一队列；德国和日本处于第二队列，指数均超过 110；中国、韩国、法国和英国属于第三队列，印度和巴西则作为对照组列为其他梯队（见表 10 - 25）。纵观 2015 ~ 2020 年各国制造强国指数的变化，可以看出，美国长期保持绝对领先的优势地位；以美国为对比基准，中国、德国、韩国在总体上呈现出稳步提升的追赶态势；日本近年来则逐渐被中国赶上；英国、法国、韩国三国总体表现平稳，波动幅度不大；作为对照组的印度和巴西在表现上远远落后于上述发达国家，也远不如同为发展中国家的中国（见图 10 - 8）。

表 10 - 25　　2020 年各国制造强国发展指数

国家	美国	德国	日本	中国	韩国	法国	英国	印度	巴西
制造强国发展指数	173.19	125.94	118.19	116.02	74.39	69.35	61.45	44.56	27.38

资料来源：中国工程院 . 2021 中国制造强国发展指数报告［R］.

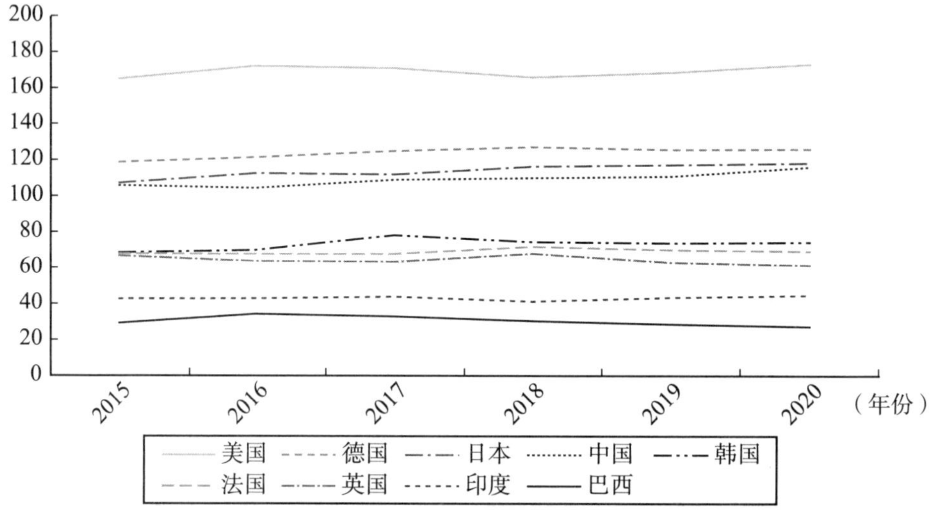

图 10 - 8　2015 ~ 2020 年各国制造强国发展指数相对值

资料来源：中国工程院：《2021 中国制造强国发展指数报告》。

从分项数值情况来看，各国则表现出明显的差异。在规模发展层面，中国虽然仍处于绝对领先的地位，但是也在五年中首次出现了回落，需要对后续年份的数据进行持续跟踪以明确中国制造业规模是否能保持持续稳定的增长。对制造业发展的质量效应进行考察可以发现，我国的制造业与美国等传统制造强国相比，还存在较大的差距，主要原因是制造业就业人员劳动生产率和制造业增加值产值率两个方面存在较为明显的差距，而且上述两个指标从实际情况而言，要获得明显提升需要经历一个较长的时间跨度；而中国在结构优化和持续发展两个分项的表现较为落后，与头部梯队的制造强国之间存在较大距离（见表10－26）。

表10－26　　2020年各主要制造业强国分项指标数值

分项数值	美国	德国	日本	中国	韩国	法国	英国	印度	巴西
规模发展	35.02	24.85	20.42	58.02	15.28	8.97	7.97	4.86	2.58
质量效益	55.06	24.20	31.57	16.09	19.14	26.31	22.65	10.02	8.51
结构优化	50.04	49.24	33.52	25.19	17.41	16.83	14.58	13.60	4.65
持续发展	33.06	27.65	32.68	16.72	22.55	17.24	17.22	15.10	11.83

资料来源：根据中国工程院《2021中国制造强国发展指数报告》整理。

从上述指标结果分析，中国在推进制造强国的道路上取得了一定的成效，其中制造业发展的规模化仍是支撑我国制造业做大做强的有利条件，但是也从侧面反映出我国制造业仍处于严重依赖产业规模的传统发展模式，产业发展不合理、不均衡的问题仍然存在。在与上述传统制造业强国的对比中，如何缩小质量效应、产业结构优化和产业可持续这三方面的差距，加速制造业的提质增效是提升中国制造业国际竞争力的核心当务之急。

（五）产业门类的完整性指标（E_{5i}）

根据联合国产业分类的标准，我国拥有41个工业大类、207个工业中类、666个工业小类，是全世界唯一拥有联合国产业分类中所列全部工业门类的国家。在500种主要工业产品中，有40%以上产品的产量世界第一。由此带来的是中国在工业生产中能够进军各个行业的上中下游产业。这就成为了中国在工业制造领域能够深度嵌入全球产业链的竞争力之一。“全”产业门类是中国制造发展的基础之一，规模的提升也为其在国际市场有效推广提供了另一基础。

2021年7月2日，中国工业和信息化部发布《六部门关于加快培育发展制造业优质企业的指导意见》，其中提到“促进提升产业链供应链现代化水平”，重点之一是培育一批能提升我国三大链条的自主性、安全性和竞争力的中坚企业，并以这些企业为出发点往外扩散，逐步补完缺口、筑牢强项，争取构建相对新颖又相互连接的链条系统；之二是开拓多种渠道，鼓励通过架构、资本和经营等多方手段聚集资源发展产业龙头企业，以此为支柱提高产业结构的稳定性以及对系统性风险的抵抗能力；更要发挥龙头企业的影响力和领头雁作用，以此为模板构建符合现代制造业内涵要求的优秀企业。最后要保证涉及医药粮食等国民经济核心以及军工国防等国家安全领域的产业不被私人资本控制，加快国有资本在产业链关键节点和高精尖技术领域的影响力。

同时，对我国三大链条的现状以及存在的弱势要有清晰的认识。在全球主要出口产品列表中，我国有将近 1/5 的产品处于相对劣势的地位。而且我国的国际商品交易链表现出“大进大出”的缺点：我国在生产制造一些存在高度出口需求的产品的同时，自身的原材料以及一些中间过渡制品供应不足，需要依靠大量外部供给。全球产业链课题组对产品供应的风险承受韧度进行了研究，发布了一份针对产品层面脆弱性评价的指标体系。根据该指标体系的评价结果，电机—电气—音像设备、机械装备、光学仪器—医疗设备是我国产品供应端最具有外部风险脆弱性的部门。特别是电机—电气—音像设备行业的复合脆弱性指数是后两个行业的三倍以上，是中国供应链安全性值得高度关注的行业之一。根据全球产业链课题组编制的指标评价体系，按照产业链的脆弱性特征将 2017 年所有 3 285 种我国进口中间品分为以下四个种类。

第一类，62 种。该类中间品数量最少，特征是国际市场出口需求集中度和我国进口依赖度均是最高的一类。这类产品在国际经济冲击加剧和遭遇外部系统性风险时抵抗韧性最差，而且进行替代链条准备的可行性也最低。因此应对这类产品给予审慎评估和重点链条跟踪，特别是涉及国家安全和国家发展战略的，应考虑制定国家和产业层面的产业链安全规划，保障供应链安全性。

第二类，812 种。这一部分产品，我国的进口供应渠道较广，因此从目前来看该类中间品的抗风险性较为强韧。但是，这些产品的全球出口中心度较高，因此未来存在恶化的潜在可能。尤其是如果涉及的是关键性产品和技术，尽管短期内进口渠道还比较分散、进口需求量不大不需要特定来源消化，但如果在未来这类产品进口规模长期明显上升，则其市场集中度也将不可避免地面临上升。在这种情况下，这类产品可能会转变成为第一类脆弱度最高的中间产品。因此，需要对这部分中间品供需市场的未来发展进行评估，提前布局规划供应链稳定性保障。

第三类，759 种中间品。我国对这类中间产品的进口需求十分集中且大量，但是全球范围内该类产品的出口提供来源较为分散。因此，可以在国际范围内拓宽更广泛的进口目的地。电机—电气—音像设备、机械装备、光学仪器—医疗设备这三大脆弱产品也属于这类中间品。面对这类中间产品，我国的产业链供应链格局还存在较大的多方位分散化余地，因此不必对其抗风险性过于担忧。

第四类，剩下的所有产品。与第一类相反，特征是其国际市场出口供给聚集度和我国进口依赖度均是最低的一类。这类中间品抵御外部冲击的安全稳健性较高，而且在我国制造业格局中的比重较为牢靠。这类产品分别占到了我国进口中间品类别、进口产品资金额度的半数左右，是我国产品进口链条中的压舱石。

在全球高出口中心度的产品当中，中国在其中八成产品的出口上具有优势，供应链呈现出较强韧性。根据联合国工业发展组织的分类标准，中国是唯一拥有全部大、中、小工业门类的国家。2017 年至 2018 年，HS6 位码下全球贸易共包括 3 556 种中间产品，中国在其中 2 247 种上出口规模位列全球前三；并且出口 858 种高中心度产品（该数量仅次于美国位居第二），中国在其中的 693 种中间品的出口规模位列全球前三（其中 444 种在 2017 年和 2018 年均排名第 1）。这意味着中国在高出口中心度的中间品贸易中，具有重要的出口优势。2020 年 3 月联合国发布报告指出，全球约 20% 的制造业中间品贸易来自中国，如果中国的中间品出口下降 2 个百分点，将导致 45 个主要经济体出口下降约 460 亿美元，其中欧洲、美国、日本、韩国等受影响最大。

（六）物流体系建设（E_{6i}）

中国作为“世界工厂”在全球经济环流中具有举足轻重的地位。其中一个重要原因就是中国具备“海陆空”立体的物流服务体系，仓储设施齐备，能够满足全球经济环流中交通运输、仓储等各类需求。

第三方物流收入规模（Logistics Income）占物流成本（Logistics Cost）比重为：

$$E_2 = \frac{LI}{LC}\% \tag{10.7}$$

物流成本（Logistics Cost）占 GDP 比重为：

$$E_3 = \frac{LC}{GDP}\% \tag{10.8}$$

从工业制造各个环节来看，将原材料和制造品运送流通的物流体系必不可少，为此提供的仓储等服务也需跟进。目前，中国在“加快构建以国内大循环为主体、国内国际双循环相互促进的新发展格局”。大力推进需求侧管理和改革，尤其在畅通生产、分配、流通和消费各个环节中推进改革，形成新的发展动力。根据《2022 年交通运输行业发展统计公报》的数据显示，截至 2021 年末，全国铁路营业里程接近 15.5 万公里，较 2020 年末增加了 0.5 万公里，新增里程中的 2/5 是高速铁路运营专用的。全国各类公路总里程超 535.48 万公里、较 2020 年末增加了 7.41 万公里。新增 6 个民用航空运输机场、5 个定期航班通航城市。目前，我国已经拥有了成熟的国内国际物流体系，利于产业链生产的顺利开展。一方面，以方程（10.7）计算，根据 Wind 数据整理显示，我国物流行业发展在世界范围内也取得较大发展。由于第三方物流收入并非来自运费、仓储费等直接费用收入，而是来源于现代物流管理科学的推广所产生的新价值，由此，这一项指标能直接反映我国在从传统物流体系转为现代物流体系的成果。目前只有少数发达国家在此方面领先中国（见图 10－9）。

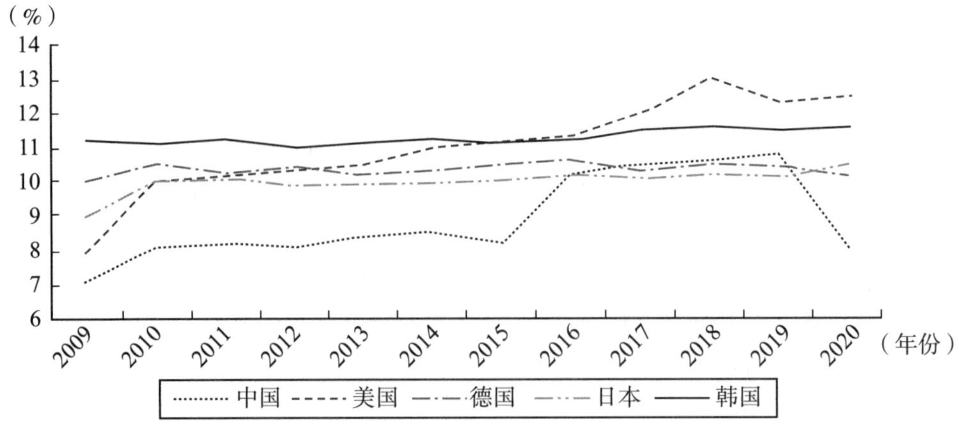

图 10-9　第三方物流收入规模占物流成本比重

资料来源：Wind，笔者整理。

另一方面，在中国“十四五”规划中，对于区域经济进行了重大战略部署，将通过发挥各地区优势，全力挖掘和释放其增长潜力。在这方面，继续依托我国重点都市圈、城市群，京津冀、长三角、粤港澳大湾区等重点区域经济的发展，着力提高全球产业链的资源配置能力。以方程（10.8）计算，根据 Wind 的数据统计，单从物流成本的角度来说，虽然相比于世界发达经济体仍然较高，但由于政策的支持和营商环境的持续向好，我国的物流成本占 GDP 的比重持续下降（见图 10-10）。

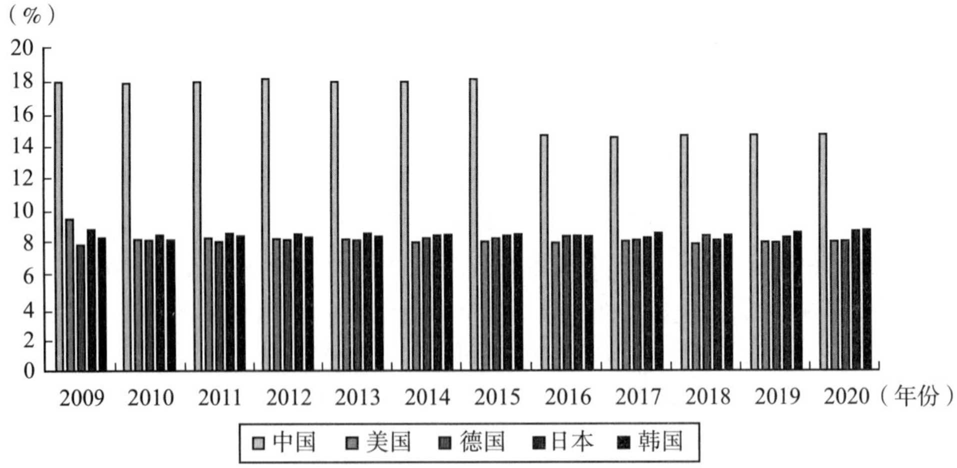

图 10-10　物流成本占 GDP 比重

资料来源：Wind，笔者整理。

物流体系建设也能间接反映生产性服务业的发展。生产性服务业强，实体经济强。工业 4.0 时代来临，被看作中国迎头赶上的好机会，但面对主要发达国家服务业增加值占 GDP 70%，生产性服务业增加值占整个服务业 70% 的现状，中国生产性服务业仅占 GDP 的 15% ~20%，差距明显。不过，有差距就有进步空间，生产性服务业蓝海属性因此凸显。仅以德国为例：其物流和供应链，信息技术和智能化，以及金融等服务在制造业中应用广泛，这才助推德国制造站在全球价值链顶端，引领工业 4.0 时代到来。一方面，一部分人对实体企业不“感冒”，对生产性服务业重要性也认识不足，从观念上阻碍了二者发展。如今，国家再度提出振兴实体经济，包括各类信息技术、社会各界聚焦点也理所应当地重新转回到制造业身上。另一方面，中国尚未完成从制造大国到强国转变，生产性服务业也有诸多顽疾。例如，信息技术应用不够广，创新驱动能力不够强，融资、物流成本比较高等。这反映在一些实体企业身上就是：“小而全”、协同弱、库存高、成本高、效率低。

综上所述，在基于上述评价指标，我国的产业链深嵌入全球制造链条中的地位无可动摇，中国产业链在全球经济的影响力正逐步增强。在“十四五”规划发展期间，继续坚持创新驱动发展，深入实施制造强国战略，发展战略性新兴产业，加快数字化经济社会发展，畅通国内大循环，促进国内国际双循环，使得我国制造深嵌入全球产业链中，全面完成我国现代化国家建设。

第六节　中国制造业转型升级评价体系的结果及政策意义

一、制造业转型升级的评价结果

制造业的高质量发展及转型升级既可以提振实体经济，创造经济效益满足人民的基本经济权益，实现经济繁荣发展，也能够增强中国制造业的国际竞争力和国家综合实力。自改革开放以来，中国制造业转型升级一直在路上。在前文中，我们将制造业转型升级大致归之为五个阶段。这种转型升级既表现在体制机制、区域发展等宏观方面，又体现在生产方式、产品性能、企业组织结构等微观领域，还表现在中国制造在全球价值链中的地位不断攀升，中国国际分工地位的不断攀升。作为一项重大的战略命题和迫切的实际需求，推进制造业转型升级及其高质量发展刻不容缓。但如何建立一个符合制造业高质量发展内涵的评价体系却并不容易，我们所作出的评价，也只是提供了一个大致的判断依据。根据表 10 -2

的指标体系进行具体分析，得出表 10－27 的初步评价结果。

表 10－27　　　　制造业转型升级评价结果

主指标	子指标	指标单位	具体结果	结果描述
经济效益A	制造业总产值	亿元	33.5 万亿元（2022 年）	正向
	制造业总产值增速	%	－2.32%（2020 年因新冠疫情冲击为负，但 2016～2019 年均增速为 8.7%）；2021 年增速 9.8%	正向
	制造业总产值占 GDP 比重	%	27.7%（2022 年）	正向
	制造业就业人数占比	%	7.8%（2019 年）	正向
	工业制成品出口比重	%	95.54%（2020 年）	正向
科技创新B	R&D 经费支出	亿元	30 870 亿元（2022 年）	正向
	有效专利发明数	件	328 万件（2022 年）	正向
	制造业新产品销售收入	亿元	29.556 万亿元（2021 年）	正向
	制造业新产品开发项目数	项	958 709 项（2021 年）	正向
产业发展C	劳动密集型产业发展状况	个	183 298 个单位（2019 年）	正向
	技术密集型产业发展状况	个	95 583 个单位（2019 年）	正向
	先进制造业比重	%	74.27%（2016 年）	正向
	制造业就业人员劳动生产率	万元/人	81.97 万元/人（2021 年）	正向
	高技术产品贸易竞争优势指数	%	7.80%（2021 年）	正向
绿色发展D	制造业单位产值电力消耗量	亿千瓦时/亿元	0.149 亿千瓦时/亿元（2020 年，2011 年该指标为 0.169 亿千瓦时/亿元）	逆向
	制造业单位产值煤炭消耗量	万吨/亿元	0.601 万吨/亿元（2020 年；2011 年该指标为 1.089 万吨/亿元）	逆向
	制造业单位产值废水排放量	万吨/亿元	8.969 万吨/亿元（2015 年；2011 年该指标为 14.137 万吨/亿元）	逆向
	制造业单位产值废气排放量	吨/亿元	34.183 吨/亿元（2019 年；2011 年该指标为 236.161 吨/亿元）	逆向
国际竞争E	制造业国际市场占有率	%	20%（2020 年）	正向
	人民币国际化指数	—	6.40（2022 年）	正向
	全球制造业国际竞争力指数	—	93.5（2020 年）	正向
	制造强国发展指数	—	116.02（2020 年）	正向

续表

主指标	子指标	指标单位	具体结果	结果描述
国际竞争E	国际产业链供应链影响力	非量化	拥有全部产业门类、第三方物流收入规模占物流成本比重 8%、物流成本占 GDP 比重 14.7%（2020 年）	补充指标

资料来源：笔者根据现有研究基础整理。

二、评价体系的政策意蕴

（一）科学把握我国制造业发展的总体状况

从制造业大国向制造业强国的转化的关键在于制造业的转型升级。无论从制造业整体规模，还是从全球产业链的分工和地位来看，中国都是一个公认的制造业大国。在市场经济和全球化进程受到阻碍的背景下，各国都在推进构建自身的完整产业链条，而想要在国际制造业竞争中保持优势，占据一席之地，就必须要推动制造业转型升级，特别是要实现制造业的高质量发展，这对现代制造业的发展越来越重要。从社会现实来看，一方面，制造业高质量发展可以有效填补人民日益高品质、差异化、多样化需求方面的不足，生产出更多高品质、差异化、多样化的产品和服务。另一方面，推动制造业转型升级和高质量发展，是适应我国经济发展阶段变化、社会主要矛盾变化和全面建成小康社会、全面建设社会主义现代化国家的必然要求，是我国迈向工业化新阶段的必由之路。而从经济效益、科技创新、产业发展、绿色发展四个维度构建制造业高质量发展评价指标体系，对我国制造业转型升级发展状况进行实证研究，有助于我们进一步认清我国制造业发展的创新程度、协调程度、开放程度和共享程度。

（二）助力我国制造业转型升级的科学化

制造业转型升级战略是国家基于国际环境和国内现实提出的。得益于改革开放，我国制造业得到了长足的发展。但是，长期以来，我国制造业生产的产品和服务质量相对较差，创新动力不足，产品与科技融合程度不足，导致了我国制造业得不到消费者的充分认可。而过去粗放、低端的制造业链条在全球制造业竞争中缺乏核心竞争力。在这一背景下，我国提出了制造业转型升级发展的战略，并制定了一系列相关的促进制造业高质量发展的政策。制造业高质量发展这一战略及其政策所指向的就是提升制造业产品品质与增强制造业的创新动能，构建高端、完整的制造业产业链条，提升制造业的核心竞争力。与此同时，在推动制造业转型升级的过程中，不可避免地会遇到阻碍和困难，只有构建科学合理的评价体系，才能及时对制造业转型升级的成效进行评价，发现其欠缺之处，并为后续制定相关政策提供参考。马克思主义认识论认为，意识来源于实践，意识对实践具有指导作用。政策作为意识的结晶，其制定和改革都需要实践基础。因此，要提升我国制造业政策的科学性和合理性，就必须要从经济效益、科技创新、产业发展、绿色发展等四个方面认清发展现状。构建基于制造业转型升级及其高质量发展评价指标体系，利用实证研究的方法测量我国制造业发展的创新程度、协调程度、开放程度和共享程度，能够为政府制订科学、合理的制造业转型升级政策提供指导。

（三）进一步倒逼制造业转型升级高质量发展

坚持以评价指标为“指挥棒”，从根本上引导制造业发展从注重规模向质量效益转变的理念。全面准确摸清我国制造业家底，并据此建立制造业产业地图。以单位资源投入产出效率、单位产出生态环境影响为导向，聚焦制造业用地、能源消耗、污染物排放等资源、环境硬约束，全面衡量企业经济产出和社会效益，以高端制造论英雄、以质量效益论英雄，以可持续发展论英雄。统筹建设标准制定工作，重点挖掘高质量发展队伍的标准体系，鼓励国内的企事业法人、行业自律组织等单位在全球标准议定会议等活动中积极表现，在提升具备我国特色的制造业标准水准的同时也与注重与国际制造业标准的大环境接轨。紧跟社会经济发展的步伐，一方面加快填补新兴技术领域的评价监管标准空白，另一方面时刻审视过时淘汰的产业标准并加以修缮，时刻维系评价标准体系的框架格局、满足行业评价的标准需求。在行业质量把控领域深挖主要矛盾，树立先进管理范例并加以推广辐射，全面提升中国制造产品在质量上的根本竞争力和国际声誉。发挥行业自律组织的能动性和评级机构的专业性，在重点领域有机嵌融产学研三个终端制定标准的特点。加强对高精尖技术行业试验阶段成果的价值评价，支撑产业链供应链优化升级。

第七节　本章小结

大变局加速演进期，需要对我国制造业的转型发展所处的阶段以及取得的成效进行科学的评估。依照前文理论，并重点结合产业结构理论、评价体系的基本方法，从建构制造业转型升级与产业转型评价指标体系的整体思路出发，搭建了评价体系确定的一般性理论依据。进一步，从产业升级的内涵和转型的方向入手，强调在当前我国经济与运行背景下对制造业转型所处的阶段以及取得的成效进行评估时应当体现出五大发展理念的内涵和“与时俱进”“与实俱进”的特点，同时总结了确定评价指标体系时应当遵循的基本原则，确定评价指标体系权重分配的基本方法依据。

我们依次从宏观、中观、微观三个层次出发，梳理了中国制造业转型升级评价指标体系的整体框架：其中宏观指标体系着眼于宏观经济目标，衡量制造业转型升级对于社会经济发展的贡献以及对国际收支平衡的支撑作用。中观指标体系关注产业、区域协同发展和科技创新能力在制造业转型升级进程中的发展情况。微观指标体系则是聚焦制造企业微观主体的表现，主要是对制造业企业上市情况和主管创新能动性进行探讨。当然，我们也单独设立其他辅助性指标体系，来囊括营商环境、全球化程度和要素市场配置这类所涉及层次跨度较大或其包含的评价对象比较宽泛的指标。

依据相关原则和框架，并以欧美等发达国家为参照、结合欧美等发达国家的相关经验，从经济效益、科技创新、产业发展、绿色发展、国际竞争五个维度构建了中国制造业转型升级的 21 个具体评价体系指标，并对相关指标进行了描述性统计，解释说明，对中国制造业转型升级所取得的阶段性成效进行了评价。从整体来看，我国制造业的转型升级在经济效益、科技创新、产业发展、绿色发展、国际竞争等诸多方面均取得了较为明显的成效，并且还存在较大的进一步发展空间。

总之，推动构建一个科学、完善的制造业转型升级评价体系，对于后疫情时代中国制造业的转型升级，明确制造业发展的优势与不足，动态监测我国制造业高质量发展进程，客观评价存在的短板或面临的瓶颈，帮助我国结合实际对标发展的同时优化制造业整体空间布局，全面提升发展质量有着重要意义。

第十一章

发达国家再工业化影响中国制造业转型升级的实证分析

前面从理论依据、影响机制等方面对发达国家再工业化如何影响中国制造业升级进行了系统分析，也比较分析了两者的异同性。一个新的问题出现：那么如何检验发达国家再工业化对中国制造业转型升级的具体影响？其难点包括：具体时间节点的界定、10余年的各国制造业演进历程反映的普遍性趋势及特殊性表现能否量化、全球政治经济与全球化的大波动如何影响分析的结论。发达国家再工业化是一个逐步强化的过程，尤其是2008年金融危机后发达国家经济复苏乏力，在国家层面不断通过行政立法、货币政策等手段大力发展本国制造业，吸引制造业回流本国。考虑诸多因素，本章拟利用中国制造业数据，从供给、需求、创新三个维度研究发达国家再工业化对中国制造业转型的具体影响。发达国家的再工业化战略的制定可视为一个准自然实验，本章重点探讨该战略实施前后中国制造业转型如何变化，为中国制造业转型升级的策略制定提供经验证据。为此，本章将发达国家再工业化视为外生冲击事件，利用双重差分法（Difference in Difference，DID）评估发达国家再工业化对中国制造业升级的具体影响。

第一节　研究背景及研究假设

一、研究背景诠释

前面详细分析了发达国家再工业化的大背景。本章中的大背景也是缘于2008年金融危机之后以美国为代表的主要发达经济体实施“再工业化”或类似推进制造业发展的战略举措。2009年4月美国总统奥巴马提出要提振制造业作为美国经济长远发展战略之一。此后，再工业化的发展理念在主要发达国家逐渐上升到国家战略层面，针对的对象也从过去传统优势制造业转向高端制造业。主要发达国家实施再工业化战略，是一个循序渐进的过程，是制度创新和技术创新交织在一起，二者的互动成为再工业化的基本动力。美国在2011年前后分别制定了《制造业促进法案》《先进制造业伙伴计划》《先进制造业国家战略计划》，将推进先进制造业发展作为战略目标，在政策层面引导制造业回流美国本土，尤其是发展先进制造业，以继续保持全球产业链中的价值链高地。因此，可以认为，发达国家再工业化对中国的影响大致从2012年开始。第二章的表2-2描述了发达国家再工业化的阶段性区分，本节进一步表述为图11-1所示。

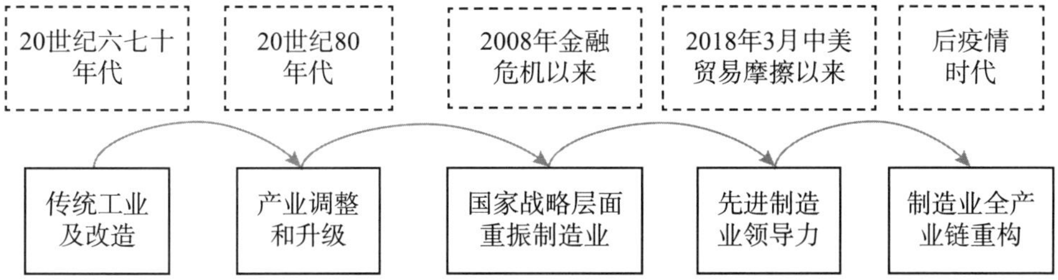

图11-1　20世纪60年代以来发达国家再工业化的发展阶段

随着全球经济发展、以5G为代表的新技术大量出现并不断被广泛应用，发达国家的再工业化已不单是简单的制造业重振问题，不是简单的制造业回归，而是对传统的全球产业链进行重构。其再工业化战略不但是在进行更加专业化的生产，全力推进技术创新，强化其技术优势，重点发展科技含量高、他国无法制造的产品，特别是大型、精密、复杂、高度整合的系列产品、工业母机，更是对全球制造业产业链进行重构，在致力于研发、专利、技术、品牌营销等关键环节的同时，也抢抓长期以来较为忽视的产业链中的制造、装配等环节，努力构建全产业链制造体系。因此，发达国家的再工业化战略，不但是国家战略，而且呈现出既要抢占未来制造业高地、把控未来制造业的持续竞争优势，又要发展传统上看来的低端制造。而全球突发新冠肺炎疫情，发达国家对再工业化的重视上升到一个新高度，一度造成全球供应链濒临中断之后，主要工业国家对全产业链的推崇上升到产业安全、国家安全的高度，从而再工业化战略已成为国民经济体系的重要举措，进入一个维护产业链、供应链安全稳定，打造制造业全产业链的新阶段。

新兴经济体开始高度重视“再工业化战略”带来的影响。在美、欧等主要工业国家从“去工业化”到“再工业化”的转变进程，印度、越南等亚洲发展中国家也十分重视发展制造业，并推进本国的经济结构调整和产业升级。越南、印尼等东南亚国家主动承接发达国家及部分中国产业的转移，并视其为产业升级的良机，成为全球第四次产业转移的主要承接国（见图 11－2）。这也意味着从中国层面来讲，发达国家再工业化对中国制造业转型升级的影响，不但涉及发达国家通过供求渠道对中国的影响，而且还包括发达国家战略举措之下，全球产业链重新布局对中国制造业转型升级的影响。

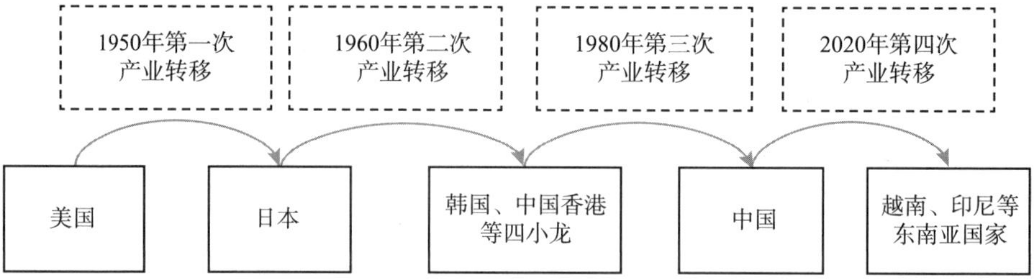

图 11－2　1950 年以来全球产业转移的主要方向

再工业化背景下中国制造业发展战略思路开始深刻调整。中国制造业发展面临发达国家与新兴经济体“上挤下压”的双重压力。一方面，以美国为代表的发达国家积极推动再工业化和制造业回流，不断加大对中国制造业的封锁和压制力度。另一方面，东南亚等新兴国家凭借低廉的工人成本积极吸引外资、挤入全球价值链，承接发达国家及部分中国产业的转移，对中国制造业的全球份额进行争夺。当下，在发达国家和新兴发展中国家的双重挤压下，双循环新发展格局上升到国家战略，中国制造的转型升级也在顺应国家战略的大调整。

二、研究假设

发达国家再工业化战略是基于本国制造业优势，通过政策、资金等方式引导和促进本国先进制造业发展。发达国家再工业化推进的四大方向：高端制造业、促进出口、鼓励创新、扩大就业，重点解决国内就业、增长的宏观问题。这种战略导向以及相关的贸易措施不可避免对中国制造业产生重要影响，可以从供给、需求和创新三个维度考察发达国家再工业化对中国制造业升级的影响机制。

（一）供给方面的影响机制

其一，发达国家再工业化导致中国制造企业中间产品供应受阻。美国等发达国家再工业化过程中，通过知识产权保护和高技术出口管制构筑技术壁垒，严格控制高端技术出口，这限制了中国进口中间产品的质量，进一步增加了我国向附加值高端升级的难度。企业进口的中间产品包含了外国企业的 R&D 投入、新知识和高技术水平等信息，是影响企业生产率的关键因素之一①②。中国是发展中国家，在一些关键零部件和机器设备的供应相对匮乏，通过进口高技术水平的中间产品，对产品设计和生产流程进行模仿与创新，可以产生正的技术外溢效应。然而，随着发达国家的再工业化战略的实施，发达国家加大对中间产品出口的保护和知识产权的保护，提高了中国制造企业获取中间产品难度和学习先进技术的成本，在部分行业中国制造业面临“断供”“卡脖子”等风险，严重制约中国制造业生产率的提升。

其二，发达国家再工业化导致吸引外资难度加大。发达国家主要占据产业链高端环节，再工业化使得制造业回流发达国家，进一步强化发达国家在科技、信息、资本等方面长期积累的优势，主导新型装备、新材料的生产和供应。通过反思过度的“去工业化”，发达国家预期在推动制造业回流的同时，加强制造业和服务业的融合，推动产业结构升级。发达国家以此牢牢掌握制造业产业链、价值链、供应链的关键环节，巩固自身全球价值链地位，并吸引全球资金的涌入。如此，包括中国在内的发展中国家仅仅从事加工制造环节，吸引外资的难度进一步加大。具体政策方面，美国联邦和地方政府还通过对企业补贴、救助、优惠贷款等方式给予美国企业实惠，在很大程度上阻碍了市场的公平竞争。

其三，发达国家再工业化进一步遏制中国制造企业的海外扩张。随着中国企业创新能力和竞争力不断增强，在全球化战略指引下，中国企业加大海外市场的拓展力度，海外扩张的规模和速度都在大幅提升，从而缩小与国际领先企业的差距。然而，在发达国家再工业化战略驱动下，贸易保护主义势力逐步抬头，频繁

---

① Halpern, L., Koren, M., and Szeidl, A. Imports Input and Productivity, American Economic Review, 2015, 105 (12): 3660 – 3703.

② 林正静、左连村：《进口中间品质量与企业生产率：基于中国制造业企业的研究》，载于《南方经济》2018 年第 11 期。

的绿色壁垒、蓝色壁垒①等贸易壁垒对中国企业海外扩张造成重大打击，给中国企业海外扩张和国际竞争力提升蒙上了阴影。数据显示，2013～2015年美国投资委员会对国外资本在美投资审查达到387起，对中国企业在美投资审查力度加大，从半导体、金融业逐渐扩大至食品加工业，且连续3年成为被审查数量最多的国家②。近年来，美国对中国企业采取的调查逐步向高新技术领域延伸，诸如轻工业、生物医药及医疗器材等行业，仅2021年1月指控对美出口、在美进口或在美销售的高技术产品侵犯专利权调查就达到近10起。综合以上分析，本书提出如下研究假设。

假设1：在供给方面，发达国家再工业化对中国制造业生产率产生负面影响。

（二）需求方面的影响机制

首先，发达国家再工业化使中国制造企业生产成本面临较大压力。贸易和投资保护主义、地缘冲突等因素叠加，给产业链、供应链安全性带来严重冲击。发达国家再工业化战略加剧了国际贸易摩擦，使得中间产品、大宗商品价格不断攀升，部分高端制造业甚至出现了“断链”风险。与此同时，部分产业链呈现“去中国化”的苗头，如美欧日等国签订高标准自贸协定，进一步强化产业链的区域化发展特征。由此，中国制造企业生产环节面临原材料、中间产品、高端技术等方面的成本大幅提升，并逐步传导至消费端，不利于中国制造的国内消费。

其次，发达国家再工业化加剧中国劳动力成本的上升，中国制造业竞争优势逐渐丧失。中国劳动力成本上升体现在两个方面，一是需求拉动型。由于人口红利逐渐消失，劳动总人口呈现下降趋势，同时随着平均受教育水平的提升，适应制造业中低端劳动就业人口比例不断下降，劳动力价格必然上升。二是成本推动型。原材料、能源、土地、住房等资源要素价格的上升推高了劳动者生活成本，使得劳动者要求更高的劳动工资。中国劳动力成本不断上升，且远远高于美国，所以中美劳动力成本差异不断缩小，这为促成美国再工业化创造良好条件。美国劳工部数据显示，2005～2010年中国制造业工人工资上涨150%，同期美国仅增长15%，两者的比值从41∶1下降到19∶1。在生产成本和劳动力成本上升的叠加影响下，制造业产品国内需求面临较大挑战。

最后，发达国家再工业化严重制约了全球化进程和对中国制造品的需求。为提振本国先进制造业发展，发达国家不惜动用关税、禁止中国企业在美销售产

① 其中301调查主要针对的是不合理或不公正的对美国贸易行为，307调查针对的是在美企业的知识产权侵权行为。

② 数据来源于国务院新闻办公室《关于中美经贸摩擦的事实与中方立场》白皮书，http://www.scio.gov.cn/ztk/dtzt/37868/39004/index.htm，最后访问时间：2018-9-24。

品、强制美国上市的中国企业退市等手段，破坏全球贸易规制、资本市场规制等，严重制约了全球化进程。在逆全球化浪潮中，发达国家主要目的是发展本国制造业，同时限制发展中国家产品的进口，这就给中国这样一个制造业出口大国产生冲击，严重影响了中国制造业出口需求。以美国市场为例，美国产品市场存在严重的“差别对待”，对发展中国家产品的歧视程度远高于大多数发达国家，尤其是中国制造产品。由此，我们提出如下研究假设：

假设2：在需求方面，发达国家再工业化抑制了中国制造企业的国内需求和国际需求。

（三）创新方面的影响机制

步入21世纪，尤其是中国正处在“两个一百年”奋斗目标交汇期，中国的崛起使得中国与发达国家之间的竞争逐步由产品竞争转向创新能力竞争。中国已成为全球工业门类最齐全的国家，具备世界最为完整的工业体系，但是在诸如芯片、核心部件等高精尖技术和产品仍受到发达国家的制约，存在“卡脖子”“断供”的风险。发达国家再工业化将从创新要素投入和创新产出两方面对中国制造业创新产生影响。

第一，在创新要素投入方面，发达国家再工业化迫使人才、资本、技术等创新要素竞争加剧。制造业竞争优势主要通过创新获得，而人才、知识、资本和重要原材料等各种创新要素的集聚和投入是创新成功的关键。为使得更多创新人才、资本留在本国以及吸引国外优质创新要素，发达国家一方面利用其在知识、技术、标准、知识产权等方面的领先优势和先发优势，通过创新要素的集聚和创新补偿，保障本国高端制造业创新要素的需求。同时，通过高等教育的基础科学研究和企业应用研究结合，构建一体化的人才队伍。发达国家还试图改善制度环境，吸引更多的创新要素的跨地区流入。如2008年次贷危机后，美国推出移民改革、欧盟提出“欧盟框架计划”“蓝卡”等举措，都是意在人才竞争中取得先机、促进资本回流。这无疑加剧了全球创新要素的竞争程度，必将影响我国创新要素的获取和制造业升级。

第二，在创新产出方面，在推动再工业化战略背景下，发达国家的知识产权保护将导致中国制造业创新产出遭受严重影响。近年来，发达国家加大了知识产权保护，主要体现在以下几个方面。一者发达国家通过双边和多边自由贸易协定，推行更高的知识产权标准。诸如美国与新加坡、韩国等签订双边贸易协定，以及TPP（前总统特朗普退出）、TTIP、USMCA等区域自由贸易协定加大了知识产权保护力度。二者美国频繁行使“长臂管辖权”，肆意干涉他国企业合法行使知识产权。“337调查”是美国用来对抗和排斥外国竞争企业常用手段，其中

90% 调查案件集中在专利侵权领域。三者以安全、环保等为由，发达国家建立各种技术贸易和知识产权壁垒。例如美国以国家安全或外交政策利益为由，针对中国企业实施“实体清单”管制。知识产权保护的加强，使得中国制造业模仿创新难度和创新成本加大，企业不得不向自主创新转型，并承担高额的研发成本和巨大的风险和不确定性，短期内必然制约创新产出。

第三，严峻的外部环境倒逼中国制造业强化自主创新道路。改革开放后中国制造业突飞猛进主要依靠模仿创新模式，缺乏自主创新与品牌建设。通过吸引外资和先进技术，依靠中国劳动力成本优势和市场优势，中国制造业整体上缺乏自主创新动力。随着人口红利逐渐消失，发达国家再工业化战略的不断推进，中国制造业结构与增长动力发生深刻调整。根据熊彼特的创新理论，创新是建立一种新的生产函数，把一种从来没有过的关于生产要素和生产条件的新组合引入生产体系，形成“创造性破坏”，推动创新能力的提升。发达国家再工业化犹如一种新的生产条件打破中国制造业运行的动力，倒逼中国制造业向高水平创新迈进。由此，我们提出如下研究假设：

假设 3：在创新方面，发达国家再工业化通过创新要素投入和创新产出两方面可能影响中国制造企业创新能力的提升。

第二节　计量模型的设定

倍差法（difference-in-difference，DID）常用于评估某项政策或事件对实施对象的影响，被广泛运用于经济学领域的因果识别研究。发达国家再工业化可以视为一个准自然实验，可以通过 DID 方法评估发达国家再工业化政策对中国制造业升级的影响。一方面，发达国家再工业化相对中国企业而言是一个外生事件，受金融危机的影响，发达国家经济复苏乏力、失业率增加，决策层纷纷意识到制造业在经济增长及就业上发挥重要作用，为此，在财税政策、资金供给等方面给予制造业回流创造良好条件。由此可见，发达国家的再工业政策是基于本国发展的需要制定的国际战略。另一方面，发达国家再工业化从供给和需求两端深刻影响中国制造业的发展。从供给端来看，为了加快发达国家再工业战略目标，各国纷纷出台贸易壁垒、贸易限制等措施，严重制约了中国制造企业对高端零部件、材料的需求，不利于制造业产品和服务质量的提升；从需求端来看，发达国家的贸易保护措施严重制约了终端产品的需求，而中国业已成为全球制造业大国，海外需求的下滑对国内出口制造业是巨大打击。

因此，我们在构造 DID 模型时，将再工业主要针对的高端制造业作为处理组，其他中低端制造业视为对照组。用 *Treat* 来表示是否是处理组，如果是高端制造业，则 *Treat* = 1；否则 *Treat* = 0。其中高端制造业包括专用设备制造业、汽车制造业、仪器仪表制造业、化学原料及化学制品制造业、化学纤维制造业、医药制造业、电气机械及器材制造业、铁路、船舶、航空航天和其他运输设备制造业、计算机、通信和其他电子设备制造业、通用设备制造业（朱民等，2020）。将 2012 年视为政策实施期，这是因为 2011 年出台《先进制造业伙伴计划》进一步明确了美国再工业主要的领域集中在先进制造业，到 2012 年发布《先进制造业国家战略计划》，进一步推进美国再工业战略。此后，德国、日本、英国、法国等发达国家也纷纷出台旨在促进本国制造业发展的政策性文件。用 *Post* 表示政策实施的时期，2012 年后 *Post* = 1；2012 年前 *Post* = 0。

构建如下 DID 模型：

$$Upgrade_{it} = \alpha + \beta_1 Treat_i \times Post_t + X_{it}\gamma + \mu_i + \tau_t + \varepsilon_{it} \tag{11.1}$$

其中，$Upgrade_{it}$表示制造业升级的相关指标，在供给侧用制造企业的全要素生产率来衡量，在需求侧分别用制造企业销售收入、出口收入来衡量国内需求和国际需求；$Treat_i \times Post_t$ 表示处理组与政策实施的交互项，β 即为政策实施的效果；X_{it}表示控制企业层面的变量；μ_i 和 τ_t 分别表示企业固定效应和时间固定效应，ε_{it}为随机扰动项。

第三节　供给视角下发达国家再工业化影响制造业升级的实证分析

一、指标设计与数据来源

（一）指标设计

（1）被解释变量。在供给层面，关于制造业升级的衡量指标设计，大致可以分为两类。一类是从制造业宏观层面对制造业结构进行量化，如利用制造业大类行业的就业、产值等计算制造业结构的合理化与高级化（阳立高等，2018；刘建江、罗双成，2018；韩峰、阳立高，2020）。另一类则从企业产品质量、全要素生产率等方面衡量制造业高质量发展（祝树金、汤超，2020；赵宸宇等，2021）。

第一类通过分析制造业内部结构可以从整体上把握制造业发展水平，但是对微观企业的发展状况的信息体现较小，而企业全要素生产率可以很好地反映企业发展的现状，以便更好地衡量再工业化对企业的微观效应。

全要素生产率（*TFP*）不仅反映技术进步水平，而且涵盖了要素投入转化为生产的总体效率，包括生产中的知识水平、管理技能、公司治理、资源配置效率等。一般的做法是通过 OLS 回归取残差的方法计算全要素生产率。但通过这种方法得到的 TFP 可能存在同时性偏误问题和选择性偏差的问题（鲁晓东和连玉君，2012）。因此，通常采用 OP 方法（Olley & Pakes，1996）和 LP 方法（Levinsohn & Petrin，2003）计算企业的全要素生产率。相比其他方法，LP 方法能更好地解决内生性问题，其比随机前沿模型（SFA）方法的准确性更好（范剑勇等，2014）。因此，本书主要通过 OP 方法和 LP 方法计算企业的全要素生产率（*Tfp_op* 和 *Tfp_lp*）。

为了计算企业的全要素生产率，在相关指标选取上主要参考程晨和王萌萌（2016）对上市公司指标的选取，用企业主营业务收入、员工数、固定资产分别衡量企业产出、劳动力投入、资本投入，固定资产投资参照鲁晓东和连玉君（2012）的核算方法，根据 $I_t = K_t - K_{t-1} + D_t$ 进行计算。中间投入用公司购买商品、接受劳务实际支付的现金来衡量。同时，为了客观反映全要素生产率的真实情况，各变量都是以 2005 年为基期的实际值，其中主营业务收入采用出厂价格指数平减，固定资产采用固定资产投资价格指数平减。

（2）核心解释变量为发达国家再工业化政策（$Treat_i * Post_t$）。发达国家再工业化政策是一个外生冲击，同时也对中国制造业尤其是先进制造业产生显著影响，因此适合于 DID 模型评估政策的效应。

（3）控制变量包括可能影响企业全要素生产率的相关变量，包括资产负债率（*Asset_debt_ratio*）、企业存续时间（Ln*AGE*）、资产规模（Ln*SIZE*）、固定资产比例（*Fixed_asset_ratio*）、成长能力（*Growth*）、无形资产比重（*Intangible_assets*）、第一大股东持股比率（*Top*1）、董事会规模（*Boardsize*）、独立董事比例（*Inddirect*）、托宾 *Q* 值（*TobinQ*）、两职合一（*Duality*）、企业产权性质（*SOE*）等。为了减少异方差对回归模型的影响，对部分变量进行取对数处理（用 Ln 表示）；固定资产比例用固定资产净额/总资产来衡量；成长能力用主营业务收入增长率来衡量；无形资产比重用无形资产净额/总资产来衡量，主要变量的具体内涵与定义如表 11－1 所示。

（二）数据来源

我们选取 2008～2018 年制造业上市公司作为研究对象，企业微观数据来源于 CNRDS、Wind 数据库。对企业数据做了如下处理：（1）根据国民经济行业分类与代码（GB/T 4754－2017），保留了部分采矿业（大类代码为 B 开头）、全部制造业（大类代码为 C 开头）以及部分电力、热力、燃气及水生产和供应业（大类代码为 D 开头）的企业。（2）剔除上市前后相关财务数据缺失、非正常营业状态（样本期间内受到 ST、*ST 处理以及退市的上市公司）的样本公司。（3）删除没有 2011 年前数据的样本，这是为了保证企业在再工业化政策实施前后具有可比性。

表 11－1　　主要变量的定义

变量	变量符号	变量定义
全要素生产率	*Tfp_op*	采用 OP 方法得到的全要素生产率
	Tfp_lp	采用 LP 方法得到的全要素生产率
发达国家再工业化政策	$Treat_i * Post_t$	企业所在行业如果是高端制造业 *Treat*＝1，否则 *Treat*＝0；2012 年后 *Post*＝1，2012 年前 *Post*＝0
资产负债率	*Asset_debt_ratio*	企业负债总额/资产总额
企业存续时间	Ln*AGE*	当年年份与企业成立年份的差额的自然对数
资产规模	Ln*SIZE*	当年期末总资产的自然对数
固定资产比例	*Fixed_asset_ratio*	固定资产净额/总资产
成长能力	*Growth*	主营业务收入增长率
无形资产比重	*Intangible_assets*	无形资产净额/总资产
第一大股东持股比率	*Top*1	第一大股东持股数/企业总股数
董事会规模	*Boardsize*	董事会人数的自然对数
独立董事比例	*Inddirect*	独立董事人数/董事会人数
托宾 Q 值	*TobinQ*	企业市值/企业的重置成本
两职合一	*Duality*	董事长与总经理两职合一则为 1，否则为 0
企业产权性质	*SOE*	如果企业为国有企业则为 1，否则为 0

针对部分缺失值采用均值插值法填补；采用 winsor2 方法对小于 1% 和大于 99% 的异常值进行缩尾处理，最终我们获得 1 389 家制造型企业 14 187 个样本观测值。各变量的描述性统计见表 11－2。

表 11－2　　各变量描述性统计结果

变量	样本量	均值	中位数	方差	最小值	最大值
Tfp_lp	14 179	13.19	7.880	0.820	10.74	16.13
Tfp_op	14 179	7.910	13.13	0.630	5.400	11.14

续表

变量	样本量	均值	中位数	方差	最小值	最大值
Asset_debt_ratio	14 187	0.430	0.430	0.200	0.100	0.770
Ln*AGE*	14 096	2.190	2.300	0.710	0.690	3.090
Ln*SIZE*	14 187	22.03	21.88	1.160	20.24	24.48
Fixed_asset_ratio	14 187	0.260	0.230	0.150	0.0500	0.570
Growth	13 634	0.140	0.110	0.250	-0.260	0.760
Intangible_assets	14 187	0.0400	0.0400	0.0300	0	0.130
*Top*1	14 087	0.350	0.330	0.150	0	0.900
Boardsize	14 040	2.160	2.200	0.200	1.100	2.890
Inddirect	14 040	0.370	0.330	0.0500	0.0900	0.800
TobinQ	14 061	2	1.650	1.020	1	4.750
Duality	14 098	0.240	0	0.420	0	1
SOE	14 098	0.450	0	0.500	0	1

二、基准回归分析

表11-3给出了回归方程（1）的估计结果，模型（1）和模型（3）是未加入企业层面控制变量的结果，模型（2）和模型（4）是加入企业层面控制变量后的结果。可以发现，在控制变量相关变量、企业固定效应和年份固定效应下，发达国家再工业化对两种方法计算的制造业*TFP*的影响系数分别为-0.0674、-0.0332，在1%和5%显著性水平下显著，表明发达国家再工业化对我国制造企业全要素生产率产生负面影响。这是因为，一方面，发达国家再工业化强调本国先进技术的领先地位，并通过出口管制、关税等贸易壁垒限制先进技术出口中国，即对中国高端制造业形成“卡脖子”态势，势必影响制造企业的生存和发展；另一方面，发达国家再工业化追求本国利益最大化，利用制造业回流增加就业、提振经济，在一定程度上抑制了对发展中国家的制造品需求，尤其是美国特朗普总统时期对中国贸易的封锁及反制措施，严重影响了中国制造品的国际贸易。

控制变量的估计结果发现，企业存续时间（Ln*AGE*）、企业资产规模（Ln*SIZE*）、企业成长能力（*Growth*）、第一大股东持股比例（*Top*1）、董事会规模（*Boardsize*）和托宾Q值（*TobinQ*）均对企业全要素生产率产生正向影响，即企业存续时间越长、规模越大、增长速度快的企业，拥有较强的掌握市场动态能力、管理能力和核心竞争力，有助于企业实现生产率的提升。固定资产比例（*Fixed_asset_ratio*）和无形资产比重（*Intangible_assets*）对生产率却表现为负面影响。

表 11－3　　供给视角下发达国家再工业影响制造业升级的实证分析

变量	(1)	(2)	(3)	(4)
	Tfp_lp	*Tfp_lp*	*Tfp_op*	*Tfp_op*
Treat × *Post*	－0.061*** (0.016)	－0.069*** (0.016)	0.029* (0.015)	－0.033** (0.014)
Asset_debt_ratio		－0.060 (0.038)		0.007 (0.035)
Ln*AGE*		0.006 (0.016)		0.045*** (0.015)
Ln*SIZE*		0.061*** (0.012)		0.395*** (0.011)
Fixed_asset_ratio		－1.788*** (0.047)		－1.158*** (0.044)
Growth		0.313*** (0.014)		0.328*** (0.012)
Intangible_assets		－1.303*** (0.186)		－0.656*** (0.167)
*Top*1		0.218*** (0.059)		0.230*** (0.054)
Boardsize		0.063* (0.036)		0.066** (0.032)
Inddirect		0.025 (0.090)		－0.014 (0.080)
TobinQ		0.042*** (0.005)		0.040*** (0.004)
Duality		－0.016 (0.010)		－0.007 (0.009)
SOE		－0.044* (0.023)		0.000 (0.020)

续表

变量	(1)	(2)	(3)	(4)
	Tfp_lp	*Tfp_lp*	*Tfp_op*	*Tfp_op*
Cons	7.940*** (0.008)	6.809*** (0.265)	13.178*** (0.008)	4.392*** (0.238)
企业固定效应	控制	控制	控制	控制
年份固定效应	控制	控制	控制	控制
R^2	0.74	0.81	0.85	0.91
N	14 179	13 537	14 179	13 537

注：括号内是聚类到企业层面的稳健标准误，***、**、*分别表示在1%、5%、10%水平上显著。

三、平行趋势和动态效应分析

在进行双重差分估计时，为了保证DID估计结果的可靠性，需要进行平行趋势检验，即在政策发生前处理组和对照组之间不存在显著的趋势性差异。在满足平行趋势假设检验的条件下，双重差分的结果才是政策干预的因果效应。通常的做法是利用处理组（*Treat*）与各时期进行交互，检验各时期的政策效应，具体的估计方程如下：

$$Tfp_{it} = \alpha + \beta_t \sum_{t=2009}^{t=2018} (Treat_i \times Post_t) + X_{it}\gamma + \mu_i + \tau_t + \varepsilon_{it} \qquad (11.2)$$

其中，交互项系数β_t反映发达国家再工业化对制造业升级各个时期产生的影响。2012年前不受发达国家再工业化影响，如果这个时期制造业升级不受影响，说明政策前平行趋势成立。基于模型（11.2）的回归结果如图11-3所示，将2012年政策实施期设定为0期，在2012年前的年份分别设为-1期、-2期、-3期，分别表示2011年、2010年和2009年，同理在2012年后的年份分别设为1~6期，分别表示2013~2018年。

可以发现，在2012年前制造业升级并未受到发达国家再工业化的影响，证实了政策前平行趋势的存在。从动态效应看，发达国家实施再工业化政策后，中国制造业全要素生产率出现显著的下滑，随着时间的推移，这种负面影响呈现先减小后增加的动态过程。这说明，发达国家再工业化对中国制造业升级确实产生了负面影响，但当中国制造业逐渐适应这种冲击时，即制造企业从过去高端技术完全进口转变为部分技术实现自主创新，部分企业的自主技术甚至达到国际领先水平，如中国高铁、华为5G技术等。2016年特朗普当选美国总统之后这种负面冲击又开始加强，到2018年表现非常显著，这来自特朗普时期美国对中国企业的制裁。

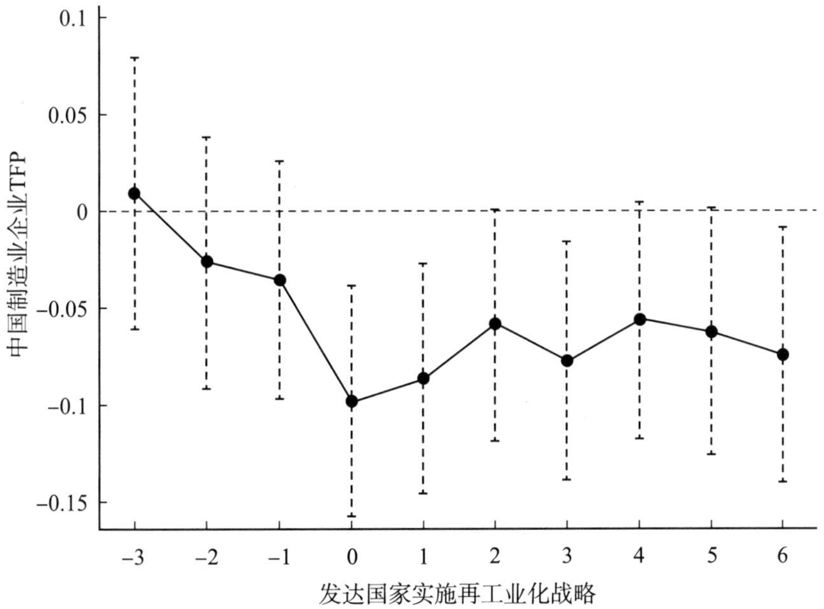

图 11－3　发达国家再工业影响的动态效应

四、稳健性讨论

（一）排除样本选择性偏差的干扰

虽然前面已控制企业固定效应和年份固定效应来削弱样本的不可比性，这里进一步考虑干预组和对照组的可比性问题，以验证基准估计的可靠性。倾向值匹配（propensity score matching，PSM）法就是一种很好解决样本可比性问题。它的基本思想是，找到控制组的某个个体 j，使其与属于处理组的个体 i 在可测量的取值上尽可能地相似。匹配的目的是确保干预效应的估计，是建立在可比个体之间的不同结果基础上。通过删除不匹配的样本，再进行双重差分估计，可以得到一个更为可靠的政策效应。这种方法也被称为 PSM－DID 法。

为了给处理组匹配合适的样本，我们利用企业的总资产增长率、托宾 Q 值、总资产净利润率、净资产收益率四个指标进行匹配，保证处理组和控制组在盈利能力、增长能力方面尽量相似。表 11－4 的模型（1）和模型（2）的估计结果显示，通过 PSM－DID 方法估计的结果与基准 DID 估计结果基本一致，即发达国家再工业化对企业全要素生产率产生显著的负面影响，不利于我国制造业升级。

表 11－4　　稳健性讨论

变量	(1)	(2)	(3)	(4)
	PSM－DID		更换被解释变量	
	Tfp_lp	*Tfp_op*	*Tfp_wrdg*	*ROA*
Post × *Treat*	－0.062***	－0.028**	－0.029**	－0.004
	(0.015)	(0.013)	(0.013)	(0.004)
Asset_debt_ratio	－0.024	0.043	0.039	－0.110
	(0.038)	(0.035)	(0.035)	(0.082)
Ln*AGE*	0.011	0.050***	0.049***	0.017
	(0.016)	(0.015)	(0.015)	(0.013)
Ln*SIZE*	0.045***	0.379***	0.374***	0.003
	(0.011)	(0.011)	(0.011)	(0.019)
Fixed_asset_ratio	－1.811***	－1.183***	－1.168***	－0.128***
	(0.047)	(0.044)	(0.044)	(0.049)
Growth	0.312***	0.326***	0.325***	0.052***
	(0.014)	(0.012)	(0.012)	(0.011)
Intangible_assets	－1.265***	－0.621***	－0.645***	－0.339***
	(0.183)	(0.165)	(0.164)	(0.107)
*Top*1	0.202***	0.227***	0.225***	0.098***
	(0.059)	(0.054)	(0.054)	(0.017)
Boardsize	0.066*	0.065**	0.064**	0.006
	(0.036)	(0.033)	(0.033)	(0.012)
Inddirect	0.037	－0.002	－0.002	0.036
	(0.089)	(0.080)	(0.080)	(0.066)
TobinQ	0.043***	0.042***	0.042***	0.020**
	(0.005)	(0.004)	(0.004)	(0.008)
Duality	－0.015	－0.005	－0.005	0.014
	(0.010)	(0.010)	(0.009)	(0.017)
SOE	－0.034*	0.005	0.003	－0.102
	(0.021)	(0.019)	(0.019)	(0.064)
Cons	7.135***	4.711***	4.821***	－0.023
	(0.260)	(0.236)	(0.236)	(0.386)

续表

变量	(1)	(2)	(3)	(4)
	PSM - DID		更换被解释变量	
	Tfp_lp	*Tfp_op*	*Tfp_wrdg*	*ROA*
企业固定效应	控制	控制	控制	控制
年份固定效应	控制	控制	控制	控制
R^2	0.81	0.91	0.91	0.17
N	13 489	13 489	13 489	13 450

注：括号内是聚类到企业层面的稳健标准误，***、**、*分别表示在1%、5%、10%水平上显著。

（二）更换测度指标

本书还利用Wooldrige（2009）的方法，基于GMM的估计法对OP和LP的估计方法进行改进，克服了潜在的识别问题，以及在考虑序列相关和异方差的情况下得到稳健标准误，从而得到修正后的全要素生产率*Tfp_wrdg*指标。此外，我们还考虑用总资产收益率（*ROA*）作为被解释变量，以反映企业盈利能力和发展水平。表11-5模型（3）和模型（4）的估计结果发现，在更换指标的基础上，发达国家再工业化仍然对企业全要素生产率和总资产收益率产生显著的负面影响，说明基准回归的结果是稳健的。

表11-5　基于企业产权性质差异的估计结果

变量	(1)	(2)	(3)	(4)
	Tfp_lp		*Tfp_op*	
	国有企业	民营企业	国有企业	民营企业
Post × *Treat*	-0.051** (0.020)	-0.076*** (0.024)	-0.004 (0.017)	-0.058*** (0.021)
Asset_debt_ratio	-0.221*** (0.057)	0.082 (0.053)	-0.089* (0.052)	0.117** (0.048)
Ln*AGE*	0.034 (0.029)	-0.015 (0.024)	0.071*** (0.025)	0.006 (0.022)
Ln*SIZE*	0.043** (0.017)	0.036** (0.016)	0.353*** (0.016)	0.383*** (0.015)

续表

变量	(1)	(2)	(3)	(4)
	Tfp_lp		*Tfp_op*	
	国有企业	民营企业	国有企业	民营企业
Fixed_asset_ratio	-1.606*** (0.074)	-1.941*** (0.061)	-1.097*** (0.072)	-1.252*** (0.053)
Growth	0.341*** (0.020)	0.279*** (0.018)	0.339*** (0.018)	0.311*** (0.016)
Intangible_assets	-2.157*** (0.276)	-0.493** (0.249)	-1.345*** (0.242)	-0.061 (0.228)
*Top*1	0.209** (0.088)	0.340*** (0.085)	0.210*** (0.072)	0.315*** (0.082)
Boardsize	-0.000 (0.053)	0.087* (0.049)	0.040 (0.048)	0.067 (0.044)
Inddirect	-0.129 (0.118)	0.157 (0.133)	-0.076 (0.103)	0.067 (0.122)
TobinQ	0.034*** (0.008)	0.047*** (0.006)	0.031*** (0.007)	0.051*** (0.006)
Duality	-0.004 (0.018)	-0.010 (0.013)	0.003 (0.017)	-0.005 (0.012)
Cons	7.437*** (0.389)	7.141*** (0.370)	5.518*** (0.352)	4.557*** (0.337)
企业固定效应	控制	控制	控制	控制
年份固定效应	控制	控制	控制	控制
R^2	0.83	0.81	0.92	0.90
N	6 182	7 329	6 182	7 329

注：括号内是聚类到企业层面的稳健标准误，***、**、*分别表示在1%、5%、10%水平上显著。

五、异质性分析

从实证的估计结果来看，发达国家再工业化对制造业全要素生产率的影响整体上呈现负面冲击，而不同类型的企业遭受的影响可能存在差异。接下来将进一步区分不同产权性质、创新能力的企业受发达国家再工业化影响的异质性。

（一）基于企业产权性质的异质性分析

为探讨发达国家再工业化对制造业全要素生产率的影响在国有企业和民营企业之间的差异，根据企业实际控股权归属将样本分为国有企业和民营企业两组，回归结果如表 11－5 所示。比较回归系数发现，相对于国有企业，发达国家再工业化对民营企业全要素生产率的影响更大。对此，可能的解释是，国有企业拥有更多的政治资源和市场优势，受发达国家再工业化的影响相对较弱；而民营企业在激烈的市场竞争中面临劳动成本上涨、出口受阻、融资约束等问题，容易受到外部环境尤其是国际市场的影响。

（二）基于企业创新能力异质性分析

企业创新能力在一定程度上决定了企业竞争力，不同创新能力的企业受到发达国家再工业化战略影响可能存在异质性。参考已有文献（潘越等，2017；罗双成等，2021），一般采用企业当年专利申请数衡量企业的创新产出能力。将全样本按专利申请数多少进行分组，专利申请数超过中位数的企业定义为创新能力强的企业，其他则为创新能力弱的企业，估计结果如表 11－6 所示。从中可知，相对创新能力弱的企业，创新能力强的企业受发达国家再工业化的影响系数更大。可能的原因是，发达国家再工业化战略的目标是发展先进制造业，以继续保持全球产业链中的价值链高地，由此加大了对中国高端制造业的封锁，创新能力强的企业首先成为发达国家实施制裁的对象，因此受发达国家再工业化的影响更大。

表 11－6　　基于创新能力差异的估计结果

变量	(1)	(2)	(3)	(4)
	Tfp_lp		*Tfp_op*	
	创新能力强	创新能力弱	创新能力强	创新能力弱
Post × *Treat*	－0.090*** (0.022)	－0.057** (0.025)	－0.054*** (0.019)	－0.032 (0.021)
Asset_debt_ratio	－0.146*** (0.051)	－0.002 (0.058)	－0.051 (0.047)	－0.016 (0.055)
Ln*AGE*	0.051** (0.023)	－0.035 (0.027)	0.075*** (0.021)	0.038 (0.024)

续表

变量	(1)	(2)	(3)	(4)
	Tfp_lp		*Tfp_op*	
	创新能力强	创新能力弱	创新能力强	创新能力弱
Ln*SIZE*	0.083*** (0.015)	−0.020 (0.022)	0.411*** (0.014)	0.322*** (0.020)
Fixed_asset_ratio	−1.717*** (0.066)	−1.862*** (0.074)	−1.120*** (0.064)	−1.208*** (0.066)
Growth	0.317*** (0.018)	0.320*** (0.021)	0.331*** (0.016)	0.335*** (0.019)
Intangible_assets	−1.420*** (0.260)	−0.538** (0.261)	−0.590** (0.232)	−0.401* (0.241)
*Top*1	0.198** (0.078)	0.109 (0.111)	0.212*** (0.072)	0.273*** (0.101)
Boardsize	0.021 (0.051)	0.082 (0.057)	0.054 (0.046)	0.044 (0.050)
Inddirect	0.013 (0.118)	−0.068 (0.170)	−0.074 (0.109)	−0.028 (0.137)
TobinQ	0.030*** (0.007)	0.057*** (0.008)	0.028*** (0.006)	0.057*** (0.007)
Duality	−0.027* (0.015)	0.005 (0.015)	−0.017 (0.014)	0.007 (0.014)
Cons	6.375*** (0.351)	8.571*** (0.528)	4.081*** (0.318)	5.990*** (0.463)
企业固定效应	控制	控制	控制	控制
年份固定效应	控制	控制	控制	控制
R^2	0.81	0.86	0.91	0.93
N	8 576	4 713	8 576	4 713

注：括号内是聚类到企业层面的稳健标准误，***、**、* 分别表示在 1%、5%、10% 水平上显著。

第四节　需求视角下发达国家再工业化影响制造业升级的实证分析

从前面理论分析可知，美国等发达国家将积极利用国内外力量，保护国内产业，实行贸易保护主义，对我国中高端制造业出口设置各种贸易壁垒，不断制造贸易摩擦等，提高我国产品出口成本或挤压产品出口的市场空间，弱化我国制造业发展的全球性市场支撑和分工拓展，提高我国制造业实现规模经济效应和深化产业链的难度和成本，进而阻碍我国制造业转型升级。由此，我们从企业的销售收入和企业出口两方面来衡量在发达国家再工业化背景下企业需求的影响及其变化趋势。

一、数据来源与指标设计

发达国家再工业化战略使得中国企业获取国外产品和技术的成本不断上升，中国制造产品竞争力优势在弱化，由此可能对制造企业销售收入和企业出口产生负面冲击。为了衡量发达国家再工业化对制造业需求产生的影响，我们采用企业主营业务收入占总资产的比重来衡量制造企业的产品需求（*Demand*）的变化。数据来源、数据处理方法与前面一致。

由于上市公司年报并未直接报告企业的出口额数据，为了更好地反映企业的国外需求，我们选取企业的海外业务收入与营业收入的比值来表示企业出口需求（*Export_dem*）。同时，我们还选取企业所在行业出口总额占该行业总营业收入的比值来表示行业出口情况，并用企业营业收入占行业营业收入的比值作为权重，计算制造企业的出口情况，作为企业出口需求（*Export*）的代理变量，进行稳健性检验。其中，海外业务收入来源于 Wind 数据库，行业营业收入和行业出口数据分别来源于《中国行业统计年鉴》、中国海关统计数据库等。其他控制变量的设置与前面一致。

二、实证结果分析

表 11－7 给出了需求视角下发达国家再工业化影响制造业升级的实证结果，其中模型（1）和模型（3）是未控制相关控制变量的估计结果，模型（2）和模

型（4）中加入了控制变量。模型（2）的结果显示，在控制变量相关变量、企业固定效应和年份固定效应下，发达国家实施再工业化战略对中国制造企业的销售收入（*Demand*）的影响系数为 -0.019，在 5% 显著性水平下显著，说明再工业化战略抑制了中国制造产品的需求。就国内市场而言，生产成本、劳动力成本的不断上升，抑制了制造业结构升级①，迫使制造业向外迁移②，使得制造产品面临价格上涨压力，国内需求受阻。

表 11-7 模型（4）和模型（6）的估计结果表明，在控制变量相关变量、企业固定效应和年份固定效应下，无论是海外业务收入还是行业出口额计算出的企业出口需求指标，发达国家实施再工业化战略对两种方法测算的中国制造企业出口需求的影响系数分别为 -0.011 和 -0.072，在 1% 显著性水平下显著，说明再工业化战略抑制了中国制造产品的出口需求。就国际市场需求而言，以美国为代表的发达国家利用关税、禁止中国企业在美销售产品、强制美国上市的中国企业退市等手段，破坏全球贸易规制、资本市场规制等，阻碍了正常的国际贸易秩序，使得中国制造出口受阻。

表 11-7　　　　需求视角下发达国家再工业化的影响

变量	(1)	(2)	(3)	(4)	(5)	(6)
	Demand	*Demand*	*Export_dem*	*Export_dem*	*Export*	*Export*
Post × Treat	-0.022**	-0.019**	-0.007*	-0.011***	0.001	-0.072**
	(0.009)	(0.009)	(0.004)	(0.004)	(0.034)	(0.036)
Asset_debt_ratio		0.005		-0.008		-0.083
		(0.018)		(0.009)		(0.073)
Ln*AGE*		0.086***		-0.011**		0.002
		(0.010)		(0.005)		(0.040)
Ln*SIZE*		-0.088***		0.016***		0.185***
		(0.005)		(0.002)		(0.022)
Fixed_asset_ratio		0.036		0.011		0.096
		(0.024)		(0.011)		(0.096)
Growth		0.215***		-0.008**		0.101***
		(0.007)		(0.003)		(0.028)

① 阳立高、谢锐、贺正楚、韩峰、孙玉磊：《劳动力成本上升对制造业结构升级的影响研究——基于中国制造业细分行业数据的实证分析》，载于《中国软科学》2014 年第 12 期。

② 张晶、陈志龙：《劳动力成本上升与中国制造业转移》，载于《统计研究》2021 年第 6 期。

续表

变量	(1)	(2)	(3)	(4)	(5)	(6)
	Demand	*Demand*	*Export_dem*	*Export_dem*	*Export*	*Export*
Intangible_assets		-0.510*** (0.092)		0.243*** (0.043)		-0.189 (0.365)
*Top*1		0.082*** (0.028)		0.041*** (0.013)		0.127 (0.117)
Boardsize		0.021 (0.019)		-0.014 (0.009)		0.331*** (0.077)
Inddirect		-0.031 (0.053)		-0.014 (0.025)		0.844*** (0.213)
TobinQ		0.026*** (0.003)		-0.005*** (0.001)		0.002 (0.011)
Duality		-0.008 (0.006)		-0.005* (0.003)		0.000 (0.024)
SOE		0.020* (0.012)		0.011** (0.005)		-0.131*** (0.046)
Cons	0.668*** (0.005)	2.283*** (0.120)	0.147*** (0.002)	-0.154*** (0.056)	0.393*** (0.020)	-4.659*** (0.503)
企业固定效应	控制	控制	控制	控制	控制	控制
年份固定效应	控制	控制	控制	控制	控制	控制
R^2	0.78	0.81	0.83	0.84	0.90	0.91
N	14 187	13 538	14 086	13 445	10 528	10 005

注：括号内是聚类到企业层面的稳健标准误，***、**、*分别表示在1%、5%、10%水平上显著。

三、动态效应分析

接下来，利用模型（11.2）对发达国家再工业化与制造业需求关系的动态效应进行分析。图11-4结果发现，在再工业化战略实施之前，企业需求并未发生显著变化，在再工业化战略实施后的第1期和第2期，企业需求出现显著下滑。这意味着，发达国家再工业化对制造业需求的影响在战略实施后1~2年内影响最为显著，2013年前后国内需求和出口需求下滑尤为显著。中国制造企业开始寻求转型之路，在政府推出“一带一路”（2013）、《中国制造 2025》（2015）等一系列政策和战略导向下，发达国家再工业化对中国制造的影响开始弱化。

图 11－4 还可以发现，从第 5 期开始，发达国家再工业化的影响又逐步开始显现，即估计的系数由正开始转变为负。说明自 2016 年以来，发达国家再工业化对中国制造需求的负面影响又在加强。事实上，发达国家针对中国的制裁从未停止，尤其是特朗普担任美国总统以来，发达国家采取对中国企业的制裁不断加码，数据显示，2018～2020 年共有 10 批次 296 家中国企业受到美国制裁。中国制造业出口进一步萎缩，国内需求也开始承压。

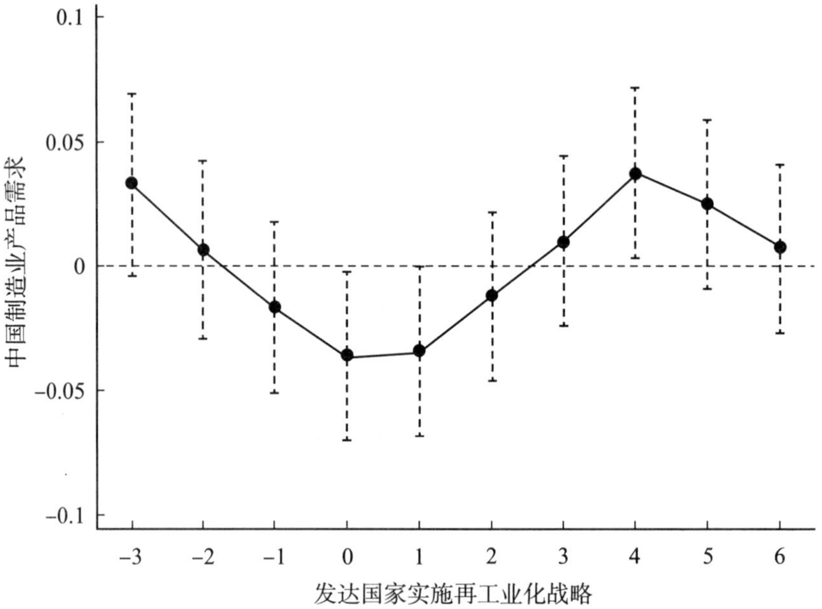

图 11－4　发达国家再工业化与中国制造企业产品需求

第五节　创新视角下发达国家再工业化对中国制造业升级的影响

前面从供给和需求两方面考察发达国家再工业化对中国制造业生产率、消费需求产生的深刻影响，凸显中国制造业升级的艰难性和紧迫性。步入 21 世纪，尤其是中国正处在“两个一百年”奋斗目标交汇期，中国的崛起使得中国与发达国家之间的竞争逐步由产品竞争转向创新能力竞争。中国已成为全球工业门类最齐全的国家，具备世界最为完整的工业体系，但是在诸如芯片、核心部件等高精尖技术和产品仍受到发达国家的制约，存在“卡脖子”“断供”的风险。由此，需要进一步实证分析发达国家再工业化对制造业创新能力的影响，以寻求突破国际封锁、实现制造业创新升级之道。接下来，从创新要素投入和创新产出两方面考察发达国家再工业化给中国制造业创新带来的影响。

一、数据来源与指标设计

（一）创新要素投入

从投入产出的关系来看，科研人员、研发资金等创新要素的投入对于企业创新能力提升具有重要的意义，缺乏创新要素投入或投入不足，可能导致中国制造业的“低端锁定”，主要承接加工制造、装配等利润低的生产活动。借鉴罗双成等[①]、宛群超和袁凌[②]等研究的方法，选取企业的研发人员占比、研发投入占营业收入比重分别衡量研发人员投入（*RD_person*）和研发资本投入（*RD_capital*），数据主要来源于 Wind 数据库和上市公司年报。

（二）创新产出

根据已有研究经验，一般采用企业获得的专利数来衡量创新产出。但是，企业从专利申请到授权可能花费 1 ~ 2 年甚至更长时间，用以衡量企业的创新产出存在一定的滞后性。为此，本书选取企业当年专利申请的总数来衡量创新产出（*Patent*）。根据国家知识产权局的分类，中国境内专利主要分为发明、实用新型、外观设计 3 类，其中发明专利技术含量最高，也最难获得，实用新型和外观设计专利相对容易获得。因此，进一步将专利分为发明专利申请数（*Innovation*）、非发明专利申请数（*Design*），其中非发明专利包括实用新型专利和外观设计专利，以此分析发达国家再工业化对企业专利质量的影响。专利数据主要来源于国泰安公司专利和研发创新数据库。为消除样本离群值的影响，本节对所有变量在 99% 和 1% 分位点上进行缩尾处理。

---

① 罗双成、刘建江、石大千、万佳乐：《创新的高速路：高铁对制造业创新的影响》，载于《中国经济问题》2021 年第 4 期。

② 宛群超、袁凌：《创新要素流动与高技术产业创新能力》，载于《科研管理》2021 年第 12 期。

二、发达国家再工业化对制造业创新要素投入的影响

运用模型（11.1）估计发达国家再工业化对制造业创新投入影响，估计结果如表11-8所示。模型（1）的估计结果显示，在控制相关变量、企业固定效应和年份固定效应后，发达国家再工业化影响制造企业研发人员占比（*RD_person*）的系数为-0.009，说明发达国家实施再工业化对中国制造业研发人员投入产生负面影响。产生这种负面影响的原因有以下几点：其一，发达国家再工业化战略的实施，通过减税政策、优化营商环境等制度建设，吸引更多高素质研发人员进入研发部门，进一步提高本国企业的研发创新能力。其二，通过制裁中国先进技术型企业、迫使在美上市的中国企业退市等手段，削弱中国制造业的竞争优势，减少中国企业研发人员的吸引力。

表11-8　发达国家再工业化影响制造业创新投入的实证结果

变量	(1)	(2)	(3)	(4)
	RD_person	*RD_capital*	*RD_capital*	*RD_capital*
Post×Treat	-0.009 (0.011)	0.003 (0.002)	0.007*** (0.002)	0.001 (0.003)
Asset_debt_ratio	-0.026*** (0.008)	-0.008*** (0.002)	-0.004 (0.003)	-0.008** (0.004)
Ln*AGE*	-0.033*** (0.007)	-0.001 (0.001)	-0.003** (0.001)	0.000 (0.002)
Ln*SIZE*	-0.001 (0.003)	0.001** (0.001)	0.000 (0.001)	0.000 (0.001)
Fixed_asset_ratio	-0.029** (0.012)	0.007** (0.003)	0.011*** (0.004)	0.004 (0.005)
Growth	-0.005* (0.002)	-0.011*** (0.001)	-0.012*** (0.001)	-0.011*** (0.001)
Intangible_assets	0.014 (0.045)	0.034*** (0.010)	-0.001 (0.013)	0.103*** (0.019)
*Top*1	-0.002 (0.014)	0.002 (0.003)	-0.012*** (0.004)	0.024*** (0.006)
Boardsize	0.008 (0.008)	0.001 (0.002)	-0.000 (0.002)	0.000 (0.004)

续表

变量	(1)	(2)	(3)	(4)
	RD_person	*RD_capital*	*RD_capital*	*RD_capital*
Inddirect	0.013 (0.023)	-0.000 (0.006)	0.003 (0.007)	-0.004 (0.011)
TobinQ	-0.000 (0.001)	0.000 (0.000)	0.000 (0.000)	0.001 (0.001)
Duality	-0.002 (0.002)	0.000 (0.001)	-0.001* (0.001)	0.002* (0.001)
SOE	-0.000 (0.005)	-0.004*** (0.001)	-0.005*** (0.002)	-0.002 (0.003)
Cons	0.231*** (0.063)	0.010 (0.014)	0.045*** (0.017)	0.019 (0.028)
企业固定效应	控制	控制	控制	控制
年份固定效应	控制	控制	控制	控制
R^2	0.90	0.82	0.85	0.82
N	5 299	9 604	6 289	3 069

注：括号内是聚类到企业层面的稳健标准误，***、**、*分别表示在1%、5%、10%水平上显著。

表11-8模型（2）的估计结果显示，在控制相关变量、企业固定效应和年份固定效应后，发达国家再工业化对中国制造业企业研发投入资金占比（*RD_capital*）的影响系数为0.003，未能通过显著性检验。进一步将样本细分为创新能力强和创新能力弱的企业，进行分组回归，表11-8模型（3）和模型（4）报告了该分组回归结果。从中可知，说明发达国家再工业化对制造业研发投入资金占比的影响在创新能力强的企业组显著为正。可能的解释是，在发达国家再工业化的压力和冲击下，在出口受阻、中间产品断供的情况下国内企业步入转型期，倒逼企业加大创新研发投入，尤其是创新能力强的企业转型的动力更强。

三、发达国家再工业化对制造业创新产出的影响

表11-9报告了发达国家再工业化对制造业创新产出影响的回归结果，模型（1）结果显示，在控制相关变量、企业固定效应和年份固定效应后，发达国家再工业化对制造业创新产出（*Patent*）影响系数为0.017，未能通过显著性检验，说明发达国家再工业化并未抑制中国制造业企业的创新产出，反而表现为正面影

响。可能的原因在于：虽然发达国家再工业导致中国的出口受阻，中国制造企业获取先进技术的资金成本和学习成本骤然加大，但这对中国制造企业的创新形成倒逼机制，进一步推动中国制造业转型，加大研发投入促进创新产出。

表 11-9　发达国家再工业化影响制造业创新产出的实证结果

变量	(1)	(2)	(3)
	Patent	*Innovation*	*Design*
Post × *Treat*	0.017 (0.045)	0.109** (0.045)	0.002 (0.049)
Asset_debt_ratio	-0.132 (0.096)	-0.044 (0.092)	-0.174 (0.106)
Ln*AGE*	-0.173*** (0.047)	-0.227*** (0.046)	-0.072 (0.051)
Ln*SIZE*	0.193*** (0.028)	0.195*** (0.027)	0.200*** (0.031)
Fixed_asset_ratio	0.149 (0.123)	0.010 (0.119)	0.164 (0.137)
Growth	-0.072** (0.036)	-0.070** (0.034)	-0.060 (0.039)
Intangible_assets	0.809* (0.463)	0.877** (0.447)	0.354 (0.517)
*Top*1	0.281* (0.150)	0.185 (0.146)	0.323** (0.164)
Boardsize	0.203** (0.088)	0.102 (0.085)	0.110 (0.095)
Inddirect	0.210 (0.247)	0.268 (0.237)	-0.177 (0.264)
TobinQ	0.035** (0.014)	0.025* (0.013)	0.040*** (0.015)
Duality	0.040 (0.029)	0.044 (0.028)	0.029 (0.032)
SOE	0.044 (0.061)	0.039 (0.060)	0.148** (0.067)

续表

变量	(1)	(2)	(3)
	Patent	*Innovation*	*Design*
Cons	-2.086*** (0.623)	-2.429*** (0.600)	-2.389*** (0.695)
企业固定效应	控制	控制	控制
年份固定效应	控制	控制	控制
R^2	0.76	0.76	0.74
N	8 714	7 878	7 459

注：括号内是聚类到企业层面的稳健标准误，***、**、*分别表示在1%、5%、10%水平上显著。

从创新产出质量来看，表11-9模型（2）和模型（3）的结果显示，在控制相关变量、企业固定效应和年份固定效应后，发达国家再工业化对制造业发明专利（*Innovation*）、非发明专利（*Design*）的影响系数为0.109、0.002，表明发达国家再工业化对中国制造业发明专利和非发明专利均产生促进作用，对发明专利的影响更大且显著，这意味着发达国家再工业化显著提升了制造业创新质量。

第六节　本章小结

本章将2012年以来发达国家实施的再工业化战略作为一个“准自然实验”，来评估发达国家再工业化政策对中国制造业升级的影响效果。为此，我们从中国沪深上市公司中选取1 389家制造型企业作为研究对象，通过双重差分法（DID）评估发达国家再工业化对制造业升级的影响，结果发现：

（1）基于供给层面，发达国家再工业化对企业全要素生产率产生显著的负面影响，抑制了制造业升级。发达国家再工业化导致中国制造业中间产品供应受阻、吸引外资难度加大、中国制造企业的海外扩张面临较大冲击，从而对制造业全要素生产率产生显著的负面影响。从动态效应看，随着时间的推移，这种再工业化的负面影响呈现先减小后增加的动态过程，在美国特朗普总统执政时期这种负面影响进一步加剧。

（2）基于需求层面，发达国家再工业化对中国制造产品国内需求和国际需求均造成一定负面冲击。美国不惜动用关税、禁止中国企业在美销售产品、强制美国上市的中国企业退市等手段，破坏全球贸易规制、资本市场规制等，深刻影响制造企业的生产成本和劳动力成本，中国制造企业生产环节面临原材料、中间产品、高端技术等方面的成本大幅提升，并逐步传导至消费端，冲击了我国制造产品的国内需求。发达国家对他国产品尤其是中国制造产品实施“差别对待”，冲击了我国制造产品的国际需求。

（3）基于创新层面，发达国家再工业化还会从创新要素投入和创新产出两方面，对中国制造业创新产生影响。在创新要素投入方面，发达国家再工业化通过制裁中国先进技术型企业、迫使在美上市的中国企业退市等手段，削弱中国制造业的竞争优势，减少中国企业研发人员的吸引力。为应对发达国家再工业化的冲击，中国制造业加大了研发资金投入。在创新产出方面，发达国家再工业化导致中国制造企业获取先进技术的资金成本和学习成本骤然加大，同时也对中国制造业形成“创造性破坏”，倒逼中国制造业创新能力的提升。

第十二章

应对发达国家再工业化推进中国制造业转型升级的对策体系

百年未有之大变局下，思虑逆全球化思潮特别是贸易保护主义、单边主义、民粹主义持续蔓延的影响，抢抓国际经济秩序和经贸规则的重塑和调整机遇，把控新一轮科技革命和产业变革日新月异先机，深度分析发达国家再工业化战略持续推进的深远影响，需要我们大力推进中国制造业转型升级，实现制造业的高质量发展，推进制造强国战略，为双循环新发展格局夯实物质基础，进而为中国经济高质量发展夯实物质基础，推进新中国第二个百年目标和共同富裕的顺利实现。新发展阶段，贯彻新发展理念、构建新发展格局，是由我国经济社会发展的理论逻辑、历史逻辑、现实逻辑决定的。面对新形势、接受新任务、迎接新挑战，亟须出台一系列推进制造转型升级的政策措施。

第一节　统筹推进　力促双循环新发展格局的构建

构建国内国际双循环新发展格局是一项系统性工程，不仅涉及两个不同市场和两种不同资源，还包括供给侧与需求侧两大方面的建设。这要求系统性综合发力，做好整体谋划和统筹安排。

一、以需求为导向深化供给侧结构性改革

紧紧把握我国消费需求和全球消费需求的现状及发展趋势，构建供求动态适配机制，以该机制为牵引，以制度创新和技术创新为核心驱动力，以政府战略性创新政策为引导，大力培育企业家精神和工匠精神，塑造完善的国家创新体系，推进我国供给侧结构性改革持续深化，广泛激发企业的创新活力与市场活力。

二、着力构建完善的高质量内需体系

充分发挥超大规模市场优势，需要深度挖掘内需潜力：一要促进中低收入群体收入水平的提升。比如适当加大中低收入群体的就业支持及收入补贴，同时推动高水平社会保障体系建设，稳定社会预期，解决制约居民消费和企业投资瓶颈问题，释放居民消费水平及有效投资，促进国内循环的畅通。二要强化对消费者的权益保护，培养消费者的“挑剔性”，提高市场的质量，促进需求与供给之间的互动性和相互制约性。三要扩大高质量的进口商品与服务以满足人民日益升级的消费需求，发挥我国超大市场规模优势为其他国家创造有效需求，以促进世界经济的恢复，让更多国家分享“中国机遇”，助推国际循环。

三、推进高水平的开放体系建设

我国开放大门越开越大，但是开放程度仍然有提升空间。作为第一大货物贸易国和第二大外资流入国，开放程度与我国在世界经济体的地位还不是太匹配。大变局下，当前特别要做好从要素流动型对外开放过渡到制度型对外开放的工作。在制度型开放方面，以 2019 年全国人大通过的《中华人民共和国外商投资法》为出发点，落实外资企业国民待遇加负面清单管理制度，使外资企业成为链接双循环的纽带和推动双循环相互促进的重要力量。要落实好《国务院关于进一步优化外商投资环境加大吸引外商投资力度的意见》，积极吸引和利用外商投资，推进高水平对外开放、构建开放型经济新体制。

四、建设高质量的双循环平台载体

我国对外开放的重要载体、构建双循环新发展格局的重要平台包括：自贸试

验区、自由贸易港、跨境电商综合试验区、重点开发开放试验区、内陆开放型经济试验区、保税区等。这些平台的高质量发展及目标达成，需要以国际经贸规则为基础，进一步推进高水平开放，加快推进开放型制度建设和试验区实践，探索以制度型开放为引领的开放型经济新体制建设，由此进一步推进法治化、国际化、便利化的营商环境和制度体系建设，使这些区域成为推动双循环战略的主阵地，成为高水平开放的试验田。

五、打造合作共赢的产业链供应链体系

把握好全球产业链供应链所面临的重构趋势，强化政策引导，多维度构建合作紧密的产业链供应链网络。需要坚持共商、共建、共享的原则，以国内为核心，以我国周边区域为重点，以“一带一路”建设为契机，进行全球化布局。一是直面国内部分劳动密集型产业向东盟等周边国家转移趋势，化挑战为机遇，推动国内企业向研发设计、品牌营销等产业链两端发展，间接实现制造业的转型升级。同时，积极给东盟国家提供原料、技术及设备等，构建“中国—东盟”劳动密集型制造业产业链。二是深化与日本、韩国和新加坡等国家的合作，力推东亚经济一体化，构建以电子信息产业为主体的东亚高技术产业链，利用好超大规模市场优势来分化和化解所谓的“芯片四方联盟”。三是充分发挥我国重化工制造业的性价比优势，尤其是钢铁、机械等重化工业，加强与“一带一路”共建国家的产能合作，利用这些国家的市场与资源，构建资本密集型产业链。四是支持东部沿海地区的劳动密集型产业向中、西部地区转移，促使政策向资金、技术、土地、环境容量及人才等方向倾斜，极大地降低成本，培育一批新兴的制造业基地，构建“东部设计—中西部加工—国内消费为主体”的产业链，助力内循环体系的畅通，并由此缩小区域发展差距。

六、助推传统全球化向新型全球化转型升级

大变局下，全球制造业格局也发生了深刻变化。科技革命和产业变革日新月异，在保护主义和单边主义上升的背景下，俄乌冲突深度影响全球地缘政治与经济格局，全球制造业的产业格局正在面临重大调整并对中国的制造业发展产生重大影响。双循环格局的构建离不开经济的全球化及多边贸易体制。中国要积极推动全球治理体系建设，以制度开放参与全球治理体系创新，助推传统全球化朝向开放、包容、普惠、平衡、共赢的新型全球化方向发展。继续推动“一带一路”倡议高质量发展，加快推进中欧投资协定谈判，推动区域全面经济伙伴关系协定

（RCEP）高效运行，继续推动中日韩自贸区谈判，以区域经贸合作来促进我国产业链供应链的开放合作和双循环格局的构建。

第二节　立足国家战略　强化对区域和地方制造业升级的战略引导

一、确保区域重大战略推进与制造业发展的协同性

在考量财力预算约束的大背景下，量力而行把握好区域战略实施的优先顺序，注重制造业转型升级与我国区域重大战略推进的协同性，加快推进全国统一大市场建设。

（一）在推进重大区域战略中助推制造业转型升级

一是明确总体思路。根据《2020 年国民经济和社会发展计划草案》，我国将进一步落实区域协调发展新机制，结合制造业转型升级，具体的思路是：西部大开发要持续推进并形成新格局，东北地区全面与全方位振兴将继续得到支持，此两个区域要着力做好传统产业转型升级的推进工作，进一步提升工业化水平。中部地区的崛起政策体系和工作机制要进一步健全，在做好传统产业转型升级的同时，加快推进先进制造业的发展。比如湖南，要切实完成好打造国家重要先进制造业高地的战略任务。东部地区率先发展继续推动，京津冀协同发展定位于纵深推进，这两个区域做好制造业高质量发展的示范和引领工作。粤港澳大湾区基础设施互联互通进一步推进，打造其成为国际一流湾区及世界级城市群，发挥其增长极和引领技术变革的领头羊作用，为制造业转型升级提供可持续的技术支撑。要进一步做好长江经济带生态环境突出问题整改和系统性保护修复工作，推进黄河流域生态保护和高质量发展，推进绿色制造发展。

二是深入实施好京津冀协同发展战略。处理好协同与发展的关系，抓住以雄安新区建设为代表的“关键大事”，支持北京城市副中心高质量发展，顺利疏解非首都核心功能，缓解北京“大城市病”。进一步调整和优化区域内城市布局和空间结构，推进区域内现代化一体化交通网络系统建设，不断扩大环境容量生态空间，推动公共服务共建共享，加快区域内市场一体化进程，深入推进产业升级转移，着力发展高端制造、装备制造，打造现代化新型首都圈，努力形成京津冀

目标同向、措施一体、优势互补、互利共赢的协同发展新格局。特别是要用好首都文化、教育、科创资源，推进国际消费中心城市建设、研发中心城市建设，更好带动地北方地区发展。

三是加强长江经济带、黄河流域生态保护。以大江大河引领绿色发展，推动长三角一体化、粤港澳大湾区建设，在不同领域为新发展格局提供新路径，逐步把政策重点放在中心城市（城区）外围地区。大湾区要注重发挥珠海、中山、惠州等城市潜力，长三角要激发南通、湖州等城市的潜力，培育若干承载新使命新功能的制造业重要板块，形成新一轮发展优势。长三角的沪、苏、浙、皖要紧扣“一体化”和“高质量”两大关键词，依托三省一市各自产业基础和资源优势，坚持市场、政府、企业多方联动，加快破除行政区划壁垒，围绕产业链和价值链统筹布局，继续做强做优电子信息、装备制造、金属冶炼、汽车、石化、纺织服装、非金属制品等万亿级优势产业集群，不断推进区域内产业一体化发展。

（二）进一步做好发挥海南关键战略地位的基础性工作

一是全力推动海南全面深化改革开放，高水平建设中国特色自由贸易港，加强与东南亚国家交流合作，促进与粤港澳大湾区联动发展。二是立足于“一带一路”倡议的重要节点，海南重点推进与东南亚、南亚国家的合作。三是以南海岛礁为依托，高效开发南海，加快建设海洋强国步伐。

（三）将都市圈作为推进制造业转型升级的主战场

一是要突出都市圈产业组织功能，把重点放在优化都市圈产业空间布局形态上（而不是生活空间上）。二是注重新型生产空间和创新空间的塑造，在都市圈空间上促进产业链创新链融合发展，以此为基础和依据，统筹做好都市圈交通物流体系，不断推进生产性服务业的发展，推进产业链集聚。三是将都市圈中心城市转型与外围产业承接和发展的培育结合起来，总结粤港澳大湾区、京津冀、成渝等都市圈协同发展有关经验，统筹推进中心城市空间转型、城市更新、产业升级和新城建设。四是将更高水平的集聚经济贯穿于都市圈建设中，提升知识和内容的生产、分发、配置能力，发挥好大数据的作用，推动制造业数字化转型，同时发挥好都市圈空间邻近、知识外溢、规模报酬递增多重效应。五是建设世界级城市群与都市圈，并打造一批能引领世界技术与产业发展的世界级增长极。我国许多都市圈的集聚水平很高，虽然对世界的影响力大，但要着力强化相对欠缺的引领力。

（四）以内外联动来塑造制造业发展的市场支撑

加强区域重大战略与共建“一带一路”统筹衔接，以沿江、沿海、新亚欧大陆桥和西部陆海新通道沿线城市为重点，以“一带一路”核心区和自贸区等为载体，促进内外联动，扩大两个市场整体规模。一是以“一带一路”倡议为开放发展的总牵引，强化向东、向西的双向开放格局，从而建成以扩大贸易为主要导向的西部沿边战略开放区、以保障国家安全为主要导向的中西部腹地战略保障区，以前沿技术国际竞争为主要导向的东部沿海战略竞争区、东部沿海战略竞争区。发挥好“一带一路”等多边合作平台与机制的作用，进一步增强中国对全球经济的影响力与贡献度，促进世界各国共同发展。二是构建各国互联互通、休戚与共的人类命运共同体，为全球化发展输入新理念。相对于以美国为首的西方霸权式的全球化，人类命运共同体赢得了世界上更广泛的支持与参与，提升中国影响力和软实力。三是进一步扩大对外开放，参与各种双边、区域与全球性多边合作，统筹国内国际两个大局，进一步推进双循环新发展格局的构建。四是进一步发挥好自由贸易试验区的功能。自 2013 年设立首个自由贸易试验区以来，截至 2023 年 10 月，全国已设立 22 个自由贸易试验区①，涉及东、中、西与东北四大板块。2021 年 7 月 9 日，中央全面深化改革委员会第二十次会议审议通过了《关于推进自由贸易试验区贸易投资便利化改革创新的若干措施》，为进一步发挥自由贸易试验区功能指明了方向。需要我们提高自由贸易试验区的贸易、投资、国际物流以及金融服务实体经济等的便利度，探索司法对贸易投资便利的保障功能。

（五）推动若干服务新发展格局的新区域战略

第一，设立高规格的北部湾特区，打造全球最优投资地，建设贸易特区、制造特区、制度特区，作为对冲制造业向外转移的先手棋。第二，实施科创平台建设工程，适当考虑重大创新资源在中西部的建设，依托成都－重庆、武汉－长沙、西安－郑州等中心城市，打造国家科学中心、技术中心和科创走廊，推动创新链向中西部延伸，防范潜在风险。第三，实施北方城市提升行动。保持发挥北方中心城市教育、医疗、文化等公共服务优势，保护发掘后工业城市文化价值，培育新的比较优势，在中心城市一小时圈内培育 1～2 个专业化城市，缩小南北城市数字化发展差距。第四，支持哈尔滨、昆明、乌鲁木齐建设国际次区域中心城市，依托国内强大生产能力和基建能力，着力增强航空枢纽、贸易流通、货币金融、人文艺术等国际化功能，营造良好地缘环境。

① 参见：https：//baijiahao. baidu. com/s? id = 1807110707343632450&wfr = spider&for = pc。

二、发挥国家层面对地方发展制造业的战略引导力

（一）引导地方保持GDP中制造业的稳定比重

制造业不仅是创新诱导型产业，还是诱导创新型产业。由于制造业是许多科技创新的孵化基地和应用领域，所以制造业的生产率提高最快。经济发展必须依靠创新，纵观工业革命以来的经济史，引发工业革命和产业创新的大部分在制造业，并由此引发其他产业创新发展。从科技革命和人类目前面临的现实挑战来看，不论是应对气候变化所提出的能源革命或碳捕获技术，还是数字产业化或产业数字化，也都是以高水平制造业为基础的。因此，要指导地方政府高度重视制造业，保持适应本区域的制造业的比重。

（二）鼓励和引导地方政府推进有利于制造业发展的制度创新

制造业转型升级是系统性工程，尤其是区域内制造业链条的完整性建构，需要制度创新。为此，可鼓励地方政府围绕区域制造业产业链的建构、关键领域的攻关实施“科技攻关书记负责制”“产业链安全省长负责制”“要素保障省长（市长）负责制”等，发挥特殊时期特殊任务下的制度优势。继续推进科技特派员制度，总结科技特派员制度经验，继续加以完善、巩固、坚持。引导地方政府明确本区域制造业在新发展格局中的战略地位。引导地方政府结合本区域制造业特色和优势，探索精准绘制科技创新攻关、能源资源保供、粮食安全保障、高端要素导入、流通体系畅通、制度改革探索等六大版图，强化系统思想和整体观念，进一步明确各地区制造业在新发展格局中的角色，指出不适应之处，为本区域推进制造业转型升级制订总体战略。

（三）建立适应制造业和新发展格局的地方考评体系

经济升级转型，经济结构调整，来自上级的政绩考核机制不一定会同步转型，对GDP、固定资产投资、招商引资、维稳等指标的考核仍对地方政府的行为起着主导作用。需要考核机制的实质性变化，引导地方官员按新思路来做事，调配资源。过去太注重追求要素投入规模的增长模式，现在应该转向提高全要素生产率的增长模式。因此，要努力改变地方政府“大规模投资刺激”的短视做法，优化地方的考核指标体系。

推进地方政府考核体系的革新，按照对不同区域的主体功能定位，实施差别

化的评价考核。比如对纳入优化开发的城市化地区，重点加强对经济结构调整、科技创新、资源利用和环境保护的评价；对纳入重点开发的区域，侧重评价 GDP 增长指标、产业结构、教育质量、城镇化率、就业等方面；对于限制开发区域，重点突出对生态环境保护的评价，弱化对 GDP、工业化、城市化等相关指标的考核等等说法。对所有区域，“低碳”已成一个约束性考核指标。

三、优化地方产业集群行动

（一）构建产业集群新型合作关系

新工业革命下，竞争越来越国际化、全球化、激烈化，合作显得尤为重要。要引导地方政府高度重视合作的战略意义，塑造产业集群新型自发性合作机制。这其中的关键是要注重社会资本的培育和积累，大力培育集群内部的信任、互惠、包容、开放、共享等社会资本，建立各种合作联盟，强化集群内部的合作网络体系。同时，要加强地方政府和区域之间的合作，拓展集群外部的网络联系，进而完善内部市场一体化运行机制。

（二）做好技能培训和人才培养

人才是产业集群发展的根本和核心支撑，其中技能型人才是人才体系中的基础。地方政府一方面要高度重视技能人才的培养，推动企业与企业、企业与高校合作，构建技能培训网络体系，优化企业“干中学”机制，完善集群娱乐休闲设施，强化非正式交流，深化技术诀窍；另一方面，要创建集群研发中心或技术中心，强化与研究型大学的战略合作，完善高端人才培养机制和引进机制。

（三）更好地将地方产业集群嵌入全球产业价值链

区域和地方的产业集群要积极对接国家开放型战略，特别是我国海南自由贸易港建设、自由贸易试验区建设、跨境电商综合试验区建设以及“一带一路”倡议，等等，提升自身走出去参与国际合作的能力。要坚持共商、共建、共享的理念，与世界各国进行深度、有效合作。

（四）激发集群创新，培养集群创业精神

以政府政策为支撑，地方和区域产业集群要联合不同主体的力量，跨专业学科、跨区域组建知识分工团队，创设集群科技创新中心，进行协同创新、跨界融

合创新；设立集群研发基金，鼓励研发的网络体系建设，实施强调设计的创新战略。以地方文化为根基，融入现代创新创业文化，加强产业集群创业文化建设，培育集群创业精神，支持创业家网络建设，设立专业化的孵化器，强化创业培训，等等。

（五）强化创新集群治理

嵌入现代治理理念，优化集群治理机制，促进集群内众多主体的联合行动。比如，保护知识产权，促进科技创新；建立科技协同创新中心，促进产学研战略合作；发挥行业协会的积极作用，制定行业标准，规范市场行为；促进产业网络化联系，提高公共部门的服务效率；投资环保产业，强化企业的社会责任感等。

第三节　创新驱动发展　夯实制造强国的战略支撑

继续强化创新驱动发展战略，深入推进制造强国战略，推进我国由“富裕起来”转变为“强大起来”，由中国制造转变为中国智造、中国创造。

一、推进有利于创新发展的制度建设

（一）完善促进创新发展的制度环境

一是要处理好政府与市场的关系，使市场在资源配置中起决定性作用，更好发挥政府作用。创新企业可以通过分析市场动态、把握市场方向、挖掘市场潜力、识别市场需求，从而优化资源配置，提升产品竞争力，进而提高创新型企业技术创新能力。对此，需要进一步完善相关法律法规，维护市场秩序，加大对市场监管的力度，严厉打击地方保护主义、不正当竞争及破坏市场经济秩序的各种违法行为。数字经济时代，还需要防止平台经济过度扩张，为平台经济发展设置边界，加强监管。

二要加强立法和执法，完善市场机制，使市场的“竞合机制”能在创新中发挥更大的作用。继续深化教育体制改革，强化产教深度融合，培养更多创新型人才。着力破除“五唯”，完善科研项目立项管理制度及科技成果评价激励机制，促进科研人员真正把论文写在祖国大地之上，促进产学研用更好地结合。改革政府监管及采购制度，创造宽松、公平的市场竞争环境，加大知识产权保护力度，规范市场竞争秩序，等等。

三要放眼全球，努力为创新型企业利用好优势资源、提升产品国际竞争力创造有利条件，推动企业努力提升技术创新能力。需要推进创新型企业不断适应市场，引导市场，从而构成产业技术创新决策的根本导向。尤其对于新兴技术领域的技术创新，更需要满足市场需求、引导市场需求，促使技术市场化，为提升产业技术创新能力不断夯实制度基础。鼓励研发实力较强的民营企业、中小企业参与前沿技术国家实验室和国家创新中心建设，确保在创新型地区经济综合体中实现国家实验室和国家创新中心与企业尤其是民营企业间的有效衔接。

（二）加强科技创新体制机制建设

一是完善科技创新要素流动机制。用市场化手段配置高端生产要素，减少行业和地区之间的壁垒，加快实现创新要素跨行业、跨区域流动与优化配置。二是加快科技成果转化。加大政策支持力度及资金和政策支持，拓宽产学研合作的形式与渠道，完善技术共享、扩散和溢出机制，促进高校和科研机构、企业的深度合作和协同发展，加快和提高产学研之间的合作创新、知识共享和成果转化的速度与效率。三是完善科技成果转化机制和科技保障体系。加大对科技成果市场化收益回报的激励，完善企业创新载体，明晰创新产权，为创新及科研人员创新创造良好的环境。加大知识产权保护措施，完善知识产权相关法律法规。优化专利资助奖励政策和考核评价机制，要重点保护高价值专利。四是构建创新地域综合体。着眼于国家产业体系的关键环节，融合国家创新中心，加强产学研融合发展，形成集人才培育、技术研发、产业化和市场营销与服务等于一体的新型地域经济综合体。创新型地域经济综合体在重视知识及技术创新的过程中，也要推动机制创新，特别是要发挥市场机制在综合体构建中的作用。创新型地域经济综合体空间布局可以以国家创新体系枢纽、节点为核心，以由跨省域的若干城市群为主要载体，适应国家中长期战略调整和区域均衡发展。五是明确科技体制改革的目标是要着力提升制造业核心竞争力，推进制造业向高端化、智能化和绿色化发展，并要加强产业链供应链韧性，加快补链强链专项行动。

（三）持续深化教育体制机制改革

教育、科技、人才是一个有机联系的整体，共同支撑社会主义现代化强国建设。需要继续深入推进教育体制改革，强化创新型人才培养。教育体制改革强调系统性、整体性、协同性，需要把握好不同主体之间的关系与张力，需要解决教育中的重点难点问题和突出矛盾，克服一切阻碍教育发展的制度性障碍，优化结构，激发活力，建立符合社会主义现代化建设要求的体制机制。为此，一是持续探究有利于激发教育体制创新与活力的长效机制和制度保障。二是不断释放教育办学和管理主体的活力。关键是要强化法治，通过现代化的法治理念和制度体系来激发教育办学和管理主体的内在活力。三是深度激发全社会参与教育治理的活力。关键是要以生态治理和协同治理理念为指导来深化教育治理。四是持续提升我国教育体制的生机和活力。其关键是要精准施策，推动教育治理方式变革。

（四）强化法治建设以持续优化市场竞争与垄断之间的关系

《中共中央关于制定国民经济和社会发展第十四个五年规划和二〇三五年远景目标的建议》中关于“十四五”时期经济社会发展主要目标包括“公平竞争制度更加健全”，并在“全面深化改革，构建高水平社会主义市场经济体制”部分强调“加强反垄断和反不正当竞争执法司法，提升市场综合监管能力。”2021年1月9日召开的中央政法工作会议也提出“加强反垄断和反不正当竞争执法司法”。这表明，反不正当竞争和反垄断工作在我国受到了前所未有的重视，这也绝非偶然，而是我国现阶段推动有效市场和有为政府更好结合进而推动制造业转型升级和经济高质量发展的内在要求。当前，需要我们准确把握法律标准，恪守竞争中性原则，综合运用效能竞争、比例原则、竞争效果评估方法，建立健全第三方审查和评估机制，依法判断竞争行为的正当性，及时制止不正当竞争、垄断行为，提高违法成本，引导市场主体诚信公平有序竞争，增强市场竞争活力。为此，需要提高政府有关部门的法律意识和法律的供给能力，通过法治建设，来解决“马歇尔冲突”，即在维护市场竞争活力与保持企业充分实现规模经济之间实现平衡，进而提升企业的可持续创新意愿和能力。

二、通过科技创新推动制造业转型升级

（一）着力夯实制造业发展的创新基础

一是要努力突破核心关键技术。发挥好我国体制机制优势，集中资源力量，聚焦于芯片、基础材料等关键领域，围绕“卡脖子”领域，建立高级别的核心技术攻关中心，努力实现核心技术自主可控。要抢抓新一轮技术革命和产业革命机遇，促使信息技术、大数据和人工智能等广泛应用于现代产业发展，并不断催生新技术、新产品和新业态，提高产业核心竞争力，推动高新技术产业的辐射带动力。

二是加大对基础研究和共性技术的研发投入力度。加大对基础研究的研发投入，特别是在事关核心基础零部件（元器件）、先进基础工艺、关键基础材料、产业技术基础等“四基”方面，大力发挥国家级科技项目支持源头创新的重要作用。利用高校、科研院所等布局建设重大科技基础设施，推进校企合作，构建现代国家基础研究实验室体系，深化协同创新、跨界融合创新和开放共享机制。调动企业对基础研究投资的积极性，不断创新基础研究的经费来源，鼓励各类资金多渠道投入“四基”领域。建立以政府为主、社会多渠道为辅的多元化投资体系。

三是加快由要素驱动向创新驱动转化，提高创新效率。改变以往粗放型扩大生产规模的发展方式，坚持科技创新与制度创新双轮驱动，并带动管理创新和人才创新驱动企业高质量发展，推动企业由规模发展向质量和效益发展转变。针对当前科技“大而不强”、专利“多而不优”、实体经济与科技成果“两张皮”的问题，要努力打破唯论文、唯成果、唯帽子的科研怪圈，提高对专利申请的审核标准，提高创新效率、专利质量和专利授权实施率。

（二）鼓励领军企业组织创新联合体，培育多元化创新主体和创新平台

高等院校和科研院是长期的创新主力军，但近年来江湖地位有所动摇。当前，世界范围内出现一种新趋势，高新技术企业逐步成为重要的创新体，在部分领域甚至超过了高校、科研院所在创新中的地位。比如美国的特斯拉、谷歌公司、波士顿动力公司（Boston Dynamics）等。在这一潮流中，我国也涌现许多高科技企业，诸如华为、中兴、大疆等，也不甘落后，在各自的领域引领创新方向。

面对此发展趋势，要努力在制度层面、机制层面建立新型校企合作模式，鼓励领军企业组织创新联合体。《中共中央关于制定国民经济和社会发展第十四个五年规划和二〇三五年远景目标的建议》提出：“推进产学研深度融合，支持企业牵头组建创新联合体，承担国家重大科技项目”。需要深入研究推进领军企业组件创新联合体的体制机制，破除“政产学研用资创”六大领域之间的体制藩篱、冲破各自内部的体制机制障碍，构建六位一体的协同创新生态，加快实施创新驱动发展战略。

一者，对企业来说，要加大对创新经费的投入比例，以体制机制创新为基础，激发企业尤其是国有企业的内在活力和创新动力。同时，要加大对中小型企业的扶持力度，促进中小企业的创新，促使其科技成果有效转化。当下特别要加大对专精特新企业的扶持力度，培育和推动一批“小巨人”企业成长。需要良好

的知识产权保护机制，完善金融风险投资机制，为技术创新和融资方面创造良好的、良性竞争的环境。二者，对高校来说，需要建立科学的评价体制，推动其面向科学技术前沿，面向重大社会需求，对接企业重大需求。为此，需要高校探索未来技术学院与现代产业学院的运行机制，推动其有效运行。要努力改变当前高校为培养“帽子”与“教授”而培养人才的模式，加快推进高校成果转化。三者，从国家层面来看，要不断引导、提升对基础研究和核心技术的投入，通过财政资金引导，扩大创新者对知识产权处置的自主权，推动创新主体多元化。企业是促进制造业转型升级的主力军，而政府主要搭建营商环境，出台相关政策以促进制造业转型升级。通过政府搭台及企业主导的方式支持制造业创新，从而可提高对产学研合作机制的创新效率。要推进自主创新示范区建设，利用自由贸易试验区的平台优势，加大创新试点和改革力度。建设国家及省重点实验室，形成完善的实验室体系。此外，要大力促进科技开放合作，完善开放合作体制机制。在科技领域也要推动双循环新发展格局的构建，建设内外联动、以内为主体、互惠共享的创新体系，更加主动地融入全球创新网络。

（三）打造制造业创新平台网络，加强共性技术攻关和推广应用

一是建立校企联动的新型创新体系。现阶段，虽然高校承担了全球创新的重要工作，但企业开始在创新展现越来越重要的角色，并大有成为创新主体之势。从研发经费来看，2019 年我国规模工业企业研发投入占全国研发经费的 63. 1%；2019 年全球研发投入前 2 500 家企业研发投入，约占全球研发总支出 60% 以上；从地市级来看，湖南中部的长沙市 2019 年规模工业企业研发投入占全市研发经费的 71. 5%。所以，我国需要进一步激发企业的创新活力，推动企业成为产业创新的主力军。既要努力推动企业在技术创新决策、研发投入、科研组织和成果转化方面发挥更大作用，也要进一步派发高校创新潜力，建立校企联动创新体系。建立校企联动创新体系，关键要全方位推动产教融合，政府要加大政策支持，创造校企战略合作的利益交汇点，使校企能相互深度融合，建立统一的人才培养体系和知识创造体系。

二是建立攻克关键核心技术的体制机制。我国产业创新发展的核心技术及产业链的技术仍存在短板，需要整理出我国形成关键核心技术的需求清单，并科学研判未来发展趋势，发挥高等学校、科研院所和企业各自优势，以国家战略需求为导向，以项目为纽带，突破学科、专业限制，组建各类知识分工团队，进行知识共享、思维共享，跨界融合，促进产学研协同攻关，在各行业间成立产业战略创新联盟，实现重点核心技术的突破。

三是建设好国家级现代研发创新平台体系。统筹规划，加强考核力度，强化

约束机制，推动现有以国家重点实验室、国家（工程）技术研究中心、国家工程实验室为代表的国家级创新平台提质创新，优化重组，同时紧跟全球科技发展前沿，紧扣国家战略需求，围绕“卡脖子”问题，优化配置国家创新资源，组建系列现代创新实验室，进而逐步建立引领未来的现代创新平台体系。不断推进企业研发机构管理体系建设，指导企业建设强化内设研发机构；鼓励研究型大学建立未来学院、现代产业学院，创新人才培养新机制。

四是出台更精准的创新支持政策。政策上，紧扣国家战略需求和全球挑战，立足我国科技领域的“卡脖子”问题，把握全球科技发展动态，注重学科交叉融合，以产业创新需求与供给的动态适配为核心，不断根据供需调整政策，精准支持产业创新，从而与产业创新发展的格局和趋势相匹配。促进创新型企业的发展，带动其他企业的发展。利用我国的相关政策，营造良好的营商环境，培育创新型企业、“专精特新”中小企业、高新技术企业，建成一批创新的“领头羊”和中坚力量。

三、通过提升政府服务功能改善创新效率

（一）用好财政资金引导创新活动

加大财政对创新的支持力度，鼓励技术创新，需要创新财政支出模式及机制，提升财政投入的产出效率及有效性，优化创新资源配置，提升资源配置的效率。财政要做好引导性工作，由此提升社会参与技术创新投入的积极性；推出一些能够吸引投产、符合国际规则的优惠政策。当然，也应鼓励及支持企业开展技术创新活动，不断提升企业自身技术创新的积极性。同时，要做好如下两方面的工作：一方面对创新组织活动进行监督、评价，帮助企业制定技术创新的发展规划；另一方面，完善教育基础设施、信息设备、相关技术服务及科研基地等的建设，即财政要做好产业公地构建的支持工作。

（二）改革科研项目立项管理制度，提高科研效率

从科技项目管理现状与具体流程来看，主要包括项目申报、立项获批、中期检查、项目结题验收（成果鉴定）、项目组织申报等多过程。要提升管理效能，推进科技项目上台阶上水平，需要加快科技管理职能转变，强化规划政策引导和创新环境营造，既要为科研人员减负，比如将科研人员从财务工作中解脱出来，也要强化科研人员的契约意识，要按申请书的要求（合同）按质按量按时完成科

研项目。

要逐步整合财政科研投入体制，改变当前科研项目部门分割、小而散的状态，逐步集中资源重点投向战略性关键性领域。“十四五”规划纲要已提出我国将改革重大科技项目立项和组织管理方式，给予科研单位和科研人员更多自主权，推行技术总师负责制，实行“揭榜挂帅”“赛马”等制度，健全奖补结合的资金支持机制。下一步需要推出系列配套政策，健全科技评价机制，完善自由探索型和任务导向型科技项目分类评价制度，建立非共识科技项目的评价机制，优化科技奖励项目。建立健全科研机构现代院所制度，支持科研事业单位试行更灵活的编制、岗位、薪酬等管理制度，支持科研院所与企业建立科技攻关联动机制。建立健全高等院校、科研机构、企业间创新资源自由有序流动机制；全面推进创新改革试验。

（三）完善科技成果评价激励机制，提高科研积极性

其一，坚持科学分类评价、多维度评价。破“五唯”，破除建立在SCI基础上的科技成果评价体系。需要充分反映科技成果所具有的多元价值特征，科学确定分类评价、多层次评价标准，逐步提高成果评价的标准化、规范化、科学化水平，解决分类评价体系不健全以及评价指标单一化、标准定量化、结果功利化、成果论文化的问题。加快和完善技术市场建设，构建政府、社会组织、企业、投融资机构等共同参与的多元评价体系，充分调动各类评价主体的积极性、主动性和创造性，营造科技成果评价的良好创新生态。

其二，建立尊重科技创新规律的评价体系。把握科研渐进性和成果阶段性的特点，创新成果评价方式方法，加强中长期评价、后评价和成果回溯，引导科研人员潜心研究、探索创新，推动科技成果价值早发现、早实现。

一方面，改革完善科技成果奖励体系。坚持公正性、荣誉性，让真正作出创造性贡献的科学家和一线科技人员获得奖励。适当控制奖励数量，提升奖励质量，延长国家科技奖评奖周期。完善高端奖励的提名制度，规范管理提名机制、流程，排除人情、关系、利益集团等因素的干扰，增加成果奖的荣誉感、使命感，减轻科研人员多方面负担。优化各级科技奖励项目层次，科学定位国家科技奖和省部级科技奖、社会力量设奖的激励层次与激励差异，逐步构建结构合理、成果评价科学、导向鲜明的中国特色科技奖励体系。强化国家科技奖励与国家重大战略需求的结合度，对基础研究和应用基础研究成果加大奖励力度，树立国家最高科学技术奖、国家自然科学奖、国家技术发明奖、国家科学技术进步奖、国际科学技术合作奖等的标杆效应。逐步将人文与社会科学研究纳入到国家级奖励体系，推动人文社科领域的话语权体系建设。努力培育高水平的社会力量科技奖

励品牌，政府加强事中事后监督，提高科技奖励整体水平。

另一方面，完善现有科技成果评价激励和免责机制，把科技成果转化的绩效作为核心要求，逐步将企业纳入到科技成果评价体系当中，并将成果转化纳入高等院校、科研机构、国有企业创新能力评价体系当中。细化完善有利于成果转化的职务科技成果评估政策，激发科研人员创新与转化活力。健全科技成果转化有关资产评估管理机制，明确国有无形资产管理的边界和红线，优化科技成果转化管理流程。鼓励高等院校、科研机构、国有企业建立成果评价与转化行为负面清单，引入资本市场力量，建立市场参与科技成果转化的体制机制，完善尽职免责规范和细则。推动科技成果转化相关人员按照法律法规、规章制度履职尽责，加强知识产权保护，坚决查处科技成果转化的腐败问题、打击违法行为。

第四节　聚焦扩大内需这一战略基点夯实制造强国的市场基础

内需是我国新兴产业培育和国民经济发展的战略基石。需要采取有效措施来扩大内需，持续塑造和充分发挥我国超大市场规模优势，为我国制造业发展打造坚实的国内市场支撑。

一、扩就业保民生，稳定提升居民消费

扩大消费最有效的措施是促进就业及实际收入水平的提升。故需要坚持做好“六稳”工作、全面落实“六保”任务。在此基础上，要完善职业教育体系以实现高质量的就业及提升中低阶层群体的收入水平。需要不断完善社保、个人所得税附加扣除政策等，进一步优化收入分配结构，降低居民家庭负担等，稳定中等收入群体和提高消费支付能力，为扩大消费奠定稳定的市场基础。需要降低居民生活负担，提高居民消费意愿和消费能力。继续深化教育、医疗、社会保障改革，提供更完善的教育、医疗等公共产品供给，强化民生保障；继续深化政府职能改革，强化权力的服务功能，规范公务员的行为，推进社会行为的法治化、规范化、道德化，降低居民社会行为的交易成本，等等。

二、完善分配制度，缩小城乡与区域贫富差距

想方设法调整消费政策，扩大居民消费，特别是挖掘广大农村地区的消费潜力。为此，需要完善分配制度，做好第一次、第二次分配文章，努力缩小城乡收入差距，尤其是缩小区域收入差距，推进共同富裕。无论采用何种政策工具，都必须落实到具体的空间领域，这无疑倒逼我们进一步调整区域经济发展战略，缩小区域发展差距。当前，推动区域协调发展不仅是经济增长的重要动能，也是构建“双循环新发展格局”之所需，同时还是扩大内需这一战略基点的空间落实。

三、有效提高供给质量，实现消费提质扩容

进一步适应居民消费创新升级的新需求。一方面，提高供给产品质量，促进商品从中低端走向高端，加快培育食品、服装及电子产品等产品的高端品牌。另一方面，推动消费产业的结构升级。尤其要促进餐饮、住宿等各种生活性服务业的提质。加快促进各类新技术、新产品、新业态、新服务、新模式的发展，进一步推动消费领域数字经济水平的提升。合理增加公共领域消费，提高教育、医疗、养老、育幼等公共服务的支出效率。根据发展需要适当扩大教育、医疗、养老等领域的准入，支持社会力量增加这些领域的有效供给。

四、加快畅通供需衔接、城乡一体、内外贸联通的国内大市场

一是以建设现代流通体系为切入点，结合城市化发展，形成大城市群，建设多层次的区域消费中心，助推多层次、集群集聚及融合互动的服务及零售生态发展，进而形成多样化的消费市场体系，为城乡居民提供便利。二是促进城乡高效流通体系的建设进而扩大国内市场需求。鼓励农村电商发展，既方便工业品下乡，又促使农产品进城，从而释放县域、乡镇消费潜力。加快推动跨境电商、市内免税店等国际消费新业态发展，促进内外贸加快一体化发展。

五、激发全社会的投资活力，推动消费与供给双升级

一要大力发展数字经济，加大对新基建的投资力度，着力加快5G网络、云

平台、物联网、服务器、超高清视频终端等新型信息基础设施建设，为大数据、云计算、区块链、各类软件等信息技术开发和应用能力提升创造更好条件。二要发挥好中央预算内投资在外溢性强、社会效益高领域的引导和撬动作用。推进铁路、公路、水运、航空运输等网络的优化布局，加快建设现代交通和物流体系，统筹规划和建设一批综合物流枢纽、专业航空物流枢纽和中欧班列集结中心，打通国际物流大通道，推进"一带一路"建设。另外，加快布局和建设城市物流配送网络，以农村电商发展为契机，努力推进农村物流基础设施网络建设，加大冷链等一体化集配设施建设支持力度。

六、深化改革，加强需求侧管理

完善消费市场治理的基础性制度，加快建设高标准市场体系，为消费创新营造良好的制度环境。通过增加收入和分配体制改革，发展好资本市场，扩大居民家庭金融资产，不断培育壮大中等收入群体，强化消费者权益保护，营造良好的消费环境。进一步推进营商环境建设，充分发挥好市场机制在配置资源要素方面的决定性作用，加快"放管服"改革，激发市场主体的积极性，加快释放创新活力，加快提升对内部市场的现代治理能力，加快构建规模巨大、层次完善和创新活跃的强大内需市场。

第五节　紧扣我国制造业发展的重难点问题　完善产业政策支持体系

面对世界政治经济格局和国际秩序的深刻变化，紧密把握世界科技发展趋势，瞄准未来产业发展方向，紧扣我国制造业发展面临的重点和难点问题，构建推动制造业高质量发展的政策支持体系。

一、构建自主、完备、安全、富有竞争力的现代产业体系

（一）加快核心关键技术攻关，补齐产业链创新短板

必须强化国家战略科技力量，充分发挥政府对企业基础研究的持续高强度的

资金投入和市场激励机制下对企业应用基础研究融资活动的扶持功能、引领性科技成果转化，加快建立完善关键核心技术攻关新型举国体制，提升科技创新体系化能力，推动产业结构高级化。要明确前沿性技术的重要地位，增强在基础材料、制造基础技术与关键部件、关键工艺设备方面的基础研发能力，避免在终端生产环节投资拉动造成的虚假繁荣与产能过剩。并在此基础上，通过“政产学研用资”相融的发展模式，深入实施产业基础再造工程，坚持以企业作为主体，加快培育一批链主企业和“专精特新”隐形冠军企业，大幅度提高“工业四基”能力，加快补齐产业基础短板，建立完整的国内产业链和供应链。利用市场规模优势支持科技研发能力强、产业基础较好的城市建立前沿技术研发和产业化中心，产业集聚地，逐步形成前沿高技术领域的重大生产力布局体系。

（二）推进产业基础能力提升和维护产业链安全

第一，要将制造业发展、制造业产业链供应链的稳定置于工作重心。保证制造业在国民经济中的比重基本稳定是产业链供应链稳定安全的重要基础。面对各国制造业回归态势，需要各级地方政府保持战略定力，将制造业发展、制造业产业链供应链的稳定置于工作重心。重塑产业链供应链是巩固和壮大制造业高质量发展的根基。推进产业基础高级化是实现产业链现代化的前提，打通产业链上下游企业技术经济的关联性，增强区域间产业的协同联系，夯实实体经济在现代产业体系中的基础地位，由此可构建完善的现代产业体系。传统产业是我国工业体系的重要组成部分，要通过产业政策引导，推动传统产业的技术创新，并推进新一代信息技术与传统产业融合带动其向价值链高端环节攀升。同时，产业政策要聚焦现代高新技术和战略性新兴产业，引导要素供给向先进制造业和高端产业倾斜。产业政策要把握好传统产业和新兴产业之间的平衡，把控好产业转型升级的力度和节奏。

第二，推进现代服务业尤其是生产性服务业发展。制造业的高质量发展需要服务业的高质量发展。后疫情时代需要通过产业和居民消费“双升级”促进国内经济大循环畅通，针对产消“双升级”的需要，提升服务业发展质量和效率，扩大服务业有效供给，再助推制造业高质量发展。需要围绕飞速发展的现代科学技术，通过服务业供给侧结构性改革，加快推动现代服务与先进技术的推广与发展，促进服务业数字化、智能化发展。针对现代农业与先进制造业的发展需求，尤其要加大对生产性服务业的政策扶持力度，推动先进生产性服务业同现代农业、高端制造业深度融合、协同发展，推动生产性服务业向专业化和价值链高度化发展，进一步维护好供应链安全。

第三，充分发挥数字经济对产业高质量发展与产业链升级的驱动作用。十九届四中全会首次将数据纳入生产要素，标志着数字经济已经成为我国高质量发展的新动能。数字经济通过研发、制造、流通、交易等环节显著提高产业效率，为产业基础能力提升与产业链安全提供技术手段。信息化时代，企业要充分利用好大数据和海量信息带来的便利助推数字化发展，催生智能化生产服务和现代商业模式，改变传统产品的供需关联和技术关联，形成数字经济与企业升级的良性互动态势。数字经济使得关键生产要素发生变化，由此需要政府大力支持甚至投资新型基础设施建设，为加快推动了新产业的形成和传统产业的转型升级夯实基础。要进一步推动数字经济与实体经济的深度融合，需要引入多方资源来加快传统制造业数字化和网络化建设，推动产业向高级化、智能化、绿色化和融合化方向发展；需要推动数字经济加快与现代服务业融合，推动生产性服务业转型升级和高质量发展，在供需精准匹配、现代物流体系、商业营销服务等方面提供高效、智能和个性化服务。

第四，构建自主、完备、安全、富有竞争力的产业体系。一是以发挥人才红利为切入点，融入全球产业体系为导向的出口加工型产业体系，将产业链的基础端、先导端、关键薄弱环节及面向国家安全和民生保障等产业作为重点领域。创建确保国家战略安全的现代产业体系。发挥好我国超大经济规模及完善供应链体系等优势，强化整合周边国家产业链、供应链能力。二是围绕网络安全、太空安全、海洋安全、能源安全、生物安全、国防安全等保障国家安全的重点领域，强化数据安全、航空航天、海洋工程装备、智能攻防、疾病防控、生物技术、清洁能源、国防工业等产业布局和支持；改变碎片化、分散化的现状特征，形成由科研院所、军工企业、国有企业、民营企业共同组成的多主体、体系化的产业生态系统。三是改变以终端消费品为主导的制造业体系。加大工业母机、智联网平台、高端基础材料、精密仪器等工业上游产业布局，形成自主完备的工业体系；进一步夯实工业基础能力，保障战略产业安全和经济安全。以保障民生为基点，积极布局医药、疫苗、食品、健康等产业，确保守住民生安全底线。

（三）加快培育“专精特新”企业，强化产业链供应链韧性

2021 年 7 月底召开的中央政治局会议强调，要开展补链强链专项行动，加快解决“卡脖子”难题，发展“专精特新”中小企业。“专精特新”的灵魂是创新，推动“专精特新”中小企业高质量发展的落脚点也在创新，未来可从以下几方面重点发力。

其一，深化机制体制改革，夯实制度保障基础。“专精特新”中小企业发展需要与时俱进的制度体系作为保障。一方面，要深化机制体制改革，破除制约“专精特新”中小企业创新的固有体制，加强科技创新体系顶层设计，形成有助

于增强创新活力的竞争机制，实现科技创新与制度创新对“专精特新”中小企业的“双轮驱动”作用，形成制度创新促进科技创新、科技创新带动制度创新的互动局面。另一方面，加强高端人才引进和工程技术人才培养。建立“专精特新”中小企业高层次人才对接平台，培养和引进一批具有国际水平的科技人才和创新团队，提高整体创新能力；加大政策优惠力度，对企业引进的高层次、紧缺型人才给予优惠政策，提供政策补贴。

其二，优化营商环境，充分发挥企业家创新精神。中小企业营商环境包括了软性制度环境和基础设施等硬性基础环境两个方面。一是要依法保护不同所有制企业合法经营权，放宽市场准入，推动贸易和投资便利化；畅通企业维权渠道，加大反垄断力度，对地方存在违反公平竞争的行为进行纠偏，构建“亲”“清”新型政商关系。在激发企业家方面，建立改革创新容错机制，加强对企业家合法权益的保护，推进大众创业，万众创新，提高企业参与市场竞争的活力。二是应提供优质基础设施和公共服务。加快新型基础设施建设，促进人才、信息、技术等要素的充分流动，注重数据平台建设降低企业信息不对称，为科技型中小企业提供自主研发平台，降低企业研发成本。

（四）建立产业链供应链安全防控预警机制

第一，将产业链供应链安全纳入国家安全战略。强化产业基础能力，增强产业链韧性，保持制造业在国民经济中的基本比重，防止过早过快“去工业化”，构筑全产业链协同发展模式，维护产业链供应链安全稳定。大力推动国家高端智库、行业组织和市场主体参与等多方力量进行协同整合，建立涵盖主要国家和重点产业的供应链安全风险数据库，构建全球供应链安全风险识别、评估、预警指标体系。

第二，建立应对产业链断裂的反应机制，弥补关键技术短板。在高风险行业支持发展国产替代，对于暂时找不到替代的行业，积极采取措施稳定国外上游企业的关键零部件供应。引导企业等经济主体围绕特定产品建立产业链组织，完善产业链协调机制，促进产业链上下游企业对接沟通。针对“卡脖子”的关键核心领域，建立打破地域、企业界限、行业界限的机制，强化上下游企业协同和技术合作攻关，解决跨行业、跨领域的关键共性技术问题。精准帮扶企业和行业，提高供应链间的协作效率。针对已经发生及潜在风险，加强产业链安全风险预警，不断完善安全应急处理机制，切实提高全球供应链风险监测、预报及防控能力。

第三，推动产业链供应链安全领域国际合作。抓住全球产业分工格局深度调整中的机遇，利用好“一带一路”为我国参与全球产业链供应链的重构提供的巨大机遇。深化与共建国家以及主要贸易伙伴之间的产业合作，推动我国与主要贸易伙伴签署产业链供应链安全联合协议，建立国家应急预案和预警长效机制，构建多渠道、多层次的产业链供应链安全体系。另外，基于在全球价值链视角，充分利用好国际组织合作形成产业链供应链话语体系的谈判、协商、贸易等长效合作机制，共建跨区域富有弹性的供应链，以便于中国更好地实施对外开放战略、推进产业链供应链国际间合作和应对国别间的冲突博弈。

二、精准施策，发挥财税政策在提升产业链韧性中的引导作用

（一）加大财政资金支持力度

通过中央财政科技计划（专项、基金等）等现有资金渠道，打造重点产业链，发挥龙头骨干企业推动上下游产业集群集聚发展，推动产业链提质升级。通过财政引导加大对产业链短板领域和关键环节资金支持，加强核心技术和关键零部件产业化和推广应用。研究设立产业链短板攻关专项资金，激励企业聚焦和突破关键核心技术和前沿技术。完善财政补贴支持方式，建立科技创新和成果转化“前资助、后补助”机制，实现自主设计和产销研一体化水平提升。建立科技创新贷款贴息机制，给予“卡脖子”技术国产替代项目优先科研立项和研发补贴，提升政策支持精准性有效性。优化财政支出结构，以市场导向推动科技成果转化，适当将财政投入重点由研发投入向科技成果转化、应用基础研究等方面倾斜，破解科技成果转化“最初一公里”和“最后一公里”的制约。

（二）采取多元化的财税支持方式

对集成电路、新材料、生物医药等新兴产业，扩大政府投资规模。同时，注重税费减免、财政贴息、财政补助等政策的综合运用，实现产业的平稳跨越发展。中西部地区充分发挥财税政策以及行政管理的作用，缩小区域制造业发展差距，加强央地制造业发展目标的协调。针对单一政策减负效应不明显的不足，结合行政手段、金融政策对制造业转型升级和结构调整采取行之有效的措施，同时重视财税政策之间、财税政策与其他政策之间的协调配合作用。为应对国内外影响产业发展的因素变化，要及时调整和改善财税支持政策，实行财税支持体系的动态化管理。

（三）构建结构高级化的财税支持体系

调整优化财政支出结构，降低直接投资占比，加大间接投资引导，扩大政府采购规模，提高财政资金投入效率。优化税收优惠制度，通过加速折旧、纳税抵扣等间接税收优惠方式降低税收成本。健全增值税税收优惠以适应税制结构，引进或培养科技人员的成本进行增值税抵扣；进一步扩大增值税等流转税优惠覆盖范围，助力企业提升自主创新能力。同时，财税政策应从纵向政策转向横向政策，鼓励支持制造业企业在基础研究、增加科技创新投入、新型基础设施建设、制造业高质量人才培育等方面增加投资的产业政策。

（四）进一步深化增值税改革

增值税下调通过延长抵扣链条对制造业产生减税效应，带动制造业升级。按照财政部关于增值税税率三档并两档方向，降低制造业基础产品增值税税率，对自主可控技术、国产产品减免增值税。围绕制造业高质量发展关键领域，不断健全增值税抵扣链条，研究将企业贷款利息支出、无形资产开发过程中的智力投入、融资租赁、固定资产租赁费等纳入进项税抵扣范围。健全增值税留抵退税制度，提高退税比例，扩大工业四基、基础软件和工业软件等企业期末增量留抵退税政策适用范围，充分释放市场活力。调整增值税即征即退政策，将数据库、信息传输、信息技术、操作系统以及中间品等纳入优惠政策范围。

（五）完善研发费用税前加计扣除政策

研发费用加计扣除政策既是国家支持科技创新的有效政策着力点，也是企业所得税优惠政策体系核心和关键，能够显著提升企业技术成果转化能力。进一步研究加大研发费用税前加计扣除的力度，放宽企业专利申请等支出归集口径；扩大加计扣除范围，将科技型中小企业研发费用加计扣除比例政策扩大至所有企业。采取梯度化加计扣除比例政策，对不同类别的研究和试验发展不同阶段的研发活动，通过政策导向作用带动不同研发项目均衡发展。借鉴国外研发费用税收抵免政策成熟经验，探索建立支持我国企业创新的研发税收抵免政策，对研发费用税收抵免超过当年应纳所得税额部分，可以无限期结转至以后年度继续抵免。加强对中小企业技术创新的税收优惠政策的支持，允许不足扣除部分能够获得税收返还或者直接给予相当数额的财政补助。

（六）加大科技成果转化的税收支持

完善税收政策，坚持促进创新主体与市场主体一体化和促进科技成果市场化，协调科技成果与市场需要不匹配问题。扩大享受个人所得税优惠政策的科技人员范围，对科技人员非职务科技成果转化取得的收入以及相关人员转化科技成果取得的除股权、现金奖励以外的其他形式收入，制定相应个人所得税税收优惠政策，调动科研人员参与科技成果转化的积极性和主动性。对企业技术成果投入市场给予现金奖励和财政补贴，对刚投入市场的新型产品实行税收减免或者延长纳税执行期限。逐步实现结果优惠向中间环节优惠转变，将税收优惠环节由科技成果及相关产品的销售阶段转向对科技成果转化的开发补偿及中试阶段，强化科技创新税收政策的统筹效应。

三、优化产业链金融服务，助推战略性新兴产业发展

其一，加大产业链供应链金融创新力度，建立“三位一体”的金融协同创新模式。实现“产业链供应链 + 技术创新 + 数字金融”的三方结合，打通“产学研用资”渠道，建立成果转化分配机制，健全金融支持渠道，完善产业链供应链服务体系，打通三方与市场的组织边界，互通资源的配置渠道。充分借助互联网、物联网、区块链、5G、生物技术等前沿技术，围绕供应链核心企业建立服务于上下游中小微企业、专精特新企业的供应链金融服务平台，推进供应链金融融合创新发展。

其二，针对战略性新兴产业链，通过加大贷款投放力度、降低融资门槛、支持贸易融资服务等方式，为产业链上下游企业提供金融服务。大力发展产业链金融，重点解决产业链上下游企业的资金问题，引导核心企业与上下游企业协同开展供应链金融业务。如提高预付款比例、联合开展仓单质押等，提升资金的配置与利用效率，同时推动金融机构引入大数据和区块链等金融科技，降低融资难度、提升资金安全。同时在业务准入、担保增信、异地用信、贷后管理和风险计量等方面采用差异化金融政策。

其三，对产业链供应链实施金融扶持政策，鼓励产业链供应链平台进行产业链供应链融资服务创新。一方面积极探索成立产业链创新研发担保基金，增强对创新创业的金融支持，发挥政府股权投资引导基金的引导作用，健全从实验研究、中试到生产全过程的科技创新融资模式（余东华，2020），为上下游企业创新提供金融保障和政策支持。另一方面鼓励金融机构、保险资金和社会资本等为产业链供应链关键技术研发和产品生产的企业提供结算、融资、担保等服务。同

时，规范发展产业链供应链金融服务，加快发展绿色产业链供应链金融。在“碳达峰、碳中和”背景下，适时开展绿色供应链金融业务创新，推广绿色金融产品，推动企业绿色化转型、产业升级和可持续发展。

其四，加强对产业链供应链金融风险的监管防范。前瞻性地设计具有贯穿式、全链条、协同性的现代金融监管制度，达到适宜打造系统性的新型金融风险传播的防范机制要求。对融资流向做到实施监管，强化商业保险对产业链供应链金融的风险防控作用。加强产业链供应链金融服务监管，形成风险可控、有序发展的产业链供应链融资环境。同时，强化产业链供应链金融协调、监督与管控力度，以大数据、云计算等新技术建立协调机制、监督机制与管控机制联动体系，为产业链供应链融资环境提供保障，更好发挥其“催化剂”作用。

四、辩证施策，协调产业政策支持制造业发展中的多重关系

（一）平衡纵向选择性产业政策和横向功能性产业政策之间的关系

选择性产业政策重点是政府通过补贴、税收、法规等形式直接支持、扶持、保护或者限制某些产业的发展，以加快产业结构转型升级、推动经济发展。功能性产业政策，其主要“功能”体现在充分弥补市场失灵，核心工作是要正确处理好政府与市场的关系，目标在于促进市场竞争和提高经济效率。对于政策主体而言，不仅要针对特定产品或服务、特定行业或领域、特定技术路线、特定地区、特定产业链、特定机构和特定企业来制定实施纵向的选择性产业政策，也要针对人才培育、创新激励、信息基础设施、公平竞争、投资环境完善、知识产权、信息与数据安全、协同网络与联盟等而制定实施横向的功能性产业政策。要注重这两类产业政策之间的协同促进，实现动态平衡。

（二）培育新兴产业和支持传统产业优化升级政策之间的协同

传统产业的优化升级是制造业转型升级的重要内容。从制造业强国的经验来看，传统产业的优化升级也是一个创新的过程，不仅会促进自身产业的转型，还会催化出一大批新技术、新业态和新商业模式。既要把新兴产业发展和传统产业优化升级进行分类指导，又要把它们纳入到统一的国民经济体系之中，在系统论的视角下，针对它们二者不同的产业属性和内在的联系，有针对性地构建新兴产业发展政策和传统产业优化升级政策，确保这两类政策的精准性和协同性。

（三）发挥好经济政策杠杆和非经济政策杠杆之间的互补性

深刻把握经济政策工具与非经济政策工具之间异同性，从互补性角度来充分发挥二者的作用。政府一方面要充分运用好传统经济政策工具，另一方面要针对经济政策工具的不足，充分发挥非经济性政策杠杆的作用，尤其是要避免将政策体系异化成为投资、分补贴、分项目的“分蛋糕”游戏。

（四）发挥好中央产业政策和地方产业政策之间的兼容性和互促性

制造业转型升级不仅是点线面的结合，也是自上而下和自下而上的结合。地方政府要落实好中央政府相关部委出台的各项产业政策，保证中央政府产业政策政令畅通。而中央政府要为地方产业政策留有足够的空间，以鼓励地方政府因地制宜地实施各具特色的地区产业政策。

（五）兼顾产业政策的制定实施与产业政策动态优化调整之间的关系

在新工业革命下，新技术、新业态不断出现，经济社会系统正变得日益复杂，各种系统“涌现”频出，我们面临更大的不确定性。在此情况下，产业政策的制定和实施要有足够的弹性，建立一个动态的、完善的试错、纠错机制。为此，相比于实施多年的制造业产业政策而言，我国产业政策将是一个不断试错和逐渐调整完善的过程。所以，政策主体不能仅重视政策制定和实施，还需要及时关注经济社会环境的变动，以全球化的视野来动态构建和实施政策效果评估和调整机制。

（六）推进制造业产业链与“政策链”的耦合协同

现阶段，制造业和服务业深度融合，制造业服务化是一种新趋势，故产业政策决不能仅仅着眼于加工制造环节，还应将政策触角延伸覆盖到制造业全部产业链的所有环节，包括研发设计、资源管理、金融服务、物流配送、需求响应等生产性服务领域，推进服务型制造的发展，实现产业链与“政策链”的耦合协同。探索实施“链长制”，培育一批控制力和根植性强的链主企业和生态主导型企业。

（七）兼顾制造业政策体系与其他产业政策之间的关系

制造业政策是产业政策的一个组成部分。在实施制造业政策时，不是推倒原有的政策，也不是让原有政策长期化、固化和僵化；而应该是在保持现有专项产业政策合理性要素的基础上，根据制造业发展的新形势和新任务，聚焦政策资源，优化政策内容，统一政策平台，提高施策精准度，形成政策平台的整体升级。

第六节　多管齐下　精准助力制造业高质量发展

一、紧盯创新前沿　推进制造业创新平台建设

（一）瞄准制造业创新前沿　加强在重点领域的研发部署

随着产业革命的深入，全球的制造业理念开始改变，工业4.0、工业互联网、先进制造业及智能制造理念开始流行。大部分国家开始积极推动制造业与信息技术等新兴技术进入融合，从而实现制造业数字化和制造业智能化。美、德、日、韩四国为保持制造业的绝对优势，抢占制造业竞争的制高点，十分重视新兴技术与制造业的融合，在国家层面不断加强对制造业相关技术的研发，尤其是纳米技术等材料技术及智能制造等新兴制造业技术，而这些技术也是许多国家比较重视的领域，信息通信技术不断与其他技术进行深度融合，从而催生新的制造业技术，例如人工智能、信息物理系统、传感技术、机器人技术等，这些技术都代表着未来技术的发展方向。

（二）打造制造业创新平台网络，加强共性技术攻关和推广应用

分析制造业强国的发展经验，他们通过打造创新平台和网络，来支持平台和共性技术的发展。其中，美国加强对平台型技术及产业共性技术的资助，建设国家制造业创新网络，促进制造业技术的不断创新，促使制造业向商业化发展。德国不断加大对制造业相关技术的发展，大力支持灵活的制造系统、创新产品的高效研发、资源与能源的高效利用、电动汽车相关的制造技术、工业4.0等。此外，德国还提出“工业4.0平台地图”。在该地图上，可以找到各地的工业4.0应用实例和试验点。日本则谋划建立物联网建设共享平台，并加强构建共享平台所需的基础性技术，如使该平台成为创造新价值的核心，从而实现超智能社会。此外，日本还不断完善知识产权并推进国际标准化战略，推动物联网系统构建、大数据解析、人工智能等服务平台建设不可缺少的共性技术研发。由此，需要我

们借鉴他国经验，不断打造制造业创新平台，推进共性技术的攻关和推广应用。

（三）以国家质量基础设施建设为契机，加强对未来制造业的引领和支撑

2021年的《政府工作报告》提到，“加强质量基础设施建设，深入实施质量提升行动，促进产业链上下游标准有效衔接，弘扬工匠精神，以精工细作提升中国制造品质。”国家高质量基础设施（National Quality Infrastructure，NQI）是质量强国重要组成部分。NQI被定义为：以标准、计量、认证认可、检验检测等技术要素为核心，通过相互协调，共同支持质量的保证、提升、承诺、传递与信任。其中，标准引领质量提升，计量是控制质量的基础，认证认可建立对质量的信任，检验检测衡量质量的水平。NQI对维护国家安全、提升产品质量、促进产业升级等具有重要作用，对制造业技术和产业发展的路径引导也非常重要。

需要进一步做好如下工作：一是进一步推进标准化，尤其是智能制造标准化方面的研究。发挥好现有的近200个标准试验验证平台，继续围绕生产制造全流程各环节，研究和完善国家标准。尤其要加快基础共性、关键技术和行业应用标准制修订和试验验证，对现有标准进行优化与协同，促进制造业产业链上、下游标准有效衔接。要着力突破共性关键技术与工程化、产业化瓶颈，开展应用试点和示范。二是进一步完善标准化体系。落实好《国家智能制造标准体系建设指南(2021版)》，按照指南，推进船舶、石化、建材、纺织等14个细分行业的智能制造标准体系建设工作。三是围绕八大重点领域强化标准研制，围绕智能制造、绿色制造的标准化做好文章，通过标准化建设来推进智能制造、绿色制造。四是加快标准化的国际化步伐。积极深度参与国际及区域标准化活动，加强双边、多边标准合作，尤其是要加强与主要工业国家的合作，为国际智能制造标准化工作贡献中国方案，提高中国制造的话语权，提高创新发展能力和国际竞争力。

二、大力推动制造业数字化转型升级

（一）明确数字化转型的紧迫性任务

当前，伴随着新一代信息技术快速创新和应用，数字经济俨然成为重组全球要素资源、重塑全球经济结构、改变全球竞争格局的关键力量。受此影响，世界新一轮科技革命和产业革命进一步加速演进，经济数字化转型蓬勃发展，并推动各国制造业加速数字化、网络化、智能化转型。在此大趋势中，2021年年底的

中央经济工作会议明确提出要提升制造业核心竞争力，加快数字化改造，促进传统产业升级。2021 年底召开的全国工业和信息化工作会议也指出，要推动我国制造业数字化转型向纵深拓展，增强产业发展的新优势和新动能；要实施制造业数字化转型行动计划，完善多层次工业互联网平台体系，突破一批智能部件和装备，拓展工业大数据应用场景。需要我们迎接数字时代，以数字化转型整体驱动生产方式、生活方式和治理方式变革。

（二）明确数字化进程中各级政府的主要任务及举措

大力开展制造业数字化转型行动，需要厚植我国制造业发展的新优势，推动制造业实现质量变革、效率变革、动力变革，需要各级政府制订战略和出台政策，积极推动制造业数字化转型升级，努力提升制造业国际竞争力。

一是积极借鉴主要工业化国家的相关经验，推进顶层设计，深化教育、科技体制改革，发挥政策引导作用，凝聚各方力量，围绕制造强国目标，积极推动我国制造业数字化转型。二是出台制造业数字化转型战略性政策，着力加强新型制造业人才培养，加大财政资金的相关支持力度，充分发挥政产学研资等多方力量，推动制造业数字化转型。三是不同地区根据本地区的省情、区情，基于自身产业基础和发展需要，制订和实施不同的数字化发展战略。比如，湖南围绕加快打造国家重要先进制造业高地来制订数字化发展战略。

（三）做好制造业数字化转型的基础性工作

根据我国制造业的现实情况，要着力夯实如下四大基础。一是夯实数字化基础设施。比如，推动千兆网络协同发展，加快 5G 网络和 IPv6 规模化部署。又比如，加快建设国家工业互联网大数据，加强超级计算、分布式计算基础设施建设，加快建设公共数据资源库、云服务平台和人工智能开放创新平台。

二是夯实工业软件基础。中国制造要向智能制造迅速转型，工业软件是一个核心基础。缺少自主核心工业软件的支撑，中国制造业转型升级很艰难，中国智造将无从谈起。当前，我国芯片被“卡脖子”，实际上国产工业软件也是我们的短板，亟待形成一批面向不同工业场景的工业数据分析软件与系统、工业智能软件和解决方案。为此，需要从财税、投融资、研究开发、进出口、人才、知识产权、市场应用、国际合作等方面多举措支持领航企业、软件开发商、数字化服务商、高校院所等组建数字化工业软件联盟，集中力量突破关键软件瓶颈。

三是夯实智能硬件及装备基础。加快智能车间、智慧工厂建设，带动通用、专用智能制造装备迭代升级。针对感知、控制、决策、执行等环节短板，突破一批基础零部件和装置。研制推广新型智能制造装备，发展智能网联装备，推动人工智能、数字孪生等新技术创新应用。

四是夯实工业互联网平台基础。建设和完善一批技术领先、集成能力强、行业应用广的跨行业、跨领域工业互联网平台。开发和推广平台化、组件化的工业互联网系统解决方案，提升平台应用服务水平。加快推进大数据、云计算、区块链等新兴前沿技术与工业互联网平台的融合应用。

第七节　完善要素市场　加快制造业人力资本积累

人力资本是制造业转型升级的重要支撑。产业政策要发挥有效作用，需要根据制造高质量转型升级的前瞻性需求，不断优化现有的人才供给结构。

一、深化要素市场化改革，充分调动生产要素活力

第一，不断扩大要素市场化配置范围。通过建立城乡统一的建设用地市场、深化推进户籍制度改革、完善股票市场基础制度、促进技术要素与资本要素融合发展等途径，破除要素流动的体制机制障碍，由区域要素的自由流动向全国统一大市场迈进，让市场机制充分发挥优胜劣汰功能。当前，特别要发挥好资本市场在促进制造业转型升级中的作用。

第二，构建技术和数据要素市场体系。健全归属清晰、权责明确、保护严格、流转顺畅的现代产权制度，深化科技成果使用权、处置权和收益权改革，大力发展技术成果转让服务机构，积极培育数字经济新产业、新业态和新模式，大力培育数据要素市场。

第三，加快要素价格市场化改革。推动政府定价机制由制定具体价格水平向制定定价规则转变，赋予被规制企业更多定价权，健全要素报酬由市场供求状况决定的机制，通过市场竞争形成价格。健全要素市场运行机制，完善交易规则和服务体系。规范要素市场交易平台治理，完善要素交易规则和服务；健全要素交易市场监管体系，强化反对垄断和不正当竞争执法力度。清理废除妨碍统一市场和公平竞争的各种规定和做法，使生产要素更大范围更广程度自由流动、优化配置。

第四，健全“双招双引”和人才政策，提高新型要素的配置效率。未来产业发展离不开人才、资金、项目、智力新型要素资源，在当前全球人才激烈竞争的时代，在“双招双引”中需要创新模式，推行产业链招商，围绕产业链中的缺失

环节，通过招商引智实施重点突破，形成供需上下游的规模效应。充分把握新一轮技术革命背景下对人才的需求，实施积极、开放、有效的人才引进政策，通过人才政策和收入政策吸引国外高端人才回国创新创业。以领军人才和紧缺人才为主要方向，要着力培育和吸引国外高水平人才和研发团队，建立高效、有序的技术移民制度，以制度支持鼓励企业、科研院所和地方政府引进全球顶级人才来华工作。同时破除创新创业壁垒，优化国内就业“软环境”和服务体系，给予股权激励和项目资金等优惠支持，为人才在落户住房、社保医疗、子女入学等方面提供优质的生活服务。吸引出国留学人员回国就业，努力改变人才净流出国现状。

二、提升人力资本，发挥人才红利对制造业转型升级的助推作用

（一）推进人口红利向人才红利、人力资本红利转化

2010年以来，中国传统的人口红利削减，但人力资本红利仍在。制造业有较长的价值链条，对劳动者技能有多样性和复杂性的需求，且对劳动者技能的需求在不断更新。由此，一是激励社会、企业、家庭及劳动者对人力资本的投资；二是引导社会形成有效的培训体系及终身学习体系；三是要营造良好的新工科发展环境，推崇崇尚制造业发展的文化氛围。再辅之以良好的激励政策，制造业从业者不仅可持续提升自身技能及就业适应能力来稳定就业，还能提高自身薪酬，分享生产率提高的成果，从而扩大中等收入群体。总的而言，制造业的发展、转型升级可以稳定就业，推动创新、共享及激励的有机统一。

产业政策要做实，要想在创新方面掌握主动权并走在世界前列，必须充分利用好“人才红利”，培养造就一批具有国际水平的科技领军人才以及创新团队。一方面要深化人才体制机制改革，加快构建高校及科研院所与企业相结合的高端科技人才培养机制，人才培育与企业需求紧密联系，企业积极参与人才培养过程，加快培养创新型、应用型、技能型人才，为构建新发展格局提供人才支持。另一方面要统筹推进高水平大学和新型科研机构建设。鼓励高校开设交叉专业，培养大数据、人工智能和数字经济等方面的复合型全产业链高素质人才；加大对基础理论和基础前沿研究支持，做实科教融合、产教融合、理实融合，在战略性新兴行业、前沿技术方向和关系长远发展和国家安全的重点领域培养创新型人才。

（二）培育技术技能人才，提高人才培养的针对性和有效性

推进制造业发展，还需要储备一批技能型人才，技术工人。针对我国技能人才规模不足、供需结构性矛盾突出以及培养机制不健全等问题，加大职业教育和技能培训的政策支持，围绕目前技术工人的紧缺领域，实施专项规划技能人才培养计划，完善职业教育与技能培训并重的现代职业教育体系，探索推进全方位、开放型、自主化的职业教育和技能培训，培育一批具有“工匠精神”的高技能人才。

（三）大力弘扬企业家精神，打造具有创新精神的企业家队伍

一要做好制度保障。推进制度化、法制化建设，切实保护企业家经营自主权、财产权、创新权益等合法权益。落实2021年10月国务院印发的《“十四五”国家知识产权保护和运用规划》，加大知识产权保护力度，营造长期稳定发展预期，宽容创新失败，激励企业家创新创业的良好社会环境。

二要打造公平竞争的市场环境。公平竞争是市场经济中最基本的特征，也是形成价格、引导资源要素合理配置的前提。公平开放的市场竞争环境客观上给企业家提供了不同的激励选择。要充分研究新形势、新业态，以反对垄断和不正当竞争为重点，尤其是做好平台经济反垄断工作，完善公平竞争的环境。

三要形成良好的市场秩序。严格落实相应的质量、安全和环保标准；加强对相关检验检测、认证认可的机构监管，提高服务和竞争力，使高质量的产品获得消费者的认可；加大对制售假冒伪劣产品、侵犯知识产权等行为的打击和处罚力度。

四要以培养企业家精神为重点。激发企业家创新活力与创造潜能，通过举办企业家论坛，组织企业家培训，促进企业家之间的沟通与交流，引导企业家主动承担社会责任和树立正确的价值观。

第八节　推进开放性制度建设　建构全球化支撑体系

当今世界正面临百年未有之大变局，国际形势瞬息万变，“黑天鹅”“灰犀牛”事件频频迭出，贸易保护主义、单边主义盛行，全球产业分工格局、全球投资贸易格局、金融货币格局以及国际治理体系等都面临前所未有的大变革。我国当前已是制造大国，但还不是制造业强国。当前世界经济一体化深度发展，制造

业在未来发展中要有更大作为，重点是要突破关键核心领域。我国迫切需要走出一条具有中国特色的高效发展之路，实现“中国制造”向“中国创造”转变。以美国为首的西方发达国家的“逆全球化”思潮和贸易保护主义加速了全球价值链的解构和重塑。为此，对于中国这样的第一大制造业国家来说，需要全面建构新的国际化支持体系，为制造业转型升级营造良好的国际环境。

一、推进全球经济多边治理体系发展

第一，推动建设以开放治理、多边治理为核心的全球治理体系。维护多边贸易体制和双边、区域贸易自由化，推动 WTO 规则和治理机制的完善，积极参与多双边区域投资贸易合作机制，推动新兴领域经济治理规则制定。构建面向全球的高标准自由贸易区网络来积极参与国际经济规则谈判和改革。持续深化与联合国、二十国集团、上合组织、欧亚经济联盟、东盟等域内外组织建立多种形式的联系与对话机制，搭建国家之间的价值共创机制、跨国协调机制、利益共享机制和风险分担机制，营造更加开放、自由和公正的国际经济环境，遏制单边主义和经济霸凌主义的势头。发挥好《区域全面经济伙伴关系协定》（RCEP）的作用，进一步促进其推动区域贸易、投资以及经济产业的发展。同时发挥人道主义精神和负责任大国的能力，充分利用“世界工厂”的角色，积极向全世界输送优质的产品和物资，帮助各国应对各种经济社会问题；继续加大在国际援助、国际维和领域的投入，尤其注重对发展中国家的支持与帮助，成为稳定国际秩序的重要维护者和国际公共产品的重要提供者。

第二，推动共建“一带一路”高质量发展。共建“一带一路”是改善全球经济治理体系、推动构建人类命运共同体的中国方案。新发展阶段共建“一带一路”，应按照高质量发展的总体要求，更加突出共商共建共享，更加聚焦重点，更多探索新路径新模式。同时，建立以自贸协定机制为支撑的“一带一路”合作共赢长效机制，为推动共建“一带一路”高质量发展提供制度保障。一方面利用现有多双边合作机制，积极探索多边合作新方式，建立完善双边合作机制，有效对接和落地一批共建项目；另一方面建立高级别多双边磋商交流机制和大通关协作机制，主动部署领导人峰会、部长级会议等沟通网络，形成定期国际经济协调机制，同时加快境外经贸合作区和丝绸之路国家理事会制度建设，为国际贸易和投资搭建新平台。此外，提升“一带一路”国际合作峰会建设水平，引导区域经济合作合理发展。

第三，参与完善国际公共产品供给体系建设，提升国际话语权和影响力。自特朗普政府上任以来，美国高举“美国优先”大旗，一度频频“退群”，使传统的全球治理体系出现大变局。全球治理体系变革、保护主义加重等多种因素叠加，国际公共产品面临供给不足的困境。中国作为负责任的新兴大国，应当积极参与完善国际公共产品体系建设，提升国际话语权和影响力。一是要积极探索国际公共产品供给新机制，在构建新型大国关系的同时，强化与发达国家之间的经贸合作对接，通过增强国际公共产品有效供给能力，推动国际经贸治理体系的改革与创新。二是全面开创国际公共产品供给新模式，深入分析各国在公共产品方面的需求和比较优势，构建开放包容的公共产品供给体系，建立以多边合作机制为核心的区域公共产品提供体系，并在全球范围内提供可复制的公共产品供给新模式。三是依托"一带一路"，为国际经贸治理体系提供全新的国际金融机制。"一带一路"倡议既是中国参与国际经贸治理的实践与理念创新，也是中国给世界提供开放包容公共产品的平台。中国努力在"一带一路"沿线推动形成多元化投融资体系，加强与沿线国家政府和金融机构的境外资本合作，以开发性金融为先导，利用多双边金融合作机制，将资本引入"一带一路"项目；同时拓展公私合营投融资机制，提升民营资本参与基础设施建设的活力。除此之外，不断完善金融服务体系建设，设立专业的金融咨询服务平台，构建开放共享的项目融资信息服务平台，并健全"一带一路"金融风险预警和宏观审慎管理机制，推动项目顺利开展。

第四，引导国际经贸治理体系向数字化、标准化及绿色化方向发展，掌握数字经贸规则主动权，推进全球贸易深度融合。在传统外贸增长乏力的背景下，数字化、标准化、绿色化发展将成为国际经贸治理的新方向。数字经济已成为引领全球经济变革的重要引擎，将创新现有国际贸易的方式与内容，数字贸易亦成为快速增长的新领域。中国应加快新型数字基础设施建设，促进数字技术同实体经济深度融合，帮助发展中国家消除"数字鸿沟"，共同探讨制定反映各方意愿、尊重各方利益的数字治理国际规则，积极营造开放、公平、公正、非歧视的数字发展环境。标准化作为全球治理体系和经贸合作发展的重要基础，在完善国际经贸治理体系中发挥着积极作用，中国应积极推进与"一带一路"建设、深化标准化改革创新，打造政府、企业、市场三位一体的标准协调机制，并提升标准化对外开放水平，不断输出"中国标准"，为全球经济注入更多"中国元素"，建构"一带一路"共建国家参与的价值链，实现价值链拓展。同时积极借鉴欧美等发达国家标准化经验，实现以标准化提升国际经贸治理体系，推动国内国际标准化耦合优化，提高中国引领国际经贸治理规则变革的能力。当前数字经济领域的经贸规则已经成为国际经贸规则的重要部分，需要中国积极参与。中国已于 2021 年 11 月 1 日申请加入《数字经济伙伴关系协定》（DEPA）。中国跨境电商发展非常迅猛，加入 DEPA，可以利用好规则为数字经济发展保驾护航，并推动中国相关产业主体获得好的发展前景。加入 DEPA 将有助于中国更好地推动数字经济、数字贸易健康发展。此外，在未来国际经贸治理体系变革中，中国应同其他国家强化在经贸领域的绿色化合作，携手各国走绿色、低碳、可持续发展道路，实现“双碳”目标。共同推动绿色贸易壁垒等问题的消除，重点构建国际经贸领域的环保产业绿色经济合作示范区，促进绿色经济发展的经验、信息、技术等方面的全球共享与应用，引导全球贸易绿色发展。

二、深入推进开放式转型，有效推动制造业高水平开放发展

第一，强化产业国际转移。通过国内“腾笼换鸟”和产业升级以及劳动密集型产业向低成本发展中国家转移，逐步构架由中国主导的、不同于发达国家以往仅仅利用当地廉价劳动资源的、最大程度实现双边或多边“共赢”的国际制造业分工新框架；发挥我国在数字技术方面的优势，引领重塑数字化全球价值链，构建以数字技术为基础的全球制造网络，进而培育一批世界级领军企业、链主企业和专精特新企业。

第二，要加强区域经济全面合作，加强制造业供应链全球布局。“走出去”战略是中国制造业全球化发展的重要选择，也是中国供应链崛起的必由之路。积极引导外资投向高端制造领域，鼓励在中国设立全球研发机构。推进优势制造业“走出去”，拓展自己的生产链，有利于形成以我国跨国公司为核心的全球价值链。培育价值链集成商，抛弃对价值链实施全链条控制的思想，促进大企业提升在全球价值链中的定位，并以市场集成力聚合各方力量，共同创造价值。

第三，完善“走出去”公共服务体系。加强全球产业链、价值链研究，加快国内公共服务支撑体系建设，多措并举支持国际产业合作，共享重大项目库、大数据资源，依托境外经贸合作区，发挥海外投资平台作用，做强中国产业海外发展协会和其他中介组织，借助专业社会力量为企业解决问题。要积极加快自贸区建设，利用自贸区的制度创新为输入国际优质资源和输出中国产品提供更为便利的国际环境。加快推动与更多国家签订区域合作协定，高标准推动产业链与供应链合作发展。在全球新一轮产业和技术革命发展中，要积极鼓励中国企业“走出去”，加强全球资源整合和海外建厂，了解欧美市场的消费需求与偏好，利用中国产业复工环境稳定和优厚人才福利提升研发能力，构建人、研、产、销、供的供应链全球化布局。

第四，积极应对国际竞争，参与和维护与新兴经济体的合作。面对全球贸易保护主义兴起、单边主义抬头以及以美国为首的发达国家实施“再工业化”战略和对中国的制裁和打压，要转变对外开放策略，以“一带一路”建设为指引，推

动高水平开放，打造形成对外开放新格局。一方面，联合东盟、拉美、非洲与“一带一路”共建国家构建国际经济合作协调机制。另一方面，积极探索与美日欧等发达经济体签订自贸协议，加强技术交流与沟通，实现互利共赢。减少政府对出口产品的不合理补贴，避免陷入“反补贴”纠纷。积极研究国际反倾销调查体系、产品环保和质量标准、技术性贸易壁垒等，建立标准信息服务和纠纷处理平台，减少产业发展和企业投资风险。同时，尽快在全球产业链中占据高端和顶端力量，才能在日渐激烈的国际竞争中站稳脚跟。

第五，充分利用全球资源要素和市场，优化全球制造业布局。打造“一带一路”国际贸易物流大通道，积极推动丝路电商发展，拓宽沿线市场需求和产业合作空间。坚持国际与国内市场深度融合，鼓励内贸企业深耕国内市场的同时，努力拓展新兴市场；引导外贸企业面向国内市场加快布局，为消费者提供更高品质的产品和服务。提高国家双向投资水平，一方面吸引国外高端要素投入我国产业链供应链现代化建设中，投向现代农业、先进制造业、现代服务业等领域，另一方面，积极推进中美双边投资协定谈判，落实中欧双边投资协定（BIT）成果，为中国制造业企业能够有效嵌入工业强国的生产和创新网络中去创造良好环境。以高水平双向投资高效利用全球资源要素和市场，完善产业链供应链保障机制，推动产业竞争力提升。

第六，在双循环新发展格局下推进国内、国际市场协同发展。双循环发展战略的最终落脚点是，坚定不移扩大对外开放，充分利用国内国际两个市场、两种资源，坚持“引进来”和“走出去”并重，从根本上提升中国产业和企业的国际竞争力。改革开放以来，我国逐渐形成“两头在外”“世界工厂”的经济发展模式，凭借劳动力等廉价要素有比较优势，使得中国长期低端嵌入全球价值链。这不仅使得我国难以培养出自主品牌和核心技术，也使得内外循环出现分离。因此要从传统模式下中国离不开国际市场向国际市场离不开中国产品和服务转变，实现国内国际联动发展，既要通过扩大内需和产业升级实现内循环的高效畅通，健全和完善制造业产业链供应链，打造中国版产业“隐形冠军”，推动外循环的畅通运转；又要实行更高水平的对外开放，积极应对国际竞争，坚持高质量共建“一带一路”，在共建国家与地区引进国内制造业龙头企业的标准和品牌，在全球产业链区域化分散化的大趋势下，加快构建“以我为主”的全球产业链供应链体系，从而为国内循环的畅通运转注入动力。

第七，打造世界一流的开放营商环境。在新一轮全球产业链重构过程中，劳动力成本优势的重要性正在逐步下降，而政府服务、产权保护、基础设施等制度性交易成本考量不断上升，政府公共服务水平和市场开放程度越来越成为影响全球产业链分工流向变化的重要因素，对于稳定全球产业链意义重大。因此要推进

“简政放权、放管结合、优化服务”改革，严格贯彻落实《优化营商环境条例》各项要求，着力提升政府服务能力和水平，创新政府管理方式，畅通政企双向沟通渠道，持续优化市场化法治化国际化营商环境。进一步优化各项基础设施建设，推动落实《外商投资法》《外商投资法实施条例》等规定，全面落实外商投资准入前国民待遇加负面清单管理制度，进一步扩大鼓励外商投资范围，推动自贸区、自贸港高质量发展，高水平、高标准、高质量建设自贸区和自贸港，切实降低企业制度性交易成本，加大知识产权保护力度和侵权行为惩治力度，为全球投资者营造稳定、公平透明、可预期、法治化的营商环境。

三、构建中美良性竞合关系，塑造新型大国关系

现在中美两国围绕制造业之间的战略竞争日益突出，两国关系的好坏直接关系到未来世界政治经济秩序的塑造。为此，需要理性、正确处理中美两国关系，塑造新型大国关系，造福世界人民。

第一，加强中美双边有效地沟通与协调，防止战略误判，避免冲突对抗。中美双方要坚持不冲突不对抗的原则，有竞争，但不必做对手。要从两国人民和世界人民的根本利益出发，加强有效沟通与协调，增进战略互信，客观理性判断彼此的战略意图和政策走向，妥善处理矛盾分歧，防止两国关系进一步恶化，共同推进建设以协调、合作、稳定为基调的中美关系，寻找出一条能让不同社会制度和意识形态的大国和平共存、竞争性合作、互利共赢的相处之路。

第二，抓住美国经贸政治的短板，努力推进中美“竞合”关系发展。当前，中美作为世界上最大的两个国家，虽发展路径不同，但都要承担起全球治理的重任，双边关系出现问题，激烈的对抗，不仅不利于中国，也不利于美国，更不利于世界。中美两国交往的大门打开了，就不会再行关闭。我们努力的前景是经过双方博弈和理性的利益权衡，形成“竞合”关系，即相互进行有限、可控的竞争，双方达成对抗底线的默契，能维系双边关系基本平衡，努力扩大中美经贸领域的“互补型”领域，建立以大经贸往来为基础的多领域和全球事务中开展竞争性合作模式。比如，加强与美国政府的对话、协商，积极推动中美开展制造业合作，基础设施建设领域的合作，重新缝合受中美贸易摩擦和疫情冲击而受阻的产业链、供应链、服务链、价值链，建构两国新的产业互补式合作。又如，扩大中美能源领域的经贸往来与深度合作。

第三，多方推进全球治理体系完善并深度参与全球合作。一是尊重并肯定美国政府重回多边主义，做好双方不同价值观的疏导工作，求同存异。比如，美国政府已将应对气候变化列为政府优先事项，并重新加入《巴黎协定》，这也是中

国政府的政策重点，由此可以促进与美国在应对气候变化领域的合作。二是把握美国传统大国思维之下多边主义与单边主义摇摆不定的时间窗口，进一步扩大中国朋友圈，努力扩大全球国际经贸合作，尤其加强与欧盟的合作，分化美国的“联盟”战略。为此，要用国际化的语言讲好中国故事，不拘泥于细枝末节，不去争小的舆论口舌，少打口水战。三是进一步推进全球治理模式的完善。美国对外经济政策的意识形态化，是全球化时代的新现象，其本质是全球治理模式的调整。国际关系是一个互动的过程，一个国家的地位或者说影响力如何，是在同其他国家尤其是大国互动过程中决定的。积极采取有效应对之策，就是中国进一步深度融入全球化，融入全球事务。由此，一方面，要进一步扩大对外开放、谋求经济高质量发展；另一方面，需认识到大国之间的经济协调与合作，仅凭借产业领域的分工或市场规模扩张尚显不足，真正紧密、长期和深入的经济合作不只有利益，还存在着身份认同、价值理念认同问题。中国需要用美国及西方发达国家听得懂、看得懂的语言、逻辑和思维去向世界讲述自己的故事，降低中美之间的不确定性。

第四，保持战略定力，坚持走中国特色自主创新道路，不断提升创新实力。随着中国的崛起，中美产业分工由互补型转变为竞争性关系，以及中美在价值观、意识形态、国家治理等方面的差异，决定了美国不可能放弃对中国的打压与遏制，也难以实现对中国的全方位遏制。中国必须保持战略定力，发挥新型举国体制优势，强化国家战略科技力量，克难攻坚，不断减少“卡脖子”关键领域，努力缩小与美国等发达国家之间的技术差距，夯实中美博弈的物质基础，从实力出发提升中国在中美战略博弈中的底气。

第五，将内需驱动战略转化为制造业高质量发展的强大动力。充分发挥好内需驱动对国民经济的主导作用，激发国内高端消费对制造业高质量发展的支撑作用，适当管理和限制以美国为首的发达国家对中国重点产业链、产品链的投资和并购行为。同时加快培育和壮大国内市场，通过国内市场规模的进一步扩大来发挥在国际市场上的巨大影响力，并逐步把控好大国规模经济下贸易体系的话语权。在中国逐步发展成为全球最大规模国内消费市场的同时，要积极利用好这一超大规模市场优势所形成的巨大战略资源，扩大中国对外战略的主动权。实施更具前瞻性的外资投入我国重点产业链、产品链的安全审查风险及法律措施，针对美国“对等贸易”理念，要坚持贯彻“对等市场开放”的博弈策略，分类管理，重新界定中国外资投资安全原则。

第六，深入推进开放型科技创新提升战略，主动融入全球创新价值链协作融合体系。即使面对以美国为首的西方发达国家针对中国发起的科技创新和遏制战略强大压力之下，中国也不要轻易落入美国布局的“自我封闭式创新”，而要谋划和建构中国自主创新能力体系。因此，中国可以优先考虑谋求布局与欧盟主要国家加快形成区域经济一体化以及创新价值链一体化的新格局，加快在中日韩三国以及中国与东盟之间构建区域产业链和创新价值链一体化的新格局。中国应该加强与东亚国家和地区的政治互信，化解经贸合作过程中可能遇到的政策障碍，创新合作模式，探索出有利于提升东亚各国经济紧密度的新的区域性合作制度。

第九节 立足国际品牌建设 建构制造业软竞争力支持体系

随着深入实施制造强国战略，推动制造业高质量发展，加快制造业转型升级的步伐，中国制造整体水平显著提升，拥有一批国际知名、国内领先的跨国公司和产业集群，在全球产业分工的地位显著提升，诠释中国制造的价值和贡献。当下和未来的中国制造品牌传播应当重视展示中国制造向中国创造转变的巨大进步，发挥好舆论与媒体的作用。

一、制定中国制造品牌传播国家战略，提升“中国制造”国际品牌形象

目前中国制造品牌传播主要以企业行为为主，尚未纳入国家战略传播中来，难以形成整合效应。因此政府在鼓励企业做好自身营促销战略推广的同时，应制定中国制造品牌传播的国家战略，并纳入国家形象传播的总体部署中，加强顶层设计，统筹协调推进，提出符合中国制造高质量发展战略的传播战略。产品质量标准是构成“中国制造”国际品牌形象的根基。这方面尤其要加强行业监管，坚决抑制假冒低劣产品出口。要加强制造业行业标准化建设。标准竞争也是制造竞争、产业竞争、贸易竞争乃至国家竞争的战略支点，抢夺国际标准主导权、话语权乃至控制权是中国制造高质量和“走出去”的突破口。因此我国应抓住全球疫情结束和制造强国战略机遇，加快推进制造标准国际化，深入推进标准化管理机制体制改革。同时发挥领军企业品牌对“中国制造”国际品牌的促进作用，打造产业的全球典型性，积极应对全球产业格局调整与挑战、以创新和高品质培育发展新动力的战略决策塑造起建设制造强国的产业新形象。

二、构建中国制造品牌传播话语体系，提升制造品牌传播话语权

中国制造传播与西方某些国家对于中国制造报道已经形成了话语竞争态势，话语权竞争的实质是国际政治经济主导权、支配权的争夺。迄今为止，中国在国际品牌评价话语体系中仍然缺乏话语权，建构中国制造传播的话语体系任重道远。因而中国制造的传播影响力有限，西方国家倡导的品牌评价体系对中国品牌价值不利，也不利于“制造强国”战略目标的实现。因此中国应当主动开展中国制造品牌传播活动，用中国话语与世界对话、与产品用户沟通，通过发挥视听媒介的传播优势和新媒体手段打造复合式传播等手段，建构“中国话语”的多维传播体系。同时在国际舆论场上设置中国制造议题，提出中国制造的新阐述，向世界诠释中国制造的新成就，提供认识中国制造的新视角，用中国话语主导权解构西方关于中国制造的话语霸权，全面客观评判中国制造。针对西方媒体对中国制造的不实报道，通过澄清事实、答疑解惑等方式拨乱反正，化被动为主动，引导国际舆论，破解中国制造被污名化的“魔咒”，通过快速高效的危机公关突破舆论重围，维护中国制造品牌形象。

三、打造全方位品牌传播国际平台，推进中国制造品牌多元化传播

首先，要塑造中国制造品牌在国内传播中的正面形象，利用日益提升的国家影响力为中国制造发声，积极报道中国人民的创造能力和大国工匠精神、中国制造的创新和品质进步，为中国制造营造良好的国内外舆论环境。其次，打造一批具有国际影响力的国际知名品牌评价媒体，努力提高国内媒体的国际化。同时政府、企业和公众都应当成为中国制造的传播主体，形成企业、政府、公众联动的传播矩阵，通过传播路径和形式的多样化和多个主体的联动、互动，协调整合形成强大合力，共同建构中国制造话语体系。最后，大力发展网络新媒体，抓住新媒体传播速度快、传播成本低、受众面广等特点，占领中国制造品牌传播的制高点，掌握中国制造评价话语传播的主导权，构建立体多样、开拓创新和融合发展的现代话语传播体系。此外，互联网时代的受众自觉参与、自主传播的特点，是影响中国制造品牌认知的重要因素。因此，引导和鼓励有影响力的用户分享消费体验、品牌印象，为中国制造打造良好口碑。

第十节　本章小结

本章是本书研究的落脚点。我们主要从宏观战略、区域战略、产业政策、国际化战略布局等多个层面来阐述应对发达国家再工业化推进中国制造业转型升级的政策支持体系。

在宏观战略层面，需要做好顶层设计，建立宏观战略支持体系。从构建双循环新发展格局、扩大内需、营造良好的机制环境、产业政策支持、制造业区域与地方政府的战略布局、提升法治、加强科技创新等七个方面设计了对策。在区域与地方政府战略层面，需要重视制造业在地方政府的作用。当前，面向新发展格局的区域政策体系已经基本形成并日臻成熟，但是还需要在一些具体细节上微调预调，以更好地适应构建新发展格局要求，促进制造业转型升级。具体而言，优化行政区划建制，把握区域重大战略，做好顶层设计，落实区域协调发展。总的而言，要提升区域的制造业竞争力，积极促使区域传统产业完成技术改造和转型升级。

当今世界制造业竞争激烈，而最重要的是科技竞争。面对百年未有之大变局，最重要的是实现自主创新，通过创新驱动发展战略来夯实制造强国的战略支撑。自主创新是推动制造业发展壮大的根本动力，唯有自主创新才能获得有竞争力的核心技术。由此，需要改变对外依赖过度、合作机制不稳、平台搭建不牢、有利于创新的制度建设相对滞后、创新环境欠佳等制约企业自主创新、制约产业转型发展的问题，从教育体系、科研评价体系等方面入手，大力推动创新驱动发展战略。

在产业层面，需要融合传统制造业与高新技术，促使制造业的高质量发展。目前，发达经济体高端“回流”与新兴经济体和发展中国家低端“分流”进程加快，全球产业分工与竞争格局在加速重构，而我国对于传统制造业发展的支持相对不足，需要我们在明确产业发展方向的基础上，应用产业生态培育的系统性思维，从产业链供应链现代化、人才培养机制、要素市场化改革、财税金融体系等多个层面，构建推动制造业高质量发展的政策支持体系。

在建构国际化层面，中国需要进一步扩大开放，深化和各方面的合作，让发展更加国际化。要积极参与全球分工、深化全球合作，实施自贸区提升战略，完善全球治理体系和规则。要通过做优做强新兴产业和优势产业，发展战略性新兴产业，加强品牌建设，不断提高我国在全球分工中的位置，同时也要继续推进高水平对外开放，构建中美良性竞合关系，实现制造业产业链的整体提升，促进我国制造业不断向全球价值链中高端迈进。

最后，在舆论与媒体层面，要建构好中国制造国家品牌形象。不断塑造中国制造的话语体系，讲好中国故事，传播中国声音，为提升中国制造的品牌声誉和品牌信任，重塑中国制造的新时代形象，充分发挥信息先导和舆论护卫作用。

第十三章

主要结论与研究展望

第一节 主要结论

百年未有之大变局加速演进期，未来唯一可以确定的是世界经济政治将变得越来越不确定。本书以工业化理论及演进为基础，以三个“大变局”为整体背景，在新全球化大视野下，结合历史与现实、理论与实践、微观与宏观等多个视角，厘清去工业化、再工业化、制造转型升级、制造业高质量发展与制造强国等概念之间的逻辑关系，对发达国家再工业化与中国制造业转型升级的关系进行详细探讨，力图整理出发达国家再工业化影响中国制造业转型升级的整体分析框架，并设计中国制造业转型升级、高质量发展进而最终实现制造强国的路径图、政策体系。

一、发达国家开启再工业化战略是应对国际政治经济大变局之举

早在20世纪60年代，西方国家即出现了再工业化的概念。2008年全球金融危机是发达国家本轮再工业化的缘起，促使他们着力调整经济增长方式。以美国为例，金融危机促使其从债务推动型增长模式转向出口推动型增长模式；从虚拟

经济增长模式过渡到制造业增长模式；从高消费、低储蓄的增长模式过渡到低消费、多储蓄的经济增长模式，而再工业化被定位为实现其增长方式调整的核心环节。当前的再工业化战略的实施，是百年未有之大变局下的各工业国家的大战略。一者再工业化是发达国家对长期“去工业化”而导致的国家产业“空心化”、国家经济脆弱性增加的纠偏；二者是对制造—创新分离的纠偏；三者是应对以金砖国家为代表的新兴工业化国家群体性崛起、“东升西降”趋势、缓解国家战略焦虑之需；四者大变局显著冲击了世界各国的产业链安全和经济安全，全球产业链不稳定性加剧，再工业化已成维护产业链供应链安全之举。全球格局中力量对比变化，尤其是中国持续崛起，促使美国把中国定位为战略竞争对手，强化价值观与意识形态之争，在全球大搞价值观同盟，重塑盟友关系，同时边缘化全球多边主义，推行“小院高墙”，试图整合全球资源遏制中国发展，导致世界进入大国竞争时代，全球化进程严重受挫，国际政治经济关系变得错综复杂，充满了不确定性。

二、再工业化需要新的工业化理论与全球化理论做指导

对工业化与经济增长、现代化之间的关系的研究由来已久。梳理各经济学流派的工业化理论，无论是新古典经济学、新制度经济学、演化经济学，还是马克思主义经济学，其关于工业化的解读多限于传统工业化领域。事实上，中国提出要走新型工业化道路，美国再工业化战略，德国工业 4.0，部分领域已冲击传统工业化理论的认知，急需创新性发展。比如关于工业化的动力、工业化的特征、工业化阶段论、工业化在 GDP 与就业中所占比重等指标的衡量标准等，一定程度上超越了传统工业化理论能解释的范畴。通过深刻剖析旧全球化走向新全球化的历史必然性，可以发现新全球化具有社会主义性质、绿色化、新动力机制等新特征。由此出发，进一步解读了新工业化的内源性和外源性动力、过程特征、功能特征、生产要素和生产方式特征。总的来说，发达国家的再工业化基于协同创新、政府市场关系的创新，在再工业化的过程中伴随着制度和科技创新的协同互动，以及与传统工业化不同的数字化、智能化、生态化、知识性特点，通过再工业化，逆转以去工业化过程中制造与创新时空分离趋势，目标是重新掌握创新的主导权，实现对整个国民经济的控制力。对此，在处于新常态背景下的中国也应借鉴世界制造强国的经验探索适合自己的制造业发展之路。对于通过制造业转型升级实现中国制造业高质量发展进而最终达到制造强国之目的，是要从工业 2.0 ~ 3.0 阶段，跨越式进入工业 4.0。可以预见，新一轮工业革命浪潮在改变制造业发展模式的同时，也正在改变全球经济结构和竞争格局。从全球范围来看，发达

国家的再工业化势必对国际贸易秩序、全球产业价值链、国际权力格局等整个国际政治经济秩序产生重大影响，中美竞争是必然趋势。

三、历史经验显示制造业在大国兴衰中具有核心支撑作用

自工业革命以来，世界大国发展史，也可以说一部制造业的发展史。大国崛起，离不开制造业的崛起，大国衰落，也与制造业下滑息息相关。例如英、美、日、德等先后崛起成为具有世界性影响的大国，均离不开其制造业的发展。工业革命使英国率先成为制造业大国，制造业的绝对优势也确立了英国霸权地位。随着美国崛起，英国制造业在全球的相对份额开始下降，英国的霸权衰落之路由此开始。得益于第二次工业革命的机遇以及两次世界大战产生巨大的需求，美国工业得到了快速发展，其工业化具有生产规模大、部门齐全、体系完善、尖端技术发达和自主创新能力强的明显特征，对美国世界霸主地位的确立起到了内在的核心支撑作用。强大的制造业离不开德国强大科技创新体系、标准化保障体系，这是德国成为欧洲霸主的基础，德国具有强大的足以挑战旧国际秩序的制造实力，使其虽在两次世界大战中都身受重创，但又迅速恢复。日本属于典型的后起发达工业化国家，其身份转换离不开制造业的发展基础，日本经验也显示出一个以制造业为主导的工业化国家在现代化进程过程中，把握好历史发展的转折点的重要性。英国地位的衰落与苏联解体，也与其制造业衰落和工业化道路的异化相关。多国历史经验表明，制造业作为实体经济的主体，是国民经济的支柱，是提升国家综合国力的物质基础，是国家国际权力的重要来源，更是大国崛起的根本保证。

四、发达国家再工业化系列战略举措具有远大战略目标

20 世纪 70 年代以来，“再工业化”概念的内涵不断演变，金融危机后发达国家为加快本国经济复苏，并试图改变“产业空心化”的现状而制定“再工业化”的战略。近些年来，由于国际政治经济出现大变局，美、德、日等发达国家再次深刻意识到实体经济的重要性。一方面，不断出台相关政策和措施，吸引本国跨国公司回流，并在未来保持此类政策趋势；另一方面，单边主义、保护主义抬头，英国脱欧、欧盟实施贸易壁垒和技术保护等此类行为将持续产生影响，冲击全球产业链供应链。大变局下，基于保持国际竞争力的目标，各国都希望以第四次工业革命为契机，重塑全球工业格局，占据先进制造业发展的高地。因此，发达国家再工业化不是要实现传统制造业的简单再回归，而是要以协同创新为核

心，进一步增强自身在传统制造业优势环节的竞争力，尤其是创造出更高端的、具有更高附加值的新兴产业，抢占全球先进制造业制高点和科技制高点，引领全球新工业革命和科技革命，把控全球重要制造业的价值链，维护全球科技创新的领导地位，从而能够快速增强国内实体经济的实力，维护经济安全，使经济发展具有更加坚实的基础。

五、发达国家再工业化具有深刻影响我国制造业转型升级的多种机制

发达国家再工业化的影响机制归之为四类，包括市场层面的供给侧影响机制和需求侧影响机制，由国际水平分工与垂直分工共同作用下的国际分工影响机制，由全球治理与国际秩序变化等共同作用下的国际权力机制。

（1）供给侧影响机制。主要从创新与工业生产的投入来体现。发达国家为实施再工业化将进一步利用自身的优势来集聚人才，进行制度创新，不断巩固先进技术的领先地位，采取各种政策措施来降低本国生产成本、提升本国制造业竞争力，并积极利用各种全球化力量（如盟友力量、国际制度力量等），从全球吸取优质创新要素的集聚和投入，进而提高我国从全球获取创新要素的难度，例如招商引资难度加大、跨国公司在华 R&D 投入减少，中国高端制造频频被“卡脖子”。

（2）需求侧影响机制。体现为再工业化与中国制造业转型升级进程中高端制造业的发展的相似性导致全球产品市场高度的重叠性，由此弱化全球市场对我国制造业发展的市场支撑，进而对我国制造业转型升级产生不利影响。

（3）国际分工影响机制，体现为合作性与竞争性。发达国家在推行再工业化进程中，与我国制造业转型升级方面具有一定的互补性，这种互补性进一步体现了合作性，比如双方在技术、市场等方面需要合作。同时，发达国家推行再工业化，试图继续掌控或重塑全球制造业价值链，不断加强对优势产业、战略性产业的产业控制程度，控制产业价值链利益的分配权。故围绕基于国际分工的全球价值链的利益分配权的竞争加剧，也将进一步加剧中国制造业转型升级的紧迫性。

（4）国际权力影响机制。对于大国来说，很容易把制造业实力转化为军事力量，然后以军事力量为后盾，以贸易和投资为基本手段，以外交为途径，逐渐把国家经济实力转化为国际权力；反过来再利用国际权力掌握国际经贸发展的话语权和规则的制定权，进而为国家工业制造业乃至整个国民经济体系进行全球布局提供支撑，从而使国家有效获取全球化利益。发达国家再工业化的有效推行，将巩固其国际权力，反过来就会弱化中国的国际权力，从而阻挠中国制造的全球化

发展，制造业不能顺利得到全球资源的有效支持，转型升级就将不顺。

以上四个机制进一步催生中国制造业转型升级与发达国家再工业化之间的竞争强化效应、合作拓展效应、学习深化效应等政治经济效应。

六、发达国家再工业化对我国制造业转型升级具有重要影响

改革开放以来，中国经济不断融入国际市场，反映在以国家典型性产品为特征的各国金字塔架构的国际分工体系中，中国整体层次不断提升，并逐步由一个由居于金字塔低层次的最终消费品制造大国向创新型国家迈进。对美国来说，其再工业化战略的实施，实际上是不但要继续保持在金字塔国际分工格局中的既有顶层分工地位，而且要去推进本国最终制造品的生产，去抢占底层原制造为主体的国家的市场。由此，表现为中美经贸关系由原有的互补型逐步向竞争型转化，且竞争型逐步居于主导地位。金融危机以来这种全球国际分工格局的大变化，不可避免地长期影响到我国的制造业转型升级。当今百年大局加速演进期，中美战略竞争升级，全球价值链日趋收缩重构，全球制造业的产业格局正面临重大调整，正在对中国的制造业也产生了重大影响。全球国际分工新格局也表明，发达国家再工业化与我国制造业转型升级和高质量发展之间，既存在一定的梯度性和错位性，表现为经贸领域的互补型，这为我国与发达国家进行合作提供了可能性和现实性；又在越来越多的领域存在发展内容的重叠性，这在我国与发达国家之间催生了竞争性。合作性从正面促进我国制造业高质量发展，而竞争性则通过压力形成一种倒逼机制来促进我国制造业高质量发展。

七、多角度评估了发达国家再工业化对中国制造业转型升级的具体影响

基于宏观、中观、微观三个层次，梳理了中国制造业转型升级评价指标体系的整体框架。宏观指标体系着眼于宏观经济目标，衡量制造业转型升级对于社会经济发展的贡献以及对国际收支平衡的支撑作用；中观指标体系关注产业、区域协同发展和科技创新能力在制造业转型升级进程中的发展情况；微观指标体系则是聚焦制造企业微观主体的表现，主要是对制造业企业上市情况和主管创新能动性进行评价。同时，我们也设立了辅助性指标体系，来囊括营商环境、全球化程度和要素市场配置这类比较宽泛的领域。整体上，多指标显示发达国家再工业化正在影响中国制造业转型升级。进一步，将发达国家再工业化视为对中国制造业

发展的外生冲击事件，在此基础上利用双重差分法，从供给、需求、创新等多维度实证分析发达国家再工业化对中国制造业转型升级的影响。从供给层面来看，发达国家再工业化战略的实施对中国制造业全要素生产率产生显著的负面影响，同时考虑企业异质性发现，民营企业、创新能力强的企业受再工业化的影响更大。动态效应分析发现，再工业化的负面影响呈现先减小后增大的动态过程。从需求层面来看，发达国家再工业化深刻影响制造企业的生产成本和劳动力成本，中国制造产品实施“差别对待”，并逐步传导到需求端，从而对中国制造产品国内需求和国际需求均造成一定负面冲击。从创新层面看，发达国家再工业化加剧了创新人才的竞争，减少中国制造企业研发人员的吸引力，但在一定程度上倒逼制造企业提高研发资金投入，在创新产出方面形成“创造性破坏”，倒逼中国制造业创新能力的提升。

八、明确了通过制造业转型升级推进制造强国战略的整体指导思路

中国经济的高质量发展需要制造业的高质量发展，需要顺利推进制造业转型升级。中国制造业转型升级是制造业转型升级中的一个子系统。从历史维度来看，改革开放以来，中国制造业转型升级已历经 4 个阶段，目前正在进入一个新阶段，与制造业高质量发展异曲同工，终极目标是要实现制造业强国战略。在世界经济进入大变局时代、中国经济步入新常态的大背景下，中国制造在高端领域面临发达国家的打压，低端领域又面临以印度、越南为代表的低端制造业的挤压。中国制造需要突围，需要由大变强，由中国制造变为中国智造、中国创造。正是在这样的大背景下，中国制造业转型升级也过渡到制造业高质量发展。中国制造高质量发展包括了一个大目标、分三步走的短期、中期和长期目标，两化融合，四项原则，五条方针，五大辅助工程，十个重点领域。同时，中国制造业高质量发展的顺利实施，还需要多个部门、各地区的推进与对接，需要国家层面、地方层面的对接举措。

九、比较了发达国家再工业化与中国制造业转型升级战略之间的异同性

中国制造业转型升级的目标是要实现制造业高质量发展，这是制造强国必经阶段，也是制造强国战略的一个重要组成部分。制造业转型升级与高质量发展作

为一项战略任务来说，与发达国家的再工业化战略既有共性，也有差异性。就共性来说，均是对国内外环境变化和发展趋势所做出的战略性回应，都具有市场主导、政府引导这一相同的动力模式，实质上都是一个制度创新与科技创新协同推进的过程，都很好地体现了绿色发展理念，都强调生产方式的数字化和智能化变革。但是，中国制造业高质量发展和欧美发达国家再工业化在战略目标、战略思维、战略基础、战略创新、战略任务、战略措施这六个方面也存在着明显的差异。欧美发达国家再工业化与中国制造高质量发展的这种异同性，将催生多种政治经济效应，不仅将强化各国在经济、军事和国际秩序等领域的竞争性，而且也将促进国家间的合作拓展和学习深化，进而全球经贸规则也有望重塑。

十、设计了推动中国制造业转型升级国家层面的系列政策支持体系

百年未有之大变局下，大国竞争已经是政治、经济、科技、社会、文化的全方位竞争，制造业转型升级是大国竞争的一个重要部分，要国家层面的系列政策支持。第一，需要宏观政策体系的支持。面对大变局新形势，亟待系列推进制造业高质量发展的宏观政策措施。从战略部署上，需要加快构建双循环新发展格局，聚焦于扩大内需这个战略基点，这不仅是构建新发展格局的核心要求，也是建设现代化产业体系、推动中国制造高质量发展的重要支撑；从环境布局上，需营造良好的创新引领发展的体制机制环境，做好制造业区域与地方政府的战略布局，努力提升法治水平，优化市场的竞争与垄断关系，以推动有效市场和有为政府更好地结合，进而推动制造业高质量发展；从动能支撑上，要以科技创新引领制造业高质量发展。第二，需要区域与地方政府政策支持。一要突出“国家所需”加强对地方的指导；二要高度重视制造业在地方政府中的作用；三要突出省区和主要城市作用，优化行政区划规建；四将都市圈作为地方服务构建新发展格局的重要路径和形态；五是量力而行把握好区域重大战略优先序和优化地区产业集群；六是推动若干服务新发展格局的新区域战略；七需做好顶层设计，优化国内区域生产力布局；八要落实区域协调发展战略。第三，需要产业政策支持。“十四五”期间，世界政治经济格局和国际秩序迎来了深刻调整，新一轮科技革命和产业变革正深入发展，在此背景下，必须把握好世界科技发展趋势，瞄准产业发展的长期方向，通过未来产业的培育和发展推动我国产业朝智能化、数字化、生态化、国际化方向转型升级。在明确产业发展方向的基础上，应用产业生态系统思维，从提升产业链供应链现代化水平、完善人才培养机制，积极引进国际高层次人才、深化要素市场化改革，充分调动要素市场活力和红利、发挥财税

金融政策引导以提升产业链韧性、加强战略性新兴产业的政策倾斜，并优化产业链金融服务等多个层面，构建推动制造业高质量发展的产业层面的政策支持体系。第四，需要建立政府与市场的双重驱动体系，既要充分发挥市场的主导作用，释放产业发展活力，形成有效需求；又要重视政府的引导，在新发展格局下实施新一轮供给侧改革，在高端化、智能化、服务化、绿色化上下功夫。第五，需要构建包括制度创新与科技创新在内的中国创新体系，为中国制造业的未来竞争力夯实基础。

十一、构建了推动中国制造业转型升级的国际化层面的政策支持体系

制造业转型升级需要利用和整合全球的优质资源，为此，我国需要成为未来新全球化的引领者和贡献者，这需要有强大制造业硬实力支撑。要进一步实现“中国制造”向“中国创造”的跨越：一是必须继续坚持深化对外开放并积极参与国际分工与合作，从优化营商环境、推进全球经济治理体系的完善与发展、维护多边主义、构建中美良性竞合关系，塑造新型大国关系、推动国内外制造业协作等多个方面，促进我国制造业不断向全球价值链中高端迈进。二是需要推进以“一带一路”、亚投行建设为中心的引领新全球化发展的大战略，以推动中国区域经济合作为主线，为中国营造良好的国际环境。三是需要提升中国制造业的全球价值链地位，抓住和引领全球价值链再造的机遇，抓住中国率先复工复产的大机遇。四是大力提升中国制造业全球化品牌形象。当下和未来的中国制造品牌传播应当着力展示中国从“制造大国”向“制造强国”迈进的巨大进步，将中国制造品牌纳入国家战略传播框架，构建中国制造品牌传播话语体系、提升中国制造品牌传播话语权力、重构中国制造的话语体系，讲好中国故事，实现中国制造品牌的政府、媒体、民众的多元化传播，并充分发挥好信息先导和舆论护卫作用。

第二节　主要创新点

一、基于新全球化视角对再工业化的特征进行深刻解读

在百年未有之大变局加速演进期，从旧全球化转向新全球化是历史的必然，

新全球化相对旧全球化，具有显著的新特点，比如：动力主体和价值多元化，具有社会主义性质，是一种绿色化、全球化，等等。2008 年金融危机后，反全球化和逆全球化浪潮兴起，全球产业链供应链面临一定程度的中断风险，全球化面临断裂的风险。在此趋势下，再工业化不断显示出知识与数字主导、科技创新和制度创新的协同互动、政府和市场的协同推进，趋于智能化、服务化、数字化和生态化等新特征。

二、从历史维度概括了大国兴衰与制造业地位变迁的关系

站在一个历次工业革命对世界大国相对实力的改变这样宏大的历史视角来分析制造业在大国政治经济变革中的地位。多国经验表明，对于大国经济体系来说，若无制造业支撑，没有完整的工业体系，没有持续的自主创新能力，国民经济发展将失去物质基础，强国与大国之梦将成为无源之水、无根之木。基于人类历史上工业革命中国家兴衰的客观事实和战略性“竞合”关系，来探索制造业与大国实力之间关系的演变规律，并由此分析发达国家再工业化的影响，中国制造对中国持续崛起的重大战略意义。

三、提供了综合分析发达国家再工业化战略的框架体系

以全球化与新全球化理论、工业化理论演进为基础，从理论基础、战略背景、战略目标、战略体系、支撑体系、辅助体系等多个方面搭建分析发达国家再工业化的逻辑框架。在生产函数基础上分析了再工业化的制约因素、发展前景。本书对 2008 年金融危机以来以美国为代表的主要工业国家系列再工业化政策进行了追踪比较分析，提供了综合分析再工业化大战略的系统性框架体系。

四、剖析了发达国家再工业化影响我国制造业转型升级的理论机制

发达国家再工业化与我国制造业发展都处于统一的世界市场之中，都需要利用世界市场来利用和整合国际资源来实现发展。以此为理论问题分析的逻辑起点，然后从国际市场与国际劳动分工的互动、国际市场与国际知识分工的互动、基于世界市场的供求互动关系、技术创新的驱动机制和政府作用的动力机制等方面来归纳发达国家再工业化影响我国制造业转型升级的四大机制——供给侧与需

求侧互动机制、国际分工机制、国际权力机制，并将其概括为竞争强化效应、合作拓展效应、学习深化效应等。在此基础上利用双重差分法，从供求、创新等多维度实证分析发达国家再工业化对中国制造业转型升级的影响。

五、比较了再工业化战略与中国制造业转型升级的异同性

发达国家（地区）如日本、欧盟和美国，在推进工业4.0的过程中，在大国逻辑、动力模式、绿色发展理念方面具有共性。但二者在战略思维、战略基础、战略创新、战略任务与战略措施方面又存在较大的差异，尤其是二者的政治体制存在本质不同。这种差异性引发了国家之间的竞争强化效应、合作拓展效应与学习深化效应。同时，鉴于两大战略的优先突破领域具有相同性以及战略思维的差异性，这两大战略的实施将强化国家之间经济、军事和国际秩序等领域的竞争性。

六、构建了具有重要实践意义的促进我国制造业可持续发展的对策体系

基于系统论的视角，紧扣时代背景，以再工业化理论、新全球化理论、全球产业价值链理论、制造业转型升级理论等理论体系为支撑，以发达国家再工业化带来的现实挑战和我国制造业转型升级中存在的客观问题为导向，从企业、产业、地区、国家和国际等层面来构建了一个具有内在理论逻辑与实践逻辑相统一、战略性与战术性相统一、特定性和全面性相结合、前瞻性和现实性相结合的应对策略体系。

第三节　不足之处和研究展望

本书系统分析了再工业化的框架体系，并对其前景进行了展望，也通过多国经验的比较指出了新常态下中国制造高质量发展的战略意图与战略内容、战略举措，再通过对发达国家再工业化与中国制造高质量发展异同性的比较，全面理解了新全球化趋势之下中国制造高质量发展的战略举措。但如下问题仍需我们继续去深入研究。

一、再工业化理论还可以进一步深入建构

通过对不同经济流派工业理论的演进逻辑梳理了传统的工业化理论，以绿色工业化理论、制造—创新不可分离性等为基础来搭建再工业化理论体系。但整体上，再工业化理论体系仍需要进一步拓展。同时，衡量再工业化成效的指标体系，既是再工业化理论的一个组成部分，也是直接反映各国再工业化成效的一个有力佐证。本书虽然设计了多指标来衡量再工业化的影响及成效，但完善的指标体系仍需要更长时期的数据追踪与检验。

二、中国工业化的稳步推进与跨越式赶超之间的关系需要进一步协调

在推进中国制造高质量发展过程中如何处理好工业 2.0 普及、工业 3.0 补课和工业 4.0 赶超的关系，需要去深入探究。与美欧等发达国家（地区）以工业 3.0 为基础迈入工业 4.0 阶段不同，中国制造相当一部分尚居于工业 3.0 甚至 2.0 阶段，极少部分领先行业方可比肩工业 4.0。面对来自国际上的强大竞争、国内资源环境约束的双重压力，中国制造业如何在稳步推进中实现跨越式突破，依赖于何种理论指导，如何处理好政府与市场的关系，如何构建中国制造创新体系，需要我们去深入思考。尤其是，中国式的现代化开辟了人类文明的新形态，这一现代化进程中，既有中国式工业化的巨大贡献，也离不开中国式的制造业转型升级的贡献。那么，这一巨大贡献能否量化，又如何由特殊性上升到普遍性，从理论上去深度诠释，是一项较为艰巨且可持续进行的研究工作。

三、实证量化分析可以进一步丰富

从供给、需求、创新三个维度实证分析了发达国家再工业化对中国制造业转型升级产生的影响，丰富了该领域的量化分析。但由于数据获取的局限性，已上市的制造企业样本偏少，而中国工业企业数据时间滞后，该领域的实证研究还存在一定不足，有待加强实体企业调研和案例分析。在研究视角方面，针对发达国家再工业化的影响因素，以及各因素在再工业化体系中处于何种地位，决定和影响发达国家再工业化前景因素，发达国家再工业化如何影响中国制造业竞争力和产业价值链等方面的量化分析，可进一步深入分析。同时，我们也认为，美国再

工业化影响中国制造业的渠道与程度，尤其是中美大国战略竞争对两国制造业发展的影响，仍需深入阐发和长期追踪研究。

四、发达国家再工业化与中国制造高质量发展的前景需要去深度展望

在当前各国纷纷抢占制造业制高点的大背景下，美国等发达国家再工业化具有自身优势，中国制造高质量发展也具有后发的比较优势。面对世界多个国家推出的适合于本国国情的工业 4.0 战略，面对加速演进期的百年未有之大变局和不断膨胀的全球债务，以及局部地区冲突等对世界经济政治的冲击，各国是否如自身所愿达到战略目标，仍有较大的不确定性，需要持续的追踪研究。全球政治经济地缘格局发生重大变化，需要进一步的追踪研究。本书在该领域虽然做了一些探讨，但更系统性的研究仍然在努力的前方。中国制造与制造业的转型升级，是一个长期而艰巨的过程，新挑战、新机遇也将不断以新的形式来呈现，需要新的理论来指导，新的方法来验证，新的对策来体现。

参考文献

［1］马克思：《资本论》（第 1 卷），人民出版社 1975 年版。

［2］马克思：《资本论》（第 2 卷），人民出版社 1975 年版。

［3］马克思：《资本论》（第 3 卷），人民出版社 1975 年版。

［4］马克思：《资本论选读和简论》，华夏出版社 2016 年版。

［5］《习近平谈治国理政》（第 1 卷），外文出版社 2014 年版。

［6］《习近平谈治国理政》（第 2 卷），外文出版社 2017 年版。

［7］《习近平谈治国理政》（第 3 卷），外文出版社 2020 年版。

［8］《习近平谈治国理政》（第 4 卷），外文出版社 2022 年版。

［9］［德］恩格尔贝特·韦斯特坎博尔：《欧洲工业的未来：欧洲制造 2030》，王志欣、姚建民译，机械工业出版社 2016 年版。

［10］［美］保罗·肯尼迪：《大国的兴衰》，陈景彪译，国际文化出版社 2006 年版。

［11］［美］彼得·马什：《新工业革命》，赛迪研究院专家组译，中信出版社 2013 年版。

［12］［美］查尔斯·P. 金德尔伯格：《世界经济霸权：1500－1990》，高祖贵译，商务印书馆 2003 年版。

［13］［美］法里德·扎卡利亚：《后美国世界：大国崛起的经济新秩序时代》，赵广成、林民旺译，中信出版社 2009 年版。

［14］［美］亨利·基辛格：《世界秩序》，胡利平译，中信出版社 2015 年版。

［15］［美］加里·皮萨诺、威利·史：《制造繁荣：美国为什么需要制造业复兴》，机械工业信息研究院战略与规划研究所译，机械工业出版社 2014 年版。

［16］［美］杰里米·里夫金：《第三次工业革命：新经济模式如何改变世界》，张体伟、孙豫宁译，中信出版社 2012 年版。

［17］［美］李杰：《工业大数据：工业 4.0 时代的工业转型与价值创造》，邱伯华等译，机械工业出版社 2015 年版。

[18] [美] 理查德·J. 雪恩伯格尔：《世界级制造业：下一个十年》，郭德艳、杨统连译，中央编译出版社1997年版。

[19] [美] 利伟诚：《美国制造：从离岸到回岸，如何改变世界》，蔡中为译，东方出版社2012年版。

[20] [美] 刘易斯·卡布罗：《产业组织导论》，胡汉辉译，人民邮电出版社2002年版。

[21] [美] 罗伯特·基欧汉、约瑟夫·奈：《权力与相互依赖》，门洪华译，北京大学出版社2012年版。

[22] [美] 罗伯特·吉尔平：《全球政治经济学：解读国际经济秩序》，杨宇光、杨炯译，上海世纪出版集团2006年版。

[23] [美] 迈克尔·波特：《国家竞争优势》，华夏出版社2002年版。

[24] [美] 迈克尔·赫德森：《保护主义：美国经济崛起的秘诀（1815－1914）》，贾根良、马学亮、邓郎、黄阳华等译，中国人民大学出版社2010年版。

[25] [美] 诺斯：《经济史中的结构与变迁》，陈郁、罗华平译，上海人民出版社1994年版。

[26] [美] 钱纳里：《工业化和经济增长的比较研究》，吴奇等译，上海三联书店1985年版。

[27] [美] 瓦科拉夫·斯米尔（Vaclav Smil）：《美国制造：国家繁荣为什么离不开制造业》，李凤海、刘寅龙译，机械工业出版社2014年版。

[28] [美] 约翰·米尔斯海默：《大国政治的悲剧》，王义桅、唐小松译，上海人民出版社2003年版。

[29] [美] 约瑟夫·E. 斯蒂格利茨：《全球化逆潮》，李扬等译，机械工业出版社2019年版。

[30] [日] 青木昌彦：《比较制度分析》，周黎安译，上海远东出版社2001年版。

[31] [日] 青木昌彦：《政府在东亚经济发展中的作用》，中国经济出版社1998年版。

[32] [英] 戴维·赫尔德、安东尼·麦克格鲁：《全球化与反全球化》，陈志刚译，社会科学文献出版社2004年版。

[33] [美] 马苏玛·法如奇、[美] 拉斐尔·凯普林斯基：《中国崛起与全球大宗商品定价——全球资源体系的重构》，冯超译，上海社会科学院出版社2015年版。

[34] [英] 瓦西利斯·福斯卡斯、[英] 比伦特·格卡伊：《美国的衰落：全球断层线和改变的帝国秩序》，贾海译，新华出版社2013年版。

[35] 蔡昉：《中国经济发展的世界意义》，中国社会科学出版社 2019 年版。

[36] 陈佳贵、黄群慧：《工业大国国情与工业强国战略》，社会科学文献出版社 2012 年版。

[37] 陈明、梁乃明等：《智能制造之路：数字化工厂》，机械工业出版社 2016 年版。

[38] 陈平：《文明分岔、经济混沌和演化经济学》，经济科学出版社 2000 年版。

[39] 陈卫新：《面向中国制造 2025 的智能工厂》，中国电力出版社 2017 年版。

[40] 范黎波：《中国制造的发展路径与战略选择》，中国社会科学出版社 2012 年版。

[41] 冯飞：《第三次工业革命：中国产业的历史性机遇》，中国发展出版社 2014 年版。

[42] 冯晋中、管军：《落地——从工业 4.0 到中国制造 2025》，机械工业出版社 2017 年版。

[43] 工业和信息化部工业文化发展中心：《工匠精神——中国制造品质革命之魂》，人民出版社 2016 年版。

[44] 郭熙保：《经济发展的理论与政策》，中国社会科学出版社 2000 年版。

[45] 洪银兴：《发展经济学与中国经济发展》，高等教育出版社 2001 年版。

[46] 黄承雷：《中国制造业循环经济能力研究》，科学出版社 2014 年版。

[47] 黄莉芳、黄良文：《中国生产性服务业对制造业产业关联效应研究——基于制造业转型升级视角》，人民出版社 2015 年版。

[48] 李稻葵：《大国发展战略》，北京大学出版社 2007 年版。

[49] 李廉水：《中国制造业发展研究报告 2015》，北京大学出版社 2016 年版。

[50] 林毅夫：《新结构经济学》，北京大学出版社 2012 年版。

[51] 刘建江：《美国贸易逆差研究》，北京大学出版社 2017 年版。

[52] 刘睿伣：《中国制造业转型升级的路径与政策研究》，中国纺织出版社 2021 年版。

[53] 刘志彪：《产业经济学》，机械工业出版社 2015 年版。

[54] 刘志彪：《扩大内需条件下的经济全球化战略》，经济科学出版社 2013 年版。

[55] 陆铭：《中国的大国经济发展道路》，中国大百科全书出版社 2008 年版。

[56] 吕薇：《中国制造业创新与升级——路径、机制与政策》，中国发展出版社 2013 年版。

[57] 欧阳峣：《大国经济发展理论》，中国人民大学出版社 2014 年版。

[58] 裴桂芬：《美国两次再工业化及中国制造业的战略选择》，经济科学出版社 2021 年版。

[59] 彭俊松：《工业 4.0 驱动下的制造业数字化转型》，机械工业出版社 2016 年版。

[60] 彭瑜、王健：《智能工厂：中国制造业探索实践》，机械工业出版社 2016 年版。

[61] 芮明杰：《战略性新兴产业发展的新模式》，重庆出版社 2014 年版。

[62] 邵慰：《创新驱动、转型升级与中国装备制造业的发展——经济新常态的视角》，中国社会科学出版社 2016 年版。

[63] 沈坤荣：《中国经济的转型与增长》，南京大学出版社 2008 年版。

[64] 宋玉华：《世界经济失衡研究》，人民出版社 2012 年版。

[65] 孙佳：《中国制造业高质量发展路径研究》，人民出版社 2021 年版。

[66] 陶洪：《中国制造业技术选择的机理与效应》，经济科学出版社 2012 年版。

[67] 涂子沛：《数据之巅：大数据革命，历史、现实与未来》，中信出版社 2014 年版。

[68] 王金照：《典型国家工业化历程比较与启示》，中国发展出版社 2010 年版。

[69] 王俊豪：《中国垄断性产业结构重组分类管制与协调政策》，商务印书馆 2005 年版。

[70] 韦康博：《国家大战略：从德国工业 4.0 到中国制造 2025》，现代出版社 2016 年版。

[71] 夏妍娜、赵胜：《工业 4.0：正在发生的未来》，机械工业出版社 2015 年版。

[72] 辛国斌：《智能制造探索与实践，46 项试点示范项目汇编》，电子工业出版社 2016 年版。

[73] 徐礼伯、张雪平：《美国“再工业化”与中国产业结构转型升级》，经济管理出版社 2019 年版。

[74] 徐长生、方齐云：《发展经济学与中国的工业化和现代化》，中国经济出版社 2004 年版。

[75] 许冠南、孔德婧、周源：《新范式下中国制造业数字化转型：理论与实践》，北京邮电大学出版社 2019 年版。

[76] 杨瑞龙：《内需可持续增长的结构基础与政策选择》，中国人民大学出

版社 2014 年版。

[77] 杨小凯、张永生：《新兴古典经济学和超边际分析》，中国人民大学出版社 2000 年版。

[78] 姚洋：《发展经济学》，北京大学出版社 2013 年版。

[79] 张恒梅：《“中国制造”转型升级研究：以美国再工业化战略为背景》，中国社会科学出版社 2019 年版。

[80] 张宏、王建：《中国对外直接投资与全球价值链升级》，中国人民大学出版社 2013 年版。

[81] 张建华：《美国复兴制造业对中国贸易的影响》，上海人民出版社 2014 年版。

[82] 张平：《全球价值链分工与中国制造业成长》，经济管理出版社 2014 年版。

[83] 中国经济时报制造业调查组：《中国制造业大调查：迈向中高端》，中信出版社 2016 年版。

[84] 周洪宇、鲍成中：《大时代：震撼世界的第三次工业革命》，人民出版社 2014 年版。

[85] 周文鼎：《第三次工业革命与中国经济转型》，湖北教育出版社 2014 年版。

[86] 周长富、王竹君：《环境规制下中国制造业转型升级的机制与路径》，南京大学出版社 2016 年版。

[87] 祖林、怀海涛：《中国制造的世界级战略》，中华工商联合出版社 2013 年版。

[88] 习近平：《加快构建新发展格局　把握未来发展主动权》，载于《求是》2023 年第 8 期。

[89] 习近平：《加强基础研究　实现高水平科技自立自强》，载于《求是》2023 年第 15 期。

[90] 习近平：《中国式现代化是强国建设、民族复兴的康庄大道》，载于《求是》2023 年第 16 期。

[91] 班娟娟、钟源：《实现高水平科技自立自强　科技评价体系改革全面发力》，载于《经济参考报》2021 年 8 月 3 日。

[92] 包群、叶宁华、王艳灵：《外资竞争、产业关联与中国本土企业的市场存活》，载于《经济研究》2015 年第 7 期。

[93] 蔡昉、王德文、曲玥：《中国产业升级的大国雁阵模型分析》，载于《经济研究》2009 年第 9 期。

[94] 蔡敏、李长胜：《美国重振制造业完全依靠自由市场吗？——论重振过程中的美国产业政策》，载于《政治经济学评论》2020 年第 5 期。

[95] 蔡瑞林、陈万明、陈圻：《低成本创新驱动制造业高端化的路径研究》，载于《科学学研究》2014 年第 3 期。

[96] 曹虹剑、张建英、刘丹：《模块化分工、协同与技术创新——基于战略性新兴产业的研究》，载于《中国软科学》2015 年第 7 期。

[97] 曾繁华、杨馥华、侯晓东：《创新驱动制造业转型升级演化路径研究——基于全球价值链治理视角》，载于《贵州社会科学》2016 年第 11 期。

[98] 陈福中、罗科、董康银：《外资嵌入国内大循环与制造业价值链功能升级》，载于《数量经济技术经济研究》2024 年第 10 期。

[99] 陈汉林、朱行：《美国"再工业化"对中国制造业发展的挑战及对策》，载于《经济学家》2016 年第 12 期。

[100] 陈洪安、曾招荣：《西方人力资本与经济增长理论研究综述》，载于《财贸研究》2009 年第 2 期。

[101] 陈继勇、杨格：《新冠疫情与中美经贸关系重塑》，载于《华南师范大学学报（社会科学版）》2020 年第 5 期。

[102] 陈佳贵、黄群慧、张涛：《从高速增长走向和谐发展的中国经济》，载于《中国工业经济》2007 年第 7 期。

[103] 陈江生、蔡和岑、张滔：《美国"再工业化"效果：评价与反思》，载于《理论视野》2016 年第 12 期。

[104] 陈林、张玺文：《制造业数字化转型升级的机理研究》，载于《暨南学报（哲学社会科学版）》2023 年第 3 期。

[105] 陈须隆：《在世界大变局中推动国际秩序演变的方略和新视角》，载于《太平洋学报》2021 年第 1 期。

[106] 陈雪、王永贵：《全面把握新时代共享发展理念的理与路》，载于《南京工业大学学报（社会科学版）》2020 年第 5 期。

[107] 陈艳莹、赵旭：《制造业服务外包对服务业劳动生产率的影响——基于中美两国行业数据的比较研究》，载于《暨南大学学报（哲学社会科学版）》2011 年第 6 期。

[108] 陈勇、柏喆：《新冠疫情对中国制造业全球价值链的影响研究》，载于《暨南大学学报（哲学社会科学版）》2021 年第 4 期。

[109] 陈志祥、迟家昱：《制造业升级转型模式、路径与管理变革——基于信息技术与运作管理的探讨》，载于《中山大学学报（社会科学版）》2016 年第 4 期。

［110］程晨、王萌萌：《企业劳动力成本与全要素生产率——“倒逼”机制的考察》，载于《南开经济研究》2016 年第 3 期。

［111］崔建树：《霸权转移的周期逻辑——莫德尔斯基国际政治长周期理论及其缺陷》，载于《世界经济与政治》2007 年第 12 期。

［112］崔日明、张婷玉：《美国“再工业化”战略与中国制造业转型研究》，载于《经济社会体制比较》2013 年第 6 期。

［113］崔岩、刘珊珊：《生产性服务业开放与制造业全球价值链升级——来自跨国样本的经验证据》，载于《南京财经大学学报》2021 年第 4 期。

［114］戴枫、王盛媛、柴嘉悦：《制造业进口与经济增长：基于国际空间关联的视角》，载于《郑州大学学报（哲学社会科学版）》2020 年第 4 期。

［115］戴翔、金碚：《服务贸易进口技术含量与中国工业经济发展方式转变》，载于《管理世界》2013 年第 9 期。

［116］戴翔、杨双至：《数字赋能、数字投入来源与制造业绿色化转型》，载于《中国工业经济》2022 年第 9 期。

［117］丁平：《美国再工业化的动因、成效及对中国的影响》，载于《国际经济合作》2014 年第 4 期。

［118］丁文波：《先进制造企业核心能力演化路径的启示——基于我国制造业转型升级路径的理论探析》，载于《改革与战略》2015 年第 9 期。

［119］丁文珺、杜志明：《我国制造业发展四十年：成就、新形势与转型思路》，载于《经济纵横》2018 年第 8 期。

［120］董志勇、李成明：《国内国际双循环新发展格局：历史溯源、逻辑阐释与政策导向》，载于《中共中央党校（国家行政学院）学报》2020 年第 5 期。

［121］杜朝晖：《经济新常态下我国传统产业转型升级的原则与路径》，载于《经济纵横》2017 年第 5 期。

［122］杜人淮：《从“制造”到“智造”：变革、困境和举措》，载于《现代经济探讨》2015 年第 11 期。

［123］付国梅、唐加福：《美国再工业化祸兮福兮：双向 FDI 能否促进中国经济高质量发展？——基于产业结构和技术创新的中介作用》，载于《系统管理学报》2022 年第 6 期。

［124］范剑勇、冯猛、李方文：《产业集聚与企业全要素生产率》，载于《世界经济》2014 年第 5 期。

［125］方雪、吕巍：《长三角地区传统制造向智能制造转型升级研究》，载于《现代管理科学》2019 年第 10 期。

［126］高敬峰、王彬、宋玉洁：《美国制造业回流对中国国内价值链质量的

影响研究》，载于《世界经济研究》2020年第10期。

[127] 高觉民、李晓慧：《生产性服务业与制造业的互动机理：理论与实证》，载于《中国工业经济》2011年第6期。

[128] 高峻、蒋兰、尹波：《技术壁垒与互补性资产视角下产业升级路径研究》，载于《科技进步与对策》2014年第24期。

[129] 高伟、陶柯、梁奕：《"双循环"新发展格局：深刻内涵、现实逻辑与实施路径》，载于《新疆师范大学学报（哲学社会科学版）》2021年第4期。

[130] 葛阳琴、谢建国：《全球化还是区域化——中国制造业全球价值链分工及演变》，载于《国际经贸探索》2017年第33卷第1期。

[131] 郭宏、伦蕊：《新冠肺炎疫情下全球产业链重构趋势及中国应对》，载于《中州学刊》2021年第1期。

[132] 郭凯明、潘珊、颜色：《新型基础设施投资与产业结构转型升级》，载于《中国工业经济》2020年第3期。

[133] 郭克莎、田潇潇：《加快构建新发展格局与制造业转型升级路径》，载于《中国工业经济》2021年第11期。

[134] 郭周明、李姣、邹浩：《逆全球化背景下国际经贸治理困境及中国路径选择》，载于《国际经贸探索》2020年第36卷第2期。

[135] 韩峰、阳立高：《生产性服务业集聚如何影响制造业结构升级？——一个集聚经济与熊彼特内生增长理论的综合框架》，载于《管理世界》2020年第2期。

[136] 洪银兴：《产业结构转型升级的方向和动力》，载于《求是学刊》2014年第1期。

[137] 胡迟：《以创新驱动打造我国制造业高质量成长——基于70年制造业发展回顾与现状的考察》，载于《经济纵横》2019年第10期。

[138] 胡迟：《中国制造业发展70年：历史成就、现实差距与路径选择》，载于《经济研究参考》2019年第17期。

[139] 胡立君、薛福根、王宇：《后工业化阶段的产业空心化机理及治理——以日本和美国为例》，载于《中国工业经济》2013年第8期。

[140] 胡绪华、蔡济波：《基于全球价值链的我国本土生产型外贸企业升级机理分析》，载于《企业经济》2013年第1期。

[141] 华晓红、宫毓雯：《中国制造业在亚太生产网络中的地位——基于增值贸易数据测度》，载于《国际经贸探索》2015年第12期。

[142] 黄群慧、贺俊：《未来30年中国工业化进程与产业变革的重大趋势》，载于《学习与探索》2019年第8期。

［143］黄群慧、杨虎涛：《中国制造业比重“内外差”现象及其“去工业化”涵义》，载于《中国工业经济》2022年第3期。

［144］黄群慧、原磊：《步入“新常态”的工业经济运行：发展特征与未来趋势》，载于《区域经济评论》2015年第3期。

［145］黄群慧：《改革开放40年中国的产业发展与工业化进程》，载于《中国工业经济》2018年第9期。

［146］黄群慧：《新发展格局的理论逻辑、战略内涵与政策体系——基于经济现代化的视角》，载于《经济研究》2021年第4期。

［147］黄永春、郑江淮、杨以文、祝吕静：《中国“去工业化”与美国“再工业化”冲突之谜解析——来自服务业与制造业交互外部性的分析》，载于《中国工业经济》2013年第3期。

［148］江飞涛、雷泽坤、张钟文：《制造业增长中的结构变迁与效率演变——对“去工业化”问题的再探讨》，载于《中国工业经济》2022年第12期。

［149］贾根良、楚珊珊：《制造业对创新的重要性：美国再工业化的新解读》，载于《江西社会科学》2019年第6期。

［150］贾康：《“内循环为主体的双循环”之学理逻辑研究》，载于《河北经贸大学学报》2021年第2期。

［151］蒋永穆、祝林林：《构建新发展格局：生成逻辑与主要路径》，载于《兰州大学学报（社会科学版）》2021年第1期。

［152］焦青霞：《制造业投入服务化对产业结构转型升级的影响——基于投入来源差异的再验证》，载于《经济经纬》2023年第1期。

［153］焦勇、杨蕙馨：《技术创新对中国制造业全球价值链攀升的非线性传导》，载于《现代经济探讨》2020年第7期。

［154］解学梅：《中小企业协同创新网络与创新绩效的实证研究》，载于《管理科学学报》2010年第8期。

［155］金壮龙：《加快推进新型工业化》，载于《新型工业化》2023年第3期。

［156］金碚、吕铁、邓洲：《中国工业结构转型升级：进展、问题与趋势》，载于《中国工业经济》2011年第2期。

［157］康志男、王海燕：《基于智能制造视角的中国香港再工业化探究》，载于《科学学研究》2020年第4期。

［158］孔伟杰：《制造业企业转型升级影响因素研究——基于浙江省制造业企业大样本问卷调查的实证研究》，载于《管理世界》2012年第9期。

［159］雷少华：《超越地缘政治——产业政策与大国竞争》，载于《世界经

济与政治》2019 年第 5 期。

[160] 雷新军、邓立丽：《供给侧改革视角下上海制造业转型升级路径探索》，载于《上海经济研究》2017 年第 7 期。

[161] 李包庚、刘云霞：《马克思对大不列颠殖民主义的批判及其时代意义》，载于《河海大学学报（哲学社会科学版）》2020 年第 3 期。

[162] 李博一：《百年变局下的世界秩序：解构与重构》，载于《天府新论》2021 年第 3 期。

[163] 李春发、李冬冬、周驰：《数字经济驱动制造业转型升级的作用机理——基于产业链视角的分析》，载于《商业研究》2020 年第 2 期。

[164] 李大元、王昶、姚海琳：《发达国家再工业化及对我国转变经济发展方式的启示》，载于《现代经济探讨》2011 年第 8 期。

[165] 李丹：《美国再工业化战略对我国制造业的多层级影响与对策》，载于《国际经贸探索》2013 年第 6 期。

[166] 李宏、牛志伟、邹昭晞：《国内国际双循环发展格局与中国制造业增长效率——基于全球价值链的分析》，载于《财经问题研究》2021 年第 3 期。

[167] 李辉：《大数据推动我国经济高质量发展的理论机理、实践基础与政策选择》，载于《经济学家》2019 年第 3 期。

[168] 李金城、周咪咪：《互联网能否提升一国制造业出口复杂度》，载于《国际经贸探索》2017 年第 4 期。

[169] 李俊、胡峰：《欧美再工业化五年后中国制造业比较优势现状、原因及对策——基于 2010 - 2014 年贸易数据的对比分析》，载于《经济问题探索》2016 年第 6 期。

[170] 李俊江、焦国伟、黄浩政：《从全球化到逆全球化思潮下欧美发达国家制造业回归分析》，载于《吉林大学社会科学学报》2018 年第 4 期。

[171] 李俊江、孟勐：《基于创新驱动的美国“再工业化”与中国制造业转型》，载于《科技进步与对策》2016 年第 5 期。

[172] 李坤望、马天娇、黄春媛：《全球价值链重构趋势及影响》，载于《经济学家》2021 年第 11 期。

[173] 李娜娜、杨仁发：《产业集聚与制造业全球价值链地位提升：影响机制与实证检验》，载于《南京财经大学学报》2021 年第 3 期。

[174] 李宛聪：《全球产业链、价值链、创新链中的中国供给侧结构性改革》，载于《科学发展》2018 年第 12 期。

[175] 李向阳：《特朗普经济政策评估》，载于《国际经济评论》2017 年第 4 期。

［176］李晓、陈煜：《疫情冲击下的世界经济与中国对策》，载于《东北亚论坛》2020 年第 3 期。

［177］李晓、张宇璇：《中美贸易争端对东亚经济体的影响——基于中国出口增加值的研究》，载于《东北亚论坛》2019 年第 1 期。

［178］李欣茹、黄军英：《典型国家制造业发展战略措施及对我国的启示》，载于《全球科技经济瞭望》2017 年第 5 期。

［179］李英杰、韩平：《数字经济下制造业高质量发展的机理和路径》，载于《宏观经济管理》2021 年第 5 期。

［180］李永友、严岑：《服务业“营改增”能带动制造业升级吗?》，载于《经济研究》2018 年第 4 期。

［181］梁小甜、文宗瑜：《数字经济对制造业高质量发展的影响》，载于《统计与决策》2022 年第 11 期。

［182］林珏：《美国“再工业化”战略研究：措施、难点、成效及影响》，载于《西部论坛》2014 年第 1 期。

［183］林毅夫：《国内国际双循环，推动中国经济高质量发展》，载于《清华金融评论》2020 年第 11 期。

［184］刘斌、潘彤：《人工智能对制造业价值链分工的影响效应研究》，载于《数量经济技术经济研究》2020 年第 10 期。

［185］刘刚、王宁：《突破创新的“达尔文海”——基于深圳创新型城市建设的经验》，载于《南开学报（哲学社会科学版）》2018 年第 6 期。

［186］刘建江、蔡莹、袁冬梅：《湖南省智能制造快速发展的推进战略》，载于《长沙理工大学学报（社会科学版）》2019 年第 6 期。

［187］刘建江、胡悦、李喜梅：《特朗普政府对华贸易战的主要特征及影响研究》，载于《商学研究》2020 年第 1 期。

［188］刘建江、姜竹青：《外商直接投资对我国生产性服务业的技术扩散效应》，载于《湖南师范大学社会科学学报》2021 年第 4 期。

［189］刘建江、李诗：《新冠疫情冲击下美国再工业化战略举措及前景研究》，载于《广西师范大学学报（哲学社会科学版）》2020 年第 6 期。

［190］刘建江、罗双成：《房价上涨、要素流动与制造业升级》，载于《当代经济科学》2018 年第 6 期。

［191］刘建江、彭娜、李嘉琪：《金融科技影响产业转型升级的研究进展》，载于《长沙理工大学学报（社会科学版）》2021 年第 5 期。

［192］刘建江、易香园、王莹：《新时代的产业转型升级：内涵、困难及推进思路》，载于《湖南社会科学》2021 年第 5 期。

[193] 刘建江：《特朗普政府发动对华贸易战的三维成因》，载于《武汉大学学报（哲学社会科学版）》2018年第5期。

[194] 刘建江、邹花兰、唐志良：《美国能源独立：动因、举措及影响研究》，载于《湖南师范大学社会科学学报》2016年第2期。

[195] 刘戒骄：《美国制造业复兴困境与启示：保护主义政策失灵的现实考察》，载于《北京工业大学学报（社会科学版）》2020年第5期。

[196] 刘世锦：《宏观经济走势与新增长动能》，载于《环境与可持续发展》2020年第1期。

[197] 刘淑春、林汉川：《我国制造业标准国际化战略对策》，载于《宏观质量研究》2020年第6期。

[198] 刘伟华：《疫情下全球供应链重构与中国制造业应对》，载于《人民论坛》2020年第18期。

[199] 刘勇：《新时代传统产业转型升级：动力、路径与政策》，载于《学习与探索》2018年第11期。

[200] 刘悦、刘建江：《市场化程度是否提升了对中国企业市场经济地位的认可——基于欧盟对华反倾销的调查事实》，载于《国际贸易问题》2019年第6期。

[201] 刘兆国、王云凤：《全球价值链视角下日本制造业国际竞争力分析及其对中国的启示》，载于《当代经济研究》2021年第5期。

[202] 刘志彪、陈柳：《疫情冲击对全球产业链的影响、重组与中国的应对策略》，载于《南京社会科学》2020年第5期。

[203] 刘志彪、陈柳：《政策标准、路径与措施：经济转型升级的进一步思考》，载于《南京大学学报（哲学·人文科学·社会科学）》2014年第5期。

[204] 刘志彪、凌永辉：《关于国内国际双循环新发展格局的若干断想》，载于《福建论坛（人文社会科学版）》2021年第1期。

[205] 刘志彪：《从全球价值链转向全球创新链：新常态下中国产业发展新动力》，载于《学术月刊》2015年第2期。

[206] 刘志彪：《振兴实体经济的战略思路和关键举措》，载于《新疆师范大学学报（哲学社会科学版）》2017年第5期。

[207] 刘志彪：《重构国家价值链：转变中国制造业发展方式的思考》，载于《世界经济与政治论坛》2011年第4期。

[208] 刘志彪：《重塑中国经济内外循环的新逻辑》，载于《探索与争鸣》2020年第7期。

[209] 隆国强：《全球化背景下的产业升级新战略——基于全球生产价值链

的分析》，载于《国际贸易》2007年第7期。

[210] 卢现祥、滕宏玄：《中国制造业转型升级中的路径依赖问题研究》，载于《福建论坛（人文社会科学版）》2021年第7期。

[211] 鲁晓东、连玉君：《中国工业企业全要素生产率估计：1999—2007》，载于《经济学（季刊）》2012年第2期。

[212] 罗双成、刘建江、石大千、万佳乐：《创新的高速路：高铁对制造业创新的影响》，载于《中国经济问题》2021年第4期。

[213] 罗序斌、黄亮：《中国制造业高质量转型升级水平测度与省际比较——基于“四化”并进视角》，载于《经济问题》2020年第12期。

[214] 吕明元、程秋阳：《工业互联网平台发展对制造业转型升级的影响：效应与机制》，载于《人文杂志》2022年第10期。

[215] 吕铁：《第三次工业革命对我国制造业提出巨大挑战》，载于《求是》2013年第6期。

[216] 吕薇：《我国产业技术发展阶段与创新模式》，载于《中国软科学》2013年第12期。

[217] 吕薇：《以创新引领制造业高质量发展》，载于《商业文化》2019年第23期。

[218] 马健：《信息技术融合推动产业升级的动因分析》，载于《科学管理研究》2005年第1期。

[219] 马慎萧、兰楠：《次贷危机后美国经济金融化趋势是否逆转?》，载于《政治经济学评论》2021年第2期。

[220] 马晓河：《结构转型、困境摆脱与我国制造业的战略选择》，载于《改革》2014年第12期。

[221] 马中东、宁朝山：《数字经济、要素配置与制造业质量升级》，载于《经济体制改革》2020年第3期。

[222] 毛其淋、盛斌：《劳动力成本对中国加工贸易规模及转型升级的影响》，载于《金融研究》2021年第10期。

[223] 毛园芳：《电子商务提升产业集群竞争优势机制案例研究》，载于《经济地理》2010年第10期。

[224] 毛蕴诗、郑奇志：《基于微笑曲线的企业升级路径选择模型——理论框架的构建与案例研究》，载于《中山大学学报（社会科学版）》2012年第3期。

[225] 孟祺：《美国再工业化对中美贸易的影响研究——基于贸易附加值视角》，载于《管理现代化》2013年第6期。

[226] 苗圩：《大力实施中国制造2025加快推进制造强国建设》，载于《时

事报告（党委中心组学习）》2015年第3期。

［227］潘蓉蓉、罗建强、杨子超：《数字技术赋能制造企业服务化转型：理论分析与展望》，载于《系统工程理论与实践》2023年第11期。

［228］潘辉、唐海燕、张会青：《参与全球价值链分工如何影响制造业技术升级？——基于GVC分工对制造业技术升级影响机制的理论分析》，载于《经济体制改革》2020年第6期。

［229］潘文卿、赵颖异：《中国沿海地区制造业服务化转型：基于贸易增加值视角》，载于《经济学报》2021年第3期。

［230］裴长洪、于燕：《德国“工业4.0”与中德制造业合作新发展》，载于《财经问题研究》2014年第10期。

［231］戚聿东、刘健：《第三次工业革命趋势下产业组织转型》，载于《财经问题研究》2014年第1期。

［232］权衡：《世界经济增长分析框架：新变量及其创新发展》，载于《学术月刊》2022年第7期。

［233］曲青山：《深刻理解中国式现代化五个方面的中国特色》，载于《求是》2023年第16期。

［234］任保平、何厚聪：《数字经济赋能高质量发展：理论逻辑、路径选择与政策取向》，载于《财经科学》2022年第4期。

［235］任保平、孙一心：《数字经济培育我国经济高质量发展新优势的机制与路径》，载于《经济纵横》2022年第4期。

［236］任保平、张倩：《新时代我国现代化产业体系构建的工业化逻辑及其实现路径》，载于《江苏行政学院学报》2020年第1期。

［237］任保全、王亮亮：《战略性新兴产业高端化了吗？》，载于《数量经济技术经济研究》2014年第3期。

［238］邵朝对、李坤望、苏丹妮：《国内价值链与区域经济周期协同：来自中国的经验证据》，载于《经济研究》2018年第3期。

［239］邵朝对、苏丹妮、李坤望：《服务业开放与企业出口国内附加值率：理论和中国证据》，载于《世界经济》2020年第8期。

［240］邵桂兰、孙婧、张然：《再工业化对中国制造业国际竞争力影响研究》，载于《东岳论丛》2014年第7期。

［241］沈国兵、徐源晗：《疫情全球蔓延对我国进出口和全球产业链的冲击及应对举措》，载于《四川大学学报（哲学社会科学版）》2020年第4期。

［242］沈国兵、袁征宇：《互联网化对中国企业出口国内增加值提升的影响》，载于《财贸经济》2020年第7期。

[243] 沈国兵、袁征宇：《企业互联网化对中国企业创新及出口的影响》，载于《经济研究》2020 年第 1 期。

[244] 沈坤荣、李震：《“十三五”期间我国制造业转型升级的基本思路与对策建议》，载于《经济纵横》2015 年第 10 期。

[245] 沈坤荣、徐礼伯：《美国“再工业化”与江苏产业结构转型升级》，载于《江海学刊》2013 年第 1 期。

[246] 沈铭辉、张中元：《“一带一路”机制化建设与包容性国际经济治理体系的构建——基于国际公共产品供给的视角》，载于《新视野》2019 年第 3 期。

[247] 盛斌、郝碧榕：《全球价值链嵌入与技能溢价——基于中国微观企业数据的经验分析》，载于《国际贸易问题》2021 年第 2 期。

[248] 盛斌、黎峰：《经济全球化中的生产要素分工、流动与收益》，载于《世界经济与政治论坛》2021 年第 5 期。

[249] 盛斌、苏丹妮、邵朝对：《全球价值链、国内价值链与经济增长：替代还是互补》，载于《世界经济》2020 年第 4 期。

[250] 盛斌、张子萌：《全球数据价值链：新分工、新创造与新风险》，载于《国际商务研究》2020 年第 6 期。

[251] 盛斌、赵文涛：《全球价值链嵌入与中国经济增长的“结构路径之谜”》，载于《经济科学》2021 年第 4 期。

[252] 盛朝迅：《实施深度工业化战略促进“双循环”的思考与建议》，载于《中国发展观察》2020 年第 17 期。

[253] 盛垒、洪娜：《美国“再工业化”进展及对中国的影响》，载于《世界经济研究》2014 年第 7 期。

[254] 石大千、丁海、卫平、刘建江：《智慧城市建设能否降低环境污染》，载于《中国工业经济》2018 年第 6 期。

[255] 石大千、李格、刘建江：《信息化冲击、交易成本与企业 TFP——基于国家智慧城市建设的自然实验》，载于《财贸经济》2020 年第 3 期。

[256] 石建勋、王盼盼：《三步走：中国制造转型升级如何实现历史跨越》，载于《探索与争鸣》2017 年第 6 期。

[257] 史丹：《中国工业绿色发展与低碳工业化》，载于《中国经贸导刊》2018 年第 3 期。

[258] 宋国友：《再工业化与美国经济增长》，载于《外交评论（外交学院学报）》2013 年第 3 期。

[259] 宋锦、李曦晨：《产业转型与就业结构调整的趋势分析》，载于《数

量经济技术经济研究》2019 年第 10 期。

［260］宋微：《美国对英战略与霸权转移》，载于《美国研究》2015 年第 4 期。

［261］苏杭、郑磊、牟逸飞：《要素禀赋与中国制造业产业升级——基于 WIOD 和中国工业企业数据库的分析》，载于《管理世界》2017 年第 4 期。

［262］苏立君：《逆全球化与美国"再工业化"的不可能性研究》，载于《经济学家》2017 年第 6 期。

［263］隋广军、郁清漪：《欧盟"再工业化"背景下西班牙的出口市场与出口技术复杂度——基于全球经济治理视角》，载于《区域与全球发展》2021 年第 2 期。

［264］孙健、尤雯：《人才集聚与产业集聚的互动关系研究》，载于《管理世界》2008 年第 3 期。

［265］孙理军、严良：《全球价值链上中国制造业转型升级绩效的国际比较》，载于《宏观经济研究》2016 年第 1 期。

［266］孙丽：《日本的"去工业化"和"再工业化"政策研究》，载于《日本学刊》2018 年第 6 期。

［267］孙泗泉、叶琪：《我国先进制造业的创新演绎与突破》，载于《当代经济》2015 年第 13 期。

［268］孙兴杰、李黎明：《美国的制造业复苏之难》，载于《中国工业评论》2017 年第 1 期。

［269］孙彦成、吕成达：《欧盟离"再工业化"还有多远？——欧盟"再工业化"战略进展与成效评估》，载于《经济社会体制比较》2020 年第 4 期。

［270］唐志良、刘建江：《美国再工业化对我国制造业发展的负面影响研究》，载于《国际商务（对外经济贸易大学学报）》2012 年第 2 期。

［271］唐志良、刘建江：《美国再工业化与中国制造 2025 的异同性研究》，载于《生产力研究》2017 年第 2 期。

［272］唐志良：《发达国家再工业化影响我国制造业转型升级的机制研究》，载于《西部经济管理论坛》2019 年第 1 期。

［273］佟家栋、谢丹阳、包群等：《"逆全球化"与实体经济转型升级笔谈》，载于《中国工业经济》2017 年第 6 期。

［274］童纪新、刘文卿：《区域绿色工业企业技术创新效率空间效应研究》，载于《资源与产业》2019 年第 2 期。

［275］王霞、傅元海：《构建自主可控现代制造业体系面临的挑战、路径与对策》，载于《当代财经》2023 年第 8 期。

[276] 王德显、王跃生：《美德先进制造业发展战略运行机制及其启示》，载于《中州学刊》2016 年第 2 期。

[277] 王发明：《创意产业集群化：基于知识分工协调理论分析》，载于《经济学家》2009 年第 6 期。

[278] 王芳、胡峰、王晓萍：《美国“再工业化”对中国制造业的影响与对策》，载于《科技管理研究》2014 年第 14 期。

[279] 王静：《嵌入全球价值链的产业链供应链可持续发展研究》，载于《社会科学》2021 年第 7 期。

[280] 王静：《提升产业链供应链现代化水平的共融路径研究》，载于《中南财经政法大学学报》2021 年第 3 期。

[281] 王娟、叶美兰、朱卫未：《先进制造业高质量发展：内涵、要素和路径研究》，载于《南京邮电大学学报（社会科学版）》2021 年第 2 期。

[282] 王岚、李宏艳：《中国制造业融入全球价值链路径研究——嵌入位置和增值能力的视角》，载于《中国工业经济》2015 年第 2 期。

[283] 王丽丽、赵勇：《理解美国再工业化战略——内涵、成效及动因》，载于《政治经济学评论》2015 年第 6 期。

[284] 王乔、黄瑶妮、张东升：《支持科技成果转化的财税政策研究》，载于《当代财经》2019 年第 7 期。

[285] 王曙光、王丹莉：《美国工业化、去工业化和再工业化进程对中国双循环新发展格局的启示》，载于《山西师大学报（社会科学版）》2021 年第 4 期。

[286] 王树华、陈柳：《制造业转型升级中的增量调整和存量调整》，载于《现代经济探讨》2014 年第 6 期。

[287] 王微、刘涛：《以强大国内市场促进国内大循环的思路与举措》，载于《改革》2020 年第 9 期。

[288] 王玮：《权力变迁、责任协调与中美关系的未来》，载于《世界经济与政治》2015 年第 5 期。

[289] 王文、孙早：《产业结构转型升级意味着去工业化吗》，载于《经济学家》2017 年第 3 期。

[290] 王展祥：《美国再工业化问题前沿研究评述》，载于《学习与探索》2019 年第 11 期。

[291] 王展祥：《制造业还是经济增长的发动机吗》，载于《江西财经大学学报》2018 年第 6 期。

[292] 魏龙、王磊：《全球价值链体系下中国制造业转型升级分析》，载于《数量经济技术经济研究》2017 年第 6 期。

［293］魏巍、王林辉：《中国制造业技术进步偏向性的空间扩散效应实证研究》，载于《东南大学学报（哲学社会科学版）》2020 年第 5 期。

［294］巫强、刘志彪：《本土装备制造业市场空间障碍分析——基于下游行业全球价值链的视角》，载于《中国工业经济》2012 年第 3 期。

［295］吴海军、郭琎：《数据要素赋能制造业转型升级》，载于《宏观经济管理》2023 年第 2 期。

［296］吴崇伯、姚云贵：《东盟的“再工业化”政策、优势及挑战》，载于《东南亚研究》2019 年第 4 期。

［297］吴传清、宋子逸：《长江经济带创新发展研究进展（2014～2018）》，载于《长江大学学报（社会科学版）》2019 年第 4 期。

［298］吴雪：《逆全球化背景下国际经贸治理体系改革及我国的应对策略》，载于《宏观经济管理》2020 年第 6 期。

［299］武常岐、张昆贤、周欣雨、周梓洵：《数字化转型、竞争战略选择与企业高质量发展——基于机器学习与文本分析的证据》，载于《经济管理》2022 年第 4 期。

［300］席卫群：《我国制造业税收负担及相关政策的优化》，载于《税务研究》2020 年第 2 期。

［301］夏文斌、蓝庆新：《提升产业链供应链现代化水平》，载于《人民日报》2021 年 4 月 8 日。

［302］辛国斌：《推动制造业高质量发展》，载于《宏观经济管理》2019 年第 2 期。

［303］徐充、刘志强：《东北地区制造业转型升级的障碍与突破》，载于《求是学刊》2016 年第 1 期。

［304］徐广林、林贡钦：《工业 4.0 背景下传统制造业转型升级的新思维研究》，载于《上海经济研究》2015 年第 10 期。

［305］徐奇渊：《双循环新发展格局：如何理解和构建》，载于《金融论坛》2020 年第 9 期。

［306］徐玉德：《增强产业链供应链自主可控能力》，载于《红旗文稿》2021 年第 10 期。

［307］许召元：《推动制造业高质量发展是建设现代产业体系的核心》，载于《中国经济时报》2021 年 4 月 7 日。

［308］闫少譞：《关于加快构建适应高质量发展的现代税收制度研究》，载于《税务研究》2020 年第 3 期。

［309］阎学通：《数字时代的中美战略竞争》，载于《世界政治研究》2019

年第2期。

[310] 阳立高、龚世豪、韩峰:《劳动力供给变化对制造业结构优化的影响研究》,载于《财经研究》2017年第2期。

[311] 阳立高、龚世豪、王铂、晁自胜:《人力资本、技术进步与制造业升级》,载于《中国软科学》2018年第1期。

[312] 阳立高、谢锐、贺正楚、韩峰、孙玉磊:《劳动力成本上升对制造业结构升级的影响研究——基于中国制造业细分行业数据的实证分析》,载于《中国软科学》2014年第12期。

[313] 杨瑾、薛纯:《开放式创新环境下高端装备制造业转型升级的作用机理研究》,载于《软科学》2022年第9期。

[314] 杨慧梅、李坤望:《资源配置效率是否影响了出口产品质量?》,载于《经济科学》2021年第3期。

[315] 杨岚、周亚虹:《环境规制与城市制造业转型升级——基于产业结构绿色转型和企业技术升级双视角分析》,载于《系统工程理论与实践》2022年第6期。

[316] 杨英杰:《"双循环"新发展格局的历史逻辑、理论逻辑和实践逻辑》,载于《长白学刊》2021年第2期。

[317] 杨长湧:《改革开放以来我国对外经济发展战略的理论阐释与反思》,载于《国际贸易》2012年第5期。

[318] 杨长湧:《美国重振制造业战略对我国可能的影响及我国的对策研究》,载于《国际贸易》2011年第2期。

[319] 杨志安、张英慧、景文治:《柔性生产背景下"减税降费"能否促进制造业智能化升级》,载于《现代财经(天津财经大学学报)》2021年第8期。

[320] 姚树洁、房景:《"双循环"发展战略的内在逻辑和理论机制研究》,载于《重庆大学学报(社会科学版)》2020年第6期。

[321] 叶振宇:《中国制造业比重下降趋势探究与应对策略》,载于《中国软科学》2021年第5期。

[322] 余林徽、马博文:《资源枯竭型城市扶持政策、制造业升级与区域协调发展》,载于《中国工业经济》2022年第8期。

[323] 余东华:《"十四五"期间我国未来产业的培育与发展研究》,载于《天津社会科学》2020年第3期。

[324] 余东华:《制造业高质量发展的内涵、路径与动力机制》,载于《产业经济评论》2020年第1期。

[325] 余功德、黄建安:《美国"再工业化"的国家安全含义及其对中国的

影响》，载于《浙江大学学报（人文社会科学版）》2017 年第 3 期。

[326] 余文文、田文达、洪晨翔：《制造业与生产性服务业协同发展对全要素生产率的影响——基于中国 31 个省（区、市）的实证研究》，载于《经济研究参考》2021 年第 5 期。

[327] 余泳泽、段胜岚、林彬彬：《新发展格局下中国产业高质量发展：现实困境与政策导向》，载于《宏观质量研究》2021 年第 4 期。

[328] 余振、江艺馨：《贸易摩擦存在自我加速效应吗？——基于中美经贸争端的实证分析》，载于《东南大学学报（哲学社会科学版）》2020 年第 1 期。

[329] 余振、刘李威：《疫情影响下中国制造业参与全球产业链的变化及应对》，载于《江西社会科学》2020 年第 7 期。

[330] 袁冬梅、李恒辉：《生产性服务业集聚提高了中国城市经济效率吗？——基于产业层次和城市规模差异视角的检验》，载于《厦门大学学报（哲学社会科学版）》2021 年第 2 期。

[331] 袁冬梅、刘建江：《美国制造业重振中的资本回流困境与对策》，载于《学海》2012 年第 1 期。

[332] 袁冬梅：《美国制造业重振面临的人才储备挑战》，载于《国际贸易问题》2012 年第 4 期。

[333] 张晨、冯志轩：《再工业化，还是再金融化？——危机后美国经济复苏的实质与前景》，载于《政治经济学评论》2016 年第 6 期。

[334] 张桂文、邓晶晶、张帆：《中国人口老龄化对制造业转型升级的影响》，载于《中国人口科学》2021 年第 4 期。

[335] 张国峰、王永进、李坤望：《贸易自由化对制造业企业现金储蓄的影响——预防性动机还是投资挤压？》，载于《金融研究》2019 年第 9 期。

[336] 张豪、胡钟骏：《优质制造与经济增长的理论与实证》，载于《技术经济与管理研究》2021 年第 3 期。

[337] 张宏娟、范如国、张应青：《传统制造业集群低碳转型升级的演化机理及策略研究》，载于《商业经济与管理》2016 年第 6 期。

[338] 张嘉明：《“金融恐怖失衡”：美国对外“脱钩”的货币后果》，载于《理论探讨》2020 年第 6 期。

[339] 张杰：《中美经济竞争的战略内涵、多重博弈特征与应对策略》，载于《世界经济与政治论坛》2018 年第 3 期。

[340] 张杰：《中美战略格局下全球供应链演变的新趋势与新对策》，载于《探索与争鸣》2020 年第 12 期。

[341] 张晶、陈志龙：《劳动力成本上升与中国制造业转移》，载于《统计

研究》2021 年第 6 期。

[342] 张雷:《后危机时代印度制造业政策调整及中国应对》,载于《理论月刊》2015 年第 6 期。

[343] 张翼:《扩大内需畅通大循环如何重点突破》,载于《光明日报》2021 年 1 月 25 日。

[344] 张迎红:《美德英工业战略比较及对中国的影响》,载于《德国研究》2019 年第 4 期。

[345] 张宇燕:《再谈英国工业革命的启示》,载于《北京日报》2021 年 1 月 18 日。

[346] 张治栋、丁丹丹:《贸易壁垒如何影响经济高质量发展?》,载于《财贸研究》2022 年第 4 期。

[347] 张志强、曹坤鹏、刘璇:《质量动态能力与制造业企业转型升级效率——转型升级方式组合视角》,载于《软科学》2022 年第 7 期。

[348] 张志元:《供给侧改革背景下提高我国先进装备制造业竞争力研究》,载于《当代经济管理》2016 年第 12 期。

[349] 张志元:《我国制造业高质量发展的基本逻辑与现实路径》,载于《理论探索》2020 年第 2 期。

[350] 赵政楠、茹少峰、张青:《市场规模变化对中国产业结构升级的影响研究》,载于《统计与信息论坛》2023 年第 9 期。

[351] 赵蓓文:《欧美"再工业化"战略对国际资本流动的影响》,载于《国际关系研究》2013 年第 2 期。

[352] 赵蓓文:《"双循环"新发展格局下中国制度型开放的创新实践》,载于《思想理论战线》2022 年第 3 期。

[353] 赵宸宇、王文春、李雪松:《数字化转型如何影响企业全要素生产率》,载于《财贸经济》2021 年第 7 期。

[354] 赵璐、宋大伟、张凤、潘教峰:《欧盟"工业 5.0"对我国制造业高质量发展的影响与启示——基于智库双螺旋法的应用探索研究》,载于《中国科学院院刊》2022 年第 6 期。

[355] 赵儒煜、阎国来、关越佳:《去工业化与再工业化:欧洲主要国家的经验与教训》,载于《当代经济研究》2015 年第 4 期。

[356] 赵姗:《在高水平开放中锻造产业链供应链长板》,载于《中国经济时报》2021 年 8 月 3 日。

[357] 赵彦云、秦旭、王杰彪:《"再工业化"背景下的中美制造业竞争力比较》,载于《经济理论与经济管理》2012 年第 2 期。

［358］郑捷：《如何定义“大国”?》，载于《统计研究》2007年第10期。

［359］郑志来：《欧美高端制造业发展战略对我国的影响与应对》，载于《经济纵横》2015年第4期。

［360］《中华人民共和国国民经济和社会发展第十四个五年规划和2035年远景目标纲要》，载于《人民日报》2021年3月13日。

［361］周建军：《全球产业链的重组与应对：从防风险到补短板》，载于《学习与探索》2020年第7期。

［362］周茂、陆毅、杜艳等：《开发区设立与地区制造业升级》，载于《中国工业经济》2018年第3期。

［363］朱民、张龙梅、彭道菊：《中国产业结构转型与潜在经济增长率》，载于《中国社会科学》2020年第11期。

［364］祝坤福、王家荣、李善同：《制造业企业在中国经济双循环中的比较优势分析——基于企业异质性视角》，载于《管理世界》2024年第9期。

［365］祝树金、汤超：《企业上市对出口产品质量升级的影响——基于中国制造业企业的实证研究》，载于《中国工业经济》2020年第2期。

［366］Acemoglu, D., and P. Restrepo. Automation and New Tasks: How Technology Displaces and Reinstates Labor. Journal of Economic Perspectives, 2019, 33 (2): 3-30.

［367］Ravindra Sharma, Geeta Rana, and Shivani Agarwal. Entrepreneurial Innovations, Models, and Implementation Strategies for Industry 4.0. CRC Press, 2022.

［368］Andrea Caputo, Giacomo Marzi, and Massimiliano Matteo Pellegrini. The Internet of Things in Manufacturing Innovation Processes. Business Process Management Journal, 2016, 22 (2): 383-402.

［369］Behun, M. B., Gavurova, A., Tkacova, and A. Kotaskova. The Impact of the Manufacturing Industry on the Economic Cycle of European Union Countries. Journal of Competitiveness, 2018, 10 (3): 23-39.

［370］Castelo-Branco Isabel et al. Measuring the Fourth Industrial Revolution Through the Industry 4.0 Lens: The Relevance of Resources, Capabilities, and the Value Chain. Computers in Industry, 2022, 138.

［371］Chen Shengqi and Zhang Hong. Does Digital Finance Promote Manufacturing Servitization? Micro Evidence from China. International Review of Economics and Finance, 2021, 76: 856-869.

［372］D. S. Demidenko and Vaganov P. I. Transformation of the Enterprise Cost Model in an Innovative Economy. IOP Conference Series: Materials Science and Engineering, 2020, 940 (1).

[373] Fan Jingting and Zou Ben. Industrialization from Scratch: The "Construction of Third Front" and Local Economic Development in China's Hinterland. Journal of Development Economics, 2021, 152.

[374] Hu Dianxi et al. How Global Value Chain Participation Affects Green Technology Innovation Processes: A Moderated Mediation Model. Technology in Society, 2022, 68.

[375] James Levinsohn and Amil Petrin. Estimating Production Functions Using Inputs to Control for Unobservables. The Review of Economic Studies, 2003, 70 (2): 317 - 341.

[376] Jamwal, Anbesh et al. Two Decades of Research Trends and Transformations in Manufacturing Sustainability: A Systematic Literature Review and Future Research Agenda. Production Engineering, 2021: 1 - 25.

[377] Jian Liu, Wei Yang, and Wan Liu. Adaptive Capacity Configurations for the Digital Transformation: A Fuzzy - Set Analysis of Chinese Manufacturing Firms. Journal of Organizational Change Management, 2021, 34 (6): 1222 - 1241.

[378] Jing Shuwei, Feng Yue, and Yan Junai. Path Selection of Lean Digitalization for Traditional Manufacturing Industry under Heterogeneous Competitive Position. Computers & Industrial Engineering, 2021, 161.

[379] Krasulina, O. Y. et al. Analysis of the Innovative Development of Circumpolar Countries in the Context of the Fourth Industrial Revolution. IOP Conference Series: Earth and Environmental Science, 2021, 816 (1).

[380] Krugman, P. Increasing Returns and Economic Geography. Journal of Political Economy, 1991 (3).

[381] Lee Ching - Hung et al. Understanding Digital Transformation in Advanced Manufacturing and Engineering: A Bibliometric Analysis, Topic Modeling, and Research Trend Discovery. Advanced Engineering Informatics, 2021, 50.

[382] Maria Bas and Orsetta Causa. Trade and Product Market Policies in Upstream Sectors and Productivity in Downstream Sectors: Firm - level Evidence from China. Journal of Comparative Economics, 2013, 41 (3): 843 - 862.

[383] Martin Neil Baily and Barry P. Bosworth. US Manufacturing: Understanding Its Past and Its Potential Future. The Journal of Economic Perspectives, 2014, 28 (1): 3 - 25.

[384] McKinsey Global Institute. Globalization in Transition: The Future of Trade

and Value Chains. McKinsey & Company, 2019.

[385] Michael Beckley. The Power of Nations: Measuring What Matters. International Security, 2018, 43 (2): 7 -44.

[386] Nobuya Haraguchi and Kazuki Kitaoka. Industrialization in the 2030 Agenda for Sustainable Development. Development, 2015, 58 (4): 452 -462.

[387] S. Azmeh and K. Nadvi. Asian Firms and the Restructuring of Global Value Chains. International Business Review, 2014.

[388] Shen Liang et al. Impacts of Environmental Regulation on the Green Transformation and Upgrading of Manufacturing Enterprises. International Journal of Environmental Research and Public Health, 2020, 17 (20): 7680 -7680.

[389] Shinkle, G. A., and Mccann, B. T. New Product Deployment: The Moderating Influence of Economic Institutional Context. Strategic Management Journal, 2014, 35 (7): 1090 -1101.

[390] Sven Vegard Buer et al. The Digitalization of Manufacturing: Investigating the Impact of Production Environment and Company Size. Journal of Manufacturing Technology Management, 2020, 32 (3): 621 -645.

[391] Tejani, Sheba, and Kucera, David. Defeminization, Structural Transformation, and Technological Upgrading in Manufacturing. Development and Change, 2021, 52 (3): 533 -573.

[392] Xu Weicheng, Zhao Caiyun, and Wang Xiao. The Role of the Internet Technology in the Employment Structural Transformation under the Background of "Internet Plus" in China. Theoretical Economics Letters, 2021, 11 (5): 1020 -1037.

[393] Yang Haochang, Li Lianshui, and Liu Yaobin. The Effect of Manufacturing Intelligence on Green Innovation Performance in China. Technological Forecasting & Social Change, 2022, 178.

[394] Yu Sun et al. The Transformation and Upgrade of China's Manufacturing Industry in the Industry 4.0 Era. Systems Research and Behavioral Science, 2020, 37 (4): 734 -740.

[395] Zhou Jiazi and Wen Xin. Research on Influencing Factors and Multiple Driving Paths of Intelligent Transformation in China's Manufacturing Industry. Journal of Computational Methods in Sciences and Engineering, 2021, 21 (5): 1561 -1573.

后　记

本书系教育部哲学社会科学研究重大招标课题攻关项目“发达国家‘再工业化’对中国制造转型升级的影响及对策研究”（17JZD022）的最终成果，同时受到湖南省社科基金“学术湖南”精品培育项目“双循环新发展格局下的中国制造转型升级研究”（21ZDAJ006）、国家社科基金项目“高房价抑制制造业转型升级的机理及对策研究”（17BJL006）资助。本书既是作者近10年来研究中美经贸关系所取得的重要成果，也是作者多视角研究中国制造业转型升级的成果之一，更是自2008年金融危机以来研究以美国为代表的发达国家再工业化对中国制造转型升级影响的系统性成果。

2008年金融危机前，作者主要围绕金融一体化、股市与实体经济的联系来研究美国经济增长问题，讨论美国贸易逆差与经济增长的联系。2014年，作者获批国家社科基金后期资助项目“美国贸易逆差研究”（14FJL010），搭建了研究美国贸易逆差的整体框架，既剖析了发达国家与发展中国家之间的贸易关系，也深刻地理解了全球化背景下各国经济相互依存、相互影响的复杂性。该课题同名书稿由北京大学出版社2017年出版，获湖南省哲学社会科学优秀成果奖二等奖。

2017年，作者基于国内视角（高房价）与国际视角（发达国家再工业化）讨论制造业转型升级问题。这一年，同时获批国家社科基金一般项目和教育部哲学社会科学研究重大招标课题攻关项目。本书的拓展研究“百年未有之大变局下美国对华贸易政策新变化与中国对策研究”（22AJL009）获批2022年度国家社科基金重点项目。

从事研究工作30余年，作者深感学术研究的艰辛与乐趣并存。从股市财富效应的研究过渡到资产价格波动对消费、制造业转型升级的研究，从美国贸易逆差的深入研究过渡到发达国家“再工业化”对中国制造业转型升级的研究，研究领域不断拓展和深化，但始终围绕着资产价格波动对实体经济尤其是制造业转型升级的影响、中美经贸关系及其对制造业转型升级的影响等核心议题展开，始终厚植作者全球化视野下围绕中国持续崛起献计献策的浓浓家国情怀。

作者深刻感受到各国工业化演进的复杂性，高度关注中国崛起、中国式现代化进程中制造业的重要贡献。为此，作者近年来紧密追踪各主要发达国家的再工业化战略，研究此等战略趋势对全球制造业格局、对中国制造业转型升级的深远影响，并试图为推进中国制造业转型升级、实现制造强国提供有益参考。

首先，基于工业革命以来大国兴衰视角，深入剖析工业化、去工业化与再工业化的演进逻辑和差异化元素，搭建发达国家再工业化的理论体系，解构发达国家再工业化的制约因素并评估其前景，进一步比较发达国家再工业化与中国制造转型升级、制造业高质量发展的异同性。其次，从供给侧、需求侧、国际分工体系和国际权力等维度剖析发达国家再工业化影响中国制造转型升级的作用机制，剖析其政治经济效应，分析中国制造转型升级的显著成就、存在问题并设计评价指标体系。最后，综合设计应对发达国家再工业化战略推进中国制造转型升级的对策体系，旨在推动中国制造业走出大而不强的困局，实现从“世界工厂”向“世界总部”的转变，从中国制造向中国智造、中国创造的跨越，并持续为中国式现代化道路夯实物质基础。

本书撰写过程中，袁冬梅教授、阳立高教授直接参与了部分内容的撰写，韩峰教授、曹虹剑教授、周建华教授、唐志良博士、熊智桥博士、石大千博士、罗双成博士、姜竹青博士、程杰博士、王莹博士等也做出了应有贡献，同时感谢张智越、欧阳江婷、彭永健、李渊浩、刘甲蒙、陈晓芳、何恒昱、费欢等硕士研究生的资料整理工作。

本书的顺利出版，要感谢教育部哲学社会科学研究基金的支持，感谢湖南省哲学社会科学规划办的支持，感谢长沙理工大学经管学院的支持，感谢欧阳峣教授、魏后凯教授、盛斌教授、沈国兵教授、张亚斌教授、徐长生教授、刘友金教授、陈银娥教授等对本书的深入指导，感谢柳思维教授、王耀中教授、刘茂松教授、赖明勇教授、宋玉华教授、许和连教授、祝树金教授、谢锐教授等的指导，也感谢经济科学出版社孙丽丽、戴婷婷等老师认真细致的编辑工作。当然，具体文责由刘建江负责。书中存在诸多不足，也恳请读者批评指正。

教育部哲学社會科学研究重大課題攻関項目

成果出版列表

序号	书　名	首席专家
1	《马克思主义基础理论若干重大问题研究》	陈先达
2	《马克思主义理论学科体系建构与建设研究》	张雷声
3	《马克思主义整体性研究》	逄锦聚
4	《改革开放以来马克思主义在中国的发展》	顾钰民
5	《新时期　新探索　新征程 ——当代资本主义国家共产党的理论与实践研究》	聂运麟
6	《坚持马克思主义在意识形态领域指导地位研究》	陈先达
7	《当代资本主义新变化的批判性解读》	唐正东
8	《当代中国人精神生活研究》	童世骏
9	《弘扬与培育民族精神研究》	杨叔子
10	《当代科学哲学的发展趋势》	郭贵春
11	《服务型政府建设规律研究》	朱光磊
12	《地方政府改革与深化行政管理体制改革研究》	沈荣华
13	《面向知识表示与推理的自然语言逻辑》	鞠实儿
14	《当代宗教冲突与对话研究》	张志刚
15	《马克思主义文艺理论中国化研究》	朱立元
16	《历史题材文学创作重大问题研究》	童庆炳
17	《现代中西高校公共艺术教育比较研究》	曾繁仁
18	《西方文论中国化与中国文论建设》	王一川
19	《中华民族音乐文化的国际传播与推广》	王耀华
20	《楚地出土戰國簡册［十四種］》	陈　伟
21	《近代中国的知识与制度转型》	桑　兵
22	《中国抗战在世界反法西斯战争中的历史地位》	胡德坤
23	《近代以来日本对华认识及其行动选择研究》	杨栋梁
24	《京津冀都市圈的崛起与中国经济发展》	周立群
25	《金融市场全球化下的中国监管体系研究》	曹凤岐
26	《中国市场经济发展研究》	刘　伟
27	《全球经济调整中的中国经济增长与宏观调控体系研究》	黄　达
28	《中国特大都市圈与世界制造业中心研究》	李廉水

序号	书　名	首席专家
29	《中国产业竞争力研究》	赵彦云
30	《东北老工业基地资源型城市发展可持续产业问题研究》	宋冬林
31	《转型时期消费需求升级与产业发展研究》	臧旭恒
32	《中国金融国际化中的风险防范与金融安全研究》	刘锡良
33	《全球新型金融危机与中国的外汇储备战略》	陈雨露
34	《全球金融危机与新常态下的中国产业发展》	段文斌
35	《中国民营经济制度创新与发展》	李维安
36	《中国现代服务经济理论与发展战略研究》	陈　宪
37	《中国转型期的社会风险及公共危机管理研究》	丁烈云
38	《人文社会科学研究成果评价体系研究》	刘大椿
39	《中国工业化、城镇化进程中的农村土地问题研究》	曲福田
40	《中国农村社区建设研究》	项继权
41	《东北老工业基地改造与振兴研究》	程　伟
42	《全面建设小康社会进程中的我国就业发展战略研究》	曾湘泉
43	《自主创新战略与国际竞争力研究》	吴贵生
44	《转轨经济中的反行政性垄断与促进竞争政策研究》	于良春
45	《面向公共服务的电子政务管理体系研究》	孙宝文
46	《产权理论比较与中国产权制度变革》	黄少安
47	《中国企业集团成长与重组研究》	蓝海林
48	《我国资源、环境、人口与经济承载能力研究》	邱　东
49	《"病有所医"——目标、路径与战略选择》	高建民
50	《税收对国民收入分配调控作用研究》	郭庆旺
51	《多党合作与中国共产党执政能力建设研究》	周淑真
52	《规范收入分配秩序研究》	杨灿明
53	《中国社会转型中的政府治理模式研究》	娄成武
54	《中国加入区域经济一体化研究》	黄卫平
55	《金融体制改革和货币问题研究》	王广谦
56	《人民币均衡汇率问题研究》	姜波克
57	《我国土地制度与社会经济协调发展研究》	黄祖辉
58	《南水北调工程与中部地区经济社会可持续发展研究》	杨云彦
59	《产业集聚与区域经济协调发展研究》	王　珺

序号	书 名	首席专家
60	《我国货币政策体系与传导机制研究》	刘 伟
61	《我国民法典体系问题研究》	王利明
62	《中国司法制度的基础理论问题研究》	陈光中
63	《多元化纠纷解决机制与和谐社会的构建》	范 愉
64	《中国和平发展的重大前沿国际法律问题研究》	曾令良
65	《中国法制现代化的理论与实践》	徐显明
66	《农村土地问题立法研究》	陈小君
67	《知识产权制度变革与发展研究》	吴汉东
68	《中国能源安全若干法律与政策问题研究》	黄 进
69	《城乡统筹视角下我国城乡双向商贸流通体系研究》	任保平
70	《产权强度、土地流转与农民权益保护》	罗必良
71	《我国建设用地总量控制与差别化管理政策研究》	欧名豪
72	《矿产资源有偿使用制度与生态补偿机制》	李国平
73	《巨灾风险管理制度创新研究》	卓 志
74	《国有资产法律保护机制研究》	李曙光
75	《中国与全球油气资源重点区域合作研究》	王 震
76	《可持续发展的中国新型农村社会养老保险制度研究》	邓大松
77	《农民工权益保护理论与实践研究》	刘林平
78	《大学生就业创业教育研究》	杨晓慧
79	《新能源与可再生能源法律与政策研究》	李艳芳
80	《中国海外投资的风险防范与管控体系研究》	陈菲琼
81	《生活质量的指标构建与现状评价》	周长城
82	《中国公民人文素质研究》	石亚军
83	《城市化进程中的重大社会问题及其对策研究》	李 强
84	《中国农村与农民问题前沿研究》	徐 勇
85	《西部开发中的人口流动与族际交往研究》	马 戎
86	《现代农业发展战略研究》	周应恒
87	《综合交通运输体系研究——认知与建构》	荣朝和
88	《中国独生子女问题研究》	风笑天
89	《我国粮食安全保障体系研究》	胡小平
90	《我国食品安全风险防控研究》	王 硕

序号	书　名	首席专家
91	《城市新移民问题及其对策研究》	周大鸣
92	《新农村建设与城镇化推进中农村教育布局调整研究》	史宁中
93	《农村公共产品供给与农村和谐社会建设》	王国华
94	《中国大城市户籍制度改革研究》	彭希哲
95	《国家惠农政策的成效评价与完善研究》	邓大才
96	《以民主促进和谐——和谐社会构建中的基层民主政治建设研究》	徐　勇
97	《城市文化与国家治理——当代中国城市建设理论内涵与发展模式建构》	皇甫晓涛
98	《中国边疆治理研究》	周　平
99	《边疆多民族地区构建社会主义和谐社会研究》	张先亮
100	《新疆民族文化、民族心理与社会长治久安》	高静文
101	《中国大众媒介的传播效果与公信力研究》	喻国明
102	《媒介素养：理念、认知、参与》	陆　晔
103	《创新型国家的知识信息服务体系研究》	胡昌平
104	《数字信息资源规划、管理与利用研究》	马费成
105	《新闻传媒发展与建构和谐社会关系研究》	罗以澄
106	《数字传播技术与媒体产业发展研究》	黄升民
107	《互联网等新媒体对社会舆论影响与利用研究》	谢新洲
108	《网络舆论监测与安全研究》	黄永林
109	《中国文化产业发展战略论》	胡惠林
110	《20世纪中国古代文化经典在域外的传播与影响研究》	张西平
111	《国际传播的理论、现状和发展趋势研究》	吴　飞
112	《教育投入、资源配置与人力资本收益》	闵维方
113	《创新人才与教育创新研究》	林崇德
114	《中国农村教育发展指标体系研究》	袁桂林
115	《高校思想政治理论课程建设研究》	顾海良
116	《网络思想政治教育研究》	张再兴
117	《高校招生考试制度改革研究》	刘海峰
118	《基础教育改革与中国教育学理论重建研究》	叶　澜
119	《我国研究生教育结构调整问题研究》	袁本涛 王传毅
120	《公共财政框架下公共教育财政制度研究》	王善迈

序号	书　名	首席专家
121	《农民工子女问题研究》	袁振国
122	《当代大学生诚信制度建设及加强大学生思想政治工作研究》	黄蓉生
123	《从失衡走向平衡：素质教育课程评价体系研究》	钟启泉 崔允漷
124	《构建城乡一体化的教育体制机制研究》	李　玲
125	《高校思想政治理论课教育教学质量监测体系研究》	张耀灿
126	《处境不利儿童的心理发展现状与教育对策研究》	申继亮
127	《学习过程与机制研究》	莫　雷
128	《青少年心理健康素质调查研究》	沈德立
129	《灾后中小学生心理疏导研究》	林崇德
130	《民族地区教育优先发展研究》	张诗亚
131	《WTO主要成员贸易政策体系与对策研究》	张汉林
132	《中国和平发展的国际环境分析》	叶自成
133	《冷战时期美国重大外交政策案例研究》	沈志华
134	《新时期中非合作关系研究》	刘鸿武
135	《我国的地缘政治及其战略研究》	倪世雄
136	《中国海洋发展战略研究》	徐祥民
137	《深化医药卫生体制改革研究》	孟庆跃
138	《华侨华人在中国软实力建设中的作用研究》	黄　平
139	《我国地方法制建设理论与实践研究》	葛洪义
140	《城市化理论重构与城市化战略研究》	张鸿雁
141	《境外宗教渗透论》	段德智
142	《中部崛起过程中的新型工业化研究》	陈晓红
143	《农村社会保障制度研究》	赵　曼
144	《中国艺术学学科体系建设研究》	黄会林
145	《人工耳蜗术后儿童康复教育的原理与方法》	黄昭鸣
146	《我国少数民族音乐资源的保护与开发研究》	樊祖荫
147	《中国道德文化的传统理念与现代践行研究》	李建华
148	《低碳经济转型下的中国碳排放权交易体系》	齐绍洲
149	《中国东北亚战略与政策研究》	刘清才
150	《促进经济发展方式转变的地方财税体制改革研究》	钟晓敏
151	《中国—东盟区域经济一体化》	范祚军

序号	书　名	首席专家
152	《非传统安全合作与中俄关系》	冯绍雷
153	《外资并购与我国产业安全研究》	李善民
154	《近代汉字术语的生成演变与中西日文化互动研究》	冯天瑜
155	《新时期加强社会组织建设研究》	李友梅
156	《民办学校分类管理政策研究》	周海涛
157	《我国城市住房制度改革研究》	高　波
158	《新媒体环境下的危机传播及舆论引导研究》	喻国明
159	《法治国家建设中的司法判例制度研究》	何家弘
160	《中国女性高层次人才发展规律及发展对策研究》	佟　新
161	《国际金融中心法制环境研究》	周仲飞
162	《居民收入占国民收入比重统计指标体系研究》	刘　扬
163	《中国历代边疆治理研究》	程妮娜
164	《性别视角下的中国文学与文化》	乔以钢
165	《我国公共财政风险评估及其防范对策研究》	吴俊培
166	《中国历代民歌史论》	陈书录
167	《大学生村官成长成才机制研究》	马抗美
168	《完善学校突发事件应急管理机制研究》	马怀德
169	《秦简牍整理与研究》	陈　伟
170	《出土简帛与古史再建》	李学勤
171	《民间借贷与非法集资风险防范的法律机制研究》	岳彩申
172	《新时期社会治安防控体系建设研究》	宫志刚
173	《加快发展我国生产服务业研究》	李江帆
174	《基本公共服务均等化研究》	张贤明
175	《职业教育质量评价体系研究》	周志刚
176	《中国大学校长管理专业化研究》	宣　勇
177	《“两型社会”建设标准及指标体系研究》	陈晓红
178	《中国与中亚地区国家关系研究》	潘志平
179	《保障我国海上通道安全研究》	吕　靖
180	《世界主要国家安全体制机制研究》	刘胜湘
181	《中国流动人口的城市逐梦》	杨菊华
182	《建设人口均衡型社会研究》	刘渝琳
183	《农产品流通体系建设的机制创新与政策体系研究》	夏春玉

序号	书　名	首席专家
184	《区域经济一体化中府际合作的法律问题研究》	石佑启
185	《城乡劳动力平等就业研究》	姚先国
186	《20世纪朱子学研究精华集成——从学术思想史的视角》	乐爱国
187	《拔尖创新人才成长规律与培养模式研究》	林崇德
188	《生态文明制度建设研究》	陈晓红
189	《我国城镇住房保障体系及运行机制研究》	虞晓芬
190	《中国战略性新兴产业国际化战略研究》	汪　涛
191	《证据科学论纲》	张保生
192	《要素成本上升背景下我国外贸中长期发展趋势研究》	黄建忠
193	《中国历代长城研究》	段清波
194	《当代技术哲学的发展趋势研究》	吴国林
195	《20世纪中国社会思潮研究》	高瑞泉
196	《中国社会保障制度整合与体系完善重大问题研究》	丁建定
197	《民族地区特殊类型贫困与反贫困研究》	李俊杰
198	《扩大消费需求的长效机制研究》	臧旭恒
199	《我国土地出让制度改革及收益共享机制研究》	石晓平
200	《高等学校分类体系及其设置标准研究》	史秋衡
201	《全面加强学校德育体系建设研究》	杜时忠
202	《生态环境公益诉讼机制研究》	颜运秋
203	《科学研究与高等教育深度融合的知识创新体系建设研究》	杜德斌
204	《女性高层次人才成长规律与发展对策研究》	罗瑾琏
205	《岳麓秦简与秦代法律制度研究》	陈松长
206	《民办教育分类管理政策实施跟踪与评估研究》	周海涛
207	《建立城乡统一的建设用地市场研究》	张安录
208	《迈向高质量发展的经济结构转变研究》	郭熙保
209	《中国社会福利理论与制度构建——以适度普惠社会福利制度为例》	彭华民
210	《提高教育系统廉政文化建设实效性和针对性研究》	罗国振
211	《毒品成瘾及其复吸行为——心理学的研究视角》	沈模卫
212	《英语世界的中国文学译介与研究》	曹顺庆
213	《建立公开规范的住房公积金制度研究》	王先柱

序号	书　名	首席专家
214	《现代归纳逻辑理论及其应用研究》	何向东
215	《时代变迁、技术扩散与教育变革：信息化教育的理论与实践探索》	杨　浩
216	《城镇化进程中新生代农民工职业教育与社会融合问题研究》	褚宏启 薛二勇
217	《我国先进制造业发展战略研究》	唐晓华
218	《融合与修正：跨文化交流的逻辑与认知研究》	鞠实儿
219	《中国新生代农民工收入状况与消费行为研究》	金晓彤
220	《高校少数民族应用型人才培养模式综合改革研究》	张学敏
221	《中国的立法体制研究》	陈　俊
222	《教师社会经济地位问题：现实与选择》	劳凯声
223	《中国现代职业教育质量保障体系研究》	赵志群
224	《欧洲农村城镇化进程及其借鉴意义》	刘景华
225	《国际金融危机后全球需求结构变化及其对中国的影响》	陈万灵
226	《创新法治人才培养机制》	杜承铭
227	《法治中国建设背景下警察权研究》	余凌云
228	《高校财务管理创新与财务风险防范机制研究》	徐明稚
229	《义务教育学校布局问题研究》	雷万鹏
230	《高校党员领导干部清正、党政领导班子清廉的长效机制研究》	汪　曣
231	《二十国集团与全球经济治理研究》	黄茂兴
232	《高校内部权力运行制约与监督体系研究》	张德祥
233	《职业教育办学模式改革研究》	石伟平
234	《职业教育现代学徒制理论研究与实践探索》	徐国庆
235	《全球化背景下国际秩序重构与中国国家安全战略研究》	张汉林
236	《进一步扩大服务业开放的模式和路径研究》	申明浩
237	《自然资源管理体制研究》	宋马林
238	《高考改革试点方案跟踪与评估研究》	钟秉林
239	《全面提高党的建设科学化水平》	齐卫平
240	《“绿色化”的重大意义及实现途径研究》	张俊飚
241	《利率市场化背景下的金融风险研究》	田利辉
242	《经济全球化背景下中国反垄断战略研究》	王先林

序号	书　名	首席专家
243	《中华文化的跨文化阐释与对外传播研究》	李庆本
244	《世界一流大学和一流学科评价体系与推进战略》	王战军
245	《新常态下中国经济运行机制的变革与中国宏观调控模式重构研究》	袁晓玲
246	《推进21世纪海上丝绸之路建设研究》	梁　颖
247	《现代大学治理结构中的纪律建设、德治礼序和权力配置协调机制研究》	周作宇
248	《渐进式延迟退休政策的社会经济效应研究》	席　恒
249	《经济发展新常态下我国货币政策体系建设研究》	潘　敏
250	《推动智库建设健康发展研究》	李　刚
251	《农业转移人口市民化转型：理论与中国经验》	潘泽泉
252	《电子商务发展趋势及对国内外贸易发展的影响机制研究》	孙宝文
253	《创新专业学位研究生培养模式研究》	贺克斌
254	《医患信任关系建设的社会心理机制研究》	汪新建
255	《司法管理体制改革基础理论研究》	徐汉明
256	《建构立体形式反腐败体系研究》	徐玉生
257	《重大突发事件社会舆情演化规律及应对策略研究》	傅昌波
258	《中国社会需求变化与学位授予体系发展前瞻研究》	姚　云
259	《非营利性民办学校办学模式创新研究》	周海涛
260	《基于“零废弃”的城市生活垃圾管理政策研究》	褚祝杰
261	《城镇化背景下我国义务教育改革和发展机制研究》	邬志辉
262	《中国满族语言文字保护抢救口述史》	刘厚生
263	《构建公平合理的国际气候治理体系研究》	薄　燕
264	《新时代治国理政方略研究》	刘焕明
265	《新时代高校党的领导体制机制研究》	黄建军
266	《东亚国家语言中汉字词汇使用现状研究》	施建军
267	《中国传统道德文化的现代阐释和实践路径研究》	吴根友
268	《创新社会治理体制与社会和谐稳定长效机制研究》	金太军
269	《文艺评论价值体系的理论建设与实践研究》	刘俐俐
270	《新形势下弘扬爱国主义重大理论和现实问题研究》	王泽应

序号	书　名	首席专家
271	《我国高校“双一流”建设推进机制与成效评估研究》	刘念才
272	《中国特色社会主义监督体系的理论与实践》	过　勇
273	《中国软实力建设与发展战略》	骆郁廷
274	《坚持和加强党的全面领导研究》	张世飞
275	《面向2035我国高校哲学社会科学整体发展战略研究》	任少波
276	《中国古代曲乐乐谱今译》	刘崇德
277	《民营企业参与“一带一路”国际产能合作战略研究》	陈衍泰
278	《网络空间全球治理体系的建构》	崔保国
279	《汉语国际教育视野下的中国文化教材与数据库建设研究》	于小植
280	《新型政商关系研究》	陈寿灿
281	《完善社会救助制度研究》	慈勤英
282	《太行山和吕梁山抗战文献整理与研究》	岳谦厚
283	《清代稀见科举文献研究》	陈维昭
284	《协同创新的理论、机制与政策研究》	朱桂龙
285	《数据驱动的公共安全风险治理》	沙勇忠
286	《黔西北濒危彝族钞本文献整理和研究》	张学立
287	《我国高素质幼儿园园长队伍建设研究》	缴润凯
288	《我国债券市场建立市场化法制化风险防范体系研究》	冯　果
289	《流动人口管理和服务对策研究》	关信平
290	《企业环境责任与政府环境责任协同机制研究》	胡宗义
291	《多重外部约束下我国融入国际价值链分工战略研究》	张为付
292	《政府债务预算管理与绩效评价》	金荣学
293	《推进以保障和改善民生为重点的社会体制改革研究》	范明林
294	《中国传统村落价值体系与异地扶贫搬迁中的传统村落保护研究》	郝　平
295	《大病保险创新发展的模式与路径》	田文华
296	《教育与经济发展：理论探索与实证分析》	杜育红
297	《宏观经济整体和微观产品服务质量“双提高”机制研究》	程　虹
298	《构建清洁低碳、安全高效的能源体系政策与机制研究》	牛东晓
299	《水生态补偿机制研究》	王清军
300	《系统观视阈的新时代中国式现代化》	汪青松
301	《资本市场的系统性风险测度与防范体系构建研究》	陈守东

序号	书　名	首席专家
302	《加快建立多主体供给、多渠道保障、租购并举的住房制度研究》	虞晓芬
303	《中国经济潜在增速的测算与展望研究》	卢盛荣
304	《决策咨询制度与中国特色新型智库建设研究》	郑永年
305	《中国特色人权观和人权理论研究》	刘志刚
306	《新时期中国海洋战略研究》	徐祥民
307	《发达国家再工业化对中国制造业转型升级的影响及对策研究》	刘建江
	……	